Nieuw-A

EILAND IN HET HA

Jacob Adrianus Wildschut
Ubud, Bali
22 januari 2011

RUSSELL SHORTO

Nieuw-Amsterdam

EILAND IN HET HART VAN DE WERELD

2004 – Forum – Amsterdam

Oorspronkelijke titel: The Island at the Center of the World, The Epic Story of Dutch Manhattan and the Forgotten Colony That Shaped America
Oorspronkelijke uitgever: Doubleday, a divison of Random House Inc.
Nederlandse vertaling: Edzard Krol
Omslagontwerp: Studio Pollmann
Omslagillustratie: Nieuw Amsterdam: The Bridgeman Art Library/View of New Amsterdam, 1650-3 (litho) Dutch School, (17th century)

Noot van de vertaler

Russell Shorto citeert veel zeventiende-eeuwse Nederlandse teksten. In de meeste gevallen heeft hij hiervoor vertaalde, Engelstalige bronteksten gebruikt. Bij de vertaling van deze citaten naar het Nederlands heb ik waar mogelijk gebruik gemaakt van de oorspronkelijke in het zeventiende-eeuws Nederlands geschreven teksten. Speciaal voor de Nederlandse vertaling heeft Shorto deze oude bronnen verzameld. Ik ben hem hiervoor zeer erkentelijk.

Tweede druk

ISBN 90 225 3813 3

Voor mijn vader

INHOUD

DANKBETUIGING

Dit boek zou niet bestaan zonder het werk van Charles Gehring, die als directeur van het *New Netherlands Project* dertig jaar heeft gewerkt aan de vertaling van de handgeschreven Nederlandse archieven van de kolonie van Nieuw-Nederland. Maar los van de gepubliceerde vertaling, was ik gedurende ruim twee jaar welkom in zijn werkruimte, waar hij zijn dossiers voor me heeft geopend, advies heeft gegeven, me in heeft gewijd en mij op tientallen andere manieren heeft geholpen. Ook tijdens onze Vietnamese lunches en bij het drinken van exclusieve biertjes aan de waterkant in Albany en langs de grachten van Amsterdam was hij mijn gids. Heel hartelijk bedankt, Charly.

Ik ben ook dank verschuldigd aan Janny Venema van het *New Netherlands Project*, voor vergelijkbare hulp en vriendschap. Vele dagen werkte ze voor mij aan het transcriberen van nog ongepubliceerde manuscripten. Ze heeft mij uitgelegd hoe ik zeventiende-eeuwse Nederlandse handschriften kon lezen. Zij bracht voor mij de stad Beverwyck tot leven, allang verzwolgen door de stad Albany.

Van de vele anderen die me hebben geholpen, zou ik Jeremy Bangs en Carola de Muralt van het American Pilgrim Museum in Leiden willen bedanken, die me een indruk hebben gegeven van hoe het zeventiende-eeuwse Nederlandse leven eruit heeft gezien en met wie ik een magnifieke middag heb doorgebracht tijdens een rondgang door een uniek museum. Patricia Bonomi, emeritus hoogleraar geschiedenis aan de Universiteit van New York, wees mij de weg bij de opzet van het project en sprak mij moed in toen het einde in zicht kwam. Peter Christoph van de New York State Library vertelde me over de ontdekking van de Nederlandse handschriften en de inspanningen ze vertaald te krijgen. Diane Dallal, archeologe van New York Unearthed en het South Street Seaport Museum, hielp me, te midden van de ravijnen van de binnenstad van Manhattan, voor te stellen hoe Nieuw-Amsterdam eruit heeft gezien. Firth Fabend, geschiedkundige en schrijver, stond mij op vele fronten bij, met name bij het begrijpen hoe *Dutchness* vanaf de zeventiende eeuw veranderd is en deel ging uitmaken van de nalatenschap van de kolonie. The Friends of New Netherland nodigden me uit op hun jaarlijkse bijeenkomst in 2003, en gaven mij zo de kans uit te weiden over enkele van mijn ideeën over de Nederlandse kolonie. Willem Frijhoff van de Vrije Universiteit van Amsterdam, gerenommeerd historicus en gezaghebbend kenner van Nieuw-Nederland en zijn bewoners, is een genereus man die mij briljante en bijzonder nuttige adviezen heeft gegeven, en mij heeft aangemoedigd mij te concentreren op Adriaen van der Donck. Elisabeth Paling Funk, de van oorsprong Nederlandse geleerde en kenner van Washington Irving, hielp mij de geschiedenis te scheiden van de mythe, en vertaalde enige zeventiende-eeuwse poëzie voor me. Wayne Furman van de New York Public Library en het personeel van de afdeling New York History and Genealogy hebben mij gedurende mijn onderzoek geholpen. Ik ben Joyce Goodfriend van de Universiteit van Denver, kenner van het vroege New York, dankbaar voor de goede gesprekken over geschiedenis en geschiedkundigen, voor advies en aanwijzingen, en voor het feit dat ze mij heeft gewezen op het Jack's Oyster House in Albany. Anne Halpern van de National Gallery of Art hielp mij met het onderzoek voor de beschrijving van Van der Donck. Leo Hershkowitz, hoogleraar in de geschiedenis aan het Queens College, die zowel over de joden van Nieuw-Amsterdam als Boss Tweed heeft geschreven, die als geen ander op de hoogte is van de geschiedenis van New York en zijn kennis met mij heeft gedeeld. Maria Holden, conservator bij de New York State Archives, gaf mij een inleiding in de Nederlandse handschriften als kunstvoorwerpen: over papier, inkt en methoden om ze te conserveren.

Op een zonovergoten ochtend op 4 juli, op een terras van het Stadscafé in Leiden, verdiepte Jaap Jacobs mijn inzichten over de zeventiende-eeuwse Amerikaanse koloniale geschiedenis, hij hielp mij in te zien dat het niet alleen een voorafschaduwing van de latere Amerikaanse geschiedenis was, maar ook deel uitmaakte van de Europese geschiedenis en de wereldwijde machtsstrijd tussen Engeland en de Nederlandse Republiek. Ik ben hem ook dankbaar voor zijn uitstekende geschriften over Nieuw-Nederland en over het concept van tolerantie in de zeventiende eeuw, en voor de gesprekken over de complexe figuur Peter Stuyvesant, over wie hij op dit moment een biografie aan het schrijven is. Mijn dank gaat uit naar Joep de Koning, misschien 's werelds meest vooraanstaande verzamelaar van kaarten van Nieuw-Nederland, voor onze gesprekken, het uitwisselen van inzichten, en omdat hij mij toestond rond te dwalen door zijn unieke verzameling; naar Dennis Maika, van de Fox Lane High School, Bedford, New York, wiens proefschrift over en inzichten in het belang van de oorkonde van 1653 waarin de rechten van de stad staan beschreven en de daaropvolgende snelle ontwikkelingen in de kolonie mij hielpen mijn gedachten vorm te geven; naar Simon Middleton van de Universiteit van East Anglia, voor aanwijzingen over het vroegmoderne republicanisme in Nederland en voor zijn aansporingen als mede-fan van Van der Donck; naar Peter Neil, directeur van het South Street Seaport Museum; naar Chip Reynolds, schipper van de Half Moon, omdat hij mij aan boord liet en mij heeft laten kennismaken met het schip; naar Peter Rose, kenner van het Nederlandse eten in de zeventiende eeuw, voor culinaire ondersteuning; naar Thomas Rosenbaum van de Rockefeller Archives in Pocantico Hills, New York, die me toeliet tot de opmerkelijke verzameling van zeventiende-eeuwse notariële Nederlandse archieven; naar Ada Louise Van Gastel, voor haar werk over Adriaen van der Donck en haar enthousiasme; naar Hanny Veenendaal van het Netherlands Center in New York City, omdat ze me heeft onderricht in de Nederlandse taal en voor haar hulp bij vertalingen en het lezen van oude Nederlandse documenten; naar Greta Wagle, die me verwelkomde in de familie van liefhebbers van Nieuw-Nederland, mij in contact bracht met mensen, en omdat het sowieso erg aangenaam was om haar te kennen. Naar Gerald de Weerdt, curator van het Behouden Huys Museum op Terschelling, voor zijn inzichten over de Nederlandse zeevaart; en naar Laurie Weinstein van de Staatsuniversiteit van Western Connecticut, die me heeft bijgestaan bij mijn pogingen de interactie tussen Nederlanders, Engelsen en indianen te begrijpen.

Mijn speciale dank gaat uit naar Firth Fabend, Charly Gehring, Leo Hershkowitz, Joep de Koning, Tim Paulson, Janny Venema en Mark Zwonitzer, voor het lezen van het manuscript en voor hun uitmuntende commentaar en kritiek. Door hun inzet is het boek sterk verbeterd, hoewel ik natuurlijk verantwoordelijk blijf voor elke fout.

Ook dank ik Coen Blaauw; José Brandão, van de Universiteit van Western Michigan; Marylin Douglas, New York State Library; Howard Funk; April Hatfield, Texas H&M University; L.J. Krizner, de New York Historical Society; Karen Ohrdahl Kupperman, Universiteit van New York; Hubert de Leeuw; Harry Macy, redacteur van de *New York Genealogical and Bibliographical Record*; Richard Mooney, gepensioneerd lid van de redactieraad van de *New York Times*; de leiding van de New York State Library and Archives; Hennie Newhouse, Friends of New

Netherland; Don Rittner; Martha Shattuck; Amanda Sutphin, New York City Landmarks Preservation Commission; Martine Julia van Ittersum, Universiteit van Harvard; Cynthia van Zandt, Universiteit van New Hampshire; Loet Veltmans; David William Voorhees, van The Holland Society of New York en besturend redacteur van *de Halve Maen*; en James Homer Williams, van de Staatsuniversiteit van Middle Tennessee.

Ook wil ik mijn team bedanken. Anne Edelmand, mijn agent en vriendin, die een beginnend idee aan mij ontfutselde en die dit alles mogelijk maakte. Laura Williams gaf in een vroeg stadium advies. Anne Hollister en Elisabeth King controleerden het manuscript zorgvuldig. Tim Paulson hoorde mijn prille, rammelende idee aan en stimuleerde me ermee door te gaan, en gedurende het hele proces heeft hij me met goede raad terzijde gestaan. Bill Thomas, mijn redacteur bij Doubleday, was vanaf het begin voorstander van het project en heeft het de hele tijd met de uitstekende combinatie van overlopend enthousiasme en scherp kritisch commentaar gesteund. Dank ook aan Kendra Hapster, John Fontana en Christine Pride van Doubleday. In Londen bracht Marianne Veltmans, mijn redacteur bij Transworld, haar Engels-Nederlandse invalshoek in, en becommentarieerde het manuscript met veel inzicht.

Uiteindelijk maakte mijn vrouw, Marnie Henricksson, de jaren van dit project mee, deelde de goede tijden en hielp me door enkele absoluut minder goede tijden. Ze is mijn grote liefde en ik heb alles aan haar te danken.

Tot zover de levenden. In de loop van de tijd had ik tijdens dit werk nu en dan het gevoel dat Adriaen van der Donck en Peter Stuyvesant ergens vlak in de buurt rondzweefden, de eerste wilde, misschien, vooral uit de historische vergetelheid worden gehaald, de tweede wilde misschien bevrijd worden van de cartooneske historische naam. Er is nog een andere geest, een minder voor de hand liggende. Ik wil mijn dank uitdrukken aan de overleden Barbara W. Tuchman: voor het verschaffen van een voorbeeld voor een schrijver die betrokken is bij zowel het verleden, als het verhaal; omdat ze de eerste van de populaire geschiedkundigen is die, in haar laatste boek, *Het eerste saluutschot*, wijst op de over het hoofd geziene bijdrage van de Nederlanders aan de vroege Amerikaanse geschiedenis; en tot slot, en voor mij misschien wel het allerbelangrijkst, voor het namens haar vader schenken van een legaat aan de New York Public Library, wat resulteerde in de totstandkoming van de Wertheim Study Room, waar veel onderzoek voor dit boek heeft plaatsgevonden.

PROLOOG

DE ONTBREKENDE VERDIEPING

Als je vanuit de lobby van de New York State Library in Albany in de lift zou stappen, dan zul je daar geen knop naar de achtste verdieping aantreffen, hoewel het gebouw elf verdiepingen telt. Om toch op de voor het publiek gesloten achtste verdieping te komen, stap je op de zevende verdieping uit, waarna je via een veiligheidsdeur bij een balie terechtkomt en aan een bibliothecaris uitlegt wat je plannen zijn, om vervolgens met een andere lift alsnog de volgende etage te bereiken.

Terwijl je langs kasten vol langzaam uit elkaar vallende boeken en tijdschriften loopt – de begroting van de staat Kansas vanaf het jaar 1923, de Australische volkstelling, de complete verzameling ingebonden nummers van de *Northern Miner* – zul je misschien Duitse operamuziek horen, die opklinkt vanuit een kleine kamer in de zuidoosthoek. En als je vervolgens een blik door de deuropening werpt, dan tref je daar wellicht een ietwat ontstemd kijkende heer aan, die gebogen over zijn bureau door een antieke juweliersloep zit te turen. Eigenlijk past deze ontoegankelijkheid heel goed bij het werk dat hij verricht. Het object dat dr. Charles Gehring zo aandachtig bestudeert, is vast een van de duizenden voorwerpen die hij onder zijn hoede heeft – voorwerpen die, zodra ze eenmaal door zijn inspanning hun geheimen hebben prijsgegeven, een periode in het verleden tot leven brengen die de laatste driehonderd jaar grotendeels over het hoofd is gezien.

Dit boek gaat over dat tijdperk. Het is een geschiedenis die zich af heeft gespeeld in de tijd van de ontdekkingen – toen Francis Drake, Henry Hudson en kapitein John Smith de grenzen van de wereld verlegden, en Shakespeare, Rembrandt, Galilei, Descartes, Mercator, Vermeer, Harvey en Bacon de menselijke rede en expressie radicaal veranderden. Het is onmiskenbaar een Europees verhaal, maar datzelfde verhaal maakt tegelijkertijd deel uit van de oorsprong van Amerika. Het is het relaas van een van de Europese kolonies aan de Amerikaanse kust, die uiteindelijk werd opgeslokt door de andere.

Centraal in het boek staat een smal en ruig eiland aan de rand van de bekende wereld, een eiland dat een keerpunt in de internationale machtsstrijd zou worden in de tijd dat de Europese naties hun oorlogs- en handelsvloten uitzonden om de zeeën af te schuimen in de eerste werkelijk mondiale periode die we kennen, een eiland dat toegang bood tot de zeggenschap over een continent en een nieuwe wereld. De geschiedenis verhaalt van koningen en generaals die dit bezit onder controle probeerden te krijgen, maar eigenlijk is de hoofdrol weggelegd voor een groep mensen van heel wat bescheidener komaf: ontdekkingsreizigers, avonturiers, piraten, hoeren en bijbehorend tuig uit verschillende delen van Europa, die hun geluk beproefden op dit woeste eiland. Zij waren de eerste New Yorkers, de van oorsprong Europese inwoners van het eiland Manhattan.

We zijn gewoon om bij de ontstaansgeschiedenis van Amerika te denken aan dertien Engelse kolonies – de Engelse stam waarop in de loop van de jaren de culturen van vele andere naties zijn geënt om een nieuw soort maatschappij te scheppen, die uiteindelijk het multi-etnische model is geworden voor de vooruitstrevende samenlevingen in de wereld. Maar wie zo denkt, vergist zich. Wie het slechts heeft over die dertien Engelse kolonies ziet een andere Europese kolonie over het hoofd, de kolonie waarvan Manhattan het centrum was, die voorafging aan New York en die niet is verdwenen toen de Engelsen de macht overnamen.

De nederzetting waarover we het hebben, besloeg het gebied tussen de pasgevormde Engelse gebiedsdelen van Virginia en Nieuw-Engeland. Het gebied strekte zich ruwweg uit van het huidige noordelijk gelegen Albany, New York, tot de zuidelijke Delaware Bay, en omvatte het geheel of delen van wat later New York, New Jersey, Connecticut, Pennsylvania en Delaware zou gaan heten. Het was gesticht door de Nederlanders, die het Nieuw-Nederland noemden, alhoewel de helft van de inwoners uit heel andere gebieden afkomstig was. De hoofdstad van het gebied was een kleine verzameling eenvoudige gebouwen, neergepoot aan de rand van een eindeloze wildernis, maar in de modderige straten en aan de waterkant krioelde het van de mensen uit alle windstreken – Noren, Duitsers, Italianen, joden, Afrikanen (slaaf en niet-slaaf), Walloniërs, Bohemen, Munsees, Montauks, Mohawks en vele anderen – allemaal leefden ze aan de rand van de maatschappij en allemaal zochten ze worstelend naar een manier om met elkaar om te gaan, naar een evenwicht tussen chaos en orde, vrijheid en onderdrukking. Zeerovers, hoeren, smokkelaars en gehaaide kooplieden hadden het voor het zeggen. Met andere woorden, meteen vanaf het begin was het *Manhattan*: een plaats anders dan alle andere, anders dan welke plaats dan ook in de kolonies of elders.

Door de ligging van het eiland, de bevolking en het feit dat de Nederlanders er de leiding hadden (ook toen was moederstad Amsterdam de meest vrijzinnige stad van Europa) zou dit stadseiland de eerste multi-etnische, opwaarts mobiele maatschappij worden aan de Amerikaanse kust, een prototype van het soort maatschappij dat later zo vaak zou worden gekopieerd in de rest van het land en overal elders in de wereld. Het was geen toeval dat degenen die, op 11 september 2001, een symbolische aanval wilden richten op het centrum van de Amerikaanse macht, juist het World Trade Center uitkozen als hun doelwit. Als Amerika groot is geworden door de ingenieuze open houding tegenover verschillende culturen, dan is dat kleine driehoekje grond op die zuidelijke punt van het eiland Manhattan de plaats waar dit idee is ontstaan, de plaats waar die gedachte voor het eerst vorm kreeg. Of ze in het binnenland van Amerika wonen, of op Fifth Avenue, veel mensen denken dat de stad New York qua vermenging van culturen zo'n extreem buitenbeentje is, dat het een uitzondering is, bijna een buitenlandse stad. Dit boek betoogt het omgekeerde: als je voorbij het niveau van mythe, politiek en idealen kijkt, naar waar de mensen leven en contact met elkaar hebben, dan zie je dat Amerika op Manhattan begon.

De van oorsprong Europese kolonie waarvan Manhattan het centrum was, hield in 1664 op te bestaan, toen Engeland het gebied overnam en herdoopte in New York, naar James, de hertog van York, broer van koning Charles II, en het deed opgaan in zijn andere kolonies. Voorzover het de vroegste Amerikaanse historici interesseerde, markeerde dat jaar het echte begin van de geschiedenis van deze regio. De door de Nederlanders bestuurde kolonie werd bijna vanaf het begin als onbelangrijk beschouwd. Toen men behoefte kreeg aan het herdenken van de oorsprong van de natie, kwam het voorbeeld van de Engelse pelgrims en puriteinen beter uit. Het verhaal van de pelgrims was eenvoudiger, minder ranzig, en er hoefden niet zoveel piraten en prostituees uit weggemoffeld te worden. Het was tamelijk eenvoudig om te negeren dat de puriteinen naar de Amerikaanse kusten vluchtten om aan religieuze vervolging te ontsnappen, om daar een keihard intolerant staatsstelsel te stichten, een onverbiddelijke theocratische monocultuur die mijlenver afstond van hoe het land waar ze terechtkwamen uiteindelijk zou worden.

Aan de weinige boeken die over de Nederlandse nederzetting zijn geschreven zit een luchtje – wat niet vreemd is, gezien het feit dat de auteurs van deze boeken de kolonie zagen als een achtergebleven gebied, waarin niets gebeurde dat van werkelijk historisch belang was. De 'Knickerbocker'-verhalen van Washington Irving – verzonnen satires die de schrijver nooit heeft bedoeld als waar gebeurd – vertroebelden elke poging om te begrijpen wat er zich werkelijk afspeelde in de nederzetting op Manhattan, het belang van deze verhalen is bovendien beperkt omdat ze zijn gebaseerd op enkele populaire algemene fabeltjes die de ronde deden: Manhattan heeft eens onder leiding gestaan van een gemene gouverneur met een houten been en het – beruchte – verhaal dat de Nederlanders het eiland van de indianen kochten voor huishoudelijke artikelen ter waarde van vierentwintig dollar. Iedereen die er iets meer van wilde weten, zal gedacht hebben dat de kolonie te primitief was om archieven aan te leggen. Zoals een historicus schreef: 'Er bestaan nauwelijks oorspronkelijke bronnen met informatie over de Nederlandse kolonisten op Manhattan [want] ... de Nederlanders schreven erg weinig en wat ze schreven stelde over het algemeen weinig voor.'[1]

Maar kijk eens vooruit, naar het jaar 1973, toen de vijfendertigjarige geleerde Charles Gehring een archief van de New York State Library werd binnengeleid en iets te zien kreeg wat zijn ogen deed schitteren, zoals een kist juwelen de ogen van een piraat zou doen twinkelen. Gehring, gespecialiseerd in zeventiende-eeuws Nederlands (wat over het algemeen een erg obscuur onderwerp gevonden wordt), had juist zijn proefschrift voltooid. Hij was op zoek naar een passende baan, die, zo wist hij, niet makkelijk te vinden zou zijn, maar het geluk lachte hem toe. Enkele jaren voordien was Peter Christoph, beheerder van historische handschriften in de bibliotheek, in de archieven een grote partij verschroeide, met schimmel bespikkelde papieren tegengekomen. Hij wist wat hij in handen had, en dat de papieren enorm veel informatie bevatten over de vroege geschiedenis van Amerika. Ze hadden oorlogen overleefd, branden, overstromingen en eeuwen van verwaarlozing. Vreemd genoeg was hij er niet van overtuigd of hij er wel mee naar buiten kon treden. Er bestond weinig belangstelling voor wat nog steeds gezien werd als een voetnoot in de geschiedenis. Hij kon niet aan geld komen om een vertaler in te huren. Daar kwam nog bij dat er slechts weinig mensen zouden zijn die de geschriften konden ontcijferen.

Uiteindelijk kwam Christoph in contact met een invloedrijke Amerikaan van Nederlandse afkomst, een gepensioneerde brigadegeneraal met de voortreffelijke naam Cortlandt van Rensselaer Schuyler.

Kort daarvoor had generaal Schuyler voor zijn vriend gouverneur Nelson Rockefeller in Albany toezicht gehouden op de bouw van het Empire State Plaza, het centrale complex van het bestuur van de staat. Schuyler belde Rockefeller, die niet meer aan het bewind was en op het punt stond om door Gerald Ford aangesteld te worden als vicepresident. Rockefeller pleegde enkele telefoontjes en er kwam een kleine hoeveelheid geld vrij om een begin te maken met het project. Christoph belde Gehring en vertelde hem dat hij een baan had. Dus terwijl het land herstelde van de midlifecrisis van Watergate, opende zich een venster met uitzicht op de geboorte van datzelfde land.

Wat Charles Gehring in 1974 onder zijn hoede kreeg, was een archief met twaalfduizend vellen voddig papier, volgeschreven met een onduidelijk wiebelig handschrift in het Nederlands van de zeventiende eeuw, voor het ongeschoolde oog had dit nog het meest weg van een kruising van onze romaanse letters en het Arabisch of Thais – een handschrift dat ook voor hedendaagse Nederlanders grotendeels onleesbaar is. In de woorden die 350 jaar geleden zijn geschreven, met inkt die gedeeltelijk is opgegaan in het bruin van het uiteenvallende papier, komt een onwaarschijnlijke verzameling van Nederlandse, Franse, Duitse, Zweedse, joodse, Poolse, Deense, Afrikaanse, Amerikaans-indiaanse en Engelse karakters tot leven. De vergaarbak met brieven, aktes, testamenten, dagboekaantekeningen, vergadernotities en gerechtelijke uitspraken omvat het officiële archief van de nederzetting die ontstond na de reis die Henry Hudson in 1609 maakte over de rivier die zijn naam draagt. In hun eigen woorden zijn hier de eerste inwoners van Manhattan aanwezig. Dr. Gehring wist dat het een leven lang werken zou kosten om de documenten te ontcijferen en te vertalen, ze klaar te maken voor de geschiedschrijving.

Toen ik hem zesentwintig jaar later ontmoette, in het jaar 2000, ondertussen een 61-jarige grootvader met een licht ironische grijns op zijn gezicht en een kalme geruststellende bariton, was Charles Gehring er nog steeds mee bezig. Hij had achttien boekdelen met vertalingen gepubliceerd en er waren er nog een paar te gaan. Lange tijd had hij in afzondering gewerkt, terwijl de 'verdwenen' verdieping ondertussen mooi fungeerde als metafoor voor de manier waarop de geschiedenis de Nederlandse tijd over het hoofd had gezien. Maar gedurende de laatste paar jaar, toen het werk eenmaal een bepaalde kritische massa had bereikt, waren dr. Charles Gehring en zijn verzameling vertalingen het middelpunt geworden van een bescheiden wedergeboorte van wetenschappelijke belangstelling voor deze kolonie. Op het moment dat ik dit schrijf, werken historici aan proefschriften over deze stof en brengen onderwijskundige organisaties schoolboeken uit om de Nederlandse nederzetting onder te brengen in de annalen van het Amerikaanse koloniale verleden.

Dr. Gehring is niet de eerste die zich aan de vertaling van het archief heeft gezet. Eigenlijk weerspiegelt de lange, gebutste geschiedenis van de documenten van de kolonie de manier waarop in de loop van de tijd over de kolonie is gedacht. Al vroeg heeft men ingezien dat het om een belangrijke bron ging. In 1801 verklaarde een commissie onder voorzitterschap van niemand minder dan Aaron Burr [Aaron Burr Jr. (1756-1836): derde vice-president van de Verenigde Staten (1801-1805), die zijn politieke tegenstander in een duel ombracht. Zijn turbulente politieke carrière eindigde in 1807, toen hij werd gearresteerd voor hoogverraad. Vert.] dat er 'maatregelen genomen moeten worden om tot een vertaling te komen'.[2] In 1820 komt een halfblinde Nederlander, met een zwakke beheersing van het Engels, aanzetten met een uiterst gebrekkige handgeschreven vertaling – die vervolgens in 1911 in vlammen opging bij de beroemde brand die de State Library in New York in as legde.[3] Aan het begin van de twintigste eeuw ondernam een uitmuntende vertaler een poging om het gehele pakket documenten te vertalen, maar bij dezelfde brand ging twee jaar vertaalwerk verloren. De vertaler stortte in en maakte zijn klus uiteindelijk niet af.

In de negentiende eeuw zijn veel belangrijke politieke documenten van de kolonie vertaald en deel gaan uitmaken van het historisch archief, maar zonder de rest – de brieven, verslagen en gerechtelijke uitspraken over eigendomstwisten, zakelijke mislukkingen, sabelgevechten, handelaren die sloepen volstouwen met tabak en huiden, buren die elkaars varkens stelen – kortom, zonder de gegevens op basis waarvan sociale geschiedenis wordt geschreven, versterkt de oppervlakkige politieke documentatie slechts het beeld van de instabiele en onbeduidende kolonie. Het werk van dr. Gehring corrigeert dat beeld en verandert de voorstelling van de oorsprong van Amerika. Dankzij zijn inzet weten geschiedkundigen dat de Nederlandse kolonie op Manhattan gedurende de laatste twintig jaar van haar bestaan een levendige, levensvatbare maatschappij was – zo levendig dat toen de Engelsen Manhattan overnamen, ze de ongebruikelijk losse en onbekommerde structuren handhaafden, om er zeker van te zijn dat de kenmerken van de voorafgaande nederzetting aanwezig zouden blijven.

Op het eerste gezicht lijkt het idee van de Nederlandse bijdrage aan de Amerikaanse geschiedenis verrassend, maar dat is omdat de vroege

Amerikaanse geschiedenis was geschreven door Engelsen, die gedurende de zeventiende eeuw in een dodelijke strijd verwikkeld waren met de Nederlanders. Maar wie er vanuit een andere invalshoek naar kijkt, zal inzien dat deze gedachte erg voor de hand ligt. Het is allang erkend dat de Nederlandse Republiek in de zeventiende eeuw de meest progressieve en cultureel verscheiden samenleving in Europa was. Over de invloed op de intellectuele geschiedenis schreef Bertrand Russell eens: 'Het is moeilijk het belang van Holland in de zeventiende eeuw te overdrijven, het land waar vrijheid van denken bestond.'[4] In die tijd was Nederland de smeltkroes van Europa en het tolerante beleid was een zegen voor velen: van Descartes tot John Locke, van verbannen Engelse vorsten, tot buitenlanders uit alle uithoeken van Europa. Toen deze maatschappij een kolonie stichtte op het eiland Manhattan, nam deze kolonie dezelfde kenmerken over, de tolerantie, openheid en vrije handel die ook in het thuisland bestonden. Deze eigenschappen maakten New York uniek en waren op de lange termijn in meerdere opzichten van fundamentele invloed op Amerika. Hoe dat kon gebeuren, staat in dit boek beschreven.

*

Het onderwerp van dit boek ben ik min of meer op straat tegengekomen. Ik woonde in East Village in Manhattan, een buurt die lang bekend heeft gestaan als een artistiek en alternatief centrum, vermaard om het nachtleven en de exotische restaurants. Maar driehonderdvijftig jaar eerder maakte het gebied deel uit van de ruige Atlantische kusthaven van Nieuw-Amsterdam. Vaak nam ik mijn jonge dochter mee naar de vlak bij ons appartement gelegen kerk St. Mark's-in-the-Bowery, waar ze onder de platanen op het kerkhof rondrende, terwijl ik de vervaagde opschriften bestudeerde van de graven van de oudste families van de stad. De meest opvallende grafsteen op het kerkhof – ingemetseld in de muur van de kerk – is die van Peter Stuyvesant, de bekendste inwoner van de Nederlandse kolonie. Halverwege de zeventiende eeuw werden het bos en weiland in deze omgeving opgeruimd en beplant om plaats te maken voor Bouwerij (of boerderij) Nummer Een: de grootste hoeve op het eiland, door Peter Stuyvesant voor zichzelf opgeëist. De kerk van St. Mark is gebouwd vlak bij zijn familiekapel, waarin hij werd begraven. In de negentiende eeuw vertelden de New Yorkers dat de geest van de oude man nog in de kerk rondspookte, dat je 's nachts kon horen hoe hij met zijn houten been door de gangpaden schreed, voor altijd ongelukkig omdat hij zijn nederzetting aan de Engelsen had moeten afstaan. Ik heb het geklop van dat been nooit gehoord, maar in de loop van de tijd begon ik wel nieuwsgierig te worden – niet zozeer naar Peter Stuyvesant, die me daarvoor wat te onheilspellend leek, maar naar de oorspronkelijke nederzetting. Ik wilde het eiland leren kennen dat deze eerste Europeanen stichtten.

Uiteindelijk kwam ik in contact met Charles Gehring. Ik hoorde van de bijzondere documenten die hij onder zijn hoede had en van de organisatie, het New Netherland Project, die hij had opgericht om de belangstelling in deze veronachtzaamde periode te stimuleren. In het najaar van 2000 woonde ik een door hem gesponsord seminar over dit onderwerp bij, en werd geconfronteerd met tientallen specialisten die deze vergeten wereld onderzochten, aan het licht brachten wat eeuwenlang geen daglicht had gezien. Ze spitten in archieven van Boston tot Antwerpen en kwamen met tot dusver vergeten dagboeken aanzetten, reisverslagen en handelsboeken. Door dit nieuwe onderzoek breidde het tijdperk van de ontdekkingen zich uit. Tijdens mijn gesprekken met dr. Gehring en anderen realiseerde ik me dat de historici bezig waren met een nieuwe visie op de Amerikaanse ontstaansgeschiedenis, en dat er nog niemand een poging deed alle losse onderdelen, personen en legaten tot één verhaal om te vormen. Kortom, niemand vertelde het verhaal van de eerste inwoners van Manhattan.

Het blijkt om twee verhalen te gaan. Er is dat kleine, ironische relaas dat mij oorspronkelijk aantrok, van mannen en vrouwen die een bestaan proberen op te bouwen in een ver en woest land dat later een van de beroemdste stedelijke landschappen zou worden, die met musketten in de dichtbegroeide bossen op jacht gingen op de plaats waar nu de wolkenkrabbers van de stadsjungle van de binnenstad van New York staan. Maar als je dieper in de materie duikt, begin je interesse te krijgen voor het grotere verband. De oorsprong van New York is niet dezelfde als die van andere Amerikaanse steden. Die eerste kolonisten waren geen geïsoleerde pioniers, maar mensen die deel uitmaakten van een drama van wereldwijde omvang, een strijd om de macht die de hele zeventiende eeuw zou duren en zich over de hele aardbol zou uitstrekken, en die, hoe die ook zou aflopen, vorm zou geven aan de hedendaagse wereld.

Als je de strijd van de individuele mensen bestudeert, zoals je die in de archieven kunt terugvinden, en je tegelijkertijd verdiept in de geopolitieke ontwikkelingen van die tijd, dan voel je al aankomen dat Manhattan zich zal ontwikkelen tot het centrum van de meest invloedrijke stad van de wereld: van alle nieuw verworven gebieden, waarvan de ontginning Europa snel zou doen veranderen – van de overvloedige kabeljauwvisserij in Newfoundland, tot de eindeloze uitgestrektheid van Noord-Amerika, tot de suikervelden in Brazilië – zou dit slanke eiland, met de grootste natuurlijke haven aan de kust van een immens nieuw en ongecultiveerd gebied, aan de monding van de rivier die de levensader van dat continent zou worden, op de lange duur de meest waardevolle plek blijken te zijn. Door ligging en topografie – 'als een grote pier die klaarligt om de wereldhandel te ontvangen', zo luidt een vroege beschrijving[5] – zou het eiland de toegangspoort worden waardoor de Europeanen de onvoorstelbare uitgestrektheid van het Noord-Amerikaanse land konden bereiken. Wie de toegang controleert, heeft greep op de scheepvaart over de rivier de Hudson en verder westwaarts, via de Mohawk River Valley, op de Grote Meren en het hart van het continent. Het verloop van de immigratie in later tijden zou dit perfect illustreren; de aanleg van het Eriekanaal, tussen de Hudson en de Grote Meren, had een explosieve groei van het Midden-Westen tot gevolg en bevestigde de rol van New York als de machtigste stad van het land. In de zeventiende eeuw lagen al deze ontwikkelingen nog in de verre toekomst, maar ieder op hun eigen manier voorvoelden de hoofdpersonen in dit verhaal hoe belangrijk het eiland zou worden. Ze konden ruiken hoeveel het waard was. De Britse kolonel die in augustus 1664 met een vloot oorlogsschepen de haven van New York binnenvoer en het gezag over het eiland opeiste van Peter Stuyvesant, Richard Nicolls, beschreef het dan ook meteen als 'de beste van alle Amerikaanse steden van de koning'.[6]

Het verhaal over de oorsprong van Manhattan is ook het verhaal over de Europese ontdekkingsreizen en veroveringen in de zeventiende eeuw. En in de kern ontdekte ik een veel kleinere geschiedenis – een nogal persoonlijke strijd tussen twee mannen onderling, over het lot van de kolonie en de betekenis en waarde van persoonlijke vrijheid. Mede dankzij hun tweestrijd zou New York zich, eerst onder de Engelsen, later als Amerikaanse stad, ontwikkelen tot een unieke plaats, die een voedingsbodem vormde voor een intense mix van culturen en een enorm vruchtbare omgeving voor intellectuele, artistieke en zakelijke ontwikkelingen.

Een van de hoofdfiguren in deze tweestrijd, Peter Stuyvesant, is lange tijd op een cartooneske wijze beschreven: een ruziezoekende mankepoot, een grapjas, die ten tonele verschijnt, een paar handelingen verricht, wat ouwehoert en vervolgens uit beeld verdwijnt, opdat de echte geschiedenis van Amerika kan beginnen. Maar veel van wat tot nu toe over Stuyvesant bekend was, is afkomstig uit de archieven van Nieuw-Engeland. En vanuit het gezichtspunt van Nieuw-Engeland was de Nederlandse kolonie in Nieuw-Amsterdam de vijand, dus het beeld dat is overgeleverd van Peter Stuyvesant is getekend door mensen die hem wilden bespotten. In de archieven van Nieuw-Nederland daarentegen, komt Stuyvesant naar voren als een volwaardig en complex persoon: een echte tiran; een liefhebbende vader en echtgenoot; een staatsman met stalen zenuwen en een scherpe militaire intuïtie, die hij tentoonspreidt terwijl hij zich in een benarde positie bevindt en omgeven is door vijanden (Engelsen, indianen, Zweden, tegenstanders uit zijn eigen kolonie, en zelfs in zekere zin zijn superieuren in Amsterdam). Hij is iemand die een afkeer heeft van onrechtvaardigheid – die publiekelijk Nederlandse kolonisten bestraft die de indianen bedriegen met hun handel – maar die, met de hardvochtigheid van de zoon van een onbuigzame calvinistische predikant, probeert te voorkomen dat joden zich in Nieuw-Amsterdam vestigen. Hij is een tragische figuur, geruïneerd door zijn beste eigenschap, zijn vastberadenheid. Maar Stuyvesant handelde niet zelfstandig. Wat er van de kolonie is overgebleven, heeft veel te maken met een andere figuur uit die tijd, een man genaamd Adriaen van der Donck, iemand die in vergetelheid is geraakt, maar die te voorschijn komt als held en die het, denk ik, verdient om opgenomen te worden in de gelederen van de echte Amerikaanse profeten, een voorvader van de Revolutionaire Generatie.

Maar waar het einde van de kolonie vooruitwees naar de Amerikaanse maatschappij die er aan stond te komen, het begin van de kolonie stond in het teken van iemand die teruggreep op een voorafgaand tijdperk – een eigenzinnige, tobberige en gekwelde persoon. Henry Hudson was een man van de Renaissance, waardoor het ontstaan van Manhattan een soort brug slaat tussen deze beide periodes. Daarom begint het verhaal ver van de Amerikaanse wildernis, midden in het Europa van de late Renaissance.

En toch, ik bleef tijdens mijn onderzoek in gedachten houden wat mij oorspronkelijk fascineerde in de Nederlandse documenten – dat ze me in staat stelden New York voor te stellen als een wildernis. Bovenal nodigt dit boek je uit om het onmogelijke te verrichten: om het beeld dat je van Manhattan hebt te ontdoen van alle associaties met macht, beton en glas en om terug te gaan in de tijd, de gigantische stortplaatsen te legen, het uitgebreide effenen van bergen en het volstorten van ravijnen terug te draaien, de beken en riviertjes te voorschijn te toveren uit ondergrondse rioolbuizen waarin ze zijn weggestopt, zodat ze weer in hun oorspronkelijke kolkende en kronkelende beddingen zullen vloeien. De watervallen te zien terugkeren, heldere vennetjes te zien op plaatsen waar met asfalt overdekte kruispunten liggen; gebouwen te laten verdwijnen en te zien hoe eiken, amberbomen, linden en meidoorns hun plaats innemen. Je de terugkeer voor te stellen van de zoute moerassen, slik, grasland; van kikkers, futen, aalscholvers en roerdompen, nieuwe riviermonden te ontdekken waarin het wemelt van de mosselen, oesters en andere schelpdieren. De met esdoorns omgeven weilanden te zien, vol herten en, op de hogere heuvels, de wolven.

Op dat moment moet je de tijdmachine even stilzetten en laten hangen boven het zuidelijkste puntje van een eiland dat zweeft tussen de Atlantische Oceaan en de Europese beschaving aan de ene kant en een maagdelijk continent aan de andere; zodat je dat ene ogenblik kunt laten uitdijen, terwijl je de meeuwen hoort krijsen en de golven hoort breken op de kust, en je die geluiden voor de geest haalt, golven en vogels, golven en vogels, regelmatig onderbroken door verwoestende stormen, en dat tientallen eeuwen lang.

En als er iets opdoemt aan de horizon, moet je de tijd weer vooruit laten lopen. Zeilen.

I

'EEN EILAND MET DE NAAM MANATHANS'

I

DE MAAT DER DINGEN

Op een dag laat in de zomer van het jaar 1608 bewoog een heer uit Londen zich door die stad. Het was een ambitieuze man, intelligent, arrogant, gedreven – kortom, een man van zijn tijd. Net als in het tijdperk waarin wij leven, leefde hij in een periode van wijkende horizonten en een alsmaar kleiner wordende wereld, waarin dromen werden nagejaagd en ontdekkingen werden gedaan, die vervolgens weer leidden tot nieuwe en grotere dromen. Zijn complexe persoonlijkheid[1] – met regelmatig terugkerende vlagen passief getob die hem volledig uitschakelden – barstte van het zelfvertrouwen, en op dit moment was hij er vast van overtuigd dat de bijeenkomst waar hij naartoe ging van historische betekenis was.

Hij liep westwaarts, in de richting van de St. Pauls kathedraal, die toen, net als nu, de skyline domineerde. Toch was het bouwwerk in de verte niet de St. Paul zoals we die tegenwoordig kennen, het serene, vorstelijke gebouw dat staat voor orde en menselijke rede, met die trotse koepel waar de geest van de Renaissance en de Verlichting van afstraalt. Zijn St. Paul had geen koepel maar een stompe toren (een halve eeuw eerder was de spits die oorspronkelijk op de toren had gestaan door de bliksem getroffen en die spits was nog niet vervangen); het was een donkere middeleeuwse kerk, die paste bij de middeleeuwse handelsplaats die Londen in het begin van de zeventiende eeuw nog was. De straten waar hij doorheen kwam, waren smal, donker en benauwd, en liepen af naar de centraal gelegen rioolgoten; de huizen langs de straten waren van hout en veel muren bestonden uit met leem opgevuld vlechtwerk – de hele stad was grotendeels van hout.

Omdat we weten waar hij heen ging en we enig idee hebben van waar zijn huis stond, kunnen we achterhalen welke route Henry Hudson, scheepskapitein, die zomerdag moet hebben gevolgd op weg naar zijn ontmoeting met de directeuren van de Muscovy Company, financiers van onderzoeks- en ontdekkingsreizen.[2] De breedste verbindingsweg tussen de wijk Tower Street naar de wijk Cordwainer Street was Tower Street. Eerst zou hij door een buurt gekomen zijn met, ondanks de schavotten en galgen van de Tower zelf, relatief nieuwe, 'keurige en grote huizen' zoals een kroniekschrijver uit die tijd, John Stow, ze beschreef. Een aantal huizen was in het bezit van prominente edelen.

Daarna volgde aan zijn linkerhand de boven de andere gebouwen uitstekende kerk van St. Dunstan-in-the-East, waarbinnen een herinnering te vinden was die enig licht wierp op zijn komaf. De Muscovy Company had niet alleen ten minste twee eerdere zeereizen van Henry Hudson gefinancierd, maar gedurende haar vijftigjarig bestaan had deze firma meerdere Hudsons ondersteund. Een daarvan was een andere Henry Hudson, die in 1555 een van de leden van de firma was, die het van eenvoudig 'bonthandelaar' of looier had geschopt tot welgesteld lid van de gemeenschap en bestuurder van de stad Londen, en die mogelijk de grootvader was van de ontdekkingsreiziger.[3] Dus onze Henry Hudson was waarschijnlijk net zozeer verbonden met de zee als met de firma, en onder een vergulde albasten steen in de kerk die hij nu voorbijliep, lag een naamgenoot en lid van de Muscovy Company, en in die steen stond gegraveerd:

Here lyeth Henry Heardsons corps,
Within this Tombe of Stone:
His Soule (through faith in Christ's death,)
to God in Heaven is gone.
Whiles that he lived an Alderman,
And Skinner was his state:
To Vertue bare hee all his love,
To vice he bare his hate.

(Hier ligt Henry Heardsons lijk,
Al in dit stenen graf;
Zijn ziel (gelovend in Christus' dood,)
steeg naar de Hemelse Here op.
Bij leven was hij alderman,
Een looier van komaf:
Aan deugden wijdde hij zijn hart,
Aan ondeugd schonk hij haat.)[4]

Als de zeeman, om aan de hitte van het seizoen te ontsnappen, tijdens zijn wandeling had besloten een omweg te maken, de heuvel af en de kerk langs, dan was hij uitgekomen bij de weidse ruimte van de Thames, waar het uitzicht stroomafwaarts werd gedomineerd door de overspanning van de London Bridge met haar twintig stenen bogen, waarop aan beide zijden in hachelijke posities huizen waren neergepoot. Aan de overzijde van de rivier lag, duister en aanlokkelijk, Southwark, een verwilderd plattelandsgebied dat om die reden diende als amusementskwartier, met langs paden verscholen bordelen, en, van hieruit zichtbaar, de 'beer-beuk' arena, waarin een bijzonder populair en bevredigend volksvermaak werd georganiseerd. Daarnaast stond het ronde houten bouwwerk van het Globe Theater, in zijn oorspronkelijke vorm. Inderdaad bevond zich daar op dat moment, ergens aan de kant van Southwark, te midden van de in deze buurt wonende handelaren, hoeren, 'stoere kerels' en 'eenvoudige toneelspelers die in tussenstukken spelen'[5], Shakespeare zelve – met zijn vierenveertig jaar vrijwel een leeftijdsgenoot van Hudson, in de bloei van zijn leven en op het hoogtepunt van zijn roem als de toonaangevende dramaturg van zijn tijd – die waarschijnlijk net met zijn werk wilde beginnen nadat hij was uitgeslapen na een avondje doorzakken in de Zeemeermin, waar hij samen met zijn acterende vrienden Richard Burbage en John Heminge aan de Spaanse wijn had gezeten, of die misschien zat te piekeren boven de bladzijden van *Coriolanus*, dat ongeveer in die tijd werd geschreven en die, zo vlak na de grote tragedies, hem wellicht een beetje flets hebben aangestaard.

Tower Street ging over in Little Eastcheap, dat weer overging in Candlewick en toen in Budge Row. Hier moest Hudson zijn, in het imposante Muscovy House, thuisbasis van de Muscovy Company. Het middeleeuwse uiterlijk van het Londen van 1608 was in tegenspraak met het feit dat de opkomst van Engeland tot wereldrijk al was begonnen, en een van de drijvende krachten daarachter bevond zich aan de andere kant van deze deuren. Gezien de lef die spreekt uit de voormalige naam – 'the Merchants Adventurers of England for the Discovery of Lands, Territories, Iles, Dominions, and Seigniories Unknown' – lijkt de firma te zijn gesticht vanuit een eerlijk en onstuitbaar enthousiasme.[6] De oorspronkelijke groep handelaren en edelen die er meer dan een halve eeuw eerder mee waren begonnen, bestond grotendeels uit de meest vooraanstaande mannen die Londen halverwege de zestiende eeuw kende – lord Opperschatmeester, de hofmeester van de hofhouding van de koningin, lord Zegelbewaarder, lord Opperadmiraal – tezamen met diverse andere ridders en vooraanstaande heren. Maar hoewel ze de handen ineen hadden geslagen voor de verkenning van de wereld, de grootste intellectuele en zakelijke uitdaging in die tijd, beschouwde niemand deze onderneming als een roekeloos avontuur. Het was wanhoop die hen naar de nieuwe verten dreef. Het Engeland van 1540 was tot stilstand gekomen, zat economisch in een dip, was in zichzelf gekeerd en stond in de schaduw van de grote zeevaartnaties Spanje en Portugal. Wol was het belangrijkste handelsproduct van het land, maar Engelse handelaren waren al meer dan honderd jaar afgesneden van de belangrijkste markten op het Europese continent.[7] Economische stagnatie ging hand in hand met intellectuele stagnatie: terwijl op het continent de Renaissance tot volle wasdom was gekomen, bestond in Engeland weinig belangstelling voor de wijde wereld, en die paar lange ontdekkingsreizen die Engeland had ondernomen, werden meestal geleid door buitenlanders, zoals de Venetiaan John Cabot (geboren Giovanni Cabotto[8]). Als het om zeereizen ging, zat Engeland in een neerwaartse spiraal.

Gewoonlijk verbindt de geschiedschrijving de opkomst van Engeland met de troonsbestijging in 1558 van koningin Elizabeth. Maar je zou die opkomst ook kunnen herleiden tot 1547, toen een intellectueel allesverslindende twintigjarige student, John Dee, iets deed wat eindeloos veel studenten na die tijd hebben gedaan: hij bracht zijn zomer door in het buitenland en keerde terug boordevol nieuwe kennis en inzichten. Na een academische carrière in Cambridge, waar hij een soort wiskundig genie bleek te zijn, reisde Dee naar de Universiteit van Leuven. Op zich zou de warme Brabantse zomerzon misschien al een hele ontdekking zijn geweest, maar Dee was nog maar net gearriveerd, of hij zag in een collegezaal iets liggen waardoor hij met stomheid werd geslagen. De leraar was Gemma Frisius, een Vlaamse mathematicus en cartograaf van het heelal, en wat Dee zag, was een kaart die hem in alle opzichten verbazingwekkend voorkwam, in de detaillering, in de nieuwe landen die er op stonden, zelfs in de belettering. De Lage Landen, ontdekte hij, hadden een enorme kennisvoorsprong op zijn eiland.

Samen met de Vlaamse geleerde Gerhard Kremer besteedde Dee lange met kaarsen verlichte nachten aan de studie van de kaarten van Frisius. Kremer, een geschoold graveur, had tien jaar eerder onder zijn academische auteursnaam Mercator naam gemaakt door een kaart uit te brengen van Palestina, waarop het Heilige Land nauwkeuriger stond weergegeven dan ooit. Mercator was een echte renaissanceman – meestercartograaf, iemand die telescopen bouwde, sextanten, onderzoeksinstrumenten en andere uiterst gevoelige meetapparatuur, auteur van een evangelisch register, promotor van een nieuw Italiaans cursief lettertype dat drukwerk op kaarten beter leesbaar maakte – en hij raakte bevriend met de gelijkgestemde Dee. In 1569 zou Mercator een kaart publiceren waardoor hij onsterfelijk zou worden, waarop de lengte en breedte als rechte lijnen stonden afgebeeld, de parallelle breedtegraden op gelijke afstand van elkaar en de lengtegraden naarmate ze dichter bij de polen kwamen steeds verder uit elkaar. Het zou een hinderlijk probleem oplossen voor de navigatie op zee, want nu waren zeelieden in staat een rechte lijn uit te zetten en een rechte koers te varen en hoefden ze niet langer telkens opnieuw hun positie te berekenen. (De mercatorprojectie wordt nog steeds gebruikt in navigatiekaarten, hoewel sommige zeelieden in het verleden net zozeer in verwarring werden gebracht door de vervormingen als schoolkinderen in later tijden.[9])

Als een aardige voorafspiegeling van de ingewikkelde omgang tussen de Lage Landen en de Britse Eilanden, die van grote invloed zou zijn op de volgende eeuw, had Dee bij zijn terugkeer naar Londen enkele door Mercator en Frisius gemaakte kaarten, meetinstrumenten en globes meegenomen, zaken die de opkomst van Engeland tot wereldwijd aanwezige grootmacht mede op gang zouden brengen. Wat de Engelse collega's van Dee vooral intrigeerde aan de kaarten en globes, was een gebied dat de meeste mensen over het hoofd zouden zien: de top, de noordpoolcirkel. De kaart van Frisius, getekend vanuit het gezichtspunt van de Poolster, vertoonde een duidelijk te onderscheiden, open kanaal, dat zelfverzekerd de Latijnse naam *Fretum trium fratrum* had gekregen. De Engelse vrienden van Dee moeten met open mond naar de zo vrijelijk aangegeven Straat van de Drie Gebroeders hebben gekeken. De grootste wens van elke ontwikkelde en avontuurlijke geest was de ontdekking van een korte route naar de rijkdom van Azië. Als deze doorgang zou worden gevonden, zouden investeerders rijk worden beloond; en voor de Engelsen zou dit betekenen dat hun economie met een reuzensprong vanuit de Middeleeuwen in de Europese voorhoede terecht zou komen. Hoe de legende van de Straat van de Drie Gebroeders precies luidde, was zelfs in die tijd niet helemaal duidelijk, maar het verhaal schijnt gebaseerd te zijn op de avonturen van de gebroeders Corte Real, Portugese zeelieden die in het begin van de zestiende eeuw het gebied rond Newfoundland verkenden en die naar verluidt de legendarische doorgang naar Azië hadden gezien, of deze zelfs zouden hebben bezeild, waarna twee van de broers spoorloos in de poolwateren waren verdwenen. (Ironisch genoeg hadden de Spanjaarden ook een theorie over deze mythische doorgang, alleen noemden zij die de Straat van de Engelsman.[10]) En daar stond hij ineens, getekend op de kaart van Frisius, blijkbaar dankzij de contacten die Frisius had met Portugese zeelui; ook op de kaart van Mercator stond de doorgang aangegeven, eenvoudigweg omschreven als *Fretum arcticum*, zeestraat door het noordpoolgebied.[11] Zoals zoveel mensen overkomt die iets zoeken, bevestigde de aanblik ervan in gedrukte vorm, met alle kusten en inhammen voorzichtig maar beslist getekend, het werkelijke bestaan van wat ze zochten.

Het lot, zo leek het, had de mannen, de middelen en de tijd samengebracht. De oplossing voor de economische en spirituele crisis van Engeland lag *daarginds*. Dus brachten de leiders van het land een groep zakenlieden bijeen die vijfentwintig pond per aandeel doneerden en in totaal zesduizend pond inzamelden.[12]

De opdrachtgevers hadden zich achter het plan opgesteld en het geld lag op tafel, bleef over de keuze van de beste route – dat kon zowel de zeestraat zijn die op de kaart van Frisius stond aangegeven, als een van de andere routes die met evenveel zekerheid werden voorgesteld. Het ging erom de noordelijke doorgang te vinden, niet alleen omdat daardoor het Spaanse en Portugese monopolie op het zuidelijk halfrond doorbroken kon worden, maar ook omdat er een grotere kans bestond dat de noordelijke mensen Engelse wol zouden willen kopen. Niemand twijfelde over het bestaan van een noordelijke route. Het algemene geloof onder de intelligentsia in iets waarvan wij weten dat met houten schepen fysiek onmogelijk is, berustte op verschillende argumenten, waaronder het betoog van de Nederlandse predikant/geograaf Peter Plancius, die beweerde dat 'de zon nabij de pool vijf maanden aan één stuk door schijnt en dat, ondanks de zwakte van de zonnestralen, deze door de onophoudelijke instraling de grond zodanig zou verwarmen dat het klimaat geschikt zou worden voor bewoning door mensen en voor het groeien van gras waarmee de dieren konden worden gevoed.'[13]

De naam waarmee de firma bekend werd, onthult wat er gebeurde op de eerste reis die ze financierde. Een dappere zeeman genaamd Richard Chancellor nam de noordoostelijke route, en hoewel het hem niet lukte om de doorgang naar de Oriënt te vinden, bereikte hij wel een ander doel: als eerste Engelsman van zijn tijd belandde hij in Rusland. De zogeheten Muscovy-handel die hier uit voortvloeide – de export van Engelse wol en de import van hennep, potvisolie en huiden uit het rijk van Ivan de Verschrikkelijke – was zo winstgevend, dat de zoektocht naar een route naar Azië grotendeels beëindigd werd.

De compagnie groeide en het land groeide mee. Elizabeth kwam aan de macht; Drake reisde de wereld rond; Shakespeare schreef. Toen de Spaanse koning Filips II in 1588 de Armada naar Engeland zond, om het eiland bij zijn rijk te voegen en de bevolking weer voor het katholicisme te winnen, slaagde de veel kleinere Engelse vloot er tot verbazing van iedereen in om de Armada te verslaan. Deze overwinning was een van die momenten waarop de bevolking zich plotseling bewust werd van het feit dat ze in nieuw tijdperk leefde. Ze woonden helemaal niet op een donker, kil eiland, zo hoorden ze van hun dichter, maar op 'een kostbare edelsteen gevat in een zilveren zee'.

In het begin van de zeventiende eeuw was het tij echter weer gekeerd. De koningin was gestorven en de handel met de Russen was afgenomen. Opnieuw geconfronteerd met geldgebrek, besloten de bestuurders van de compagnie hun oorspronkelijke doel weer op te pakken. Ze wilden de droom van de Renaissance weer doen herleven en zich nogmaals gaan richten op de ontdekking van de doorgang naar Azië.

De man tot wie ze zich nu wendden om de zoektocht te hervatten, is niet de hoofdpersoon van dit boek, maar hij is wel zijn voorloper, degene die de voorwaarden schiep voor zijn verhaal. Ten opzichte van de legendarische ontdekkingsreizigers is de betekenis van Hudson altijd beperkt gebleven: de Engelse bevolking van zijn tijd heeft hem niet geprezen zoals Francis Drake, Martin Frobisher of John Cabot, en hij is al helemaal niet te vergelijken met Columbus of Magalhães. Maar gezien zijn persoonlijkheid ligt dit voor de hand: Drake was de manhaftigheid zelve en de Italiaan Cabot was een bijzonder charmante figuur (na zijn bejubelde terugkeer vanuit de nieuwe wereld hield hij er de gewoonte op na om aan mensen die hij in kroegen ontmoette te beloven dat hij eilanden naar hen zou noemen), Henry Hudson daarentegen komt uit de archieven naar voren als een duistere en humeurige persoon, als iemand die zich beter thuisvoelt in de luwte van de geschiedschrijving. Maar vanwege de herwaardering van de Nederlandse kolonie in Noord-Amerika is het ook nodig de man aan een herwaardering te onderwerpen wiens grillige besluiten de loop van de geschiedenis veranderden.

Over de loopbaan die aan zijn ontdekkingsreizen voorafging, is niets bekend, maar omdat hij scheepskapitein was, moet hij al de nodige jaren hebben gewerkt als we hem in 1608 tegen het lijf lopen. Het is aannemelijk dat hij aanwezig was op een van de schepen die de Armada twintig jaar eerder had verslagen, maar bewijzen kunnen we dat niet. Gewoonlijk nam de Muscovy Company beginnelingen in dienst, om ze vervolgens aan het werk te zetten in verschillende deelgebieden van de handel: als kantoorbediende, vertegenwoordiger, of zeeman. Op een dergelijke manier had ene Christopher Hudson, die in zijn jonge jaren de firma had vertegenwoordigd in Duitsland, zich via functies in de in- en verkoop opgewerkt tot bestuurder van de firma – een positie die hij van 1601 tot 1607 bekleedde – en volgens sommige historici was hij vermoedelijk de oom van Henry Hudson. Henry Hudson was een veertiger toen hij voor het eerst de schijnwerpers van de geschiedenis binnenstapte. Hij is dan al een ervaren zeeman, een man met een sterke en rijke vrouw en drie zonen, een man die was opgegroeid met de zee en die al vroeg moet hebben gedroomd over de ontdekking van een noordelijke doorgang naar Azië, een man die als kleine jongen kennis had gemaakt met de legendarische verhalen van zijn voorgangers, een man die misschien wel geobsedeerd was door deze zoektocht.

Het vuur van die obsessie werd aangewakkerd, niet alleen bij hem, maar in het hele land, door zijn landgenoot Richard Hakluyt. Hakluyt was een raadsman van de Muscovy Company, maar bovenal was hij een unieke figuur: deels journalist, deels uitlegger, deels toejuicher en bovenal een enthousiast pleitbezorger voor de Engelse zaak in het buitenland. In de tachtiger jaren van de zestiende eeuw begon hij logboeken, verslagen en andere reisaantekeningen te verzamelen, en met herhaalde tussenpozen publiceerde hij veel van dit materiaal – het meeste onder de titel *The Principle Navigations Voyages Traffiques and Discoveries of the English Nation*, dat perfect getimed kort na de overwinning op de Armada uitkwam – waardoor het land regelmatig overspoeld werd met steeds luider klinkende golven van enthousiasme voor de Engelse avonturen op zee. Als gevolg hiervan werd Engeland zich bewust van de rol die het land in internationaal opzicht speelde en was men in staat te zien hoe andere landen er in de nieuwe tijd op uittrokken, een tijd van ontdekkingen. Hakluyt riep zijn landgenoten op om trots te zijn op het feit dat ze leefden in 'een eeuw waarin God aan jongeren een algemeen verlangen heeft meegegeven om alle delen van de wereld te willen ontdekken.'[14]

Dankzij Hakluyt begonnen zeelieden zichzelf vanuit een historisch perspectief te bekijken. Door Hakluyt streefde Hudson – die toch vooral een vastberaden en kordate man was – openlijk naar een plaats onder lieden als Columbus, Magalhães, Cabot, Cortes en Da Gama. En Hudson had duidelijk voor ogen hoe hij dat illustere doel wilde bereiken. Hij zou degene zijn die – na alle mislukkingen (glorieuze mislukkingen, maar toch) van Columbus, Cabot, Chancellor, Frobisher, Cartier, Verrazzano – uiteindelijk de legendarische strook ijskoud blauw water zou vinden, er doorheen zou zeilen en zou belanden in de met nootmuskaatgeuren gekruide luchtstreken van China. In zijn eentje zou hij de verbinding met de wijde wereld totstandbrengen.

Hij vergiste zich. En toch, door een speling van het lot zou hij zijn droom alsnog waarmaken – zonder meer, maar dat gebeurde wel op een heel andere manier dan hij ooit zal hebben gedacht. Hij was niet alleen voorbestemd om de ietwat ironische beschermheilige van een indrukwekkende stad te worden, die eens de pretentieuze titel van hoofdstad van de wereld zou dragen, tegelijkertijd zou zijn naam verbonden zijn aan een nieuw soort samenleving die eeuwen later een voorbeeld voor de wereld zou zijn. Van hem uit strekt zich een slingerende maar ononderbroken keten uit tot een verafgelegen ratjetoe: met wolkenkrabbers en bodega's, tjap tjoi en hip-hop, markten en metro's, limousines en limonades, en financieringen en vormen – de rommelige lijst met ingrediënten die als ze in de loop van de tijd op een hoop zijn geveegd een wereldstad vormen, een stad van de eenentwintigste eeuw. Voor zover een enkele sterveling daartoe in staat kan zijn, zou hij een keerpunt worden in de loop van de geschiedenis: van een wereld van hout en ijzer naar een wereld van siliconen en plastic.

*

Zijn eerste reis was volstrekt krankzinnig. Terwijl aardrijkskundigen debatteerden over de vraag of de moeilijk te vinden doorgang naar Azië in het noordwesten lag, via Canada, of in het noordoosten, om Rusland heen, was de poging van Hudson veel stoutmoediger en absurder dan deze beide varianten, iets wat niemand ooit had geprobeerd: hij wilde recht omhoog, via de meest noordelijke plek van de aardbol. Hij baseerde zich op een 'gevestigde' theorie, die tachtig jaar eerder voor het eerst was bedacht door Robert Thorne, een handelaar-avonturier die beweerde dat een zeeman niet alleen zou ontdekken dat nabij de Noordpool het ijs gesmolten is, maar ook dat hij daar kon profiteren van 'het eindeloze daglicht zonder de duisternis van de nacht.'[15] Daglicht is natuurlijk erg praktisch, maar om willens en wetens met een vijfentwintig meter lang schip met twaalf bemanningsleden, slechts voortgestuwd door de wind, recht op het noordelijkste puntje van de wereld af te stevenen, daar 15 miljoen vierkante kilometer poolijs[16] te trotseren, in de veronderstelling er dwars doorheen te varen en uit te komen aan de andere kant van de wereld – om daaraan te beginnen, moet je een onvoorstelbare hoeveelheid lef hebben. Het wekt dan ook geen verbazing dat vroeg in de ochtend van 19 april

1607 Hudson en zijn kleine groep bemanningsleden, onder wie zijn zoon John, die mogelijk net als eens zijn vader bezig was het zeemansvak onder de knie te krijgen, vanuit het schrale voorjaarszonnetje de duisternis van de net binnen het Londense Bishopsgate gelegen kerk van St. Ethelburga[17] binnenschuifelden (en blijkbaar met succes de kroegen wisten te negeren die zich links en rechts van de kerk bevonden: the Angel, the Four Swans, the Green Dragon, the Black Bull), daar plaatsnamen tussen de kerkgangers en een dringende bede tot de God van hun voorvaderen richtten om hun reis toch vooral te zegenen.

Nog verbazingwekkender dan de beslissing van Hudson om een dergelijke reis te ondernemen, is het feit dat hij die reis heeft overleefd. Het schip voer door mist en ijs, de bemanning leefde van beren en robben (op een gegeven moment werden ze ziek van verrot berenvlees), ze overleefden zware stormen en kwamen met de schrik vrij toen een walvis tegen de kiel van hun schip botste op het moment dat hij probeerde aan het oppervlak te komen, ze kwamen tot voorbij de tachtigste breedtegraad, op minder dan duizend kilometer van de Noordpool, waarna Hudson droogjes vaststelde: 'Vanochtend zagen we dat we ingesloten waren door een enorme hoeveelheid ijs [...] En ik kan nu met zekerheid stellen [...] dat er langs deze route geen doorgang is te vinden.'[18]

In de meeste gevallen zou de reis als een mislukking zijn beschouwd, maar in die tijd dacht men daar heel anders over – het was de zeventiende eeuw, aan de einder lag een uitgestrekte nieuwe wereld. Ondernemers en scheepskapiteins gingen ervan uit dat er vooruitgang was geboekt als ze een doodlopende route weg konden strepen. De Muscovy Company beschouwde de reis helemaal niet als een mislukking (het bericht van Hudson dat hij 'vele walvissen' had gezien bij Spitsbergen, had bijvoorbeeld tot gevolg dat er in de jaren daarna een massale en winstgevende jacht op walvissen op gang kwam, die, zoals te verwachten viel, de walvispopulatie decimeerde) en nam Hudson bij zijn terugkeer in september 1607 meteen weer in de arm om het volgende seizoen opnieuw een poging te ondernemen om hetzelfde vraagstuk op te lossen.

Hudson bracht de winter door in zijn Londense huis en stortte zich op zijn kaarten en op brieven van bevriende zeelieden en geografen, te midden van zijn gezinsleden ging hij op in het huiselijke leven en maakte plannen, misschien wel in overleg met Hakluyt, met wie hij ondertussen bevriend was geraakt. In het begin van het volgende seizoen – op 22 april 1608 – zien we hem alweer het ruime sop kiezen, opnieuw in de Hopewell, een schip van de Muscovy Company, dit keer met veertien bemanningsleden, zittend in zijn krappe kapiteinshut, waar hij, terwijl het schip wegglijdt van de kades op de oever van de Thames, met een van opwinding bonkend hart zijn pen zorgvuldig op het papier van zijn logboek plaatst, en plichtsgetrouw notuleert: 'We zetten koers naar St. Catherines en moesten uitwijken naar Blacke Wall'.[19]

Dit keer voer hij een andere kant op: naar het noordoosten. Anderen, onder wie zijn voorgangers van de Muscovy Company, hadden het eerder geprobeerd, maar de bestuurders geloofden nog steeds dat de grootste kans om Azië te bereiken de route ten noorden van Rusland was. Hudson zelf had misschien zo zijn twijfels – hij vermoedde dat de noordwestelijke route meer kansen bood – maar hij was bereid naar hun wensen te handelen. Zo leek het tenminste. Het fiasco van zijn tweede reis is minder interessant dan wat er gebeurde op de zesde juli, toen hij had geconcludeerd dat hij onmogelijk verder kon varen (nadat hij de zeestraat was binnengevaren waarlangs hij een doorgang had willen vinden, schrijft hij met pijn in zijn hart, 'er is hier zoveel ijs, je kunt je er nauwelijks een voorstelling van maken'[20]). Niet in staat een weg te vinden om Nova Zembla, had hij 'geen hoop meer een doorgang in het noordoosten te vinden'[21], en dus stelde hij voor het roer helemaal om te gooien, de bevelen van de Muscovy Company te negeren en naar het noordwesten te varen. Maar na meer dan tien weken strijd te hebben geleverd tegen de woeste elementen van de poolzee, voelde zijn bemanning er, niet geheel ten onrechte, weinig voor om met een grote boog de Atlantische Oceaan over te steken en daar opnieuw de wildernis in te duiken. Ze sloegen bijna aan het muiten; Hudson werd gedwongen om zijn blik van de verre einder los te maken, zijn obsessie op te geven en in plaats daarvan zijn aandacht te richten op de mensen voor hem op het dek. Hij bond in. Ze keerden terug naar Londen.

Hij was nog niet teruggekeerd, of hij was alweer bezig met de voorbereiding van een volgende tocht. Nu had hij de slag te pakken: twee reizen in twee achtereenvolgende seizoenen; twee routes weggestreept en nog een te gaan. Hij was ervan overtuigd dat hij de oplossing van het vraagstuk naderde, dat hij op het punt stond het raadsel op te lossen dat Europa gedurende de hele Renaissance had beziggehouden. Het leek bijna zeker dat het antwoord moest worden gezocht in de mistige, bijna volledig onbekende streken die sinds kort op de landkaarten als Amerika werden aangegeven.

Rond deze tijd – mogelijk al voorafgaand aan de reis in 1608 – ontving Hudson brieven van zijn vriend en collega-ontdekkingsreiziger, de vooraanstaande geweldenaar John Smith, die in Hongarije tegen de Turken had gevochten, gevangen was genomen en in Istanbul als slaaf was verkocht, waar hij een verhouding kreeg met zijn vrouwelijke overmeesteraar, en via Rusland naar Transsylvanië was ontsnapt en was rondgetrokken door Noord-Afrika – en dat alles nog voordat hij vijfentwintig jaar werd. Ontevreden met een dergelijke reeks avonturen, was Smith in 1607 een van de voortrekkers bij de stichting van een kolonie in Virginia – wat later de eerste permanente Europese kolonie aan de Noord-Amerikaanse kust zou blijken te zijn (Roanoke, de kolonie van Walter Raleigh die in 1587 werd gesticht, was alweer verdwenen toen in 1590 versterking arriveerde) en waar hij samen met zijn vrienden in uiterst beroerde omstandigheden verbleef (slechts 38 van de oorspronkelijk 150 kolonisten overleefden de eerste winter). Smith stuurde Hudson kaarten van de Noord-Amerikaanse kust en enkele theorieën die hij zelf had bedacht. Deze theorieën moeten Hudson als muziek in de oren hebben geklonken, ze kwamen overeen met zijn eigen opvattingen: dat een zee of rivier ergens in het noorden van Virginia uitkwam op de Chinese Zee. (Smith baseerde zich vermoedelijk op informatie van indianen die spraken van een grote oceaan waar je via de Hudson River kon komen – mogelijk de Grote Meren, bereikbaar over een draagpad door de Mohawk River Valley.)

En zo treffen we Hudson aan op de plaats waar we hem aan het begin van dit hoofdstuk al ontmoetten, kort nadat hij eind augustus, begin september 1608 weer voet aan wal had gezet, op het punt om – vermoedelijk gekleed in gesteven Spaanse kraag en fraai geborduurd wambuis, passend bij een officieel gesprek – het Muscovy House binnen te treden voor zijn verplichte ontmoeting met de bestuurders van de firma. Het moet hem hebben geduizeld. Weliswaar steunde de informatie van Smith hem in zijn vermoeden dat hij zijn einddoel naderde. Maar tegelijkertijd schreef Samuel Purchas, een bestuurder van de firma en net als Hakluyt iemand die de Engelse zeereizen populariseerde (van hem is de meeste informatie over de reizen van Hudson afkomstig), dat hij Hudson een dag na zijn terugkeer had aangetroffen 'in een uiterst neerslachtige stemming, waar niemand hem uit kon halen. Dat hij met zijn doorzettingsvermogen en noeste arbeid kaarten van het noorden had gemaakt die van groot belang waren voor Engeland, kon hem niet schelen. Ik vertelde hem dat hij eeuwige roem had verdiend, maar hij wilde niet luisteren.'[22] Dit paste bij hem: Hudson was iemand met hoge pieken en diepe dalen, perioden van daadkracht en gedrevenheid wisselden zich af met tijden van diepe wanhoop. Op het moment dat hij het Muscovy House binnentrad, zullen hem de recente mislukking en de kans op een roemvolle ontdekking door zijn hoofd geschoten zijn. Zulke spanningen moeten hem goed hebben gedaan, zulke tegenstellingen: hij probeerde de menselijke beschaving te vergroten door helemaal op te gaan in de vrije natuur; hij slenterde in het comfortabele centrum van die beschaving, terwijl de al te natuurlijke geur van verrot berenvlees nog in zijn mond hing.

We kunnen hem niet volgen als hij naar binnen gaat. Het gebouw zelf is samen met alle archieven in vlammen opgegaan tijdens de Grote Brand. Als er al een verslag heeft bestaan van deze ontmoeting, van wie tegen de financiering van zijn reis stemde en waarom, dan is daar niets meer van over. We kunnen ons slechts proberen voor te stellen wat voor geweldige dreun het voor hem geweest moet zijn toen ze hem afwezen, zijn grote zoektocht opgaven, evenals een van hun eigen onderzoeken. Misschien zagen ze het niet meer zitten vanwege zijn monomanie en het risico dat er muiterij zou uitbreken. Misschien begon de Muscovy Company wat futloos te worden (niet zo lang daarna zou de firma worden overgenomen door de jongere en vitalere East India Company).

Maar hij had nauwelijks tijd om weg te zakken in een depressie, een diagnose die een psycholoog misschien bij hem had kunnen stellen, of er deed zich een onverwachte gebeurtenis voor. Kort nadat hij het gebouw van de firma verliet en het felle zomerlicht instapte, liep hij een elegante, bescheiden, 72-jarige heer tegen het lijf. Emanuel van Meteren had het levenslicht gezien in Antwerpen, maar was op zijn vijftiende samen met zijn ouders naar Londen verhuisd, waar hij de rest van zijn leven had doorgebracht, en waar hij een Engelse opleiding had genoten en een Engels gevoel voor raffinement had ontwikkeld, hoewel hij in wezen altijd Nederlands was gebleven. Gedurende de laatste dertig jaar was hij de Nederlandse consul in Londen geweest, en hij stond op gelijke voet met de meeste belangrijke zakenlieden, edelen en ontdekkingsreizigers uit beide landen. Hij had gehoord dat de Muscovy Company Hudson had laten vallen – gezien zijn contacten was hem dat misschien wel eerder ter ore gekomen dan Hudson zelf.

Zodra Van Meteren zich in al zijn eerbiedwaardigheid voor Hudson had opgesteld, vertelde hij hem waarom hij belangstelling had voor de obsessie van de zeeman. Het ging hem niet om zomaar een scheepskapitein en de firma waarvoor hij werkte. De zoektocht van Hudson maakte deel uit van een groot veranderingsproces waarin de mogendheden van Europa zich bevonden, een zelfbewuste behoefte om te ontsnappen aan het mediterrane model dat gedurende de Middeleeuwen als voorbeeld had gediend, een behoefte om de wijde wereld in te trekken, te ontdekken, cultiveren, ontwikkelen, handel te drijven. Van Meteren sprak namens enkele Nederlandse handelaren, die, nu ze hadden vernomen dat zijn landgenoten het vertrouwen in hem hadden verloren, Hudson graag aan hun zijde zagen. Kortom, ze wilden hem in dienst nemen.

Blijkbaar had de zeeman geen last van loyaliteitsconflicten, noch ten opzichte van zijn land, noch ten opzichte van de firma waarin hij groot was geworden. Na een kort oponthoud vanwege de doop van een kleinkind (Alice, een dochter van zijn zoon Oliver), stak Hudson per schip het Kanaal over, zonder dat hij kon weten dat zijn bijdrage aan de geschiedenis niet zou afhangen van de ontdekking van een vaarroute naar het morgenland, maar van deze speling van het lot, deze merkwaardige zijstap in de reeks stoutmoedige, geniale en majestueus misleide reizen die hij ondernam.

2

DE BESTUIVER

Wie in de zeventiende eeuw Amsterdam bezocht, moet zijn bestookt met indrukken. Gekrijs van over elkaar heen tuimelende zeevogels en geklepper van roeispanen; een mengeling van geuren: kool, gebakken pannenkoeken, de moerasdampen uit de grachten. En dan de sensatie die de aanblik van het netwerk van blauwgrijze grachten moet hebben gegeven, het gevoel een strak omkaderde ruimte te betreden. De bakstenen huizen, waarvan de omhoogwijzende geveltoppen de horizon begrensden, kwamen verfijnd en bescheiden over. Op de met kinderkopjes bestrate kades wemelde het van de werklui die karren voor zich uit duwden, of voortwaggelden onder de last van de zakken die ze aan boord van de lichters brachten; vrouwen met bolgerokte billen schrobden hun stoepjes, die ze met handenvol zand bestrooiden; overal waren honden, paarden en kinderen.

Toen Henry Hudson in het voorjaar van 1608 in Amsterdam aankwam, was de wereld om hem heen aan het veranderen. De Spaanse en Portugese mogendheden, die gedurende meer dan een eeuw in Zuid-Amerika en Oost-Indië hun gang hadden kunnen gaan, raakten in verval, en tegelijkertijd waren twee nieuwe mogendheden in opkomst. De macht van de Nederlanders nam toe, net als die van de Engelsen, alleen zouden de Nederlanders eerder pieken en de wereld verblijden met Rembrandt, Vermeer, de microscoop, de tulp, de effectenbeurs en de moderne opvatting van een woonhuis als een besloten, vertrouwde plek.

Uiteraard waren de Nederlanders gericht op de zee; die op afstand houden, dat was hun leven. Altijd hielden zij zich bezig met water; zij waren de scheepsbouwers van het continent, de zeelui, de stuurlui, vervoerders, en dat verklaarde hun heerschappij. Toen de Spanjaarden en Portugezen tezamen de Nederlandse handelaren de toegang ontzegden tot de haven van Lissabon (via welke zij lange tijd aan Aziatische goederen waren gekomen, die ze vervolgens in heel Europa verhandelden) namen de handelaren drastische maatregelen, ze laadden hun vaartuigen vol met kruit en kanonskogels en trokken rechtstreeks naar de oorden waar de Iberiërs hun handel vandaan haalden, de Oost-Indische archipel, via de zuidelijke route meer dan een jaar varen. Daar aangekomen, schoten ze hun kanonnen leeg op de militaire handelsposten van de Portugezen en ze namen deze in, en maakten aldus Java, Sumatra en het Maleisische schiereiland tot buitenposten van hun rijk. Toen de eerste succesvolle vloot in 1599 terugkeerde, met de laadruimen volgepakt met 600.000 pond peper en evenzoveel nootmuskaat, kruidnagelen en andere specerijen, waren de Amsterdammers verbijsterd over zoveel rijkdom, in de hele stad luidden de kerkklokken en de opkomst van een wereldmacht kon beginnen.

De geografische gesteldheid is karaktervormend, en het karakter van de stad die Hudson betrad, verschilde hemelsbreed met dat van de stad die hij zojuist had verlaten. Dit ene punt helpt te verklaren waarom Manhattan, dat zijn oorspronkelijke vorm aan Hudson te danken heeft, zo'n heel andere plaats zou worden dan, bijvoorbeeld, Boston of Philadelphia. Een verschil tussen Engeland en de Nederlandse Republiek zat hem in het abstracte en in onze oren versleten woord *tolerantie*. Engeland stond aan het begin van een eeuw vol religieuze oorlogen, waarin koninklijke koppen zouden rollen en hele horden gewone burgers op de vlucht zouden slaan. De Nederlanders – handelaren en zeelieden, die op verre oorden waren gericht, andere mensen en wat die produceerden – hadden altijd al om moeten gaan met verschillen. Net zoals buitenlandse goederen hun havens in en uit gingen, gebeurde iets vergelijkbaars met buitenlandse ideeën (en nu we het daar toch over hebben, buitenlanders). Het zou al te anachronistisch zijn als we het hier zouden hebben over het 'vieren van culturele diversiteit', maar in het Europa van die tijd onderscheidden de Nederlanders zich door hun nuchtere acceptatie van uitheemsheid en van religieuze verschillen van uiteenlopende aard. Een voorbeeld van hoe dit er in de praktijk uitzag, is terug te vinden in de samenstelling van de Amsterdamse afdeling van de Oost-Indische Compagnie, de nieuwe medewerkers van Hudson; deze bestond zowel uit katholieken als uit protestanten, veel van hen waren op de vlucht voor vervolging in het zuiden of ergens anders. Ze waren hier gekomen, hadden zich een plaatsje verworven in de maatschappij en werkten zich omhoog. Gedurende de zeventiende eeuw zou de Republiek der Verenigde Nederlanden een intellectueel en godsdienstig toevluchtsoord bieden aan Descartes, John Locke en de Engelse pelgrims, die voordat ze erop uit trokken om een nieuw Jeruzalem te stichten in Nieuw-Engeland twaalf jaar in

Leiden woonden. De filosoof Baruch Spinoza was afkomstig uit de vitale Amsterdamse joodse gemeenschap. En tot op de dag van vandaag hebben Amsterdammers het trots over *Mokum*, de eeuwenoude joodse naam voor hun stad. (Het Amsterdamse 'de mazzel' is eveneens van Jiddische oorsprong.)

Het landschap heeft ook een politieke dimensie, en de laaggelegen provincies – Nederland is in feite een grote rivierdelta – vormden altijd een eenvoudig doelwit voor indringers. De Fransen namen in de veertiende eeuw het land in, en in 1495, drie jaar na de reis van Columbus, voegde Spanje het land bij haar rijk. Toen Hudson in Amsterdam arriveerde, hadden de Verenigde Provinciën een bijna veertigjarige onafhankelijkheidsstrijd tegen de Spaanse overheersers achter de rug, en die lange strijd had hen gehard, gescherpt, en militair en economisch sterker gemaakt. Voor die tijd was het land verdeeld geweest en was iedere provincie geneigd haar eigen gang te gaan. De katholieke tirannie – compleet met bloedige inquisitietactieken waarmee de protestanten terug in de schoot van de moederkerk gedwongen moesten worden – had hen verenigd. Het had hun een vader des vaderlands opgeleverd, Willem de Zwijger, Prins van Oranje. De moord op deze heroïsche militaire leider had Groningse boeren, Friese paardenhandelaren, Zeeuwse scheepsbouwers en kosmopolitische kunstenaars en handelaren in Amsterdam een gemeenschappelijk richtpunt gegeven. Ze hadden ook hun eigen revolutionairen, de Watergeuzen, strijdlustige, Robin-Hood-achtige zeelieden die tegen alle verwachting in zegevierden over de Spaanse beroepssoldaten die het kuststadje Den Briel bezet hielden, waardoor de Nederlanders voor het eerst uitzicht kregen op het afwerpen van het buitenlandse juk.

Misschien was het meest in het oog springende verschil tussen Nederland en Engeland de nieuwe regering die de Zeven Verenigde Provinciën tijdens hun strijd hadden geformeerd, iets totaal afwijkends in Europa: midden in de tijd van de grote monarchieën, van Elizabeth Tudor tot Lodewijk XIV, kwamen de Nederlanders met een republiek. Die republiek was weliswaar niet helemaal in overeenstemming met de republiek zoals die in het tijdperk van de Verlichting was bedoeld – er was geen sprake van het idealistische, starre 'wij-houden-deze-waarheden-voor-vanzelfsprekend' voorbeeld dat leidde tot de Amerikaanse republiek – maar was meer geleidelijk tot stand gekomen, toen steden zich aaneenvoegden om voor hun belangen op te komen. Het systeem ontstond meer van onderaf, vanuit de mensen zelf. De Fransen hadden hun ingewikkelde stelsel van vervlochten gebruiken en protocollen, het Spaanse hof had haar wankele 'schitterende bron'[1] met beschermelingen, en de Engelsen hadden hun systeem met maatschappelijke klassen en een aristocratie die sterk verbonden was met de natie. In de zeventiende eeuw onderscheidden de Nederlanders zich door gewoon te doen. Ze hadden van huis uit een aversie tegen de monarchie en praalzucht – iemand in die tijd omschreef dit als 'een krachtige tegenzin tegen een machthebber met maar één enkel hoofd'.[2] Ze geloofden in hard werken, het verdienen van een eerlijke boterham en in bescheidenheid. Ze vonden al die drukte van de Engelsen over heksen maar paranoïde.

De Nederlanders gingen zo eenvoudig gekleed, dat buitenlanders in Amsterdam zich erover beklaagden dat ze niet in staat waren het verschil te zien tussen een stadsbestuurder en een winkelier. Aan het begin van de eeuw stonden er in Amsterdam slechts enkele grote huizen; de woningen aan de Herengracht en Brouwersgracht waren nog eenvoudige eengezinswoningen. Het was voor die tijd heel bijzonder dat de Nederlanders niets zagen in een uitgebreide schare bedienden: een rijke familie had er misschien een of twee. Toen een Franse scheepscommandant eens bij zijn kapitein moest komen, trof hij hem aan terwijl hij zijn hut schoonveegde. En hoewel er wel degelijk adellijke families waren, hadden die niet evenveel macht als de andere Europese aristocraten. In plaats daarvan was de macht in handen gekomen bij degenen die de stuwende kracht achter vele zaken waren: de zakenlieden en de plaatselijke bestuurders. Weliswaar konden deze mannen na verloop van tijd wel een soort handelsadel worden, zo gaat dat nu eenmaal, en ook kochten ze wel eens een titel van armlastige buitenlanders[3], maar dit onderstreept juist waar het hier om gaat. Opwaartse mobiliteit maakte deel uit van het Nederlandse karakter: als je hard werkte en slim was, dan steeg je in aanzien. Tegenwoordig is dat vanzelfsprekend, in de zeventiende eeuw was dat een heel merkwaardige gang van zaken.

Alles bij elkaar – de vader des vaderlands, de jonge en vitale republiek, de onafhankelijkheidsstrijd, de praktische bevolking die een hekel heeft aan monarchieën en een vrije omgang heeft met verschillen – komen deze kenmerken ons behoorlijk bekend voor, kenmerken die een eeuw later niet over het hoofd werden gezien door de stichters van Amerika. Als eerste ambassadeur van Amerika in Nederland, omschreef John Adams het in 1782 zo: 'De oorsprong van de beide republieken is zo vergelijkbaar, dat de geschiedenis van de ene wel een afschrift van de andere lijkt; zodat iedere Nederlander die uitgelegd krijgt wat er in Amerika is gebeurd, zal moeten inzien dat de Amerikaanse revolutie noodzakelijk was en terecht, want als hij dat niet doet, zal hij ook de grote daden van zijn eigen onsterfelijke voorvaderen moeten veroordelen'.[4] Sommige overeenkomsten zijn onvermijdelijk (kennen niet alle opstandelingen hun helden en martelaren?) maar de meest essentiële – openstaan voor andere culturen, een vrije acceptatie van culturele verschillen en het idee dat individuele verdiensten er meer toe doen dan het geboorterecht – zijn, zoals ik in dit boek hoop aan te tonen, in elk geval gedeeltelijk het gevolg van een soort genetische overdracht van de ene cultuur naar de andere, een kiemcel van Nederlandse concepten die in een vruchtbaar gebied van de toekomstige Verenigde Staten terecht is gekomen, van waaruit deze konden doordringen in het karakter van Amerika. En de ongewilde en onwetende drager van deze culturele genen bevond zich hier, in Amsterdam.

Net als de Engelsen, wilden de Nederlanders al lange tijd weten hoe ze langs de noordelijke route naar Azië konden komen. Vijftien jaar eerder had de Nederlandse ontdekkingsreiziger Willem Barentsz drie pogingen ondernomen om een passage te vinden. Dat hij daarbij was doodgevroren, had het plaatselijke enthousiasme voor de onderneming niet doen verflauwen. De Verenigde Oost-Indische Compagnie was opgericht naar aanleiding van de recente, bijzonder succesvolle reizen naar Zuidoost-Azië, en zou al snel een branche zijn met een grote vloot waarop niet minder dan vijfduizend zeelieden werkzaam waren. Deze compagnie was beter georganiseerd en had meer geld tot haar beschikking dan de Muscovy Company. Als de inlichtingen klopten, dan stond Hudson op het punt om de langgezochte route naar de Aziatische markten te ontdekken en dus wilden ze Hudson in de arm nemen.

Maar zij waren niet de enigen die hem wilden. Hudson was op een beslissend moment in de Nederlandse Republiek terechtgekomen, toen de aandacht van heel Europa op de Lage Landen was gevestigd. Twee jaar voor hij arriveerde, hadden Nederlandse schepen onder leiding van Jacob van Heemskerck, in een woud van masten en met luid bulderende kanonnen, de Spaanse vloot verslagen die bij Gibraltar voor anker lag, wat een fraai slotakkoord opleverde voor de overwinning op de Armada, twintig jaar eerder, en uiteindelijk de Spaanse koning, Filips III, aan de onderhandelingstafel bracht. Terwijl Hudson met Nederlandse handelaren aan het soebatten was over een contract, waren afgevaardigden uit alle landen van Europa negentig kilometer verderop een bestand aan het uitwerken waar ze allemaal belang bij hadden. Als dat bestand er zou komen, zou dat neerkomen op de erkenning van de Verenigde Provinciën als een zelfstandige natie.

Hudson voelde zich thuis in Nederland; misschien had hij er al eerder een tijdje doorgebracht.[5] Hij had hier vrienden. Joost de Hondt was een graveur en kaartenmaker, die voor Hudson als tolk optrad tijdens de onderhandelingen over het contract; gedurende de winter verbleef Hudson in zijn huis in Den Haag. Een andere vriend was de geograaf Peter Plancius (degene van de theorie van de zonnekracht op de pool), met wie Hudson studerend op kaarten en geruchten de lange winteravonden doorbracht. Niemand in de Nederlandse Provinciën wist beter hoe de wereld eruit zag dan hij. Hij behoorde tot degenen die ervan overtuigd waren dat de doorgang in het noordoosten gezocht moest worden, maar Hudson hield stug vast aan de overtuiging dat de passage hoogstwaarschijnlijk in het noordwesten lag, en hij werd daarin gesteund door een tekst die Plancius op een of andere manier in handen had gekregen en die hij aan Hudson voorhield: het verslag van de Engelsman George Weymouth, die zeven jaar eerder een poging had ondernomen om via het noordwesten te gaan, en die gedetailleerde waarnemingen had opgeschreven.

Terwijl Hudson in het Oost-Indiëhuis uitkeek over het stille groene water aan de Gelderse Kade en met Nederlandse handelaren onderhandelde, luisterden spionnen van de afvaardigingen bij de bestandsonderhandelingen in Den Haag deze gesprekken af, want beide zaken stonden met elkaar in verband. Het hoofdonderwerp van deze bijeenkomst was een bestand, maar onderliggend speelde ook de opkomst van de Nederlandse macht mee. De Spaanse en Portugese afgevaardigden waren nog steeds woedend over de Nederlandse invallen in Azië en wilden dat de Nederlanders zich terugtrokken voordat er sprake kon zijn van vrede. Engeland dacht er net zo over. James I, de bibliomane en onhandige Schot, troonopvolger van Elizabeth, had zijn onderhandelaars naar Den Haag gezonden met de opdracht aan te dringen op het beëindigen van de Nederlandse handel in de Oost.

De VOC – de naam waaronder de Verenigde Oost-Indische Compagnie over de hele wereld bekend zou worden en waarmee schepen in alle havens van de wereld waren uitgedost – had als enige het recht om via de zuidelijke route handel te drijven met Azië. Dus als iemand een noordelijk alternatief zou ontdekken, zou de toenemende invloed van de VOC een halt worden toegeroepen. Vandaar dat ze zo benieuwd waren naar Hudson. Maar voordat de VOC een verdrag kon sluiten, waren anderen aan zet. Pierre Jeannin, die aan het hoofd stond van de Franse delegatie bij de onderhandelingen, stuurde een bericht aan koning Hendrik IV, waarin hij hem informeerde over een ontwikkeling die te maken had met 'de huidige onderhandelingen om een bestand te sluiten voor de Staten-Generaal'.[6] Het gerucht ging, zo rapporteerde Jeannin, dat de Nederlanders op het punt stonden een overeenkomst te sluiten met de Engelse zeeman Hudson, die op het punt stond een korte route naar Azië te ontdekken (door erover te berichten dat Hudson 'ontdekt had dat het steeds warmer werd, naarmate je noordelijker kwam', bestendigde Jeannin tegelijkertijd de mythe van Plancius).[7] Jeannin beschreef ook het plan van een afvallige Nederlandse handelaar, genaamd Isaac le Maire, die voorstelde Hudson weg te kapen van de VOC en hem door een door Fransen geleid consortium te laten contracteren, en voegde hieraan toe dat 'er ook vele rijke handelaren zouden zijn die graag mee zouden willen doen'.[8]

Ondertussen baalden de Engelsen ervan dat ze Hudson hadden laten gaan. En de Nederlandse handelaren kregen lucht van de Franse plannen en probeerden snel tot overeenstemming met de zeeman te komen. De opwinding onder de belangrijkste Europese spelers onderschrijft de gedachte aan Hudson als een keerpunt: allemaal voelden ze aan dat Hudson *op iets zou uitkomen*, dat het in de toekomst die kant op zou gaan, en allemaal wilden ze hem volgen.

*

Op naar zee. Hij stak van wal nabij een vierkante toren van baksteen, de Schreierstoren, die op de plek stond waar de stadsmuren aan het water grensden en waar generaties Nederlandse vrouwen reikhalzend op de uitkijk hadden gestaan, wachtend op de terugkeer van hun mannen. Hij slaagde erin dat voorjaar te vertrekken, op tijd voor het zeilseizoen van 1609. Hij had een nieuw schip, de bijna dertig meter lange Halve Maen, en een zestienkoppige bemanning, half Engels, half Nederlands. Hij moet nadrukkelijk geprobeerd hebben naar het noordwesten af te mogen zeilen, want de Nederlandse handelaren waarschuwden in de meegezonden instructies dat hij 'niet in zijn hoofd moest halen om andere routes of passages te ontdekken'[9] dan de noordoostelijke. Geheel volgens zijn gewoonte negeerde hij hen volledig. Nadat hij een vliegende start had gemaakt langs de Noorse kust, nog in de richting van Rusland, vervolgde hij zijn reis met de wind mee, die hem westwaarts voerde, en dat was de richting die hij bleef aanhouden. Hij stond aan het begin van een reis die hem tienduizend kilometer de andere kant op zou voeren dan hij had beloofd: ondenkbaar bij de kapitein van een ander schip; maar bij hem was het eerder regel. Zijn historische reis was dus echt een eigen initiatief, al liep het iets anders dan hij had gedacht.

Nadat hij zijn bemanning ervan overtuigd had dat ze midden op de oceaan hun koers moesten verleggen, had hij twee alternatieven: hij kon het journaal van George Weymouth volgen, waarin een heuse noordwestelijke doorgang werd beschreven, tussen de eilanden en ijsvelden door, in wat we tegenwoordig kennen als het noorden van Canada, of hij kon de aantekeningen volgen van John Smith, die aangaven dat de doorgang helemaal niet in het noordwesten te vinden zou zijn, maar in het zuidwesten, dwars door het Noord-Amerikaanse continent. Hij volgde Smith. Toen hij Newfoundland naderde, trok hij gedurende zes weken langs de kust naar het zuiden, totdat hij de nederzetting van Jamestown in Virginia, en zijn vriend, tot op een kilometer of vijftien was genaderd. Toen stopte hij, plotseling. Hij wist precies waar hij was, want zijn Engelse eerste stuurman tekende in zijn dagboek aan: 'Dit is de monding van de Kings River in Virginia, waar onze Engelsen zich bevinden.'[10] Ze bevonden zich aan de monding van de Chesapeake, op de plaats waar de Chesapeake Bay Bridge tegenwoordig beide oevers met elkaar verbindt. Hudson was zich ervan bewust dat hij voor een Nederlandse zaak onderweg was, en waarschijnlijk zou hij zich niet prettig hebben gevoeld, of niet welkom, als hij een Engelse nederzetting was binnengevaren. Misschien was hij hiernaartoe gezeild om zich te kunnen oriënteren. Nadat hij verder naar het zuiden was gereisd, naar Cape Hatteras Island, zette hij weer koers naar het noorden, en op 28 augustus belandde hij als eerste Europeaan in de Delaware Bay. Nauwelijks was hij daar gearriveerd, of zijn bemanning rapporteerde verraderlijke ondiepten en zandbanken. De kapitein kwam al snel tot de conclusie dat deze rivier niet het brede, diepe water was dat naar China leidde.

En dus vervolgde hij zijn reis naar het noorden: mistige ochtenden, bloedrode zonsondergangen en een kustlijn die eruitzag als een lange, gladde strook; de branding die eeuwig op de strook zand beukte; daarachter schreeuwende stilte. Ze waren zich ervan bewust dat ze langs een nieuwe wereld voeren, zeldzaam duister, totaal onbekend, met onafzienbare afmetingen en zonder een duidelijke manier waarop toegang kon worden verkregen.

En toen kregen ze in de gaten dat er iets gebeurde. Terwijl ze om een uitstekende landtong voeren, stonden ze tot hun stomme verbazing plotseling oog in oog met wat naar zij aannamen drie rivieren waren: kliffen rezen omhoog – het land 'zag er aangenaam uit, was hooggelegen, met steile en glooiende hellingen.' Ze bevonden zich in de meest verafgelegen delen van New York Harbor en voeren langs de kust van Staten Eylandt. Het wemelde er van de vis: zalmen, harders en schimmige roggen. Ze wierpen het anker uit en gingen aan land, waar ze hun ogen uitkeken naar machtige eiken en 'een overvloed aan blauwe pruimenbomen.'[11]

Plotseling, zomaar, verschenen er mensen. Gehuld in dierenhuiden kwamen ze geheel onbekommerd op hen af, vreedzaam en met een zekere waardigheid, en ze boden brood aan en groene tabak. In 1801 hoorde de Moravische zendeling John Heckewelder van een op Long Island levende indiaan een verslag van de aankomst van Hudson vanuit het indiaanse perspectief.[12] Het verhaal, dat waarschijnlijk generaties lang door Delaware-indianen is doorverteld, geeft een ander beeld van de aankomst van Hudson dan het verslag dat de stuurman van Hudson, Robert Juet, schreef, en die het had over: vredelievend, voorzichtig, nieuwsgierig. De indianen vertelden hoe ze 'een groot huis met vele kleuren' op het water zagen drijven (Nederlandse schepen waren inderdaad levendig met geometrische motieven beschilderd). Net als in de versie van Juet, waren in het indiaanse verhaal enkele van de bezoekers, inclusief hun leider, naar de kust geroeid, waarna de eerste ontmoeting aan wal plaatsvond. Het indiaanse verhaal voegt daar aan toe dat de leider van de nieuwkomers gekleed ging in een 'rode jas waarop gouden kantwerk glinsterde' – een leuk detail dat zeker niet strijdig is met de beschrijving van Hudson.

En daar werden de producten tentoongespreid. Hennep, gedroogde krenten, oesters, bonen. Messen, bijlen, kralen. Gedurende de volgende drie dagen onderzocht het schip een complex netwerk van eilanden, baaien en rivieren, ze maakten een ronde langs Breuckelen (Brooklyn), Staten Eylandt en de kust van New Jersey, er zou tweemaal een gewelddadige ontmoeting met indianen plaatsvinden, waar volgens Juet de indianen zelf aan waren begonnen. Er waren enkele slachtoffers. Hoe ironisch is het dat al meteen bij aankomst in de wateren rondom wat later New York zou gaan heten, twee kenmerkende zaken plaatsvinden: handel en geweld.

Hudson zeilde met zijn kleine houten driemaster het amfitheater van de haven binnen – 'bij elke wind een erg goede haven'.[13] Terwijl hij vanaf zijn rustplaats bovenop het hoge achterschip neerkeek op zijn bemanning, gaf hij het bevel verder de rivier op te varen. Toen het uitzicht zich ontvouwde, moet zijn hart sneller zijn gaan kloppen. 'De rivier is ruim anderhalve kilometer breed: aan beide kanten bevindt zich hoog land,' schreef Juet – voor wie er naar op zoek was, had een dergelijk water veel weg van een doorgang naar de andere kant van de wereld. Stroomopwaarts ontmoetten ze meer bewoners: 'Erg vriendelijke mensen [...] die goed voor ons zorgden.' Hudson ging aan land en bracht een bezoek aan hun ronde huizen, gemaakt van schors. 'Ik ben nog nooit ergens geweest waar het land zich zo leent voor ontginning,' schreef hij. Er werd hun nog meer koopwaar aangeboden, noteerden hij en zijn mannen: huiden.

Toen hield het op. De rivier versmalde zich en werd ondieper: er kon geen schip door; dit was niet de weg naar Azië. Ze trokken weer zuidwaarts, waar zich nabij zuidelijker delen van de rivier opnieuw schermutselingen met de indianen voordeden. Onzeker is of Hudson zich realiseerde dat het land waar ze gedurende een regenachtige nacht 'rustig langsvoeren' een eiland was – Juet heeft het over een rivieroever genaamd *Manna-hata*, wat de eerste keer is dat deze naam wordt vermeld. Terwijl Hudson plichtsgetrouw beschrijft welke handelsmogelijkheden er zijn – de schitterende haven en de rivier, en dat deze heel goed zou kunnen dienen als steunpunt voor de toegang tot het continent – toch bleef hij gericht op zijn obsessie. Met lege handen keerde hij naar huis terug.

Vreemd genoeg zeilde Hudson niet rechtstreeks naar Amsterdam, hij voer de haven van Dartmouth in, in Engeland. Misschien heeft hij dat gedaan om enkele van zijn Engelse bemanningsleden aan land te laten gaan – opnieuw was er luid gemord over de reis; en opnieuw hadden de bemanningsleden onderling ruzie gemaakt, terwijl hun kapitein met zijn hoofd in de wolken liep. Hoe dan ook, bij zijn aankomst ontstond er een internationaal conflict. Volgens zijn contract was hij verplicht alle kaarten, logboeken en aantekeningen aan zijn werkgevers in Amsterdam te overhandigen, maar de Engelse autoriteiten probeerden hem hiervan af te houden; ze namen Hudson in hechtenis en kregen in elk geval een deel van zijn aantekeningen onder ogen. Hij werd nog steeds achtervolgd door internationale spionnen. 'Juan Hudson', schreef een Spaanse spion een maand na de aankomst van de Halve Maen in Dartmouth, 'is [...] hier in Dartmouth aangekomen en heeft geen volledig verslag uitgebracht aan zijn werkgevers.'[14] Uiteindelijk kreeg Hudson het voor elkaar om zijn scheepsjournaal in handen te spelen van Van Meteren, die het met een begeleidend rapport naar Amsterdam zond.

Het nieuws van Hudsons reis over de rivier drong door in Amsterdam, ondanks alle andere politieke en zakelijke berichten. De handelaren op de Zandhoek en de Buitenkant, in de Amsterdamse haven, die, op zoek naar nieuwe markten, toekeken bij het lossen van de lichters, vol Spaanse taf, Duits porselein, Zweeds koper en Oost-Indische specerijen, hadden al snel hun belangstelling in een passage naar Azië verloren toen ze het rapport van Van Meteren lazen (dat was gepubliceerd om aan de wereld kenbaar te maken dat het om een Nederlandse ontdekking ging). Toen drong de vondst van Hudson tot hen door, en ze zagen op de kaarten een waterweg die toegang bood tot het nog onontgonnen continent, 'een volmaakte rivier, breed en diep, met uitstekende ankergronden aan beide oevers.'[15] Het was mooi meegenomen dat het gebied dunbevolkt was, met 'vriendelijke en beleefde mensen'. Wat hen bovenal interesseerde waren andere woorden waar het rapport melding van maakte, opvallende, naar geld riekende woorden – '*Vellen... Pelterijen... Maerters... Vossen...*' – het rapport meldde heel openhartig dat er 'vele huiden en bontwerk, marters, vossen en vele andere producten'[16] te vinden waren.

En zo herhaalt zich de geschiedenis van een halve eeuw eerder, toen de bonthandel van de Engelsen met de Russen begon. Die handel was gedeeltelijk ingestort omdat de Russen de bevers in een hoger tempo hadden geslacht dan dat ze zich voort konden planten. In Noord-Amerika bevond zich een vers en ogenschijnlijk onuitputtelijk reservoir. Zonder succes hadden Nederlandse handelaren al enige tijd op slinkse wijze geprobeerd binnen te dringen in de Franse bonthandel verder naar het noorden, in Canada. Dat was niet langer nodig; ze hadden nu hun eigen uitvalsbasis op het continent. De Nederlanders toonden belangstelling voor het gebied waar Hudson was geweest en dat door de daarop volgende ontdekkingsreiziger Adriaen Block in kaart was gebracht – een strook land waarin zich drie rivierstelsels bevonden, die uiteindelijk de namen Delaware, Hudson en Connecticut zouden krijgen – en namen aan de oostkust van Noord-Amerika een positie in ten noorden van de Engelse gebiedsdelen die Walter Raleigh had vernoemd naar zijn maagdelijke koningin – en zagen de betrokken zeeman prompt niet meer staan.

Wat een goede zaak was, want nadat de verloren zoon was teruggekeerd, wilde Engeland Hudson terug. Hij bleef gefocust op zijn doel en raakte het zicht kwijt op het brandpunt van de geschiedenis. Zijn obsessie was hardnekkig, waardoor hij uiteindelijk toch een man van het voorgaande tijdperk bleef: van de renaissancistische droom naar China te reizen. Hij overtuigde drie schatrijke jonge edelen van het grote belang van zijn ontdekking. Nadat hij de route van John Smith had weggestreept, zette hij nu volledig in op de aanwijzing van Weymouth over een doorgang naar het ijzige noorden via wat bekend stond als Furious Overfall (de zeestraat naar de Hudson Bay, nu de Straat van Hudson genoemd). De drie zegden meteen hun steun toe, hij verzamelde een bemanning en stak in de volgende lente van wal, zonder maar een enkel seizoen over te slaan. Volgens zijn berekeningen en zijn intuïtie *moest* die doorgang er gewoon zijn*. Iets anders accepteerde hij niet. Ze hadden hem moeten doden om hem tegen te kunnen houden.

En dat is wat er gebeurde. Hij had er geen rekening mee gehouden dat zijn bemanning zijn overtuiging niet zou delen en er alles voor over zou hebben om in leven te blijven. Zijn arrogantie was zo groot dat hij zijn einde niet heeft zien aankomen. Zelfs toen hij, gekleed in 'een kleurrijk nachthemd' (zoals een van de muiters later zou getuigen. Ze hadden hem bij het aanbreken van de dag, zodra hij zijn hut uitstapte, gevangengenomen), met zijn handen op zijn rug gebonden, vanaf het scheepsdek in een sloep was gezet, had hij nog geen idee waarom dat was.[17] 'Wat willen jullie hiermee bereiken?' vroeg hij verbijsterd terwijl ze hem vastsnoerden, en ze vertelden hem dat hij daar snel achter zou komen. Maand na maand had hij geen middel geschuwd om de tweeëntwintig bemanningsleden voort te jagen, terwijl zij een verloren strijd vochten tegen het ijs, het tuig en de zeilen boven hun hoofd bevroren, het voedsel opraakte, ze aan de witte bevroren einder steeds minder vaak beren en robben zagen, en er voor hen niets anders opzat dan een moeizame klauterpartij naar land, waar ze voor hun levensonderhoud op zoek moesten gaan naar mossen. Eerst begon hun tandvlees te bloeden, toen gingen hun tanden loszitten. Een voor een bevroren de tenen van de mannen, waardoor velen niet meer in staat waren om te staan, hun stromatrassen namen alle ruimte aan boord in. Uiteindelijk pikten ze het niet langer.

Behalve Hudson, bestond het kleine groepje mensen dat in de sloep werd geladen uit de meest zieke bemanningsleden en enkelen die hem trouw waren gebleven, ook zijn zoon was daar bij, een jongen nog. Enige tijd nadat ze de boot hadden laten gaan – nadat het schip bij hen weg was gevaren in de richting van de open zee, waar de veranderende wind de topzeilen bol deed staan, nadat hij had gezien hoe zijn romp oploste in de grauwte van de vroege ochtend, en hun kleine scheepje aan de elementen was overgelaten, zonder voedsel, zonder water, zonder dat ze in staat waren een vuur aan te steken en met 750.000 vierkante kilometer ijs om hen heen – moet zijn ijzeren wil het uiteindelijk hebben begeven. En voor Hudson restte er vanaf dat moment slechts een droevig levenseinde, want voordat hijzelf door de

* Overigens had Hudson gelijk. Roald Amundsen vond uiteindelijk in 1906 de doorgang, maar ondertussen was het een persoonlijk avontuur geworden, de commerciële mogelijkheden van een noordelijke route vervielen door de risico's van de reis.

kou de geest zou geven, moest hij – als in een dubbele nachtmerrie – toezien hoe zijn onschuldige zoon door zijn toedoen pijn leed en stierf, en moest hij vaststellen dat zijn levenslange streven tot niets had geleid. Voor de dood intrad, zou hij hebben toegegeven dat zijn droom hier ten einde was gekomen, net zoals hijzelf ophield te bestaan.

Zijn dood kreeg nog een grappig staartje; de overlevende muiters waren als hinkepoten in Londen teruggekeerd, maar toen ze werden aangeklaagd voor muiterij en moord, werden ze vrijgesproken toen ze met de even ongehoorde als ingenieuze bewering kwamen dat Hudson de noordwestelijke doorgang *gevonden* had en dat *zij* wisten waar die passage was. In plaats van dat ze aan de galg belandden, werden ze samen met enkele van de meest vooraanstaande mannen van Londen door koning James geïnstalleerd als lid van een nieuwe firma, de 'Company of the Merchants Discoverers of the North-West Passage', met als doel verder te trekken door de pas ontdekte vaarweg om handel te gaan drijven met 'de grote koninkrijken van de Tataren, China, Japan, Solomons Eilanden, Chili, de Filippijnen en andere landen…'[18]

Al snel werd Hudson weggespoeld door het historische tij waarop hij even zo moeiteloos had meegelift. Voor hem was vooral de rol van bestuiver weggelegd, van iemand die de sporen overbracht van een cultuur die niet de zijne was. Vlak voordat Hudson doodvroor in de zuidelijke regionen van wat de Hudson Baai zou worden, was nabij de haven van Amsterdam een jongeman genaamd Arnout Vogels druk in de weer.[19] De dertigjarige Vogels, een doorgewinterde en energieke avonturier, was in Antwerpen geboren en behoorde tot degenen die om te ontsnappen aan problemen elders in Europa naar het veilige toevluchtsoord Amsterdam waren gevlucht, in zijn geval was dat nadat de Spanjaarden in 1585 zijn woonplaats hadden ingenomen. Met de energie van iemand die was opgegroeid in een gebied waar oorlog werd gevoerd, iemand die wist hoe kort het leven kon zijn, had hij zich in het zakenleven gestort. Hij was als leerling in dienst bij een bonthandel, maar hij wilde graag zijn eigen plan trekken. Vogels aarzelde dan ook geen moment toen het rapport over de ontdekkingen van Hudson zijn weg vond door de Amsterdamse handelskantoren aan de waterkant. Op 26 juli 1610, terwijl Hudson zich een weg vocht door de gigantische baai met ijs waarin hij het leven zou laten, kwam Vogels met kapitein Sijmen Lambertsz Mau overeen om handel te gaan drijven in een nieuw en maagdelijk gebied. In de ogen van de meeste Europeanen was het reisdoel nog zo onbekend, dat dit in het contract tamelijk ruim stond omschreven: 'West-Indië en nabijgelegen landen en plaatsen.' Alle Amerikaanse gebieden werden in die tijd nog aangeduid met de naam West-Indië.

Het tij was in korte tijd gekeerd. Op mannen van de generatie van Vogels kwam de gedachte aan een korte route naar Azië plotseling als achterhaald en oudbakken over. De toekomst lag dichterbij: net aan de andere kant van de Atlantische Oceaan. De Engelsman Hudson had als gids gediend, waarna de ondernemende Nederlanders hem konden volgen. In die jaren vreesde men nog niet dat de Engelsen het gebied eveneens zouden opeisen: de Engelsen hadden een wankel bruggenhoofd in Virginia gesticht, maar hun nederzettingen in Nieuw-Engeland zouden nog jaren op zich laten wachten; Hudsons onderneming namens de Nederlanders vond plaats tien jaar voordat de pelgrims een voet aan de Amerikaanse wal zetten. De weg was vrij en in de hoofden van de Nederlandse handelaren moet het refrein zich veelvuldig hebben herhaald: 'vele huiden en bontwerk, marters, vossen', 'bij elke wind een erg goede haven'. En ze hadden een beeld voor ogen dat kon dienen als doel, een sleutel, een weg die leidde naar het hart van een nog onontgonnen continent: 'Een rivier, zo mooi als die maar kan zijn [...] anderhalve kilometer breed' – een glinsterende route op weg naar grote mogelijkheden.

3

HET EILAND

Catalina Trico, een Frans sprekende tiener. Joris Rapalje, een Vlaamse textielarbeider. Bastiaen Krol, een lekenpredikant uit de boerenprovincie Friesland. In de jaren 1624 en 1625 arriveerden ze met z'n tienen, twintigen tegelijk, stampend op onmenselijk hoge golven in jachten, galjoten, kitsen, pinken en pinassen, goed gebouwde maar akelig kwetsbare houten vaartuigen, in de benauwde, reumatische benedendekken waarin ze heen en weer waren gestuiterd, waar het zo krap was dat ze er nauwelijks konden lopen, en waar bij elke tegen het scheepje slaande golf varkens begonnen te wroeten en er een hol geblaat opsteeg van de schapen, waar het naar dieren stonk en naar hun eigen zieke en zure vuil, waar iedereen zich vastklampte aan zijn of haar zakje met wondermiddelen om de kwalen het hoofd mee te bieden, en de duivel, de scheurbuik, de schipbreuk en de buikloop. Alleen al in de namen van hun schepen – Fortuyn, Abraham's Offer – klinken de twee uitersten door van de hoop waardoor ze werden bepaald.

De reis in Hudsons kielzog duurde drie maanden, als de winden tegenzaten vier. Vanuit Amsterdam voeren de schepen over het IJ, met z'n verraderlijke zandbanken, naar het winderige eiland Texel en vervolgens kozen zij het ruime sop, de grauwe Noordzee op.[1] Aan de Portugese kust gingen ze uitgebreid voor anker en daarna scheerden ze langs de Canarische Eilanden, terwijl hun kapiteins ondertussen hun uiterste best deden om bedreigende kapers en piraten te vermijden (wat niet altijd lukte: sommige schepen werden door beide te pakken genomen). Daarna staken ze met een lange bedreigende boog op de passaatwinden in zuidwestelijke richting de woeste, blauw-grijze Atlantische Oceaan over, om op een gegeven moment weer naar het noorden af te buigen, in de richting van de Bahama's en langs de kust van het nieuwe land, de nieuwe wereld, scherp uitkijkend naar het gekromde schiereiland waarover Hudson het had, om daar de omarming van de schitterende haven binnen te varen.

Vijftien jaar na de reis van Hudson en tien jaar nadat Shakespeare *The Tempest* had geschreven, gebaseerd op getuigenissen van een reis naar Amerika die was gestrand op een mogelijk behekst eiland (Bermuda), was de gedachte blijven hangen dat het hier de doorgang betrof naar het zwoele, heidense, exotische en beschaafde Oosten. Voor zover zij wisten, moest het mogelijk zijn dat de westkust, die vijftig jaar later de naam New Jersey zou krijgen, toegang bood tot China, of dat India, met die hete overvloed aan goden en kerries, vlak achter die steile oevers lag. Maar dit waren geen ontdekkingsreizigers, maar kolonisten, en hun directe doel lag hier: de rivier, deze nieuwe woonomgeving. In de vijftien jaren die volgden op de ontdekking van Hudson, hadden verkenners en handelaren goede contacten opgedaan met de indianen die leefden in de omgeving van wat de Nederlanders de rivier de Mauritius noemden, naar Maurits van Nassau, zoon van de vermoorde Willem de Zwijger en nu leider van de opstand tegen Spanje (alhoewel ook een andere naam opkwam: al in 1614 eerden bonthandelaren hun voorloper door te spreken over 'de rivière Hudson').[2] Vanuit het noorden, westen en oosten, van diep uit het enorme land, kwamen 'rivier-indianen' (zoals de handelaren ze noemden – ze behoorden tot verschillende stammen van de Mahicanen en Lenni Lenape) op de handelaren af om enorme hoeveelheden hoogwaardige huiden aan te bieden. Het was inderdaad mogelijk handel te drijven, rapporteerden de handelaren. Dus werd een consortium met kleine belangen opgericht om die handel meer systematisch te exploiteren.

Het bestand dat Spanje en de Nederlandse Republiek hadden gesloten zou twaalf jaar standhouden. In 1621 kwam er plotseling een einde aan, en onmiddellijk vlogen Nederlandse conservatieven elkaar in de haren. Een vaderlandslievende zakenman, Willem Usselincx – die iets weg had van een vogel en die diep religieus was – had al jaren gepleit voor Nederlandse provincies in de nieuwe wereld die zouden drijven op handel en enthousiasme voor het calvinisme. 'Het spreekt voor zich,' redeneerde Usselincx tijdens enkele bijeenkomsten die leidden tot de oprichting van de West-Indische Compagnie, 'dat als je geld wilt verdienen, er iets moet zijn waarin mensen willen investeren. Voor de een is dat de liefde voor God, voor anderen de mogelijkheid Spanje schade toe te brengen en voor weer anderen de gelegenheid om te bouwen aan het vaderland; maar voor verreweg de meeste mensen gaat het om de winst die je uit een investering kunt halen [...]'.[3] De nieuwe landen, benadrukte hij, werden niet bewoond door woeste wilden, maar door intelligente inlanders, te midden van wie de Nederlanders best een kolonie konden stichten. Er waren daar natuurlijke grondstoffen te vinden die konden worden gewonnen, misschien wel goud en zilver, en ook ruwe materialen 'die als geldmiddelen konden dienen'.[4]

Het hervatten van de oorlog tegen Spanje was niet los te zien van dit soort plannen: Nederlandse fregatten van een particuliere compagnie konden worden uitgerust met kanonnen en aanvallen uitvoeren op Spaanse schepen in de Caraïbische zee en in de Zuid-Amerikaanse wateren, terwijl ze tegelijkertijd handel konden drijven in de havens van de nieuwe wereld. Het beoefenen van de kaapvaart – door de overheid toegestane piraterij op schepen van de vijand – was in tijden van oorlog een geaccepteerde handelwijze.

Plotseling toonden handelaren en politici belangstelling. Rijke zakenlieden verenigden zich in vijf streekgebonden kamers, die elk een bijdrage leverden aan het benodigde startkapitaal; de Staten-Generaal droegen ook een steentje bij, en op 23 oktober 1623 zag de West-Indische Compagnie het levenslicht, fris als elke pas gestarte onderneming in het verleden geweest is, met meer dan zeven miljoen gulden in kas. De Oost-Indische Compagnie heeft op een fantastische manier kunnen profiteren van Azië; nu zal haar zusje zich richten op de Atlantische kust – het monopolie strekte zich uit van West-Afrika, de Caraïbische Eilanden, tot aan de Noord-Amerikaanse kust. Een compagnie waarin oorlog en handel samen zouden gaan, en het was opvallend hoe snel het netwerk van handelaren, schippers, zeelui, administrateurs, timmerlieden, wapensmeden en soldaten het nieuwe gebied was binnengedrongen. In 1626 stonden er in een inventaris van het bezit van de compagnie, gericht aan de bestuurders van de compagnie, onder meer de volgende zaken vermeld:

12 schepen en jachten bedoeld voor de Afrikaanse handel in Guinea, Benin, Angola, Greyn en de kusten van Quaqua, tezamen met de uitgevoerde ladingen en de te verwachten mee terug genomen lading…

1 schip dat vanaf Dordrecht naar de Kaap-Verdische eilanden is gevaren, met lading…

1 schip bedoeld voor de handel op de Amazone en aan de kust van Guiana…

1 schip van ongeveer 130 lasten, 1 goed uitgerust jacht, bedoeld voor de handel en kolonisatie van Nieuw-Nederland…

33 schepen […] die de Compagnie hier nog steeds in de haven heeft liggen, voorzien van metalen en ijzeren geschut, en alle

> soorten voorraden voor het voeren van oorlog, kruit, musketten, wapens, sabels en wat er verder aan uitrusting nodig is die op zee kan worden gebruikt...
>
> Financiële middelen [...] die in de schatkist zitten, zullen worden gebruikt om de eerdergenoemde schepen in de vaart te houden, niet alleen om de koning van Spanje te beschadigen, maar ook, als God het wil, om Uwe Hoogheden en de Compagnie goed te dienen, en ervoor te zorgen dat de compagnons goed verdienen.[5]

Voor de Noord-Amerikaanse gebiedsdelen zou vooral een economische rol zijn weggelegd; de compagnie wilde deze gebieden exploiteren voor hout en huiden, ook konden de gebieden fungeren als schakel in een transportketen, voor schepen die rondvoeren van Europa, Zuid-Amerika en het Caraïbische gebied, naar de Noord-Amerikaanse haven en weer terug naar huis. Uiteraard waren er ook kolonisten nodig, maar het zou een van de lastigste aspecten van het creëren van een rijk aan de andere kant van de Oceaan vormen om mensen zo ver te krijgen dat ze er heen gingen. In hun eigen land maakten ze het goed en in de toekomst zou het nog beter gaan. En Amsterdam was misschien wel de beste plek ter wereld om arm te zijn (de armenhuizen van Amsterdam, zo schreef een Engelse consul met enige overdrijving, hadden 'meer weg van paleizen voor prinsessen, dan van verblijfplaatsen voor armelui').[6] Om voldoende volk te krijgen dat wilde afreizen naar Nieuw-Nederland, zoals het werd genoemd, moesten ze op zoek gaan naar mensen die onwetend, wanhopig, of arm genoeg waren om de hoogbeschaafde boezem van Amsterdam – met zijn geplaveide straten, geboende stoepjes, ronde kazen en vaten vol uitstekend bier, en al die zachte kussens, blauw-wit betegelde haarden en knusse turfvuurtjes – achter zich te laten en een gok te wagen in de verste uithoek en in een totale, keiharde wildernis.

Maar, als altijd, barstte het land van de vluchtelingen, en, door land aan te bieden in ruil voor zes jaar werk, lukte het de compagnie een handjevol gezonde jonge Walloniërs te vinden – Frans sprekende vluchtelingen uit België – en er, net als bij Noach, op te letten dat er voor elke man een vrouw meeging, en deze bijeen te laten komen in de Amsterdamse raadskamer, waar ze een eed moesten afleggen waarin ze trouw zwoeren aan de compagnie en het landsbestuur.

De raadsman die de eed afnam, Claes Peterszen, was een bekend geneesheer en chirurgijn, een man die we nu vooral kennen door Rembrandts *Anatomische les van dr. Tulp* (Tulp was een bijnaam, naar de bloem die boven zijn voordeur was geschilderd), maar die er, omgekeerd, door zich af te laten beelden op het schilderij, mede toe heeft gedragen dat Rembrandt bekend raakte. Door dit schilderij kunnen we ons goed voorstellen hoe hij eruit moet hebben gezien, de zwartgeklede, waardige, strenge geneesheer-bestuurder, met zijn scherpgesneden puntbaard, lid van de gevestigde Nederlandse politieke en wetenschappelijke orde, en voor hem, in hun ruige boerenkleding, de jonge mannen en vrouwen, heen en weer schuivend van de zenuwen en van jeugdig enthousiasme, die op het punt stonden een nieuwe maatschappij op te zetten in een woest land, genaamd Manhattan.[7]

Onder hen bevonden zich vele onervaren jongelingen: met kapitein Cornelis May (naar wie Cape May, New Jersey, is vernoemd) als trouwambtenaar stapten vier stellen zelfs op zee in het huwelijksbootje. Een ander stel was slimmer – Catalina Trico en Joris Rapalje[8], al genoemd aan het begin van dit hoofdstuk. Misschien hadden zij al door hoe het er aan boord zou toegaan en zagen ze het niet zitten daar te trouwen. Als voorwaarde voor hun deelname aan het uiterst hachelijke avontuur waarin ze zich zouden storten, hadden ze gesteld dat de compagnie hen eerst in de echt zou verbinden, een ceremonie die plaatsvond vier dagen voor hun schip op 5 januari 1624 vertrok. 'Espousé le 21 de Janvier,' noteerde de klerk van de Waalse kerk in Amsterdam, zonder al te veel tijd te besteden aan de juiste spelling van de namen, 'Joris Raporbie de Valencenne, et Caterine trico'. Omdat ze niet konden schrijven, zetten ze allebei een kruisje op het papier. Hij was negentien, zij achttien; geen van hun ouders tekende het register, wat doet vermoeden dat ze beide alleen op de wereld waren, of in elk geval alleen in dat deel van de wereld, wat op hetzelfde neerkwam. Net als velen die volgden, hadden ze niets te verliezen.

Gezien de ontzagwekkende gevaren die hen te wachten stonden, eerst op zee en later na hun aankomst, zou je niet vermoeden dat deze overeenkomst lang stand zou houden. Toch kwamen de vertegenwoordigers van William Penn (Engels kolonisator naar wie Pennsylvania werd vernoemd. Vert.) zestig jaar later, toen ze vanwege een grensconflict tussen Pennsylvania en Maryland een getuige nodig hadden die kon vertellen over de 'Christelijke' bewoning van bepaalde gebieden, met een oude vrouw op de proppen die bekendstond als een van de eerste Europese kolonisten. Catalina Trico, nu in de tachtig, was weduwe, maar zij en Joris hadden een lang en vruchtbaar leven geleid.[9] In de archieven van Nieuw-Nederland staat te lezen dat zij als een van de eersten land kochten in de wildernis van Manhattan, in Paerl Straet*, vlakbij het fort, zij bouwden twee huizen, schaften een melkkoe aan, leenden geld van het provinciaal bestuur, verhuisden met hun boerderij naar een uitgestrekt boerenland aan de overzijde van de rivier in het nieuwe dorpje Breuckelen, en kregen elf kinderen die allemaal werden gedoopt.[10] Hun oudste dochter, Sarah, werd gezien als de eerste Europeaan die het levenslicht zag in wat New York zou worden (in 1656, toen ze dertig was, omschreef ze zichzelf als 'de eerste christelijke dochter van Nieuw-Nederland'; ze was geboren in 1625 en dezelfde archieven vermelden trouw dat ze in 1639 huwt met een opzichter van een tabaksplantage in wat Greenwich Village zou worden. Ook de geboorte van haar acht kinderen is in de archieven opgetekend. Gedurende het korte bestaan van Nieuw-Nederland en in de jaren die volgden in New York verspreidden de nakomelingen van Rapalje zich door de omgeving. In de jaren zeventig van de achttiende eeuw zou John Rapalje lid worden van de New York State Assembly (hij was tegenstander van de revolutie en werd een loyalist).[11] Geschat wordt dat nu ongeveer een miljoen mensen van hen afstammen,[12] en in de stad Fishkill, in de Hudson Valley in de staat New York, ligt een straat genaamd Rapalje Road, als stille getuige van de duurzaamheid van een nabij de haven van Amsterdam halsoverkop tussen twee gewone mensen gesloten huwelijk, een voorval dat net zozeer als welke belangrijke politieke gebeurtenis dan ook het begin markeert van de immigratie en de ik-maak-aanspraak-op beschaving van Manhattan en van Amerika.

Op het moment dat de door de zee belaagde schepen eindelijk de haven binnenvoeren, zagen de passagiers een geheel onbekend landschap, vreemder en minder overzichtelijk dan het land dat ze hadden achtergelaten. In hedendaagse wetenschappelijke termen bestond hun nieuwe woonomgeving uit een mix van drie fysisch-geografische gebieden: een zanderige kustvlakte, een heuvelachtig hoogland en rotsachtige metamorfe bergruggen, vaak doorsneden en uitgegroefd door de gletsjers van de laatste ijstijd, die overal hun beddingen, schots en scheve morenen en gletsjermeren hadden achtergelaten.[13] En terwijl ze stilletjes de binnenhaven binnengleden, richting de zuidelijke punt van Manhattan Island, kwam het schip terecht in een uitgestrekt met riet begroeid, moerassig gebied waar eb en vloed vrij spel hadden (de naam die de Mohawk-indianen voor Manhattan hadden – Gänóno – betekent 'riethalmen' of 'plaats waar riet is'[14]), een complex overgangsgebied waar zoet- en zoutwatersoorten leefden, waar de baai, moeras-

* Deze straat bestaat nog steeds en heet Pearl Street. (Vert.)

sige bossen en stukken kale grond bewoond werden door hoogvliegend, krassend kustgevogelte – plevieren, oeverlopers, grijze snippen, geelpootruiters – evenals grote populaties wilde eenden, en waar de grijze novemberhemel werd verduisterd door zwermen ijseenden, grote zaagbekken en smienten. Mosselen, trompetschelpen, strandgapers en alikruiken waren alom aanwezig in de riviermondingen, en bovenal wemelde het er van de oesters, waarvan, zoals een kolonist beschreef 'sommige heel groot [waren] en er soms wel een *peereltjen* in zit', terwijl andere kleinere afmetingen en een zoete smaak hadden, en weer een andere soort 'zijn goed om te stoven of te braden en zijn zo groot dat ze een flinke lepel vullen, zodat er veel vet aan zit'.[15] Achter de rietlanden aan het water lagen beboste heuvels: de meest passende verklaring voor de oorsprong van de indiaanse naam is het *mannahata* van de Delaware-indianen, wat 'heuvelachtig eiland' betekent, hoewel sommigen hebben gesuggereerd dat het eenvoudigweg 'het eiland' of 'het kleine eiland' betekent.[16]

De kolonisten waren blij met wat ze aantroffen. 'Het verheugt ons zeer dat we hier aan land zijn gegaan,' schreef een van hen naar huis. 'Er zijn prachtige rivieren en beekjes stromen ruisend de dalen in; in de vlakke gebieden zijn kleine meertjes waar water doorheen stroomt, in de bossen hebben we heerlijk fruit aangetroffen, zoals aardbeien, karmozijnbes, walnoten en ook… wilde druiven. Het barst er van de eikels, waar de varkens van kunnen eten en er is veel wild. Ook zit er behoorlijk wat vis in de rivieren; het land laat zich goed bewerken; je kunt hier zonder problemen rondreizen en hoeft niet bang te zijn voor de naakte inboorlingen in dit land. Als we koeien, varkens of ander vee om te eten (dat we elke dag verwachten in de eerste schepen) hadden gehad, dan zouden we niet willen terugkeren naar Nederland, want we treffen hier alles aan waar we in het paradijselijke Nederland naar verlangden.'[17] In Europa bestond nog niet zoiets als een krant, een belangrijke nieuwsbron waren echter de regelmatig uitkomende pamfletten, en zodra de eerste kolonisten in Nieuw-Nederland brieven gingen schrijven, begon een Amsterdamse arts, Nicolaes van Wassenaer, een bijna jaarlijks pamflet over de gebeurtenissen in het verafgelegen land. 'Het is erg prettig dat alle producten in overvloed aanwezig zijn, maar het betreft wel de wilde varianten,' schreef hij in december 1624. 'De druiven smaken prima, maar zullen van nu af aan door onze mensen worden verbeterd. Men treft er geen kersen aan. Er zijn allerlei soorten hoenders aanwezig, zowel in het water als op het land. En het wemelt er van de zwanen, ganzen, eenden en roerdompen.'[18]

In de beginperiode plaatste de compagnie enkele kolonisten verspreid over een groot gebied. Wilde je aanspraak maken op een stuk land, dan hield dat volgens de opvatting van de Nederlanders in dat je het gebied moest bewonen (de Engelsen dachten daar anders over, zo zou later nog blijken; voor hen was het voldoende als een officiële afgevaardigde een voet zette op een stuk land dat nog niet eerder door christenen was geclaimd). Voor de Nederlanders speelde ook water een doorslaggevende rol bij de verdeling van land. Vandaar dat de compagnie haar weinige kolonisten verdeelde over de drie belangrijkste waterwegen in hun gebied. Wat onder de Engelsen de rivier de Delaware zou worden, de rivier die Hudson bijna was opgevaren, maar waarvan de baai al snel te ondiep bleek om te kunnen dienen als een kandidaat voor de route naar Azië, noemden de Nederlanders de *Zuydt Rivier*, omdat deze rivier de zuidelijke grens vormde van hun gebied. Om vergelijkbare redenen noemden zij de rivier de Hudson de *Noort Rivier* (zeelui – bekend om hun behoudzucht en verzet tegen veranderingen – noemen de rivier nog steeds zo). De andere belangrijke waterweg – die later de Connecticut River genoemd zou worden – noemden de Nederlanders de *Versche Rivier*.

Het waren de snelwegen van het gebied, de plaatsen waar de indianen hun pelzen aanvoerden, en ze maakten het mogelijk het gebied te ontginnen. De compagnie stuurde enkele kolonisten om een klein kampement op te zetten bij elk van deze rivieren – het ging werkelijk om maar een paar mensen. Twee families en zes alleenstaande mannen werden naar de Versche Rivier gevaren. Twee families en acht mannen zeilden de kust af naar de Zuydt Rivier. Acht mannen bleven achter op een klein eiland in de haven. De rest van de families zeilde een kleine 250 kilometer de Noort Rivier op, dwars door de modderkleurige korte golfslag aan de kust, voorbij majestueuze rotskliffen langs de westoever, dan verder door een gebied waar aan beide oevers de voortkabbelende heuvels van de hooglanden te zien waren, op naar de plek waar zich volgens de handelaren een knooppunt in het indiaanse verkeer bevond. Hier denderde de oostwaarts stromende Mohawk River, na een lange reis vanuit de omgeving van de Grote Meren, in vijfentwintig meter hoge watervallen naar beneden, waar hij uitkwam in de Noort Rivier. Hier gingen de nieuwkomers aan wal en stonden kwetsbaar tegenover een reusachtig naaldwoud. Ter beschutting groeven ze eerst vierkante gaten in de grond en plaatsten daar houten palen in en overdekten die met daken van schors (een predikant die enkele jaren later arriveerde, toen echte huizen werden gebouwd, had het spottend over de 'krotten en holen' waarin de eerstaangekomenen 'eerder bijeenkropen dan dat ze er woonden.'[19])

Catalina en Joris zaten bij de groep die vanaf Manhattan de rivier op voer naar de watervallen, waar een versterking/handelspost gebouwd moest worden. Al snel nadat ze van boord waren gegaan, verscheen de inheemse bevolking, die geschenken uitwisselde met de kapitein en andere vriendschappelijke gebaren maakte. De zon, warm als in de lente, bracht de nieuwkomers in verwarring, en de kruimelige zwarte aarde scheen om zaad te schreeuwen. De Rapaljes en de andere stellen verbleven twee jaar op die plek, in de herfst oogstten ze het 'manshoge'[20] graan, en in de daaropvolgende lente dankten ze de Heer op hun blote knieën toen drie schepen van de compagnie arriveerden waarvan de namen De Koe, Het Schaep, Het Paert de lading dekten. Al die tijd waren de indianen 'mak als lammetjes', zoals Catalina zich op hoge leeftijd herinnerde, ze kwamen regelmatig langs en handelden vrijelijk met de kolonisten.

Oorspronkelijk was het de bedoeling om op een eiland in de Zuydt Rivier de hoofdstad van de nieuwe provincie te stichten. Dit idee was ingegeven door de onmiskenbaar verkeerde gedachte dat het klimaat in het wat zuidelijker gelegen New Jersey ongeveer vergelijkbaar zou zijn met het klimaat dat de Spanjaarden in Florida hadden aangetroffen. De mildheid daarvan sprak de Nederlanders wel aan, want als het even kon, wilden ze voorkomen dat ze zich moesten bekommeren om havens waarin de handel en communicatie door de vorst zouden komen stil te liggen. Maar tot hun verbijstering troffen de kolonisten geen palmbomen aan. Erger nog, die eerste winter vroor de baai inderdaad dicht, evenals in de winters die volgden, dus verplaatste de aandacht zich naar de meer noordelijk gelegen baai, die, dankzij enkele geografische eigenaardigheden, ondanks de breedtegraad zelden dichtvroor.

De over een afstand van vierhonderd kilometer verspreid wonende groepjes kolonisten togen aan het werk – ze maakten een stuk grond vrij, hakten bomen om, bouwden beschermende omheiningen en zaaiden graan. Er arriveerden schepen. De kolonisten maakten afspraken met de indianen en zetten een handel op: in 1625 kochten ze 5295 beverpelzen en 463 otterhuiden, die ze in de schepen laadden en naar huis zonden. Op hun beurt brachten de schepen berichten van overzee. In Engeland was koning James I gestorven, de geleerde koning die Elizabeth was opgevolgd. Hij had iets willen doen tegen de opkomst van de Nederlanders, en in een periode dat de Engelse afkeer van het katholicisme een hoogtepunt had bereikt, had hij een poging ondernomen een verbond te sluiten tussen Engeland en Spanje. Maar hij had er ook op toegezien dat de King James Bible tot stand kwam, een van 's werelds belangrijkste literaire werken. Hij was een onbeholpen koning geweest – hij had de gewoonte te kwijlen en hield er wrede eigenaardigheden op na – en nooit had men op dezelfde manier tegen hem opgezien als tegen Elizabeth. Toen zijn zoon Charles – knap, ingetogen, waardig – de troon besteeg, haalde de natie opgelucht adem, onwetend van het feit dat hun hoop na verloop van tijd met veel geweld de bodem in zou worden geslagen, wat gold zowel voor de koning als voor het land, en wat verregaande consequenties zou hebben voor de verafgelegen provincie van de Nederlanders.

In de Verenigde Provinciën was de macht eveneens in andere handen overgegaan, van de ene broer naar de andere. Sinds de dood van zijn vader Willem de Zwijger, in 1584, had Prins Maurits de strijd tegen de Spanjaarden geleid. Maar de laatste jaren was hij zwakker geworden en in opspraak geraakt door een conflict met de grote staatsman Johan van Oldenbarnevelt, die het bestand van 1609 in elkaar gesleuteld had en de onervaren republiek ook anderszins vaardig door de ingewikkelde Europese politiek had geloodst, een conflict dat eindigde met de onthoofding van Van Oldenbarnevelt. De broer van Maurits, Frederik Hendrik, met zijn 41 jaar 17 jaar jonger, was een briljant diplomaat en militair tacticus; hij zou de opstand voortzetten en het land bijna tot aan de onafhankelijkheid voeren. Onder leiding van deze nieuwe leiders hadden de Nederlanders en de Engelsen, verenigd in hun protestantisme, een samenwerkingsverdrag getekend tegen hun gemeenschappelijke vijand, het katholieke Spanje, wat inhield dat beide gebruik konden maken van elkaars havens, ook van de provinciale havens.

De Nieuw-Nederlandse kolonisten zullen, met bezwete gezichten en hijgend van de inspanning, hun werkzaamheden even hebben moeten onderbreken om deze berichten te verwerken. Ze wisten heel goed dat enkele jaren daarvoor een groep religieuze Engelse pelgrims zich ten noorden van hun gebied had gevestigd – 'Brownisten' werden ze in die tijd genoemd, naar de Spaanse separatistische prediker Robert Brown – en zij hoopten dat ze goede betrekkingen met hen konden onderhouden. In feite gingen ze ervan uit dat dit het geval zou zijn. Opvallend was dat de meeste Walen, die de meerderheid vormden in de vroege Nederlandse kolonie, hun toevlucht hadden gezocht in Leiden, dezelfde plaats waar ook de Engelse pelgrims een goed heenkomen hadden gezocht. Op de vlucht voor de Engelse vervolging hadden de pelgrims twaalf jaar van de gastvrijheid van de Nederlanders genoten, waarna ze eropuit trokken om een theocratie te stichten in de nieuwe wereld.

Door verschillende gebeurtenissen kwam er een einde aan de oorspronkelijke nederzettingenstrategie van de Nederlanders. In het voorjaar van 1626 zagen Joris Rapalje, zijn vrouw Catalina en andere kolonisten in wat nu Fort Oranje werd genoemd (en onder de Engelsen Albany zou gaan heten) hun werk in rook opgaan. Hun nederzetting op de rivieroever lag in de voormalige jachtgronden van de Mahicanen, die hen hadden verwelkomd. Naar het noorden en westen strekte zich het territorium van de Mohawks uit. Deze twee stammen – de ene behoorde tot de Algonquin sprekende landen, de andere tot de vijf volksstammen van het Iroquois-verbond – onderscheidden zich qua geloof en achtergrond, hun talen verschilden evenveel als het Engels van het Russisch, en ook hun gewoonten verschilden sterk. Ze hadden weinig oog voor elkaar. Vele tientallen jaren hadden ze af en aan gevochten, en de plotselinge verschijning van de Europese handelaren in hun midden wakkerde de strijd aan tot een nieuw hoogtepunt. Na ruim tien jaar van contacten met de Europeanen waren de indianen druk bezig hun levens te veranderen, afgestemd op het verwerven van buitenlandse producten: vishaken, bijlen, ketels, glaswerk, naalden, potten, messen en duffels, de ruwe wollen jas die van oorsprong uit de Vlaamse stad Duffel afkomstig was. En later, uiteraard, zouden geweren en drank aan deze lijst worden toegevoegd.[21] In een poging om tot een handels- en defensief bondgenootschap te komen, verplaatsten de Mahicanen hun dorpen zelfs in de richting van de Nederlanders. Of het nou vriendschap was, of eigenbelang, in 1626 stonden de Mahicanen en de Nederlanders op zeer vriendschappelijke voet met elkaar.

Misschien kwam het door de omgang met de indianen dat Daniel van Crieckenbeeck, de commandant van het fort, het uitdrukkelijke verbod op bemoeienis met zaken tussen stammen onderling negeerde, wat nog tot op de dag van vandaag zijn sporen heeft nagelaten. Op een dag in de lente van 1626 trad een groepje Mahican-indianen – 'de haren van hun hoofden zijn altijd, eer zij door de ouderdom veranderen, gitzwart, helemaal sluik en ongekruld, bijna zo stug als een paardestaart'[22], zo beschreef een waarnemer de Mahicanen, met hoge jukbeenderen en arendsneuzen, 'met dezelfde lichaamsbouw als wij Nederlanders', notuleerde een andere schrijver, en gezien het seizoen en de tijd van het jaar waren ze misschien ook wel gekleed in hertenhuiden, die ze losjes om hun lichaam droegen en rond hun middel hadden vastgesnoerd – de omheining van ruw gehouwen boomstammen binnen en vroeg Van Crieckenbeeck om Nederlandse ondersteuning bij hun strijd tegen de Mohawks. De man die om deze gunst vroeg, was hoogstwaarschijnlijk een stamoudste genaamd Monemin. Van Crieckenbeeck had zijn orders; de West-Indische Compagnie had het hoofd van de provincie Willem Verhulst duidelijk geïnstrueerd: 'hij zal er zorgvuldig op toezien niet lichtelijk in hun ruzies of oorlogen betrokken te raken, of partij te kiezen, maar neutraal te blijven.'[23] Aan de andere kant zal Van Crieckenbeeck zich zeker verantwoordelijk hebben gevoeld voor het welzijn van het handjevol jonge stellen, waaronder enkele zwangere vrouwen en misschien enkele kinderen, midden in het woud en duizenden kilometers van huis. Het viel te verwachten dat als hij de Mahicanen nu zou helpen, hij in de toekomst een goede bondgenoot aan ze zou hebben. Dus besloot hij te helpen. De Mahicanen gingen voor en samen met zes van zijn mannen verdwenen ze in het naaldwoud.

Op vijf kilometer vanaf het fort werden ze onthaald op een zwerm pijlen. Met een flitsende, bloederige aanval beëindigde een aantal in een hinderlaag liggende Mohawks de Nederlands-Mahicaanse samenwerking. Van Crieckenbeeck, drie van zijn mannen en vierentwintig Mahicanen, onder wie Monemin, werden dodelijk getroffen. De Mohawks vierden hun overwinning uitgebreid en bekroonden de slachting die ze hadden aangericht met een maaltijd, ze roosterden een wel erg onfortuinlijke Tymen Bouwensz en aten hem op.

Ondertussen was ook in de andere nederzetting aan de Noort Rivier de nodige opschudding ontstaan. Er was besloten dat de nederzetting in de haven zou worden gevestigd op een klein, traanvormig eiland dat door de kolonisten Noteneiland werd genoemd, naar de walnoten en kastanjebomen die ze er aantroffen. De eerste kolonisten die hier aankwamen vestigden zich hier, terwijl ze hun vee vijfhonderd meter verderop aan de andere kant van de baai plaatsten om te grazen, op het eiland Manhattan. Vanaf het begin veroorzaakte de voorlopige leider van de kolonie Willem Verhulst problemen. Hij vaardigde harde en inconsequente straffen uit en haalde zich hiermee de woede van de kolonisten op de hals. Mogelijk hebben hij en zijn vrouw ook geld verduisterd of – nog erger – indianen bedrogen. Zowel vanwege hun calvinistische fatsoensnormen, als vanwege het idee dat je geen onrust moest veroorzaken onder de inboorlingen om je heen, had de West-Indische Compagnie Verhulst nadrukkelijk uitgelegd hoe hij met de indianen om zou moeten gaan: 'Niemand mag de indianen enig leed, geweld, bedrog of smaad aandoen, en behalve een goede behandeling moet ook eerlijkheid, trouw en oprechtheid betracht worden in alle contracten, handelingen en gesprekken, zonder dat er sprake is van bedrog door het verkorten van maten, gewichten en aantallen, en er moet doorgaans vriendelijk met hen om worden gegaan.'[24] Wat Verhulst en zijn vrouw ook precies hebben uitgehaald, de kolonisten klaagden steen en been en eisten zijn vertrek.

Toen deze crisis uit de hand begon te lopen, kwam er van stroomopwaarts een schip aanzetten met het nieuws van de aanval van de indianen. De kolonie was nauwelijks een jaar oud en nu al zodanig in verwarring gebracht dat opheffing dreigde. Er was behoefte aan een leider, en aan een volgende stap.

Hij was opgegroeid met de Duitse taal en zijn tweede taal was het Nederlands, maar zijn voorouders spraken Frans, dus werd zijn naam op zijn Frans uitgesproken: 'Min-wie'.[25] Hij is een van die historische figuren naar wie je, naarmate je meer over hem te weten komt, steeds nieuwsgieriger wordt. Hij had geen militaire opleiding gevolgd, maar hij was een individualistische, zich verantwoordelijk voelende man, die de loop der dingen op meerdere manieren zou beïnvloeden. Zijn vader maakte deel uit van de groep protestanten die op de vlucht voor de Spanjaarden en de inquisitie naar het noorden was getrokken, waar hij zich niet ver van de Nederlandse grens had gevestigd, in het Duitse Wesel, en het was in dit stadje dat Peter Minuit (ook bekend als Peter Minnewit. Vert.) opgroeide. Hij bleek een strijdlustige en onafhankelijke zakenman te zijn met veel doorzettingsvermogen, en overeenkomstig zijn streven hogerop te komen, was hij zo slim om met de dochter van de burgemeester van het nabijgelegen Kleef te trouwen. Zijn vrouw en hij verhuisden naar Utrecht, waar Minuit een opleiding tot diamantslijper volgde. Maar dat begon hem al gauw te vervelen en hij vernam dat de West-Indische Compagnie was opgericht. Via zijn connecties met Frans sprekende kringen kwam hij erachter dat een groep Walen zich had aangemeld als kolonisten voor de nieuwe wereld. Op een dag in 1624 verscheen hij in het statige West-Indisch Huis aan de Brouwersgracht in Amsterdam, met het verzoek of hij kon worden gestationeerd in Nieuw-Nederland, blijkbaar niet als kolonist, maar als zakenman die daar 'vrijwillig' aan de slag wilde, op zoek naar handelsmogelijkheden. De bestuurders moeten onder de indruk zijn geweest van zijn vitaliteit. Naar het schijnt is Minuit met een van de eerste groepen kolonisten van wal gestoken, als vrijwilliger, want in de oorspronkelijke instructies van de compagnie voor Verhulst staat 'dat hij ervoor moet zorgen dat Peter Minuit als vrijwilliger, en anderen die hij daartoe in staat acht, zo hoog de rivier opvaart als maar enigszins mogelijk is om de toestand van het land te bezichtigen [...]'[26]

Minuit moet zich in dezelfde groep reizigers hebben bevonden als Catalina Trico en Joris Rapalje toen die de rivier opvoeren, en hij had in dit vroege stadium, zo lijkt het, nogal wat kennis over het nieuwe land verzameld. Vervolgens is hij waarschijnlijk een poosje naar Amsterdam teruggekeerd, misschien wel om de 'monsters van kleuren, medicijnen, gommen en kruiden, bomen en bloemen' af te leveren, want in de archieven staat aangetekend dat hij in januari 1626 de Nederlandse Republiek nogmaals verlaat en op 4 mei in Nieuw-Nederland is teruggekeerd. Hij bracht dus enige tijd door in de kolonie, lang genoeg om de kolonisten onder de indruk te laten geraken van wat hij allemaal kon, waarna hij weer naar Europa vertrok en vervolgens weer terugkeerde naar het nieuwe land. Niet lang nadat zijn schip, het Meeuwken, door de zee-engte tussen *Staten Eylandt* (*Staten Island*, zo genoemd ter ere van de Staten-Generaal van de Verenigde Provinciën) en *Lange Eylandt* (*Long Island*, zo genoemd om voor de hand liggende redenen) voor anker was gegaan, werd hij overstelpt door het slechte nieuws.

De kolonisten staken hun hoofden bij elkaar in een pas gevormde raad. Ze sleepten Verhulst voor het gerecht en besloten dat hij en zijn vrouw uit de provincie verbannen moesten worden. Verhulst ging niet zonder protest; hij was woedend en zwoer wraak, hij kondigde aan dat hij later terug zou keren aan het hoofd van een buitenlands leger en gebruik zou maken van zijn kennis van het gebied en de versterkingen – een interessant dreigement in het licht van wat niet hij, maar Minuit twaalf jaar later zou doen.

De kolonisten kozen Minuit als hun nieuwe commandant. Minuit handelde snel toen hij niet langer particulier verkenner was, maar hoofd van de provincie. Zijn eerste beslissing had verstrekkende gevolgen. De bestuurders in Amsterdam hadden geprobeerd de kolonisatie van grote afstand te leiden, wat onpraktisch was en inefficiënt, en Verhulst, hun man ter plaatse, was niet in staat geweest te begrijpen waar het mis liep. Er waren te weinig kolonisten om over zo'n vele honderden kilometers groot gebied te verspreiden; het nieuws van Fort Oranje deed Minuit inzien dat hun veiligheid in het geding was. Weliswaar had Noten Eylandt (tegenwoordig Governors Island) aanvankelijk goede dienst gedaan als verzamelplaats, maar het was te klein voor een nederzetting. De Zuydt Rivier maakte haar tropische verwachting niet waar. Voor iedereen met een beetje praktisch en logistiek inzicht was het duidelijk dat het eiland Manhattan, dat op een 'geweerschot afstand' lag, in alle behoeften kon voorzien. Het was groot genoeg om een bevolking te dragen, klein genoeg om door een fort op het meest zuidelijke puntje van het eiland te worden verdedigd. In de bossen leefde veel wild voor de jacht, er waren vlakke gronden waarop landbouw kon worden bedreven en de stroompjes konden de bewoners voorzien van zoetwater. Bovendien lag het aan de monding van een rivier waarover indiaanse pelshandelaren van heinde en ver uit de omgeving aan kwamen zetten en die verbonden was met andere wateren die tot diep in de binnenlanden doordrongen; diezelfde rivier vormde ook nog eens de toegang tot de baai, gelegen in een grote en uitnodigende haven die 's winters niet leek te bevriezen. Kortom, het was een natuurlijk scharnierpunt tussen het dichtbevolkte continent Europa en het verleidelijk ruige continent van Noord-Amerika. Het was het perfecte eiland.

*

Dus kocht hij het.[27] Iedereen kent het verhaal. Voor een partijtje goederen ter waarde van zestig gulden, of, zoals de negentiende-eeuwse historicus Edmund O'Callaghan berekende, 24 dollar, kocht Peter Minuit het eiland Manhattan van een groep plaatselijke indianen. Vanaf de zeventiende eeuw tot in het begin van de twintigste eeuw verkochten de oorspronkelijke bewoners van Amerika zo duizenden stukken land – in afmetingen variërend van een lapje grond in een stad, tot een gebied zo groot als een staat in het midden-westen – aan Engelse, Nederlandse, Franse, Spaanse en andere Europese kolonisten. Maar slechts één verkoop werd legendarisch; slechts één verkoop is bekend bij iedereen. Slechts één verkoop klinkt na in een Broadway compositie ('Give it back to the Indians', uit de musical *Too Many Girls* van Roger en Hart uit 1939) en doet, aan het eind van de twintigste eeuw, dienst als uitsmijter in een column door de komiek Dave Barry ('...die de Nederlandse kolonist voor 24 dollar kocht van de indianen van Manhattan, plus 167.000 dollar per maand aan onderhoudskosten.')[28]

Het spreekt bijna voor zich waarom juist deze ene verkoop in het cultureel geheugen is blijven hangen: de extreme ongerijmdheid, de buitenproportioneel absurde prijs. Op de meest dramatische wijze illustreert deze het hele langdurige proces waarin de oorspronkelijke bevolking van hun land werd beroofd. De gedachte dat het centrum van de wereldhandel, een eiland waarvan de grond biljoenen waard is, eens voor zestig gulden aan huishoudelijke waar werd gekocht van vermoedelijk ongelukkige en naïeve bewoners uit het stenen tijdperk, die gedachte is te kostelijk om te vergeten. Het maakt gewag van onze opvatting over de vroege Amerikaanse geschiedenis, waarin de argeloze en onwetende oorspronkelijke bevolking door gewiekste, meedogenloze Europeanen met complotten, trucs, slavernij en afpersing van hun land en hun leven werden beroofd. Deze ene verkoop staat symbool voor de hele verovering van het continent die er aan zat te komen.

Er is nog een reden waarom dit kleine fragment zo interessant is, het is namelijk zo ongeveer het enige aspect van de kolonie op Manhattan dat deel is gaan uitmaken van de algemene geschiedenis. Daarom is het de moeite waard hier nog eens nader naar te kijken.

Dus wie waren de indianen die instemden met deze transactie en wat vonden zij ervan? Zo'n twaalfduizend jaar geleden waren de voorouders van het volk dat door de Europeanen indianen werd genoemd (naar het voorbeeld van Columbus, die eerst dacht dat hij was aangeland in een buitengebied van India) over de landtong getrokken die gedurende de laatste ijstijd tussen Siberië en Alaska lag, waarna ze zich langzaam over de Amerikaanse continenten hadden verspreid. Ze kwamen uit Azië; genetisch zijn ze nauw verwant met Siberische en Mongoolse volkeren.[29] Ze verspreidden zich over de ongelofelijk grote uitgestrektheid van de Amerikaanse continenten, die ze dun bevolkten en waar ze een geweldige rijkdom aan talen schiepen, niet te vergelijken met enig ander moment in de geschiedenis: er is eens berekend dat op het moment dat Columbus in de nieuwe wereld arriveerde ongeveer 25 procent van alle talen op de wereld gesproken werd door Noord-Amerikaanse indianen.[30]

Twee vastgeroeste opvattingen staan een goed begrip van deze mensen in de weg: het ene ontstond doordat de Amerikaans-indiaanse cultuur lange tijd is afgedaan als primitief, en het andere is het huidige dogma dat de indianen edel en weerloos waren. Beide opvattingen schetsen een karikaturaal beeld. Recent genetisch, archeologisch, antropologisch en linguïstisch onderzoek maakt duidelijk wat voor zich zou moeten spreken: dat de Mahicanen, Mohawk, Lenape, Montauk, Housatonic en andere volkeren die leefden in de gebieden die enige tijd Nieuw-Nederland werden genoemd, evenals de Massachusett, Wampanoag, Sokoki, Pennacook, Abenaki, Oneida, Onondaga, Susquehannock, Nanticoke en andere die leefden in wat later New York, Massachusetts, Pennsylvania, Connecticut, Vermont, New Hampshire, Maine, Delaware, Maryland en New Jersey zou gaan heten, biologisch en verstandelijk nagenoeg gelijk waren aan de Nederlanders, Engelsen, Fransen, Zweden en anderen die in het begin van de zeventiende eeuw met hen in contact kwamen. De indianen waren net zo bekwaam, onbetrouwbaar, in staat tot theologische overwegingen en technologisch vernuft, slim en eigenwijs, nieuwsgierig en wreed als de Europeanen die hen ontmoetten. Iedereen die in de kolonie op Manhattan leefde en met hen in aanraking kwam – in hun dorpen verbleef, samen ging jagen of handelde, of hun talen had geleerd – was zich daar zonder meer van bewust. Pas later, toen de twee groepen in elkaar bestrijdende partijen waren opgedeeld, ontstonden de stereotypen. De vroege zeventiende eeuw was zoveel interessanter dan de tijd van het wilde Westen, een tijd waarin de indianen en Europeanen op min of meer gelijke voet met elkaar stonden en elkaar zagen als medestanders, concurrenten, partners.

Maar als de indianen dan zo slim waren en zo'n sterke positie innamen, waarom verkochten ze dan hun land, hun meest dierbare bezit? Wie zich dit zo afvraagt, komt uit bij het antwoord dat elke middelbare scholier kent: de indianen hadden een andere opvatting van landbezit dan de Europeanen. De indianen in het noordwesten gingen niet uit van een permanente eigendomsoverdracht en zagen de verkoop van grond als een combinatie van een huurovereenkomst en een verdrag of afspraak tussen twee groepen. Indiaanse landen waren opgedeeld en onderverdeeld in stammen, dorpen en andere gemeenschappen. Vaak waren ze in oorlog of vreesden ze door andere groepen te worden aangevallen, en vaak gingen ze defensieve bondgenootschappen aan met elkaar, die ook inhielden dat ze bepaalde stamgronden deelden in ruil voor het feit dat ze gezamenlijk sterker stonden. Deze gebruiken waren van invloed op de manier waarop de indianen aankeken tegen hun transacties met de Nederlanders en de Engelsen. Ze lieten de nieuwkomers gebruikmaken van hun land en in ruil daarvoor kregen ze lakens, messen, ketels en andere bijzonder bruikbare goederen, en bovendien kregen ze er een militaire bondgenoot bij. Verschillende voorbeelden tonen aan dat zij op deze manier tegen hun grondverkopen aankeken – zoals de verkoop in South Carolina in de jaren 1750, een overeenkomst tussen de gouverneur van de kolonisten en de leiders van de Cherokee, waarin de indianen helemaal geen betaling wilden voor hun land.[31] Zoals zij het zagen was de bescherming die uit de verbintenis voortvloeide voldoende als betaling.

Misschien was het dit wat de Mahican Monemin wilde toen hij de onfortuinlijke Daniel van Crieckenbeeck benaderde: hij verzocht de Nederlanders om de afspraken na te komen die deel uitmaakten van de overeenkomst bij de verkoop van het land bij Fort Oranje en hem te helpen in zijn strijd met zijn vijanden. Misschien heeft Van Crieckenbeeck begrepen dat dit deel uitmaakte van de ruil en heeft hij geprobeerd hiernaar te handelen, ook al ging dat tegen zijn orders in.

Aldus de situatie van de indianen. Wat betreft de Nederlanders hadden de kernachtigheid en bondigheid van de legende van de aankoop van Manhattan te maken met de beperkte interesse van historici voor de Nederlandse kolonie en met het gebrek aan gegevens die er volgens hen over de kolonie bewaard waren gebleven. Voor degenen die de geschiedenis van de kolonie probeerden te begrijpen, vond er in 1821 een ramp plaats, toen de Nederlandse regering in een waarlijk ongelukkige vlaag van opruimwoede (de Nederlanders zijn altijd veeleisende schoonmakers geweest) de overblijfselen van de archieven van de Nederlandse Oost- en West- Indische Compagnieën van voor 1700 als oud papier verkocht.[32] Toen de Amerikaanse afgezant John Romeyn Brodhead achttien jaar later in opdracht van de staat New York naar Nederland afreisde in de hoop daar documentatie te vinden over de Nederlandse kolonie ontdekte hij tot zijn 'verrassing, schande en spijt' dat alle 80.000 pond archiefmateriaal was verdwenen.[33]

Gelukkig hebben we een andere grote hoeveelheid documenten: de officiële archieven van de provincie, twaalfduizend pagina's groot. Zoals beschreven in het begin van dit boek, is het grootste deel van dit archief nu, na eeuwen van vergetelheid, vertaald door dr. Charles Gehring van het New Netherland Project, en een groot deel van dit boek berust op deze pagina's. Deze archieven hebben op miraculeuze wijze oorlogen, branden, schimmel en muizen overleefd. Maar ze beginnen in 1638. Geen enkel archief van de provincie van voor dat jaar heeft het overleefd, misschien is dat gekomen doordat, zoals het geval was bij Verhulst, de eerste gouverneurs van de provincie bij uitdiensttreding hun papierwinkel mee terug namen naar Amsterdam als hulp bij hun verdediging. Wij blijven achter met een gapend gat in de eerste jaren van de prehistorie van New York, dat door negentiende-eeuwse historici naar beste kunnen is opgevuld. Ze waren bekend met de naam Peter Minuit, wisten dat hij een van de eerste bestuurders van de provincie was en ze hadden een verleidelijk papier in hun bezit dat suggereerde dat het eiland van de 'wilden' (indianen) was gekocht voor 'een ruilwaarde van zestig gulden'.

Omdat we tegenwoordig meer weten, zijn we in staat een veel gedetailleerder verhaal te vertellen over wat er in het voorjaar van 1626 gebeurde. In 1910 dook op een veiling van zeldzame boeken en manuscripten in Amsterdam een bundel papier op. De curator omschreef voorwerp nummer 1795 als 'Documents sur la Nouvelle-Néerlande, 1624-1626'. De eigenaar had een prachtige naam, Alexander Carel Paul George Ridder van Rappard. De oude vellen die hij te koop aanbood, maakten waarschijnlijk deel uit van de verzameling van zijn grootvader, Frans Alexander Ridder van Rappard, een bekend verzamelaar. Jaren later werden dezelfde papieren gekocht door een andere verzamelaar (de Amerikaanse spoorwegmagnaat Henry E. Huntington), waarna ze vertaald en gepubliceerd werden, en wetenschappers zich erover mochten buigen.*

De documenten, die eens deel uitmaakten van de archieven van de West-Indische Compagnie en op een of andere manier ontsnapt waren aan de massale vernietiging, bestonden uit vijf brieven en een reeks verordeningen uit de beginperiode van de kolonie. Veel informatie in dit hoofdstuk is hieruit afkomstig en deze papieren hebben een nieuw licht geworpen op wat de Nederlanders deden en van plan waren te doen in hun kolonie in de nieuwe wereld. Lange tijd is bijvoorbeeld gedacht dat de kolonie in die beginjaren een ongeorganiseerde, geïmproviseerde puinhoop was, die zo slecht werd bestuurd dat er bijna van anarchie gesproken kon worden, en dat aan deze toestand pas een eind kwam toen de Engelsen kwamen. De zogenoemde Van Rappard-documenten bewijzen dat deze opvatting onjuist is. Ze tonen aan dat er veel aandacht uitging naar de kolonie en het welzijn van de bewoners. Via deze documenten weten we ook dat er een hoofd aan Minuit is voorafgegaan, de ongelukkige Willem Verhulst; voordat hij de Nederlandse Republiek had verlaten, had Verhulst instructies gekregen om ervoor te zorgen 'dat hij alle plaatsen aangaf waar sprake was van bouwland, weiland, houtgewassen van allerlei soorten, mineralen en dergelijke [...]', om proefboringen te doen in de bodem, elke waterval, stroom en andere plaatsen aan te duiden die geschikt waren voor zaagmolens, om 'alle plaatsen aan te tekenen waar bochten zijn, diepten, droogvallende delen, klippen en verbredingen van de rivieren' en de beste plaatsen aan te geven voor het bouwen van forten, 'en er op letten dat de beste plaatsen die zijn waar de rivier smal is, die niet vanaf hoger gelegen land beschoten kunnen worden, waar grote schepen niet al te dichtbij kunnen komen en die van grote afstand niet kunnen worden gezien vanwege omliggende bomen en bergen, waar het mogelijk is water in een gracht toe te laten, en waar geen zand ligt, maar klei en andere vaste ondergrond.'[34] De instructies bevatten gedetailleerde aanwijzingen voor het boerenbedrijf: Er zullen '[...] diverse bomen, wijngaarden en allerlei zaden gezonden worden [...] en voor wat betreft het anijs en de komijn die voor een proef worden meegezonden, moet hij er zorg voor dragen dat deze op verschillende tijden

* In 1924 verzorgde A.J.F. van Laer, voorganger van Charles Gehring als vertaler van de Nederlandse archieven, een beperkte uitgave van deze documenten, *Documents Relating to New Netherland, 1624-1626, in the Henry E. Huntington Library*.

en op verschillende plaatsen gezaaid worden, en erop toezien op welk moment en op welke plaats deze het beste groeien en het meeste opleveren'.

Dankzij dit pakket documenten hebben we nu ons beeld herzien, en hebben we een goed georganiseerde Nederlandse poging voor ogen, en, in Minuit, een bekwaam leidsman die probeert uit te vinden hoe hij het beste een kolonie kan stichten. Uit deze documenten komt ook een andere figuur naar voren. In juli 1626 zet Isaack de Rasiere vanaf het Wapen van Amsterdam voet aan wal op de kust van Manhattan, een op avontuur beluste dertigjarige zoon van een handelaar, klaar om zijn werk als secretaris van de provincie op te vatten. De documenten van Rappard bevatten ook brieven die Rasiere aan zijn bazen in Amsterdam schreef; in een daarvan schrijft hij dat het eiland van Manhattan aan een klein groepje inlanders behoorde die hij de Manhatesen noemde: 'ze zijn 2 tot 300 man sterk, vrouwen en mannen, onder verschillende hoofdmannen, die zij *Sackimas* noemen.' Het was vermoedelijk deze kleine groep – mogelijk een noordelijke tak van de Lenni Lenape-indianen – met wie Peter Minuit de grondaankoop afhandelde.

Het is inderdaad zo dat er nergens een akte te vinden is die bewijst dat de transactie ook daadwerkelijk heeft plaatsgevonden, maar veel andere belangrijke documenten zijn evenmin door de tijd gespaard gebleven. We hebben wel een verslag uit 1670 waarin verwezen wordt naar deze akte van Manhattan, dus in die tijd bestond deze wel. Heel interessant is dat we een uitstekend en indringend verslag hebben van de aankoop van iemand die er geen belang bij had te liegen. Toen het Wapen van Amsterdam, die Isaack de Rasiere naar Nieuw-Nederland had gebracht, Manhattan verliet voor de terugreis, bevonden zich aan boord meerdere mensen en voorwerpen die te maken hadden met dit keerpunt in de geschiedenis: allereerst was daar de uitgewezen Verhulst zelf, samen met zijn vrouw, die in ongenade was gevallen en zich daar erg over opwond (alhoewel hun leed wat werd verzacht door enkele zaken die ze aan hun avontuur hadden overgehouden: terug in Amsterdam had hij een tabberd, of mantel, gemaakt van zestien beverhuiden, terwijl zijn vrouw een chique modieuze jas had, waarin tweeëndertig otterhuiden waren verwerkt);[35] ten tweede, een kist met daarin de persoonlijke bezittingen van de onfortuinlijke Daniel van Crieckenbeeck, waaronder een jas van otterhuiden en een ring, die aan zijn vrouw werden gezonden; ten derde, een brief van De Rasiere aan de directeuren van de West-Indische Compagnie, waarin hij omstandig de beslissing van de raad toelicht om Verhulst af te zetten, en gegevens verstrekt over het verwerven van Manhattan.

Onder deze gegevens bevond zich misschien ook de koopakte zelf, die dan terecht kan zijn gekomen in de archieven van de West-Indische Compagnie die in 1821 voor oud vuil zijn verkocht en aldus voor altijd zijn verdwenen. Maar gelukkig stond Pieter Schaghen, een Nederlandse ambtenaar die net was aangesteld om de regering te vertegenwoordigen in het bestuur van de compagnie, op de kade toen het schip de haven binnenvoer, en in een brief aan zijn superieuren in Den Haag gaf hij een gedetailleerde beschrijving van de lading van het schip en van het nieuws uit de provincie. Het is een van de bekendste historische documenten in de Nederlandse taal en een van de belangrijkste historische verslagen uit de Amerikaanse geschiedenis. Het is in feite de geboorteakte van New York:

Hoge Mogende Heren,

Hier is gisteren het schip het Wapen van Amsterdam aangekomen, op de 23ste september, uit Nieuw-Nederland, uit de Rivier Mauritius. Ze rapporteren dat het goed gaat met ons volk daar en het leven vredig is; de vrouwen hebben er ook kinderen gebaard. Ze hebben het eiland Manhattes van de wilden gekocht, voor een waarde van 60 gulden; het land is 11.000 morgen groot. Ze hebben alle koren half mei gezaaid en half augustus gemaaid. Hiervan hebben ze monsters meegebracht, van zomerkoren, tarwe, rogge, gerst, haver, boekweit, kanariezaad, boontjes en vlas.

De lading van het voornoemde schip bestaat uit:
7246 bevervellen
178,5 ottervellen
675 ottervellen
48 nertsvellen
36 wilde kattenvellen
33 nertsen
34 rattenvelletjes
Veel eiken balken. En notenhout.

Hierbij,
Hoge Eerwaarde Heren wordt aan de genade van de Almachtige aanbevolen,
In Amsterdam, de 5de november Anno 1626

U Hoge Eerwaarde dienstwillige,
P. Schaghen[36]

Twee dagen later, in een kantoor op het Binnenhof in Den Haag, pakte een klerk van de Staten-Generaal zijn pen op en noteerde bondig: 'Een brief ontvangen van Dhr. Schaghen, geschreven in Amsterdam, op de 5de van deze maand, met het verslag van de aankomst van een schip uit Nieuw-Nederland, er is geen actie nodig.'[37]

Via deze brief is de aankoopprijs bekend geworden. Hoewel het een bruikbare stok is voor verlate zelfkastijding, vanwege de overname van het continent door de blanken van de indianen, toch zou het ten opzichte van de betrokkenen eerlijker zijn als we de transactie eens vanuit hun perspectief zouden bekijken. Om te beginnen kunnen we die vierentwintig dollar vaarwel zeggen, want dat bedrag dateert van de negentiende eeuw en zegt niets over het aankoopbedrag ervan tweehonderd jaar eerder. Daar komt bij dat Minuit geen zestig gulden betaalde, waar de indianen niets mee konden, maar 'de waarde' van zestig gulden – goederen dus. Hoeveel goederen kon je in 1626 voor zestig gulden kopen? Het valt niet mee om hier achter te komen. Een stalen mes was in Amsterdam of Londen weliswaar relatief weinig waard, maar had al heel wat meer waarde voor een kolonist die aan de Noort Rivier in primitieve omstandigheden leefde en was enorm veel waard voor een indiaan die leeft in omstandigheden die hedendaagse antropologen omschrijven als *late woodlands,* te vergelijken met de late steentijd.

Een manier om de verkoop in het juiste perspectief te plaatsen is de vergelijking met andere bedragen die voor stukken wildernis zijn betaald. Namens de West-Indische Compagnie kocht Peter Minuit in 1630 bijvoorbeeld Staten Eylandt van de Tappans voor 'duffels, visgerei, bijlen, schoffels, schelpkralen, priemen, harpsluitingen, en verschillende andere kleine waren'.[38] In 1664 verkregen drie Engelsen van indianen een uitgestrekt gebied boerenland in New Jersey in ruil voor twee jassen, twee geweren, twee ketels, tien staven lood, twintig handen buskruit, vierhonderd vadem schelpkralen en twintig vadem stof. We kunnen de verkoop van Manhattan ook relateren aan het ruilen van land tussen Nederlandse inwoners. Drie jaar na de aankoop van Manhattan kende de West-Indische Compagnie een Engelsman tachtig hectare grond toe van wat Greenwich Village zou gaan worden, in ruil voor een tiende deel van wat hij van dat land zou oogsten, plus de belofte dat hij 'elk jaar met kerst een stel hanen aan de directeur gaf'.[39] In 1631 verkocht Andries Hudde veertig hectare grond op Long Island voor tweeënvijftig gulden.[40]

Oftewel, de prijs voor Manhattan kwam, per hectare, min of meer overeen met de andere prijzen die aan indianen werden betaald, en hoewel die aanzienlijk lager waren dan wat de Nederlanders aan elkaar betaalden voor een stuk land, toch vielen ook die bedragen binnen dezelfde prijscategorie. Ter vergelijking, een soldaat in dienst van de West-Indische Compagnie verdiende ongeveer honderd gulden per jaar[41] – ongeveer het dubbele van het bedrag dat neergelegd was voor Manhattan. Wat het meest opviel was dat land in de nieuwe wereld spotgoedkoop was.

Aan de andere kant moet gezegd worden, dat, volgens hun opvatting van landbezit, de indianen die Manhattan 'verkochten' er helemaal vanuit gingen dat ze hun land konden blijven gebruiken, wat ze ook deden. Dankzij de verhoudingsgewijs recente belangstelling van het serieuze historisch onderzoek naar de kolonie van Manhattan kan er op de meest onverwachte momenten en vanuit de meest onverwachte hoeken nieuwe informatie opduiken. Niet alleen Amerikaanse historici zijn zich gaan interesseren voor de kolonie, voor sommige Nederlandse geldt hetzelfde. Zo diepte de Nederlandse geschiedkundige Janny Venema in een archief in Arnhem een verslag op van een rechtzaak die in 1663 werd beëindigd, en wat zij hierover in 2000 schreef geeft zicht op wat de Amerikaanse indianen in de zeventiende eeuw verstonden onder de verkoop van grond.[42] In 1648 werd Brant van Slichtenhorst aangesteld door de Van Rensselaers, de grootste landeigenaar in de provincie, om hun uitgebreide landgoed te beheren. Jaren later, terug in Nederland, diende hij een aanklacht in over kosten die men hem nog moest vergoeden. De zeven jaar durende rechtszaak staat boordevol feiten over het leven tussen de Mohawks en Mahicanen. Gedurende zijn verblijf in de Nederlandse kolonie kocht Van Slichtenhorst in opdracht van zijn bazen verschillende stukken land van de indianen, en bij geen van deze transacties ging het er helemaal zuiver aan toe. Al vanaf enkele dagen voor de aanschaf, tot meerdere jaren daarna moest Van Slichtenhorst onderdak bieden aan maar liefst maximaal zo'n vijftig indianen, ze te eten geven en ze voortdurend voorzien van bier. Voor de opperhoofden was er brandewijn. En behalve van verkopers, was er in een geval zelfs sprake van een heuse grondmakelaar, die, als onderdeel van zijn commissie, ook 'acht tot tien malen' bij Van Slichtenhorst wilde overnachten, in het gezelschap van meerdere vrouwen. Er was altijd sprake van 'veel gedoe en ruzie met alle indianen', klaagde Van Slichtenhorst, 'en van veel vuiligheid en stank, en dat er voortdurend van alles gestolen werd'. Dit ging niet dagen of weken, maar járen na de verkoop zo door; Van Slichtenhorst was dan ook vaak onderweg om het bezit te inspecteren en kwam dan groepen indianen tegen die hun kamp hadden opgeslagen. In plaats van zich op te winden over deze 'indringers', was hij verplicht om, volgens hun gewoonte, hen te onthalen met geschenken en gastvrijheid. 'Ik kan naar waarheid zeggen dat wij gedurende drie jaren nog geen halve dag zonder indianen zijn geweest,' schreef hij. Op lange termijn kregen de Europeanen, natuurlijk, wat ze wilden. Maar de indianen waren allerminst argeloze slachtoffers, en op de korte termijn, waar het in die tijd om ging, kregen zij wezenlijk meer terug voor de verkoop van het land dan het aankoopbedrag suggereert.

We kunnen er vanuit gaan dat iets vergelijkbaars is voorgevallen bij de verkoop van Manhattan. Toen Isaack de Rasiere in 1628 naar Amsterdam schreef, twee jaar na de koop van Manhattan, gebruikte hij de tegenwoordige tijd, Manhattan ís bewoond door Manhatesen-indianen, wat aangaf dat ze niet waren weggetrokken. In de Nederlandse archieven zijn de indianen voortdurend aanwezig. De kolonisten rekenden op hen. En er was genoeg ruimte; voor het leven in de kolonie bestond het eiland voornamelijk uit wildernis. Pas vanaf 1680 wordt in de verleden tijd naar de indianen verwezen, toen ze, volgens sommige bronnen, naar het noorden waren getrokken, de Bronx in.

Ons blijft niets anders over dan dat we ons proberen voor te stellen wat zich daar aan het begin van de zomer van 1626 ergens in de lagere delen van Manhattan heeft afgespeeld: Minuit, zijn assistenten, soldaten en kolonisten, de indiaanse opperhoofden en hun volgelingen, de officiële ceremonie met het plaatsen van kruisjes op het perkament en daaromheen, gedurende eindeloze weken of maanden, het bezoeken, drinken, eten en het geven van geschenken, allen bijeen om een voor beide partijen bevredigende overeenkomst te sluiten, elk met eigen gedachten over de afloop ervan. En in een of andere daarop volgende en nu vergeten ceremonie, opgetekend op een document dat eveneens verloren is gegaan, zou Minuit het volgens goede gewoonte genoemd hebben naar de moederstad, waarvan een deel van de cultuur en bestaanswijze – de openheid en de bluf – zou overgaan op het slonzige kleine dorpje op het eiland.

Nadat hij deze klus had afgerond, zou Minuit in een sloep van de compagnie zijn gestapt en de rivier opgereisd om de crisis in Fort Oranje het hoofd te bieden. Nadat hij daar enige tijd had doorgebracht, gaf hij Catalina Trico, Joris Rapalje en de andere kolonisten opdracht het gebied te verlaten; ook aan de kolonisten bij de Zuydt Rivier zond hij een dergelijk bericht. Minuit hergroepeerde zich. Vanaf dat moment zou Manhattan – Nieuw-Amsterdam – het middelpunt zijn.

Vervolgens zeilde hij terug naar Manhattan, waar hij op vrijdagavond, op de laatste dag van juli de haven binnenvoer. De volgende ochtend ontmoette hij de man die zijn nuttige assistent zou worden, Isaack de Rasiere, wiens schip was gearriveerd toen Minuit weg was. De Rasiere overhandigde hem enkele brieven van de directeuren van de compagnie; waarna ze in discussie raakten over wie zij als vervanger van Van Crieckenbeeck naar het zuiden zouden sturen, want Minuit had besloten dat hij een contingent soldaten in het fort wilde handhaven. Ze besloten Bastiaen Krol te bevorderen, de Friese lekenpredikant die samen met Rapalje en Trico was aangekomen. Krol had ook twee jaar lang in Fort Oranje geleefd en hij kon erg goed opschieten met de indianen, dat valt op te maken uit wat De Rasiere schreef, ze kozen hem 'omdat hij goed bekend is met de taal'.[43] Dus de man die oorspronkelijk de kerk in de nieuwe provincie had willen dienen, kreeg een musket in zijn handen gedrukt en werd militair commandant. Niemand weet met hoeveel angst hij die functie aanvaardde; hij had gezien wat zijn voorganger was overkomen.

Op een klein groepje soldaten na, bevonden alle kolonisten zich nu op de vrij vlakke zuidoostflank van Manhattan, waar ze uitkeken over de smalste van de twee rivieren die zich om het eiland heen slingerden, naar vijfhonderd meter verderop aan de andere kant van het water gelegen kliffen. Onder Minuit gingen ze hard aan de slag om de overstap te maken van kampeerder naar kolonist. Na ongeveer een jaar hadden ze langs het strand dertig houten huizen gebouwd. Minuit en De Rasiere deelden een van deze woningen. Het enige stenen huis, met een rieten dak, gemaakt van het riet uit de rivier, was het hoofdkwartier van de West-Indische Compagnie, waar de pelzen vanuit het hele gebied werden opgeslagen, totdat ze naar huis konden worden verscheept, en waar Isaack de Rasiere kantoor hield. Op een winderige plek, op het meest zuidelijk gelegen punt van het eiland bouwde een molenmaker, genaamd François, twee windmolens, de een voor het malen van graan, de ander voor het zagen van planken.

Minuit zorgde er ook voor dat er een fort werd gebouwd. Het kwam te liggen op de zuidwestelijke punt van het eiland, van waaruit het uitstekend in staat was om de haven tegen vijandelijke schepen te verdedigen. Oorspronkelijk had het een groot bouwwerk moeten worden, waarin alle kolonisten konden verblijven, beschermd tegen de wilden uit het land. Maar de wilden waren helemaal niet zo wild en het viel ook niet mee om met beperkte mankracht een flink gebouw neer te zetten. Minuit liet het ontwerp aanpassen. Voor een Nederlandse ingenieur had de man die was gestuurd om de stad vorm te geven en het fort te bouwen opvallend weinig in zijn mars: de oorspronkelijke structuur bestond voornamelijk uit opgeworpen aarde, die in begon te zakken nog voordat het bouwwerk voltooid was. Het zou in de loop van de komende jaren worden afgebroken en herbouwd; tot op het moment dat Peter Stuyvesant staande op het wankele bolwerk besloot het aan de Engelsen over te geven zou de krakkemikkige staat van Fort Amsterdam een probleem blijven. De ligging en afmetingen van het fort zijn vandaag de dag nog te herkennen in het oude Custom House, dat ongeveer op dezelfde plek is gebouwd, recht tegenover Battery Park; ironisch genoeg is op deze plek, die oorspronkelijk bedoeld was om de indianen op afstand te houden, tegenwoordig het Museum of the American Indian gevestigd, een gebouw met de twijfelachtige eer dat het de enige locatie op Manhattan is waarin sporen van de indiaanse beschaving zichtbaar zijn.

Toen de kolonisten het eiland onderzochten, ontdekten ze dat het wonderbaarlijk gevarieerd was: dichte bossen bezaaid met oprijzende rotsen, met gras begroeide weiden, hoge heuvels in het midden en het noorden, ruisende en sijpelende stroompjes en grote met riet begroeide vennen. De indianen met wie ze handel dreven, fungeerden ook als gids. Wickquasgeck was de naam van een stam die gedeeltelijk verbleef op het vasteland nabij het noorden van het eiland, en voor een ander deel in enkele noordelijk gelegen bossen op Manhattan. De indianen op Manhattan gebruikten de naam Wickquasgeck voor het pad waarover ze door het midden van het eiland naar deze noordelijke streken trokken. Langs dit pad trokken ook indianen in zuidelijke richting naar de Nederlandse nederzetting op de zuidpunt van het eiland. Als ze naar het noorden trokken, om te jagen in het dichtbeboste centrum van het eiland en te vissen in de inhammen aan de oostkust, konden de Europeanen eveneens gebruik maken van dit pad – door gebieden met eiken, walnoten, populieren en dennen, over open velden vol wilde aardbeien (‘de bodem van het vlakke land nabij de rivier staat vol aardbeien’, schreef een van hen, ‘het zijn er zoveel dat je maar hoeft te gaan liggen om ze op te eten’), over de snelstromende beek heen die naar het zuidoosten stroomde vanuit de hooglanden in de buurt van 59th Street en Fifth Avenue, ongeveer daar waar het Plaza Hotel staat, en die uitkwam op een kleine baai in de Oost Rivier. Deze route was overduidelijk voorbestemd om de belangrijkste weg van het eiland te worden, en toen de Nederlanders het pad verbreedden, noemden ze het de Herenstraat, de Hoofdstraat, of simpelweg de Hoofdweg. De Engelsen hadden het uiteraard over Broadway.*

*

Zo gingen de inwoners van Manhattan door en elke spier en elke truc werd benut om te overleven, het water kwam op en trok zich weer terug, elk tij opnieuw, en in de jaren die volgden zullen ze nauwelijks tijd hebben gehad om stil te staan bij wat er gebeurde. Steeds vaker verschenen er zeilen in de haven, vanaf de voor anker liggende schepen voeren de sloepen af en aan (er was nog geen kade), met nieuwe mensen, van verschillende pluimage. Donkere gezichten uit de centrale hooglanden van Angola. Arabische gezichten geplooid door de Noord-Afrikaanse zandstormen. Een Italiaan, een Pool, een Deen.

Er was iets gaande dat behoorlijk verschilde van de maatschappij die zich ontvouwde in de twee Engelse kolonies verder naar het noorden, waar in een wilde omgeving de in 1630 gearriveerde strenge puriteinen en de nog strengere pelgrims, onder hun breedgerande hoeden in vrome monoculturen leefden. Hier ging het om een zakelijke nederzetting, een tussenstation in het opkomende Atlantische handelscircuit, en het nieuws van het bestaan van deze plaats verspreidde zich ver, naar bestemmingen als Bahia en Pernambuco in het Amazonegebied van Brazilië, de pasgestichte Portugese haven voor slavenhandel van Luanda in Angola, en Stockholm, waar een energieke monarch, Gustaaf Adolf, van plan was om Zweden, dat lang een stille uithoek van Europa was geweest, tot een krachtige militaire en handelsnatie om te vormen, om Spanje naar de kroon te steken, en het opkomende Engeland en de Nederlandse Republiek.

Langzaam begon de bal te rollen. In kleine groepjes kwam de wereld naar Noord-Amerika, allemaal via dit eiland in die uitnodigende haven. En hoewel de West-Indische Compagnie wel degelijk flinke calvinistische trekken vertoonde, die ze ook in haar kolonie wilde terugzien, toch garandeerde de samenstelling van de nederzetting – een

* Anders dan wel eens wordt gezegd, loopt Broadway niet exact over het pad van de indianen. Om tegenwoordig de route te volgen, moet u ten noorden van het Custom House Broadway opgaan, oostwaarts joggen langs Park Row, dan de Bowery volgen tot Twenty-third Street. Van daaruit kronkelde het pad omhoog richting de oostkant van het eiland. Het doorkruiste westwaarts de bovenkant van Central Park; Broadway en het pad van de Wickquasgeck komen weer samen bovenin het eiland. Het pad gaat verder de Bronx in; in noordelijke richting volgt het Route 9.

direct uitvloeisel van het allegaartje van mensen dat in Amsterdam was terechtgekomen – dat er sprake was van een zekere ruigheid, van losse omgangsvormen. Het sprak ook voor zich dat de voorhoede van de particuliere ondernemingen – smokkelaars en piraten – de plaats ontdekte en tot het centrum bombardeerde van haar activiteiten. Alle onderdelen waardoor het een aantrekkelijk oord werd voor de legitieme handel, maakten het ook voor hen een interessante plek, en daar kwam nog bij dat dit alles zich op aangenaam grote afstand van de beschaving bevond, ver weg van de autoriteiten.

De dagen werden levendiger; en het nachtelijke geluid van golven die op de kust sloegen verdween naar de achtergrond door drankliederen en boze vloeken. Nieuw-Amsterdam was geen stad met een eigen bestuur, maar letterlijk een compagniestad: de inwoners werden meer als medewerkers beschouwd dan als stedeling, en er was geen rechtssysteem. Dat werd dus ter plekke uitgevonden. In een kamer binnen de slecht omwalde vesting nam 'het bestuur' iedere donderdag de zaken door. Gehuld in een schitterend Rembrandtesk uniform met een zwart hoofddeksel met pluimen en een zilveren rapier, hield de wetshandhaver van Minuit, een Engelsman uit Canterbury, Jan Lampe, toezicht op de maatregelen. Minuit, De Rasiere en een raad van vijf hoorden de zaken aan en spraken vonnis, week in week uit, waarbij de uitspraken die in de loop van de tijd werden gedaan gezamenlijk de jurisprudentie vormden voor de rechtspraak aan de grens van de beschaving. In 1638 werd er bijvoorbeeld een reeks uitspraken gedaan waarin mensen een standje kregen: 'Alle zeevarende personen wordt opgedragen zich voor zonsondergang te vervoegen bij hun schepen of sloepen, en mogen zonder toestemming niet meer aan land komen.'[44] '...dat voortaan niemand wijn mag verkopen, op straffe van vijfentwintig gulden en het inleveren van de wijnen die in zijn huis zullen worden aangetroffen.' 'Iedereen moet erop toezien dat hij niet betrokken raakt bij vechtpartijen, overspel pleegt met heidenen, zwarten of andere mensen; bij muiterij, diefstal, valse getuigenissen, lasterlijke taal en andere ongeregeldheden [...] zullen de overtreders als voorbeeld voor de anderen worden gecorrigeerd en gestraft.'[45]

De eerste multiculturele flirtpartijen vonden al plaats. De Spanjaard Francisco de Porte getuigde voor de raad dat hij inderdaad aanwezig was in het huis van de Nederlandse wagenmaker Claes Swits toen de vrouw van de Engelsman Thomas Beech, Nanne, tijdens een stevige drinkpartij, 'ondanks de aanwezigheid van haar man, de billen betastte van alle aanwezigen', waardoor haar echtgenoot in woede onstak en een van de mannen aanviel.[46]

Minuit mag dan een vaardig strateeg zijn geweest, mensen besturen was niet zijn kracht; de wanorde nam toe. De Rasiere probeerde de orde zo goed en zo kwaad als het ging te handhaven, maar in 1628 keerde hij terug naar Amsterdam, om vervolgens naar Brazilië te vertrekken, waar hij uiteindelijk in dienst van de West-Indische Compagnie suikerbaron werd. Hij klaagde bij de bestuurders in Amsterdam over 'het zeer verwilderde volk', en vond dat de bestuurders moesten weten dat de kolonisten, 'zich zwaar beledigd voelen als hen gevraagd wordt de rechter aan te spreken zonder de grove taal te hanteren zoals ze zijn gewend'. Op een bepaald moment betrapte De Rasiere een ruige kerel genaamd Fongersz bij een stiekeme handel met de indianen, waarna hij hem vertelde dat hij zijn goederen in beslag moest nemen en hem moest beboeten, waarop Fongersz antwoordde, 'ik denk niet dat u daar groot genoeg voor bent'. Bezorgd voegde De Rasiere hier in zijn voortbabbelende verslag aan toe: 'De edele heren kunnen zien hoe zo iemand de zich aan de regels houdt, maar ik vind het niet zijn schuld, want ik heb hem zelden nuchter gezien en ik twijfel eraan of hij de afgelopen drie of vier weken nuchter is geweest.'[47]

De bestuurders konden dergelijke berichten gelaten aanhoren. Het ging de West-Indische Compagnie erg voor de wind. Het eerste doel van de compagnie was het maken van winst in de strijd tegen de Spanjaarden, en in 1628 was het raak. Gedurende meer dan een halve eeuw had Spanje de rijkdommen die ze in Zuid-Amerika hadden verzameld met een twee maal per jaar uitvarende vloot van maar liefst negentig schepen naar het thuisland vervoerd: de zilvervloot. In mei 1628 wist Piet Heyn, een kleine zeeman met een sluw gezicht, die eens door de Spanjaarden gevangen was genomen en vier jaar op een Spaans galjoen had moeten roeien, toen hij met zijn eenendertig ter kaap varende schepen in de buurt van Cuba op de loer lag, de langzame en zwaar beladen *flota* te verrassen. De buit was onthutsend: twaalf miljoen gulden aan zilver en goud. Een bedrag waarmee meteen alle investeerders in de compagnie hun geld hadden terugverdiend en waarmee het vuur van de Nederlandse economie jarenlang werd opgestookt. Voor de mensen van de Verenigde Provinciën, die tientallen jaren voor hun onafhankelijkheid tegen het machtige Spanje hadden gevochten, was de boodschap glashelder: dit betrof een historische kans. De titel van een populair pamflet is veelzeggend: *Tekel ofte weech-schale vande groote monarchie van Spainien; waer bij ontdect wert dat de selve soo veel niet en vermach als sij haer onder-staet te doen. Ter occasie vande Silver Vlote bij den Generaal Pieter Pieterszen Heyn vero-wert nederghestelt.*[48]

Aan de andere kant van de zee die zich uitstrekte voor de kolonisten, keerde vanaf dat moment het tij. De daad van Heyn bewees dat het Spaanse rijk begon te vervallen. Een halve aardbol verderop, op het eiland Java, begon de Nederlander Jan Pieterszoon Coen aan een oosterse versie van de onderneming van Minuit: in een vijandige omgeving stichtte hij een stad (Batavia, het huidige Jakarta) die moest dienen als basis voor de Nederlandse handel in Zuid-Oost Azië. Ondertussen publiceerde William Harvey zijn *Exercitatio Anatomica De Motu Cordis et Sanguinis in Animalibus*, waarin hij zijn theorieën over de bloedsomloop beschreef, terwijl in Italië de arts Santorio Santorio de kunst ontwikkelde om de lichaamstemperatuur te meten met een thermometer. De systematische manier waarop de Nederlanders communiceerden (officiële brieven werden in twee- of drievoud aan verschillende schepen meegegeven) blonk weliswaar niet uit in snelheid, maar het nieuws kwam in elk geval wel aan; hierdoor waren de inwoners van Manhattan op de hoogte van de ontwikkelingen in de wereld en voelden ze zich hiervan deel uitmaken.

In het noorden worstelde de kolonie van de pelgrims voort, en Minuit, die zich sterk voelde en wilde uitbreiden, besloot dat het tijd was om contact te leggen. Hij stuurde enkele vriendschappelijke brieven en voegde daar een forse zak suiker en twee Hollandse kazen aan toe.[49] William Bradford, gouverneur van de voortploeterende kolonie, schreef een bedankbrief en verontschuldigde zich voor het feit dat ze 'tot een andere keer schuldenaar moesten blijven, omdat ze niets bezaten dat geschikt was om mee te sturen.' Korte tijd later zeilde Isaack de Rasiere hoogstpersoonlijk als officiële afgevaardigde naar New Plymouth, waar hij 'onder veel trompetgeschetter'[50] (het gevoel voor show van de bewoners van Manhattan zat er aan te komen) opdook bij de pelgrims, terwijl hij 'enige lakens, drie soorten en in drie kleuren, en een kist met witte suiker' uitdeelde, tezamen met iets wat de Engelsen nauwelijks kenden, maar waar de handelaren uit Nieuw-Amsterdam erg goed mee om konden gaan: kettingen met aaneengeregen kralen gemaakt van zeeschelpen, die door de Mahican *sewant* werden genoemd en ook wel bekend stonden als *wampum*.

Mogelijk in diezelfde tijd, en misschien wat aan de late kant, arriveerde een godsdienstig heer op Manhattan. Maar als de kolonisten leiderschap en bemoedigende woorden hadden verwacht van de eerste predikant van de kolonie, dan ze werden teleurgesteld. Dominee Jonas Michaelius maakte aanspraak op de titel van meest humeurige en boosaardige inwoner van Manhattan. In zijn verbitterde brieven naar huis klaagde hij over de reis, de kolonisten ('ruw en ongeremd'), het klimaat, de oorspronkelijke bewoners ('complete barbaren en wilden, onbekend met enige omgangsvormen, ja, onbeschaafd als Poolse tuinknechten, experts in verdorvenheid en goddeloosheid; duivelse mannen, die niemand dienen, behalve de satan') en het eten ('karig en armoedig'). 'Ik weet niet of ik hier zal blijven als de drie jaar [van zijn contract] voorbij zijn,' schreef hij naar huis en voegde hier aan toe, 'ons leven hier is hard en sober als het leven van armelui'. Tot op zekere hoogte hoeven we hem deze bitterheid niet kwalijk te nemen: zijn zwakke en zwangere vrouw was omgekomen tijdens de reis en hij moest in zijn eentje voor zijn twee jonge dochters zorgen.

Voorlopig was Nieuw-Amsterdam een vrije handelshaven. De compagnie stond toe dat zelfstandige handelaren zaken deden met de indianen, op voorwaarde dat de compagnie zelf als tussenhandelaar kon dienen bij de verkoop van de huiden in Europa; de zaken werden afgehandeld in vijf, zes talen; de Nederlandse gulden, beverhuiden en indiaanse wampum waren de meest gebruikelijke valuta. In een cultuur gebaseerd op kaas en boter, waren koeien eveneens een hooggewaardeerd en verhandelbaar betaalmiddel.

Maar terwijl de beverhuiden met duizenden tegelijk naar het pakhuis van de West-Indische Compagnie aan de kade werden aangevoerd, draaide de kolonie helemaal geen winst. De directeuren wilden dat hun Noord-Amerikaanse kolonie hun investeringen op dezelfde manier zou terugverdienen als dat gebeurde in de Caraïbische zoutkolonies en er ontstond onenigheid in het bestuur over hoe dit alsnog zou moeten gebeuren. Sommige directeuren argumenteerden dat de kolonie zonder een massale toestroom van kolonisten nooit goed zou functioneren, en de beste manier om er mensen te krijgen was toe te staan dat rijke lieden er plantages begonnen. In ruil voor deze landgoederen, zou elke patroon een groep boeren, smeden, metselaars, wagenmakers, bakkers, kaarsenmakers en andere ambachtslieden mee moeten nemen. De directeuren die met dit voorstel kwamen, schoven zichzelf naar voren als patroon. De andere directeuren zagen niets in dit plan, omdat de kolonie hierdoor in kleine leengoederen uiteen zou vallen, wat het nog lastiger zou maken de piraten en rebelse handelaren aan te pakken. Peter Minuit deed mee aan de discussie en trok partij voor het plan met de patronen. Dominee Michaelius koos voor de andere partij en schreef een hele reeks vlammende brieven waarin Minuit als een duistere kracht werd bestempeld die bezig was de bestuurders te bedriegen. Het lukte hem de directeuren te overtuigen dat er sprake was van een dringende situatie en in 1631 riepen ze zowel Minuit als Michaelius naar Nederland terug. Ze gaven aan dat Krol, de lekenpriester die de leiding over Fort Oranje had gekregen, moest dienen als interim-gouverneur van de kolonie.

Minuit was laaiend toen hij aan boord klom van het schip dat ironisch genoeg Eendracht heette en zijn humeur werd er niet beter op toen hij zich realiseerde dat hij gedurende de twee maanden durende reis met Michaelius zou zitten opgescheept. Hij had het ver geschopt sinds hij het kleine Duitse stadje waar hij was opgegroeid had verlaten en hij was niet van plan deze onderbreking van zijn loopbaan licht op te vatten. In vijf jaar had hij een ruwe, maar heuse buitenpost van de Europese beschaving tot stand weten te brengen, gelegen aan de rand van een onafzienbare wildernis. Na het incident met Van Crieckenbeeck had hij vrede weten te sluiten met de Mohawks in het noorden en het verdrag met hen zou gedurende het hele bestaan van de kolonie standhouden. Van de oorspronkelijke bewoners had hij Manhattan en Staten Eylandt gekocht, evenals uitgestrekte gebieden langs de Noord Rivier en rondom de baai van de Zuydt (Delaware) Rivier, en dat allemaal in goede verstandhouding met deze mensen. Op deze manier had hij de buitengrenzen van een provincie in de nieuwe wereld getrokken die gelegen was op een aanzienlijk deel van de Atlantische kust van Noord-Amerika, die zich uitstrekte van de latere staat Delaware in het zuiden, tot de stad Albany in het noorden, bovendien waren er 52.000 pelzen naar Amsterdam verhandeld. Het belangrijkste nog, was dat hij een plek had aangewezen voor de hoofdstad van de provincie en die stad ook had helpen ontwikkelen, een stad waarvan de natuurlijke strategische waarde tot hem en zijn medebewoners van Manhattan was doorgedrongen, maar de directeuren van de West-Indische Compagnie zouden hier pas veel later achter komen. Zelfs de wraakzuchtige Michaelius had dit in de gaten, ondanks het gekanker op zijn verblijfplaats. 'Het klopt,' gaf hij toe in een van de zwartgallige brieven die hij naar huis stuurde, 'dit eiland is de toegang en het belangrijkste bolwerk van het land.'[51]

Daar stond hij, op een koude dag aan het begin van 1632, Minuit, aan dek van een schip met vijfduizend pelzen, producten uit de nieuwe wereld op weg om de oude te warmen, uitkijkend over een donkere, winterse oceaan, na te denken over wat hij zou zeggen om zichzelf te verdedigen. Hij kon niet vermoeden welke woeste zeeën het lot nog voor hem, of de kolonie die hij had helpen stichten, in petto had.

4

DE KONING, DE CHIRURGIJN, DE TURK EN DE HOER

Charles I, koning van Engeland, keek min of meer op dezelfde manier tegen paarden aan als tegen Nederlanders, alleen met tegenovergestelde intensiteit.[1] Het beroemde ruiterportret door Anthony van Dyck en het ruiterstandbeeld van hem op Trafalgar Square in Londen doen vermoeden dat hij zich nergens meer op zijn gemak voelde dan in het zadel. Hij was zo verknocht aan paardenraces dat hij een groot deel van ieder jaar doorbracht in Newmarket, de plaats waar de belangrijkste paardenraces van het land werden gehouden. In het jaar 1632 arriveerde hij al vroeg, hij verliet Londen half februari voor de lastige reis van honderd kilometer. ('Essex-kilometers' zouden langer zijn dan standaardkilometers, omdat de wegen in dat deel van Engeland in bijzonder slechte staat waren.)[2] Het was een hele volksverhuizing, want als de koning naar Newmarket ging, moest iedereen mee: de politici, de militaire en economische leiding van het land, en ook de koninklijke huishouding (zijn lijfarts, William Harvey, verrichtte zijn historisch onderzoek naar de bloedsomloop terwijl hij in Newmarket voor Charles zorgde.)[3] Op bijna religieuze manier aanbad Charles alles wat met pracht en praal te maken had en zijn banketten in Newmarket waren al legendarisch, berucht zelfs: in één raceseizoen werden 7000 schapen, 6800 lammeren en 1500 runderen geserveerd op de 68 tafels die dagelijks stonden opgesteld.[4] Als hij niet naar de voorwedstrijden keek, of werd vermaakt, dan bracht hij zijn dagen in de wijkplaats door met jagen, tennissen, of bezoekjes brengen aan zijn lievelingspaarden in de stallen.

Wat betreft de Nederlanders, aan hen had hij de pest. Hij had trouwens ook een hekel aan Fransen[5] (ondanks dat hij er met eentje was getrouwd), en hij stoorde zich zo aan de Schotten, hoewel hij zelf vanaf zijn geboorte een Schot was, dat hij ze zoveel mogelijk aanmoedigde naar Canada te emigreren.[6] Toch ergerde hij zich vooral aan de Nederlanders. Zij waren verwikkeld in een stevige opstand, eentje waarmee ze, met geweld, een einde wilden maken aan een monarchie, om daarvoor in de plaats een republiek te krijgen. Charles was een verwoed voorstander van de goddelijke rechten van koningen – in dat opzicht was hij zelfs in zijn tijd ouderwets – en volgens hem was het republicanisme een soort massahysterie. En natuurlijk geloofde hij in vrijheid van zijn onderdanen, was zijn beroemde rechtvaardiging, '...maar volgens mij bestaan die vrijheid en voorrechten uit het *hebben* van een regering [...] Ze kunnen niet *deelnemen* aan een regering; dat past niet bij hen.'[7] (Hij kwam met deze uitleg ten overstaan van de menigte die zich had verzameld om toe te kijken bij zijn onthoofding.) Hij bevond zich nu midden in de periode waarin hij het land zonder parlement regeerde, nadat hij het parlement na een conflict met hem had ontbonden. Gedurende deze periode zou hij steeds meer vervreemd raken van zijn land, het hof zou geïsoleerd raken en de uitgaven en feesten van de koning zouden steeds excessiever worden, terwijl de leden van het parlement woedend waren en het volk zich alsmaar openlijker ging verzetten. Het zou uitlopen op een nachtmerrie: het volk kwam in opstand en hij werd onthoofd.

Charles vond de Nederlandse opstandelingen gestoord en gevaarlijk, maar een bijkomend probleem was dat de Nederlandse handelsvloten in die periode hun Engelse tegenhangers in de haven aan alle kanten van de wereld een stevig pak slaag gaven. De Nederlanders waren druk bezig de Engelsen met geweld uit de rijkste handelsstreken, Oost-Indië, te verdrijven; de Nederlandse schepen hadden nu een groot deel van de wereldhandel in suiker, specerijen en katoenen en zijden stoffen in handen. De ironie wil dat Charles door zijn eigen autoritaire optreden geen kant op kon: omdat hij het parlement had ontbonden, kon hij niet het geld bijeenkrijgen waarmee hij de strijd aan kon gaan.

Wat zijn ergernis nog vergrootte, was het feit dat Charles, ondanks al deze irritaties, wel bondgenoot van de Nederlanders moest blijven. De calvinistische Nederlanders waren in opstand gekomen tegen Spanje, en al vanaf de tijd van koningin Elizabeth had Engeland deze opstand in naam van het protestantisme gesteund. Maar het bondgenootschap vertoonde scheuren; Charles zelf, de Engelse leiders en de meeste Engelsen keerden zich tegen de Nederlanders, in wie ze een nieuwe dreiging zagen.

Dat was de stand van zaken toen Charles in maart 1632 naar Newmarket trok en zich opmaakte voor het renseizoen. Paardenhoeven dreunden op de bodem, de menigte schreeuwde, en felgekleurde vaandels wapperden in de lucht. De koning was in zijn element, feestelijk uitgedost, met golvende kastanjebruine haren en lichtbruin gekleurde baard (zoals te zien is op het schilderij van Van Dyck), hij wierp een kennersblik op de favoriete paarden, ging een weddenschap aan met de graaf van Pembroke, van wie iedereen wist dat hij een beetje een gokprobleem had. Ongetwijfeld het laatste waar hij hier behoefte aan had, was een afleidend, opdringerig gezantschap van die omhooggevallen Nederlandse Republiek. Toen Albert Joachimi, de oude en waardige vertegenwoordiger van de Staten-Generaal, naar Newmarket reed en vroeg om audiëntie, was Charles waarschijnlijk eerst teruggedeinsd, om hem vervolgens weg te sturen. Maar in het toenmalige internationale klimaat zou dat een politieke blunder zijn geweest; uiteindelijk stemde hij erin toe de man te ontmoeten.

De vertegenwoordiger begon het gesprek met diplomatiek gewauwel en sneed na enige tijd de langdurige vriendschapsbanden tussen beide landen aan, die, zoals hij zei, kort geleden waren verstoord door 'de vijand'[8] die erop uit was 'te profiteren van misverstanden'. Charles begreep heel goed waarover de man zich beklaagde en was ongetwijfeld geamuseerd door het opzettelijke gebruik van het woord 'vijand'. Het was inderdaad zo dat de Engelsen al jaren de Nederlanders hadden geholpen bij hun strijd tegen de Spanjaarden. Maar twee jaar eerder, ook in Newmarket, had Charles een andere boodschapper ontvangen, van het Spaanse hof. Deze had hij met open armen ontvangen – hij had er in feite reikhalzend naar uitgekeken, en deze ontmoeting had het geopolitieke landschap ingrijpend gewijzigd.

Behalve van paarden, hield Charles ook bijzonder veel van kunst. Binnen opvallend korte tijd was hij 's werelds grootste beschermheer der kunsten geworden, en zijn eigen collectie, met onder meer Raphaels, Titiaans, Tintoretto's, Matenga's en Correggio's, droeg zowel bij aan de glans van zijn koningschap, als, vanwege de onthutsend hoge kosten, tot de sluimerende haat jegens hem onder sommige bevolkingsgroepen. Het feit dat hij al verzamelend een goede penvriend was geworden van de paus, die hem schilderijen uit de collectie van het Vaticaan had gegeven, maakte hem verdacht onder puriteinen. Filips IV, de koning van Spanje, die vanwege de opstand van de Nederlanders de bodem van zijn schatkist begon te zien, wilde onderhand dolgraag dat Engeland zijn steun aan de Verenigde Provinciën opzegde. Als briljante zet die door historici aan zijn vrouw wordt toegeschreven, koos Filips Peter Paul Rubens, de beroemdste en meest gevraagde kunstenaar ter wereld, tot de afgezant die Charles moest overhalen om een vredesverdrag te tekenen. Rubens, die ook een soort politicus was, beschouwde zichzelf als een loyaal Nederlander, maar hij was afkomstig uit Antwerpen, uit de voornamelijk katholieke zuidelijke provincies die ervoor gekozen hadden niet met de Spanjaarden te breken. Toen Rubens met Filips in Madrid de missie doornam, hoopte hij dat als Charles de ruzie tussen Engeland en Spanje zou beëindigen, de opstandige Nederlandse provincies bereid zouden zijn hun rampzalige opstand op te geven en het noorden en zuiden zouden zich weer verenigen. Hij stemde in met de missie.

In Engeland ontving Charles Rubens met open armen. Hij gaf hem de opdracht het plafond te beschilderen van het Banqueting House op Whitehall Palace, pasgebouwd door Inigo Jones in een moderne, vooruitstrevende Palladiaanse stijl. Het centrale paneel van het gehele plafond (tegenwoordig het enige werk van Rubens dat zich nog op de oorspronkelijke plaats bevindt) vat de hartstochtelijk monarchistische opvattingen van Charles samen: tussen een kolkende hutspot aan engeltjes is het goddelijke koningschap van zijn vader, James, afgebeeld, die opstijgt naar de hemel. Als bewijs van het feit dat de Engelsen altijd al een sardonisch trekje hadden, werd Charles later net buiten deze zaal geëxecuteerd.

Rubens stelde Charles ook voor aan zijn leerling Anthony van Dyck, die de hofschilder van Charles zou worden; dankzij hem bestaat er een hele zaal met portretten van de koning, in elke stand en stemming.[9] Charles sloeg beide mannen tot ridder. Ook tekende hij een vredesverdrag met Spanje – een volgende stap in het proces van vriendschap naar vijandschap tussen Engeland en de Nederlandse Republiek. Rubens was verrukt en reisde meteen door naar zijn landgenoot ambassadeur Joachimi, in Londen, in de hoop hem ervan te overtuigen dat de opstandige regering de meeste kans op een verenigde Nederlandse republiek zou hebben als er nu overlegd zou worden met Spanje. Maar Rubens had de vastbeslotenheid van de noordelijke provincies sterk onderschat. Joachimi was net zo opstandig als het land dat hij diende, en hij liet de schilder weten dat de enige manier waarop de provincies zich weer zouden verenigen zou zijn als ze gemeenschappelijk de strijd zouden aangaan. (Dat deden ze niet en uiteindelijk ontstond uit de zuidelijke provincies het land België.)

Het was tegen de achtergrond van het kortgeleden gesloten vredesverdrag met Spanje dat Joachimi nu Charles opzocht, te midden van het getrappel en gehinnik van Newmarket. Door het woord 'vijand' in de mond te nemen, gezien vanuit zowel de Engelsen als de Nederlanders, suggereerde hij, los van recente verdragen, dat de protestanten nog steeds samen een strijd voerden tegen een universele tegenstander, het katholicisme. ('We kunnen niet bespeuren dat zijne

Majesteit onwillig staat tegenover ons,' schreef Joachimi na zijn audiëntie aan de Staten-Generaal, 'omdat wij heiligen noch feesten hebben, iets waarin het Spaanse land erg bijgelovig is.'[10]) In het bijzonder wilde de ambassadeur dat de koning een eind maakte aan een storende gewoonte van de laatste tijd. Sinds er een verdrag tussen Engeland en Spanje bestond, werden Spaanse schepen die door Nederlanders waren gekaapt door de Engelsen in beslag genomen als ze een Engelse haven in voeren, ondanks het oude verdrag tussen de twee landen.

De koning liet de man uitpraten en ging met veel decorum het probleem uit de weg. Joachimi vertrok met lege handen.

Maar een kleine twee weken later kreeg Charles, net terug in Whitehall, opnieuw met deze man te maken. Dit keer begon zijn diplomatieke gereserveerdheid barsten te vertonen. Er was iets gebeurd. Er was nog een schip in beslag genomen, maar dit keer was het geen Spaans schip dat door de Nederlanders was ingepikt. Het betrof een onvervalst Nederlands schip, vertelde Joachimi aan de koning, op reis naar Amsterdam vanaf 'een of ander eiland genaamd Manathans'. Volgens de rapporten vervoerde het vijfduizend pelzen en was ook de voormalige gouverneur van de provincie Nieuw-Nederland aan boord.

Een dikke driehonderd kilometer naar het zuidwesten zat op dat moment Peter Minuit in verzekerde bewaring, hij was woedend. Het was al genoeg dat hij (volgens hem) zo onterecht uit zijn functie was ontheven, gedwongen was de kolonie te verlaten die hij zelf mede had vormgegeven en nu deze lange, gevaarlijke reis naar huis moest maken om zijn optreden te rechtvaardigen. Na twee koude maanden op zee was de Eendracht nabij de kust van Engeland in een storm terechtgekomen en genoodzaakt een veilig heenkomen te zoeken in de haven van Plymouth. Daar aangekomen, bleek men een schip in nood van een bevriende natie niet op de gebruikelijke manier te verwelkomen. Naast de trieste wending die zijn leven had genomen, werd Minuit als klap op de vuurpijl ook nog eens gevangen gezet. De enige troost voor hem was dat zijn tegenstander, de hatelijke dominee Michaelius, eveneens in een Engelse gevangenis belandde.

Nadat het gerucht van de inbeslagneming in de Verenigde Provinciën was doorgedrongen, waren de bestuurders daar geneigd te denken dat, zoals een ambtenaar schreef, 'deze samenzwering een opzet was van de Spaanse ambassadeur in Engeland'.[11] Maar toen er meer informatie beschikbaar kwam, kregen ze in de gaten dat de Engelsen het Nederlandse schip in beslag hadden genomen omdat de lading illegaal op Engels grondgebied was terechtgekomen. De Nederlanders wisten niet wat ze er mee aan moesten – hun kooplui waren niet op het grondgebied ten noorden van de Nederlandse kolonie geweest. Het kan niet anders, legde Joachimi aan zijne Koninklijke Hoogheid uit, dan dat er sprake was van een misverstand.

Maar dit keer liet Charles de ambassadeur geen ruimte voor hoop. Weloverwogen formulerend en subtiel als een advocaat, liet de koning hem weten dat er voor zover hij het had begrepen enige discussie bestond over de aanspraken op het territorium in kwestie, en dat hij niet van plan was het schip te laten gaan, totdat hij zekerheid had over zijn rechten in deze zaak. Het 'antwoord van Zijne Koninklijke Hoogheid', rapporteerde Joachimi aan zijn superieuren, 'alhoewel vriendelijk uitgedrukt in beleefde formuleringen, beviel ons niet'.

Joachimi had donders goed in de gaten wat de oorzaak was van de plotselinge kilte in de relatie. De Nederlanders hadden zich meester gemaakt van de handel in Oost-Indië. En Charles was zich er ook van bewust dat de kolonies in de nieuwe wereld een volgende bron van welvaart vormden, alhoewel de echte vruchten hiervan pas later te plukken zouden zijn. Kort geleden had hij – als dank voor bewezen diensten – een groot stuk van het gebied van Virginia aan George Calvert gegeven, ook bekend als baron Baltimore, vriend en adviseur van zijn vader, wiens zoon het Maryland had genoemd, ter ere van de vrouw van Charles, Henriëtte Maria. En Charles zelf had zich geschaard achter de tabakshandel in Virginia.

Maar juist nu hadden de Engelsen een heel goede reden om naar het Nederlandse grondgebied in Noord-Amerika te gaan. De hele maalstroom van geopolitieke verwikkelingen tussen de twee opkomende grootmachten was kortgeleden uitgemond in een enkele gebeurtenis – een van die kleine, verafgelegen en schijnbaar onbelangrijke zaken die lange tijd door blijven klinken in de geschiedenis, veel langer dan je op grond van de omvang zou verwachten. Op een van de lucratieve specerijeilanden, Ambon, dat deel uitmaakt van de Molukken, had niet lang daarvoor een bloedig treffen plaatsgevonden tussen de Nederlanders en de Engelsen. De Nederlanders hadden de controle in handen gekregen over het eiland en over de handel in kruidnagelen, maar de kolonie met Engelse handelaren mocht er blijven werken. Mogelijk als vergelding voor de recente aanval van de Engelsen op Nederlandse schepen in Indië martelden en doodden de Nederlandse soldaten die er gelegerd waren tien Engelsen en enkele Japanse huurlingen, die ze ervan beschuldigden plannen te smeden om het fort in te nemen. De overlevende Engelsen zwoeren dat dit niet waar was en dat het gedrag van de Nederlanders slechts een uiting was van barbarij.

Hoe kwaad de Engelse autoriteiten ook over dit incident waren, ze maakten er schaamteloos gebruik van om er morele en politieke voordelen uit te halen. Er verschenen pamfletten en boeken in Engeland, met titels zoals *Het ware verhaal van het onrechtvaardige, wrede en barbaarse optreden tegen de Engelsen op Ambon*, waarin levendige, geromantiseerde beschrijvingen stonden en houtsnedes waren opgenomen waarop te zien was op hoeveel verschillende wijzen de mannen gemarteld werden, onder meer met water en vuur ('... Johnson werd opnieuw gemarteld,' aldus een spannend verslag, 'en Beomont hoorde hem een poos luid schreeuwen, waarna het stil werd, en er weer opnieuw geschreeuw weerklonk. Uiteindelijk, nadat deze tweede ondervraging ongeveer een uur had geduurd, brachten ze hem naar voren, jammerend en weeklagend, helemaal doorweekt, en vreselijk verbrand op verschillende plaatsen van zijn lichaam...'[12]) Dit soort beschrijvingen veroorzaakte zoveel opschudding dat Joachimi tegenover Charles niet alleen zijn beklag deed over de inbeslagname van de *Eendracht*, maar ook hierover. De ambassadeur wilde dat de koning begreep dat de Nederlanders deze boeken als lasterlijk ervoeren, 'ze hebben als enig gevolg dat het ene volk tegen het andere wordt opgehitst'. Maar de koning voelde er niets voor hun verspreiding tegen te gaan, en om de strijd om de publieke opinie in Engeland aan te gaan, begonnen de Nederlanders zelf pamfletten te schrijven met hun kant van het verhaal, in het Engels, waarmee ze de Engelse markt overspoelden. (Ze ontkenden de mannen te hebben verbrand, maar gaven toe water te hebben gebruikt bij het martelen, 'de meest veilige en beschaafde vorm' en 'iets dat heel gebruikelijk is in Europa.'[13])

De Engelsen wisten ongelofelijk veel voordeel te halen uit de affaire op Ambon. Tientallen jaren voedde die de Engelse opvatting dat Nederlandse handelaren meedogenloze en hardvochtige vijanden waren. De Nederlandse lijst met gruweldaden was absoluut niet langer of korter dan die van de Engelsen, Portugezen of andere Europese bouwers van grootmachten, maar het geloof dat ze barbaarser waren, verlichtte de Engelse frustratie over het feit dat het kleine waterrijke land hen voorbij had gestreefd in de race om de wereld. Meer dan zestig jaar na het incident, in 1691, schreef John Dryden het stuk *Amboyna: A Tragedy*, waarin alle betrokkenen en alle waargebeurde voorvallen werden opgevoerd, onder wie de monsterachtige Nederlandse gouverneur Harmon, ('Haal nog wat kaarsen en verbrand hem van zijn polsen tot zijn ellebogen.') en de heldhaftige Engelsman Beaumont ('Toe maar; ik zal net als Scaevola genieten van de vlammen; en als de ene hand verbrand is, zal ik de andere aanbieden.'[14])

Maar er was ook een negatief gevolg. De Engelsen slaagden er zo goed in om de Nederlandse handelaar-soldaten als meedogenloos af te schilderen, dat Engeland Oost-Indië in feite overdroeg aan de Nederlandse scheepslieden en haar energie op andere delen van Azië richtte. Zo kon het gebeuren dat als indirect gevolg van het Ambon-incident, er een begin werd gemaakt met de opbouw van Brits India, iets dat tot ver in de volgende eeuwen zou doorwerken.

Een ander indirect gevolg was New York. Weliswaar zou deze kolonie nog tientallen jaren op zich laten wachten, maar door het getouwtrek in de periode van 1620 tot 1640 tussen de twee grootmachten in wording, lokten gebeurtenissen bij de ene partij reacties bij de andere uit. Er waren mensen in Engeland die in de gaten kregen dat het door de Nederlanders beheerde deel van Noord-Amerika de sleutel tot het continent was, en ze waren vastbesloten te voorkomen dat de Nederlanders zowel Oost-Indië als de uitgestrekte rijkdom van Noord-Amerika in handen zouden krijgen. Juridische geesten zetten zich aan het werk en de zaak om de Nederlandse claim op het gebied terzijde te schuiven kreeg vorm.

Een maand na het tweede bezoek van Joachimi aan de koning werd het formele antwoord van Charles in Den Haag bezorgd. De koning verklaarde dat hij niet van plan was de Engelse publicaties over de slachting op Ambon te verbieden (zijn antwoord op de Nederlandse verontwaardiging op dit punt: 'Slechts de troost van de gerechtigheid is in staat een verdorven gemoed te helen.'). Aangaande de klacht over de inbeslagname van het schip dat vanaf het eiland Manhattan was vertrokken, stelde Zijne Koninklijke Hoogheid de Nederlandse aanspraak op het grondgebied ter discussie. De Nederlanders en hun schip, lichtte Charles toe, waren afkomstig van 'een zekere vestiging in de noordelijke delen van Virginia die ze zich onrechtmatig hadden toegeëigend, gebied dat ze verworven hadden van de oorspronkelijke bewoners van het land.' Waarop een hele reeks aanvallen volgde op de Nederlandse claim op het eiland Manhattan en het gebied dat zich van daaruit meer dan honderdvijftig kilometer in noordelijke en zuidelijke richting uitstrekte, sommige argumenten waren niet eerder naar voren gebracht. 'Ten eerste wordt ontkend dat de indianen de *possessores bonae fidei* zijn van deze landen, zodat ze in staat zijn er afstand van te doen door verkoop of schenking, en ze hun woningen moeten verlaten en onzeker is waar ze heen moeten [...] en in de tweede plaats kan *de facto* niet bewezen worden dat alle oorspronkelijke bewoners van voornoemd land betrokken waren bij voornoemde opgevoerde verkoop.' Daar komt bij, dat de Engelsen claimden het echte eigendomsrecht op het betreffende land te hebben, wat 'gerechtvaardigd werd door het als eerste ontdekken ervan'. Zo rekten de Engelsen de in die tijd gangbare rechtmatigheden op tot het ongerijmde – een ongerijmdheid die ten grondslag ligt aan al het landjepik in de tijd van gebiedsuitbreiding en exploratie. De 'eerste ontdekking' verwees naar John Cabot, die in 1497 op Newfoundland belandde. Volgens de logica van het concept van 'ontdekken' was het zo dat zodra de voet van een ontdekkingsreiziger terechtkwam op grond die nog niet eerder was bewoond door mensen die er volgens de Europeanen een fatsoenlijke beschaving op na hielden, dat die grond, en alle grond die zich van daaruit uitstrekte tot zover het metafisische aura van de ontdekking kon worden opgerekt, onder de vlag viel van het land dat de ontdekkingsreiziger had betaald. Zelfs aanhangers van deze toverstafbenadering voor het uitbreiden van het landbezit zouden zich echter verbazen over de claim dat zodra een Italiaanse voet de bodem raakt van een stuk land naast Noord-Amerika (Newfoundland is tenslotte een eiland) – nog los van het feit dat Cabot er in die tijd van overtuigd was te zijn terechtgekomen in een onbewoond deel van Azië – deze hele landmassa, miljoenen vierkante kilometer die zich uitstrekken vanaf de Noordpool, westwaarts naar de Grote Oceaan en zuidwaarts tot aan de door de Spanjaarden bezette gebieden, op wonderbaarlijke wijze ineens in het bezit kwam van Engeland.

De Nederlanders accepteerden het niet. Onder meer omdat ze een andere wettelijke basis voor eigendom hadden. Volgens hun opvatting moest de ontdekker het land ook nog bezetten en in kaart brengen; vandaar ook dat ze besloten kolonisten te sturen, hoe weinig ook, naar elk van de drie rivieren in Nieuw-Nederland. De Engelsen hadden geduwd, en de Nederlanders – die in die tijd eenvoudigweg sterker waren dan de Engelsen – hadden teruggeduwd. Charles had aangegeven dat Engeland geïnteresseerd was in het betreffende bezit, maar op dit moment kon hij zijn woorden geen vervolg geven.

Niemand heeft vastgelegd wat Peter Minuit zei toen hij, toch al woedend, de binnenplaats van het hoofdkwartier van de West-Indische Compagnie in Amsterdam kwam binnenstappen, en hoorde dat de Engelsen nu ook nog eens het bestaansrecht betwistten van de kolonie die hij had grootgemaakt. Maar misschien wond hij zich er – gezien de manier waarop de Nederlandse bestuurders hem hadden behandeld – niet eens meer over op. Mogelijk heeft hij zich vooral verbaasd over hoe slecht de dingen waren vastgelegd in het internationale geschil – dat de kolonie zelf zomaar ingepikt kon worden. Want op enig moment na de hoorzitting over zijn positie als directeur-generaal van Nieuw-Nederland – die erin uitmondde dat hij officieel uit zijn functie werd ontheven, vanwege de beschuldiging dat er onder zijn leiding niet genoeg kolonisten naar de kolonie verscheept waren (wat nergens op sloeg, omdat Minuit herhaaldelijk had aangedrongen op meer kolonisten) – ontmoette hij Willem Usselincx, de oorspronkelijke pleitbezorger van Nieuw-Nederland, die nu, net als Minuit, ontstemd was. Zij beiden zouden binnenkort zelf een systeem bedenken voor de internationale kolonisatie, een even vermetel als dwaas plan.

*

Twee jaar voordat de Eendracht Peter Minuit terugbracht naar Europa en deel uitmaakte van een internationaal conflict, had het schip, onderweg naar de andere kant, een stoere, onverzettelijke achttienjarige afgezet aan de kust van Manhattan, hij heette Harmen Myndersz van den Bogaert. Hij beheerste een vaardigheid die in een kolonie aan de grens van de beschaving erg nuttig kon zijn, hij was twee jaar leerjongen geweest (zonder dat hij er boeken voor in had hoeven kijken) in het oude en niet echt in aanzien staande beroep van 'barbier-chirurgijn'.[15] Hij deed in die tijd meer in de kolonie dan alleen het scheren van baarden van inwoners van Nieuw-Nederland, en hij moet indruk gemaakt hebben met zijn beheerste optreden bij amputaties en aderlatingen, want na het geschil met de Engelsen over het lot van de kolonie, kreeg hij de zwaarwegende verantwoordelijkheid de kolonie te behoeden voor een andere Europese dreiging.

De kolonie had toen een onbetwiste tweede stad – of eigenlijk dorp. In feite was Fort Oranje, de handelspost op de plaats waar de Mohawk en Hudson Rivier zich bij elkaar voegden en waar Joris Rapalje en Catalina Trico hun eerste twee jaar hadden doorgebracht, het centrum van de pelshandel geworden. Ver vanuit het nog niet in kaart gebrachte westen kwamen de indianen met zware vrachten huiden uit de Mohawk Vallei aanzetten; de handelaren kochten ze, sloegen ze op in het fort en vervoerden ze per schip over de rivier naar Manhattan. Ze hadden nu een goede band met de Mohawks, een band die zou blijven bestaan gedurende de hele periode dat de Nederlandse nederzetting bestond, dus de handel leek een zekere zaak.

Niet dus. Tegen het einde van 1634 kwam er plotseling een eind aan de pelshandel. De Nederlanders, die hun blik op de wereld baseerden op water, kenden de rivier en het merensysteem in hun gebied, ze wisten dat ergens verderop in het onontgonnen westen enkele meren lagen die de belangrijkste jachtgebieden waren voor de indianen die op bevers jaagden en die hen van huiden voorzagen. Als de indianen niet meer kwamen, kon daar slechts één reden voor zijn: de Fransen, die al lang voordien de waterwegen ver in het noorden waren ingetrokken en afspraken over het aanleveren van pelzen hadden gemaakt met indianen in Canada, waren naar zuidelijker gebieden getrokken en hadden nieuwe afspraken gemaakt met de indianen aldaar. De kolonie was in dit stadium volledig afhankelijk van de pelshandel. Nog tientallen jaren zouden schulden op Manhattan afbetaald worden met de vrij uitwisselbare eenheden van bevervellen, Nederlandse guldens en indiaanse schelpen. Hoewel ze geprezen werden voor hun bont, waren bevers nog geliefder vanwege hun leer, waarvan vilt gemaakt werd. Vilten hoeden waren een niet te missen statussymbool in heel Europa, van de strenge zwarte hoeden van de puriteinen, tot de zwierige zwarte hoofddeksels van de Nederlandse officieren op Rembrandts *Nachtwacht* en, later, de Engelse hoge hoed. Het hele bever-tot-hoed proces had enkele fantastische kenmerken. Bij de productie maakten de hoedenmakers gebruik van kwik om het bont van de huid te verwijderen, wat alom leidde tot psychische stoornissen en, misschien, tot de uitdrukking 'zo gek als een hoedenmaker'. De hoeden waren extreem duur; in 1641 betaalde de Engelse dagboekschrijver Samuel Pepys vier pond en vijf shilling voor een exemplaar – ongeveer drie maanden loon voor een gemiddelde arbeider. Dit had wel tot gevolg dat de indiaanse pelsjager een flink inkomen bij elkaar kon jagen, net als de Fransen, Engelsen en Nederlanders die hun best deden met hen te handelen. (Nog steeds is de bever terug te vinden in het zegel van New York City.) De onderbreking van de beverhandel was een serieus probleem. Binnen korte tijd zou de Franse manoeuvre een genadeslag kunnen betekenen. Er moest iets gebeuren.

De nu 22-jarige Harmen van den Bogaert kreeg de wanhopige opdracht om te doen wat nog geen enkele inwoner had gedaan: hij moest het binnenland intrekken, de Mohawks in hun dorpen bezoeken en ze ervan overtuigen dat ze beter met de Nederlanders konden handelen. Door puur toeval is het verslag dat hij van zijn reis bijhield, bewaard gebleven – een verslag dat een van de eerste reizen van een Europeaan beschrijft die westwaarts het Noord-Amerikaanse continent in trekt en een uitzonderlijk licht werpt op de welvarende dorpen van de Mohawks en ook het allereerste Mohawk-woordenboek bevat.[16] Het is ontdekt in de negentiende eeuw en nog niet zo lang geleden grondig bestudeerd. Het geeft een opvallend helder en doorleefd beeld van de oostelijke indianen, ongekleurd door wat er later stond te gebeuren.

De toestand was zo penibel dat de missie niet tot de lente kon wachten; Van den Bogaert koos twee mannen om hem te vergezellen, Jeronimus dela Croix en de zeeman Willem Thomassen, en ze vertrokken op 11 december. Bij hun vertrek was het ijskoud en hun bepakking zat niet alleen vol eten, maar ook met messen, scharen en andere voorwerpen die bedoeld waren als geschenk. Er gingen ook vijf Mohawk-gidsen mee.

Het zag er hoopvol uit, toen ze het maagdelijke naaldwoud introkken, maar het was een slecht voorteken toen Van den Bogaert in de eerste nacht wakker werd en zag hoe de gidsen er stilletjes vandoor wilden gaan. Hij en zijn maten raapten vlug hun spullen bijeen en gingen achter de indianen aan; later merkten ze dat de indiaanse honden het vlees en de kaas uit de bepakking hadden opgegeten en slechts het brood hadden overgelaten. Er volgden dagen waarin ze dwars door driekwart meter hoge sneeuw moesten trekken. Er blies een striemende wind die de sneeuw deed opwaaien, en af en toe zagen ze tussen de bomen beren en elanden.

Op de twintigste waren ze door en door verkleumd en moesten ze stilhouden voor een stroom die, zoals Van den Bogaert schreef, 'zeer hard stroomde met vele grote brokken ijs [...] zodat wij in grote problemen waren gekomen, want als een van ons er in zou zijn gevallen, dan zou hij om het leven zijn gekomen. Maar God de Here behoedde ons en we bereikten de overkant, nat tot ons middel'. Ze sjokten door, rillend en 'zo nat dat onze kleren, broeken en kousen bevroren'. Toen bereikten ze een bergtop en werden onthaald op een fantastisch uitzicht: op een open plek stonden tweeëndertig huizen, sommige zeventig meter lang, elk overdekt met iepenschors en het geheel was omheind met palen. De mannen hadden hun doel bereikt: een nederzetting van de Mohawks en een nieuwe beschaving.

Van den Bogaert was verrast door het niveau van beschaving in de reeks dorpen die hij in de daaropvolgende dagen bezocht. In een ervan waren '36 huizen, rij aan rij, als in straten', die onderdak boden aan meerdere families. Sommige huizen droegen al sporen van het contact met de Europeanen: ijzeren scharnieren, grendels, kettingen. De mannen troffen boten aan en vaten gemaakt van schors. Ze zagen begraafplaatsen omringd door palissaden 'zo keurig gemaakt, dat het een wonder was', de graven rood, wit en zwart beschilderd. Het graf van een hoofdman was groot genoeg voor een ingang en was versierd met houtsnijwerk en schilderingen van dieren. In sommige dorpen hield men gekooide beren die men vetmestte. Elk huis had meerdere stookplaatsen. In het eerste dorp werden ze onthaald met gebakken pompoen, bonen en wildbraad. Die nacht sneed Van den Bogaert bij het licht van het vuur het been van Thomassen open om een zwelling te verlichten die door de lange tocht was ontstaan en hij smeerde de wond in met berenvet.

De mensen bekeken hen met nieuwsgierigheid of angst. Bij een ontmoeting in het bos wierpen sommigen hun spullen van zich en kozen het hazenpad. Maar in een dorp 'waren veel wilden thuis, zodat wij veel bekijks hadden van de ouderen en jongeren; ja, wij konden ons bijna niet tussen de wilden door begeven. Zij drongen elkaar in het vuur om ons te zien. Het was bijna middernacht voordat ze weggingen. Wij konden niet eens onze behoefte doen, of ze liepen zonder schaamte om ons heen'. De hoofdman schonk Van den Bogaert een huid van een bergleeuw, waar hij onder sliep, om er vervolgens achter te komen dat 'wij 's morgens wel 100 luizen hadden'.

Er kleefde iets ironisch aan de ontvangst die de Europeanen in enkele plaatsen kregen. In een dorp nodigde de hoofdman hen snel uit in zijn huis, dat op enige afstand stond van het dorp waarbij het hoorde, omdat hij bang was voor de pokken die huis begonnen te houden onder de indianen in die omgeving. Niemand van beide partijen realiseerde zich dat deze ziekte, die de noordoostelijke indianen in de loop van de eeuw zou decimeren, het gevolg was van het contact met de Europeanen, die ziekten met zich meebrachten waarvoor ze zelf immuun waren, maar waartegen de indianen geen verweer hadden.

In elk dorp riepen de mensen naar hen 'Allese rondade!', of 'Schiet!'[17]. Er ontstond een hoop opwinding als de mannen hier op ingingen en hun wapens afvuurden – hier, gekoesterd in het amber van het verslag van Van den Bogaert, vangen we nog een glimp op van het snel voorbijgaande moment dat de indiaanse samenleving zich bewust was van vuurwapens maar er zelf nog niet gebruik van maakte. Op kerstavond keek Van den Bogaert vol ontzag toe hoe hun sjamanen te werk gingen, en hij legde een van de meest gedetailleerde en dramatische beschrijvingen vast van een genezingsritueel van een indiaan van de oostkust:

> Zodra ze kwamen, begonnen ze te zingen en een groot vuur aan te leggen, terwijl ze het huis afsloten zodat het er niet tochtte. Toen deed ieder van hen een slangenvel om het hoofd en ze wasten hun handen en gezichten. Toen namen ze de zieke persoon en legden hem voor het grote vuur. Ze namen een bak met water, waar zij wat medicijn in deden en wasten daar een stok in van ½ el lang en staken hem daarmee in zijn keel, zodat je het

> einde ervan niet meer kon zien, en ze spuugden toen op het hoofd van de patiënt en op zijn hele lijf. En toen voerden zij een heel toneelspel op met gegil, geroep en luid handgeklap, zoals gebruikelijk met veel misbaar, eerst op het ene, dan op het andere, zodat ze overal begonnen te zweten.[18]

Uiteindelijk kwamen de reizigers terecht in het belangrijkste dorp, waar ze zouden onderhandelen. Het tafereel dat Van den Bogaert beschrijft, begint als de derde acte van een western, waarin de bleekhuid de indianen onder hun voorwaarden te spreken krijgt. De dorpelingen vormden twee lange rijen buiten de poort van het dorp, en de Europeanen liepen hier plechtig tussendoor en door de gedetailleerd uitgehouwen toegangsweg in de richting van het meest verafgelegen huis. De huizen hadden puntdaken, gedecoreerd met schilderingen. Onder luid geschreeuw en met veel opwinding, kregen de mannen bij het flakkerende licht van de vlammen een maaltijd aangeboden en werden ze gehuldigd.

Waarna op harde, zakelijke onderhandelingstactieken werd overgeschakeld.

Een ondergeschikt stamhoofd gaf hun een uitbrander omdat ze geen passende geschenken hadden meegebracht. Hij liet zien waar de Fransen mee aan waren gekomen, met onder meer hemden en jassen. De sfeer werd gespannen. Terwijl de man bezig was met zijn mondelinge aanval zaten de anderen 'zo dicht op ons lijf, dat wij nauwelijks konden zitten.' Van den Bogaert telde dat er zesenveertig mensen in de ruimte om hen heen zaten. Een van de indianen begon vervolgens te schreeuwen en schold hen, aldus de vertaling van Van den Bogaert, uit voor 'schelmen', en van de tirade ging zoveel woede uit, dat Willem Thomassen, een geharde zeeman, in tranen uitbarstte. Op het laatst begon Van den Bogaert terug te schreeuwen.

Meteen veranderde de tactiek. De indiaan lachte, veronderstelde dat er sprake was van een misverstand en zei: 'Je moet niet kwaad worden. We zijn blij dat jullie hier zijn gekomen.' Een oude man stapte naar voren en legde zijn hand op de borst van Van den Bogaert om zijn hart te voelen, met instemming kondigde hij aan dat de man niet bang was. De Nederlander had blijkbaar een test doorstaan. Behoedzaam reikten de bezoekers de messen, scharen en andere geschenken uit. Zes leiders van het dorp stapten naar voren en schonken Van den Bogaert een jas van bevervacht. Toen ze gingen zitten om tot zaken over te gaan, vernam Van den Bogaert dat deze Mohawks er de voorkeur aan gaven contact te houden met de Nederlanders omdat ze bang waren voor de Hurons, met wie de Fransen samenwerkten. De Mohawks gaven hun voorwaarden: voortaan zou elke bevervacht vier hand sewant en vier hand stof waard zijn (een hand sewant, of wampum, is een draad waaraan schelpkralen zijn geregen met de lengte van een uitgestrekte duim tot pink). Toen Van den Bogaert niet reageerde, stapte een oud opperhoofd van een van de andere vijf stammen van het Iroquoisverbond, waarvan de Mohawks deel uitmaakten, naar voren. Hij maakte gebruik van een vertaler omdat hij Onondaga sprak, geen Mohawk, en zei: 'Jij hebt niet gezegd of je vier handen accepteert of niet.' Van den Bogaert vertelde hem dat hij niet bevoegd was om de overeenkomst af te ronden, maar dat hij in de lente terug zou keren met een antwoord. Zij stemden hiermee in, maar de oude man waarschuwde hem: 'Je moet niet liegen, en in de lente terugkeren met een antwoord. Als wij vier handen ontvangen, zullen we onze pelzen met niemand anders verhandelen.'

Er werd een voorlopig verdrag opgesteld. De indianen begonnen te zingen, de tekst werd vlijtig door Van den Bogaert opgeschreven. Het lied bleek de namen van de vijf stammen van het Iroquois-verbond te bevatten, door hun gebieden had de Nederlander gedeeltelijk gereisd, en de beschrijving hiervan door Van den Bogaert is de vroegste waarneming van dit verbond, dat later een rol zou spelen bij de Amerikaanse Revolutie. Een ruwe vertaling van het lied, die ik kreeg van een linguïst van het Iroquois, Gunther Michelson, luidt: 'Deze blanke man is magiër. Hij ging op pad langs alle Mohawk, Oneida, Onondaga, Cayuga en Seneca en legde zich veilig bij hen neer. Dit is een goed zaak voor het Iroquois-verbond.'[19] Het lied geeft aan hoezeer Van den Bogaert erin was geslaagd indruk te maken op de Iroquois; de verwijzing naar hem als magiër plaatst de gebeurtenis ook in de tijd dat de indianen van de Oostkust, nog steeds onder de indruk van de gereedschappen van de blanken, hen wonderbaarlijke krachten toedichtten.

Na het sluiten van de overeenkomst kreeg Van den Bogaert een huis toegewezen, geschenken en enkele flinke porties berenvlees. Hoewel hij het niet noemt, is het goed mogelijk dat hij nog meer heeft gekregen, want de gedetailleerde lijst met Mohawkwoorden bevat ook termen en zinnen voor man, vrouw, prostituee, vagina, fallus, testikels, 'geslachtsverkeer hebben', 'erg mooi', 'Wanneer kom je terug?' en 'Ik weet het niet'.[20]

De drie reizigers namen afscheid en begonnen aan de lange reis naar huis. Eind januari keerden ze terug in Fort Oranje, waar men ondertussen had gevreesd dat ze dood waren. Ze waren naar Oneida Lake gereisd – bijna even ver als Lake Ontario – en terug, door beestachtig weer, lopend. Het is geen toeval dat, toen eenmaal het Eriekanaal was gegraven, de komende eeuwen over deze route vele generaties Amerikanen en miljoenen tonnen goederen hen naar het westen zouden volgen; het was de natuurlijke snelweg die de Atlantische kust met het hart van het continent verbond, de reden waarom de Nederlanders hun aandacht op de Hudson-rivier hadden gericht, en waarom, om te beginnen met Minuit, zij Manhattan zagen als het vanzelfsprekende centrum. De trip van Van den Bogaert zou pionierswerk in de ruimste zin van het woord blijken te zijn.

In de lente werd de overeenkomst met de Mohawks inderdaad bekrachtigd. De pelzen begonnen weer binnen te komen. De invloed van Van den Bogaert zou hiermee niet eindigen – later zou hij nog een laatste, tragikomische bijdrage aan de geschiedenis leveren. Maar tot dan toe had hij gedaan wat hem gevraagd was: de kolonie kon verder gaan.

*

Dat roept wel de vraag op: waarom zou je je hier druk om maken? Terwijl de oude ambassadeur en de jonge barbier-chirurgijn hun uiterste best deden de kolonie in stand te houden, putten de voogden van de kolonie, de handelsprinsen die de West-Indische Compagnie runden, zich uit. Ze waren het oneens over hoe ze die moesten besturen, met als gevolg dat ze de kolonie grotendeels onbestuurd lieten. Als vervanger voor de vaardige Peter Minuit kozen ze een losbandige klerk uit de burelen van de compagnie in Amsterdam, die geen bijzondere vaardigheden had die hem geschikt maakten voor zijn taak, slechts een domme toewijding voor de compagnie toonde en familie was van een van de bewindslieden. Onmiddellijk na zijn aankomst in Manhattan begon hij, Wouter van Twiller, zich te profileren als een beschonken en vastbesloten niet-leider. Zo nu en dan combineerde hij deze beide eigenschappen zelfs. Kort nadat hij aan zijn taken was begonnen, en vlak na de recente aanvaring met Engeland over het schip dat zijn voorganger terug naar Europa bracht, zeilde een Engels koopvaardijschip de haven in en ging nabij het fort voor anker.[21] Haar kapitein maakte duidelijk dat het zijn bedoeling was de rivier op te varen om handel te drijven met de indianen: een open uitdaging van de Nederlandse soevereiniteit. Van Twiller bood het probleem het hoofd door aan boord te gaan van het schip en het op een drinken te zetten met de kapitein. Hij werd zo dronken dat David de Vries, een Nederlandse avonturier die een tijd in Oost-Indië had doorgebracht en nu probeerde zich te scharen bij de Nieuw-Amsterdammers, en die net de haven was binnengezeild, in verlegenheid werd gebracht. De Engelse kapitein deed vervolgens de stoutmoedige uitspraak dat hij alle recht had de rivier op te varen omdat de rivier en al het land eromheen Engels was. De Vries antwoordde dat Nieuw-Nederland al lang bewoond was door de Nederlanders en dat zij een zekere claim op het land hadden. De Engelse kapitein bracht daar tegenin dat het gebied ontdekt was door een Engelse ontdekkingsreiziger, 'David Hutson'. Dat zat De Vries niet lekker, maar hij pareerde deze opmerking, geheel terecht, door te zeggen dat Hudson de rivier in kaart had gebracht in opdracht van de Nederlanders. Van Twiller schijnt zich niet met het gesprek te hebben bemoeid.

Na enkele dagen voor anker te hebben gelegen, hees het Engelse schip de zeilen en voer, in weerwil van de Nederlandse leider, de rivier op. Van Twiller handelde snel. Hij gaf het bevel meteen een vat wijn naar zijn kantoor te brengen, vulde voor hemzelf, de soldaten en andere ambtenaren van de compagnie die daar aanwezig waren de glazen tot de rand aan toe en richtte luidkeels een oproep tot iedereen die van de Prins van Oranje en van hemzelf hield om samen met hem de Engelsman tegen te houden. Waarop, rapporteert De Vries, 'de mensen hem allemaal begonnen uit te lachen'.

Van Twiller liet deze zaak aan zich voorbijgaan en het Engelse schip zette koers naar het noorden. De Vries was razend. Hij kwam bij hem zitten en legde hem uit dat het juist dit soort incidenten waren die een kolonie maken of breken. 'Ik zei tegen hem dat als het mijn zaken waren geweest, ik hem van het fort verdreven had met behulp van achtponds ijzeren kogels, en hem de rivier niet op had laten zeilen,' schreef De Vries in zijn journaal, en voegde hieraan toe dat 'als de Engelsen ons in Oost-Indië weer zouden lastigvallen, dat wij dan weer terug zouden slaan, dat je anders dat land niet in de hand kunt houden, want zij zijn van nature zo trots dat ze menen dat hen alles toekomt'.[22]

Van Twiller had enkele duidelijke zwakten, maar we moeten wel in gedachten houden dat er van deze periode in het bestaan van de Nederlandse kolonie nauwelijks archieven bestaan, zodat het verhaal slechts berust op flarden informatie, zoals het journaal van De Vries. Dankzij de golf van onderzoek die nu plaatsvindt, duikt er nieuwe informatie op die het beeld compliceert. Een kortgeleden in het Nationaal Archief in Amsterdam door de Nederlandse historicus Jaap Jacobs ontdekte brief, die in 1635 door Van Twiller was geschreven, gericht aan de bestuurders van de compagnie, laat zien dat Van Twiller een fort bouwt aan de Connecticut River (de vroegste documentatie voor de nederzetting die uiteindelijk Hartford zou gaan heten), de Engelsen in het nauw drijft, en probeert iets te doen aan zijn onhandelbare bevolking – met andere woorden, min of meer handelend als de koloniale bestuurder die hij hoorde te zijn.

Maar al was Van Twiller dan niet zo incompetent als tot nu toe werd gedacht, hij was duidelijk niet helemaal toegerust om alle problemen in het gebied aan te kunnen. Het is waar dat de kolonisten rond deze tijd een behoorlijk aantal bouwprojecten hadden voltooid. Nieuw-Amsterdam had in het lager gelegen deel van de stad een gaanderij met vijf winkels en enkele tientallen privéwoningen. Schepen namen als ballast stenen mee vanuit Europa, en de kolonisten gebruikten deze – de slanke gele bakstenen uit Nederland die nog steeds nu en dan opduiken bij graafwerkzaamheden in Lower Manhattan – voor hun eerste huizen, vooral bij de bouw van schoorsteenpijpen. Er werd een borstwering toegevoegd aan het fort. Er was een boothuis en een atelier voor een zeilmaker, een wachthuis en soldatenbarakken en een kerk.[23] Maar er waren maar weinig inwoners met de pit, het lef en de pioniersgeest van David de Vries. Velen waren piraten of rondreizende pelshandelaren. De bekendste piraat van Nieuw-Amsterdam – Willem Blauvelt – gebruikte Nieuw-Amsterdam als uitvalsbasis voor plundertochten in de Spaanse wateren ten noorden van Zuid-Amerika, piraterij vermengd met kaapvaart, en was een gerespecteerd lid van de gemeenschap die trouw zijn reisverslagen afleverde bij het secretariaat van de provincie en onder wiens geldschieters zich de meest gerespecteerde leden van de stad bevonden.[24]

De piraterij trok een andere golf inwoners aan, want de 'lading' van ingepikte Spaanse galjoenen betrof niet alleen dozen indigo, kisten met suiker en zakken vol met stukken van acht*, maar ook slaven op weg naar de Caraïbische zoutvelden. Terwijl kapers ze naar Manhattan brachten, werden sommige van deze Afrikanen slaven in dienst van de West-Indische Compagnie; anderen werkten voor hun vrijheid of werden direct vanaf het begin aangesteld als vrijgemaakte slaven. De namen van de Afrikanen in Manhattan – Pedro Negretto, Antony Congo, Jan Negro, Manuel de Spanje, Anthony the Portuguese, Bastiaen d'Angola – roepen de stormachtige levens op van gevangenname en slavernij in Afrika tot de aankoop door Portugese handelaren en de gedwongen reis naar het westen op Spaanse schepen, waarna ze nogmaals gevangen genomen werden, nu door Nederlandse piraten. Tientallen jaren later was slavernij min of meer ingeburgerd in de ko-

* Stukken van acht: munten ter waarde van acht schellingen (Vert.).

lonie, maar op dit moment, op het vrije, licht anarchistische eiland, behoorden sommige van deze mensen tot de meer vaste inwoners van het eiland; velen van hen zouden boer worden, timmerman, smid en barbier-chirurgijnen.

Een dergelijke onhandelbare bevolking vereist onderhoud. Prostitutie werd een steunpilaar (van de vrouw van Tymen Jansen was bekend dat ze 'oneerbaar gedrag had vertoond [...] en dat niet om geld, maar voor otters en bevers').[25] Op Manhattan schoten kroegen en brouwerijen als paddestoelen uit de grond – in de beginjaren was op een gegeven moment een kwart van alle gebouwen gericht op het fabriceren of verkopen van alcohol. Het 'kroegcircuit' scheen de vergelijking met het huidige New York glansrijk te kunnen doorstaan (en speelde zich opvallend genoeg af in hetzelfde gebied in de binnenstad als tegenwoordig): een woedende vrouw die haar man aantrof in een schenkerij vroeg zich voor het gerecht af, 'wat hij met andermans vrouw deed [...], de borsten te betasten en eraan te zuigen'.[26] Iemand, Simon Root, raakte een deel van zijn oor kwijt toen hij werd belaagd 'door een kortelas' en verzocht het gerechtshof om een verklaring waarin stond dat dit gebeurd was in een tamelijk gebruikelijke knokpartij in een kroeg en dat dit niet was gebeurd als straf voor diefstal.[27] De archieven staan vol met moordpartijen, die in een poging de orde te handhaven door de leiding meestal streng werden bestraft – met brandmerken, schandpaal, zweepslagen, stokslagen, verwurging, ophanging. Zichtbare straffen – zoals het afsnijden van het oor, het boren van gaten in een oor of een tong met een gloeiend hete pook, 'paardrijden', wat inhield dat de boosdoener op een houten paard werd gezet, soms dagen achtereen, met zware gewichten aan armen en benen bevestigd – werden aangeprezen vanwege de afschrikkende werking die ervan uitging.

Hoewel de straffen fors waren, werden ze met een zekere flexibiliteit uitgevoerd: het gebeurde wel eens dat mensen op het laatste moment werden vrijgelaten, soms op een wel heel oorspronkelijke manier. Op een koude januaridag in 1641 voerde men acht Afrikaanse slaven het fort binnen, beschuldigd van de moord op een andere slaaf, Jan Premero, 'in het bos nabij hun huizen' (een gebied in het noorden van de stad nabij de slavenkwartieren – waar tegenwoordig de Verenigde Naties gevestigd zijn).[28] De mannen gaven de misdaad toe, 'zonder pijniging en ijzeren banden'. Maar er viel niet uit te maken wie van hen de misdaad had begaan, zodat het hof in haar wijsheid besloot dat het lot moest bepalen wie tot de dood moest worden veroordeeld, om er zo voor te zorgen dat 'de Almachtige God de echte dader uit zou kiezen'. God koos Manuel Gerrit, ook bekend als 'De Reus'. Een week later verzamelde zich een grote groep mensen nabij de haven om de onderhoudende gebeurtenis van een ophanging mee te beleven. Theoretisch is het recht tevreden als de loten zijn getrokken; in de praktijk hadden de leiders van de kolonie weinig zin een mogelijk onschuldig man op te hangen, of misschien vonden ze het zonde om een goede slaaf kwijt te raken. Er is niet bewezen dat er in wat volgde sprake was van knoeierij, maar de omstandigheden zijn verdacht. De beul knoopte 'twee goede stroppen' om de nek van de man en duwde hem van de ladder af, waarna, tot verbazing van de omstanders, beide touwen braken en de man ongeschonden op de grond terechtkwam. De menigte riep om genade en het hof stemde daar mee in. De Reus werd vrijgelaten, het systeem had gewerkt. [29]

Een verhaal dat in de gerechtsarchieven van een paar jaar later opduikt, geeft aan dat er in die dagen regelmatig sprake was van herrieschopperij, tijdens de dagelijkse gang van zaken sloeg regelmatig de vlam in de pan:

> Pieter Malenfant uit Rennes in Bretagne, 35 jaar oud, verklaart dat gisteravond in het donker rondom negen uur, hij in gezelschap van Paulus Heijman en zijn vrouw, hij met het kind op zijn arm en de vrouw met een geweer, van de brouwerij kwam, nabij het huis van Damen. Aldaar riep de schildwacht, genaamd Andries Tummelyn: 'Wie is daar?' 'Een vriend,' antwoordde hij. Paulus Heijman zei: 'Goedenavond Jonker Edelman.' Waarop de schildwacht antwoordde: 'Wat brengt u hier, koopman?' Waarna hij de man zei: 'Lik mijn reet.'[30]

Waarna de Fransman en de schildwacht elkaar met zwaarden aanvielen, en Malenfant in zijn arm en dij werd gestoken en de rechtszaal binnenstrompelde op zoek naar genoegdoening.

Eén ding is duidelijk, de kolonisten van Nieuw-Nederland waren anders dan hun collega-kolonisten in het noorden, de vrome Engelse pelgrims en puriteinen die hard bezig waren hun 'Nieuw-Jeruzalem' tot stand te brengen, dat werd geleid door de moraal van God. Het is een andere zaak of de pelgrims, via de viering van Thanksgiving, en de puriteinen ook echte waardevolle rolmodellen waren voor het land in de verre toekomst; in deze periode waren de puriteinen in de naam van God druk bezig om de Pequot-indianen af te slachten en elke 'ketter' te vervolgen, en dat was iedereen die niet hun soort puritanisme onderschreef. Je zou kunnen zeggen dat de Engelse en Nederlandse kolonies twee uitersten vertegenwoordigden van het zeventiendeeeuwse sociale spectrum, uiterst conservatief en uiterst liberaal. Technisch gezien was het onbuigzame calvinisme de morele kracht achter de kolonie op Manhattan, maar in de archieven van de kolonie is er veel minder sprake van uitdrukkingen als vroomheid, dan van verslagen als van die vrouw die, terwijl haar man zat de dommelen in een dichtbijstaande stoel, 'het manlijk lid van een Ier onbehoorlijk heeft betast', waarbij twee andere mannen stonden toe te kijken.[31] De inwoners van Nieuw-Amsterdam hebben zich niet bezondigd aan extreme (morele) rechtlijnigheid.

In deze tijd was er een stel in Nieuw-Amsterdam dat hun buren overtrof met hun opruiend gedrag. Voorheen, in Europa, werkte Griet Reyniers als een serveerster in de herberg van Pieter de Winter in Amsterdam. Eigenlijk combineerde ze twee beroepen tegelijk – de vrouw des huizes trof haar eens in een achterkamer aan met 'haar rok op haar knieën', terwijl ze zich liet nemen door een groep soldaten.[32] Het is niet uit te maken of Wouter van Twiller op een avond haar zaak binnen kwam wandelen en verliefd op haar werd. We weten alleen dat toen hij onderweg was naar Manhattan, Griet eveneens aan boord was van de Zoutberg, op zoek naar geluk in een nieuw land.[33] Het was een gevaarlijke overtocht: bijna hadden 'Turken' het schip te pakken gekregen, en vervolgens draaiden de rollen om en kreeg het zelf een Spaans schip te pakken waarvan de ruimen vol zaten met suiker.[34] Griet liet zich niet van de wijs brengen door de gang van zaken en beoefende haar vak op volle zee uit – passagiers zagen hoe ze 'het hemd van enige zeelieden uit hun broek gehaald zou hebben'.[35] Toen ze op Manhattan aankwam en daar 'maagdelijke gronden' aantrof, begon ze een zaak. Ze wandelde naar het strand en hees haar onderrok omhoog om haar waren aan de zeelieden te tonen. Als ze als maîtresse van Van Twiller was aangekomen, dan zou het feit dat hij haar uiteindelijk heeft weggestuurd er de reden voor kunnen zijn dat ze op een dag het fort binnenliep en uitriep: 'Ik ben lang genoeg de hoer van de edelen geweest, vanaf nu zal ik de hoer van de opstandigen zijn!'[36] Ze had een talent voor aandachttrekkende publiciteitsstunten; haar handelsmerk was het aan een bezemsteel afmeten van de lengte van de penis van haar klanten.[37]

Anthony van Salee stond bekend als De Turk; hij was een piraat uit Marokko, de zoon van een Nederlandse zeeman die piraat was geworden en die het had geschopt tot admiraal van de vloot van de sultan en met een Marokkaanse vrouw was getrouwd. Anthony had donkere trekken, was gespierd en was een grote crimineel. Vanaf het moment dat hij rond het jaar 1630 aankwam, had hij voor problemen gezorgd: hij bedreigde mensen met geladen pistolen; hij dwaalde scheldend en beschonken door het dorp; hij werd beschuldigd van diefstal. Toen Hendrick hem uitmaakte voor 'een Turk, een schurk en een gehoornd beest',[38] sprak hij waarschijnlijk namens vele anderen. Zelfs de hond van Anthony zorgde voor problemen: eens diende een zwarte stadsgenoot een klacht in omdat de hond van de man de zijne had 'beschadigd'. Hij won.

Misschien was het onvermijdelijk dat Griet en Anthony bijeen zouden komen. Ze trouwden en kregen kinderen, hoewel het niet altijd duidelijk was van wie ze kwamen, want ze bleef doorwerken. Liggend op haar kraambed vroeg ze eens aan de vroedvrouw op wie het pasgeboren kind leek. De vroedvrouw antwoordde: 'Als jij niet weet wie de vader is, hoe moet ik het dan weten? Maar het kind is wel een beetje bruin.'[39] Het paar was bij iedereen in Nieuw-Amsterdam bekend, maar het punt is dat zij nooit echt een uitzondering vormden. In feite komt de opvatting die de Amerikaanse geschiedenis heeft over de Nederlandse kolonie rond Manhattan hier tamelijk goed mee overeen: het is een kleurrijke verzameling schelmen en verliezers, inconsequent en grillig, in afwachting van het lot dat hen van de kaart zal vegen. De Nederlanders hadden een stuk land van onschatbare waarde te pakken gekregen, maar hoewel ze dit overal ter wereld meesterlijk wisten uit te buiten, lieten ze hier die kans aan zich voorbijgaan, ondanks de pogingen van Van den Bogaert en ambassadeur Joachimi.

Maar nu kregen anderen in de gaten wat de waarde was van het land aan de Atlantische kust tussen de negenendertigste en tweeënveertigste breedtegraad en begonnen hun plannen er op af te stemmen. Van Twiller sprak in een brief aan de Engelsen in Massachusetts de hoop uit dat 'ze als goede buren mochten leven in deze heidense landen',[40] maar zij negeerden hem – Engelse kolonisten trokken al zuidwaarts het gebied in waar de Nederlanders aanspraak op maakten. De Versche Rivier – ook bekend als de Connecticut River – was onweerstaanbaar, en in 1636 leidde Thomas Hooker de eerste groep religieuze Engelse pioniers naar een plaats ten zuiden van de kolonie in Massachusetts Bay om een gemeenschap te stichten aan de rivier. Ze noemden het Hartford.

Ook intern werd er geprobeerd onderdelen van de kolonie in handen te krijgen. Killiaen van Rensselaer was een Amsterdamse diamanthandelaar die belangstelling had voor landontginning (in de Verenigde Provinciën een populaire en winstgevende onderneming) en landbouwkundige vernieuwingen. Hij was bovendien een van de bestuurders die de West-Indische Compagnie had opgericht, en een van de meest hartstochtelijke pleitbezorgers voor het koloniseren van Nieuw-Nederland door middel van privé-plantages, of geprivilegieerde grootgrondbezittingen. Door zijn onvermoeibare inzet kreeg hij van het bestuur toestemming om zijn eigen nederzetting te stichten en hij begon met de zware taak kolonisten te werven om er te gaan wonen. Hij maakte een goede keus bij het kiezen van een bestuurder voor zijn landgoed. Bastiaen Krol, de jonge man die meegekomen was met Joris Rapalje en Catalina Trico met als doel predikant te worden, was al meerdere keren van plan veranderd. Eerst had Minuit hem aangesteld op Fort Oranje nadat Daniël van Crieckenbeeck in een indiaanse hinderlaag was omgekomen. Vervolgens was hij interimbestuurder geworden van de kolonie nadat Minuit was teruggeroepen. Toen aan die klus een einde was gekomen, keerde hij terug naar de republiek; Van Rensselaer was hem tegengekomen en had zich gerealiseerd dat hij enorm veel ervaring had, waarna hij hem een baan aanbood. Krol voerde zijn eerste taak op uitmuntende wijze uit. Teruggekeerd in Nieuw-Nederland, verwierf hij het land rondom Fort Oranje, dat zich uitstrekte aan beide zijden van de rivier. Van Rensselaer overdreef een beetje toen hij kort na het verwerven van het land schreef dat het zich vanaf het westen van de rivier 'eindeloos'[41] uitstrekte, maar het ging om ongeveer vijftien kilometer land langs de rivier en het land strekte zich 'twee dagreizen' landinwaarts uit.[42] Met andere woorden, de ondernemer had een vitaal stuk grond van de kolonie afgenomen, en hij was van plan om deze kolonie binnen een kolonie te behandelen als een souverein leengoed.

Maar veruit de meeste bravoure had toch de terugkeer naar Nieuw-Nederland van Peter Minuit. Het geval wil, dat vlak voordat Minuit werd ontheven van zijn functies en met het ongelukkige schip de Eendracht terug moest keren, de koning van Zweden, Gustaaf Adolf – een Lutheriaanse krijgsheer die tot over zijn oren betrokken was bij de dertigjarige oorlog in Duitsland, waarin de protestanten tegen de katholieken vochten – uit was op nieuwe gebieden om te veroveren. Zweden bevond zich op het hoogtepunt van haar gouden eeuw, en Gustaaf kon het niet langer aanzien dat landen als Frankrijk, Spanje, Engeland en de Nederlandse Republiek overal op de wereld hun gezag uitoefenden. Toevallig zou Gustaaf tijdens een veldslag het leven laten precies op het moment dat Minuit terugreisde naar Amsterdam na afloop van zijn beproeving in Engeland. De kroon ging over op het hoofd van zijn zes jaar oude dochter Christina, die op zou groeien tot een van de meest cosmopolitische en intellectueel vaardige monarchen in de Europese geschiedenis, maar haar functies werden eerst waargenomen door de kanselier, Axel Oxenstierna, die de politiek van Gustaaf voortzette.

De Nederlanders waren al lange tijd de belangrijkste handelspartners van de Zweden, van overal ter wereld leverden ze goederen aan Stockholm. Oxenstierna kwam in contact met een Nederlandse handelaar genaamd Samuel Blommaert, die betrokken was bij de koperhandel in Zweden. Deze Blommaert was, net als Kiliaen van Rensselaer, een van de bestuurders van de West-Indische Compagnie, een van degenen die zich opwonden over de volgens hem gemiste kans in de Noord-Amerikaanse kolonie. Van Rensselaer bood de bureaucratie van de firma het hoofd door zijn eigen onder-kolonie te financieren; Blommaert had een ietwat merkwaardige oplossing: hij trotseerde zijn eigen compagnie en land, en stichtte een Zweedse kolonie ergens in het Nieuw-Nederlandse gebied. In het geheim ontmoette hij Minuit en zij maakten een plan. Waarschijnlijk kende niemand de kolonie zo goed als Minuit, en hij wist maar al te goed dat het uitverkoren gebied aan de Zuydt Rivier er nagenoeg onbewaakt bij lag.

Zo kon het gebeuren dat ergens halverwege het jaar 1638 een van de merkwaardigste invasievloten ooit op de Amerikaanse kust afstevende, en voor anker ging in de buurt van een bijrivier genaamd The Minquas Kill, gelegen tussen de kapen May en Henlopen, in wat later Delaware Bay zou gaan heten. Gekleed in gevechtstenue en met de blauw-gele Zweedse vlag in de hoofdmast van zijn schip, de Kalmar Nyckel, en eruitziend als een eigentijdse variant op een middeleeuwse ridder die op het punt staat het slagveld te betreden, keerde Peter Minuit terug naar Noord-Amerika – een geboren Duitser van Franse komaf, die kort geleden nog verbonden was aan de Nederlanders, die in de naam van Zweden een kolonie proclameerde die later de staat Delaware zou worden. In afwezigheid van een Nederlandse defensie, stond Peter Minuit op het punt voor de tweede keer een stempel te zetten op Amerika. Om hem heen, op de dekken van het uit twee schepen bestaande squadron, stonden met hun speren en musketten in aanslag enkele tientallen Nederlandse zeelieden en Zweedse soldaten, hun gepluimde helmen lichtten op in de zon. Tot op de dag van vandaag heet de weg die in Wilmington – de stad die ontstond op de plaats waar Minuit landde – de pakhuizen langs de waterzijde met elkaar verbindt Swedes' Landing, een zanderig eerbetoon uit het industriële tijdperk aan deze vreemde aankomst.

Van binnenuit afstervend en van buitenaf aangevallen, was de kolonie op Manhattan in 1640 dus hard op weg om te worden opgeheven.

Politiek gezien bestond zij niet eens, want zij had geen eigen bestuur; de inwoners waren niet zozeer burgers van een republiek, er was eerder sprake van knechten in dienst van een multinationale firma. Weliswaar bevond het zich aan de rand van een uitgestrekt continent waar de Europeanen binnenkort in door zouden dringen, daartoe aangespoord door het enthousiasme van mannen als Galileo, Harvey, Drake en Hudson om de horizon te verleggen, door het verlangen ook de tientallen jaren durende religieuze oorlogen thuis te ontvluchten. Eens zou dit gebied als de geografische sleutel tot dat ontsluitende continent ertoe bijdragen dat het machtscentrum van de wereld van plaats zou veranderen – je zou kunnen zeggen dat het eiland het punt zou worden waarop de westerse beschaving zelf zou overgaan van de tijd van de Renaissance naar de moderne wereld, van een Eurocentrisch naar een wereldwijd perspectief. Maar ondanks al deze beloften, was er slechts sprake van chaos en drek, van steekpartijen in kroegen, soldaten die tijdens hun wacht ontucht pleegden met indiaanse vrouwen, en een gestage stroom van eigenzinnige nieuwkomers: stevige kerels die uitgelaten uit roeiboten klauterden en terechtkwamen op de dichte grond van het Strand, met om hun nek een buidel vol Carolusguldens en Spaanse stukken van acht, klaar om te smokkelen, zuipen, hoereren en hem te smeren. Henry Hudson had ervoor gezorgd dat de kolonie onder de Nederlandse vlag zou vallen, maar tot op dat moment waren de eigenschappen van de Nederlandse maatschappij waar zo hoog van op werd gegeven – een pluralistische, tolerante republiek – in praktijk slechts in negatieve zin naar voren gekomen. Wat zich daar samenpakte op de zuidpunt van dat wilde eiland Manhattan had het uitschot van welk land dan ook kunnen zijn. Het was alsof de wereld, die dit stuk land en water aan de rand van de nieuwe wereld nog maar heel vaag had geïdentificeerd als een keerpunt, hier nog niet klaar voor was, en het daarom uiteen liet vallen.

Het was, met andere woorden, een gemeenschap die uit moest sterven, die historisch van geen enkel belang was.

2

BOTSENDE BELANGEN

5

DE MAN VAN DE WET

September is een levendige maand in Nederland. Vanuit donkere Noordzeewolken slaat de regen neer. Brede stroken blauwe hemel verschijnen en de hele wereld baadt in een mistig licht. Plotseling verschijnt de zon, fel en alom aanwezig, die de met heldere kleuren beschilderde luiken op bakstenen muren doet oplichten, die door het donkergroene oppervlak van het water in de grachten dreigt te prikken, die de mensen op straat bijna in een spontaan gezang doet uitbarsten. En dan de wind, altijd aanwezig, als een vasthoudende hand op de rug, duwend of trekkend aan de bewoners: *kom in beweging, hijs de zeilen, ga.*

In september 1638 liep een vreemdeling Leiden binnen. Hij was afkomstig uit zijn woonplaats Breda, gelegen in het schijnbaar zo verafgelegen katholieke Brabant, dat, alhoewel het deel uitmaakte van de Nederlandse Republiek, niet de status had van een volwaardige provincie.*

Als hij net zo was als de andere nieuwkomers, dan moest hij wel onder de indruk zijn van wat hij in Leiden aantrof. In een land dat bekendstaat om zijn netheid, was dit mooie bakstenen dorp in de zeventiende eeuw een opvallende verschijning, de lanen en kades keurig onderhouden, het plaveisel letterlijk geboend, de hoog oprijzende witgekalkte muren van haar kerkinterieuren strak afgezet tegen donker balkwerk. Eigenlijk was het helemaal geen dorp – in 1622 woonden er 45.000 mensen[1] – maar het behield de eenvoud van de provincie. De machtige met zeil beklede molenwieken staken hoog de lucht in, niet alleen in de buitenwijken, maar ook midden in het centrum.

* Voor de duidelijkheid: Holland verwees niet naar de Nederlandse Republiek, maar naar de belangrijkste provincie, met Amsterdam als belangrijkste centrum; de zes andere provincies in het zeventiende-eeuwse land waren Utrecht, Gelderland, Overijssel, Zeeland, Friesland en Groningen.

In de straten waardoor de jonge man liep, moeten vele kinderen hebben gespeeld, wat niet gebruikelijk was in het Europa van die tijd. Elders vond men, in deze eeuw van puriteinse onverbiddelijkheid, dat de kindertijd een periode was waarin wanorde en duivelarij zich meester dreigden te maken van de prille geest, en dat kinderen dus beteugeld en gedwee gemaakt moesten worden, onder streng toezicht van volwassenen. De Nederlanders dachten hier anders over; ze knuffelden en vertroetelden hun kinderen, ze legden de minachting van de buitenwereld naast zich neer en volgden hun eigen kenners. 'Kinderen moeten niet aan een al te strakke leiband gehouden worden, maar men moet hen toestaan dat ze opgaan in hun kindzijn, zodat we hun fragiele wezen niet met te zware zaken belasten,' adviseerde de geneesheer Johan van Beverwijck, de Dr. Spock/Benjamin Weil van zijn tijd, wiens boek *De schat der gezondheid* een bestseller was.[2] En dus, zoals de onstuimige straattaferelen van de schilderijen van Jan Steen illustreren, liepen kinderen vrij rond en in de straten weergalmde hun spel.

Nabij het Rapenburg was sprake van een grootstedelijke intensiteit – cafés, herbergen, omhoog kringelende rook van tabakspijpen. Wanneer hij de voetbrug over deze gracht was overgestoken, zou de nieuwkomer overal collega's ontmoet hebben – andere jonge mannen die langs de kade dromden voor een alleraardigst twee verdiepingen hoog gebouw met glas-in-lood-ramen. Via een poort in de bakstenen muur aan de noordkant kon je naar binnen. Dit was het hoofdgebouw van de Universiteit van Leiden, de belangrijkste academische instelling van het land en een van de meest vooraanstaande kenniscentra in Europa. Op 24 september 1638 liep hier een jongeman naar binnen en schreef zijn naam op, Adriaen van der Donck, zijn leeftijd, 20, de provincie waar hij vandaan kwam, en wat hij van plan was te gaan studeren: rechten. Zeventien jaar later zou hij sterven, in een ver land, waarvan hij, in dit stadium van zijn leven, misschien wel nooit had gehoord. Hij zou in Amerika en Europa voor de nodige opwinding zorgen, maar die zou na verloop van tijd wegebben. Slechts weinigen zouden zich hem herinneren. Maar hij zou zich wel onderscheiden. Hij zou het zaad van de beste en meest indrukwekkende aspecten van de Europese beschaving van de zeventiende eeuw overbrengen naar de verse aarde van een wereld verderop, waaruit iets heel bijzonders zou groeien. Hij zou een beslissende rol spelen bij het stichten van een grootse stad en een nieuwe maatschappij.

Hij was jong, sterk en rechtdoorzee, met een diepe intellectuele aanleg, die in toom werd gehouden door zijn honger naar avontuur. Zijn familie in Breda had het nodige aanzien – een familielid was hofmeester geweest aan het hof van Willem de Zwijger, een andere had een hoge rang gehad in het Nederlandse leger – en zijn komst naar de universiteit had wortels in het verleden. Veertig jaar geleden, aan het begin van de oorlog tegen Spanje, was er iets in zijn woonplaats voorgevallen dat na verloop van tijd legendarisch was geworden. Breda was een van de belangrijkste steden in de handen van de Spaanse bezetters geweest. Willem de Zwijger, held van de Nederlandse opstand, was net gestorven, en de Spanjaarden die door het zuiden van de Lage Landen marcheerden wonnen terrein toen een gewaagde manoeuvre met een soort paard van Troje het tij deed keren. Een contingent van zeventig Nederlandse soldaten verstopte zich onder de stapels turf in een turfschip en voer zo voorbij de Spaanse troepen die de toegang tot Breda bewaakten. Eenmaal binnen de poort, leidden ze een opstand die uitmondde in de herovering van de stad. De man achter het turfschip van Breda was Adriaen van Bergen, grootvader en naamgenoot van Van der Donck. Tientallen jaren later werd Van Bergen nog steeds geëerd als een held; de familie deelde in dit vaderlandslievende aanzien en de jonge Adriaen van der Donck droeg deze herinnering als een eervolle onderscheiding met zich mee.

Ook de universiteit was verbonden met de eerste dagen van de opstand. In 1574 had de stad Leiden een Spaanse aanval afgeslagen en als beloning voor de moed van de strijders had Willem de Zwijger Leiden uitgekozen als de plaats waar de grote universiteit moest komen waar de Nederlandse provincies behoefte aan hadden als ze een staat zouden worden. In opmerkelijk korte tijd bereikte de universiteit een status die vergelijkbaar was met die van Bologna of Oxford en werd, geheel overeenkomstig met wat Willem voor de geest had, een broedplaats voor de beste wetenschappers, politici, advocaten en religieuze figuren van de natie.

De stad was doortrokken van de Nederlandse geest van tolerantie. Wetenschappers en schrijvers uit heel Europa publiceerden hun boeken in Leiden, waar de drukkerijen goedkoop waren, veel in hun mars hadden en niet werden lastiggevallen door de autoriteiten. De rol die Nederland speelde in het intellectuele leven van die periode blijkt overduidelijk uit het gegeven dat gedurende de zeventiende eeuw naar schatting de helft van alle boeken in de wereld in Nederland werd gedrukt.[3]

In de tijd dat Adriaen van der Donck arriveerde, bestond ongeveer een derde deel van de bevolking van Leiden uit mensen die gevlucht waren voor oorlogen en religieuze onderdrukking. In een eeuw die zich kenmerkte door godsdienstoorlogen, kwamen hier en in andere

Nederlandse steden Brownisten, doopsgezinden, Walen, hugenoten, aanhangers van de vijfde monarchie en Asjkenazim, om te werken en om hun godsdienst uit te oefenen. Eerder die eeuw, toen William Bradford en de andere leiders van de pelgrims, die de vervolging in Engeland waren ontvlucht, per brief informeerden of ze zich in Leiden konden vestigen, schreven de magistraten meteen terug: 'Wij weigeren geen oprechte mensen hier te komen en in deze stad te wonen, op voorwaarde dat ze zichzelf goed gedragen, en zich onderwerpen aan alle wetten en verordeningen hier.'[4] De pelgrims kwamen in 1609 in de stad wonen – het jaar dat Hudson het initiatief nam voor de Nederlandse aanspraken op haar Noord-Amerikaanse gebiedsdelen – en betrokken de woningen in de dichtbevolkte straten rondom de grote gothische Pieterskerk, waar ze zich wijdden aan de handel en hun geloof uitoefenden. Ze profiteerden van de vrijheid van meningsuiting en begonnen traktaten te publiceren waarin ze de religieuze beperkingen van koning Charles aanvielen, die ze Engeland in smokkelden. Toen de vertegenwoordiger van Charles hierover zijn beklag deed, namen de bestuurders van de stad hun inwoners in bescherming, wat het negatieve beeld van Charles over de Nederlanders versterkte. Ironisch genoeg was diezelfde Nederlandse tolerantie voor religieuze verschillen – precies datgene wat hen had aangetrokken – voor enkele pelgrims later de reden om verder te trekken naar de nieuwe wereld. Ze vreesden dat ze uiteen zouden vallen als ze bleven wonen tussen mensen met een heidens geloof. En inderdaad, toen de eerste groep van veertig zich in 1620 inscheepte richting Cape Cod, bleven er enkele honderden achter, van wie er velen uiteindelijk opgingen in de smeltkroes van de Nederlandse maatschappij.

Tolerantie was meer dan alleen een houding in de Nederlandse Republiek. Nadat in de voorgaande eeuw duizenden landgenoten op bloedige wijze door de Spanjaarden waren vervolgd, waren de Nederlandse provincies een nieuwe weg ingeslagen door in 1579 in hun de facto constitutie (De Unie van Utrecht, Vert.) te schrijven dat 'ieder mens zijn religie vrij mag kiezen en dat niemand omwille van de religie mag worden vervolgd of onderzocht'.[5] Deze zin werd de basis waarop de cultureel diverse maatschappij van de zeventiende eeuw was gebouwd. Maar zoals in zoveel maatschappijen – denk aan de vroege Verenigde Staten, een land waarin men slaven hield, terwijl men geloofde dat die maatschappij gebaseerd was op het principe van vrijheid – werd deze gouden regel vaak doorbroken. Rond de jaren 1620 had er in de Nederlandse provincies een discussie gewoed over de betekenis en wijsheid van tolerantie.[6] Centraal in die discussie stond de botsing die hier aan de universiteit van Leiden had plaatsgevonden tussen twee uitgesproken theologen. Als onderdeel van een ruimer debat over calvinistische leerstellingen, zag de hardliner, Gomarus, samen met zijn volgelingen, die een continent zagen dat geteisterd was door godsdienstoorlogen, hierin het bewijs van de gevaren die aan verscheidenheid kleefden, en beargumenteerde dat er kracht uitging van gelijkvormigheid, en dat onderdrukking van nietcalvinistische godsdiensten zowel goed was voor de geest, als voor het land. De tegenstander van Gomarus, Arminius, en de zijnen, brachten hier tegenin dat christelijke principes van naastenliefde het noodzakelijk maken dat er met religieuze verschillen op een tolerante manier wordt omgegaan, en dat er derhalve geen sprake mag zijn van vervolging van diegenen die verschillende inzichten hebben. Een veelgeciteerd voorloper van Arminius, Sebastian Castellio, verwoordde het met overtuigende christelijke elegantie: 'Op de dag des oordeels zullen velen verdoemd worden omdat ze onschuldige mensen hebben omgebracht, maar niemand zal verdoemd worden omdat hij niemand heeft omgebracht'.[7] Daar kwam bij, aldus de Arminianen, dat diversiteit goed was voor de handel.

Uit deze strijd ontstond een uitvoerige beschrijving van het tolereren van religieuze verschillen. Het hoogtepunt hiervan – echt, een keerpunt in het menselijk denken – ontstond toen een aanhanger van Arminius, Simon Episcopius, met een reeks zorgvuldig beredeneerde argumenten verklaarde dat de kracht van een staat niet alleen ontleend wordt aan het handhaven van een enkel, zorgvuldig gekoesterd geloof, zoals algemeen gedacht werd in Europa, maar van het toestaan dat haar burgers vrijheid van godsdienst genieten en vrijheid van intellectuele informatie. Het is onmogelijk aan te geven hoe revolutionair dit was, hoe bedwelmend het voelde voor degenen die er voorstander van waren, en hoe diep het Adriaen van der Donck en zijn generatie van wetenschappers beïnvloedde. Gedurende Van der Doncks tijd in Leiden voerden de verdedigers van de tolerantie de scepter, en de onthutsende successen van de Gouden Eeuw versterkten het succes alleen maar.[8]

Tolerantie was een zegen voor de universiteit zelf en bevoordeelde die ten opzichte van andere kenniscentra in Europa, waardoor de Universiteit van Leiden binnen enkele tientallen jaren een belangrijk internationaal centrum werd. In elk tijdperk komen geleerden en wetenschappers op vrijheid af als vuur op zuurstof, en in grote delen van Europa was maar weinig zuurstof aanwezig. Slechts vijf jaar daarvoor had Galilei met de inquisitie te maken gekregen. Zijn *Discorsi e dimonstrazioni matematiche intorno a due scienze*, waar Isaac Newton zijn wetten van de natuurkunde op zou baseren, werd gepubliceerd in Leiden, op veilige afstand van Vaticaanse censoren, dat gebeurde in 1638, op het moment dat Van der Donck daar arriveerde.[9] Aangetrokken door de vrijheid, de hoge lonen en andere stimulansen die de universiteit bood, zoals vrijstelling van belasting op de alcohol die ze dronken – een gezonde portie van 150 liter wijn per jaar en een half vat bier per maand – kwamen de beste academici van heel Europa naar Leiden om er te doceren.[10]

Als gevolg hiervan gonsde het in de jaren dertig van de zeventiende eeuw van de geschiedenismakende activiteiten. Van der Donck absorbeerde de atmosfeer die werd geschapen door de nieuwe kennis die een radicale verandering teweegbracht in de vakgebieden van de geneeskunde, natuurkunde en wiskunde, en zijn colleges in het recht en de politiek moeten doordrenkt zijn geweest met Nederlandse ideeën over democratie, monarchie en tolerantie. De heersende intellectuele geest van die jaren – in Leiden en op andere plaatsen – was René Descartes, de Fransman wiens rationalistische methode om de waarheid te achterhalen de filosofie en de wetenschappen in de moderne tijd brachten. In 1629 was Descartes naar Holland verhuisd, op zoek naar intellectuele vrijheid. Gedurende het grootste deel van de hierop volgende jaren leefde hij in een Amsterdamse woning tegenover de Westerkerk. In 1630 schreef Descartes zich in aan de Universiteit van Leiden en woonde enige tijd in die stad. In 1636 keerde hij er weer terug, op zoek naar een uitgever voor zijn nieuwe werk en hij bleef er zeven jaar wonen, een periode waarin hij verreweg de meest besproken intellectueel van de stad werd. Zijn *Discours de la méthode* werd in 1637 in Leiden gepubliceerd, een jaar voordat Van der Donck er arriveerde. Het werk veroorzaakte veel opschudding.

Het was een historisch moment om een universitaire opleiding te beginnen – je zou inderdaad kunnen zeggen dat op dat moment een begin werd gemaakt met het moderne hoger onderwijs. Wetenschappers, filosofen en theologen (deze termen waren min of meer uitwisselbaar) begonnen een vurig debat over de meest fundamentele aspecten van hun vakgebied. Wat waren de gevolgen als men in de geest van Descartes niet langer op basis van 'autoriteit' (Aristoteles of de Bijbel) ging redeneren, maar op basis van de geest van de denker en, zoals Descartes omschreef, 'gezond verstand'? De beroemde zin in de *Discours* die vele eeuwen door zou klinken en alles zou beïnvloeden, van het moderne denken tot het verlichte politieke denken van Thomas Jefferson – *cogito ergo sum*, ik denk, dus ik besta – was juist uitgesproken. Het tijdperk van het individu stond er aan te komen en de jonge

Adriaen van der Donck bevond zich in het epicentrum.

De plaats barstte van de energie van de nieuwe vormen van onderzoek. Het anatomisch theater van Leiden was een van de eerste en de meest beroemde ter wereld, maar de opwinding over het ontleden was zo groot dat de bijeenkomsten vaak volgeboekt waren en professoren hun anatomische lessen, zo schreef een geleerde in 1638, moesten houden 'in een academische tuin en elders'.[11] Sommigen begonnen thuis openbare ontledingen te organiseren, waar ze 'huiselijke amfitheaters' hadden ingericht. Honden verdwenen uit het straatbeeld van Leiden toen studenten geobsedeerd raakten door de mode van directe waarneming en studie. Johannes de Wale sneed levende honden open en pompte vloeistoffen door de bloedvaten om te tonen hoe de bloedcirculatie verliep – werk waarop William Harvey zich baseerde om zijn eigen theorieën te verfijnen. Er ontstond een grote vraag naar mensenlijken. Reinier de Graaf raakte geobsedeerd door de theorie dat vloeistof van de pancreas zuur was, en hij stond erom bekend dat hij de pancreas van een dode zodanig stimuleerde dat er een vloeistof uit liep, die hij vervolgens proefde, waarna hij er bij de aanwezigen op aandrong eveneens de proef op de som te nemen, zodat hij hen verwachtingsvol kon vragen of ze het inderdaad niet ietwat zurig vonden smaken.[12] De Graaf leverde een grotere bijdrage aan de wetenschap toen hij, door zwangere konijnen te ontleden, bewees dat eierstokken een rol speelden bij de voortplanting, iets wat totdantoe een bizarre gedachte was. Ongelukkigerwijs werd zijn ontdekking overschaduwd door de vrijwel gelijktijdige ontdekking van Antoni van Leeuwenhoek van de spermatozoïden, die hij met een microscoop kon zien en die nog even voeding gaf aan de antieke theorie dat baby's alleen het gevolg waren van sperma en dat vrouwen slechts een ontvangende rol speelden.

De botanische tuin van de universiteit vormde ook een (letterlijke) voedingsbodem voor vernieuwing. Van daaruit boekten de chemie en de plantkunde vooruitgang, en vanuit deze plaats ontstond ook, door kruisbestuiving, de Nederlandse gekte voor tulpen.*

* De tulpomanie bereikte haar hoogtepunt precies op het moment dat Van der Donck begon te studeren. Het jaar daarvoor had een man, in ruil voor een enkele tulpenbol, vier runderen, acht varkens, twaalf schapen, 160 manden tarwe, 320 manden rogge, vier vaten boter, duizend pond kaas, twee okshoofden wijn, een zilveren kan en een bed betaald. Het bestuur van de provincie Holland was genoodzaakt wettelijke maatregelen te nemen om de speculatie te beëindigen voordat de economie was geruïneerd.

En in navolging van Galilei was het observatorium volgeboekt met geleerden die de nachtelijke hemel aftuurden op zoek naar zonnevlekken en bewijzen die de theorie dat de planeten rond de zon draaiden moesten ondersteunen of weerleggen.

In deze intellectuele snelkookpan ontwikkelde Van der Donck zich razendsnel. Net als in de wetenschappen, had er in het recht een revolutie plaatsgevonden. Het hele concept van de natie was opnieuw gedefinieerd. In de nasleep van de reformatie was het middeleeuwse concept van een staat die bestond onder de paraplu van het 'christendom', met wetten die uiteindelijk verwezen naar God, ineengestort, en het moderne concept van een staat als een onafhankelijke politieke eenheid was daarvoor in de plaats gekomen. De leidende juridische persoon in die eeuw was Hugo de Groot, ook wel bekend als Hugo Grotius. Grotius wordt beschouwd als de grondlegger van het internationale recht. (Om aan te geven hoe belangrijk hij is: in het Huis van Afgevaardigden van de Verenigde Staten hangt een bas-reliëf van hem, naast dat van Moses, Hammurabi en Thomas Jefferson.) Een van zijn hoofdwerken, *Mare Liberum*, schiep het principe van internationale wateren, die open stonden voor alle landen, terwijl *De Jure Belli ac Pacis*, geschreven midden in een eeuw waarin meer oorlog was gevoerd dan ooit tevoren, de voorwaarden beschreef op grond waarvan oorlog gerechtvaardigd was, en hoe die moest worden gevoerd.

Hugo de Groot had een overheersende invloed op de manier waarop er in Leiden rechten werd gedoceerd, vooral onder de jongere en meer praktisch gerichte geleerden was dat merkbaar. Gezien zijn latere optreden, moet Van der Donck weinig 'antiek recht' hebben gevolgd, waar de oudere generatie puur theoretische docenten een voorkeur voor had, en dat zich beperkte tot het bestuderen van oude Romeinse teksten. Hij heeft zich in plaats hiervan waarschijnlijk gericht op wat werd genoemd het recht van de 'Hollandse Elegante School', waarin het redeneren van antieke deskundigen werd toegepast op praktijksituaties in de rechtszaal.[13] In dit opzicht zou hij een volgeling van Hugo de Groot zijn geweest; de invloed van het werk van De Groot was onder meer zo groot, omdat het hielp een kader te scheppen waarbinnen de Europese grootmachten met elkaar konden omgaan – hieronder vielen ook de gedragingen van Engeland en de Nederlandse Republiek ten tijde van de toenemende rivaliteit over Noord-Amerika en andere gebieden.

Daar komt bij dat Van der Donck zich tot Hugo de Groot voelde aangetrokken omdat hij zijn argumenten, net als Descartes, niet baseerde op bijbelcitaten, maar op het 'natuurrecht', het idee dat door de menselijke rede kon worden uitgemaakt wat goed en fout was – of, zoals De Groot het formuleerde, dat een handeling op waarde kon worden geschat 'vanuit de gelijkvormigheid en ongelijkvormigheid met de rede van de natuur zelf'.[14] Lange tijd is in de Amerikaanse geschiedschrijving beweerd dat de principes van democratisch bestuur afkomstig zijn uit het tijdperk van de Verlichting in de achttiende eeuw, die hun wortels hebben in de geschriften van John Locke uit het eind van de zeventiende eeuw. Maar sinds enkele tientallen jaren hebben historici de vroegmoderne oorsprong ontdekt van deze democratische drijfveren. Sommige volgelingen van Hugo de Groot, die voortbouwden op zijn beschrijving van het natuurrecht, hanteerden in hun geschriften een vergelijkbaar soort fundamentele geestdrift als de generatie die verantwoordelijk was voor de Amerikaanse Revolutie. Een van deze volgelingen – Pieter van de Cun, ook bekend als Cunaeus – onderwees in Leiden een fundamentele vorm van de politieke ideeën van De Groot en er ontstond een groepje jonge idealisten om hem heen die deze ideeën vastlegden.[15] De ideeën van Cunaeus – dat een republikeins bestuur moreel superieur is aan een monarchie en dat ondernemingen als de West-Indische Compagnie een klein aantal gefortuneerden verrijkten ten koste van zowel de staat als de gewone mensen – hingen in de tijd dat Van der Donck in Leiden verbleef in de lucht, en gaven mede vorm aan zijn generatie.

Drie jaar lang studeerde Van der Donck aan de zijde van een internationale groep geleerden, hij nam deel aan debatteergroepen die door de juridische hoogleraren werden georganiseerd, klaagde, zoals studenten dat graag doen, misschien wel samen met hen over de gerechten in de eetzaal (gerookte vis, hachee met kool, kaas, brood, boter en bier). En 's avonds in de kroegen pasten de jonge mannen, onder de rook die uit lange van klei gemaakte pijpen omhoogkringelde en onder het genot van de rijnwijn die in tinnen kannen werd geserveerd, hun vaardigheden in het debat misschien wel toe op de alle aandacht vretende vraagstukken aangaande Galilei-versus-Aristoteles, en Arminius-versus-Gomarus. Toen kwam hij te voorschijn, in 1641, als 'jurist', een autoriteit op het gebied van het Romeins-Nederlands recht.

Hoe nu verder? Hij was een man van het recht. Hij kwam uit een bekende familie. Hij was afgestudeerd aan de beste universiteit van het land en de economie stond er zo goed voor dat hij bijna ontplofte. Hij moet veel mogelijkheden hebben gehad – thuis in Breda, in Amsterdam, in Den Haag, het centrum van de wettelijke en politieke macht in het land. In plaats daarvan besloot hij het land te verlaten. En niet zomaar, maar op het onbekende af, regelrecht de wildernis in. Zijn land maakte een periode door met een van de grootste uitbarstingen van kunst en wetenschap en een van de meest heftige hoogconjuncturen ooit. De straten waren veilig, de huizen knus, de kantoren bedrijvig. De keuken was niet bijzonder, maar het bier smaakte uitstekend; pijptabak werd overal verkocht, in elke gewenste vorm; zelfs de dozen waarin de tabak werd bewaard waren in alle soorten, materialen en stijlen beschikbaar.[16] De huizen waren versierd met Turkse tapijten, Chinees porselein en Delftse tegels; poppenhuismakers waren veelgevraagd, niet voor de kinderen, maar voor trotse huisbezitters die wilden dat ze kleine replica's van hun onderkomens maakten. Het was een van de eerste maatschappijen op aarde waarin doodgewone in de stad wonende burgers mondain en ontwikkeld waren. Engelse reizigers verbaasden zich erover dat niet alleen de rijken, maar zelfs eenvoudige bakkers en winkeliers de muren van hun huizen versierden met schilderijen; een overduidelijk teken van hun naar buiten gerichte aard was dat de Nederlanders in deze tijd als eersten landkaarten ophingen aan de muren (zoals te zien is in de interieuren van Vermeer). De Nederlanders aan het begin van de eeuw waren de eersten die hun huis verdeelden in openbare ruimten (beneden) en privé-vertrekken (boven). Een Duitse bezoeker verwonderde zich erover dat 'het niet toegestaan is de trap op te gaan, of een kamer binnen te treden, zonder eerst de schoenen uit te doen'.[17] De Nederlanders uit die tijd zagen het huis als een persoonlijke, privé-ruimte; je zou kunnen zeggen dat ze de uitvinders waren van de gezelligheid.

Dit alles speelde zich af in ongeveer de periode dat Van der Donck leefde. Gevoed door de wereldhandel was Nederland een erg comfortabele plek geworden. Het was ondenkbaar dat iemand met goede vooruitzichten weg zou willen. Het is redelijk te veronderstellen dat Van der Donck door Descartes is geïnspireerd. De intellectuele beroemdheid zou een natuurlijk model voor de jongeman geweest zijn. Hij leefde in en om Leiden in de tijd dat Van der Donck zich daar eveneens bevond, en was, ondanks de bedenkingen die hij hierover had, een polariserende persoonlijkheid; sommige professoren aan de universiteit werden zijn volgelingen, terwijl anderen zijn 'natuurfilosofie' met al hun kracht bestreden.[18] Het was een gezonde, aantrekkelijke man – donker golvend haar, gekrulde snor, doordringende ogen – en was zowel een man die van actie hield als een intelligent man: hij had als vrijwilliger gediend onder Maurits, de zoon van Willem de Zwijger, en als hij door de stad liep had hij als onderdeel van zijn dagelijkse kleding een zwaard bij zich. Zijn *Discours*, die Van der Donck tijdens zijn verblijf in Leiden waarschijnlijk wel heeft gelezen, was opvallend los en autobiografisch geschreven voor een filosofisch werk, en een rusteloze en individualistische jongeman zou zich aangetrokken hebben gevoeld tot de passage in het begin ervan, waar Descartes, schrijvend over de stappen die hij zelf had gezet, verklaarde dat 'zodra mijn leeftijd het toestond om onder het toezicht van mijn leermeesters vandaan te komen, ik de studie van de literatuur liet voor wat hij was en besloot mij aan niets anders te wijden dan aan de studie van mijzelf, of aan het grote boek van de wereld'.[19]

Als Van der Donck in de handel overzee had willen gaan, dan lag het voor de hand dat hij daarvoor naar de kantoren van de Oost- of West-Indische Compagnie was gegaan. Maar die waren hem te georganiseerd. Net als in alle grote organisaties, kon je er slechts traag en langzaam in de hogere functies doordringen. Van der Donck zocht iets aantrekkelijkers en wilders. Misschien kwam hij via zijn ouders, of via een van de pamfletten – de voorgangers van kranten – iets te weten over de in opbouw zijnde kolonie in de nieuwe wereld, een rauw, maagdelijk oord dat behoefte had aan ondersteuning. Het was niet de nederzetting van de West-Indische Compagnie in Nieuw-Nederland waarvoor hij belangstelling kreeg, maar de kolonie binnen een kolonie in de noordelijke contreien ervan, het leengoed van de Amsterdamse diamanthandelaar Kiliaen van Rensselaer. Hij ging op onderzoek uit.

Zijn timing had niet beter kunnen zijn. In de elf jaar na de stichting van de kolonie had Van Rensselaer de kolonie gestaag uitgebreid; nu betrof het een grondgebied van meerdere honderdduizenden morgen land aan weerszijden van de rivier de Hudson, rondom de stroomopwaarts gelegen basis van de West-Indische Compagnie Fort Oranje. Terwijl de kolonie van de compagnie zelf, in en om Manhattan, het moeilijk had, had de patroon – een uitstekende organisator – zeer goed voor zijn nederzetting gezorgd. Hij had er boeren, timmerlieden, smeden, wielsmeden, metselaars, als ook voedsel, zaden, te poten bomen en wijnstokken heen vervoerd; vanuit zijn uitvalsbasis Amsterdam (Van Rensselaer zou zijn landgoederen nooit te zien krijgen), gaf hij uitgebreide instructies over hoe de bossen moesten worden gekapt en de akkers moesten worden beplant. Er werden huizen gebouwd en wegen aangelegd. In januari 1641 kon Van Rensselaer schrijven dat 'over het algemeen de zaken in de kolonie Goddank goed lopen',[20] maar er was wel een probleem, dat samenhing met het succes. Hij had een heuse nederzetting onder handen, maar die had een bestuur nodig. Hoewel de kolonie technisch gezien binnen de grenzen van Nieuw-Nederland lag, beschouwde Van Rensselaer haar als semi-onafhankelijk. Dit betekende dat hij zelf voor recht en orde moest zorgen. Het aantal dieven en weglopers (boeren die voor een duidelijk omschreven periode hadden getekend en vervolgens de benen namen) nam toe.

Toen Van der Donck een brief schreef aan Van Rensselaer met het verzoek of hij een plek kon krijgen in de kolonie, moest de handelaar in zijn nopjes zijn geweest. Het viel niet mee om ervaren krachten van welke soort dan ook de oceaan over te krijgen en het opbouwen van een nieuw leven in zijn kolonie was een hele klus: hij was genoodzaakt flink meer te betalen dan hij in Nederland gewend was, en nog klaagde hij over de kwaliteit van de mensen die hij wist aan te trekken.[21] Zoals een vanuit de middenklasse opgeklommen zakenman betaamt, zal hij erg in zijn nopjes zijn geweest over de kwalificaties van de in Leiden geschoolde jurist Van der Donck. In de hele kolonie van Nieuw-Nederland was geen enkele advocaat aanwezig; de enige universitair geschoolde man was de predikant in Nieuw-Amsterdam. Het was eenvoudigweg te moeilijk om zulke mensen aan te trekken voor de standplaats. Van Rensselaer schreef een brief aan een van de kleinere aandeelhouders in de kolonie, die in Leiden woonde: 'Vraag als u het zo uitkomt of Dhr. de laet of iemand anders navraag doet naar een jongeman, genaamd vander donck, uit de gemeente van breda, die rechten heeft gestudeerd in Leyden en de wens heeft geuit om een functie te vervullen in het boerenbedrijf van onze kolonie; en als er geen serieuze problemen omtrent zijn persoon rijzen, want het lukt niet altijd om de besten naar de overkant te sturen, zouden we hem ook in een andere functie kunnen aanstellen.'[22]

Toen beide lieden elkaar ontmoetten, wist Van Rensselaer dat hij de jongeman in dienst zou nemen. Hij had iemand nodig die door de woestenij van een ongecultiveerd land kon ronddwalen en achter misdadigers aan kon zitten, en ook iemand die verstand van rechten had, die het recht kon handhaven en twisten tussen kolonisten kon beslechten. Hij bood Van der Donck een baan aan als schout, een Nederlandse titel waarin de taken van een politiecommissaris en een publieke aanklager waren gecombineerd. Het was een moeilijke baan, maar de kwaliteiten van de jongeman zouden hem aanzien geven, niet alleen onder de kolonisten van de grootgrondbezitter, maar ook onder de lastige groep bewoners van Nieuw-Amsterdam.

Voor een jongeman wiens opleiding meer uit boekenwijsheid bestond dan over de echte wereld ging, moet het een schimmig avontuur geleken hebben: afreizen naar een ruig land en daar een nieuw rechtssysteem opzetten, degene te zijn die de wet voor een volledig nieuwe gemeenschap op poten zet. Van der Donck nam de functie aan en in mei 1641 ging hij aan boord van Den Eyckenboom, op weg naar de nieuwe wereld. In zijn bagage had hij een groot pakket met aanwijzingen van Van Rensselaer, maar hoe gedetailleerd die ook waren, ze konden niet in de verste verte alles het hoofd bieden wat hij tegen zou komen.

*

Vandaag de dag kun je je eenvoudiger dan in bijna elke andere periode een voorstelling proberen te maken van de haven waarin het schip tien lange weken na vertrek arriveerde. Meer dan twee eeuwen lang zou het de poort naar Amerika zijn en een handelsknooppunt dat Amerika met Europa verbond, een kruispunt volgepakt met verkeer, waarin door de tijden heen, fregatten, schoeners, stoomschepen, containerschepen en plezierjachten zij aan zij langs elkaar zijn gevaren, van en naar de reeksen pieren die uit de kustlijn van Manhattan steken als tanden van een kam. Nu heerst er een merkwaardige rust. Wie tegenwoordig de haven in zeilt, hoeft slechts zijn rug te keren naar de ranke hoogten van Manhattan, en het Vrijheidsbeeld en de zwijgende reuzen van schepen op Ellis Island en Governor's Island weg te denken, om zich voor te stellen hoe het er eens moet hebben uitgezien. De stadsgeluiden verdwijnen naar de achtergrond door het gekreun en geklapper van de zeilen boven je hoofd. Dan ben je minutenlang alleen – op zo'n moment kun je de golvende vormen van het gebied tot je nemen, de verspreid liggende eilanden, en, zoals Van der Donck later zou beschrijven, 'de veelheid en de verscheidenheid van de zeehavens in Nieuw-Nederland'.

We kunnen ons alleen proberen voor te stellen hoe uitnodigend zijn idyllische beschutting zou overkomen na de lange weken op de genadeloze open oceaan. De breedte en diepte van de haven trof Van der Donck, zoals zovele landgenoten, als een soort variant van de nieuwe wereld op het IJ, de grote binnenzee bij Amsterdam, waarvan de vaargeulen gevuld waren met een woud van masten. Deze Nederlanders waren mensen die de waterwegen kenden zoals anderen de bossen of de bergen. Voor hen was land dat niet toegankelijk was vanaf het water nutteloos. Omgekeerd was rijk land dat werd doorsneden met bevaarbare rivieren en waar zich een geriefelijke baai bevond een ultiem object. Deze baai was een van de zaken die hen hier had aangetrokken; zij bespeurden de potentiële energie ervan, ze roken welke mogelijkheden er waren, hoe het een kopie zou kunnen worden van hun fantastische thuishaven aan de andere kant van de oceaan. Tot nu toe was het nog steeds wat het al duizenden jaren was geweest, een gebeeldhouwde woestenij van zout, water, wind en land. De Engelsen zouden het New York Harbor noemen. De Nederlanders vonden het te wezenlijk om er echt een naam aan te geven. Later noteerde Van der Donck in zijn geleerdenlatijn, 'het heet *quasi per excellentiam*, "De Baai".'[23]

Het schip ging voor anker op een paar honderd meter voor de zuidelijke kustlijn van Manhattan, met dat rijtje puntige huizen, de windmolen en daarnaast de muren van het fort. De passagiers wankelden naar beneden in een klaarliggende boot en roeiden aan land.

Van der Donck heeft zijn eerste indrukken van Nieuw-Amsterdam niet beschreven, en hoewel de aanblik van de nederzetting het vertrouwen niet zal hebben bevorderd, toch was er in het voorafgaande jaar een beslissende verbetering opgetreden. De simplistische voorstelling die de geschiedschrijving heeft gegeven van de Nederlandse kolonie rondom Manhattan – dat het een onbeduidende verzameling van weinig voorstellende mensen was totdat de Engelsen het uiteindelijk overnamen en er een bloeiende nederzetting van maakten – is gebaseerd op het verleden van de West-Indische Compagnie. De West-Indische Compagnie bestuurde de plaats, en het was de West-Indische Compagnie nooit gelukt de plaats financieel levensvatbaar te maken; ergo, Nieuw-Amsterdam is nooit echt van de grond gekomen. Maar die logica ziet een cruciale wending over het hoofd. In 1640 gaf de West-Indische Compagnie het monopolie op voor de handel in het gebied, een monopolie dat op alle fronten, behalve de piraterij en smokkelarij, de ontwikkeling van de regio in de weg had gestaan, en had Nieuw-Nederland uitgeroepen tot een gebied waar vrije handel werd toegestaan. In deze vrijhandelszone, zou Nieuw-Amsterdam de 'stapelhaven' worden, het centrum waar de schepen van handelaren en kooplieden voorbij zouden komen, waar ze accijns moesten betalen en uitgeklaard moesten worden voordat ze hun reis begonnen. Dat had een elektriserend effect. Kleinschalige ondernemers die zich niet uit de weg lieten slaan door de ontberingen van een oceaanreis, kregen nu, in Manhattan, een centrum vanwaaruit ze konden werken – een basis waaromheen de cyclus van de Atlantische handel zich af kon spelen. Samen met zijn zoon Seth vormde Gilles Verbrugge een vennootschap, en begon aan de eerste van wat zevenentwintig handelsreizen naar Manhattan zouden worden. Door de zaken zou Seth een welgesteld man worden, in staat om zijn vrouw, zelf een dochter van een succesvolle zakenman, in stijl te onderhouden.[24] Dirck de Wolff begon een firma die gefabriceerde goederen naar de kolonisten op Manhattan vervoerde, en pelzen en tabak terugbracht; van wat hij hiermee en met andere internationale handelsondernemingen verdiende, kon hij een fraai grachtenpand aan de exclusieve Herengracht in Amsterdam kopen en een groot landgoed in de polders nabij Haarlem.[25]

Ondertussen had deze kleine verandering op Manhattan verregaande gevolgen. Binnen enkele jaren tijd ontstond hier een bijzonder actieve klasse handelaren – mensen die wilden kopen, verkopen, groeien en uitgeven. Overtuigd dat er nu een toekomst voor hen was weggelegd, begonnen ze zich daar te vestigen. Daar kwam bij dat de handelaren van Manhattan niets voelden voor het opdelen in categorieën. Een kleermaker brouwde ook bier, de bakker werkte eveneens als scheepskapitein.[26] Joris Rapalje, die op het moment dat Van der Donck op Manhattan aankwam al achttien jaar in de kolonie verbleef, werkte voor de West-Indische Compagnie, maar voerde ook klusjes uit als ondernemer, namens de boeren in de kolonie van Van Rensselaer verkocht hij graan, en hij bezat en beheerde een herberg. De losheid van Manhattan had zijn nadelen, maar stond ook meer sociale mobiliteit toe dan in Europa gebruikelijk was.[27]

Iedereen in Nieuw-Amsterdam had wel belangen in een of andere scheepslading of vracht. 'Iedereen is hier een handelaar,' merkte een inwoner in 1650 op, en dat was waar, en niet eerder voorgekomen – wat ook geldt voor de mogelijkheid die iedereen had om vooruit te komen. Govert Loockermans was zeven jaar eerder dan Van der Donck op Manhattan aangekomen, als een zestienjarige koksmaat op een vaartuig van de West-Indische Compagnie, hij was wanhopig op zoek naar kansen om vooruit te komen. Zodra het monopolie van de West-Indische Compagnie ophield te bestaan, vertrok hij en tekende in als tussenpersoon voor de Verbrugges, voor wie hij toezicht hield op schepen en ladingen. Gedurende de jaren die volgden zou hij Engels leren spreken en enkele indiaanse talen, een boerderij kopen bij de Oost Rivier en schepen gaan huren waarmee hij vracht vervoerde door Nieuw-Nederland en over de Atlantische Oceaan, waarbij hij meermaals beschuldigd zou worden van smokkelarij.[28] Hij kon zich soms behoorlijk schofterig gedragen: hij werd berucht toen hij tijdens een ruzie met Raritan-indianen, volgens een getuige: 'de broer van het opperhoofd met een lat op zijn edele delen heeft geslagen.'[29] Achtendertig jaar na zijn jeugdige aankomst op Manhattan zou hij sterven in de nieuwe stad New York, als de meest welvarende handelaar van de kolonie, eigenaar van de mooiste huizen (o.a. waar later de piraat William

Kidd zou wonen en tegenwoordig een onopvallend kantoorpand is, Hanover Square 7)[30], een van de rijkste mannen in de nieuwe wereld, en een van de meest onvervalste voorbeelden van de opwaarts gerichte sociale mobiliteit die de Amerikaanse cultuur zou overnemen van de vergeten kolonie.

In Nieuw-Amsterdam zelf waren de gevolgen van het vrijgeven van de handel al zichtbaar toen Van der Donk arriveerde. In de maanden nadat het monopolie werd opgeheven, werden tientallen kavels verkocht. Men begon met het bouwen van huizen en de inrichting van de huizen werd luxer. Toen de tabaksboer Jacque de Vernuis in oktober 1640 plotseling stierf, kort nadat hij een tienjarig huurcontract had getekend en met achterlating van een Nederlandse vrouw, Hester Simons, bevatte de inventaris van zijn bezit een grijze rijmantel, een ruitercap, hemden, dassen, mutsjes, kousen en zakdoeken, tinnen borden, zilverwaren, ijzeren potten, een tang en 'een opvallende hemdjurk'.[31] Op zich een bescheiden collectie, maar eindeloos veel meer dan tijdens het geploeter van enkele jaren eerder.

Dus bij zijn aankomst, terwijl zijn leren laarzen het ondiepe oeverwater van de Oost Rivier instapten waar de sloep passagiers uitliet (het zou jaren duren voordat er een fatsoenlijke pier was aangelegd), zal Van der Donck een ronde gemaakt hebben door een chaotische, energieke, ruige stad die aan grote veranderingen onderhevig was. Er woonden misschien zo'n vierhonderd mensen, en toen al was het een van de meest multiculturele plaatsen ter wereld; vijf jaar later zou een bezoekende jezuïetenpriester melden dat er in de paar stoffige straatjes die er waren achttien talen werden gesproken.[32] In de zomer van 1641 was het fort bouwvallig geworden maar er stonden al een paar nieuwe huizen, sommige van hout en steen, sommige van bakstenen met steile daken en trapgevels. Vanaf de kust zou een nieuwkomer zich over de nieuwe Brouwers Brug moeten begeven, die over de fraaigenaamde Heere Gracht lag (opnieuw was Amsterdam het voorbeeld voor de nieuwe wereld, de inwoners vonden dat de stad een herengracht nodig had – die in werkelijkheid niet meer was dan een stinkende sloot), langs de vijf stenen huizen lopen die de winkelbuurt vormden, langs de bakkerij en het huis van de vroedvrouw, en vlak langs de eenvoudige houten kerk aan de Paerl Straet ('een gammele schuur' zou David de Vries deze noemen)[33] met daarachter de woning van de predikant en de stal.[34] De straten van de stad waren een rommeltje, met loslopende varkens en kippen, de boeren hielden er in die tijd de gewoonte op na om hun dieren te laten rondzerven op zoek naar voedsel en het bezit van de mensen was met hekken omgeven om de dieren buiten te houden, niet binnen.

Het was hoogzomer; een Nederlander, niet gewend aan de luchtvochtigheid, zal gezweet hebben bij zijn ronde door het plaatsje. Zijn verstand en gewoonte zouden hem hebben doen stoppen bij minimaal een van de herbergen die in het halve dozijn straten in het centrum bij elkaar stonden – misschien in de zaak van Cornelis Melyn, een rijke Vlaamse boer die met hem was meegereisd en die Van der Donck zou bijstaan bij zijn intrede in de politiek van Manhattan. Zo verdergaand, zou Van der Donck even de tijd hebben kunnen nemen voor een babbeltje met de timmerman Juriaen, die op dat moment een huis aan het bouwen was voor de Fransman Philip Geraerdy,[35] of om naar de Engelse timmerlieden John Hobson en John Morris te kijken, die bezig waren met hun opdracht van Isaac de Forest voor een 'woonhuis, 30 voet lang en 18 voet breed, met twee 4-lichts-ramen en twee 3-lichts-ramen, 4 balken met steunen en twee vrije balken, een tussenschot en een ingang, stevig aan de binnenkant en het hele huis rondom stevig gebouwd'.[36]

Als hij had willen nagaan of er nieuw leven vloeide door de ploeterende gemeenschap, dan had Van der Donck slechts hoeven toezien hoe het schip waarmee hij was aangekomen werd ontdaan van zijn lading, die door verschillende inwoners van Amsterdam was besteld en die nu allemaal bij de ontvangst ervan aan de waterkant aanwezig waren. Voor Tonis Jansen, de zeilmaker, ontlaadde de bemanning een baal Frans linnen, twee balen zeildoek, een vat met tweehonderd pond zeilgaren. Hendric Jansen, slotenmaker, ontving zijn bestelling met '4 ketels smidskolen, 30 vierkante staven ijzer, 60 staven plat Zweeds ijzer, 150 stuks hard ijzer'. De gevolmachtigde in de winkel van de West-Indische Compagnie streepte de ontvangen goederen af, waaronder fusten brandewijn, droge witte wijn, Franse wijn, olie, gedroogd rund- en varkensvlees, '30 tonnen fijn zout', een kist kantoorbenodigdheden, 290 pond kaarsen en '2 grote kratten met 50 wanmanden'.[37] Het schip was de haven nog niet binnengelopen, of Arent Corssen Stam, een koopman uit Amsterdam, tekende een contract met Galain Cornelissen, schipper van Den Eyckenboom, 'om het voornoemde schip meteen klaar te maken om af te varen, potdicht, goed gebreeuwd en voorzien van ankers, touwen, tuigage, zeilen, lopend en staand touwwerk, proviand, en andere benodigdheden die daartoe behoren, en het schip te bewapenen met zes kanonnen en bijpassende munitie.'[38] Hij stond op het punt een nieuwe vracht aan de Engelse kolonie in Virginia af te leveren, daar een nieuwe lading te ontvangen (waarschijnlijk tabak), en 'met de eerste de beste geschikte wind die God ons zal zenden vanuit Virginia rechtstreeks naar London te varen en de lading van het schip af te leveren bij diegene aan wie deze is gezonden.'[39]

Uiteindelijk zou Van der Donck het fort in zijn gewandeld, voorbij het vakwerk wachthuis en naar de bakstenen woning van de directeur-generaal. Hier trok hij een aanbevelingsbrief te voorschijn en legde die neer voor Willem Kieft, die Van Twiller drie jaar geleden als het hoofd van de kolonie van de West-Indische Compagnie was opgevolgd. Het was een kort, formeel bezoek. Vervolgens trok Van der Donck weer verder, 240 kilometer naar het noorden, naar de verafgelegen vestiging die zijn nieuwe thuis zou worden.

In die tijd woonden er misschien zo'n honderd inwoners in de kolonie Rensselaerswijck. De paar huizen, schuren en andere tekens van menselijke bewoning vielen in het niet bij de overweldigende wildernis: de in wolken gehulde bergen in het noorden, het hoge naaldwoud, de brede rivier en de oneindige hemel. Van der Donck ontmoette een man van ongeveer zijn leeftijd, Arent van Curler, een neef van Kiliaen Van Rensselaer, die drie jaar in de kolonie verbleef en de leider was. Vervolgens reisde hij naar een klein met bos begroeid eiland nabij de westoever van de rivier en in de buurt van Fort Oranje, dat gedeeltelijk geschikt gemaakt was voor boerderijen. Hij had besloten in een hiervan te gaan wonen. Kort daarna, op een heldere augustusochtend, speelde zich een surrealistisch soort wildwestscène af, toen Van der Donck te voorschijn kwam vanuit zijn ruige met stro bedekte woonstee, uitgerust en klaar om aan de slag te gaan, opgewonden over het avontuur en nog duizelend van de vreemdheid van de hele situatie waarin hij zich bevond, en een 'met een met zilver beslagen rapier met bandelier [droeg] en een zwarte hoed met een pluim'[40] en de kentekenen van zijn functie, en hij zichzelf toonde aan de boeren, smeden, wagenmakers en bakkers uit zijn grondgebied, en ook aan de aanwezige Mohawks, Mahicanen en soldaten van de West-Indische Compagnie. Terwijl hij resoluut de weg op stapte, langs de rivier liep, langs de palissaden van Fort Oranje, en de velden en werkplaatsen van de kolonie, moet hij zijn aangegaapt door de bewoners. Voor hun neus stond het piekfijn verzorgde, galante en bepluimde puikje van het Europese onderwijs in 1640, het product van een eeuwenoud juridisch systeem, vermengd met het moderne gedachtegoed waarin de mens op een of andere manier, dankzij Galilei, Descartes en Grotius, centraal stond. Hier was een van de beste mannen van de Republiek verschenen. Ze hadden een man van de wet.

6

DE BLOEDRAAD

Door een vreemde speling van het lot was de ramp die de rond Manhattan gelegen kolonie van Nieuw-Nederland zou treffen, deze zou verlammen en ervoor zou zorgen dat de kolonie op de lange duur niet meer kon standhouden tegen de Engelse buren, tegelijkertijd ook de gebeurtenis die de bewoners bijeen zou brengen en ervoor zou zorgen dat de nalatenschap van de kolonie voor de komende eeuwen bewaard zou blijven. Door een speling van het lot zou de nachtmerrie bovendien losbarsten in dezelfde maand dat Van der Donck, de man die de politieke strijd zou leiden die deze erfenis veiligstelde, zou arriveren, op zoek naar geluk in de nieuwe wereld.

De ramp deed zich juist voor toen de vooruitzichten voor de inwoners van Nieuw-Amsterdam en hun elders wonende lotgenoten, die verbleven in delen van de provincie op vele honderden kilometers afstand van de Noord-Atlantische kust, begonnen te verbeteren. Vanaf het moment dat de handel werd vrijgegeven, nam het aantal nieuwe bewoners snel toe, ontstond er een handelselite, en begonnen families onderling te trouwen en wortel te schieten. Het begon allemaal met, zo leek het, een klein voorval.

Iedereen op Manhattan kende Claes Swits. Hij was een oude man die graag een babbeltje maakte, van oorsprong een wagenmaker, die samen met zijn vrouw en twee volwassen zonen naar de nieuwe wereld was afgereisd. Voordat ze aan boord van hun schip waren gegaan, hadden ze in Amsterdam in de kroeg van Pieter de Winter gelogeerd,[1] de gelegenheid waar Griet Reyniers had gewerkt als serveerster en prostituee, voordat ze haar oog liet vallen op Manhattan. De kroeg was het favoriete trefpunt voor reizigers vanuit Duitsland; zoals de naam Swits al doet vermoeden, was hij waarschijnlijk oorspronkelijk uit Zwitserland afkomstig. Net als ieder ander op Manhattan, raakte hij na aankomst verzeild in verschillende soorten bezigheden. Hij huurde een tweehonderd morgen grote plantage, genaamd Otterspoor, die een groot deel besloeg van wat Harlem zou worden, waarop hij graan liet groeien en koeien melkte (hij was overeengekomen om als huur aan de eigenaar, Jacob van Curler, jaarlijks tweehonderd pond boter te geven en 'precies de helft van al het graan waarmee God het veld zal zegenen.'[2]) Al snel nam hij een compagnon in de arm – misschien omdat hij het werk te zwaar vond voor iemand van zijn leeftijd.[3] Maar toch verbleef Claes niet vaak op de boerderij; hij was te oud, of wilde liever onder de mensen zijn. Hij kocht een klein lapje grond aan Wickquasgeck Road, op de plaats waar zich nu ongeveer de 47th Street en Second Avenue bevinden, bouwde er een huis en begon als manusje van alles. Op het pad – dat zich vanaf wat 23rd Street zou worden opsplitste en, voordat het in het noorden van het eiland weer samenvoegde, naar de oostzijde liep – was het nu een komen en gaan van mensen: indianen uit de dorpjes van de Wickquasgeck-stam en leden van andere stammen die in noordelijker delen van het eiland en aan de andere kant van de rivier op Lange Eylandt verbleven, onderweg van en naar Nieuw-Amsterdam; Europeanen en Afrikanen die zich langs het pad begaven omdat hun boerderijen zich verderop op Manhattan bevonden. Het gebiedsdeel Nieuw-Nederland bleef uitgestrekt en wild, maar het eiland in het centrum ervan gaf zich snel over aan de nederzetting. Het leek de oude man een goede plaats voor reizigers om wat uit te rusten.

Zijn huis aan de Deutel Baai* werd een populaire verzamelplaats, waar mensen bijeenkwamen rond een gezellig haardvuur of voor een avondje met drank en gezang, vloeken en redetwisten en misschien ook wel voor een tochtje door de semi-wildernis, om daar bij het maanlicht uit te kijken over de C-vormige baai. Het was op deze plaats dat Nan Beech, de vrouw van de Engelsman Thomas Beech, 'bijna alle aanwezige mannen in het kruis tastte', en aanleiding gaf tot een schermutseling.[4] Bij een andere aangelegenheid raakte Ulrich Lupoldt, een medewerker van de West-Indische Compagnie, terwijl hij in het huis van Claes een glaasje dronk, verwikkeld in een scheldpartij met Jan Evertsen Bout, die aan de andere kant van de Noort Rivier woonde, vanwege het gerucht dat Bout het gedaan had met een zekere 'zwarte deerne'.[5] Claes scheen nauw bevriend geweest te zijn met, of was misschien aangetrouwd familielid van de jonge Harmen Myndersz van

* De 'turtle' in Turtle Bay – de buurt die zich in dat gebied bevindt – is een verdraaing van het Nederlandse woord 'deutel' [een pennetje dat in een houten nagel wordt geslagen om deze beter te doen sluiten. Vert.]; de baai – allang gedempt – werd zo genoemd vanwege zijn vorm.

den Bogaert, die in de winter van 1634 was meegereisd om opnieuw te onderhandelen over de prijs van de pelzen;Van den Bogaert was een regelmatige bezoeker van het herberg-huis van Claes en ondertekende zijn leningen.

Volgens verschillende bronnen was de wagenmaker een onschuldig en geliefd man. Hij kende veel indianen bij naam. Hij zal dan ook helemaal niet verbaasd zijn geweest toen, op een dag in augustus van 1641, in precies dezelfde tijd dat Van der Donck een begin maakte met de uitvoering van zijn taak als schout van Rensselaerswijck, een 27-jaar oude Wickquasgeck-indiaan voor zijn deur stond met een paar pelzen over zijn schouder, die zei dat hij deze wilde verhandelen voor een lap duffel. Claes kende de jongeman: hij woonde in een dorp in het noordoosten van het eiland en had een poosje gewerkt voor de zoon van Claes. De wagenmaker vroeg hem of hij binnen wilde komen en bood hem wat eten en drinken aan. En toen de oude man zich voorover boog over de kist waarin hij zijn handelsgoederen bewaarde, pakte de jonge Wickquasgeck – wiens naam nergens terug te vinden is, wat jammer is omdat hij in het middelpunt stond van wat een belangrijke gebeurtenis in de geschiedenis van de kolonie zou worden – zo op het eerste gezicht zonder hier vantevoren over te hebben nagedacht, een bijl die Claes tegen de muur had gezet, bracht die omhoog en hakte het hoofd van de oude man eraf. Vervolgens ging hij ervandoor.

Hoe willekeurig de moord ook was, hij had ook iets onvermijdelijks. De indiaan had geen ruzie met Swits. Maar vijftien jaar eerder, in 1626, rond de tijd dat Peter Minuit het eiland had aangekocht, was een kleine groep Wickquasgeck-indianen die het gewaagd had naar het zuiden te trekken om daar in pelzen te handelen, overvallen door enkele Europeanen, die ze hadden beroofd en vermoord – allemaal, op een twaalfjarige jongen na die was ontsnapt. Vijftien jaar lang had hij zijn wraak gekoesterd, een periode waarin het aantal Europeanen toenam en die zich over het eiland verspreidden, waarna het plotseling tot een uitbarsting kwam, misschien werd hij er zelf ook wel door overvallen.

De moord aan Wickquasgeck Road was onderdeel van een reeks voorvallen waarmee een botsing van culturen altijd gepaard gaat: een voorval roept een ander op en leidt, na verloop van tijd en op een andere plaats, tot een groter en bloediger herhaling. De moord op Claes Swits klonk na. In eerste instantie en het luidst in het hoofd van Willem Kieft. Zwetend in zijn kantoor in Nieuw-Amsterdam, waar hij recentelijk met Van der Donck had kennisgemaakt en hem het beste had toegewenst bij zijn werk in het noorden, reageerde de vierenveertigjarige directeur van de kolonie bijna met iets van vreugde op het akelige nieuws. Dat was een vreemde reactie, maar hij was een vreemde man. Hij was geboren en getogen in Amsterdam en de zoon van een handelaar en een dochter van een politicus. Hij had uitstekende familiebanden – Rembrandt beeldde zijn neef, Willem van Ruytenburch, af in de *Nachtwacht* (daar staat hij, rechts van het midden, in het schitterende gele geheel, hij houdt zijn schede vast).[6] Maar Kieft was min of meer het zwarte schaap van de familie. Hij had zich in Frankrijk beziggehouden met een zakelijke aangelegenheid en dat was zo geweldig misgelopen, met zoveel verlies voor de financiers, dat er een afbeelding van hem aan de galgen van het stadje La Rochelle werd gespijkerd en hij genoodzaakt was te vluchten. Wonderbaarlijk genoeg belandde hij vervolgens ergens in het Ottomaanse rijk, waar hij de taak had christenen vrij te kopen die door de sultan waren gevangen genomen. Maar, aldus een pamflet dat in Antwerpen werd gepubliceerd als aanval tegen zijn leiding, Kieft maakte hier een op winst gerichte onderneming van, door alleen die gevangenen vrij te kopen op wiens hoofd de laagste prijs stond, terwijl hij anderen in de Turkse gevangenissen liet verkommeren en hij het overgebleven geld in eigen zak stak.[7]

Misschien dat het deze behendigheid was waardoor de bestuurders van de West-Indische Compagnie in hem de juiste man zagen om de ongelukkige Wouter van Twiller te vervangen. Het is echter waarschijnlijker dat het te maken heeft met familieconnecties. Hij arriveerde in 1638, toen de provincie in verwarring verkeerde, vastbesloten om met ijzeren hand te gaan besturen, wat volgens hem nodig was om het tij voor de nederzetting te doen keren – wat losstond van het feit dat het tij voor de nederzetting uit zichzelf al keerde, dankzij de invoer van de vrije handel. In wezen was het hele probleem – het probleem waar alle bestuurders van de kolonie tijdens het hele bestaan mee te maken hadden – de onhoudbaarheid van de situatie. De wereldwijde Nederlandse groei in de eeuw van opperheerschappij was niet gebaseerd op het stichten van kolonies, maar op handelsposten, wat verklaart waarom, ondanks dat het wereldrijk zich uitstrekte tot in India, Taiwan en Java, de Nederlandse taal zich niet zo over de wereld heeft verspreid als het Engels. Als opperheren stichtten de Engelsen nederzettingen, of legden onderdelen van hun eigen cultuur op aan een maatschappij, zoals in India. De Nederlanders prefereerden militaire/handelsposten als strategische uitvalsbasissen en lieten de plaatselijke bevolking zelf goederen aanvoeren. De handelscompagnieën beschouwden zichzelf niet als stichters van permanente kolonies.

Maar in Nieuw-Nederland bleef het niet bij een handelspost. Wat daar gebeurde, was uniek voor de tussenstations van het Nederlandse rijk, in die zin dat het erop stond zich te ontwikkelen als een *plaats*.[8] Volgens sommige schattingen had deze plaats, tegen het einde, meer kolonisten aangetrokken uit de Nederlandse Republiek dan alle andere handelsposten tezamen.[9] De kolonie bestond niet slechts uit soldaten en medewerkers van de compagnie, maar ook uit gewone kolonisten, die het beviel wat ze zagen en hoopten te kunnen blijven. Er waren straten en gebouwen, maar er was meer, in de jaren rond 1640 had het ook een stijl ontwikkeld, een manier om zich erdoor te slaan, die zeker iets van doen had met de compagnie, maar meer te maken had met types als Claes Swits, Govert Loockermans, Joris Rapalje, Catalina Trico, Griet Reyniers en Anthony 'De Turk' van Salee – mensen die werkten rond om de compagnie, niet erin.

De plaats kende een eigen leven. En hierdoor ontstond, als vanzelfsprekend, de behoefte aan een politieke structuur. Zoals het nu was, bestond er nog niet zo'n systeem; of eigenlijk was Kieft het systeem. Er bestond nog geen jurisprudentie; hij loste geschillen op zoals hij dat wilde. Het was niet mogelijk hiertegen in beroep te gaan. Kieft en de bestuurders hadden niet de bevoegdheid gekregen om de kolonie te voorzien van een politiek en wettelijk systeem; in plaats hiervan stuurde de compagnie hen op pad met een enkel gereedschap: militaire dictatuur. Dat was een effectief gereedschap in het soort omstandigheden zoals die zich voordeden in handelsposten als Batavia en Makassar, maar een obstakel in een situatie waarin in hoog tempo een volwaardige maatschappij ontstond.

Maar het onderscheid drong slechts heel traag tot hen door, pas langzaam begonnen ze in te zien dat de situatie op Manhattan fundamenteel verschilde van die in de andere handelsposten. Niemand van de reeks medewerkers van de West-Indische Compagnie die aan het hoofd stond van Nieuw-Nederland had dat ooit echt in de gaten – behalve de laatste, en toen die eenmaal zover was, was het veel te laat voor de Nederlanders.

Kieft heeft er nooit iets van begrepen. Hij was geen politicus. Hij arriveerde met de opdracht om een falende onderneming weer op de rails te krijgen en hij was gewapend met één enkele pijl in zijn koker: totale macht, de zeggenschap over leven en dood. Degenen die onder zijn rechtsgebied vielen, waren geen ingezetenen, maar voorwerpen, lijfeigenen. In de zeventiende eeuw was dat een geaccepteerde vorm van zakendoen. En in de meeste gevallen hanteerden de Oost- en West-Indische Compagnie deze vorm, het werkte.

Kieft heeft een eerste poging gedaan om te voorzien in de natuurlijke behoefte van zijn bevolking om zich op een of andere manier betrokken te voelen bij het beslissingsproces van de compagnie. Hij stelde een raad van adviseurs aan om hem bij te staan. Deze raad bestond uit twee leden. De ene was Johannes la Montagne, een vriendelijke Waalse arts die iedereen graag mocht en voor niemand een bedreiging vormde, ook niet voor Kieft; daar komt bij dat hij schulden had bij de compagnie, dus niet geneigd zou zijn tegen hen in te gaan. Het andere raadslid was Kieft zelf. Kieft besloot verder dat hij als bestuurder twee stemmen zou hebben en La Montagne een. Beslissingen werden volgens meerderheidsbesluit genomen. Zo ging Kieft om met vertegenwoordigend gezag.

De volgende zaak die hij op moest lossen, was een directe bedreiging van buitenaf, afkomstig van een van de voorgangers van Kieft. Halverwege maart 1638, twee weken voordat Kieft aankwam op Manhattan, had Peter Minuit, samen met zijn Zweedse kolonisatiemacht, zich op de door hem uitgezochte plaats gevestigd, aan een zijrivier van wat de Nederlanders de Zuydt Rivier noemden. Minuit had de plaats van zijn kolonie uiterst slim gekozen. Hij kende het gebied (tegenwoordig de rivier de Delaware en de landerijen aan weerszijden, omringende delen van Maryland, Delaware, New Jersey en Pennsylvania) goed en wat van groter belang was, hij wist heel goed in te schatten welke aanspraken de Nederlanders en de Engelsen op dat deel van het continent maakten. Hij wist dat de Engelsen nog steeds vasthielden aan hun aanspraak op het recht van eerste ontdekking, waardoor de hele kustlijn – ja, het hele continent – in hun ogen aan hen toebehoorde. Praktisch gezien echter, bevond de Engelse kolonie van Virginia zich een behoorlijk eind verder naar het zuiden, en daarom hoopte Minuit dat ze hem niet zouden ontdekken voordat de nederzetting van de grond was gekomen.

En van de Nederlanders, die vanwege de reis van Hudson aanspraak maakten op het gebied van de Zuydt Rivier, wist Minuit dat zij als vervolg op deze aanspraken niet helemaal consequent hadden gehandeld toen ze van de indiaanse stammen die deze gebieden bewoonden land kochten aan weerszijden van de rivier. Hij wist wat gekocht was en wat niet; de Nederlanders hadden het eigendomsrecht gekocht van landen langs de oostelijke oever van de Zuydt Rivier (i.e. New Jersey), maar niet de westelijke oever. Direct na aankomst had Minuit de stamhoofden van het gebied bijeengeroepen en overleg gevoerd in de hut van zijn vlaggenschip, de Kalmer Nyckel en hen overgehaald een akte te ondertekenen. Het doel was in dit geval uiteraard niet zozeer om te handelen in overeenstemming met de opvattingen over landbezit van de stammen, en evenmin interesseerde de Zweedse regering zich al te veel voor het sluiten van wettelijke overeenkomsten met inboorlingen. Maar Minuit had de Nederlanders hierbij in gedachten; hij wilde elk juridisch argument voor zijn dat de Nederlanders naar voren zouden kunnen brengen, door gebruik te maken van hun eigen systeem van eigendomsoverdracht. Door de vaardigheden in te zetten die hij zich in dienst van de Nederlanders eigen had gemaakt, wist hij in naam van de twaalf jaar oude koningin van Zweden Christina het land ten westen van de rivier te verwerven, het land onder de aftakkende rivier die de Nederlanders Skuylkill hadden genoemd – dat wil zeggen, de toekomstige staten Delaware en Maryland en het deel van Maryland dat Philadelphia zou worden.

Een maand later kregen de soldaten van de eenzame Nederlandse handelspost aan de Zuydt Rivier het schip van Minuit in het vizier en stuurden een rapport naar Manhattan, waarover Kieft woedend moet zijn geweest. Dit was een militaire en diplomatieke uitdaging van de Nederlandse soevereiniteit door een land dat eigenlijk een bondgenoot moest zijn. En vooral de centrale rol die Minuit hierin speelde, zal hem opgeschrikt hebben. Kieft verspilde geen tijd en zond een communiqué naar de man die eens op zijn stoel zat. In mei zeilde een Nederlands schip de kust langs, tussen de kapen door die tot op de dag van vandaag dezelfde namen zijn blijven dragen – Henlopen en May – zo genoemd in de Nederlandse tijd, de baai in, de Zuydt Rivier op, de zijrivier in die de Minquas Kill werd genoemd, en ging voor anker voor een rotslaag waarachter de mannen van Minuit in de lentelucht stonden te zweten, terwijl ze de versterkte strook grond rondom hun fort aan het uitgraven waren. Er ging een soldaat van boord die een brief overhandigde aan de leidsman van Nieuw-Zweden:

> Ik, Willem Kieft, directeur-generaal van Nieuw-Nederland, residerend op het Eiland Manhattes en in Fort Amsterdam, onder het gezag van hunne Hoogmogendheden de Heren Staten-Generaal van de Verenigde Nederlanden en de Verenigde West-Indische Compagnie, de Kamer van Amsterdam, maak aan u bekend, Peter Minuit, die uzelf noemt de Commandant in dienst van Hare Koninklijke Majesteit van Zweden, dat de hele Zuydt Rivier van Nieuw-Nederland al vele jaren in ons bezit is en door ons van boven tot beneden wordt bewaakt door forten en bekrachtigd met ons bloed, wat zelfs gebeurde tijdens uw bestuur van Nieuw-Nederland en welbekend is bij u. Nu dringt u

> in tussen onze forten en bouwt daar ten nadele van ons een fort, wat wij nooit zullen gedogen en wij zijn er zeker van dat hare Koninklijke Hoogheid van Zweden u geen enkel bevel heeft gegeven om forten te bouwen langs onze rivieren en kusten. Daarom, als u doorgaat met het bouwen van versterkingen, het cultiveren van de bodem, de handel in pelzen, of op enige wijze probeert ons schade toe te brengen, protesteren wij hier tegen alle schade, kosten en verliezen, tezamen met alle tegenslagen, bloedverspilling en verstoringen, die in de komende tijd hieruit kunnen voortvloeien en dat we ons rechtsgebied op zodanige wijze zullen handhaven als wij passend vinden.[10]

Omdat de brief niet openlijk een militaire aanval beloofde, negeerde Minuit hem: vanaf het allereerste moment had hij de onderneming gebaseerd op zijn veronderstelling dat Nieuw-Nederland te weinig soldaten zou hebben om het hele gebied te bestrijken. Hij voltooide de bouw van Fort Christina en, met achterlating van vijfentwintig man in het fort, koos hij vervolgens vol hoop en energie het ruime sop naar Stockholm, waar hij van plan was de volgende expeditie naar de nieuwe wereld op te zetten. Deze zou dit keer niet bestaan uit soldaten, maar uit kolonisten. Het plan van Minuit was ondertussen gegroeid. Hij wilde niet alleen Zweedse Adams en Eva's overbrengen, maar ook vluchtelingen uit zijn geboortestreek nabij de Rijn die wel aan twintig jaar oorlog wilden ontsnappen en een sprong wilden wagen naar een nieuw leven op nieuwe bodem. Nadat hij in zijn eerste poging als kolonist zo hard en toegewijd gewerkt had, met als enig resultaat dat dit hem ontnomen was, was zijn ambitie verhevigd en verfijnd. Hij was niet langer uit op avontuur. Hij was een utopist geworden: hij wilde een nieuwe maatschappij opbouwen.[11]

Maar Minuit kwam nooit in Europa aan. Zijn droom strandde toen hij zijn einde vond, in een orkaan in de Caraïbische Zee, waar hij naartoe was gevaren voor een lading tabak die hij in Europa wilde verkopen. Maar de vastberadenheid van Minuit en zijn zeventiende-eeuwse pioniersgeest zouden, naast het eiland Manhattan, nog een tweede blijvend resultaat opleveren. Het kleine garnizoen dat hij had achtergelaten in Fort Christina zou dienen als basis voor wat gedurende de volgende zeventien jaar een vrij grote Zweedse kolonie zou worden, die honderdvijftig kilometer de vallei van de rivier de Delaware in zou reiken, en de steden Philadelphia en Trenton zou omvatten. Als gevolg van de pogingen van Minuit om deze rijke, wilde vallei te exploreren – en, later, de Nederlandse vastbeslotenheid om de binnendringende kolonie te verdrijven – zou de zonderlinge, vrij onbekende zijsprong in de geschiedenis, genaamd Nieuw-Zweden, verrassende bijdragen leveren aan de loop van de geschiedenis.

Zoals Minuit al had gedacht, koos Kieft ervoor om de Zweden aan zijn zuidflank voorlopig niet serieus te bestrijden. Al was het maar omdat hij het hoofd moest bieden aan een financiële crisis. Het vrijgeven van de handel betekende een onmiddellijke impuls voor de inwoners van Nieuw-Nederland, maar de West-Indische Compagnie profiteerde er niet van. De bestuurders in Amsterdam vonden dat ze het monopolie hadden opgegeven dat er borg voor stond dat ze eventuele winsten konden opstrijken, en in plaats hiervan waren ze nu opgezadeld met het bestuur van de kolonie en de bescherming van haar bewoners. De verschillende overeenkomsten die ze met de indianen in hun gebied hadden gesloten, maakten dat de compagnie ook hen moest beschermen, voor het geval een vijandige stam hen zou aanvallen. De handelsprinsen oefenden druk uit op hun eigen directeur ter plekke om een oplossing te vinden voor deze moeilijke situatie.

Kieft deed zijn best. Eerst loste hij de zich ontwikkelende valutacrisis op. Florijnen, dubloenen, pennies, stukken van acht, schellingen, realen, daalders, oortjes, Brabantse stuivers, carolusguldens en Vlaamse ponden rinkelden allemaal in de kassa's van de kroegen in Nieuw-Amsterdam en lieten hun wanklanken horen in de beurzen van de dorpsbewoners: het soort valutachaos dat zich voordoet in een bijzonder ongeregelde vrijhandelseconomie. En munten waren niet eens het belangrijkste transactiemiddel bij het zakendoen. Voor alles, van een glas Franse brandewijn tot een stuk grond in de stad, werden pelzen geboden. Maar het belangrijkste betaalmiddel, datgene dat het vaakst neerviel op de collecteschaal die op zondagen in de kerk rondging, was de sewant, de aaneengeregen schelpkralen. Wampum, de naam waaronder dit betaalmiddel bekender is geworden, was een veel algemener gebruikt betaalmiddel onder de indianen van de oostkust dan tegenwoordig vaak gedacht wordt. Voor stammen die verschillende soorten talen spraken, vormden ze een soort universele taal, een manier om gemeenschappelijke rituelen te bekronen, om verdragen mee te bezegelen, eerbetonen te brengen aan hoogwaardigheidsbekleders. De eerste Nederlandse handelaren die in het kielzog van Henry Hudson arriveerden, grepen dit medium voor uitwisseling aan en breidden het uit. Ze leerden welke variant van polijsten de hoogste prijs had – die van de paarse oesterschelp afkomstig van de meest oostelijk gelegen kusten van Lange Eylandt – en namen deze niet alleen openlijk over in hun transacties met de indianen, maar begonnen ook tussen de stammen met wampum te speculeren. De plotselinge toename van vrije handel op Manhattan had een grote toevloed van minderwaardige sewant tot gevolg, en Kieft begreep dat de daarmee gepaard gaande verwarring een financiële ravage veroorzaakte. Op een van de op elke donderdag belegde 'raadsbijeenkomsten' waarin hij en dr. La Montagne zitting hadden, schreef hij een bevel uit:

> Aangezien hier zeer slechte sewant in omloop is, en betalingen slechts gebeuren met ongeslepen goed dat van elders naar hier is overgebracht, waar men er twee keer zoveel voor krijgt als men ervoor heeft gegeven, en de goed geslepen sewant die men de gewone Manhattanse sewant noemt helemaal verdwijnt, wat leidt tot snelle vernietiging en verderf van het land; om daar op tijd iets tegen te doen, verbieden wij voor het algemene belang van nu af aan iedereen om, onafhankelijk van de staat, kwaliteit of conditie ervan, enige betaling in ongepolijste sewant te ontvangen of uit te geven, behalve als dat gedurende de komende maand mei gebeurt tegen een verhouding van vijf tegen een stuiver, geregen aan een draad, en daarna zes stuks voor een stuiver. Wie betrapt wordt op overtreding van deze regels, zal de uitgegeven sewant moeten inleveren en 10 gulden aan de armen moeten geven, voor de uitgever en de ontvanger gelden dezelfde regels. De prijs van het goed geslepen sewant zal gehandhaafd blijven op vier voor een stuiver, mits dat deze [aan een draad] geregen is.[12]

Vervolgens wijdde Kieft zich aan het probleem van de indianen. De compagnie voorzag inderdaad, tegen behoorlijk hoge kosten, in de toelevering aan Fort Amsterdam, Fort Oranje en Fort Nassau aan de Zuydt Rivier van soldaten, die daar de belangen en de medewerkers van de compagnie moesten beschermen, en die daar, vanwege de verdragen over de aankoop van land, eveneens verplicht waren de indiaanse stammen bescherming te bieden. Omdat de compagnie zich hier niet aan kon onttrekken, kwam Kieft op wat volgens hem een slimme gedachte was: om van de indianen geld te vragen voor de geboden service. Het idee was te mooi om te negeren. Het was weer donderdag, en Kieft opende de raadsbijeenkomst met zijn bevel:

> Aangezien de compagnie grote kosten heeft te dragen om forten te bouwen en soldaten en matrozen te onderhouden, hebben wij besloten de indianen in onze omgeving (die wij tot nu toe

> tegen hun vijanden hebben beschermd) een bijdrage te vragen, in de vorm van pelzen, maïs en sewant, en als er enig land zou zijn dat niet vrijwillig wil bijdragen, dan zullen we ze op de meest passende manier zover brengen.[13]

De inwoners die lang genoeg aanwezig waren om de stammen in de omgeving van Nieuw-Amsterdam – de Tappans, de Hackinsacks, de Wickquasgecks, de Raritans – te kennen, reageerden geschrokken en vertelden Kieft dat dit min of meer precies datgene was wat hij niet moest doen. De indianen, zo wisten deze inwoners, begrepen heel goed wat verdragen over de verkoop van de grond aan de Europeanen inhielden. Het handjevol artikelen dat in elke overeenkomst werd genoemd, was in hun ogen niet de totale verkoopprijs, maar een symbool dat stond voor het verdrag dat ze waren overeengekomen. Die overeenkomst maakte dat ze het land deelden met de 'koper' en verenigde hen tegelijkertijd in een defensief verbond.

Maar terwijl sommige van de Europese inwoners opvallend genuanceerde opvattingen hadden over de oorspronkelijke bewoners die onder hen leefden (een voorbeeld uit de geschriften van Van der Donck: 'En het schijnt dat sommige van hun vrouwen ook enige aantrekkelijke bevalligheid over zich hebben [...] als zij geoefend werden zoals onze vrouwen, dan zouden ze zonder twijfel weinig of niets hiervan verschillen.'[14]), Kieft behoorde niet tot deze mensen. Het geheel van zijn handelingen en geschriften toont dat hij, in feite, min of meer aanstuurde op de strategie van een uitroeiing op lange termijn. Nadat zijn voorstel om voor de bescherming te betalen door verschillende stamhoofden was afgewezen, sommige hadden hem uitgelachen, greep hij een klein voorval – de diefstal van enkele varkens uit een boerderij op Staten Eylandt – aan als een excuus voor een strafexpeditie. Zelfs zonder de geschiedenis te kennen, kun je je voorstellen welke keten gebeurtenissen zich vanaf dat moment afspeelde. Eerst deden zich enkele ironische voor: de dieven waren blijkbaar geen indianen, maar Nederlanders; de boerderij behoorde aan David de Vries, de handelaar die had geprobeerd Van Twiller het gedrag van een leidsman bij te brengen, die met vele indianen bevriend was, meerdere van hun dialecten sprak, en die, tijdens de etentjes met Kieft in zijn verblijven in Fort Amsterdam, probeerde tegen te gaan wat er aan zat te komen. 'Deze indianen lijken op Italianen,' waarschuwde De Vries, 'zo wraakzuchtig zijn ze'.[15]

Maar Kieft was onvermurwbaar. Hij stuurde een politiemacht naar het dorp van de Raritan-indianen, waar volgens zijn informatie de dieven vandaan kwamen; verscheidene indianen vonden de dood. Dat was voor de indianen het teken om de aanval te openen op de boerderij van De Vries, waar ze vier boerenknechten doodden en de boerderij afbrandden. Vervolgens was Kieft aan zet. Hij besloot dat hij niet in een oorlog betrokken wilde worden, maar dat hij op de klassieke strategie zou overstappen om zijn vijanden tegen elkaar op te stoken. Opnieuw volgde een donderdag (het was 4 juli), en hij sprak in de raad zijn verordening uit:

> Omdat de indianen van de Raritan hoe langer hoe meer vijandschap vertonen [...] hebben we gedacht dat het het beste middel is om de bevriende indianen hieromtrent woonachtig tot de wapenen te roepen [...] en om ze meer aan te moedigen hebben we voor ieder hoofd van de voornoemde Raritans tien vadem sewan uitgeloofd en indien ze er een te pakken krijgen van de indianen die op Staten Eylandt de onzen moorddadig hebben omgebracht voor ieder hoofd twintig vadem sewan.[16]

Het aanbod had al snel resultaat. Kort nadat de verordening was bekendgemaakt, wandelde een indiaan genaamd Pacham, afkomstig van een stam die op gespannen voet stond met de Raritans, langs het wachthuis Fort Amsterdam in, terwijl hij bungelend aan een stok een menselijke hand omhooghield – kennelijk vond hij dat een passende vorm en was hij trots op wat hij had gedaan. Toen hij met zijn trofee bij Kieft werd toegelaten, verklaarde hij dat die had behoord aan de chief van de Raritans, die tot de aanval op de boerderij van De Vries had aangezet.[17]

Kieft glom. Hij was tevreden dat zijn plan slaagde en een ondersteuning betekende van het soort leiderschap dat hij bood. 'Alle mensen zijn gelijk' zou pas jaren later gaan gelden; evenals in de jaren daarvoor, werden de verschillende rassen, godsdiensten en geslachten in de zeventiende eeuw allemaal beschouwd als wezens van een totaal verschillende orde. Voor een geest als Kieft – die niet wezenlijk verschilde van die van kapitein John Mason, die vier jaar eerder de Engelse slachting op de Pequots in Connecticut had geleid, of Nathaniel Bacon uit de kolonie van Jamestown, die de uitroeiing van de indianen had bepleit – begrepen de wilden op deze wereld wat gezag was, en als ze hiermee zouden worden geconfronteerd dan zouden ze hun natuurlijke ondergeschikte rol aannemen. De Raritans leken niet uit op vergelding, wat dit standpunt onderschreef.

Hier had het allemaal mee kunnen eindigen. Maar toen, zonder dat

De moedersteden waaruit New York is voortgekomen: boven, Londen, circa 1616; onder, Amsterdam in de zestiende eeuw. *(Library of Congress; Amsterdams Historisch Museum)*

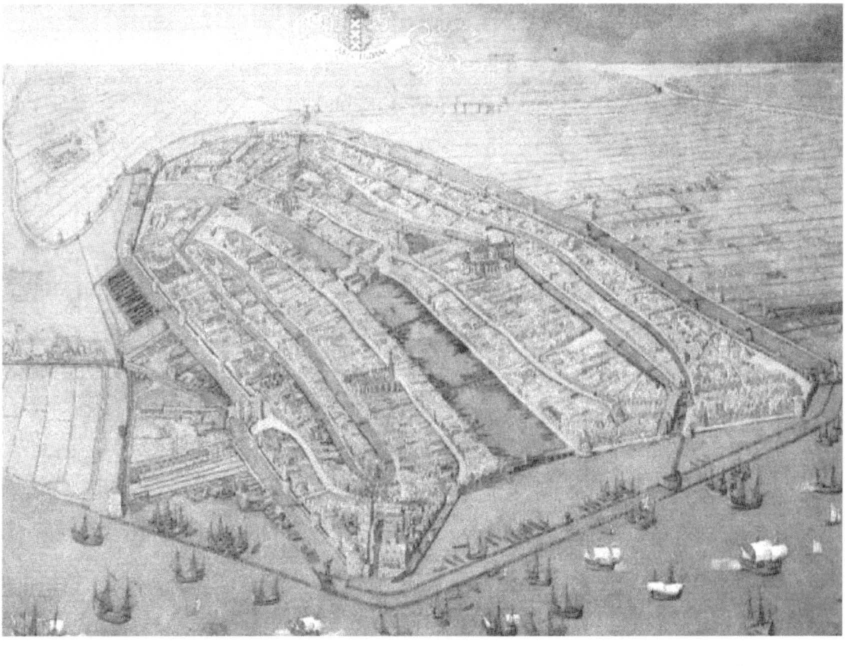

Henry Hudson
(New York Public Library Picture Collection)

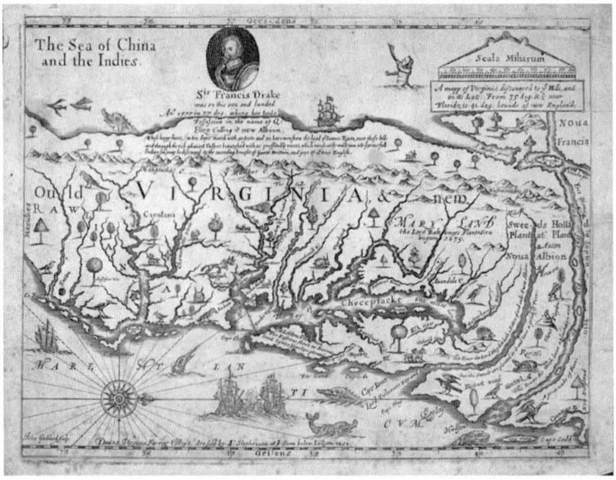

De kaart van 'Virginia' van John Farrer laat zien hoe men Amerika nog lange tijd na de reis van Hudson zag. Het zuiden is links en het noorden rechts. Door de rivier de Hudson op te varen, uiterst rechts (in het noorden), verwachtte een avonturier 'de Chinese en Indische Zee' te bereiken. *(Library of Congress)*

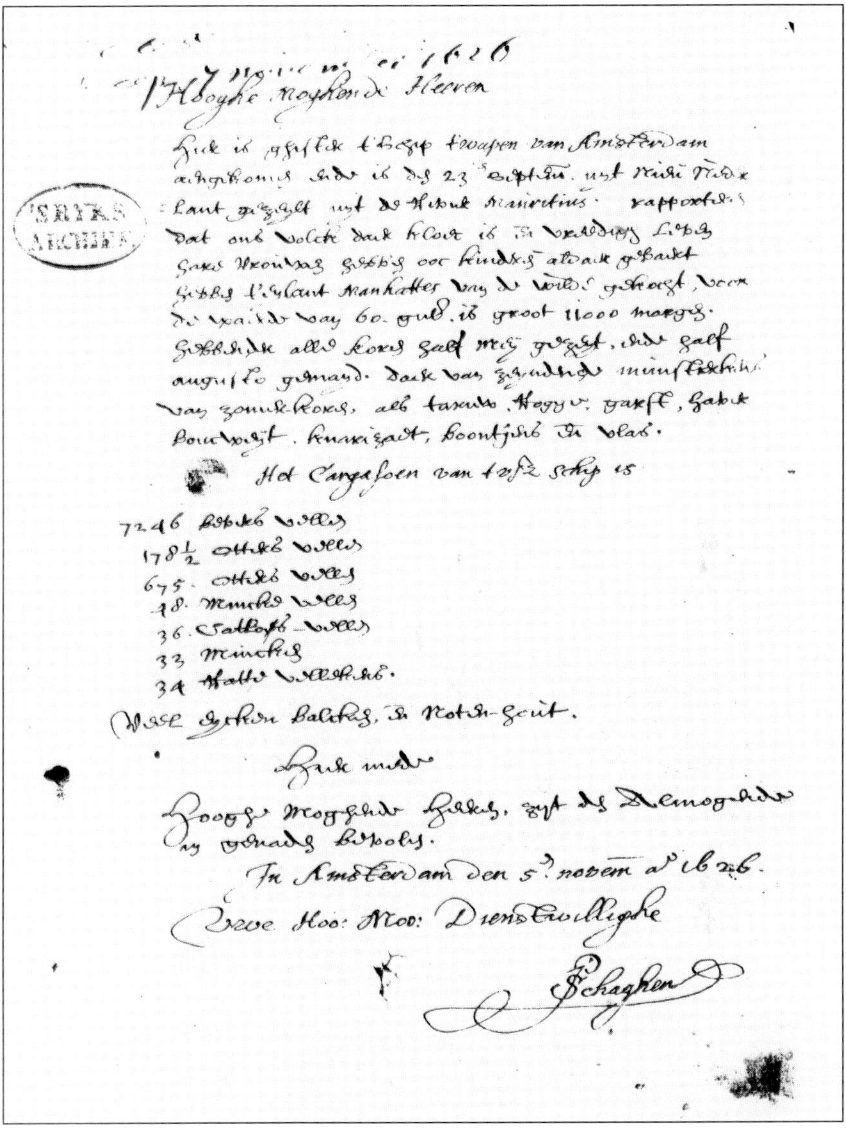

7 novem ao 1626

Hooghe Moghende Heeren

Hier is gisteren t'schip t'Wapen van Amsterdam aengecomen ende is den 23 septemb. uijt Nieu Nederlant gezeijlt uijt de Riviere Mauritius. rapporteren dat ons volck daer kloeck is en vreedich leven haere vrouwen hebben oock kinderen aldaer gebaert hebben t'eylant Manhattes van de wilde gekocht, voor de waerde van 60. guld. is groot 11000 morgen. Hebben alle koren half mey gezaeyt, ende half augusto gemaeyt. Daer van zijn monsterkens van zomerkoren, als tarwe, rogge, garst, haver, boeckweijt. knariezaet, boontjens en vlas.

Het Cargasoen van tselve schip is

7246 bever vellen
178½ otter vellen
675. otter vellen
48. mincke vellen
36. catlosse vellen
33 mincken
34 ratte vellekens.

Veel eijcken balcken en noten hout.

Hiermede

Hooghe Moghende Heeren, zijt den Almogende in genade bevolen.

In Amsterdam den 5en novem ao 1626.

Uwe Hoo: Moo: Dienstwillighe

P. Schaghen

De brief uit 1626 waarin Pieter Schaghen, een Nederlandse ambtenaar, aan zijn bazen schreef dat de kolonisten 'het eiland Manhattes van de wilden hebben gekocht, voor de waarde van 60 gulden'. *(Nationaal Archief, Den Haag)*

De vroegste afbeelding van het Nederlandse Manhattan, twee jaar na de aankoop van Peter Minuit, waarop het fort, de windmolen en een aantal huizen zichtbaar zijn. De aanwezigheid van indianen is nog heel gewoon. *(New York State Library)*

VRYHEDEN

By de Vergaderinghe van de Negenthiene vande Geoctroyeerde West-Indische Compagnie vergunt aen allen den ghenen / die eenighe Colonien in Nieuw-Nederlandt sullen planten.

In het licht ghegheven

Om bekent te maken wat Profijten ende Voordeelen aldaer in Nieu-Nederlandt, voor de Coloniers ende der selver Patroonen ende Meesters, midtsgaders de Participanten, die de Colonien aldaer planten, zijn bekomen.

Westindsen Kan syn Nederlands groot gewin.
Verkleynt 'svyands Macht brengt silver-platen in.

T'AMSTELREDAM,

Voor Marten Iansz Brandt Boeckverkooper/ woonende by de nieuwe kerck/ in de Gereformeerde Catechismus. Anno 1630.

In 1630 liet de West-Indische Compagnie dit pamflet met reclame voor de kolonie Nieuw-Nederland drukken. Aanstaande kolonisten werd een groot en lucratief avontuur voorgehouden.

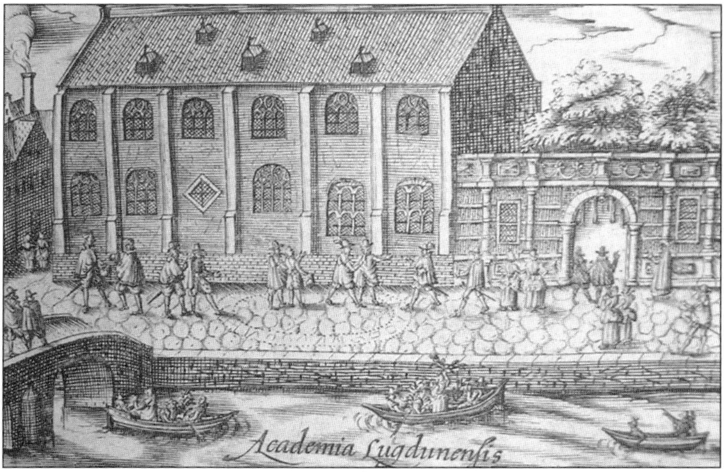

De universiteit van Leiden in de zeventiende eeuw.

Hugo de Groot, ook bekend als Grotius, de vader van het internationaal recht en het grote voorbeeld van de generatie juristen van Adriaen van der Donck. *(Verzameling van het Historisch Museum Rotterdam, in bruikleen van de Van der Mandele Stichting)*

David Pietersz de Vries, de Nederlands avonturier die Kieft probeerde af te houden van zijn rampzalige plan om oorlog te voeren tegen de indianen rond Manhattan. *(New York State Library)*

Een Nederlandse afbeelding van een Mohawk indiaan en Mohawk dorpen, uit de tijd dat Van der Donck rondreisde tussen deze mensen.

Peter Stuyvesant
(New York Public Library Picture Collection)

Geheel in lijn met zijn totaal vergeten rol in de geschiedenis, wordt nu het portret van Adriaen van der Donck ter discussie gesteld. The National Gallery of Art in Washington, D.C., heeft ontdekt dat dit schilderij aan het begin van de twintigste eeuw in handen is geweest van enkele kunsthandelaren waarvan bekend is dat ze wel eens knoeiden met de oorsprong van een werk. Daarom wordt nu ook de echtheid van dit portret in twijfel getrokken. *(National Gallery of Art)*

Detail van het schilderij van Gerard ter Borch van de aankomst van Adriaen Pauw in Münster voor de historische onderhandelingen van 1648. *(Stadtmuseum Münster)*

er een direct verband tussen deze gebeurtenissen bestond, hoewel ze misschien onbewust wel mee hebben gespeeld, koos de anonieme Wickquasgeck-Indiaan dit moment om wraak te nemen voor zijn lang geleden vermoorde ooms. Het oude hoofd van Claes Swits was nog maar net op de vloer van zijn woning bij de Deutel Baai gerold, of Willem Kieft lanceerde een grootschalige vergeldingsactie. De oorspronkelijke bewoners hadden nu laten zien dat ze niet te vertrouwen waren; uitroeiing was de enige oplossing.

Wie oorlog voert, moet politieke spelletjes spelen, en Kieft begon onder de bevolking steun te werven voor zijn inspanning tegen de stammen door hen te vragen een raad van twaalf mannen samen te stellen die hem zou bijstaan bij het nemen van beslissingen over het verloop van de acties. Hij kreeg enig krediet door het eerste door de bevolking gekozen orgaan in het leven te hebben geroepen, het eerste in de staat New York en een van de eerste in de nieuwe wereld, maar hij had niet het flauwste vermoeden over de mate waarin deze zet zich tegen hem zou keren. De twaalf verzamelden zich en kozen David de Vries tot voorzitter. Ook Joris Rapalje zat in de raad, die het, samen met zijn vrouw, Catalina Trico, in de kolonie had uitgehouden, ondertussen op middelbare leeftijd was gekomen en de laatste tijd succes begon te krijgen. Kieft legde de vergadering drie vragen voor, die hij behulpzaam voor hen nummerde:

1. Of het niet rechtvaardig is om de schandelijke moord die een indiaan heeft begaan op Claes Swits te straffen, en als de indianen de moordenaar niet op ons verzoek willen uitleveren, of het niet rechtvaardig is het gehele dorp waar hij vandaan komt te verwoesten.
2. Op wat voor manier dit tot uitvoer moet worden gebracht en wanneer?
3. Door wie dit zou moeten gebeuren?[18]

Tot Kiefts ongenoegen raadden de twaalf aan geen oorlog te beginnen. Ze kwamen overeen dat 'hoe dan ook de moord uit het voorstel van de hooggeëerde directeur moet worden gestraft', maar stonden erop dat 'het raadzaam is dat de directeur nog enkele pogingen doet om per sloep vriendelijk te vragen om de moordenaar uit te leveren [...]' De twaalf raadsleden wisten dat ze geen macht hadden, dus probeerden ze hindernissen op te werpen voor hun al te voortvarende leider. Voor het geval er een grootscheeps conflict met de stammen zou worden uitgeroepen, verklaarden ze, in wat overduidelijk een vertragingstactiek lijkt, dat er eerst tweehonderd maliënkolders vanuit het thuisland toegestuurd moesten worden. Rond die tijd had Kieft de reputatie gekregen weliswaar hard te roepen dat er gestreden moest worden, maar dat hij ondertussen, zo schreef David de Vries, 'in het fort goed beschermd wordt, want hij heeft nog geen nacht elders geslapen in alle jaren die hij hier is',[19] en daarom voegde de raad een voorzichtige voorwaarde toe waarin bepaald werd dat voor het geval er sprake zal zijn van een militaire expeditie 'aangezien wij geen andere commandant erkennen dan de directeur [...] derhalve [...] de hooggeëerde directeur zelf de leiding heeft over deze expeditie.'[20]

Kieft had duidelijk gemaakt dat de raad alles automatisch moest goedkeuren; hij was des duivels over haar eigenzinnigheid en besloot het nog eens te proberen, dit keer door met elke afgevaardigde persoonlijk te spreken, in de veronderstelling dat zonder de veiligheid van de groep elke boer en handelaar wel zou instemmen met zijn plan. Maar terwijl de zeeman Jacob Walingen zei dat hij 'bereid was te doen wat de directeur en de raad bevelen', en Jacques Bentyn, een ambtenaar van de West-Indische Compagnie hem het uiterst bevredigende antwoord gaf dat 'het het beste zal zijn om de indianen te doden, om hen vrees aan te jagen', de meerderheid bleef vasthouden aan het standpunt de zaak niet al te voortvarend aan te pakken en aan te sturen op het nastreven van gerechtigheid voor het specifieke onrecht dat er was aangericht.[21]

Tot ongenoegen van Kieft begon de raad van twaalf, die niet de bekrachtiging op had geleverd waarvoor die was samengesteld, het als haar taak te zien de bestuurder over andere zaken te adviseren.[22] De raadsleden wilden bepaalde rechten voor individuen, 'volgens de gebruiken in Holland'. Ze wilden een verbod op de verkoop van Engels vee. Maar ze wilden vooral dat zijzelf, of een vergelijkbaar orgaan, een soort permanente afvaardiging van vertegenwoordigers werden, zoals die bestond in zelfs de kleinste dorpjes in de Verenigde Provinciën. Kieft reageerde hierop met een stevig schrijven, in de vorm van een bevel:

> En aangezien de burgerij op ons verzoek deze 12 mannen aanwees en opdracht gaf hun goede raad en advies te geven over het onderwerp van de moordenaar van wijlen Claes Cornelissen Swits, die door indianen is gepleegd; deze taak is nu door hen volbracht, en we danken hen hierbij voor de genomen moeite, en zullen, met Gods hulp, te zijner tijd gebruik maken van het door hen voorgelegde geschreven advies. De voornoemde

> twaalf mannen zullen nu, voortaan niet weer bijeenkomen, omdat dit een gevaarlijk gevolg heeft, en veel schade kan toebrengen aan zowel ons land als aan ons gezag. Daarom verbieden wij hen om op een of andere manier in vergadering bijeen te komen, behalve op expliciet verzoek, op straffe van een bestraffing vanwege ongehoorzaamheid. Aldus geschreven in Fort Amsterdam op deze achtste februari 1642 in Nieuw-Nederland.[23]

Ondanks dat zijn poging steun te verwerven onder de mensen voor zijn militaire actie zich tegen hem had gekeerd, ging Kieft er toch mee door en gaf aan soldaten van de West-Indische Compagnie het bevel om indiaanse dorpen aan te vallen. Zo begon wat bekend werd als Kiefts Oorlog, een reeks moorddadige aanvallen en tegenaanvallen die meerdere jaren zou duren. De meest afschuwelijke aanslag was in de nacht van 25 februari 1643.[24] David de Vries was nogmaals in het huis van de directeur in Fort Amsterdam geweest, waar hij tegenover Kieft aan de eettafel zat en probeerde hem af te brengen van zijn aanvalsplannen. Kieft beweerde dat hij 'van zins was de indianen voor de bek te slaan', waarop De Vries antwoordde dat Kieft het recht niet had op eigen initiatief aan te vallen, dat 'men zulk werk buiten de twaalf mannen om niet mocht verrichten, en dat het ook buiten mijn weten, die een van de twaalf was, niet mocht gebeuren [...] en dat hij eens zou moeten overwegen wat hij daarmee wilde bereiken [...] Maar naar het schijnt mochten mijn woorden niet baten, hij had met zijn moordenaars al overlegd over de uitvoering van deze moord, meende dat het een Romeinse daad was, en begon eraan zonder de inwoners van het platteland te waarschuwen, opdat ieder op zijn hoede zou zijn voor de vergelding van de indianen, want het zou hem niet lukken alle indianen om te brengen.'

De twee mannen waren nu klaar met hun maaltijd. Kieft gaf geen direct antwoord, maar vroeg De Vries naar de nieuwe grote zaal te gaan die hij in het fort had gebouwd. Daar trof De Vries de soldaten aan die zich hadden verzameld voor hun aanval. Er waren twee groepen geformeerd: de ene zou drie kilometer in noord-westelijke richting marcheren om een overval uit te voeren op een kleine groep indianen die hun tenten had opgeslagen op Corlaer's Hook (tegenwoordig de Lower East Side van Manhattan), de andere zou de rivier oversteken en een grotere groep aanvallen die verbleef in het gebied van de plantage genaamd Pavonia, in wat nu Jersey City heet, in New Jersey.

De Vries vond het verschrikkelijk. Deze indianen, van de Wickquasgeck- en Tappan-stammen, waren naar de Nederlanders gekomen om beschermd te worden tegen de Mohawks die verderop in het noorden verbleven, bij wie ze in het krijt stonden voor het betalen van schattingen en die hen daarom in hun dorpen hadden aangevallen. 'Laat dit voor wat het is,' zei De Vries tegen Kieft, 'gij zult ook onze natie ombrengen, want niemand op het platteland kan nu nog vluchten.' Maar de soldaten vertrokken voor hun missie. De Vries bleef die nacht in het hoofdkwartier van de directeur, en zat de hele nacht bij de haard in de keuken, starend naar de vlammen, wachtend. Rond middernacht 'hoorde ik een geschreeuw en liep de wallen van het fort op en keek naar Pavonia, zag niets dan schieten en hoorde schreeuwen dat de indianen in hun slaap vermoord werden'. Kort daarop verscheen onverwacht een indiaans paar, dat De Vries wel kende, in het fort. Het was hen gelukt om aan de slachting te ontkomen, waarvan ze in de verwarring dachten dat die werd uitgevoerd door de Mohawks. De Vries vertelde hen dat het de Nederlanders waren die hun tijdelijke onderkomen met de grond gelijk maakten, en dat Fort Amsterdam wel de laatste plaats was waar ze moesten komen om te vluchten. Hij hielp hen in de bossen te ontsnappen. 's Ochtends hoorde De Vries de soldaten bluffen dat ze 'tachtig indianen hadden vermoord, en meenden dat ze een Romeinse daad hadden verricht door zoveel indianen in hun slaap omgebracht te hebben.'

De Vries haalt in zijn notities een verslag aan van het bloedbad dat was verschenen in een pamflet in de Nederlandse Republiek, geschreven door anonieme bewoners van de kolonie, in de hoop hun landgenoten bewust te maken van het machtsmisbruik dat plaatsvond in de Noord-Amerikaanse kolonie: '[...] waar ze jonge kinderen van de borsten van hun moeders afrukten, in aanwezigheid van hun ouders aan stukken hakten en de stukken in het vuur en in het water smeten, en andere zuigelingen op houten plankjes bonden en ze zo doormidden hakten, doorstaken en doorboorden, en zo akelig afslachtten dat het een stenen hart vermurwen zou. Sommige werden in de rivier gesmeten en als de ouders of de moeders ze probeerden te redden, weerhielden de soldaten ze ervan weer aan land te komen en lieten de ouderen en de jongeren verdrinken, kinderen van vijf à zes jaar en ook enkele stokoude lieden. [...] Sommige kwamen bij ons op het platteland aanlopen, soms met handen of benen afgehakt, enkelen droegen hun darmen in de armen en hadden zulke afgrijselijke houwen, kerven en verminkingen, dat hen niets ergers had kunnen overkomen. En deze arme lieden wisten, net als velen onder ons, niet beter dan dat ze waren overvallen door een groep andere indianen. Na deze vertoning zijn de soldaten voor hun dienst beloond en begroet door directeur Kieft die ze persoonlijk de handen schudde om ze te bedanken.'

Het pamflet dat De Vries overschreef, genaamd *Breeden Raedt* [Algemeen Advies. Vert.], overdreef misschien de verschrikkingen, maar de overdrijvingen ondersteunen wel de stelling dat de kolonisten geen oorlog tegen de indianen wilden, en dat ze zo geschrokken waren door de waanzin en het gevaar waaraan ze werden blootgesteld door de luimen van een enkele man van wie ze afhankelijk waren, dat ze ertoe aangezet werden om aan te dringen op een soort vertegenwoordigend bestuur. Kiefts Oorlog is een correcte benaming. Kieft schoof de wens van de meerderheid van de inwoners terzijde, en het valt op hoe zowel zijn harde opstelling, als hun intuïtie aan te sturen op een rustiger opstelling passen in de tijd. De Nederlanders bouwden een grootmacht op – wat per definitie niet gaat zonder vuile handen te krijgen. In de loop van de eeuw bewezen de Nederlandse handelsmaatschappijen, hun bestuurders en soldaten dat ze evenveel bloed aan hun handen hadden en even meedogenloos waren als hun Engelse, Spaanse en Portugese tegenhangers. Kieft verschilde maar weinig van de Nederlandse bestuurders in Malakka of Makassar, de bestuurders van de Engelse East India Company in Calcutta en Madras, of de Portugese bestuurders van Goa.

Maar de kolonisten die tegen het bloedvergieten waren, handelden eveneens zoals van hen te verwachten viel. Het was geen aangeboren goedheid die hen motiveerde, maar een ervaringswijsheid opgedaan tijdens tientallen jaren strijd in de Nederlandse provincies. In zowel het verslag van De Vries, als in het anti-Kieft pamflet wordt de passage met de beschrijving van de aanval op Pavonia gevolgd door een zin die in de hoofden van veel kolonisten moet hebben nagegalmd: 'Was de hertog van Alva in Nederland ooit zo wreed geweest?'[25] Zeventig jaar eerder, toen in de Lage Landen de opstand tegen de Spaanse overheersing op gang begon te komen, had de Spaanse regent Fernando Álvarez de Toledo, de beruchte hertog van Alva, gestuurd om deze de kop in te drukken en de afvalligen – de protestanten – te hervormen. De hertog begon een uitzinnige inquisitie met marteling en moord die bekend werd als de Bloedraad, of Raad van Beroerten, die gepaard ging met de onthoofding van edelen en het afslachten van honderden burgers.

De Bloedraad werd ingeprent in het nationaal bewustzijn; deze droeg er toe bij dat de Nederlandse Staten een open oorlog ontketenden tegen de onderdrukking. Dat verstevigde bovendien het idee van tolerantie als onderdeel van het Nederlanderschap.[26] Dit proces zette zich gedurende enige tijd voort en zou gedurende de hele zeventiende eeuw doorgaan, terwijl steeds weer mensen uit andere delen van Europa in de Nederlandse provincie kwamen wonen. In feite is het onjuist om in deze eeuw te spreken van 'Nederlanders' als een etnisch gegeven. De Nederlandse provincies waren in de zeventiende eeuw de smeltkroes van Europa. Toen Engelse, Franse, Duitse, Zweedse en joodse immigranten kwamen en zich er vestigden, leerden ze de taal, 'batavianiseerden' hun namen (Bridges werd bijvoorbeeld Van Brugge) en na verloop van tijd namen ze een basale visie aan waarmee ze naar de wereld keken, en een van de belangrijkste kenmerken hiervan was de noodzaak zich aan te passen aan anderen. Toen de 'Nederlanders' naar de nieuwe wereld emigreerden, brachten ze niet alleen een kant en klare mix van culturen mee, maar ook de tolerantie voor verschillen, het recept voor een multiculturele maatschappij. Al bij de eerste aanleg was Manhattan een smeltkroes.[27]

We moeten overigens wel duidelijk zijn over de betekenis van tolerantie, die niets heeft uit te staan met het 'vieren van diversiteit' – een concept dat men in de zeventiende eeuw volstrekt gestoord zou hebben gevonden. 'Dulden' komt misschien dichter in de buurt. Als dat wat bleekjes klinkt, neem dan in ogenschouw dat in die tijd in Duitsland naar schatting veertig procent van de bevolking omkwam tijdens de goddeloze haatgevoelens door religieuze intolerantie die leidden tot de Dertigjarige Oorlog (alleen al in de stad Magdeburg werden op een enkele dag 30.000 mensen gedood). Ondertussen had tolerantie zich in de Verenigde Provinciën ontwikkeld tot een culturele karaktertrek. Nederlandse schrijvers gaven openlijk toe dat de zaken er beter door liepen als je wist hoe je met elkaar op kon schieten, je kon aanpassen, je met elkaar kon verzoenen. Buitenlandse reizigers die de provincies aandeden, stelden het voortdurend vast en vonden het meestal maar vreemd, een ontwrichtende kracht, een symptoom van morele nonchalance. Maar toen ze zich verspreidden, maakten de Nederlanders er gebruik van, en het bleek de meest alledaagse vormen aan te nemen.

De wreedheid van Kieft en andere handelsstrijders verhult het feit dat de boeren en handelaren waaruit de kolonie was samengesteld indiaanse talen leerden, zich indiaanse landbouwtechnieken eigen maakten, niet alleen de techniek van de wampum omarmden, maar deze zelfs perfectioneerden, en, gedurende enige tijd en in een groot aantal gevallen, probeerden samen te leven. Kiefts eigen bloedraad leidde bij een deel van de bewoners van Manhattan tot een reactie die rechtstreeks berustte op hun ervaringen in Europa. Kolonisten beklaagden zich over de oorlog om de meest praktische redenen: de pelshandel, waarvoor ze hier tenslotte woonden, was afhankelijk van de indianen. Het was slimmer samen te werken, dan te vechten.

Zelfs toen de aanvallen, tegenaanvallen en de klachten van de inwoners escaleerden, probeerden de kolonisten hun manier van leven vol te houden. Thomas Chambers tekende een overeenkomst voor het bouwen van een huis voor Jan Schepmoes. Schipper Willem Dircksen kwam overeen een lading voor John Turner en Willem Holmeers te vervoeren en deze veilig af te leveren 'op het eiland St. Christoffel in de Caraïben, op het strand boven de hoogwaterlijn'. Isaac Allerton diende een klacht in tegen Anthony 'Den Turk' van Salee. John en Richard Ogden, uit Stamford, Connecticut, sloten een contract voor de bouw binnen de muren van Fort Amsterdam van een stenen kerk voor de compagnie. De compagnie voltooide de bouw van een stenen taveerne en kroeg op de plek nabij de Paerl Straet waar de aankomende zeelieden en passagiers van boord gingen. Juriaen Hendricksz diende een klacht in tegen Anthony 'Den Turk' van Salee. Jan Haes schold Nicolaes Tenner uit voor 'een rog of een schelm', en Tenner sleepte hem voor het gerecht vanwege kwaadspekerij. Harmen van den Bogaert, die vele jaren voordien de gewaagde winterreis naar het binnenland van de Mohawks had gemaakt, verwierf het bezit van de onfortuinlijke Claes Swits, zoals dat stond omschreven in het testament van de oude man, en hij verkocht het vervolgens aan James Smith en William Brown. Van den Bogaert getuigde later, samen met de zoon van Claes, Adriaen, en een andere man, dat ze drie keer bier hadden gedronken in de taveerne van Jan Snediger, de eerste keer was het 'drie pinten waaraan één pint ontbrak, de tweede keer was het nauwelijks een wijnmaat, de derde keer zat er in ieder pintje een mutsje minder dan de wijnmaat.' Andries Hudde diende een klacht in tegen Anthony 'Den Turk' van Salee. Catalina Trico en haar dochter Sarah getuigden in een zaak over de voogdij van een kind, dat de promiscue Nan Beech had verteld dat 'meneer Smid' de vader was van het kind dat ze droeg. Hendrick Jansen verkocht zijn 'woonhuis, tuin en brouwerij' aan Willem Adriaensen. Pierre Pia en Jean St. Germain getuigden in de zaak van een afgeschoten varken dat zij enige tijd daarvoor in de buurt een Engelsman met een geweer gezien hadden. Cornelis Hooglandt verkocht zijn huis aan de andere kant van de rivier op Lange Eylandt aan Willem Thomassen, samen met het recht om de veerpont te runnen die kortgeleden een regelmatige dienst onderhield om inwoners van Manhattan over te brengen naar wat al Breuckelen werd genoemd.[28]

Maar het probleem was onontkoombaar. Kiefts actie had iets opgeleverd wat totdantoe onmogelijk leek: het samengaan van de stammen in het gebied in een bondgenootschap, opgericht om de Europeanen af te slachten. De aanvallen kwamen onverwacht, in het holst van de nacht, met een fluisterende pijlenregen en geknal van musketten die door handelaren in het gebied rond Rensselaerswijck aan de indianen waren verkocht. De plantage in Achter Kol (tegenwoordig Newark, New Jersey) werd met de grond gelijk gemaakt. Ontluikende gemeenschappen op Lange Eylandt werden gedecimeerd. Kleine groepjes indianen sloegen plotseling toe bij de afgelegen boerderijen op Manhattan, waar ze vee verwondden, oogsten platbrandden, iedereen met een bleek gezicht ombrachten, soms vrouwen en kinderen meenamen en inwoners dwongen op de vlucht te slaan om beschutting te zoeken binnen de muren van het fort.

In de loop van 1642-1643 werd binnen enkele maanden tijd jaren van noeste arbeid – het vrijmaken en bebouwen van velden, het met de hand bouwen van molens die het hout moesten zagen waarmee ze steeds comfortabeler huizen wisten te bouwen – tenietgedaan. Binnen de muren van het fort kropen families bijeen in haastig opgetrokken strooien hutjes. Fort Amsterdam stond ongeveer op de plaats waar tegenwoordig het Old Custom House staat. Als je buiten dit vestingachtige gebouw staat, kun je je opvallend gemakkelijk een voorstelling maken van de mannen, vrouwen en kinderen tijdens die meedogenloze wintermaanden van 1643 en later in de koude lente, die opeengepakt zaten binnen de muren. Hier, op het meest zuidelijke puntje van het eiland dat hun thuis was geweest, dat zich, even, aan hen had overgegeven, had aangegeven dat ze mochten blijven, succes mochten hebben, families mochten stichten, en dat hen nu de baai in leek te schuiven. Vluchtelingen waren ze nu in hun eigen thuisland, ze kropen bijeen op het open binnenplein, overgeleverd aan de genade van verschillende goden, terwijl ze zich afvroegen wat er van hen zou worden, maar ze vroegen zich niet af wie schuld aan dit alles had.

7

DE OORZAAK

Ondertussen, ver in het noorden, was de lucht nog zoet als altijd, doortrokken met de geuren van dennennaalden en druivenbloesem en zonder de donkere doordringendheid van verbrande woningen. Adriaen van der Donck, de jongeman uit Breda die zijn tweeëntwintig levensjaren had doorgebracht op enkele tientallen vierkante kilometer vlak land dat al eeuwen door mensen was opgedeeld, gekanaliseerd, ingepolderd en getemd, werd tijdens die eerste maanden in zijn nieuwe land overweldigd door de rauwheid en de grootsheid van de natuur, en was heerlijk onwetend van de verschrikkingen in zuidelijker regionen. De bergen ten noorden van de kolonie vormden een onwerkelijk tafereel. Voor iemand uit een land waar hout kostbaar is, ging het woud alle voorstellingen te boven – 'zozeer,' schreef Van der Donck, 'dat bijna het gehele land daarmee overdekt is, en er bij wijze van spreken te veel van is en het in de weg staat.'[1] De rivier waaraan zijn bescheiden woning stond, was bijna een halve kilometer breed, maar de winters waren altijd zo streng dat deze hele vlakte elke december volledig dichtvroor, waardoor de onderdanen van diamanthandelaar Kiliaen van Rensselaer afgesneden raakten van Manhattan en andere oorden in het zuiden, eenzaam tussen de bergen en de met sneeuw bedekte naaldbomen, totdat het lente werd.

Van der Donck besloot dat april en mei de beste maanden waren om het land te verkennen. 'Alle bomen staan nu in bloei,' schreef hij, 'en het bos is vol zoete geuren. Half mei heeft men rijpe aardbeien, elk jaar opnieuw, niet in de tuinen, want daar werden ze niet geplant, maar op de velden.'[2] Maar hij ontdekte dat zijn voorkeur in deze nieuwe omgeving uitging naar de herfst: 'Boven in de bergen, meer naar het noorden, is het koud en vriest het soms, alle spullen moeten onderdak worden geplaatst, de keukenvoorraden worden aangevuld en alles wordt klaargemaakt voor de winter. De vette ossen en varkens worden geslacht. En aan ganzen, kalkoenen en herten kun je nu eenvoudig komen.'[3] Hij keek naar de beren, 'niet zulke grauwe en vaalbehaarde als in Rusland of Groenland,' maar meer 'glanzend en pikzwart gekleurd,' en met zo'n goede reuk, dat 'de indianen als zij op jacht zullen gaan [...] de geur van Esau op hun lichaam en kleren smeren, zodat alles hetzelfde ruikt als het veld of het bos, zodat ze niet door een opvallende geur ontdekt zullen worden'.[4] Hij verbaasde zich over het 'ongelofelijke aantal' herten; hij bestudeerde arenden, zag ze 'zeer hoog in de lucht zweven, buiten bereik van ons oog,' en in staat zijn 'een vis te vangen, die ze levend uit het water plukken'.[5] Hij tuurde naar kalkoenen in de bossen, schoot kwartels met tientallen tegelijk, bewonderde grote hoeveelheden 'houtsnippen, berkhanen, korhoenders, fazanten, en watersnippen.'[6] Als een echte Nederlander maakte hij een speciale studie van de winden in de nieuwe wereld – 'de snelle en koesterende bodes van de handel'.[7]

Hij legde de contouren van het land vast, evenals de aard van de bodem in verschillende gebieden, de bomen die er groeiden en de vruchten: 'De moerbeien zijn beter dan de onze, en vroeger rijp.' Hij telde 'verscheidene soorten pruimen, wilde of kleine kersen, jeneverbessen, verscheidene kleine appeltjes, zeer veel hazelnoten, zwarte aalbessen, kruisbessen, blauwe Indische vijgen, overal aardbeien, vaak halverwege mei al rijp, tot juli; blauwe bessen, frambozen, bramen, enzovoort, met aardperen, aardbonen, aard-eikels, aard-boontjes, wilde uien, dezelfde look, [...]'[8] Hij was geïntrigeerd door een lokale vrucht genaamd 'cicerullen, of waterlimoenen' (oftewel watermeloenen), die zo groot werden als 'de grootste Leidse kolen', en 'een licht getekend vruchtvlees [hadden] als een kletsnatte spons, waar de pitten dan in zitten, en als ze echt rijp en zoet zijn, smelt het [vruchtvlees] volledig tot sap weg zodra ze in de mond komen, en er rest niets dan het uitspugen van de pitten [...] ze zijn zo verfrissend dat ze vaak als drank worden geserveerd.'[9] Hij schilderde de hoveniers, de Europese en indiaanse, en met de geestdrift van een zeventiende-eeuwse intellectueel voor de nieuwe wetenschappelijke rage om te analyseren en classificeren, inventariseerde hij de wilde vruchten en eetbare planten waarvoor de Europese taxonomie een naam had: 'De planten die we nu kennen zijn de volgende: Capilli veneris, scholopendria, angelica, polypodium, verbascum, album, calteus sacerdotis, atriplex hortensis en marina, chortium, turrites, calamus aromaticus, sassafras, rois Virginianum, ranunculus, plantago, bursa pastoris, malva, origaenum, geranicum, althea, cinoroton pseudo, daphine, viola, ireas, indigo silvestris, sigillum, salamonis, sanguis draconum, consolidae, millefolium, noli me tangere, cardo benedictus, agrimonium, serpentariae, koriander, prei, wilde look, Spaanse vijgen, elatine, kamperfoelie, petum mannelijk en vrouwelijk, en vele soorten varens.'[10]

In de loop van de komende veertien jaar zou Van der Donck een imposante en veelomvattende reeks geschriften produceren, bijna allemaal over zijn nieuwe omgeving, de inwoners, zowel Europees als indiaans, en de behoefte aan goed bestuur. Maar wat misschien nog wel meer opvalt in zijn werk dan zijn politieke vaardigheden of juridische argumentatie, is de uitbundigheid die spreekt uit de pagina's. Deze man raakte simpelweg verliefd op Amerika. Hij zag de grootsheid van het land en had oog voor de mogelijkheden. Hij genoot van de rauwheid en de kansen die het bood. Al kort na zijn aankomst had hij al veel verder gedacht dan de ploeterende handelsgeesten van de bestuurders van de West-Indische Compagnie die leiding gaven aan de Nieuw-Nederlandse kolonie; hij beschouwde het continent niet slechts als een bron van te benutten materialen, maar als een nieuw thuis, een oorspronkelijke basis vanwaaruit de beschaving waarin hij was opgegroeid, kon worden uitgebreid. Hij had in de gaten dat de afmetingen van dit land niet te bevatten waren (zelfs de indianen 'weten van geen einde', schreef hij, en 'en kijken vreemd op als men hier vragen over stelt')[11] en dat er plaats was voor de ontwikkeling van een nieuwe maatschappij, een uitbreiding van Europa. Hij begreep dat er een wettelijk kader nodig was, een juridisch systeem, en hij was zo onbescheiden te denken dat hij een bijdrage kon leveren aan het ontwerp van een dergelijk systeem. Dat wil niet zeggen dat hij had voorzien dat de kolonies in de nieuwe wereld zich eens zouden afscheiden van hun moederlanden. Hij was het product van de zeventiende eeuw, niet de achttiende. Maar hij was, zoals zijn geschriften duidelijk maken, een van de eerste echte Amerikanen. Dat was hij niet omdat hij er kwam wonen, maar vanwege de zee van mogelijkheden die zich aan hem ontvouwde op het moment dat hij arriveerde – mogelijkheden die hij niet alleen zag voor hemzelf, maar ook voor anderen.

Het is moeilijk te zeggen of hij helemaal in beslag genomen werd door deze gedachten. Als hij gedurende de eerste maanden niet genoot van het landschap, was hij misschien gericht op de praktische uitvoering van zijn werk. Want er lag een taak voor hem, en hij stortte zich erop met buitensporig enthousiasme, zoals zijn werkgever al snel zou ontdekken. Vanaf het moment dat hij een voet zette op de bodem van wat hij noemde 'de Nieuwe Amerikaanse Wereld', schijnt Van der Donck onophoudelijk in beweging te zijn geweest. Het eerste waar hij tegenaan liep, was de vrije handel die buiten de boeken om plaatsvond tussen de kolonisten van Rensselaerswijck en degene in Nieuw-Nederland en Nieuw-Engeland. Binnen enkele dagen na zijn aankomst in Rensselaerswijck stond hij in vol ornaat voor de verzamelde boeren en handelslieden van de kolonie en verkondigde zijn eerste besluit, wat een hoop stof moet hebben doen opwaaien:

> Wij, Adriaen van der Donck, hoofdofficier met de Gecommitteerden en Raden van de kolonie van Rensselaerswijck, aan allen die dit zullen zien, horen of lezen, saluut. Omdat wij dagelijks zien en merken dat er sprake is van veel misbruik, oproer, ruzie, nog meer, onderlinge onenigheid, alles tezamen zaken waardoor de staat van de welgestelde gemeenschap aangetast wordt, die alleen voortkomen uit de handel die onze ingezetenen met de uitheemse bewoners drijven [...] leek het ons een goede zaak te verordenen, voor te schrijven en te gebieden, zoals wij bij deze doen, aan alle inwoners van deze kolonie [...] dat zij van de bewoners van buiten de kolonie geen waren kopen, of op een of andere manier hen bevers, otters, of andere pelzen in de handen spelen, direct of indirect, op straffe van verbeurdverklaring en een boete ter hoogte van driemaal de waarde van het gekochte of verhandelde goed [...] doch als er een sloep of vaartuig van de compagnie of iemand anders hier boven aan de rivier arriveerde en de bewoners iets willen kopen, dan zal daarvoor eerst aan de officier toestemming gevraagd moeten worden.'[12]

Of Van der Donck zich dat bij zijn vertrek in Amsterdam realiseerde of niet, al snel werd duidelijk dat zijn taak niet zozeer gericht was op het toepassen van de wet ten behoeve van een nieuwe maatschappij, als wel op het dienen van de op winst gerichte belangen van de patroon. Van Rensselaer mag dan misschien aan de andere kant van de oceaan gezeten hebben, door zijn uitgebreide instructies toonde hij zich een onverbiddelijke opzichter die gericht was op efficiëntie. Van der Donck had zich te wijden aan het beëindigen van de zwarte handel in graan, het opsporen van degenen die het hadden aangedurfd uit de kolonie te vertrekken voordat hun contractperiode was afgelopen, en het aanklagen van inwoners die stiekem beverpelzen in- en verkochten. Om de zaken voor Van Rensselaer te regelen, reed Van der Donck te paard de dalen door en hij zeilde op en neer over de Noort Rivier tussen Rensselaerswijck en Manhattan. In november 1642 bevond hij zich in Nieuw-Amsterdam op zoek naar een jonge vrouw die onder haar dienstcontract in Rensselaerswijck had proberen uit te komen. Toen hij haar ontdekte, kwam hij erachter dat zij zwanger was en op het punt stond te bevallen. Voor het hof in Fort Amsterdam deed hij zijn werk door van haar te 'verlangen' terug te keren om aan haar verplichtingen te voldoen, maar vervolgens sprak hij af dat de vrouw kon blijven waar ze was, totdat ze haar kind had gekregen en haar baby oud genoeg was om te reizen.[13] De oude patroon had geen oren naar de flexibiliteit van zijn advocaat. 'Het is onze plicht te streven naar winst voor mij en mij tegen verliezen te beschermen,' blafte hij in een brief.[14]

Zelfs vanuit het verafgelegen Amsterdam, kon Van Rensselaer door rapportages uit verschillende gebieden, een gevaarlijke eigenzinnigheid bespeuren in zijn wettelijk ambtenaar, en hij begon te betreuren dat hij Van der Donck had uitgekozen. 'Wat me aan u bevalt is het enthousiasme en toewijding die ik bij u bemerk in de afhandeling van verschillende zaken,' schreef Van Rensselaer in een eerder stadium,[15] maar deze zelfde eigenschappen hadden ook hun keerzijde. De jongeman nam de zaken in eigen hand – hij loste geschillen op zoals hem dat passend leek, besloot dat de kolonie een steenbakkerij nodig had, werkte verbeteringen uit aan de zaagmolen en de korenmolen en dat allemaal zonder Van Rensselaer te raadplegen, of Arent van Curler, de commerciële ambtenaar van de kolonie en de achterneef van Van Rensselaer. Toen de grootgrondbezitter van zijn advocaat verlangde dat hij achterstallige betalingen van bewoners invorderde, bezocht Van der Donck hun woningen, zag dat ze geen geld hadden en, in plaats van dat hij de patroon vertelde dat hij zijn wensen niet kon uitvoeren, negeerde hij het hele punt. Al snel begon Van Rensselaer te klagen: 'Uw grootste fout is dat u de baas wilt zijn over Curler en dat u te onafhankelijk te werk bent gegaan.'[16]

Van der Donck ging in tegen de manier van zakendoen van de patroon toen hij een formeel protest indiende tegen een direct bevel van Van Rensselaer waarin boeren in de kolonie gedwongen werden een eed af te leggen waarin ze hun loyaliteit jegens hem bezwoeren, niet alleen namens henzelf, maar ook uit naam van hun knechten. Van der Donck moet het standpunt hebben ingenomen dat de Middeleeuwen afgelopen waren, dat knechten verantwoordelijk waren voor hun eigen gedrag – iets wat Van Rensselaer 'ongehoord' vond.[17] Vanaf dat moment klinkt de persoonlijkheid van Van der Donck duidelijk door in de eeuwenoude brieven, gerechtsverslagen en andere overgeleverde documenten uit die periode. Het is een persoonlijkheid die zeer goed past bij de verovering van een nieuw continent en het helpen bij het opzetten van een levensvatbare nieuwe gemeenschap: eigenzinnig, rechtvaardig, volhardend, arrogant en heetgebakerd. Het spreekt uit de zaken die hem persoonlijk betreffen: op een gegeven moment klaagt iemand hem aan vanwege kwaadsprekerij (de partijen komen een 'minnelijke en vriendschappelijke' schikking overeen); een andere keer liep een discussie met een ambtenaar uit Van Rensselaerswijck uit de hand totdat de twee mannen, zoals Van Curler later doorspeelde aan de patroon, 'elkaar met zwaarden achternazaten', en eindigde ermee dat Van der Donck de man een aframmeling gaf.[18] De koppigheid van Van der Donck blijkt nog wel het meest uit zijn verhouding tot zijn baas. Het is opmerkelijk dat hij, als twintiger en iemand die een oceaan over was gereisd ver weg van de enige wereld die hij had gekend, onmiddellijk zijn baas begon uit te dagen, een man die door iedereen werd gevreesd en gerespecteerd als een soort eigentijdse variant van een middeleeuwse prins. 'Zeer geëerde, geleerde, machtige en waarlijk rechtvaardige Heer,' schreven mensen boven brieven aan Van Rensselaer. Zo niet Van der Donck, die bij zijn eerste daad na aankomst in Rensselaerswijck Van Rensselaer kwaad maakte door de boerderij te verwerpen die voor hem was gereserveerd en een andere te nemen, aan het uiteinde van de kolonie. Vervolgens koos hij een van de dure zwarte hengsten van de patroon tot persoonlijk rijdier.[19]

En hij bleef dit tartende gedrag volhouden, zoals blijkt uit geïrriteerde verwijzingen naar hem waarmee de brieven van Van Rensselaer aan andere ambtenaren van zijn kolonie zijn doorspekt: 'Ik neem het erg kwalijk dat Officier *vanderdonck* [...]', 'En voor wat betreft *vanderdonck* [...]', 'Deze jonge mensen zoals [...] *vanderdonck*, houden helemaal geen rekening met mijn belangen [...]', '[...] schrijf me in het bijzonder over hoe *vanderdonck* zich in deze zaak gedraagt [...]'[20] De verhouding die Van der Donck ontwikkelde met Van Rensselaer – zich eerst voordoen als een soort oprechte ideale zoon van de oude man, waarna hij in schril contrast hiermee, bijna opzichtig, zich tegen hem keerde – zou zichzelf herhalen, eerst met Kieft in Nieuw-Amsterdam, en nogmaals enkele jaren later met een andere vaderfiguur, deze keer met historische consequenties. Over de relatie met zijn eigen vader kunnen we alleen speculeren.

Soms leek Van Rensselaer zijn officier ervan te verdenken dat hij de belangen van de kolonisten boven de zijne stelde. Dan weer vreesde hij dat de jongeman een soort staatsgreep zou ondernemen. 'Vanaf het allereerste moment heeft u zich niet als officier gedragen, maar als directeur,' klaagde hij op een gegeven moment, en voegde daar bitter aan toe, dat als het eens zover mocht komen dat er sprake zou zijn van een promotie, hij wenste 'dat hijzelf de eer van die bevordering zou hebben'.[21] Van Rensselaers angst voor de jongeman die hem op een of andere manier aftroefde, scheen voort te komen uit een verklikkend verslag dat Arent van Curler hem in juni 1643 had gezonden. Van der Donck had een lange periode doorgebracht in de Catskill-bergen in het westen van het land van de patroon, en Van Curler informeerde hem dat 'Uwe hoogheid er zeker van kan zijn dat hij van plan is uit te kijken naar partners om daar een kolonie te stichten'.[22]

Van der Donck had inderdaad door de bergen gezworven. Zijn alles in beslagnemende fascinatie voor de nieuwe wereld richtte zich op de oorspronkelijke bewoners. De hoog oplopende gevechten en de aanslagen die zich afspeelden in het zuiden vonden plaats tussen Europeanen en stammen uit de Lower Hudson Valley, andere indianen dan de Mohawks en Mahikanen uit het gebied rond Rensselaerswijck. De onrust reikte niet zo ver naar het noorden. De indianen bleven voortdurend aanwezig in de handelspost en tussen de huizen en boerderijen op het domein van de patroon, en al snel na zijn aankomst begon Van der Donck zich voor sommigen van hen te interesseren en waagde hij zich in hun gebieden. Rond die tijd was er in Europa al heel wat geschreven over de oorspronkelijke bewoners van Amerika. Vooral de Nederlanders, die belangstelling hadden voor elk argument dat hun Spaanse onderdrukkers in een kwaad daglicht stelde, hadden zich gericht op de benarde positie van de indianen in handen van de conquistadores. Op universiteiten als die van Leiden, lazen jongemannen in vloeiend Latijn gestelde beschrijvingen van inboorlingen die 'naakt lopen' en geen weet hebben van 'die bron van alle ongeluk, geld'.[23] Hierdoor kregen sommige ontwikkelde Europeanen een idealistische indruk van deze inwoners van de nieuwe wereld, een idealistisch beeld dat niet ver af stond van dat van, zeg, de jaren zeventig van de twintigste eeuw. Misschien speelde deze kennis een rol bij de interesse van Van der Donck voor de indianen.

En aldus haalt hij het beeld onderuit van de Europeaan uit die tijd die niet in staat is inheemse volken als iets anders te beschouwen dan wilden. Via de uiterst gedetailleerde waarnemingen van de indiaanse samenleving die hij later op schrift stelt, zijn we in staat te zien hoe hij zichzelf onderdompelt in de cultuur van de Mohawks en de Mahikanen, met wie hij samen de begroeide hellingen en valleien doortrekt, rituelen observeert, vis- en landbouwtechnieken, seksuele en huwelijksgewoonten en het 'zogen van hun kinderen' bestudeert. Deze twee dominante stammen spraken verschillende talen en kenden zeer verschillende culturen – de Mohawks hadden zich meer op een vaste plaats gevestigd en woonden in met palen ommuurde dorpen die gericht waren op de landbouw, terwijl de Mahikanen rondtrokken, mee met het jachtseizoen – wat voor Van der Donck mede verklaarde waarom ze zo vaak oorlog tegen elkaar voerden. Later zou hij deze inheemse bewoners beschrijven, afgestemd op Europese lezers, als 'overeenkomstig de gemiddelde en goedgebouwde mens bij ons in Nederland'.[24] Hij karakteriseerde hun woningen: zo knap gebouwd dat ze 'regen en wind tegenhouden, ook tamelijk warm zijn, maar kamers, salons, zalen, garderobes of kabinetten kennen ze niet'.[25] Hij leerde enkele van hun talen, deelde de indianen van de regio in als vallende onder vier verschillende taalgroepen, en analyseerde deze zorgvuldig ('hun verbuigingsklassen en vervoegingen lijken nog het meest op het Grieks, want zij hebben, net als de Grieken, tweeklanken in hun zelfstandige naamwoorden en zelfs augmenten in hun werkwoorden.')[26] Hij nam hun medicijnmannen met eigen ogen waar en verwonderde zich erover dat 'ze in staat zijn verse wonden en gevaarlijke kwetsuren met bijna geen middelen wonderbaarlijk te genezen', en 'zij genezen ook gonorroe en andere daarop lijkende Venus-vruchten zo makkelijk, dat menige Italiaanse dokter zich hierbij zou schamen'.[27] Toch plaatste hij vraagtekens bij de 'duivelsuitdrijvingen' die ze voor de bijzondere zieken gebruikten, die 'voldoende geluid maken om iemand uiteindelijk een doodschrik te bezorgen'.[28]

Hij bestudeerde hun religieuze gebruiken, en, als antwoord op de vraag of zij bekeerd konden worden tot het christendom, plaatste hij hier zo zijn oprechte vraagtekens bij, maar, in een opmerkelijke passage, drong hij er bij zijn land op aan een plan te bedenken voor het sociale welzijn van de indianen van de kolonie: 'Het openbaar gezag moet hierbij betrokken worden en ervoor zorgen dat op hiervoor geschikte plaatsen goede scholen voor hun jongeren komen, waar ze onze taal en de basis van de christelijke godsdienst kunnen leren, zodat ze mettertijd elkaar verder kunnen onderrichten en daar plezier in hebben. Het zal wel de nodige voeten in aarde hebben, maar zonder deze maatregelen zal er moeilijk iets goeds uit voortkomen. Het is nochtans erg slecht als er niets gebeurt, want de indianen zeggen zelf dat ze genegen zouden zijn hun kinderen in onze religie en taal te laten onderwijzen.'[29]

Het hoofdwerk van Van der Donck, *Beschryvinge van Nieuw-Nederlant*, waaruit deze citaten afkomstig zijn, wordt beschouwd als een klassieker in de vroege Amerikaanse literatuur, maar in de loop der tijd is vergeten dat dit werk niet is geschreven in de taal van de uiteindelijke heersers van de Amerikaanse kolonies, maar in de taal van hun aartsvijand. (De historicus Thomas O'Donnell noemde het boek 'een van Amerika's oudste literaire schatten', en zei over Van der Donck: 'als hij in het Engels geschreven had, in plaats van in het Nederlands, dan had zijn *Beschryvinge* door latere generaties zeker meer bewondering gekregen, of in elk geval evenveel bewondering, als Bradfords *Of Plymouth Plantation.*[30]) Het negeren van het boek van Van der Donck weerspiegelt de manier waarop in de Amerikaanse geschiedschijving is aangekeken tegen het gehele corpus van verslagen over de Nederlandse kolonie op Manhattan, en ook tegen de hele kolonie zelf. Er bestaat slechts één Engelse vertaling van de *Beschryvinge*; deze vertaling verscheen voor het eerst in 1841 (de vertaler, Jeremiah Johnson, was niet alleen een voormalig burgemeester van Brooklyn, maar beschouwde zichzelf als een afstammeling van Catalina Trico en Joris Rapalje), en geschiedkundigen hebben hier al die tijd gebruik van gemaakt, vanwege de rijkdom aan informatie die het boek bevat over de kolonie, de Amerikaanse wildernis zoals de eerste Europeanen die aantroffen, en de indianen.

Maar al deze generaties historici waren zich er niet van bewust dat deze vertaling veel fouten bevatte. Op sommige plaatsen is de vertaling accuraat en wordt de poëzie en geestdrift van het origineel gevat; maar op andere plaatsen verdraait Johnson volledig wat Van der Donck te zeggen heeft. Het grootste nadeel van deze vertaling, waarvan de meest recente editie dateert van 1968, is dat hij eenvoudigweg hele delen van de tekst van Van der Donck weglaat. Een groot deel was tot 1990 niet in druk verschenen, maar in dat jaar publiceerde de Nederlandse geleerde Ada Louise van Gastel een vertaling in een academisch tijdschrift, een tekst die historici niet kenden, waarin de jonge Van der Donck een serieuze beschrijving geeft van de indiaanse verdragen, contracten en 'regering en openbaar bestuur'.[31] In het licht van de kort voordien voltooide juridische opleiding van Van der Donck en van het werk waaraan hij binnenkort zou gaan beginnen voor de op Manhattan gevestigde kolonie, is het fascinerend om deze beschrijving te lezen.*

Vanuit dat standpunt bekeken, zien we een jonge man die net de juridische faculteit heeft verlaten, vervuld van nieuwe en praktische

* Ik ben veel dank verschuldigd aan Diederik Willem Goedhuys voor de nieuwe vertaling die hij in 1991 van de *Beschryvinge* heeft gemaakt, een geweldige verbetering ten opzichte van de vertaling van Johnson, die helaas ongepubliceerd blijft; aan Ada Louise van Gastel, wier proefschrift, *Adriaen van der Donck, New Netherland, and America,* mij gewezen heeft op veel van de problemen in de eerdere vertaling; en aan Hanny Veenendaal van het Netherlands Center in New York City, die mij heeft bijgestaan bij het opnieuw vertalen van sommige passages van de *Beschryvinge.*

ideeën over het recht en over hoe regeringen zouden kunnen functioneren als deze ideeën op proef in een vreemde samenleving zouden worden ingevoerd.

Als goed student van Hugo de Groot, die eveneens praktische belangstelling had voor de wijze waarop Europeanen op een betere manier konden omgaan met inheemse bewoners, geeft Van der Donck een koele analyse van hun opvattingen over goed en kwaad. Hij ontdekte hieronder nergens de 'rechten, wetten of grondregels' die in Europese landen gebruikelijk zijn, maar in plaats hiervan een algemeen 'recht van de natuur of van de volkeren'. Hij laat zien dat in elk geval een deel van de Nederlandse kolonisten zich bewust is van de nuances in de opvattingen van de indianen over eigendomsrechten, en stelt vast dat 'wind, stroom, bos, veld, zee, strand en oever voor iedereen uit elk land openstaan en vrij toegankelijk zijn voor diegenen met wie de indianen geen openlijk conflict hebben. Al dezen genieten daar zoveel vrijheid alsof zij daar zelf geboren waren.'[32] Hij ziet dat ze respect hebben voor bepaalde principes van oorlogsvoeren die Europeanen ook hanteren, zoals het geven van een vrije doorgang aan 'afgevaardigden van de staat' en het nakomen van overeenkomsten. Hij tekende aan, voor toekomstige afgezanten, dat als ze een voorstel doen voor een landverdrag, dat ze dit verzoek mondeling moesten uiteenzetten en tegelijkertijd een passend geschenk moesten overhandigen. 'Het geschenk wordt dan opgehangen, en het verzoek wordt door degene aan wie het is gericht serieus doorgesproken en bestudeerd. Als ze het geschenk aannemen, is het voorstel ook aangenomen, maar als het tot na de derde dag blijft hangen, moet degene die het verzoek indient de voorwaarden veranderen of het geschenk vergroten, of beide.'[33]

Hij leek bewondering te hebben voor het feit dat het indiaanse bestuur 'heel populair' was, maar vond ook dat er nadelen aan kleefden. Terwijl het hele dorp bijeenkwam om zaken van belang te bediscussiëren, en een hoofd als een politicus in de weer was om de mensen te overtuigen van zijn aanpak, kon de democratie abrupt eindigen. Als een tegenstander niet wilde wijken, kon uiteindelijk 'een van de jongere hoofden opspringen en terwijl iedereen toekijkt in een felle uitval de ander met een bijl de kop inslaan'.[34] Van der Donck kon niet anders dan concluderen dat deze vorm van bestuur door het volk 'gebrekkig en lam' was.

Dus inderdaad, Arent van Curler had gelijk – Adriaen van der Donck had in 1643 enige tijd doorgebracht in de indiaanse dorpen in de Catskill-bergen. En terwijl hij in de hooglanden verbleef, begon hij te onderhandelen over de aankoop van een groot stuk land. Na twee jaar van wat waarschijnlijk een driejarige overeenkomst was met Van Rensselaer, was Van der Donck driftig in de weer met de toekomst. Hij zag hoe de zaken in Rensselaerswijck er voor stonden, zag dat de oude man voorstelde, tegen het gezonde verstand, om de kolonie te besturen als een middeleeuws leengoed, met lijfeigenen en met hemzelf als personificatie van het recht, en dit alles vanaf de andere kant van de oceaan. Op dat moment had Van der Donck in deze nieuwe wereld een verandering ondergaan; net als Peter Minuit, had wat was begonnen als een ruig avontuur, iets diepers in hem wakker gemaakt. Hij wilde hier iets tot stand brengen; iets dat blijvend zou zijn. Het was bijna onvermijdelijk dat hij, net als Minuit, op de lange duur zou overwegen zelf een kolonie te stichten.

Meteen nadat hij het nieuws van zijn neef had ontvangen, zond Van Rensselaer een man naar de kolonie met de opdracht een uitgestrekt gebied genaamd Catskill van de indianen te kopen. Hij schreef Van Curler een brief waarin Van der Donck werd uitgescholden. De man had 'op bedrieglijke wijze besloten' om de rechten van zijn patroon te negeren, en daaronder viel wat hem betreft ook het recht bezittingen te verwerven naast zijn kolonie. De man moest 'ingebonden' worden en als hij 'obstinaat zou blijven, zou hij uit zijn functie ontheven worden.'[35]

De oude man kreeg zijn zin; zijn agent was Van der Donck te slim af, kocht Catskill en breidde zijn kolonie uit met ettelijke duizenden morgen grond. Maar Van Rensselaer kon hier zelf niet meer van genieten. Het is verleidelijk, maar waarschijnlijk niet waar te maken, te veronderstellen dat hij door de schaamteloosheid van Van der Donck letterlijk een toeval heeft gekregen; maar wat de oorzaak ook was, Kiliaen van Rensselaer, diamanthandelaar en patroon van Rensselaerswijck, stierf kort nadien, en het land ging over op zijn zoons. Het vreemde middeleeuwse leenstelsel zou voortgezet worden, en zou in zijn eigen wereld blijven bestaan gedurende de tijd van de Engelse kolonie in New York en een behoorlijke tijd in het bestaan van de Verenigde Staten. (De stad Albany, later de hoofdstad van New York State, zou op een gegeven moment gedwongen worden een document in te dienen waarin wordt verklaard dat zijn gebied een ander gebied was dan het hertogdom waarmee het volledig werd omringd.) In feite zou Rensselaerswijck tot grote bloei komen onder het ter plekke aanwezige rentmeesterschap van de zoon van Kiliaen, Jeremias en latere bestuurders, en uiteindelijk uitdijen tot een oppervlak van een vierduizend vierkante kilometer land en honderdduizend pachtende boeren.[36]

Voor Van der Donck mondde het mislukken van het stichten van een kolonie nabij Rensselaerswijck uit in een verandering van gedachten. Hij verlegde zijn aandacht naar het zuiden. Zijn termijn duurde dan misschien nog een jaar, maar hij had zijn zinnen niet langer gezet op de noordelijke regionen van Nieuw-Nederland, en begon steeds meer tijd door te brengen in wat onmiskenbaar het zenuwcentrum van de Nederlandse belangen in Noord-Amerika was.

*

In 1644 belandden de gebeurtenissen op Manhattan in een volgend stadium. De tegenstanders van Kieft en zijn desastreuse indianenoorlog waren zich gaan groeperen. De opstand werd geleid door Cornelis Melyn, de boer die in 1641 de scheepsmakker van Van der Donck was geweest op zijn reis naar Nieuw-Amsterdam. Melyn was begin veertig, een oprechte Vlaming uit de buurt van Antwerpen, een leerlooier van beroep, die op die reis ook zijn vrouw, kinderen, enkele boerenknechten en dieren had meegenomen, met de bedoeling te gaan boeren op een groot stuk grond op Staten Eylandt. Hij had geen slechter moment kunnen uitkiezen. Indianen verwoestten de plantage en hij was genoodzaakt de Noort Rivier over te steken om, net als bijna ieder ander, een veilig heenkomen te zoeken nabij het fort op het zuidelijke deel van Manhattan. Hij kocht land op de plek waar de 'gracht', of sloot, uitkwam op de Oost Rivier en bouwde daarop een huis van twee verdiepingen. Niet lang daarna kreeg hij buren. Jochem Kuyter was een Duitser die in Oost-Indië bij de Deense marine had gediend, waarna hij, zoekend naar een vredige uithoek op de wereld waar hij zich kon vestigen, in 1639 op Manhattan arriveerde. Hij begon een tabaksplantage in het noorden van het eiland, aan de overzijde van de rivier waar zijn vriend Jonas Bronck (die zijn naam zou lenen aan een wijk in New York City) ook een plantage had. De eerste oogsten van Kuyter waren geslaagd en hij hoopte winst te gaan maken, toen een aanval van de Wickquasgeck ook zijn plannen de grond in boorde en hij naar het zuiden moest trekken. De twee buren, Melyn en Kuyter, vergeleken de rekeningen van hun wederzijdse ontberingen en besloten over te gaan tot een offensief tegen Kieft en de West-Indische Compagnie.

Terwijl in het fort de opeengepakte menigte op het punt stond tot anarchie te vervallen, stelde Kieft, in een poging de orde te herstellen, voor om een nieuwe raad van afgevaardigden in te stellen die hem bij zou staan. Dit bracht de gemoederen weer enigszins tot bedaren en de mensen stonden toe dat hij de acht leden zelf tussen hen uit pikte. Het spreekt voor zich dat hij mannen uitkoos van wie hij dacht dat ze hem zouden steunen. Hij stelde Melyn aan als leider, en ging ervan uit dat de leerlooier die nu plantage-eigenaar was geworden dankbaar was voor het feit dat de compagnie hem zo'n kans had geboden om vooruit te komen. Hij koos ook twee Engelsen uit, er rekening mee houdend dat op dat moment ongeveer twintig procent van de kolonie uit Engelsen bestond; een van deze twee, Isaac Allerton, was een gewiekste handelaar die met de pelgrims op de Mayflower was meegevaren, en omdat hij zich beperkt voelde in de Engelse kolonie, van Nieuw-Engeland naar de vrijere atmosfeer van Nieuw-Amsterdam was getrokken.

Op 18 juni stelde Kieft de raad samen. Hij had, waarschijnlijk, Cornelis van Tienhoven bij zich, zijn secretaris en trouwe aanhanger, en een contingent soldaten. Adriaen van der Donck maakte nog geen deel uit van de raad, maar was misschien al wel aanwezig bij deze bijeenkomst; hij was kortgeleden aangekomen in Nieuw-Amsterdam op een van zijn vele reizen vanuit Rensselaerswijck.[37] Het is aan te nemen dat de predikant van de stad eveneens aanwezig was, een krachtige, stevig drinkende calvinist die was begonnen Kieft vanaf zijn kansel te kapittelen.

De kolonie, zo vertelde Kieft aan de mannen, zat zonder geld. De oorlog had de schatkist uitgeput. Hij stelde nu voor om belasting te heffen op bier en beverpelzen. Er ging geschreeuw op onder de raadsleden. De mensen die hij wilde belasten hadden door deze oorlog huizen, bezittingen en familieleden verloren. Mensen die verbleven in noodonderkomens en gehuld waren in vodden. Zij konden niet betalen en zouden geweigerd hebben als ze dat wel konden. En hoe dan ook, pleitten de mannen, een dergelijke belasting zou zonder toestemming van de compagnie in Amsterdam onwettig zijn. Kieft werd knalrood van woede. 'Ik heb meer macht dan de compagnie!' bulderde hij, en kondigde aan dat hij alles zou doen wat hij nodig achtte. Waarop Kuyter, voormalig zeeman, dreigend opstond en met een priemende vinger op de bestuurder wees, en bezwoer dat hij, Kuyter, als Kieft niet langer onder de beschermende mantel van zijn werkgever stond, 'hem zeker wel zou krijgen'. De bijeenkomst ontaardde in een chaos en enkele dagen later spijkerden de soldaten van Kieft plakkaten rond het fort waarop de inwoners werden geïnformeerd over de nieuwe heffingen.[38]

Accijns op beverpelzen zou misschien nog acceptabel zijn geweest, maar de extra stuiver die elke kroes bier moest gaan kosten was onuitstaanbaar; er ontstond een volksopstand. De mensen weigerden de stuiver te betalen en kroeghouders weigerden de stuiver in rekening te brengen. Kieft reageerde hierop door soldaten de straat op te sturen, die in de stadstaveerne de eigenaar, Philip Gerritsen, arresteerden.

Vervolgens kwam de raad in beweging. Al eerder hadden de leden brieven geschreven aan de bestuurders van de West-Indische Compagnie in Amsterdam en aan de leiders van de Nederlandse regering in Den Haag, waarin ze hun beklag deden over hun benarde positie, maar het waren slecht georganiseerde en bloedeloze smeekschriften. Deze mannen waren boeren en handelaren, geen advocaten; deze eerste brieven waren misschien geschreven door dominee Bogardus, die al even verbitterd was over Kieft als ieder ander. 'De Almachtige God heeft uiteindelijk, door zijn rechtvaardig oordeel, in dit jaar om ons heen het vuur van een indianenoorlog ontstoken,' had de eerste brief geklaagd. De toon was kerkelijk en kruiperig, met terugkerende zinsneden als 'wij arme inwoners van Nieuw-Nederland' en 'U kunt zich eenvoudig een voorstelling maken van hoe erbarmelijk wij ellendige mensen ervoor staan'.[39]

Op het moment dat deze brief was geschreven, had Van der Donck ver in het noorden bij het kampvuur gezeten en gekaart met de Mohawks en Mahikanen. Maar in die periode begon de aard van de oppositie te veranderen. Tot dan toe hadden de kolonisten zich tastend een weg gezocht in deze situatie, ervan overtuigd dat hen onrecht werd aangedaan, maar zonder richting en zonder dat ze wisten wat ze moesten doen om hun klachten te uiten of de situatie te herstellen – mechanismen die in de Nederlandse Republiek een lange traditie kenden en waarin Van der Donck – de enige jurist in de kolonie, pas was opgeleid.

Van der Donck was na de bijeenkomst met Kieft in juni weer naar het noorden gereisd, maar zijn termijn als schout van Rensselaerswijck liep blijkbaar in augustus[40] af, en hij keerde begin oktober terug in Nieuw-Amsterdam, toen de activisten van Manhattan in het geheim weer bijeenkwamen. De geur van verhitte politieke activiteit moet voor de jonge advocaat niet te missen en onweerstaanbaar geweest zijn. Op zoek naar avontuur, was hij vanuit Leiden naar Rensselaerswijck gegaan, waar hij erachter kwam dat zijn droom, de droom van een jonge man die uit is op grootse prestaties – een nieuwe maatschappij beginnen in een prachtige nieuwe wereld – niet spoorde met de zakelijke doelstellingen van Van Rensselaer. Maar hier, in de hoofdstad van de Nederlandse provincie, ontspon zich iets bijzonders, een politieke strijd die zich afspeelde op de grenzen van het juridische denken. Welke rechten hebben individuen in overzeese gebieden? Hadden zij recht op eenzelfde vertegenwoordiging als in hun thuisland? Nog niet eerder had een handelspost van een Nederlandse handelscompagnie gevraagd om een politieke status. Hier, moet Van der Donck hebben gedacht, was zijn kans om zich te onderscheiden.

De wandeling langs de Paerl Straet vanuit het fort, waar Van der Donck moest zijn voor een rechtszaak die te maken had met zijn werk in Rensselaerswijck, naar het huis van Cornelis Melyn duurde maar een minuut of drie (ook nu nog kunt u die wandeling maken), met rechts de rivier en links een klein rijtje stenen woningen. En allemaal waren ze aanwezig, de kooplieden en handelaren van de kolonie, treurend over hun overleden kinderen, vrouwen, verbitterd over het verbranden van hun huizen en hun land waarin zij hun spaargeld hadden gestoken. Ze wilden hun verontwaardiging uitspreken, maar wisten niet goed hoe. Van der Donck wist dat wel. In die tijd moet hij zichzelf hebben aangeboden als hun advocaat, hij luisterde naar hun klachten en zette het op een schrijven.

Vanaf dat moment bevatten de archieven van de kolonie steeds meer en steeds doorwrochtere juridische verzoekschriften en bewijsgronden, documenten die door kolonisten ofwel aan de West-Indische Companie, ofwel aan de Staten-Generaal in Den Haag waren gezonden, erop gericht de politieke fundamenten van de kolonie veilig te stellen. Op veel van deze geschriften staat de naam van Adriaen van der Donck. Er zijn ook vele andere, anoniem of namens een kolonist, mensen die ongeletterd waren, of wiens opleidingsniveau niet overeenkwam met het geschrevene.

Voortbouwend op een gedachte die werd geopperd door dr. Willem Frijhoff, prominent Nederlands historicus aan de Vrije Universiteit van Amsterdam en autoriteit op het gebied van de Nederlandse taal en geschiedenis van de zeventiende eeuw, met name voor wat betreft de kolonie Nieuw-Nederland, heb ik een selectie gemaakt van wat volgens mij het werk is geweest van Van der Donck, of werk waarbij hij betrokken is geweest. Dr. Frijhoff schreef mij in een e-mail dat deze brieven, wanneer ze vergeleken worden met de brieven waarvan we weten dat ze afkomstig zijn van Van der Donck, samen 'een coherente visie [vormen] van een nieuwe maatschappij, ontsproten aan een academicus die opgeleid was in de oude wereld'. Dr. Charles Gehring, de vertaler van de officiële archieven van de kolonie en een man die zowel de taal, als de persoonlijkheden van de kolonisten beter kent dan wie dan ook, is er eveneens van overtuigd dat Van der Donck hoogstwaarschijnlijk de auteur van deze documenten is. 'De enige andere kandidaat is Van Tienhoven,' vertelde hij me, maar hoewel Cornelis van Tienhoven, geschoold, intelligent en gehaaid was, is het nauwelijks aan te nemen dat hij, als rechterhand van Kieft, degene geweest is die een reeks teksten schreef waarin het huidige bestuur wordt uitgedaagd. Dr. Frijhoff verbaast zich erover dat geen enkele geschiedkundige tot nu toe op de gedachte is gekomen dat Van der Donck de man achter deze geschriften is geweest, maar het over het hoofd zien van een tamelijk voor de hand liggend feit is eenvoudigweg een zoveelste voorbeeld van de manier waarop de Amerikaanse geschiedschrijving de Nederlandse kolonie heeft genegeerd. De teksten sluiten goed aan bij de activiteiten die Van der Donck namens de kolonie zou ondernemen; samengevat komt Van der Donck uit deze activiteiten en geschriften naar voren als een spil in de geschiedenis van de kolonie, de figuur die, meer dan wie dan ook, en op verschillende nog niet vastgestelde manieren, de stenen van het fundament van een grootse stad heeft gemetseld. Het zou misschien wat al te dramatisch klinken hem de ongekroonde stichter van New York te noemen; maar hij is in elk geval een belangrijk figuur die in de vergetelheid is verdwenen.*

Op 28 oktober 1644 is de tweede petitie klaar, en het verschil in toon vergeleken met de voorafgaande is opmerkelijk. In plaats van omslachtig gekruip voor een almachtige gezaghebber, begint deze met een glasheldere uitleg van de geschiedenis van de problemen, met hierin een ondubbelzinnige vingerwijzing: 'Voor de schijn werden hier, vanwege de moord op Claes, de wagenmaker, in november 1641, twaalf man bijeengeroepen; de directeur legde hun voor of het bloed

* Mijn methode om de betrokkenheid van Van der Donck bij deze documenten te bepalen die tot nu toe niet met hem werden geassocieerd, is vrij rechttoe-rechtaan geweest. In de kolonie woonde slechts een beperkt aantal mensen. Zoals zowel dr. Gehring als dr. Frijhoff beweren, was Van der Donck de enige jurist, en derhalve de enige persoon die in staat was zijn argumenten te verwoorden in Latijnse juridische termen en geleerde 'vragenreeksen' te construeren. Ik heb eenvoudigweg alle documenten uit de archieven gehaald die dergelijke elementen bevatten. Vervolgens deed ik iets waarvan ik hoopte dat als toets zou dienen voor mijn vermoedens. Ik had opgemerkt dat in sommige documenten waarvan bekend was dat ze van Van der Donck afkomstig waren, herhaaldelijk gebruik wordt gemaakt van een ongewoon woord: *American*. In de zeventiende eeuw werd dit zelfstandig naamwoord, toegepast op een persoon, zeer zelden gebruikt. Europese kolonisten gebruikten het niet om mee naar zichzelf te verwijzen: de Nederlandse kolonisten beschouwden zichzelf als 'Nieuw-Nederlanders', de Engelsen in het noorden waren 'Nieuw-Engelanders, en die in het zuiden vonden dat ze 'Virginians' waren. Slechts zeer zelden wordt er in die periode gebruik gemaakt van 'Amerikaan', met verwijzing naar indianen. De eerste vastgelegde waarneming in het Engels vindt plaats in 1578, in een verslag van de reis van Martin Frobisher naar Canada:

van de voornoemde wagenmaker gewroken moest worden. Waarop er diverse discussies losbarstten over de verschillende kanten van de zaak [...] [maar] de directeur verlangde vurig naar een oorlog [...] de voornoemde 12 mannen konden niet langer bijeenkomen [...] want dat was verboden en op overtreding zouden lijfstraffen volgen. Kort daarna [...] begon [de directeur] op eigen gelegenheid de oorlog tegen de Wesquecqueck.'[41]

De brief vervolgt met een beschrijving hoe Kieft de nieuwe raad had samengesteld, maar pas toen de noodlottige oorlog al een tijdje gaande was, en slechts met als doel om automatisch in te stemmen met zijn plan voor de invoer van nieuwe belastingen – een geval, zo wordt er in feite geredeneerd, van het invoeren van heffingen zonder dat er sprake is van vertegenwoordiging. Dan wordt de klacht omschreven: 'Dat een man [...] naar eigen goeddunken en plezier zou beschikken over onze levens en bezittingen, op een manier die zo willekeurig is, dat een koning het niet zou wagen hetzelfde legaal te doen.' Vervolgens wordt heel vrijpostig gevraagd Kieft terug te roepen en een nieuwe gouverneur te installeren, en wordt er vervolgd met de profetische woorden: 'want totdat er een ander systeem is ingevoerd, is het onmogelijk om dit land te stichten' een systeem waarin de dorpsbewoners 'vanuit hun eigen gelederen een baljuw, of schout [zullen] kiezen en schepenen, die in staat worden gesteld om afgevaardigden te sturen en met de directeur en de raad mee kunnen stemmen over algemene zaken; zodat de gehele kolonie niet nog eens door de grillen van een man vergelijkbare gevaren hoeft doorstaan.'

De kolonisten smokkelden de petitie Manhattan uit via de hande-

'De Amerikanen [...] die verblijven in het gebied onder de lijn van de nachtevening.' Het gebruik in het Nederlands van die periode is zelfs nog zeldzamer. Het woord dat de Nederlanders voor de indianen gebruikten was *wilden*, wat zoveel betekent als inboorlingen, of, zoals Van der Donck zelf schreef, 'mensen die wild leken en onbekend waren met de christelijke godsdienst'. Dat was het woord dat Van der Donck gebruikte, of anders *naturellen*, mensen uit de natuur, maar ook, op een paar plaatsen, verwees hij naar de indianen met het woord Amerikanen. Toen ik zag dat het woord ook op een paar plaatsen in de juridische documenten voorkwam waarvan ik veronderstelde dat ze door Van der Donck geschreven waren, onderzocht ik het gehele corpus van politieke documenten die in de negentiende eeuw in Nederland waren teruggevonden en die te maken hadden met de op Manhattan gecentreerde kolonie. Ik vond negen maal het woord American, allemaal verwijzend naar indianen, en alle negen in documenten waarmee de naam Van der Donck als auteur verbonden is, of in documenten waarvan dr. Frijhoff en/of ik los van elkaar geconcludeerd hadden dat ze het werk waren van Van der Donck. Zo blijkt buitengewoon toepasselijk dat 'Amerikaan' dus de sleutel tot de identiteit van Adriaen van der Donck is.

laar Govert Loockermans, die kort nadien namens zijn patronen, de familie Verbrugge, vertrok voor een van zijn reizen naar Amsterdam. In Amsterdam kwam de brief, voortbordurend op de klagende brieven die eerder waren gestuurd, zeker aan – maar niet op de manier waarop de kolonisten dat hadden gehoopt. De West-Indische Compagnie was op dat moment in verwarring gebracht; de verliezen stapelden zich op, de verschillende regionale kamers gaven elkaar de schuld. De staat – en dus de compagnie – was nog steeds in oorlog met Spanje, en de Braziliaanse soldaten van de compagnie hadden zopas een groot gevecht verloren tegen de Spanjaarden, met wie ze verwikkeld waren in een strijd over de controle van de suikermarkt. Hun Noord-Amerikaanse handelspost had te lang gewankeld. Er vond een briefwisseling plaats tussen de kantoren van de compagnie in Amsterdam en de regeringsburelen aan het Binnenhof in Den Haag. Voor zowel de handelaren, als de regeringsambtenaren hielp de brief bij het focussen van de aandacht. Het drong tot hen door dat deze Noord-Amerikaanse handelspost een vreemde eend in de bijt was – anders dan de Nederlandse kolonies in Brazilië, Batavia, Taiwan, de Molukken en alle andere plaatsen. De andere hadden nu en dan misschien problemen veroorzaakt, zoals bij die bloedige slachting van Engelsen op Ambon, maar het feit dat het om handels/militaire posten ging werd niet ter discussie gesteld, ze bleven onder de stevige leiding van de compagnie staan.

Na de ontvangst van de brief kwamen de bestuurders tot de conclusie dat ze Manhattan anders moesten behandelen, niet door het te erkennen als een zelfstandige nederzetting, maar door een harde aanpak. Ze waren het met de aanmatigende kolonisten eens dat Kieft van het toneel moest verdwijnen, maar niet om de reden die de kolonisten hadden aangegeven. In de vijfendertig jaren die verlopen waren sinds Hudson het gebied voor de Nederlanders had geclaimd, was er nooit een sterke, capabele leider in het gebied geweest. Al eerder hadden de bestuurders van de compagnie tot hun schrik te horen gekregen dat Kieft, nadat hij een oorlog had ontketend, niet van plan was het veld in te trekken – in feite zelden de beschutte omgeving van het fort had verlaten. Ze negeerden de nieuwe verdediging van de rechten in de brief, het vertegenwoordigde bestuur in de provincie waarvan gesproken werd. Ze voelden de pijn van de kolonisten, maar concludeerden niet dat hun benarde positie het gevolg was van een gebrek aan vertegenwoordiging van het volk, maar van een gouverneur die niet wist hoe hij geweld moest gebruiken.

Dus gingen ze op zoek naar een nieuwe gouverneur, en dit keer wilden ze geen incompetente nepotist. Ze hadden een toegewijd companieman nodig die ook een goed leidsman was. Iemand die ervoor zorgde dat de kolonisten zich gedroegen zoals het hoorde. Een administrateur, ja, en een man die meer te bieden had – een vaardig diplomaat – maar ook iets minder. Ze hadden een durfal nodig, een sluwe man, iemand met lef, die wel een stootje kon hebben. Ze hadden een baas nodig.

8

DE EENBENIGE MAN

Hij was een ernstige jongen – hij had een dikke nek, een varkenskop en een felle blik in zijn ogen, die teniet werd gedaan door zijn sensuele lippen. Hij stond op het hoge achterdek van een fregat van de West-Indische Compagnie, en keek uit over de Caraïbische Zee. Op het dek onder hem en op de omringende schepen stonden driehonderd soldaten op zijn bevel te wachten. Hij was dan wel een bestuurder, maar hij had weinig militaire ervaring, al waren ambitieuze ambtenaren van de West-Indische Compagnie heel wat actie gewend. Het was maart 1644; negen jaar geleden had hij Amsterdam verlaten en hij had gedurende de broeierige malariaseizoenen vasthoudend gediend, eerst in Brazilië en kortgeleden op het door de Nederlanders gecontroleerde eiland Curaçao. De compagnie bood veel doorgroeimogelijkheden voor een Nederlander. Nog niet zo lang geleden was de jongeman klerk geweest; nu voerde hij een vloot aan, die de vijand stevig aanpakte.

Aan de einder, tussen het smaragdgroene water en de azuurblauwe lucht verscheen het eiland Sint-Maarten.[1] Nu het Spaanse rijk verzwakte, stonden de Caraïbische en Zuid-Amerikaanse belangen op het spel. Dit kleine eiland – strategisch gelegen in de reeks Antilliaanse eilanden in wat de Nederlanders de 'hoek' noemden – was over en weer gegaan in de handen van de twee Europese grootmachten. Op dit moment hadden de Spanjaarden het in handen, de West-Indische Compagnie wilde het terug, en de ambtenaar was vastbesloten het voor de compagnie in te nemen. Hij had informatie gekregen dat er slechts weinig Spaanse soldaten in het fort waren en inderdaad konden zijn mannen het strand opkomen zonder dat er iets gebeurde, ze groeven zich in en stelden een belegeringskanon op. Toen barstten de grote kanonnen van het fort los. De informatie bleek niet te kloppen. Het garnizoen was nog maar net vervangen; de Spanjaarden waren tot de tanden bewapend. Maar voor de Nederlandse commandant had het ook een positieve kant: dit zou zijn eerste kans zijn om te tonen wat hij waard was. Hij gaf het bevel terug te vuren, waarop hij, terwijl de kruitdampen de lucht vulden, de Nederlandse vlag greep en op de berg aarde sprong die hun verdedigingslinie vormde. In zijn enthousiasme was hij de vijand blijkbaar te dicht genaderd, en kwam hij binnen het bereik van het vijandelijke geschut. Hij stond op het punt de vlag neer te planten toen de Spanjaarden hun tweede salvo afvuurden. De man stortte neer, zijn rechterbeen was getroffen – mogelijk door een stenen bal die als projectiel gebruikt was. Voordat hij zijn bewustzijn verloor, gaf hij het bevel de belegering voort te zetten.

Door de vele oorlogen en de toename van het medische onderzoek, werd er in de zeventiende eeuw op het gebied van amputaties veel meer mogelijk. Er bestonden veel technieken, de ene nog gruwelijker dan de andere. In veel gevallen werd de patiënt, bij volle bewustzijn, in een stoel geplaatst en door twee mannen vastgehouden. De dokter zou zijn handen gebruiken om 'de huid en de spieren bijeen te rapen'[2] van het ledemaat in kwestie, en daarna, zo schreef iemand 'doorsnijden we het vlees met een rasp of een snijmes [...] tot op het bot, met de achterkant van voornoemd mes moet voorzichtig over het bot geschaafd en geschraapt worden, dat mes moet speciaal voor dit doel geschikt gemaakt worden, waardoor het beenvlies dat over het bot zit uiteindelijk minder pijnlijk wordt als het bot wordt afgezaagd. Anders scheurt en barst het, wat veel leed veroorzaakt [...] Als dit eenmaal is gebeurd, moet het bot met een scherpe zaag worden afgezaagd'. Zonder verdoving of slaapmiddel was dit vaak zo'n verschrikking, dat de patiënt stierf nog voordat de zaag zijn werk had gedaan. In een handboek voor een chirurgijn stond openlijk beschreven wat de dokter aan de patiënt moest zeggen. 'Laat hem met vurige gebeden zijn geest voorbereiden voor het offer aan de Here [...] Want het is geen eenvoudige zaak om het beeld van God te vernielen.'[3]

Wekenlang lag hij te ijlen van de koorts die volgde op de amputatie van zijn been, maar Peter Stuyvesant, de 34-jarige zoon van een calvinistisch predikant, zou niet sterven, en, nadat het beleg van Sint-Maarten was mislukt, verontschuldigde hij zich in zijn brief aan de 'Hooggeëerde, wijze, vooruitziende en uiterst verstandige Heren' van de compagnie in Amsterdam, en legde droog uit dat de aanval op het eiland 'niet zo goed geslaagd is als ik had gehoopt, en het is allesbehalve een klein probleem dat ik mijn rechterbeen heb verloren, het is door een grove kogel afgeschoten.'[4] Met een herculische wilsinspanning negeerde hij de pijn en de stroom met pus die uit zijn gekwetste stomp vloeide en hervatte zijn meedogenloze beheer over zelfs de kleinste details van de zaken van de compagnie in de Caraïben: hij hield de zoutpannen in de gaten die er de reden van waren om in deze met palmen begroeide wildernis te verblijven, maakte plannen om de Nederlandse bezittingen uit de handen van de op de loer liggende Engelse, Franse en Spaanse schepen en piraten te houden, en peinsde over een manier waarop hij versgebakken brood aan boord van de schepen kon krijgen die op zee hun gevechtsoefeningen hielden.[5] De pijn nam toe, in de broeierige atmosfeer begon de wond te etteren, maar de stroom met bundels vol instructies en resoluties bleef onverminderd voortgaan. Zelfs in een eeuw en in een omgeving waarin moed een noodzakelijk deel uitmaakte van het dagelijkse leven, moet hij hebben uitgeblonken.

Hij was afkomstig van het platteland. Het dorpje Scherpenzeel, in Weststellingwerf in Friesland stond nergens om bekend, omdat niemand het kende. Het land was vlak en werd doorsneden met hagen, en aan de horizon stonden geen kastelen, forten, kathedralen of andere tekenen van beschaving van enige afmeting. Het was een dunbevolkt gebied. De dorpelingen waren bars, gelovig, standvastig, onafhankelijk, en hij was een van hen. Friezen geloofden in een natuurlijke, onveranderlijke orde. De kinderen van een boer werden zelf ook boer. Als zoon van een predikant was je leven voorbeschikt. Vreemd genoeg echter – en misschien is dit van doorslaggevend belang om zijn persoon te begrijpen, de oorsprong van zijn niet-inschikkelijke gedrag – volgde Peter Stuyvesant zijn vader Balthasar niet op, de predikant van de Friese hervormde kerk van Scherpenzeel. Een mogelijke verklaring: in 1627, kort na de dood van zijn moeder, hertrouwde zijn gelovige vader, en meteen ging hij met volle overgave aan het werk om een nieuwe familie bij zijn bruid te verwekken. Tienerzonen zijn geneigd hier heftig op te reageren; in het bijzonder tieners die een erg trots en eigenzinnig karakter hebben. In de periode dat de trouwerij plaatsvond, moet Peter zijn huis hebben verlaten. Hij zat op de Latijnse school in Dokkum, waarvan de haven een tussenstation was voor de schepen van de West-Indische Compagnie onderweg naar de nieuwe wereld. Hij was opgegroeid in een vlak land en zijn horizon reikte niet ver; op iemand die in een dergelijk land groot is geworden met God, moeten deze schepen een overweldigende indruk hebben gemaakt. Ze waren wel dertig meter hoog, hoger dan alles wat hij had gezien, in de natuur of gemaakt door mensen, gigantische kathedralen van hout met spitsen die de belofte inhielden om te kunnen ontsnappen aan de werkelijkheid.

Hij vervolgde zijn opleiding op de alma mater van zijn vader, maar hij ontpopte zich meer als een student filosofie dan theologie – een teken dat hij iets anders van plan was dan men van hem verwachtte. Welke loopbaan Stuyvesant ook in gedachten had toen hij aan de universiteit ging studeren, alles veranderde toen hij er na twee jaar studie plotseling mee ophield. Volgens een verhaal dat zijn vijanden vertelden, werd hij van de opleiding verwijderd nadat hij de gastvrijheid van zijn huurbaas had misbruikt door te vrijen met de dochter des huizes.[6] Of dat waar was of niet, hij was trots op zijn tijd aan de universiteit: sindsdien doopte hij zichzelf Petrus, de gelatiniseerde (en dus geleerde) vorm van Pieter.

En dus vond de gesjeesde student een baan bij een van de in die tijd goedlopende ondernemingen, hij kwam terecht op het laagste administratieve niveau. Ambtenaren waren al snel onder de indruk van zijn toewijding en gaven hem een wat twijfelachtige beloning: een post op het verafgelegen eiland Fernando de Noronha, driehonderdvijftig kilometer uit de kust van Brazilië, binnen de compagnie bekend om de vitale rattenpopulatie. Van hieruit werd hij binnen de kortste keren gepromoveerd naar een positie in de kustkolonie Pernambuco en vervolgens naar Curaçao. En net als andere natuurlijke leiders voor en na hem, vergaarde hij al doende vazallen om zich heen, mannen die aangetrokken werden tot zijn energie en die kansen voor zichzelf zagen door naast hem te dienen. Het lijkt onwaarschijnlijk, gezien de manier waarop zijn loopbaan eindigde, maar hij stond zijn hele leven positief tegenover de Engelsen. Er bevonden zich minstens twee Engelsen in de groep rond om hem. De man die in de Nederlandse archieven verschijnt als Carel van Brugge, was in Chanterbury geboren als Charles Bridges;[7] Brian Newton was twintig jaar in dienst geweest van de compagnie. Deze mensen zouden tot helemaal in Manhattan in zijn gevolg blijven, en een rol spelen in de strijd om te overleven.

Maar het meest opvallend was de vriendschap met een jongeman die Stuyvesant niet tot op Manhattan vergezelde. John Farret was in Amsterdam geboren uit Engelse ouders.[8] Net als Stuyvesant kreeg hij een aanstelling bij de West-Indische Compagnie op Curaçao; misschien hebben ze elkaar daar ontmoet, maar dat kan ook eerder gebeurd zijn, in Amsterdam. Ze raakten goed bevriend op een manier die wel vaker voorkwam bij Stuyvesant – met Stuyvesant als de krachtige figuur en Farret die bijna voor hem kroop. Maar Farret had iets voor op Stuyvesant; hij had zijn opleiding aan de universiteit afgerond, was meester in de rechten, en dichter en schilder. Stuyvesant benijdde hem om al deze culturele titels, en hun verhouding speelde zich af rond zijn jaloezie en de pogingen van Farret om bij hem in het gevlei te komen. Hun hele leven lang onderhielden hij en Farret een correspondentie, en uit deze brieven spreekt een diepere persoonlijkheid dan het houten beeld dat in de loop der tijden van hem is gemaakt, want deze hele briefwisseling was... op rijm. In het Nederlands Scheepvaartmuseum in Amsterdam bewaart men een dikke catalogus met gedichten waarin zij hun wisselende lot beschrijven, die, voor zover ik dat heb kunnen nagaan, nog nooit in het Engels zijn vertaald, op een enkel fragment na.[9]

Het bestaan van deze verborgen poëzie – die rond 1920 in een Nederlands archief is ontdekt[10] – op zich werpt al het nodige licht op hun verhouding. Het was Farret die de gedichten bewaarde en ze samen met zijn eigen illustraties inbond in kalfsperkament, blijkbaar trots op zijn verbintenis met de man die toen bekend werd vanwege zijn leiding over de op Manhattan gevestigde kolonie. Van het begin tot het einde sprak Farret Stuyvesant aan als 'Zijne Excellentie' en 'Mijn waarde Stuyvesant'. 'Nooit kon mij groter eer of lof geschieden, dan dat gij mij als knecht kunt gebieden', benadrukt hij, en voegt toe dat 'Mijn wil is aan uw wil, mijn hart aan het uwe verbonden'. Op sommige plaatsen schreeuwt de correspondentie om een interpretatie als latenthomoseksueel (de mannen schrijven bijvoorbeeld over 'zoveel gerief' dat ze hebben van de 'gezwinde hand' van de ander); maar het is waarschijnlijk zinvoller om deze gedichten te beschouwen als een inkijkje in de relaties tussen zeventiende-eeuwse handelssoldaten onderling, waarin er sprake was van een open eerbied over de grotere macht die de ene heeft en waarin vriendschap werd uitgedrukt in een taal die net zo barok is als de roze-wangigige details van een portret van Frans Hals. In de hele verzameling zijn de gedichten van Farret levendig; die van Stuyvesant lomp. Stuyvesant geeft toe dat hij niet in staat is zichzelf uit te drukken in 'rijk Latijn of aardig Frans', maar Farret antwoordt hierop door te benadrukken dat Stuyvesant, als hij dat zou willen, wel degelijk in die talen kon dichten, en noemt de poëzie van Stuyvesant schaamteloos 'goddlijck'.

Stuyvesant diende drie jaar als plaatsvervangend ambtenaar op Curaçao, werkte hard en zorgde ervoor dat hij in aanmerking kwam voor een hogere positie, en al doende maakte hij vijanden, onder wie de bevelhebber van de Nederlandse politieke en militaire operaties in de Caraïben, Jan Claeszoon van Kampen. Dat had voor Stuyvesant lastig kunnen worden, ware het niet dat Van Kampen in 1642 overleed, en Stuyvesant zijn functie overnam. Zijn vrienden brachten een dronk op hem uit; Farret schreef een gedicht voor de gelegenheid, waarin 'Moedige Stuyvesant' alle lof kreeg toegezwaaid – hij zou op het punt staan grootse daden te verrichten – en waarin zijn lasteraars werden bekritiseerd. Wat doet vermoeden dat Stuyvesant er nooit moeite mee had dat hij vijanden maakte, en dat de komende confrontatie in Manhattan niet uit de lucht kwam vallen.

Stuyvesant moet ook tevreden zijn geweest over zijn succes. Een trotse, steile Fries, opgegroeid op een dieet van mistroostige luchten en stevige soep, die nu regeerde over een tropisch paradijs, annex malaria-moeras dat in het niemandsland lag van de oorlog tegen de Spanjaarden, vanwaaruit hij toezag op de Nederlandse operaties in het gehele Caraïbische gebied. De regio was het toneel van een levendige, hete en bloederige oorlog tussen het ineenstortende Spaanse rijk en diens afgescheiden rivaal. Suiker, zout, verfhout, tabak, paarden, koper – de Caraïben en de kusten van Zuid-Amerika konden op eindeloos veel manieren worden geëxploreerd, en terwijl de Nederlanders eropuit waren munt te slaan uit de zwakke greep die de Spanjaarden op het gebied hadden, voelden de Spanjaarden er weinig voor deze grote rijkdom zonder meer uit handen te geven. Behalve dat ze een nieuw zicht bieden op de oorsprong van Manhattan, bevat de enorme schat met Nederlandse documenten die dr. Charles Gehring in de New York State Library heeft vertaald, honderden pagina's gedetailleerde beschrijvingen van de tijd die Stuyvesant doorbracht in de Caraïben. De documenten tonen ook de niet aflatende wrede, louter op winst gerichte handel met slaven, indianen en land, en maken melding van de strijd met andere Europese kolonisators. Meer dan wat dan ook vormen de documenten de schakels tussen de verschillende delen van de Nederlandse grootmacht in de beide Amerika's, en laten ze zien dat Stuyvesant met militaire efficiëntie leiding geeft aan een leger van leveranciers, kapers, handelaren, en koeriers, die heen en weer reizen tussen Manhattan en Curaçao, terwijl de Nederlanders proberen hun belangen in de nieuwe wereld te versterken. Uit de documenten blijkt dat Manhattan zich niet pas in de achttiende eeuw als haven van New York begon te profileren als internationale haven, maar al rond 1630. Toen maakte Manhattan onderdeel uit van de handelscirkel die liep van Nederland naar West-Afrika naar Brazilië en de Caraïben, vervolgens naar Nieuw-Amsterdam en dan terug naar Europa.

Op zijn Caraïbische post werd Stuyvesant een van de drijvende krachten achter die handelscirkel. Hij was aangesloten op het communicatienetwerk dat met alle delen van de cirkel was verbonden en op die manier raakte hij betrokken bij de gang van zaken in de op Manhattan gevestigde kolonie. Hij hoorde van de problemen die Kieft daar ondervond en probeerde te helpen, met wat een langdurige komedie zou worden. Terwijl hij na de rampspoed op Sint-Maarten terugkeerde naar Curaçao, passeerde zijn schip een ander schip dat de andere kant op voer. Daarop zaten vierhonderdvijftig Nederlandse soldaten die waren gevlucht uit een handelspost in Brazilië die door de Spanjaarden onder de voet was gelopen, en op weg waren naar Curaçao, voor voedsel en orders.[11] Hen was verteld dat ze konden helpen bij de aanval op Sint-Maarten, maar ze kwamen te laat en werden daar opnieuw onthaald op een salvo van Spaanse kanonnen. Uiteindelijk slaagden ze erin terug te keren naar Curaçao, waar de ijlende Stuyvesant nog eens extra beroerd moet zijn geworden door hun aanblik: ten eerste omdat als zij eerder waren komen opdraven, zij het tij op Sint-Maarten hadden kunnen keren, ten tweede omdat er weinig voedsel meer was op Curaçao, en hij zich het niet kon veroorloven hen van voedsel te voorzien. Hij besloot twee problemen tegelijk op te lossen door ze naar Nieuw-Amsterdam te sturen, waar, zo hoopte hij, ze Kieft konden bijstaan bij zijn problemen met de indianen. Hij dacht dat hij ze nooit weer zou zien.[12]

Ondanks de eindeloze pogingen van Van der Donck en anderen om de directeuren van de West-Indische Compagnie te overtuigen van het strategische belang van Manhattan, kwam die gedachte bij hen nooit goed over. Brazilië, waar de beter beheersbare en winstgevende suikervelden waren, was het kroonjuweel van de activiteiten van de compagnie, en derhalve het toneel van de bloederigste conflicten met Spanje. De zaak werd nog complexer omdat Nederland in de kustregionen van Brazilië vocht tegen de Portugezen, die afhankelijk waren van Spanje, en die druk bezig waren zich af te scheiden van dat land. Als boksende zwaargewichten verzamelden de beide rijken stootkracht om hun tegenstander een woeste slag toe te dienen, waarna ze zich schrap zetten voor de tegenaanval. Bij een dergelijke poging zond Portugal vanuit Lissabon zesentachtig schepen en twaalfduizend vechtjassen de Atlantische oceaan over om Nederlandse schepen die de provincie van Bahia in het oosten van Brazilië belegerden een afranseling te geven.[13]

Hoe wreed Kiefts oorlog tegen de indianen rondom Manhattan ook was, deze valt bijna in het niet vergeleken met de strijd in de Caraïben, in het bijzonder langs de Braziliaanse kust, waar gedurende dertig jaar honderden veldslagen plaatsvonden; één grote, ranzige mix van Europese tactieken met musketbataljons en uitvallen van met spiesen uitgeruste infanterie, met indiaanse gevechten met pijl en boog.

Het terrein werd omgeploegd door kanonvuur. De Europese soldaten aan beide kanten konden zich nauwelijks bewegen in hun belachelijk stijve uniformen. Ze waren overdekt met huidaandoeningen, hadden dysenterie en werden gekweld door darmparasieten.[14] Elke strijd werd onderbroken zodat oude soldaten van beide partijen stilletjes vanuit de gelederen naar voren konden treden om tussen de lijken hun halfdode kameraden op te zoeken en ze een handje te helpen door hen de keel door te snijden. De wreedheid van de veldslagen en de meedogenloosheid van de belegerde nederzettingen – het dieet in een door de Nederlanders belegerde stad bestond uit 'leer, honden, katten en ratten' – geeft aan hoeveel er op het spel stond, en geeft ook een idee van de omgeving die bijdroeg aan de vorming van de man die de bewoners van Manhattan 'de Generaal' zouden noemen.[15]

Kort nadat hij de Braziliaanse post had verlaten en hij de leiding in Curaçao had overgenomen, had Stuyvesant zonder een spoortje twijfel zijn moed op de proef gesteld en een aanval geleid op een Spaanse handelspost op de kust van Venezuela. Vervolgens installeerde hij zich in zijn rol als bestuurder, vast van plan Nederlandse orde te brengen in een omgeving die zich kenmerkte door tropische wanorde en nonchalance. Hij had de mogelijkheid geproefd om Sint-Maarten te heroveren en zijn woede over de mislukking steunde hem bij zijn toewijding aan bestuurlijke taken. Tijdens zijn drukke werkzaamheden en nog steeds worstelend met de pijn van zijn verwonding, nam hij even de tijd voor een brief aan Farret, die was teruggekeerd naar Nederland, en hij vertelde hem van zijn ongeluk. Farret antwoordde met een gedicht getiteld: 'Op het afgeschoten been van de Edele, Moedige Heer Stuijvesant, voor het eiland van Sint Maarten':

Welke dolle donder-steen stoot daar op uw been,
Mijn waarde Stuijvesant, en stort u ginder heen?
De rechter pijler die uw lichaam placht te schragen,
Wordt in ene slag vermorzeld, afgeslagen...
Gij stond te mooi in 't zicht. O al te wrede kans!
Mijn Stuijvesant, die valt en tuimelt op zijn schans,
Omdat hij de vijand als een goed soldaat durft tarten,
En lokken in het veld, op 't eiland van Sint Marten.
De kogel treft zijn been, weerkaatsend in mijn hart...[16]

Maar het negeren van de pijn hielp niet – doktoren vertelden Stuyvesant dat in dit klimaat de stomp niet zou genezen; als hij zou blijven, zou de stomp gaan rotten. Hij weigerde – hij werkte pas achttien maanden als hoofd van de Nederlandse operaties in de Caraïben – maar op het laatst stemde hij in met het plan om thuis te herstellen.

Een oversteek met een dergelijke geïnfecteerde wond zou in alle gevallen een onmenselijke zaak zijn geweest. En de reis was verschrikkelijk. De Melkmeid verliet Curaçao in augustus 1644 en bereikte pas in december een Nederlandse haven. Per schip, trekschuit en met paard en wagen, langs topgevels en door aangename, winterse rookslierten van verbrande turf en gestoofde groenten, werd hij naar het huis van zijn zus Anna vervoerd, die in de buurt van Leiden woonde. Op slag veranderde het leven; voorbij was de zeurende tropische duurproef van de laatste negen jaar. Hij bevond zich op het beschaafde Nederlandse platteland, regelmatig gevoed met gekookt vlees en gerookte vis, zijn stomp werd ingesmeerd met zalf en verzorgd. Het was een klassiek scenario: de gewonde soldaat keert naar huis terug om te worden verzorgd. En, om het verhaal compleet te maken, hij werd verliefd op zijn verzorgster.[17] Judith Bayard was de zuster van de man van Anna Stuyvesant, en woonde toen hij arriveerde in bij het stel. Het was geen vrolijk jong ding, maar een zelfverzekerde oude vrijster – ze was zevenendertig, drie jaar ouder dan Stuyvesant – die voorheen bij haar vader had gewoond (een predikant, wat hen zeker stof tot praten gaf). Toen haar vader overleed, was ze bij haar broer en zijn vrouw ingetrokken; het sprak voor zich dat zij zich over de patiënt ontfermde. Judith kwam uit Breda, dezelfde stad als waar Adriaen van der Donck was opgegroeid. Ze was een hugenoot, een calvinist wier familie gevlucht was voor de katholieke vervolging in Frankrijk.

Het is best mogelijk dat Stuyvesant gedurende de lange weken van zijn reis naar huis enige tijd heeft liggen peinzen over een nevendoel van zijn reis: dat hij in elk geval een kans zou hebben een Nederlandse vrouw te vinden. Het moet een streek van de voorzienigheid hebben geleken dat hij iemand in de schoot geworpen kreeg, of in wat daarvan over was gebleven. Maar de hofmakerij ging hem niet gemakkelijk af. Zijn zwager, de broer van de vrouw in kwestie, schijnt er zelfs een partij Franse wijn onder verwed te hebben dat Stuyvesant de lef niet had haar ten huwelijk te vragen, en zelfs zijn trouwe vriend John Farret twijfelde, en schreef in weer een volgend gedicht dat Stuyvesant nooit een verhouding zou krijgen, want 'Priapus is in hem gestorven'. Stuyvesant was hier zeer verontwaardigd over. Hij flanste een antwoord in elkaar, in een taal die kleurrijker en meer verhit was dan gebruikelijk en beschuldigde zijn vriend ervan dat 'gij zorgt dat ik zal verliezen, het wedspel van de wijn'. En verklaarde dat – mannelijk wezen als hij was – hij graag wilde dat de dame 'dit ledikant beslaapt'. Binnen een jaar waren ze getrouwd.*

Uiteindelijk genas de wond en Stuyvesant verklaarde dat hij weer fit genoeg was om aan de slag te gaan. En dus kwam hij op een dag de binnenplaats van het hoofdkwartier van de compagnie in Amsterdam opwaggelen (het gebouw bestaat nog steeds, en wordt geëxploiteerd als feestzaal – de kelners rennen heen en weer over dezelfde binnenplaats, zonder dat ze oog hebben voor het bronzen beeld van Peter Stuyvesant in het midden), voorzien van een nieuw houten been en een reputatie van durf en efficiëntie. In diezelfde periode werd er in deze burelen een brief bezorgd. Hij kwam uit Manhattan. De brief beschreef, in ongewoon scherpe en juridische termen, de rampzalige toestand in de Noord-Amerikaanse kolonie. Hij bevatte het verzoek om Kieft af te zetten en een nieuwe gouverneur te benoemen, eentje die de weg naar een vertegenwoordigend bestuur zou bereiden, 'zodat het gehele land vanaf dat moment niet langer, al naar gelang de luimen van een man, opnieuw een dergelijk gevaar moet ondergaan'.[18] De bestuurders moeten de link hebben gelegd tussen de brief en de geharde jongeman die net uit de nieuwe wereld was aangekomen en maar al te graag wilde terugkeren naar zijn Caraïbische post. De bestuurders hadden net zo weinig oor voor de overwegingen over volksvertegenwoordiging, als voor de blunderende stijl van besturen van Kieft. Het was duidelijk dat de jonge Fries die voor hen stond absoluut geen interesse had voor De Groot en Descartes; voor hem was de compagnie de enige 'natuurwet'. Hij was geen nieuwlichter, maar een moedige zoon van een predikant die wist wat plichtsbesef was en zijn plaats kende, alles bij elkaar een uitstekende jongeman. En er bestond geen twijfel over dat hij binnen afzienbare tijd uit de voeten kon met zijn kunstbeen.

*

Ondertussen, in Schotland – op een zomerse dag in 1637 – had een vrouw genaamd Jenny Geddes een andere keten van gebeurtenissen in gang gezet.[19] Volgens het verhaal dat in Schotland een mythe werd, was zij een Edinburghs 'koolvrouwtje', of een koolverkoopster. Als je de

* Het paar reisde naar Breda om te trouwen. In het archief van 13 augustus 1645 in de Waalse (Frans sprekende) kerk staat te lezen: 'Mons. Pierre Stuyvesant, J. H. directeur de la part de la Compagni de Oestinde en Nieu Nederland et Judith Bayard jeune fille de Mons. Bayard, en sa vie pasteur de l'Eglise Franc, a Breda.'

chaostheorie zou kunnen toepassen op het verleden, dan zou haar daad – het wegsmijten van een krukje – te vergelijken zijn met de slag van de vleugels van een vlinder die op termijn een storm tot gevolg heeft.

Het doel die zondag was het hoofd van de meest geleerde en gerespecteerde man van Schotland, dr. Hanna, deken van de St. Giles kathedraal. De deken stond op zijn kansel, waardig en gekleed in zijn ambtsgewaad, met in zijn hand een klein boekje, vers van de pers, waar op de titelpagina, gedrukt in rode en zwarte inkt en voorzien van een eenvoudige maar sierlijke rand, het doel stond aangegeven: 'The Book of Common Prayer [de anglicaanse liturgie. Vert.], And Administration Of The Sacraments, And other parts of divine service for the use of the Church of Scotland, Printed by Robert Young, Printer to the Kings most Excellent Majesty, *M.D.C.XXXVII*'. De kathedraal zat vol met zowel landheren als boeren. Iedereen voelde blijkbaar dat er iets in de lucht hing – ze snakten naar een gevecht. De deken opende het boek en begon voor te dragen. Een doordringende stem onderbrak hem – Jenny Geddes, die luid schreeuwde: 'Leest gij mij de mis?' Waarna ze de kruk die ze had meegenomen (stoelen waren voor mannen – als ze wilden zitten moesten vrouwen hun eigen kruk meenemen) beetpakte, mikte en hem naar het hoofd van de deken smeet.

Het gooien van de kruk was te vergelijken met het Schot dat overal op de wereld werd gehoord [19 april 1775, Lexington, begin Onafhankelijkheidsstrijd. Vert.] en deed de Engelse Burgeroorlog ontbranden. Vanaf dat moment zou koning Charles zijn rol als deftige monarch op moeten geven en overgaan op die van generaal die legers aanvoerde die trouw aan hem waren, en vocht tegen legers die zich schaarden achter het parlement. De gebeurtenissen die met deze oorlog samenhingen, zouden op verschillende manieren van invloed zijn op het ontstaan van Amerika, op Manhattan en ook op de Engelse kolonies.

Misschien was de Engelse Burgeroorlog bovenal een godsdienstoorlog. Als de zeventiende eeuw in grote lijnen is te beschrijven als een strijd om de wereldmacht, dan bestaan de details uit beschrijvingen van oorlogen die, in een periode dat verschillende samenlevingen de naweeën ondervonden van de reformatie, voortkwamen uit botsingen tussen religieuze wereldbeelden. Toen de Church of England onder Hendrik VIII had gebroken met de katholieke kerk, had deze een gematigde vorm van protestantisme aangenomen, met handhaving van de hiërarchie van klerikale functionarissen en de door Rome beïnvloede voorkeur voor versierde liturgische gewaden en dito liturgie. De meeste mensen konden zich hierin vinden, maar anderen ergerden zich eraan. Oorspronkelijk was het puritanisme geen Engelse beweging, maar een ideologisch implantaat afkomstig van het continent, een soort tweede reformatie, een oproep om de revolutie door te laten gaan. De Engelse puriteinen bekeken de gebeurtenissen in de wereld door een theologische bril. Ze zagen de godsdiensttwisten op het vasteland woeden – de Dertigjarige Oorlog was in wezen een reeks pogingen van katholieke machten om de afscheiding door protestantse landen terug te draaien – en ontwikkelden, naast hun minimale modevoorschriften, de gedachte dat Engeland Nieuw-Israël was, het oord dat door God gezegend was als het grote bolwerk dat stand moest houden tegen de paus en zijn snoevende roodgejurkte trawanten. Gedurende de regeringsperiode van Charles waarde het puritanisme door de Engelse maatschappij, en overtuigde boeren én aristocraten. Het was een bruikbare handreiking voor de manier waarop je je leven kon verbeteren en een richtpunt voor nationale trots. En niet te vergeten moest je ook van die alleraardigste hoeden dragen.

Het puritanisme was ook een democratische beweging. In navolging van in eerste instantie Maarten Luther en later Johannes Calvijn richtten de puriteinen hun gramschap op het katholieke idee van een door de mens bepaalde hiërarchie die zichzelf inwrong tussen gewone christenen en hun God. In het verlengde hiervan vonden ze ook dat katholieke parafernalia (het met veel tierelantijntjes versierde priesterhabijt, de opzichtige schilderingen, de kaarsen en wierook) de belangrijkste handelingen van het christelijk leven (de studie en het gehoorzamen van de Bijbel) in de weg stonden en dus uitgebannen moesten worden. Op een gegeven moment sloeg de achterdocht ten opzichte van het kerkelijk gezag over op de politiek – de puriteinen kwamen tegenover elke autoriteit te staan die zich mengde in wat zij zagen als hun heilige missie, zelfs al was die autoriteit hun eigen koning. Degenen die de oceaan overstaken om zich te vestigen in Noord-Amerika hadden dan misschien Engeland als Nieuw-Israël opgegeven, maar ze namen hun gevoel van uitverkoren zijn wel mee. De nieuwe wereld zou 'Nieuw-Jeruzalem' zijn. Het democratische zaad dat was gezaaid tijdens de opstand tegen Charles zou honderddertig jaar later tot wasdom komen in de Amerikaanse Revolutie. Het was deze combinatie van oprechte geloofsijver, gekoppeld aan politieke hervormingsgezindheid die de grote bijdrage van de puriteinen zou zijn aan het vormgeven van het doel van Amerika; het is hierom dat Amerikaanse historici en leiders, tot Ronald Reagan aan toe, met zijn 'stralende stad op de top van een berg', de puriteinse wortels van het land hebben bezongen. Het betoog in dit boek ontkent deze invloed niet, maar voegt een andere invloed toe die een rol speelt bij de vorming van het eigene van Amerikaanse.

Charles, die moedwillig, opzichtig en uit eigengereidheid het contact met zijn onderdanen had verloren, zorgde ervoor dat de burgeroorlog in Engeland onafwendbaar was. Met zijn landhuizen, zijn verwijfde gedoe, zijn katholieke vrouw en zijn grote zalen vol schilderijen van Van Dyck en Rubens, leefde hij in zijn eigen wereld, waarin hij als koning dacht te moeten verblijven, en elk jaar werd de afstand tot de maatschappij die hij moest besturen groter. Hij hield van pracht en praal; hij had een voorkeur voor kostuums en rituelen tijdens de zondagse kerkdienst. Op zijn voorspraak voerden de geestelijken opsmuk in op de kleding en in de kerken – meer zoals de Roomsen dat deden. (Een puriteinse leidsman vergeleek het project van Charles om de St. Paul te versieren met het 'fabriceren van een stoel voor de reet van een priester'.[20]) Charles beschouwde de puriteinen als enge ketterjagers, op hun manier even bijgelovig als de katholieken met hun relikwie-aanbidding die ze verfoeiden. Hij was blij dat het hem lukte om het drukken van hun religieuze traktaten te verbieden – wat hen in de armen dreef van de drukkers in Leiden en Amsterdam.

In Schotland was de puriteinse hervormingsbeweging het sterkst, en dus besloot Charles, met een geweldig gebrek aan politiek verstand, om de Schotten tot de orde te roepen door in hun kerken een nieuw gebedenboek en een nieuwe liturgie in te voeren, eentje die ontegenzeggelijk meer katholieke trekken had in de rituelen en taal. Dit mondde uit in het werpen van de kruk door Jenny Geddes en, uiteindelijk, in een openlijke opstand van de Schotten. Voor het eerst in elf jaar riep Charles het parlement bijeen om geld in te zamelen dat hij nodig had voor het neerslaan van de Schotse opstand. Toen dat eenmaal samengekomen was, hadden de puriteinen een machtsbasis vanwaaruit ze hun campagne tegen de koning konden voeren.

De Nederlandse autoriteiten volgden elke stap van de op handen zijnde crisis. In juli 1642, schreef Albert Joachimi, de Nederlandse ambassadeur in Londen – die een tiental jaren eerder bij Charles had gepleit voor de vrijlating van De Eendracht, die Peter Minuit terug had gevoerd vanaf Manhattan totdat de Engelsen er beslag op legden – een reeks levendige en in toenemende mate schriller wordende rapporten aan zijn superieuren in Den Haag, die lazen als nieuwsverslagen vanuit de frontlinie, en dat waren ze ook: 'Er is hier wat meer cavalerie verschenen; en bij de infanterie klinkt nog steeds tromgeroffel.'[21] 'Wij hebben hier nieuws ontvangen van het beleg van het kasteel Sherborne [...] de belegerden hebben twee- à driehonderd aanhangers van het parlement gedood [...] De Franse ambassadeur heeft de koning vaarwel gezegd en overweegt deze week te vertrekken [...] afgelopen zaterdag vertelde een gezaghebbende rondkop mij, dat de graaf van Essex zich op twintig kilometer afstand van Shrewsbury bevond; die plaats is versterkt door de koning, die zijn hoofdmacht daar houdt.'[22] De oude diplomaat voorvoelde wat er zou gaan gebeuren en hij adviseerde zijn regering om te profiteren van de belegerde staat van Charles en een einde te maken aan de groeiende wrijving tussen de Engelsen en de Nederlandse kolonies in Noord-Amerika. De Staten-Generaal, schreef hij, 'zouden een brief aan de koning moeten schrijven waarin hem gevraagd wordt de Engelsen in Nieuw-Engeland te bevelen de Nederlanders in Nieuw-Nederland met rust te laten'.

Het was volgens Joachimi nodig tot handelen over te gaan, omdat de druk vanuit het noorden op de Nederlandse kolonie groeide. Dankzij de onrust in Engeland was de bevolking van Nieuw-Engeland gegroeid tot het tienvoud van de bevolking in Nieuw-Nederland. Wat ten tijde van Peter Minuit nog bestond uit een paar kleine nederzettingen (Plymouth en Massachusetts Bay), waar de mensen vochten voor hun leven en dankbaar waren voor een paar geschenken van de Nederlandse afgevaardigden, daar was nu sprake van volledig functionerende kolonies. Connecticut en New Haven waren gevormd op grond die de Nederlanders als de hunne beschouwden. Elk van deze kolonies had een eigen bestuur, en allemaal handelden ze min of meer zonder tussenkomst van hun thuisland, wat te danken was aan het feit dat de koning en het parlement bezig waren elkaar te overbluffen. In 1643 vormden ze een verbond, om sterker te worden, in eerste instantie ten opzichte van de Nederlandse provincie, de *United Colonies of New England*.

Maar vreemd genoeg, ondanks de druk die men voelde van de bevolkingstoename in het noorden, profiteerde ook de op Manhattan gevestigde kolonie merkbaar van de stroom vluchtelingen die vanuit Engeland naar New England verhuisden. De puriteinse opstand in Engeland had, gezien de brede steun onder de bevolking, een wonderbaarlijk inperkende ideologie. Het was niet voldoende als je een vuurspuwende protestant was, maar je moest het juiste soort vuurspuwende protestant zijn, anders was aan de helderheid van je vlam te zien dat je toe was aan een theologische zuivering. 'Een heks zult gij niet in leven laten,'[23] verklaarde Exodus in de vertaling onder leiding van de vader van Charles, en baptisten, anabaptisten, familisten en mennonieten werden daarmee allemaal gebrandmerkt als heksen. Tegenwoordig kun je je over een dergelijke idiotie verbazen, maar in een eeuw vol bezweringen en toverdrankjes was het een serieuze zaak om uit te maken wie op de brandstapel moest belanden.[24]

Dus vertrokken de mensen in golven uit Engeland. Maar leden van versmade sekten die ervoor kozen om achter de pelgrims aan te trekken naar Amerika, kwamen erachter – na aan de verschrikkingen van een reis over de oceaan te hebben blootgestaan – dat de puriteinse meerderheid in Nieuw-Engeland dezelfde harde lijn aanhield als in Engeland. In de open ruimte van Nieuw-Engeland was in wezen zelfs nog minder theologische speelruimte. Het zou nog even duren voordat de heksenhysterie zijn hoogtepunt zou bereiken, maar de gemeenschappen gingen er al snel toe over om alternatieve godsdienstijveraars te excommuniceren en te laten vallen. Dus vanaf 1640 was er sprake van een tweeledige relatie, waarbij een stroom Engelse sektaristen vanuit het oude Engeland naar het nieuwe vluchtten, waarna ze zich in hun radeloosheid de tolerantie herinnerden waarvan de Nederlanders zo hoog opgaven en ze naar het zuiden trokken om beschutting te zoeken in de op Manhattan gevestigde kolonie. Ze kwamen langs het traliewerk van het poortgebouw van Fort Amsterdam binnenstrompelen en Willem Kieft was blij met ze. Hij maakte zich in dat stadium op voor een serieuze strijd en erkende dat de bevolking moest toenemen om te overleven. En – ziehier de ondoorgrondelijkheid van het zeventiende-eeuwse Nederlanderschap – hij wees hun land toe waarop ze zich konden vestigen, hij stond bovendien toe dat ze hun godsdienst uitoefenden op een manier die hen zelf uitkwam, een zeldzaamheid in die tijd. Terwijl hij enerzijds verbood dat zijn landgenoten zich ook maar enigszins konden laten vertegenwoordigen, stond hij er in feite tegelijkertijd op dat nieuwkomers werden onthaald met de godsdienstvrijheid die deel uitmaakte van zijn trotse culturele erfgoed – zo te zien was dit geen moeilijke afweging. Het is de moeite waard erop te wijzen dat de kolonisten zelf zich heel goed bewust waren van hun status als wijkplaats, ze waren er trots op ook. Van der Donck die over een van deze Engelse vluchtelingen schrijft, beschreef de situatie, bijna zoals een historicus dat in de verre toekomst had kunnen doen: '[Hij] kwam naar Nieuw-Engeland bij het begin van de problemen in Engeland, om eraan te ontsnappen, en ontdekte dat hij van de regen in de drup was beland. Daarom plaatste hij zichzelf onder de bescherming van de Nederlanders, zodat hij overeenkomstig de Nederlandse reformatie, vrijheid van geweten zou genieten, die hij tot zijn verbazing niet aantrof in Nieuw-Engeland.'[25]

Kieft liet de pas gearriveerden trouw zweren aan de Staten-Generaal en schonk ze land waarop ze zich konden vestigen, en vanaf dat ogenblik hielpen ze de fundamenten te leggen van wat New York City zou worden. Er bevonden zich meerdere opmerkelijke lieden onder hen. Lady Deborah Moody, een kordate Londense aristocrate, was bekeerd tot het anabaptisme en verklaarde dat ze bereid was te sterven voor de excentrieke opvatting dat iemand geen baptist mocht worden voordat hij oud genoeg was om het te begrijpen. De Londenaren waren geshockeerd; ze was een waardige vijftiger toen ze tussen boerenlui en minder volk plaatsnam op een door en door stinkend en overvol houten schip en naar de Massachusetts Bay Colony vluchtte.[26] Daar dreigde het hof van Salem haar te verbannen als ze weigerde afstand te doen van haar ongewone opvattingen. De puriteinse voorman John Endecott verklaarde in een beroemde uitspraak: 'Zij is een gevaarlijke vrouw.' Kieft gaf haar en haar volgelingen de zuidwestelijke punt van Lange Eylandt in eigendom. De initiatiefrijke vrouw tekende zelf de plattegrond voor de gemeenschap, die Gravesend genoemd werd (de opzet van het oorspronkelijke plan is nog steeds te zien op de kruising van McDonald Avenue en Gravesend Neck Road). Vervolgens ging ze aan de slag en zorgde voor haar kudde welbewuste baptistische volgelingen en stichtte aldus als eerste vrouw, in dat deel van Breuckelen waaronder nu Bensonhurst, Coney Island, Brighton Beach en Sheepshead Bay vallen, een nederzetting in de nieuwe wereld.

Ook Anne Hutchinson reisde van Engeland via Massachusetts naar Manhattan, op zoek naar vrijheid om haar geloof te volgen dat individuen in contact kunnen komen met het goddelijke zonder enige hulp van een georganiseerde godsdienst.[27] De leiders van New England beschouwden haar als de zeventiende-eeuwse variant van een anarchist – Hutchinson wilde afstand doen van de erfzonde, een morele stok om mee te slaan die volgens de puriteinse politici onmisbaar was om het gezag te handhaven. Bijzonder alarmerend was het feit dat zij in Boston al snel navolgers kreeg. Kieft vond het allemaal best – of misschien voorvoelde hij dat ze niet lang genoeg zou leven om problemen te veroorzaken: toen ze in zijn gebied opdook, plaatste hij haar in een niemandsland in de buurt van het gebied waar de indianen voor beroering zorgden. Binnen een jaar nadat zij en haar kleine groep volgelingen zich hadden gevestigd op het land dat hij had aangeboden (op Pelham Bay in de Bronx, op de oever van de rivier die nu naar haar genoemd is) werden Hutchinson, zes van haar kinderen en negen anderen afgeslacht door de indianen.

Dominee Francis Doughty, de derde van de drie bijna legendarische leidende figuren van Engelse vluchtelingen die naar de Nederlandse kolonie trokken, was vanwege zijn 'non-conformisme' uit zijn functie als predikant in Gloucestershire gezet, en shockeerde zijn toehoorders met de uitspraak 'dat Abrahams kinderen gedoopt hadden moeten worden'[28] en reisde vervolgens af naar Manhattan. Ook hij ontving een royaal stuk land van Kieft, en begon met het stichten van wat de eerste Europese nederzetting zou zijn in het toekomstige Queens, totdat een wrede aanval van de indianen alles op zijn kop zette. Dominee Doughty overleefde het, nam afstand van de woeste natuur op Lange Eylandt en, op zoek naar een nieuw perspectief, vestigde hij zich als predikant voor de groeiende Engelssprekende bevolking van Manhattan. Kieft stemde hier niet mee in; hij had een bufferzone van gemeenschappen rondom Nieuw-Amsterdam gepland en stond erop dat Doughty de overgeblevenen van zijn Engelse volgelingen mee terug zou nemen naar zijn land op Lange Eylandt. Doughty bleek eveneens een sterke wil te hebben, en hij verzette zich tegen de gouverneur, min of meer met het argument dat als Kieft dacht dat het zo veilig was om buiten in de wildernis te verblijven, dat hij dat dan zelf maar eens moest proberen. Kieft herriep de schenking van het land en sloot Doughty voor de zekerheid vierentwintig uur op in een cel in het fort.[29]

Doughty trad als vanzelfsprekend toe tot het alsmaar groeiende kamp van de anti-Kieft beweging in de kolonie. Hij was ook iemand die het heel gewoon vond om mensen voor het gerecht te dagen en beschuldigde in juni 1645 een andere Engelsman, William Gerritson, ervan een lasterlijk lied over hem en zijn dochter Mary te hebben gezongen. Misschien was het in de rechtszaal dat hij een jonge advocaat in het oog kreeg – of liever, dat zijn achttienjarige dochter dat deed. Wij weten niet waar Adriaen van der Donck en Mary Doughty elkaar voor het eerst hebben ontmoet, maar Van der Donck was die keer waarschijnlijk wel in het hof aanwezig.[30] En mocht er aanvankelijk al sprake zijn geweest van taalproblemen tussen de ontwikkelde Nederlander en de jonge Engelse, de dochter van een scherpe en onafhankelijk ingestelde vader, die zichzelf zou bewijzen als een vindingrijke pionierster, dan waren deze problemen snel overwonnen. Ze trouwden nog datzelfde jaar.

De romance liet echter nog even op zich wachten. Kort voordat het stel elkaar tegenkwam, waren de bestuurders van de West-Indische Compagnie in Amsterdam bijeengekomen om de toestand in de verschillende handelsposten te bespreken. Ze spraken hun tevredenheid uit over de goede samenwerking tussen Angola en Brazilië: wat als proef begonnen was om slaven vanuit West-Afrika naar de andere kant van de oceaan te vervoeren om werk te verrichten op de Zuid-Amerikaanse plantages van de compagnie, was nu een bloeiende onderneming. 'Alles is, God zij dank, in goede staat,'[31] rapporteerden ze aan de regering in Den Haag, wat buitengewoon opgeruimd klonk, gezien hun aandeel in een van de meest trieste en afschuwelijke daden van de mensheid ooit, 'en door de tewerkstelling van de negers, die van tijd tot tijd vanuit Angola naar Brazilië worden aangevoerd, bij het verbouwen van graan, wordt er in zulke hoeveelheden meel geproduceerd, dat wat voorheen 8 tot 10 guldens kostte, nog slechts verkocht kan worden voor zes stuivers.'

Over Manhattan besloten de directeuren dat Kieft opdracht zou krijgen om te werken aan een vredesverdrag dat de desastreuze indiaanse oorlog moest beëindigen, terwijl ze ondertussen rustig bezig waren een opvolger voor hem te vinden. Kieft ontving de instructies midden in de zomer en, misschien voorvoelend dat zijn dagen als gouverneur geteld waren, nam stevige maatregelen om ze uit te voeren. Hij wist dat het centrum van de macht van de indianen in het noorden lag. De Mohawks en Mahicanen hadden de Munsee-sprekende stammen die verbleven in de lagere delen van de riviervallei aan zich onderworpen en stuurden regelmatig afgezanten die belastingen kwamen innen. Dus hoewel er een conflict was met de meer in het zuiden wonende indianen, besloot Kieft dat het verstandig zou zijn om eerst een formele vrede overeen te komen met de sterkere stammen, om er zeker van te zijn dat de Raritans, Tappans en andere groepen dichter bij Manhattan zouden volgen. Dit betekende wel dat hij zou moeten doordringen tot het duistere hart van het noorden, en hij zichzelf moest blootstellen aan de wilden. Nog steeds had Kieft nauwelijks een voet buiten Nieuw-Amsterdam gezet. Hij had iemand nodig die de indianen in het noorden kende, die hun taal sprak, iemand die ze kenden en vertrouwden. Hij wendde zich tot Adriaen van der Donck.

Kieft was nog niet bekend met de eerste brief waarin de voorafgaande herfst om zijn ontslag werd gevraagd. Hij wist absoluut niet dat Van der Donck de ontevreden kolonisten had ontmoet. Van der Donck lijkt opnieuw de rol van ideale zoon te hebben gespeeld, bleef, net zoals hij had gedaan met Kiliaen van Rensselaer voordat hij de oude man begon uit te dagen, op goede voet staan met de gouverneur. Hij wilde helpen.

Op de 240 kilometer lange tocht over de rivier nam Kieft ook Johannes la Montagne mee, het tweede lid van zijn tweemansraad, en ongetwijfeld een contingent soldaten. De indianen stemden in met een ontmoeting binnen de muren van Fort Oranje; de ambtenaren van Rensselaerswijck waren ook van de partij. Een man met een officiële functie was een Mohawk-indiaan, Agheroense heette hij, die alle talen van het Iroquois-verbond sprak, evenals het Mahicaans en die Van der Donck als vertaler zou bijstaan. Agheroense – en naar alle waarschijnlijkheid ook Van der Donck en gouverneur Kieft – hadden de nacht doorgebracht in het 'patroonshuis' waar de directeur van Rensselaerswijck woonde. Hij kwam die ochtend naar beneden, begroette Van der Donck, die hem voorstelde aan Kieft, en de drie mannen zetten zich aan het onbijt en raakten aan de praat, terwijl Agheroense op zijn gezicht de ceremoniële beschilderingen aanbracht.[32] Kieft raakte zichtbaar opgewonden toen hij dat zag, want de man beschilderde zijn gezicht met een glinsterend goudkleurig materiaal. Hij vroeg Van der Donck ernaar te informeren; in zijn hoofd was een sluimerende hoop ontwaakt – wat voorheen alle Europeanen overkomen was die gehoord hadden dat de Spanjaarden goud hadden ontdekt in Zuid-Amerika. Zou hier de oplossing voor de financiële problemen van de kolonie liggen? En als dat het geval was, zou dat de redding betekenen van zijn eigen loopbaan? Agheroense overhandigde de pot aan Van der Donck, die hem doorgaf aan Kieft, die vroeg of hij hem kon kopen, zodat hij het beter kon bestuderen.

Tijdens de vredesbesprekingen was Van der Donck een beetje ironisch gestemd. De student recht en intergouvernementele relaties bevond zich in een unieke gelegenheid om te observeren. Aan de ene kant van hem zaten indianen met wie hij samen had geleefd, wiens maatschappij hij had bestudeerd en die hij in vele opzichten bewonderde, terwijl hij de afgevaardigde van zijn eigen volk verachtte vanwege zijn gebrek aan integriteit. In de loop van de gesprekken werd Van der Donck duidelijk dat Kieft zich niet had voorbereid. In zijn latere geschriften over de indianen uit het gebied, in de passage waar hij de verdragsrituelen beschreef, gaf hij aan dat het gebruikelijk was een voorstel mondeling uit te spreken en tegelijkertijd een geschenk te overhandigen. De gift moest tijdens de voortgang van de besprekingen worden opgehangen; de andere partij had drie dagen om het geschenk aan te nemen en daarmee aan te geven dat ze tot overeenstemming waren gekomen.[33] Kieft had geen geschenk meegenomen om op te hangen. Voor een verdrag van deze omvang, waar zowel de Mohawks als de Mahicanen bij betrokken waren, was iets substantieels nodig, anders zouden de opperhoofden beledigd worden. Kieft vroeg of Van der Donck hem iets kon lenen en beloofde hem overvloedig terug te betalen voor zijn verdiensten voor de kolonie.

Van der Donck verschafte het benodigde – blijkbaar een flinke hoeveelheid sewant – en toen ze eind juli 1645 terugkwamen in Nieuw-Amsterdam kwam Kieft zijn belofte na. Hij schonk Van der Donck wat hij het liefste wilde hebben: zijn eigen landgoed, het eigendomsrecht van een groot stuk land. Een areaal dat bovendien erg goed gelegen was, niet al te ver weg in het noordelijk achterland, maar in de buurt van Manhattan. Het aan Van der Donck toegewezen gebied begon op het vasteland, pal ten noorden van het eiland en liep twintig kilometer langs de rivier, en oostwaarts strekte het zich uit tot de rivier de Bronx – een gebied van in totaal zevenennegentig vierkante kilometer.[34] Als dank voor zijn verdiensten, en voor het voor zich houden van zijn gevoelens ten opzichte van Kieft, werd hij heer van grote delen van wat tegenwoordig de Bronx is en het zuiden van Westchester County. Hij trok er meteen naar toe, kocht het land van de indianen en het jaar erop gingen hij en Mary aan de slag. Ze huurden pachters in om het land te ontginnen en timmerlieden om een huis en een zaagmolen te bouwen. (De zaagmolen werd zo belangrijk voor de gemeenschap die zich later vestigde in het gebied, dat de rivier waaraan hij stond – en later de snelweg die er langs liep er naar vernoemd zou worden.) Het bezit van zo'n groot stuk land ging gepaard met een soort niet-officiële titel. In Nederland was een jonker (of jonkheer) een jonge landheer met de nodige bezittingen. Vanaf die tijd wordt Van der Donck in de Nederlandse archieven de Jonker genoemd. Lang na zijn dood zou de titel voortleven als informele naam voor het landgoed – 'het Jonker's land', zo noemde men het. In de Engelse periode werd deze naam ingekort tot Yonkers en aldus kon het gebeuren dat een plaatsje in het laaggelegen deel van Westchester County de enige plaatsnaam is waarin de geschiedenis van Amerika nog een klein beetje eer betoont aan Adriaen van der Donck.

Bij zijn terugkeer naar Manhattan begon Kieft meteen met het nemen van maatregelen ter voorbereiding van een vredesverdrag met de indianen in het gebied. Op 30 augustus 1645, onder 'het blauwe hemelgewelf', hadden alle inwoners van de stad zich voor het fort verzameld.[35] Een statige rij indianen was aanwezig – Oratany van de Hackinsack, Sesekemu van de Tappan, Willem van de Rechgawawanck, Mayauwetinnemin voor de Nyack en Aepjen van de Wickquasgeck – of namens hun stammen, of in sommige gevallen 'in de functie van gevolmachtigde van naburige hoofden'. Beide partijen sloten 'een stevige en onschendbare vrede', en stemden ermee in dat toekomstige geschillen niet met geweld maar met overleg opgelost moesten worden. Twintig mannen van beide partijen zetten een teken of handtekening onderaan het verdrag. Adriaen van der Donck was niet aanwezig, maar zijn toekomstige schoonvader, dominee Doughty, was een van de ondertekenaars. De volgende dag vaardigde Kieft twee proclamaties uit: de ene riep op voor een dankfeest, de andere kondigde een onderzoek aan naar de mijn waar het intrigerende goudstof van de Mohawks vandaan kwam. Hij vond dat hij een drievoudige zege had behaald: zijn baan gered, de oorlog gestopt en – als de eerste proeven met het goud juist waren – hij had iets ontdekt wat voorspoed kon brengen voor de kolonie en, misschien wel, een einde kon maken aan de verwijten van de inwoners.

Voor wat betreft het einde van de oorlog had hij gelijk, dat gold niet voor de andere zaken. Alles om hem heen stortte in. Op een junimorgen in de grazige hooglanden van Northamptonshire bereikte de Engelse Burgeroorlog zijn hoogtepunt. Een daverende ruzie tussen de met lansen uitgeruste strijdkrachten van het parlement en de aanhangers van de koning mondde uit in de kreet van de puriteinse cavalerie onder Cromwell – 'God is onze kracht!' – die het royalistische leger in twee kampen verdeelde, waarna vierduizend man zich overgaven.[36] De Engelse onlusten gaven de puriteinse Nieuw-Engelanders moed. Ze hadden al twee reusachtige delen (Connecticut en New Haven) van het Nederlandse gebied geannexeerd en bleven aandringen, scheepsladingen kwamen vanaf het vasteland naar de meest oostelijke punt van Lange Eylandt en bivakkeerden daar in gemeenschappen op Nederlandse bodem. In het zuiden bleek het feit dat Kieft na had gelaten iets te doen tegen de Zweedse inval die Peter Minuit had ondernomen, rampzalig uit te pakken. De kolonie van Nieuw-Zweden had nu drie forten en er woonden driehonderd kolonisten; de kundige militaire bevelhebber had de Nederlandse handelspost aan de rivier overvleugeld en de indianen in het gebied ervan overtuigd alleen met Zweedse tussenpersonen te handelen. En het goud bleek pyriet te zijn – *fool's gold*.

En de kolonisten en hun verwijten? Melyn en Kuyter hadden slechts een begin gemaakt met hun oppositie tegen de West-Indische Compagnie en de feodale manier waarop ze werden behandeld. Nu hadden ze een medestander, een welgesteld man die belang hechtte aan de gemeenschap, die precies de vaardigheden had die ze konden gebruiken, die inzag dat de problemen van de kolonie, intern en extern, alleen opgelost konden worden door een wezenlijke verandering van de status, en die zich in het geheim had voorgenomen de strijd tot het einde toe uit te vechten – tot helemaal in het binnenste van de regeringsgebouwen in Den Haag. Van der Donck was zelfverzekerd. Hij was in de levensfase terechtgekomen waarop een man niet langer student is en toekijkt, maar overgaat tot handelen. In 1647 had hij een vrouw en het landgoed dat hij graag had willen hebben. De ironie wil dat hij voor beide te weinig tijd zou hebben. De strijd zou al zijn tijd in beslag nemen, een doel zijn, een kans om de principes van gerechtigheid door te voeren op een manier die zich niet eerder had voorgedaan.

Uiteindelijk kwam de dag dat Kieft werd vervangen. Op een bepaalde manier moet Kieft er klaar voor zijn geweest: het was hem al eens eerder overkomen, toen hij ontsnapt was uit de haven van het Franse La Rochelle. Hij was de man die gebrandmerkt werd door de dood en het afsnijden van ledematen waartoe hij opdracht had gegeven, en terwijl hij aan de waterkant stond, op 11 mei 1647, kijkend naar een roeiboot die kwam aanvaren uit de richting van de vier pas gearriveerde schepen die voor anker lagen, moet de inspanning en duisternis zich in zijn ogen en op zijn gezicht hebben afgetekend; hij stond in een kwade reuk. Het was een azuurblauwe lentedag, en, net als de personages aan het eind van een toneelstuk, waren alle bewoners van de gemeenschap daar bijeengekomen, hoofdrolspelers evenzeer als bijrolspelers: Joris Rapalje en Catalina Trico, samen met hun kinderen en kleinkinderen; Anthony 'den Turk' van Salee en zijn vrouw Griet Reyniers – beiden gerespecteerd nu, maar nog steeds ruzieachtig – en hun vier dochters; Anna van Angola, een Afrikaanse weduwe die juist een vergunning had gekregen voor een boerderij op Manhattan, evenals Antony Congo, Jan Negro en andere zwarte bewoners, of ze nu slaaf waren of vrij; groepjes Denen, Beieren, Italianen en een handvol indianen uit de omgeving; Cornelis Swits, zoon van de vermoorde Claes Swits; de Engelse aanvoerders van vluchtelingen Lady Deborah Moody en dominee Francis Doughty; Everardus Bogardus, de bierhijsende predikant die de kolonisten had bijgestaan bij hun strijd tegen Kieft door hem vanaf de kansel te hekelen; de actievoerders Kuyter en Melyn; de aanhanger van de compagnie, Cornelis van Tienhoven, die in dienst van Kieft indianen had afgeslacht en gemarteld, en hoopte dat hij mocht aanblijven onder het nieuwe bewind. En daar op de met keien geplaveide kade stonden ook Adriaen van der Donck en zijn Engelse vrouw Mary – van hem is een van de beschrijvingen van deze scène afkomstig. De stemming was feestelijk. Er werd gejuicht; feestelijke kanonschoten werden afgevuurd. De dag van de verlossing was gekomen.[37]

Toen, langzaam, als grijze regen, viel de stilte over hen heen. Van een afstand zullen ze eerst zijn harde, kleine ogen gezien hebben, die als scherpe kiezels in het brede vlak van zijn gezicht lagen. Toen moet een zonnestraal hun aandacht hebben gevestigd op zijn borstplaat, en op het zwaard aan zijn middel: het gestaalde, nauwgezette, militaristische geheel. Als laatste moeten ze gezien hebben hoe hij van boord ging, en plotseling hebben waargenomen, zoals dat gebeurt met alles wat afwijkt, dat hij zich vreemd bewoog, met een onnatuurlijke stijfheid, zonder begeleidende grijns en zonder een spier te vertrekken, alsof hij de pijn openlijk tartte. En alle ogen bewogen zich als vanzelfsprekend naar omlaag en zagen het, hij miste een been.

9

DE GENERAAL EN DE PRINSES

Hij kwam met een gevolg: vier schepen met soldaten, zijn groep 'raadsleden' en een vrouw. Met zijn goede omgangsvormen, zijn houding van een soldaat-staatsman, maakte hij indruk op de kolonisten. 'Net een haan, in vol ornaat en met veel gewichtigdoenerij,' zo vatte Van der Donck de aankomst samen.[1] De mensen zelf waren eveneens op hun paasbest gekleed: we kunnen ons voorstellen dat ze, op deze lentedag in 1747, veel slappe hoeden droegen, geregen kragen, strakke broeken of ribfluwelen knickerbockers en wijde laarzen – een scène van Rembrandt in Lower Manhattan.

Onder de wieken van de windmolen en de vervallen muren van het fort, tegen het schitterende decor van de haven, vond een formele ceremonie plaats – de bestuursoverdracht. In het begeleidende praatje beloofde Stuyvesant zich 'als een vader over zijn kinderen'[2] te zullen ontfermen. Hij liet duidelijk blijken wie de baas was: terwijl alle leden van de gemeenschap ter ere van hem hun hoeden afdeden, hield hij de zijne op. Terwijl de kolonisten bleven staan, nam hij plaats in de stoel.

Kieft sprak, en bedankte de kolonisten voor hun loyaliteit en vertrouwen in hem. Dat was pure huichelarij, de lege prietpraat die politici overal bezigen, en in een gewone Nederlandse handelspost zou het zwijgend worden aangehoord. Maar hij beging de vergissing om even te pauzeren, om de gemeenschap de kans te geven hem te bedanken, zoals het protocol dat voorschreef. Jochem Kuyter maakte van de gelegenheid gebruik en gaf lucht aan de opgekropte woede van een zeeman, waardoor duidelijk werd dat Kieft allesbehalve dank verdiende. Cornelis Melyn voegde hier enkele luide opmerkingen aan toe. Anderen sloten zich aan; de ceremonie dreigde op de bekende chaos uit te lopen.

Toen keek eigenlijk iedereen naar Stuyvesant. Hij had charisma; de mensen voelden dat, hielden in de gaten wat hij wilde. Nu hielden ze hun mond. Stuyvesant had zich uiteraard laten informeren over de situatie; nadat hij het archief in Amsterdam had bekeken, dat ook de klachten van de kolonisten bevatte, wist hij er in feite meer van dan

Kieft zelf. Hij moet voor Kieft de vernietigende minachting hebben gehad van de legerofficier die weet dat de ander het respect van zijn ondergeschikten verloren heeft. Aan de andere kant ging het in tegen zijn instincten om nu de zijde te kiezen van de opstand tegen het gezag. Hij kende in elk geval enkele van de leiders uit het opstandige kamp, hij kende de namen Melyn en Kuyter. Hij beloofde de gemeenschap dat er onder zijn leiding eerlijk en snel recht zou worden gesproken. Toen maakte hij vlug een einde aan de bijeenkomst.

Hij moet geschrokken zijn door dit vertoon van wanorde en opstandigheid in de kolonie. Hij had Curaçao als een militair dictator bestuurd, wat in ieders belang bleek te zijn; hetzelfde had hij in Brazilië meegemaakt. Deze handelsposten waren een onontgonnen gebied, waarin de mensen snel geneigd waren elk gevoel van beschaving uit het oog te verliezen, te vervallen tot het trillen van een syfilislijder en zichzelf aldus bloot te stellen aan beroving door wilden, ziekten, en het heulen met Europese vijanden, tenzij de orde strikt werd gehandhaafd. Iedereen die in een dergelijk oord kwam te wonen, begreep dat er krijgswetten golden – ze waren niet in de positie om het woord te vragen, of uitdrukking te geven aan hun ongenoegen over de gang van zaken. Het zou nodig zijn hen hier aan te herinneren. En als hij dat eenmaal had gedaan, dan zouden ze inzien wat dat opleverde, de harmonieuze samenleving die kon ontstaan onder leiding van een calvinistisch bedrijf, en zouden de rijen zich snel weer sluiten.

Er zou voor zijn ondergeschikten geen sprake zijn van wittebroodsweken (want zo noemde hij ze). Vanaf dit moment, vanaf zijn aankomst, ging hij helemaal op in het werk in de kolonie. Nadat de welkomstceremonie op een onwelkome manier werd beëindigd, keerden hij en zijn vrouw zich haastig om en spoedden zich naar hun heiligdom, hun nieuwe woning, die vlak achter hen stond. Fort Amsterdam was een rechthoekig bouwwerk met versterkte torens op de hoeken. Toen ze door de hoofdpoort gingen, langs het kantoor van de secretaris, kwamen de Stuyvesants uit op de centrale binnenplaats. Die zag er uit als een vluchtelingenkamp. Langs alle zijden van de binnenhof stonden de barakken van de soldaten, de ruggengraat van de macht van de directeur-generaal in de kolonie. Maar de soldaten woonden niet alleen in de barakken; ze bivakkeerden eveneens op andere plaatsen rond om het binnenhof en overal in de stad. Stuyvesant zal enkele bekende gezichten zijn tegengekomen, want dankzij hem was de stad volgelopen. De soldaten die van Brazilië naar Curaçao waren gevlucht, en door Stuyvesant hierheen waren gestuurd om Kieft te helpen, waren hier nog steeds. Ze waren aan het eind van de oorlog tegen de indianen aangekomen, en Kieft had niet geweten wat hij met hen aanmoest. Ze verkommerden nu, waren ondervoed, eisten achterstallige soldij, struinden dronken door de straten, raakten verwikkeld in vechtpartijen en vernielden bezittingen – nog een probleem dat Stuyvesant het hoofd moest bieden.

Aan de linkerkant van de binnenplaats stond de kerk en daarnaast de bakstenen woning van de directeur-generaal. Hier nam het pasgearriveerde paar even de tijd om zich te installeren. Stuyvesant kon zijn pijnlijke stomp even tot rust laten komen. Judith begon zich ook te herstellen van de reis. Ze had zich al even moedig getoond als haar man, gezien het feit dat ze vier maanden zwanger was toen ze aankwam, wat betekent dat ze het grootste deel van haar zwangerschap aan de deining van de Atlantische Oceaan was overgeleverd geweest.

En toen nam het regime een aanvang. Meteen was het verschil met het vorige bestuur merkbaar. Voorbij waren de raadsbijeenkomsten op de donderdagen. De nieuwe directeur zou op elk front actief zijn, op elk moment van de dag. Cornelis van Tienhoven kreeg zijn zin, Stuyvesant hield hem aan als zijn secretaris – maar misschien heeft hij daar wel spijt van gehad; van de ene op de andere dag kreeg hij veel meer te doen.

Nog voor hij was gearriveerd, had Stuyvesant geweten waar de kolonie behoefte aan had; de paar uur die hij er nu was, hadden hem er al van overtuigd dat orde – het soort dat hij kon brengen, een mengeling van militaire structuur en zakelijke efficiëntie, doorkneed met een welgemeende calvinistische aandacht voor zondaars onderworpen aan een onbuigzame God – het beste medicijn was. Op de zondagmiddag na zijn aankomst brak een dronkemansgevecht uit met getrokken messen; toen hij in de gaten kreeg dat dit regelmatig gebeurde, vaardigde hij enkele orders uit: de eerste verbood kroegeigenaren om op zondagen drank te schenken (tot twee uur 's middags), de tweede gebood dat een ieder die 'kwaad of driftig' een mes trok, kon rekenen op zes maanden water en brood; als hij iemand met het mes verwondde, kon dat oplopen tot achttien maanden.[3]

Hij maakte hierbij geen onderscheid tussen kolonisten, zeelieden van de West-Indische Compagnie en soldaten. Niemand kon hem ervan beschuldigen – zoals ze dat wel bij Kieft hadden gedaan – dat hij medewerkers van de compagnie voortrok. Toen twee zeelieden die met hem waren meegereisd, werden gepakt vanwege overtreding van de regel dat zeelui niet aan land mochten gaan zonder toestemming, veroordeelde hij hen ertoe 'dat ze drie maanden lang aan een kruiwagen geketend werden, of in de boeien geslagen moesten worden en het zwaarste werk moesten verrichten, alleen op water en brood'.[4]

Maar dit was slechts uiterlijk vertoon – rechttoe-rechtaanorders ter verbetering van de 'kwaliteit van leven', die onder het gewone volk best goed vielen. Het echte probleem dat moest worden aangepakt, was de bijna georganiseerde muiterij die voortwoekerde. Terwijl hij in deze eerste paar dagen door het kleine dorpje wandelde, droeg hij een vel papier bij zich dat in zijn zak moet hebben gebrand: een afschrift van de brief die in 1644 door de kolonisten was verstuurd, in naam van Jochem Kuyter en Cornelis Melyn, met het verzoek Kieft terug te roepen. Het was wrang dat de brief het beoogde effect had gehad, maar dat de kolonie hierdoor was opgezadeld met iemand die een dergelijke brief als verraad beschouwde. De documenten van de kolonie op Manhattan geven zicht op de complexiteit van de geest van Stuyvesant: enerzijds, in tegenstelling tot het bekende beeld van hem, was hij in staat genuanceerde waarnemingen te doen, bezat hij de vaardigheid van een politicus die zijn tegenstanders uit kon schakelen en de eigenschap alternatieven tegen elkaar af te kunnen wegen. Historici hebben zich bijvoorbeeld verbaasd over het besluit van Stuyvesant om de secretaris van Kieft aan te houden; Cornelis van Tienhoven was hebzuchtig, oneerlijk en berucht vanwege zijn hitsigheid, allemaal eigenschappen die de stijve Stuyvesant – aldus de geschiedschrijving – verfoeid zou hebben. Maar Van Tienhoven was ook een van de intelligentste inwoners van de kolonie, een standvastig debater die hondstrouw was aan de West-Indische Compagnie, een man die in staat was om in hun eigen taal met stammen uit de omgeving te onderhandelen, of meedogenloze militaire acties uit te voeren in de dorpen waar deze zelfde mensen woonden. Stuyvesant was duidelijk in staat de verschillende eigenschappen van de man tegen elkaar af te wegen en voor zijn eigen behoeften in te zetten. Op andere momenten zou de ruwere Stuyvesant, die de wereld bekeek in het zwart-wit van het orthodoxe calvinisme, de overhand hebben. Deze brief die hij vanuit Amsterdam had meegenomen, raakte hem diep. De auteurs ervan hadden de principes geschonden waarop het Nederlandse rijk was gebaseerd, principes van rangen en standen die een theologische basis hadden en die geleid hadden tot de schepping van een succesvolle en beschaafde maatschappij; de duidelijkheid van de overtreding moest op zichzelf tot tevredenheid hebben gestemd. Hij zou het met bijbehorende besluitvaardigheid behandelen.

Niet ver daarvandaan, in de stoffige straten nabij de kade, vonden ondertussen klandestiene bijeenkomsten plaats. De nieuwe directeur had een formele herziening toegezegd van de zaak Kieft versus de burgers van Nieuw-Nederland, en Kuyter, Melyn, de jurist Adriaen van der Donck, de handelaar Govert Loockermans, de Engelsman Thomas Hall, een briljante en veelzijdige Boheem uit Praag genaamd August Herman, en verschillende andere inwoners van Nieuw-Amsterdam hadden Stuyvesant aan zijn woord gehouden en bereidden hun zaak voor. Stuyvesant had er niet het flauwste vermoeden van hoe zeer zij hierbij betrokken waren. Iemand die een casestudy van dit deel van de archieven zou maken, zou omkomen in de hoeveelheid documenten vol enthousiaste krachttermen en redeneringen, over wat op dat moment – 1647 – een afgedaan onderwerp zou moeten zijn. Ze hadden geklaagd over de directeur en waren erin geslaagd hem eruit te werken; de oorlog was voorbij. Konden ze niet doorgaan met hun leven?

Ze gingen door met hun leven. Nu ze niet langer door indiaanse aanvallen werden bedreigd, begonnen de zaken weer voorspoedig te lopen. Onophoudelijk weerklonk het geluid van hamers op spijkers; de velden werden vrijgemaakt en geploegd om ze geschikt te maken voor beplanting; de vaarwegen in de haven waren drukker dan ooit te voren. En deze mannen wilden voorkomen dat het nogmaals zou gebeuren – het plotseling wegzinken in chaos. Opnieuw bouwden ze ergens aan; nu wilden ze een stem in de besluitvorming. In de geschiedenisboeken is er slechts weinig aandacht aan besteed, maar de kleine gemeenschap vertegenwoordigde een van de vroegste verschijningsvormen van de moderne politieke drijfveren: de volhardende eis van de gemeenschap om een rol te spelen in hun eigen politieke bestuur. In de Nederlandse Republiek waren er twee hoofdstromingen en in deze confrontatie kwamen die twee krachten pal tegenover elkaar te staan. De eerste kracht bestond uit de imperiumbouwers, de handelskoningen en hun militaire handelscommandanten, de slavenhandelaren en slachters, de bouwers van handelsposten waarvan de stenen restanten vandaag de dag vreemde met onkruid overdekte toeristenattracties vormen in Ghana, Brazilië en Sri Lanka. De andere kracht was intellectueel en politiek; de wortels hiervan lagen in de Renaissance; ze werd uitgedrukt in de filosofie van Erasmus, Spinoza, De Groot en de aangenomen zoon Descartes. Deze had wortel geschoten in de op de handel georiënteerde steden als Amsterdam, Rotterdam, Antwerpen en Leiden; en via Kuyter, Melyn en vooral Van der Donck was deze op Amerikaanse bodem terechtgekomen. Deze mannen bestudeerden hun situatie vanuit twee invalshoeken. Allereerst moesten ze om hun familie denken. Maar naast de eenvoudige menselijke behoefte aan bescherming, hadden ze deze ideeën in hun hoofd, die te maken hadden met het in eigen hand nemen van hun lot – ideeën die nog wat verward waren en onvolgroeid in vergelijking met de ontwikkeling die ze de komende eeuw zouden doormaken, maar ook fris en levenskrachtig. Er ging bezieling vanuit.

Stuyvesant had ondertussen het grootste deel van zijn tijd doorgebracht in een op zichzelf gerichte boerenprovincie, of in militaire handelsposten waar het leven bestond uit een reeks bevelen die werden gegeven, bevelen die werden opgevolgd. Hij was slim, serieus, eerlijk en kleingeestig. Hij had weinig weet van de intellectuele stromingen in de rest van Nederland, laat staan in de rest van Europa. De situatie had alles in zich voor een beslissende confrontatie.

Gedurende de eerste dagen van juni, in hun eigen woningen of in de 'klandestiene kroegen' waarover Stuyvesant later zou klagen, bierdrinkend uit geribbelde groene glazen, omgeven door lieden die zich bezighielden met onschuldige spelen als backgammon en *cribbage*, sleutelden de activisten aan een juridische zaak tegen hun voormalig leidsman, een zaak waarmee ze een of andere vorm van vertegenwoordigend bestuur voor de kolonie tot stand wilden brengen.[5] Het is duidelijk dat Van der Donck de pen hanteerde. Hij stelde eerst een lange en hoogst juridische reeks 'schriftelijke verhoren' op, die voorgelegd moesten worden aan mannen die een rol hadden gespeeld in de crisis rond om de indiaanse oorlog. De lijst met vragen die onder ede aan Hendrick van Dyck, een soldaat van de West-Indische Compagnie die de aanvallen op de indianen had geleid, gesteld had moeten worden, haakt meteen in op de kern van het conflict en het antwoord van Kieft hierop:

1. Weet hij niet maar al te goed dat de voormalig directeur-generaal Kieft, in de nacht van 24 op 25 februari, in het jaar 1643, een groep soldaten naar Pavonia heeft gestuurd, in de buurt van de bouwerij van Jan Evertszoon en achter de plantage van Van Curler op het eiland Manhattan, en ervoor gezorgd heeft dat zij een groep indianen met vrouwen en kinderen die daar lagen, heeft vermoord?[6]
2. Heeft dhr. Kieft deze expeditie voorgelegd aan de Raad en hierover vervolgens hem als officier van de soldaten, die hij toen was, bericht; en heeft hij ervoor gestemd?
3. Waren de indianen niet erg verbitterd over deze daad; en volgde de dag hierop niet de algemene oorlog tussen onze christenen en deze Amerikanen*, die vanaf dat moment is doorgegaan?

* Let op het gebruik van 'Amerikanen' voor verwijzing naar indianen – zie voetnoot p. 168

4. Is het niet ook waar, dat al deze indianen enkele dagen voordien naar de hierboven beschreven plaats gevlucht waren vanwege de dreiging van de Maicanders*; in de hoop door onze mensen beschermd te worden tegen hun vijanden?
5. Leefden wij, de Nederlanders, in dit land niet in vrede met deze indianen voordat en tot deze wreedheden over hen heenkwamen in Pavonia en op het eiland Manhattan?

De vragen voor Van Tienhoven, Kiefts secretaris en uitvoerder, begonnen met de desastreuze poging om plaatselijke stammen te dwingen belasting aan de compagnie te betalen voor hun bescherming, en liepen, volgens goede advocatengewoonte, uit op een groot aantal beschuldigingen:

1. Is hij, de secretaris niet in staat vloeiend de taal van de Manhattans te spreken, die door de indianen uit deze omgeving wordt gesproken?[7]
2. Heeft hij derhalve niet met deze indianen gewerkt als vertaler voor de voormalig directeur-generaal Kieft?
3. In welk jaar is hij naar deze inboorlingen gezonden om de heffingen van maïs in te zamelen; als hij dat niet heeft gedaan, wie dan wel?
4. Bij hoeveel stammen gebeurde dit; en hoe heten deze?
5. Waren de indianen bereid deze bijdrage af te staan; of hebben zij hier toen tegen geprotesteerd; en waar hadden ze dan bezwaar tegen?
6. Kan hij schriftelijk aantonen – zo niet, dan mondeling – wat deze missie, waar Kieft hem mee heeft belast, heeft opgeleverd?
7. Met welke argumenten heeft hij geprobeerd de indianen ervan te overtuigen dat ze de heffing wel moesten afdragen?
8. In welk jaar is hij, passief, door dhr. Kieft naar de Raritanen gestuurd; en is hij daar niet heengegaan onder begeleiding van gewapende soldaten en zeelieden onder leiding van Heinrich, kapitein van de Neptunus?
9. Welke opdracht heeft de directeur hem, de secretaris, gegeven; in het bijzonder in dit geval; en hoe heeft hij deze opdracht uitgevoerd?
10. Heeft Kieft de soldaten, toen ze voor het huis van de direc-

* i.e. de Mahicanen.

teur stonden en gereed waren om uit te rukken, in het algemeen nog andere bevelen gegeven?

11. Zijn er in hetzelfde jaar niet vergelijkbare expedities geweest die tegen de Raritanen waren gericht; en weet hij wat de aanleiding daarvoor was; en wat is er toen bereikt?
12. Hebben de Raritanen het volgende jaar geen wraak genomen; waarbij ze op Staten Eylandt vier christenen hebben gedood; en hebben ze vervolgens niet het huis van David Pietersen* verwoest?

Halverwege juni 1647 bracht Stuyvesant de partijen bijeen – Kieft aan de ene kant, Melyn en Kuyter aan de andere – voor wat volgens hem een korte en krachtige ontmoeting moest worden, waarbij de antagonisten de rol was toebedeeld rustig toe te horen hoe hij de situatie beschreef en tot een oordeel kwam. Hij was verbijsterd toen hij de lange lijsten met vragen ontving, tezamen met het verzoek deze voor te leggen aan de aangegeven partijen en een oproep de kolonie te reorganiseren. Hij stond bekend om zijn temperament en – hierin zegevierde zijn militaire training over zijn calvinistische opvoeding – zijn pittige taal, en dit was het juiste moment om hier iets van te laten merken. Hij maakte haastig een eind aan de bijeenkomst, las diezelfde avond de documenten door, en riep zijn raad – die bestond uit aanhangers van het voormalige bestuur van Kieft en mannen die met hem mee waren gekomen vanuit Curaçao – opnieuw bijeen, om hem te helpen een oordeel te vellen. Maar hij had al een besluit genomen – de pagina's met vragen verstevigden zijn overtuiging slechts – en hij gaf zijn raadsleden een lijst met behulpzame vragen waarover ze zich moesten buigen terwijl zij de stof bestudeerden. Deze vragen bieden een uitstekend inzicht in zijn geest, en op wat je zou kunnen noemen, de Nederlandse manier van denken, als het gaat om de rol van het volk in het bestuur:

1. Is het ooit in enige republiek voorgekomen dat vazallen en onderdanen zonder toestemming van hogerhand schriftelijke verhoren bedenken, opstellen en voorleggen aan hun magistraten?[8]
2. Is het niet een zaak met bijzonder negatieve gevolgen die de weg vrijmaakt voor ergere zaken, dat twee kwaadwillende individuele onderdanen zichzelf het recht toekennen ons en de gehele raad ondervragingen voor te leggen zonder

* i.e. David de Vries.

daarvoor van hogerhand of van de gemeenschap daartoe opdracht te hebben gekregen? Ik spreek hier van kwaadwillende onderdanen, omdat er sprake is geweest van vijandigheid tussen hen en de voormalige directeur en raad, door wie ze werden beschouwd als verstoorders van de openbare orde, en die dat heeft bewezen ook [...]

3. Als dit recht aan deze lieden toegestaan wordt, zullen ze dan, ten opzichte van ons en de aangewezen raadsleden, om die reden zichzelf hierna niet meer gezag toe-eigenen, om op dezelfde manier of met nog meer kracht zich tegen ons te keren als ons bestuur hen niet bevalt?

De ja-knikkers van Stuyvesant knikten ja – ze waren het volledig met hem eens dat het, in de woorden van de Engelsman Brian Newton, 'akelige consequenties' zou hebben als deze kolonisten werd toegestaan een volwaardig juridisch betoog op te zetten tegen het wettige bestuur van de kolonie. Stuyvesant verwierp zonder meer de notie dat Kuyter, Melyn en de anderen handelden als afgevaardigden van de kolonisten via de oorspronkelijke door Kieft ingestelde raad van acht man. Deze mannen vertegenwoordigden niemand anders dan zichzelf.

Vervolgens deden zich gelijktijdig enkele ontwikkelingen voor. Kuyter en Melyn beklaagden zich erover dat Stuyvesant en zijn raad bevooroordeeld waren ten faveure van Kieft en de West-Indische Compagnie (ze hadden misschien gezien dat Kieft, die wachtte op de overtocht naar Nederland, nu aanzat als lid van de raad), en dat daarom elk oordeel dat ze gaven gecorrumpeerd zou zijn. Ondertussen had Stuyvesant Kieft blijkbaar de brief getoond waarin, drie jaar voordien, ditzelfde groepje mannen, volgens eigen zeggen handelend namens de inwoners van de kolonie, om zijn aftreden had gevraagd. De directeuren in Amsterdam hadden hem de brief nooit laten zien. Met toenemende woede bestudeerde hij de brief, terwijl tot hem doordrong dat het oneervolle einde aan zijn loopbaan niet het gevolg was van de mening van de directeuren in Amsterdam, maar het werk was van zijn eigen kolonisten.

Stuyvesant had op deze reactie gerekend: min of meer handelend in overeenstemming met de wensen van Stuyvesant schreef Kieft een officiële klacht, waarin hij verklaarde dat deze mannen hadden getracht 'met vals en bitter gif hun magistraten te belasteren en hen in moeilijkheden te brengen', terwijl hij zich erover beklaagde dat zij 'onrechtmatig gedrag hadden vertoond en tegen de regels in die smadelijke brief hadden verzonden', en wilde dat zij werden aangeklaagd en dat zijn naam zou worden gezuiverd.[9]

Dit was wat Stuyvesant nodig had voor een volgende stap. Hij stuurde een boodschapper naar de woningen van Melyn en Kuyter in de Paerl Straet met een afschrift van de brief van Kieft en het verzoek hem binnen achtenveertig uur te beantwoorden. De leiders van wat al snel een politieke partij werd, kwamen vervolgens bijeen om hun antwoord voor te bereiden. Dat moest wel met de nodige voorzichtigheid gebeuren: het huis van Cornelis van Tienhoven stond pal naast dat van Melyn en Kuyter aan de oever van de Oost Rivier en Stuyvesant wilde graag meer weten over de samenzweerders. Als er een moment was waarop men zich terug had kunnen trekken, om met een behoedzaam antwoord te komen en zich over te geven aan de genade van de nieuwe directeur-generaal, dan was dit het moment. Ze kozen voor het tegenovergestelde. De brief die ze op 22 juni opstelden is lang, legalistisch, verfijnd, precies en onversaagd. En ook helemaal Van der Donck.

Deze man was de laatste drie jaar steeds verder betrokken geraakt bij het doen en laten van Nieuw-Amsterdam, met name vanaf het moment dat hij, nog kort geleden, was getrouwd en naar zijn landgoed ten noorden van het eiland was verhuisd. Als een procureur verscheen hij voor Stuyvesant en zijn raad. En net als hij voordien bij Kiliaen van Rensselaer en Willem Kieft had gedaan, probeerde hij vanaf de aankomst van de nieuwe directeur bij Stuyvesant in het gevlei te komen. In de eerste tijd dat ze elkaar leren kennen, legt Stuyvesant een zekere genegenheid voor hem aan de dag; het is goed denkbaar dat Stuyvesant Van der Donck en zijn Engelse vrouw Mary Doughty (volgens Nederlandse gewoonte behielden vrouwen hun meisjesnaam) in de woning van de directeur-generaal uitnodigen. Van der Donck en de vrouw van Stuyvesant, Judith Bayard, zullen vast en zeker herinneringen hebben opgehaald en gesproken hebben over wederzijdse kennissen in de plaats waar ze beiden waren opgegroeid, Breda. Stuyvesant merkte dat Van der Donck – die met zijn negenentwintig jaar acht jaar jonger was dan hij – begaafd was en ambitieus, een man die hij kon gebruiken als ambtenaar voor de West-Indische Compagnie, een man die hem kon helpen de kolonie te runnen. Zoals hij dat met andere vaderfiguren had gedaan, spande Van der Donck zich in om zich voor Stuyvesant voor te doen als ideale zoon. De week voordat het antwoord aan Kieft werd voorbereid, bood Van der Donck, samen met boeren van Rensselaerswijck, op eigen kosten grootmoedig een scheepslading met 350 korenmaat tarwe en haver aan, die de nieuwe directeur-generaal het komende jaar nodig zou hebben voor zijn familie en dieren.[10] Stuyvesant accepteerde het geschenk.

In dezelfde tijd raakte Van der Donck betrokken in de zaken van de rest van de gemeenschap, door voor het hof zeelieden, handelaren, weduwen en boeren te vertegenwoordigen, en in contact te komen met de predikanten van de kolonie, die gewoonlijk invloedrijke mannen in de gemeenschap waren. Uit de archieven komt Van der Donck in deze periode naar voren als een aankomend politicus, die hard werkt om vrienden te maken, in zowel de hogere als lagere regionen.[11] Terwijl hij zichzelf nuttig maakte voor de directeur, stond hij ook zijn vriend Melyn bij – die hij had gekend vanaf hun gezamenlijke oversteek zes jaar geleden – en zijn mede-samenzweerders. En het is duidelijk waar zijn sympathie lag – en inderdaad zou al snel blijken dat hij politieke ruggensteun wilde verwerven om draagvlak te krijgen voor de strijd in de zaak die binnen in hem gloeide.

De brief die werd geschreven als antwoord op die van Kieft is in een stevig juridisch keurslijf geperst, maar de emoties zijn voelbaar. Hij is geadresseerd aan Stuyvesant en zijn raad, en begint met een zwierige en opwekkende beknoptheid:

Hooggeëerde Heren![12]
Het geschreven verzoek van de voormalige directeur-generaal Kieft is ons om 9 uur op 19 juni van dit jaar, 1647, door een boodschapper van het hof overhandigd, met de uitdrukkelijke vraag het binnen tweemaal 24 uur te beantwoorden. Om meteen terzake te komen –

Stuk voor stuk weerlegt de brief de beschuldigingen van Kieft dat ze hem in de brief aan de directeuren in Amsterdam bij het uitoefenen van zijn zaken smadelijk hebben belast. Op sommige plaatsen blijkt de emotie uit de bijtende ironie:

De bergen as van verbrande woningen, schuren, barakken en andere gebouwen en de geraamtes van het vee tonen meer dan voldoende aan hoe er voor het land werd gezorgd, God zij met ons, ten tijde van de oorlog.

Op andere plaatsen, zoals waar Kiefts stelling wordt bestreden dat de raad had ingestemd met zijn plan belasting op te leggen aan de indianen, is de toon zakelijk:

De overeenstemming voor de accijns staat omschreven in drie brieven, E, F, G.; in de akten van 18, 21, 22 juni 1644, en derhalve is hierover geen verdere uitspraak nodig.

Ongepolijste emotie is toegestaan om nog maar eens te wijzen op het onderwerp van de moordpartij in de naburige indiaanse dorpen:

> *Het blijkt bovenal uit hun handelen, dat de indianen zich, in het jaar 1643 in Pavonia en op het eiland Manhattan, tijdens de droevige gebeurtenissen waarvan zij het slachtoffer waren, als lammeren gedroegen. Hier zij opgemerkt dat ze op dat moment toestonden dat zij, hun vrouwen en kinderen als schapen afgeslacht werden en ze (zo te zeggen) als lammeren in onze armen kwamen te liggen. Wij doen in dit geval een beroep op de hele gemeenschap en op elk individu die deze tijd heeft overleefd, die kan zeggen hoe moorddadig de indianen toen zijn behandeld. God weet dat we de waarheid spreken op dit punt.*

In plaats van een zijweg in te slaan en de vraag te stellen of de kolonisten het recht hebben zich te bemoeien met hun bestuur, haakt de brief direct in op de zaak zelf. De voormalige directeur-generaal nam zijn toevlucht tot 'vorstelijke macht', de raad van acht in de kolonie was een orgaan dat zo veel mogelijk leek op een vertegenwoordigend orgaan, en met het vooruitzicht op het misdadige besluit een oorlog te beginnen tegen de indianen handelde de raad correct door te protesteren. Volgens de methoden van de 'Hollandse Elegante School' die Van der Donck in Leiden had gestudeerd, somt de brief antieke bronnen op die een uitspraak doen over de zaak: Diogenes, Ambrosius, Aristides en Xenofon leggen allemaal hun gewicht in de schaal over de rechten en beperkingen van regeerders bij het nemen van de beslissing om tot een oorlog over te gaan. Ten overstaan van Stuyvesant en zijn raad had Kieft geëist dat Melyn en Kuyter naar Amsterdam gestuurd zouden worden om daar berecht te worden, 'als lastposten en opruiend volk'. De brief verzocht nu om het recht daar heen te gaan, niet zoals Kieft dat voorstond, maar 'als goed vaderlander en inwoners van Nieuw-Nederland'. De zaak zou voorgelegd moeten worden aan het hoogste bestuurlijke orgaan in het land; het draaide niet om deze oorlog op zich, of deze ene koloniale bestuurder, maar om de rechten van burgers in verafgelegen handelsposten. Het was een historisch keerpunt; een testcase. 'Laat ons dan voor eens voor altijd zien wat de wetten van de landen ervan vinden,' vraagt de brief, verwijzend naar de pas geschreven grondbeginselen van het recht.

Stuyvesant betaalde terug met gelijke munt, met een ongebruikelijk lange juridische analyse van de situatie, die aangaf dat ook hij de zaak beschouwde als een treffen tussen twee rivaliserende visies op het recht. Hij haalde zijn eigen oude bronnen aan, waaronder bijbelse, die inzicht geven in zijn opvattingen over het bestuur: 'De goden zult gij niet vervloeken en een vorst onder uw volk zult gij niet verwensen' (Ex. 22:28); 'Vervloek zelfs in uw gedachten de koning niet' (Pred. 10:20); 'Ieder mens moet zich onderwerpen aan de overheden, die boven hem staan' (Rom. 13:1). Uiteindelijk haalde hij, militair als hij was, de legerwet erbij: 'Het oproepen tot muiterij en opstand wordt bestraft met de doodstraf.'[13] Per slot van rekening was de Nederlandse Republiek nog steeds in oorlog met Spanje, en Manhattan was een handelspost in die oorlog. Zowel om een voorbeeld te stellen voor de kolonisten, als om te wijzen op de wet en de manier waarop hij daar tegenaan keek, sprak hij zijn mening uit dat Cornelis Melyn, als erkend leider van een verraderlijke partij, ter dood moest worden gebracht, en dat Jochem Kuyter verbannen zou moeten worden en zijn bezittingen in beslag genomen. Melyn gaf aan in Nederland in beroep te gaan tegen de straf en Stuyvesant (aldus citeert Van der Donck) antwoordde met een spitsvondige dooddoener: 'Mensen kunnen best overwegen om gedurende mijn tijd hier in beroep te gaan – maar wie dat ook echt doet, moet er rekening mee houden dat ik hem een kopje kleiner maak, en alle losse delen laat verpakken en naar Holland stuur om aldus in beroep te gaan.'[14]

Niettemin zette Stuyvesant de straffen van beide mannen, op aandringen van zijn raad, om in verbanning uit de kolonie – waardoor hij ze in de praktijk de gelegenheid bood in beroep te gaan – en gaf het bevel dat ze met het eerstvolgende schip moesten vertrekken.[15]

Opvallend veel uiteenlopende zaken kwamen vervolgens op hetzelfde schip terecht: de Prinses Amalia, 600 ton, versterkt met 38 kanonnen, arriveerde zonder averij in de haven, haar ruim was volgestouwd met 200.000 pond rood verfhout dat in Curaçao was opgehaald.[16] Het was hetzelfde schip dat Stuyvesant hierheen had vervoerd; ze was nu gereed voor terugkeer naar Amsterdam. Haar commandant, de vijfentwintigjarige Jan Claesen Bol, was, net als John Farret, een van de bewonderaars van Stuyvesant: gedurende de drie maanden durende reisonderbreking op Manhattan zat hij in de raad van Stuyvesant, waar hij toezicht hield op de zaak van Kieft versus Melyn en Kuyter. Halverwege september moest nog een extra lading gestouwd worden – ongeveer 14.000 beverpelzen, en toen was ze klaar voor de passagiers.

En daar kwamen ze: Kieft, verlangend – nu hij in Stuyvesant een krachtige bondgenoot had – zichzelf te verdedigen, zijn naam te zuiveren en ervoor te zorgen dat degenen die hem hadden beschuldigd, zouden worden bestraft; Kuyter en Melyn, gewapend met stapels documenten, klaar om in Den Haag voor de Staten-Generaal in beroep te gaan tegen het vonnis van Stuyvesant; de dominee Everardus Bogardus, met wie Kieft ook in de clinch lag. En een groot deel van het verloren contingent soldaten dat ruw heen en weer was geslingerd van Brazilië, naar Curaçao, naar Manhattan, en meer dan eens het pad van Stuyvesant had gekruist, was eveneens aan boord; de directeur had verordonneerd dat ze naar huis zouden reizen in de hoop ze uiteindelijk kwijt te zijn.

Op 16 augustus staken ze van wal. Er gebeurde weinig tijdens de oversteek. En toen, als een bizar hoogtepunt van de hele zaak, maakte kapitein Bol een klassieke zeemansfout, hij zag het Kanaal van Bristol (ook bekend als 'het verkeerde kanaal') aan voor het Engelse Kanaal. Het schip liep aan de kust van Wales aan de grond. Zware branding tilde het schip op en kwakte het neer, en na drie reusachtige dreunen brak het op de rotsen in stukken. Nog dagenlang zochten Welshe boeren de kust af op zoek naar beverpelzen en andere voorwerpen van waarde: eens geliefde levens die waren veranderd in schatten voor strandjutters.

*

Het nieuws van de schipbreuk van de Prinses Amalia moet de inwoners van Nieuw-Amsterdam hebben geschokt. Toen men over de eerste schrik heen was, vond men over het algemeen dat God ongewoon eerlijk was geweest in zijn bestraffing van Kieft voor zijn vele zonden, en dat de andere passagiers de pech hadden gehad dat ze zich te dicht bij de inslaande donderslag hadden bevonden. De woning van de directeur-generaal was waarschijnlijk evenmin in rouw gedompeld. Stuyvesant had Kieft getolereerd vanwege zijn functie; hij had niet de man gesteund, maar de zaak. En Melyn en Kuyter, dat waren misleide volgelingen van een onsamenhangende nieuwe denkwijze, die gevaarlijk was en immoreel. Hij moet de schipbreuk, als geheel, hebben opgevat als een gebeurtenis waarin de gerechtigheid van de almachtige God in al zijn puurheid en verschrikking zichtbaar werd. Beide partijen viel wat te verwijten; net als bij Sodom en Gomorra, en ten tijde van de zondvloed, toen de Heer had verkozen het verleden te begraven. Maar zelfs in de meest duistere tijden had Hij de mensen hoop gegeven, door hun leider te behoeden. Noach was voor de zondvloed gespaard gebleven, Mozes was verkozen om Zijn mensen weg te leiden van hun eigenzinnigheid. Nu kon Stuyvesant leidsman zijn. Nu kon hij zijn aandacht richten op zaken die echt van belang waren.

En dat deed hij, en ging voortvarend aan de slag. Als een minder gewichtig man de opdracht had gekregen de Nederlandse greep op het Noord-Amerikaanse gebiedsdeel te behouden, dan hadden de Engelsen het al tientallen jaren eerder ingenomen dan uiteindelijk het geval zou zijn en zou het Nederlandse stempel op Manhattan Island te zwak zijn geweest om van enig historisch belang te zijn. De problemen waarmee de kolonie letterlijk omgeven was, waren niet gering, en ze hadden een poosje kunnen woekeren. Stuyvesant was in een schaakspel terechtgekomen waarin zijn voorganger zich een inferieur speler had getoond, die zijn aandacht had gericht op één slecht opgezette aanval, terwijl hij aanvallen vanuit andere gebieden had genegeerd. Stuyvesant maakte een inschatting van de bedreigingen, stelde zijn prioriteiten en toog aan zijn werk. Hem werd plotseling duidelijk wat historici later niet inzagen: dat Nieuw-Engeland uit een aantal verschillende onderdelen bestond; er waren vier kolonies, elk met een eigen agenda en allemaal hadden ze het moeilijk. De twee zuidelijke kolonies, Connecticut en New Haven, toonden zich agressief ten opzichte van hun buurman; de andere twee, vermoedde Stuyvesant, zochten een manier om samen te leven. Tenslotte was New Plymouth gesticht door Engelse pelgrims die vele jaren te gast waren geweest bij de Nederlanders en hen dus gunstig gezind waren. Massachusetts was evenzeer meegaand; het was de grootste en sterkste van de kolonies van Nieuw-Engeland, en John Winthrop, de op leeftijd gerakende gouverneur, die al bijna twintig jaar van zijn leven had gewijd aan het opzetten van een puriteins utopia in de nieuwe wereld (van hem is de uitspraak 'Stad op een berg'), was ondanks zijn leeftijd en slechte gezondheid nog steeds de meest invloedrijke man in Nieuw-Engeland. (Voornamelijk omdat hij in Boston woonde werd dit de hoofdstad, ondanks dat er in diezelfde tijd veel andere steden werden gesticht.)[17]

Dus benaderde Stuyvesant Winthrop. 'Geachte Hr.,' opende de brief die hij aan Winthrop dicteerde (de brief werd geschreven door een van Stuyvesants volgelingen, George Baxter, die voor de Engelse vertaling zorgde).[18] 'Ik ben zo vrij u in uw wijsheid ter overweging te geven dat u, tezamen met andere onpartijdige mannen, aangeeft op welke tijd & plaats, waar & wanneer het u schikt een ontmoeting met mij te hebben [...]'

Stuyvesant wist dat de regering in Engeland vond dat het land zich meester moest maken van zijn kolonie, maar in de chaos die door de burgeroorlog ontstond, waren de Engelse kolonies in grote lijnen vrij gelaten zichzelf te besturen zoals zij dat wilden. Als hij in een verdrag met de leiders van de vier kolonies wist vast te leggen dat ze de grenzen zouden respecteren, dan zou dat een grote sprong voorwaarts zijn voor zijn kolonie, en ook voor hun kolonies, een stap onderweg in de richting van permanente vestiging. Toevallig arriveerde Baxter, die de brief persoonlijk afleverde, in Boston terwijl de leiders van de vier kolonies van Nieuw-Engeland bijeen waren, dus Winthrop toonde hun de brief. Hij schreef vervolgens terug dat, hoewel hij nog was opgezadeld met 'enige ziekelijkheid in mijn hoofd' hij wel fit genoeg was om het met zijn mede-Nieuw-Engelanders eens te zijn dat zij allemaal evenzeer in vrede wilden leven met de Nederlandse kolonie en allen 'meteen uw vriendelijke voorstel omarmen aangaande een treffen'.[19] De leiders zonden bovendien gezamenlijk een brief aan Stuyvesant om hem in Amerika te verwelkomen, 'wij hopen dat alle Engelse kolonies op de ongedwongen bijeenkomst binnen uw grenzen de vruchten kunnen plukken van een behulpzame en vriendelijke omgang met elkaar', en gaven een lijst met onderwerpen aan die doorgesproken moesten worden, waaronder illegale handel en een hoog tarief dat op Manhattan werd berekend voor verschepingen.[20] Stuyvesant wist dat de burgeroorlog in Engeland de Nieuw-Engelanders afhankelijker had gemaakt van Manhattan als overslaghaven. Het moet hem goed hebben gedaan dat zij dat punt meteen naar voren brachten – hij kon het gebruiken als ruilmiddel bij de onderhandelingen voor een verdrag over de grenzen. De Nieuw-Engelanders ondertekenden hun brief met 'Uw liefhebbende Vrienden, de Commissarissen van de verenigde Kolonies'.

Daarna richtte Stuyvesant zich op het zuiden. Hij gaf de opdracht een uitgebreid rapport te schrijven over de gebeurtenissen die hadden plaatsgevonden in het gebied dat door de Nederlanders de Zuydt Rivier werd genoemd.[21] Er waren tien jaar verstreken sinds Peter Minuit een Zweedse expeditie over deze waterweg had geleid, die door de Nederlanders als een vitaal deel van hun Noord-Amerikaans gebiedsdeel werd beschouwd. Het zou geen toeval zijn dat de toekomstige steden Philadelphia, Trenton, Camden en Wilmington in deze omgeving zouden ontstaan. Stuyvesant zag in, net als Peter Minuit voorheen en William Penn nadien, dat waterkracht, watertransport, toegang tot de oceaan en honderden vierkante kilometers te exploreren wildernis, direct konden worden ingezet voor nijverheid en handel.

Kieft had de aanwezigheid van buitenlanders in dit zuidelijk gebied genegeerd, en de Zweden hadden de tijd benut om hun positie te verstevigen. Johan Printz was nu de voorman van de Zweden, een grote, lompe kerel, wiens tweehonderd kilo zware lijf, als het binnen de palissade van het centrale fort heen en weer sjokte, minder goed gekleed ging dan gebruikelijk was in het Zweedse leger. Printz had in de Dertigjarige Oorlog als officier in het Zweedse leger gediend, leiding gegeven aan troepen die streden in Duitsland en Polen, maar werd ontslagen toen hij de stad Chemnitz overgaf aan een Saksisch leger. Zijn post in de nieuwe wereld bood hem de gelegenheid om zijn fout goed te maken, door deze wildernis om te toveren in een goed functionerende, winstgevende kolonie. De indianen in de omgeving gaven hem de bijnaam Bolle Buik, en hij was als militair even doortrapt als hij dik was. De Nederlanders hadden in wat nu het verre verleden leek bij de rivier hun eigen militaire/handelspost gebouwd: dat was in 1624, toen ze dit gebied nog steeds beschouwden als de hoofdplaats van hun kolonie. Ze hadden Fort Nassau gebouwd op de plaats waar de Zuydt Rivier en wat zij noemden de *Schuyl Kill**, of de Verborgen Rivier, samenvloeiden – wat heel praktisch was, dachten ze, omdat de indianen hun pelzen vanuit het westen over de rivier konden aanvoeren. Maar helemaal klopte de ligging niet. De handelspost lag aan de oostkant van de rivier, waardoor de indianen de rivier moesten oversteken om er te komen. Peter Minuit had dit probleem meteen in de gaten. Dus toen hij op dramatische wijze terugkeerde naar Amerika om Nieuw-Zweden te stichten, richtte hij Fort Christina op aan de westkant, waarmee hij de Nederlanders de wind uit de zeilen nam en de Zweden meteen aantrekkelijker maakte voor de Minquas (ook bekend als Susquehannocks), de stam die de pelshandel in de vallei had gedomineerd. Toen Johan Printz de kolonie overnam, bestond zijn eerste maatregel uit het nog verder dwarsbomen van de Nederlanders door nog een fort te bouwen, verder stroomafwaarts, dichter bij de baai, waardoor de Zuydt Rivier onder controle kwam van de Zweden. Kieft deed hier niets tegen, maar de Nederlanders kregen hulp van een onverwachte bondgenoot: de muskiet. De Zweden hadden in een moeras gebouwd. Binnen de kortste keren zagen de knappe soldaten eruit 'alsof ze leden aan een of andere vreselijke ziekte', zo schreef een commandant. De soldaten noemden de plek Fort Myggenborgh – het Muggenfort; de beestjes wonnen en al snel werd het fort verlaten.

Maar Printz was nog lang niet klaar. Hij begon een uitgebreide campagne onder de indianen om het gerucht te verspreiden dat de Nederlanders eropuit waren hen af te slachten; tegelijkertijd maakte hij de transacties die de Zweedse handelaren met hen hadden een stuk aantrekkelijker. Toen begonnen er klachten binnen te stromen in het

* De huidige naam van de Schuyl Kill, 'Schuylkill River' is pleonastisch, want 'kill' betekent rivier of waterloop.

hoofdkwartier van Stuyvesant op Manhattan, van soldaten en ambtenaren van de compagnie die bij de Zuydt Rivier waren gestationeerd. De Nederlanders hadden nog niet zo lang geleden een andere handelspost bij de rivier gebouwd, maar zelfs nog voordat deze voltooid was, richtte Printz een Zweeds fort op dat zo dichtbij lag, dat de forten elkaar bijna raakten. De reusachtige Zweed was even vals als berekenend en de Nederlanders wisten dat hij dat er stevig bij hen inpeperde. Het Zweedse fort, jammerde een ambtenaar in zijn verslag aan Stuyvesant, 'is een geweldige belediging [...] want zij hebben het huis op een meter of drie vanaf onze palissades gebouwd, en ontnemen ons het zicht op de rivier'.[22] 'Mijn heer', schreef een andere ambtenaar, 'ik geloof ten zeerste dat Printz hier eerder heeft gebouwd om de spot te drijven met onze bazen, dan om er enig profijt van te hebben, want er is buiten ons fort ruimte voor wel twintig van zulke huizen.'[23] Vanuit zijn kantoor op Manhattan was Stuyvesant nu in staat zich een duidelijke voorstelling te maken van zijn zuidelijke gebiedsdelen: het vlakke land; de kalme rivier; oorlogsschepen met in hun masten niet het oranje, blanje, bleu van de Verenigde Provinciën* maar het blauw en het gele kruis van Zweden; de verborgen kreken waarin de stembuigingen van de Zweedse tongval weerklonken terwijl de goudgelokte noorderlingen ruilhandel dreven met de indianen, worstelend om hun loyaliteiten en zakelijke tactieken te doorgronden.

Vanaf het begin wist Stuyvesant dat de werkelijke dreiging van de Engelsen kwam, niet van de Zweden. Nederlandse soldaten hadden al Engelse kolonisten weggejaagd die zuidwaarts geslopen waren vanuit de kolonie van New Haven en probeerden aanspraak te maken op de Schuyl Kill. Het beëindigen van de Engelse activiteiten in de regio was van het grootste belang, want de Nederlanders, met hun oog voor waterwegen, wisten wat de Engelsen nog niet wisten: dat de Zuydt Rivier of de rivier de Delaware niet in het zuiden begon, maar ver ten noorden van Manhattan, en vijfhonderd kilometer zuidwaarts (hij zou dienen als de grens tussen de toekomstige staten van New Jersey en Pennsylvania) slingerde voordat hij uitstroomde in de Delaware Bay. Dus als de Engelsen deze ooit in handen zouden krijgen, dan zouden ze Manhattan in een wurggreep hebben en zou de Nederlandse kolonie verdwijnen.

* De kleuren van de Nederlandse vlag in de zeventiende eeuw werden in 1915 geadopteerd door de stad New York, als verwijzing naar de oorsprong van de stad. Hierdoor bestaat er een bizar direct verband tussen de kleuren die gedragen werden door Nederlandse piraten die 350 jaar geleden de Spaanse noordkusten van Zuid-Amerika afstruinden op zoek naar buit en de shirts die vandaag de dag gedragen worden door de New York Mets en de New York Knicks.

Maar Stuyvesant begreep ook dat het nodig was het Zweedse probleem het hoofd te bieden voordat het de krachten van de kolonie ondermijnde. Hij moet een dossier gehad hebben over zijn bolle opponent in Nieuw-Zweden, zoals hij dat ook had over John Winthrop in Massachusetts. De drie mannen hadden nogal wat gemeen. Alle drie waren het eigenmachtig optredende, moralistische protestanten. Net als Stuyvesant was Printz de zoon van een predikant die voorbestemd was geweest voor de preekstoel, maar op het laatste moment de overstap had gemaakt naar de militaire dienst. Stuyvesant heeft misschien ook geweten van het falen van Printz op het slagveld; hoe dan ook, hij bedacht een plan om een streep te halen door Nieuw-Zweden. Uiteindelijk zou hij persoonlijk naar het gebied moeten reizen. Maar op dit moment publiceerde hij stapels verordeningen. Hij droeg zijn afgevaardigden op meer land te kopen van de Delaware en Minquas. Hij wilde dat de Nederlandse forten aan de rivier werden hersteld. Hij wilde dat ze volgepakt zouden zijn met goederen, want de Minquas hadden erover geklaagd dat ze na een lange reis Nederlandse handelaren aantroffen die zonder voorraden zaten. Dit was des te belangrijker, schreef hij, omdat Printz niet geregeld werd voorzien van bevoorrading uit Zweden. Een ander probleem: de Minquas indianen hadden erover geklaagd dat de toonaangevende handelaar uit Nieuw-Amsterdam, Govert Loockermans, op strooptocht over de Zuydt Rivier, hun hoofdman had omgebracht. Dit werd door Loockermans ontkend, volgens hem had hij de indiaan alleen maar een pak slaag gegeven. Als duidelijk voorbeeld van de voorrang die Stuyvesant gaf aan zijn politieke instincten boven zijn calvinistische opvoeding, gaf hij zijn ambtenaar aan de rivier de opdracht om 'voorzichtig te informeren naar de omstandigheden en waarheid van de zaak, en als ze erachter zouden komen dat Govert Loockermans fout zat, dan moet dit zo worden verpakt dat de indianen dit niet kunnen aangrijpen voor nieuwe ontevredenheid.'[24] Hier voegde hij vrolijk aan toe: 'Nog hartelijk dank voor de paling die u heeft gezonden.'

*

De zaken bij hem om de hoek vroegen evenzeer om aandacht. Het fort zelf viel uiteen en moest van de grond af opnieuw opgebouwd worden. Bovendien, vertelde Stuyvesant aan zijn raad, had de plaats 'een kerk, school, beschoeiing, een aanlegsteiger, en dergelijke hoognodige publieke en openbare zaken en gebouwen [...]' nodig. Wat hem betreft kon meteen met bouwen begonnen worden. Hij had een taak te verrichten in de plaats, en daar kwam bij, het was zijn woonplaats; hij zorgde ervoor. Als de plaats aanvallen van alle kanten moest zien te overleven, dan moest 'deze onze hoofdstad' zich versterken. Hij had Johannes la Montagne, de Waalse arts die het tweede lid was geweest van het bestuur van Kieft, aangehouden als lid van zijn eigen raad, en volgens La Montagne zou het inzamelen van middelen die nodig waren voor deze projecten alleen slagen als hij de kolonisten aan zijn zijde had. En de enige manier om dat tot stand te brengen, was de inwoners toestaan een raad te kiezen met een vertegenwoordiging die hem van advies zou dienen. Volgens de gebruiken in Nederlandse steden zouden de inwoners 'een dubbel aantal van negen personen' uit 'de notabelste, redelijkste, eerlijkste en aanzienlijkste' van hen selecteren en uit deze groep zou hij, Stuyvesant 'een enkel getal van negen personen' kiezen.[25] In de eerste raad zaten de Boheem August Herman, de Nederlandse handelaar Govert Loockermans, de Engelse tabaksboer Thomas Hall en Michael Janszen, een goede vriend van Adriaen van der Donck, in wiens huis Van der Donck verbleef als hij in Nieuw-Amsterdam was.

Van der Donck zelf was niet een van het 'dubbel aantal van negen personen', maar de manier waarop die uitgekozen werden, geeft inzicht in hoe intensief hij gedurende deze periode netwerkte. De raad moest het voertuig zijn van de politieke veranderingen in de kolonie en wie er deel van wilde uitmaken, moest zowel de gunst van de inwoners, als die van Stuyvesant zelf zien te winnen. Het is verleidelijk om Van der Donck hier te zien als berekenend, gezien de besliste, bijna vleiende manier waarop hij Stuyvesant in deze tijd bijstaat. Dankzij zijn huwelijk was Van der Donck het Engels meester, en hij meldde zich vrijwillig aan voor een nieuwe taak toen in september 1647 een Schot, Andrew Forrester, door de Nederlandse steden op Lange Eylandt trok – Vlissingen (later Flushing), Heemstede, Gravesend, en Nieuw Amersfoort – zwaaiend met een groot stuk perkament vol teksten en zegels, dat hem, zo verklaarde hij aan de verbijsterde bewoners, dankzij een toekenning van de Engelse kroon, benoemde tot gouverneur van het hele gebied.[26] Op het laatst kwam hij in Nieuw-Amsterdam aan en eiste daar, ten overstaan van een grinnikende menigte, dat Stuyvesant zich aan hem overgaf. 'Waarop ik hem heb laten vasthouden en de volgende dag op kosten van de compagnie heb laten vastzetten in de stadsherberg,' legde Stuyvesant later uit aan zijn raad.

Het was een tamelijk zotte gebeurtenis. 'Wat moeten we aan met bovenstaande zich gouverneur noemende persoon?' vroeg Stuyvesant zich bij de raad hardop af. Was deze man gestoord, of was hier sprake van een vooropgezette tactiek van de kant van de Engelsen die vroeg om een passend diplomatiek antwoord? Stuyvesant accepteerde de hulp van Van der Donck en twee andere Engelssprekende mannen, die de zaak zouden onderzoeken. Ze bestudeerden de benoemingsbrief, ondervroegen Forrester en concludeerden dat de man een ietwat verdwaasde tussenpersoon was van een Engelse lord die aanspraak maakte op Long Island en omringende landen. Met de hulp van Van der Donck en de anderen besloot Stuyvesant de man in de boeien te slaan en hem naar Amsterdam te verschepen, waar de regering de zaak moest uitzoeken.

De zaak Forrester was bizar, maar geenszins uniek. De kolonisatie van het Noord-Amerikaanse continent was nu lang genoeg aan de gang om een rol te gaan spelen in de verbeelding van een behoorlijk aantal excentrieke Europeanen – in het bijzonder Engelse edelen van middelmatige komaf. Deze mannen hadden met eigen ogen het papier gezien dat koning Charles aan lord Baltimore had gegeven, waardoor hij heer werd van zijn eigen rijk in de nieuwe wereld. In het hoofd van deze mensen was sprake van een terugkeer naar de Middeleeuwen; ze zagen Amerika in alle maagdelijke frisheid als een land van mogelijkheden, waar dromen werkelijkheid konden worden. Maar door de onvoorspelbare loop van de geschiedenis, hadden hun dromen betrekking op het verleden, de gouden jaren van ridders en jonkvrouwen, toen hun voorvaderen nog lieden van aanzien waren. Sir Fernando Gorges was een van de edelmannen die, in de voorbije dagen van koning James, een groot stuk land in Noord-Amerika in zijn bezit kreeg, dat hij had willen opdelen in middeleeuwse landgoederen onder vrienden die hem het meest na aan het hart lagen, die kastelen wilde bouwen, schildknapen en hofhoudingen om zich heen wilde verzamelen, honingwijn wilde drinken, en met groots vertoon ten strijde wilde trekken. Gorges stierf zonder ooit een stap in de nieuwe wereld gezet te hebben, zijn droom ging over in de chaos van de burgeroorlog en zijn land werd uiteindelijk de staat Maine. (Tweehonderd jaar later, toen de regering van de VS, tijdens haar eigen burgeroorlog, op een eiland in Portland Harbor een militaire installatie bouwde, kwam iemand op het idee die naar hem te noemen, als een knipoog naar de vreemde dromer die in het voorbijgaan de staat had gesticht, aldus werd de naam Fort Gorges.)

Kort na de verschijning van Forrester, landde een andere excentriekeling van de Britse eilanden op de kust van Nieuw-Amsterdam met een vergelijkbare claim. Het was, in feite, het tweede bezoek van sir Edmund Plowden, die ook was komen opdagen tijdens het bewind van Kieft, die liep te zwaaien met een document dat getekend was door de onderofficier van Ierland, dat, zo zei hij, hem het recht gaf op het gebied vanaf Long Island in westelijke richting, inclusief het hele huidige gebied van New Jersey en delen van Delaware en Maryland.[27] Plowden had het helemaal uitgewerkt. Het koninkrijk zou New Albion genoemd worden, en hijzelf, de heer van het gebied, zou paltsgraaf van New Albion worden. Long Island zou van nu af aan de naam Isle of Plowden dragen. Er heeft blijkbaar nog een bijeenkomst plaatsgevonden in Fort Amsterdam, waaraan Van der Donck opnieuw heeft bijgedragen. Plowden verklaarde dat hij voorafgaand aan zijn aankomst in Nieuw-Amsterdam naar Nieuw-Zweden was geweest om de gouverneur aldaar in te lichten over zijn aanspraken, en had zich erg gestoord aan de manier waarop hij was behandeld. Stuyvesant die er misschien al aan gewend begon te raken, en die voor deze ene keer sympathie voor Printz moet hebben gevoeld, gaf Plowden eenvoudigweg het bevel de kolonie te verlaten. Terug in Engeland publiceerde Plowden een Boek genaamd *A Description of the Province of New Albion*, waarin hij, onder het schitterende pseudoniem Beauchamp Plantagenet, het nieuwe rijk opeiste, in het bijzonder voor de paltsgraaf zelve.* Uiteindelijk zou hij eindigen in een Engelse gevangenis voor schuldenaren.

Eind 1647 vond er nog een dwaas, uiterst tragisch incident plaats dat exemplarisch was voor Forrester, waarbij Van der Donck Stuyvesant geholpen zou kunnen hebben.[28] Harmen van den Bogaert, de voormalige barbier-chirurgijn die dertien jaar voordien de eerste gewaagde tocht naar het land van de Iroquois had gemaakt, was sinds die tijd een actief lid geweest van de kolonie. Hij was getrouwd en had

* De affaire Plowden zou hier niet eindigen, maar zou alsmaar doorgaan, als een soort surreële voetnoot van de Amerikaanse geschiedenis. In 1784, te midden van de verwarring tijdens het einde van de Amerikaanse Revolutie, dook een Engelsman genaamd Charles Varlo op in het nieuwe land zwaaiend met de oorkonde van Plowden, waar hij op een of andere manier de hand op had weten te leggen. Varlo reikte strooibiljetten uit aan verschillende Amerikanen waarin hij zijn rechten op een groot deel van een nieuwgewonnen land uiteenzette, en blijkbaar hield hij in verschillende plaatsen een toespraak gericht aan 'de inwoners van New Albion'. We kunnen ons slechts een voorstelling proberen te maken van de verrassing toen hij aankwam in St. Mary, Maryland, dat de hoofdstad van New Albion moest zijn, en daar een man aantrof genaamd Edmund Plowden – een afstammeling van de vroegere Edmund Plowden die de droom van zijn voorvader in leven hield en door de nieuwe wereld reisde om zijn paltsgraafschap op te eisen. Deze Plowden stichtte een landgoed in Maryland genaamd Bushwood, en de Plowdens leefden daar vele generaties lang. Charles Varlo keerde terug naar Engeland en publiceerde daar zijn memoires, die hij *Foating Ideas of Nature* noemde.

vier kinderen opgevoed, had belangstelling gekregen in een kaperschip genaamd La Garce, waarop hij meevoer op een kaapvaart naar de Caraïben, vervolgens in dienst trad als bevoorradingsambtenaar voor de compagnie, eerst in Nieuw-Amsterdam, daarna in Fort Oranje. Hij had ook te maken gehad met de affaire rond de vermoorde wagenmaker Claes Swits, van wie hij blijkbaar familie was.

Hier komt bij dat Van den Bogaert een geheim had, dat hij zoveel mogelijk voor zich hield, omdat ontdekking ervan vrijwel zeker zou leiden tot zijn dood. Hij viel op mannen.

In de calvinistische Nederlandse kolonie, net als in de puriteinse Engelse kolonies, was homoseksualiteit even erg als het plegen van een moord. Van den Bogaert dacht dat hij een discrete uitlaatklep had gevonden in de persoon van zijn jonge zwarte bediende, Tobias; wij hebben er geen flauw idee van wat Tobias van de relatie vond, maar op een of andere manier werden de twee in een situatie aangetroffen die niets te raden overliet. Van den Bogaert vluchtte. Maar in het Nieuw-Nederland van 1647 waren slechts weinig schuilplaatsen. Je kon niet bepaald opgaan in de massa – iedereen kende iedereen. Hij heeft misschien geprobeerd zichzelf te verbergen in een schip, als er al een vertrok, maar mocht hij dan ontdekt worden, dan zou hij terug moeten keren en zijn straf niet ontlopen. In plaats hiervan vertrok hij naar een plek waarvan hij wist dat er weinig andere Europeanen waren geweest – het land van de Mohawks, langs de weg die hij jaren eerder al eens had afgelegd. Het was herfst, geen winter, dus de reis zou minder moeilijk zijn, maar al die tijd was hij op zichzelf aangewezen, zonder gids door tientallen kilometers maagdelijk woud.

Hij bereikte een van de dorpjes waar hij jaren eerder vriendelijk was ontvangen en werd waarschijnlijk door de inwoners verwelkomd. Ondertussen had Nicolaes Coorn, de opvolger van Van der Donck als schout, als een heuse Sherlock Holmes geredeneerd en een bosarbeider, Hans Vos, westwaarts dezelfde bossen ingestuurd als misschien wel de eerste premiejager in de geschiedenis van Amerika.[29] Wat er gebeurde was een voorproefje van wat zich tweehonderd jaar later in het wilde Westen zou afspelen: Vos dreef Van den Bogaert in een huis dat door de Iroquois werd gebruikt om graan in op te slaan en er brak een schietpartij uit. Van den Bogaert, eens de held van de kolonie, nu te gronde gericht door zijn seksuele voorkeur, probeerde verwarring te stichten door het huis in brand te steken. Toch kreeg Vos zijn man te pakken en hij bracht hem terug naar Fort Oranje. Coorn schreef een brief aan Stuyvesant waarin hij hem vertelde wat er was gebeurd en vroeg wat hij met de man moest doen.

Stuyvesant schreef terug dat hijzelf recht zou spreken in de zaak tegen Van den Bogaert, maar dat zou niet eerder gebeuren dan in de lente, als het ijs van de noordelijker loop van de rivier gebroken was en deze bevaarbaar werd voor schepen. Maar voordat het zover kon komen, wist Van den Bogaert, zeker van het vonnis dat Stuyvesant voor hem in gedachten had en wanhopiger dan ooit, uit zijn cel in het fort te ontsnappen. Toen hij over de bevroren vlakte van de rivier rende, zakte hij door het ijs en verdronk.[30]

Zo kwam er een einde aan het leven van een barbier-chirurgijn die ontdekkingsreiziger werd, maar de affaire vond hier geen einde. Kort daarna zonden de Mohawks – als blijk van hun begrip van de Europese gewoonten – een afvaardiging naar Manhattan om de West-Indische Compagnie aan te klagen voor de schade door het verlies van hun gebouwen en de daarin opgeslagen voorraden. Om hierover een besluit te nemen, heeft Stuyvesant mogelijk Van der Donck geraadpleegd, die beter dan enig ander in de kolonie op de hoogte was van de Mohawks en de manier waarop zij omgingen met klachten. Stuyvesant concludeerde dat de Mohawks in hun recht stonden en gaf het bevel de bezittingen van Van den Bogaert op Manhattan te verkopen, en met dat geld betaalde hij het bedrag dat hij vond passen bij de schuld van de compagnie aan de indianen.

In ongeveer diezelfde tijd schijnt Van der Donck Stuyvesant bij nog een andere zaak te hebben bijgestaan, in dit geval ging het om een zaak die van doorslaggevend belang was voor het leiderschap van Stuyvesant en de kolonie als geheel. Naast de bedreigingen door de Engelsen, Zweden en indianen, was er nog steeds sprake van het half-private gebied van Rensselaerswijck. Met de dood van Kiliaen van Rensselaer was het landgoed nu in handen gekomen van de zoon van de oude diamanthandelaar en in maart 1648 arriveerde een nieuwe directeur die de leiding op zich zou nemen. Helaas voor Stuyvesant was Brant van Slichtenhorst, een stevige negenenvijftig jaar oude man die veel ervaring had als bestuurder in de Nederlandse Republiek, zijn gelijke als het ging om lef en standvastigheid. Hij was uitstekend op de hoogte van het privilege dat de oude Van Rensselaer had verworven van de Nederlandse regering, die, teruggrijpend naar de gloriedagen van de Middeleeuwen op een manier waar Edmund Plowden naar verlangde, hem bijna tot alleenheerser had gemaakt. Stuyvesant zag het anders; zijn eigen aanstelling verplichtte hem de hele kolonie van Nieuw-Nederland te besturen, waaronder ook het goed van Rensselaerswijck viel. Het was een geschil over de politieke rechtsbevoegdheid en Van Slichtenhorst stelde het binnen enkele weken nadat hij aan de slag was gegaan aan de orde.

Stuyvesant had een schijnbaar onschuldige proclamatie naar Renselaerswijck gestuurd waarin hij verklaarde dat de eerste woensdag van mei in de hele kolonie een dag van publiekelijk vasten en dankzegging was. Het was gebruikelijk voor leiders in alle Nederlandse kolonies om na afloop van stormen, branden, invasies of strenge winters een dag te reserveren om de Almachtige ervoor te danken de inwoners door de rampspoed te hebben geleid. Maar toen de proclamatie gedurende de kerkdienst in Renselaerswijck werd doorgegeven, zag Van Slichtenhorst de bedoeling erachter, en beschouwde het als een inbreuk op zijn ambt. Hij beende naar zijn kantoor en schreef een vlammend protest..

Stuyvesant had eveneens een goed gevoel voor de tekenen van gezag en de noodzaak deze te ondersteunen. Vrijwel meteen stapte hij met een volwaardige militaire escorte aan boord. Toen enkele dagen later de sloep van de compagnie Rensselaerswijck kwam binnenvaren, betuigde Van Slichtenhorst hem de eer om hem te verwelkomen met een salvo van de kanonnen van het landgoed, maar toen ze elkaar ontmoetten en Stuyvesant hem het bevel gaf zich terug te trekken en eer te betonen aan de hogere autoriteit van de Nederlandse kolonie, antwoordde Van Slichtenhorst scherp: 'Uw klachten zijn onterecht. Ik heb meer redenen een klacht in te dienen tegen u.'[31]

Het was slechts het begin van een bijtende tweestrijd tussen de twee mannen, die, onder andere, uit zou monden in de stichting van de stad Albany. Welbeschouwd kunnen we hier nog een stap zien in de dans van Stuyvesant en Van der Donck. Naar het schijnt heeft Van der Donck Stuyvesant op deze tocht vergezeld. Voor Stuyvesant moet het voor zich hebben gesproken een beroep te doen op de ervaring van Van der Donck: Van der Donck had zijn eerste drie jaar doorgebracht als schout van Rensselaerswijck; hij kende de politiek en de mensen van het leengoed en van de mensen Fort Oranje. En, inderdaad, laten de gerechtsarchieven van Rensselaerswijck zien dat na een lange periode van absentie Adriaen van der Donck in juni van 1648 opnieuw aan het hof van het leengoed verschijnt[32] – precies in de tijd dat Peter Stuyvesant naar het noorden reisde..

Dus hebben we het zicht op een fraai schouwspel, van de correcte, ijverige, militaristische, achtendertigjarige leidsman van de kolonie, die energiek en met de nodige vindingrijkheid probeert de controle over zijn gebied en positie te behouden. En terwijl hij de mannen om hem heen inschat, valt hij terug op de steun van de dertigjarige advocaat die zoveel van de wet, het land en de inlanders weet, en die zijn normale doen en laten achter zich heeft gelaten om zijn diensten te verlenen.

Het werd december. De laatste dag van het jaar zat eraan te komen en de nooit aflatende winden in de haven werden ijskoud, de inwoners van Nieuw-Amsterdam kozen de eerste vervangers van de raad van negen afgevaardigden. Het zorgvuldig afgewogen politieke spelletje dat Van der Donck in de gemeenschap had gespeeld, wierp zijn vruchten af. Hij werd verkozen in de groep van kandidaat-afgevaardigden. Toen was het een uitgemaakte zaak dat Stuyvesant, bij het maken van een keuze van mannen uit deze groep, de jonge man zou uitkiezen die hem zoveel diensten had bewezen. En vanaf de eerste bijeenkomst van deze raad sprong Van der Donck, die met een aantal van deze mannen al veel werk achter de schermen had verricht, eruit, zowel in de ogen van zijn medeafgevaardigden, als in de ogen van de directeur. De anderen noemden hem hun leider en gaven hem de naam 'voorzitter van de gemeenschappelijkheid'. Gedurende een korte tijd – niet meer dan een paar dagen – was Stuyvesant erg in zijn nopjes. Samen, moet hij gedacht hebben, waren ze in staat grote daden te verrichten.

10

DE KAMPIOEN DER MENSEN

De zon kwam op, op 28 september 1647, en onthulde, deinend in het staalkleurige water nabij een knoestige landtong aan de kust van Wales, Mumbles Point, een menselijke gestalte, bijna levenloos, zich vastklampend aan een stuk drijfhout. De hele ochtend en een groot deel van de middag bleef de man op de golven ronddobberen, totdat hij uiteindelijk op een zandbank drie kilometer uit de kust werd geworpen. Toen hij zich kermend bewust werd van het feit dat hij nog in leven was, begon er meer informatie tot hem door te dringen: hij was niet alleen, er lagen door de storm gemangelde en gestrande mensen om hem heen. Samen bouwden ze van wat wrakstukken een geïmproviseerd vlot en bereikten daarmee de kust.

Daar ontdekte Cornelis Melyn dat zijn vriend en medegevangene van het hof van Peter Stuyvesant, Jochem Kuyter, eveneens leefde. Toen de Prinses Amalia schipbreuk leed, zat Kuyter in het achterschip, dat als één geheel afbrak en bleef drijven, met hem aan boord, in de richting van de juttende Welshmen aan de kust.[1] In totaal overleefden eenentwintig van de honderdzeven passagiers de schipbreuk. Kieft kwam om, de predikant Bogardus kwam om, evenals het grootste deel van de soldaten van de West-Indische Compagnie die Stuyvesant naar Nederland had teruggestuurd.

Maar het overleven van de verdrinkingsdood was slechts de eerste stap van wat een heldhaftige ontsnapping uit de omarming van het noodlot zou worden. Het lukte de twee Nederlanders om een paar beverpelzen bijeen te schooien, die ze in een nabijgelegen stad wisten te verkopen, mogelijk was het Swansea, en ze slaagden erin om met behulp van het geld door het doorploegde, door de burgeroorlog verwonde land naar Bristol te trekken, en vandaaruit naar Londen, waar ze een week of drie later aankwamen.

Nu we veel meer weten, lijkt de zeventiende eeuw een vreemde combinatie van het archaïsche en het moderne. Aan de ene kant bestonden er geen voorzieningen die schipbreukelingen de helpende hand boden, je moest knokken om te overleven, aan land evenzeer als in de golven. Aan de andere kant stonden instituties die ook tegenwoordig heel vanzelfsprekend zijn klaar om tot daden over te gaan. Toen de overlevenden van het wrak van de Prinses Amalia Londen binnenstrompelden, stelden verzekeringsmaatschappijen zich in rijen op om claims in te dienen, processen werden begonnen en openbare inspecteurs doopten hun ganzenveren in potten zwarte inkt en legden de getuigenissen van overlevenden en ooggetuigen vast. Het duurde jaren voordat de verwarring over de processen en claims tot rust was gekomen.

In Londen hadden Melyn en Kuyter gehoopt de langzittende Nederlandse ambassadeur Albert Joachimi te treffen, die hen vast had zullen helpen naar huis terug te keren, maar hij verbleef op dat moment in Nederland. De diplomatieke contacten werden bemoeilijkt door de oorlog; koning Charles zat in de gevangenis en nog geen enkele staat in Europa erkende de regering die het parlement had geïnstalleerd. Maandenlang kwijnden de twee vervreemde inwoners van de nieuwe wereld weg in Londen voordat ze erin slaagden een overtocht naar Nederland te krijgen, waar ze tegen het eind van het jaar arriveerden. Maar de ramp had niets van hun vastbeslotenheid weggenomen; als er al iets was veranderd, dan was het gevolg van de schipbreuk – Kieft verdonken, zij die het hadden overleefd – dat het hun geloof in hun eigen gelijk had gesterkt. Jaren later zouden ze zelfs het verhaal vertellen dat een van hen Kieft in het water was tegengekomen vlak voor hij onder de golven verdween, en dat de voormalige leider op het allerlaatste moment had toegegeven dat zijn bestuur van de kolonie niet had gedeugd, dat hij ten onrechte tegen hen was geweest, en dat hij hun om vergeving had gevraagd. Niet het soort getuigenverslag dat een rechter geneigd is te accepteren, maar een goede aanwijzing van hoe grondig van blaam gezuiverd, hoe rechtschapen en vervuld van nieuw leven en plannen de twee inwoners van Manhattan zich voelden na de schipbreuk van de Prinses Amalia.

*

De wandeling van de stadsherberg aan de waterkant in Nieuw-Amsterdam naar het fort op de zuidpunt van het eiland duurde een minuut of twee. Het was een aangenaam stukje; als je de kroeg uitstapte – waar zo vaak zakelijke transacties plaatsvonden dat het nu een semi-officieel hoofdkwartier voor veel handelaren en kopers was geworden

– stond je meteen op de oever van de Oost Rivier met het uitzicht op schepen die voor anker lagen en aan de overzijde de boerenhoeves in het dorpje Breuckelen. Je sloeg rechtsaf en liep zuidwaarts, met de rivier links van je en een rij gevels rechts, de kleine brug over en de gracht, door de smalle straat die zich vanaf dat punt uitstrekte, die vanzelfsprekend Brugstraat heette en daar lag het fort, het vervallen hart van de stad. Op een van de eerste dagen van januari 1649 maakte iemand dit kleine tochtje en leverde een brief af voor directeur-generaal Stuyvesant.[2] Deze was afkomstig van de nieuwe afvaardiging, die de mensen uit de kolonie vertegenwoordigden en van nu af aan losstonden van de raad van Stuyvesant, die de compagnie vertegenwoordigde. De mensen in Nieuw-Amsterdam en omliggende plaatsen noemden deze afvaardiging de Raad van Negen.*

De brief informeerde de directeur dat de Raad toestemming wilde voor het sturen van een of meer afgevaardigden naar Den Haag om de Nederlandse regering te verzoeken het bestuur van de kolonie over te nemen.

Het verzoekschrift – in feite een verzoek om hem buitenspel te zetten – deed Stuyvesant in woede ontsteken. Toch moet het hem ook in verwarring hebben gebracht. Hij had veel van de activiteiten van de Raad in het eerste jaar van haar bestaan geprezen. De leden hadden hun opdracht als vertegenwoordigers van de bevolking serieus genomen, wat heel nuttig bleek te zijn. Als bewoners bij hen klaagden over handelaren die prijsafspraken maakten over brood en wijn, dan verzocht de Raad Stuyvesant hier een einde aan te maken en Stuyvesant deed dat. Vervolgens legden ze, brutaler, hem een lijst voor met maatregelen die de economie moesten stimuleren. In eerste instantie begon hij nog af te geven op de effectiviteit ervan, maar besloot, bij nader inzien, de 'petitie van de negen gekozen afgevaardigden, onze goede en moedige onderdanen, zorgvuldiger te bestuderen en te overwegen', en voerde de voorgestelde veranderingen door.[3] Maar nu, plotseling, schoot de arrogantie van deze mannen door. Het moet hem helemaal vreemd zijn voorgekomen omdat de leiding in handen was van zijn plichtsgetrouwe beschermeling Van der Donck.

Op dat moment had hij weinig tijd om bij deze zaak stil te staan. Er speelde een ander probleem, dat op het eerste gezicht zo opgelost leek te zijn. Stuyvesant moest een festiviteit organiseren ter ere van een gebeurtenis die het jaar daarvoor in Europa had plaatsgevonden. In 1648,

* In de kleine wereld van de Nederlandse kolonie zou Vos later wettelijke ondersteuning nodig hebben, waarvoor hij Van der Donck inhuurde.

in het Duitse Munster, hadden onderhandelingen waaraan afgevaardigden uit heel Europa deelnamen geleid tot een vredesverdrag tussen Spanje en de Nederlandse Republiek. Tachtig jaar oorlog werden officieel beëindigd. Deze grootse gebeurtenis was zelfs op het eiland Manhattan voelbaar. Want eigenlijk was de kolonie van de West-Indische Compagnie gesticht als basis voor het voeren van oorlog. Jarenlang was Manhattan in de ogen van de strategen in Nederland een uitvalsbasis voor het op touw zetten van kaapvaarten op Spaanse galjoenen die van en naar Zuid-Amerika en de Caraïben voeren, zoals die werden uitgevoerd door Willem Blauvelt. Dat was nu allemaal verleden tijd. De directeuren van de West-Indische Compagnie moesten de status en toekomst van hun Noord-Amerikaanse bezit heroverwegen.

In feite stonden de Vrede van Münster en het verzoekschrift van de Raad van Negen met elkaar in verband. Beide zaken waren historische ontwikkelingen die Peter Stuyvesant een duw gaven in de richting van de toekomst, naar een nieuwe visie voor de kolonie. Hij moest zich aanpassen aan het vredesverdrag. Maar hij besloot zich niets aan te trekken van het verzoekschrift en zei dat hij eerst de bewoners moest informeren van verschillende Engelse dorpen die onder Kieft waren gesticht en nog steeds getrouwe onderdelen van de Nederlandse kolonie waren. Daarna legde hij de zaak naast zich neer.

Zo niet de Raad. Vanuit de stadsherberg breidde Adriaen van der Donck zijn netwerk uit, van scheepskapiteins en pelshandelaren tot bakkers en distilleerders; allen stelden ze belang in de toekomst van de kolonie en allemaal hadden ze iets te zeggen. Na afloop van Kiefts Oorlog met de indianen hadden zakenlieden in Nederland hun banden met Manhattan weer aangehaald. De kooplieden in Nieuw-Amsterdam behoorden, met hun connecties met de grootste handelsnatie ter wereld, tot de meest ontwikkelde ter wereld. Van der Donck en zijn mederaadsleden maakten contact met hen en hoorden toe als zij beschreven welke omstandigheden zij noodzakelijk vonden om een stabiele handel te kunnen drijven. Hij registreerde hun opbrengst en berekende dat er jaarlijks 80.000 beverpelzen via Manhattan hun weg vonden naar de bonthandel in Europa.[4] Omdat het zo belangrijk was voor de kolonie, was hijzelf een autoriteit geworden op het gebied van de bever; hij had ze gefokt, hun levenscyclus bestudeerd en alles gelezen wat de antieke Roomse deskundigen er over te zeggen hadden. (Later zou hij veel Europeanen van misvattingen af helpen die hun oorsprong vonden bij Plinius en anderen, met name over de wonderbaarlijke krachten van bevertestikels. 'Geen van hen,' zo concludeerde hij over de Latijnse schrijvers, 'had ooit in levenden lijve een bever gezien.')[5]

Tegelijkertijd was Van der Donck zich ervan bewust dat de beverhandel slechts, zoals hij het stelde, 'het medium was voor de eerste kolonisatie door Europeanen van dit heerlijke land'.[6] Tabak was een even belangrijk product, en eentje met toekomst. Amsterdam was al de tabakshoofdstad van Europa; dat gegeven, gecombineerd met de ingenieuze kostenbesparende Nederlandse verschepings- en handelspraktijken (zij waren de eersten die goederen in bulk kochten), maakte dat Engelse tabaksboeren in Virginia Manhattan gebruikten als doorvoerhaven.[7] De wereldtabakshandel bevond zich in het eerste stadium van een eeuwenlange groei, en zelfs op dit vroege moment hadden de Nederlanders een dusdanig gewiekst marketingbeleid dat een Philip Morris, een Procter & Gamble, of een Frito-Lay er met bewondering naar zouden hebben gekeken. Ze ontwikkelden een reeks melanges, mengden de hoogste kwaliteit bladeren uit Virginia met het lager gewaardeerde product uit Manhattan en in Nederland geteelde producten, om daarmee een serie smaken en prijzen te kunnen aanbieden, voegden smaakstoffen toe (lavendel, nootmuskaat, rozemarijn, koriander, dille, azijn) en besteedden veel aandacht aan de verpakking.[8] Ze hadden zelfs een soort advertenties in de vorm van een geschilderd stilleven waarin populaire tabaksmotieven terug te vinden waren.*

De burgerlijke onrust in Engeland maakte Virginia's afhankelijkheid van Manhattan als doorvoerhaven alleen nog maar groter. Een jaar eerder, toen het ernaar uitzag dat Engeland zijn kolonies in Noord-Amerika zou verbieden gebruik te maken van buitenlandse schippers, lachte het bestuur van Virginia zijn eigen schippers uit vanwege de hoge prijzen die ze vroegen en verklaarde dat Manhattan belangrijk was voor het economische voortbestaan van Virginia.[9] De recente opgraving van de nederzetting in Jamestown heeft Delfts aardewerk boven gebracht, Nederlandse munten en pijpen, en Chinese keramiek, aangevoerd door Nederlandse schippers. Het zijn allemaal aanwijzingen voor het feit dat de inwoners van Virginia afhankelijk waren van Manhattan. Het wijst ook op de kracht van de Nederlandse Republiek, die op dat moment niet alleen de leidende expediteur van de wereld was, maar ook de grootste producent van goederen.

* Nederland staat nog steeds bekend om haar kennis van tabak, en het is niet geheel toevallig dat Peter Stuyvesant een van de grootste Nederlandse sigarettenmerken is.

Dit alles om de stelling te onderbouwen dat, waar de Amerikaanse geschiedschrijving heeft beweerd dat Manhattan pas na de overname door de Engelsen succes had als handelscentrum, Manhattan in feite al voor 1650 in opkomst was als vervoerscentrum van Noord-Amerika.[10] En nu – met ingang van 1 januari 1649, toen hij plaatsnam in de Raad van Negen – begon Van der Donck op een serieuze manier werk te maken van het verenigen van de zakenlieden die de haven draaiende hielden.

In diezelfde tijd maakten hij en zijn vrouw een begin met de ontwikkeling van hun reusachtige landgoed langs de rivier, op slechts een steenworp afstand van de noordelijke oever van het eiland. In overeenstemming met de grootsheid van zijn ideaal, had Van der Donck zijn landgoed een naam gegeven: Colen Donck, een samentrekking van 'Van der Doncks kolonie'. Hij had bouwplannen; hij wist welke gewassen hij wilde verbouwen; hij stelde lijsten op van de functies die hij ingevuld wilde hebben en de aantallen en soorten medewerkers die hij wilde werven in zijn thuisland. Archeologisch materiaal duidt erop dat hij en Mary voor hun huis een gebied uitgekozen hadden ten zuiden van een breed vlak terrein dat zich uitstekend leende voor grootschalige landbouw. In 1910 groeven medewerkers van New York City die bezig waren een riool aan te leggen in de huidige Bronx in dit gebied de fundamenten op van een zeventiende-eeuwse boerderij. Op een kaart uit 1667 staat een huis vermeld met de naam 'Van Dunks'. De enige archeologische opgraving van deze locatie vond plaats in 1990, maar de archeologen kwamen erachter dat de plek door de rioolsleuf was verstoord waardoor ze verder niks extra's te weten konden komen, de sleufgravers daarentegen hadden Nederlandse bakstenen (kleiner dan Amerikaanse of Engelse bakstenen en geel van kleur) gevonden, scherven Delfts aardewerk, kammen, spiegels, lijsten van glas-in-lood-ramen, pijpenstelen, en zelfs wampumschelpen. Tezamen met de vroege kaart van het gebied ondersteunt dit de gedachte dat dit de plek is waar Adriaen van der Donck zijn *American dream* wilde waarmaken.[11] Als dit inderdaad de plaats van het huis van Van der Donck was, dan is er sprake van een toepasselijke omstandigheid: vandaag de dag is het gebied het Van Cortlandt Park in de Bronx, een groot, met onkruid overgroeid stuk gras dat losjes is opgedeeld in velden en pitches waarop cricketspelers uit Bangladesh en Guyana, Ierse hurleyspelers en Japanse softballers spelen, van wie vast en zeker niemand ooit gehoord zal hebben van de man die eens het gebied beheerde en die een bijdrage leverde aan New York als multiculturele enclave.

Het gebied had veel potentie. De bodem was vruchtbaar, wat Van der Donck te weten was gekomen van de indianen van wie hij het land had gekregen – zij hadden er een dorp, dat daar bleef bestaan gedurende de tijd van Van der Donck.*

Naast dit boerenland stroomde een lange trage beek, vlak langs het huis, die verder kronkelde naar de kreek die Manhattan van het vasteland scheidde – door de Nederlanders Spuyten Duyvel genoemd, de pijp van de duivel, vanwege de gevaarlijke stromingen die de getijden er veroorzaakten. Door langs deze weg in een lichte sloep of zelfs in een van de indianen geleende kano** te varen, kon de leider van de Raad van Negen, vooruitwijzend naar de miljoenen die zouden forenzen naar Manhattan, naar de rivier de Harlem zijn gevaren en daarna, meevarend met het getij, zuidwaarts langs de kust van het eiland, om aan te leggen bij de kleine pier tegenover de stadsherberg.

Aan diezelfde oever, op een dag in januari 1649, zullen de opgewonden inwoners elkaars gezelschap hebben opgezocht om een verbazingwekkend schouwspel te kunnen aanschouwen: er werd een geestverschijning naar de kade geroeid. Het was geen totale verrassing – vanuit Bristol had Cornelis Melyn zijn compagnons geschreven dat hij en Kuyter nog in leven waren – maar om de man in levenden lijve te zien, zal het gevoel hebben versterkt dat ze ervoeren toen ze hoorden dat zij de schipbreuk hadden overleefd en dat Kieft was verdronken: dat zij het gelijk aan hun kant hadden en dat dit rechtvaardig was.

Zodra Melyn op een veilige plek was, zonder luistervinken (in zijn eigen woning misschien – daar, een paar passen vanaf de oever, rechts van de pier), met Van der Donck, Govert Loockermans, Augustin Herman, Jacob Couwenhoven, Thomas Hall, Jan Evertsen Bout, Michael Janszen, en anderen die zichzelf beschouwden als lid van deze nieuwe politieke partij, opende hij zijn tas en legde de vruchten van zijn tijd in zijn thuisland voor zich neer. Documenten. Geschriften die op indrukwekkende wijze in zwierige handschriften regeringszaken bevatten en die met linten met zware officiële zegels waren dicht gebonden.

Toen ze in de Verenigde Provinciën waren aangekomen, gingen Melyn en Kuyter direct aan het werk om hun gelijk aan te tonen, om

* De plaats van de veronderstelde woning van Van der Donck ligt vlak achter de tuinen van het Van Cortlandt House; het indiaanse dorp, dat Mosholu of Keskeskick werd genoemd, lag op de plek die nu de Parade Ground heet.

** In de archieven is op verschillende plaatsen sprake van kolonisten die gebruik maken van door de indianen gemaakte kano's, en iemand die veel tijd met ze had doorgebracht zou hebben ingezien hoe geschikt ze waren.

de straf van Stuyvesant tegen hen ongedaan te maken, en om er en passant voor te zorgen dat de machthebbers in hun thuisland de waarde van de Noord-Amerikaanse kolonie leerden inzien. Op dat moment hield de landelijke politiek zich bezig met het vredesverdrag van Spanje; oude verbonden veranderden. Voorheen was het ondersteunen van de West-Indische Compagnie, die was opgezet als een op winst gerichte onderneming voor het overvallen van Spaanse schepen, een vaderlandslievende handeling. Nu stond het de mensen vrij andere gedachten over de Noord-Amerikaanse kolonie in overweging te nemen. Het duurde maanden, maar toen lukte het Melyn en Kuyter een opmerkelijke toezegging van de instanties los te krijgen, die nu op tafel lag: een bevelschrift van het hooggerechtshof, een verordening van de regering van de Nederlandse Republiek aan de directeur-generaal van de kolonie van Nieuw-Nederland.[12] De leden van de Raad moeten met hun oren hebben geklapperd toen ze hoorden wat het was – in toon en taal was dit het ultieme gelijk van hun positie. De documenten gingen over 'de oorlog die directeur Kieft ten onrechte en tegen alle openbare regelgeving in, was begonnen tegen de indianen' en de wreedheden 'waardoor elke christelijke ziel die ervan hoorde zich wild moet zijn geschrokken'. Ze erkenden het feit dat de afgevaardigden uit het volk waren gekozen om er zeker van te zijn dat dergelijke calamiteiten zich niet weer voor zouden doen; ze stelden vast dat Kieft en later Stuyvesant deze afgevaardigden had gehinderd. De straffen van Stuyvesant tegen deze mannen werden herroepen, in afwachting van het beroep. Stuyvesant zelf, of een vertegenwoordiger, moest naar zijn thuisland om zijn gedrag toe te lichten.

En er was meer. Willem, prins van Oranje – legerleider en symbolisch hoofd van de Nederlandse staat – had zich dusdanig bij de zaak betrokken gevoeld dat hij ook een bijdrage wilde leveren. Hij schreef een persoonlijke brief, die Melyn bij zich had:

Aan Peter Stuyvesant, directeur van Nieuw-Nederland, 19 mei 1648
Hooggeëerde, wijze, en verstandige, zeer dierbare.

Uit handen van de boodschappers hiervan, Joachim Pietersen Kuyter en Cornelis Melyn, zult u de verordeningen ontvangen die de Hoog Mogende Heren Staten-Generaal u wilden doen toekomen, met als doel dat u toestaat dat deze mensen vrij en onbeschadigd de beschikking krijgen over hun eigendommen aldaar [...] wij verlangen hierbij bovendien ernstig van u, dat u voornoemde eisers, vredig en zonder tegenwerking het genot laat hebben van de uitvoering van het eerdergenoemde besluit van hunne Hoog Mogendheden.

En hierbij,
Hooggeëerde, &c.
Willem,
Prins van Oranje.[13]

De Raad van Negen en hun aanhang vonden dit allemaal geweldig. Voor het eerst begrepen ze in hun thuisland dat er een nieuw tijdperk was aangebroken. En het nieuwe klimaat gaf hen de kans zich sterk te maken voor een bestuur dat de kolonie van een stevige basis voorzag.

In een van zijn reacties op de verzoeken van de Raad om toestemming te krijgen voor het zenden van een delegatie naar Den Haag, had Stuyvesant getalmd door te stellen dat de Raad, als vertegenwoordiging van de bevolking, er zeker van moest zijn dat wat ze voorstelde ook daadwerkelijk de wil van het volk was. Nu, aangemoedigd door de steun uit Nederland, besloten de leden van de Raad zijn suggestie op te volgen. Zij zouden de mensen – een voor een – vragen of het nodig was het bestuur te hervormen. In een opmerkelijk directe invulling van democratie, stapten Van der Donck, Loockermans, Janszen, Herman en andere leden van de Raad de voordeur van de kroeg uit, verdeelden de straten van Nieuw-Amsterdam onderling, en gingen de deuren langs.[14] De mensen moeten veel te zeggen hebben gehad, want toen de opiniepeiling eenmaal afgerond was, besloot de Raad een dossier samen te stellen. Van der Donck nam de taak op zich om de klachten samen te voegen en de gedachten van de gehele gemeenschap uit te werken in een enkel document.

Stuyvesant zag de opiniepeilers door de stad lopen en, voor wat hem betreft, openlijk aanzetten tot opstand. Gedurende enige tijd koesterde hij zijn woede, maar toen barstte hij los. Op een gegeven moment in januari, of februari 1649, terwijl Van der Donck zijn brief aan het samenstellen was, kwam het tot een confrontatie tussen de leidsman en zijn voormalige aanhanger. Stuyvesant probeerde te doorgronden hoe de jongere man hem kon afwijzen, gaf hem misschien nog de kans het op te geven, maar uiteindelijk verhardde het persoonlijk contact. Helaas geeft Van der Donck geen details van deze ontmoeting, hij vertelt slechts dat 'de Generaal' vanaf het moment dat de huis-aan-huis-opiniepeiling plaatsvond, 'ziedend was'.[15].

Dit was het moment waarop Van der Donck uiteindelijk zijn kaarten op tafel legde. Hij had nu driemaal dezelfde reeks manoeuvres uitgevoerd bij heren die de macht hadden – zichzelf geliefd maken, zich opgewerkt naar een positie met enig gezag, waarna hij plotseling vrijpostig werd, opstandig, eigenzinnig. Nu liet hij zijn ware gevoelens zien, zijn patriottische hartstocht. Stuyvesant zal zeker hebben ingebracht dat wat hij deed in het belang was voor de kolonie, erop gewezen hebben dat ze aan alle kanten waren ingesloten, en duidelijk gemaakt hebben dat elke poging hem in dergelijke omstandigheden af te vallen gelijk stond aan verraad. Beide mannen hadden in zekere zin het gelijk aan hun kant. Stuyvesant hield inderdaad de kolonie bijeen. Maar tegelijkertijd wilde hij niet inzien wat Van der Donck zag: dat militaire en diplomatieke zetten tegenover de Engelsen, Zweden en indianen slechts korte tijd zouden volstaan, dat zonder vernieuwing van de gehele structuur de kolonie van binnenuit te gronde zou gaan.

Voor beide mannen was er geen compromis mogelijk. Als een laatste poging om tot een oplossing te komen, stelde Stuyvesant voor om samen te werken: de Raad zou de informatie die ze verzameld had met hem delen, en hij zou hun advies in overweging nemen. Maar dit zou het hele doel van de afvaardiging ondergraven, het onafhankelijk worden van de West-Indische Compagnie. Van der Donck gaf hem te kennen, zoals hij later schreef, dat de Raad 'over niets in deze zaak met hem zou communiceren of bevelen aan zou nemen'.

Dat was de druppel die de emmer deed overlopen. De confrontatie eindigde met, zoals Van der Donck omschreef, een 'bittere en niet aan te vechten haat' van Stuyvesant voor de leden van de Raad, 'maar vooral jegens diegenen die hij zag als de voornaamste opstellers' van de actie om zijn gezag te ondermijnen. Terwijl Van der Donck deze ontmoeting beschrijft voor de ambtenaren in Nederland en aangeeft in welke mate de houding van Stuyvesant verandert ten opzichte van tot dan toe vertrouwde kameraden, lijkt het alsof door het formele taalgebruik de emoties nog duidelijker naar voren komen, waardoor je zou geloven dat deze twee mannen werkelijk goed met elkaar op hebben kunnen schieten: 'Deze mensen waren altijd goede en dierbare vrienden van hem geweest, en hij had hen kort voordien beschouwd als de meest hoogwaardige, kundige, intelligente en toegewijde mensen van het land, maar zodra ze niet langer de wensen van de generaal gehoorzaamden, maakte hij ze voor van alles uit, sommigen voor schoft, anderen leugenaars, rebellen, woekeraars, spilzieken, in één woord, de galg was bijna te goed voor hen.'[16]

Het geduld van Stuyvesant was op. Als hij iets deed, nam hij geen halve maatregelen. Eens, in het begin van maart, marcheerde hij, waarschijnlijk vergezeld van een contingent soldaten van de West-Indische Compagnie, vanuit het fort naar de woning van Michael Janszen – het raadslid met wie Van der Donck bevriend was geweest vanaf het moment dat ze beiden in Rensselaerswijck woonden. Van der Donck verbleef hier, zoals meestal het geval was, maar er was even niemand thuis. Ze doorzochten het pand en vonden een stapel papieren waarin de klachten van de inwoners over de kolonie en het bestuur stonden beschreven, en bovendien een versie van het epistel dat Van der Donck aan het voorbereiden was. Stuyvesant nam het in beslag en na lezing ervan was hij nog vaster besloten de volgende stap te zetten. De volgende dag liet hij Van der Donck arresteren en zette hem achter slot en grendel. Vervolgens stuurde hij snel Philip de Truy, zijn 'gezant van het hof', naar de leden van zijn raad en naar een deel van de Raad van Negen, met het verzoek naar een noodbijeenkomst van de 'opperraad' te komen.

De spanning was om te snijden toen de mannen – vijftien in totaal – bijeenkwamen. Zelfs op de losse momenten klemde Stuyvesant zijn kaken in een verwrongen grimas op elkaar en zijn gezicht moet op onweer hebben gestaan toen ze wachtten totdat hij vertelde wat de reden was voor deze ongebruikelijke bijeenkomst. Toen legde hij hen uit dat Van der Donck was gearresteerd en beschuldigd van 'crimen laesae majestatis' – hoogverraad. De documenten die in zijn bezit waren aangetroffen, bevatten 'grove laster' aan het adres van de directeur-generaal en er stonden 'enorme beledigingen' in van de regeringsleiders in Den Haag.[17]

Op dit moment verbaasde de onderdirecteur, Lubbert van Dinklagen, naast Van der Donck de enige advocaat in de kolonie, zijn meerdere door hem te onderbreken met een formeel protest, met het verwijt dat 'de eerwaarde directeur veel op eigen houtje had gedaan en nog steeds deed', en dat hij 'zonder de raad erin te kennen ervoor had gezorgd dat Adriaen van der Donck gearresteerd was'. Er ging een schok door de zaal. Dat Stuyvesant nu geconfronteerd werd met verzet uit zijn eigen raad van door hem uitgezochte leden – zelfs van de man die direct onder hem stond – moet hem hebben aangegrepen en nieuwe hoop hebben gegeven aan de aanwezige leden van de Raad van Negen, die allemaal vreesden voor hun eigen leven en voor dat van Van der Donck.

Stuyvesant hernam zich, veranderde van tactiek en richtte zich tot Van Dinklagen. Hij las een citaat voor uit de in beslag genomen geschriften waarin Van Dinklagen de regering in Nederland in diskrediet bracht. Van Dinklagen ontkende gepikeerd dat hij ooit zulke uitlatingen had gedaan en vroeg of hij de pagina's kon zien waarop ze neergeschreven waren. Stuyvesant weigerde. Vervolgens vroeg hij aan elk van de aanwezigen om publiekelijk aan te geven wat er met Van der Donck moest gebeuren. Van Dinklagen nam als eerste het woord, en benadrukte dat, in overeenstemming met de Nederlandse wet, er op dit punt een onderzoek naar Van der Donck moest worden ingesteld en dat hij vervolgens op borgtocht vrijgelaten moest worden. Maar Brian Newton, die Stuyvesant sinds Curaçao trouw had gediend, en die aan zijn zijde had gestaan toen hij zijn been verloor, verklaarde dat de man in de gevangenis moest blijven en dat hij daar moest worden ondervraagd. De meeste anderen waren het hiermee eens. Omdat hij het niet eens was met de hele gang van zaken, weigerde Augustin Herman zijn mening te geven.

Stuyvesant had slechts zes leden van de Raad van Negen opgeroepen voor deze speciale raadsbijeenkomst – klaarblijkelijk uit angst dat de hele groep tegen hem zou stemmen. Met zes van hen en acht van zijn vertrouwde adviseurs, en hijzelf, kon hij er zekerder van zijn dat de uitkomst in zijn voordeel was. Nu leek het er echter op dat Van Dinklagen en een of twee anderen voor de andere partij zouden kiezen, dus brak hij de vergadering af zonder stemming. Twee dagen later riep hij zijn gewone raad bijeen, zonder de Raadsleden, die 'met meerderheid van stemmen' besloot Van der Donck in bewaring te houden totdat een commissie de zaak had onderzocht. Twee dagen daarna, op 8 maart, met Van der Donck nog steeds achter slot en grendel, verzamelden op verzoek van Stuyvesant mensen uit de dorpen in de omgeving zich in de kerk om daar een zaak te bediscussiëren die van groot belang was voor de kolonie.[18] Kort voor deze openbare samenkomst had Stuyvesant zijn raad bijeengeroepen en verklaard dat hij aan het volk een 'geschrift' wilde voorlezen.[19] Vermoedelijk bevatte dit een verslag van het verraderlijke gedrag van Van der Donck en de bestraffing waartoe Stuyvesant had besloten.

Maar hij heeft het nooit voorgelezen. Na de arrestatie en de vruchteloze zitting van de bijzondere raad, hadden zijn collega's elkaar bij Cornelis Melyn opgezocht en een gewaagde tegenzet uitgedacht. Nu, in de kerk, ten overstaan van bijna de gehele bevolking van Nieuw-Amsterdam en de omliggende dorpen, precies op het moment dat Stuyvesant zou gaan spreken, sprong Melyn het podium op. De Staten-Generaal hadden hem opgedragen het bevelschrift van het hooggerechtshof naar Nieuw-Amsterdam te brengen en het te overhandigen aan de directeur-generaal zelf, of een of meerdere ambtenaren op te dragen om deze opdracht voor hem uit te voeren. Het was een formele zaak – een dagvaarding uitschrijven – maar Melyn, die gevoel voor theater had, wilde er zoveel mogelijk rendement uit halen. Met luide stem kondigde hij aan dat hij de wens van de Staten-Generaal wilde uitvoeren door de Raad van Negen het bevelschrift op te laten leggen aan Stuyvesant. Toen overhandigde hij het aan Arnold van Hardenbergh, lid van de Raad, en vroeg hem het voor te lezen.

Stuyvesant wist wat er in het document stond, en voelde er weinig voor dat deze kastijdende woorden, waarin hij als een klein kind naar Europa werd teruggeroepen, voor zijn achterban ten gehore werden gebracht. Hij verklaarde dat het niet nodig was het document voor te lezen en stond klaar om het in ontvangst te nemen. 'Geef hier die brief,' brulde hij en haalde uit om het vel te pakken. In de worsteling die volgde, werd het document aan stukken gescheurd en het zware zegel van was, waarmee werd aangegeven dat er sprake was van een officieel bevel van de Nederlandse regering, raakte los. Met open mond keek iedereen toe hoe het zegel viel, naar beneden tuimelde en toen bleef hangen, bungelend aan een reep perkament. De symboliek was overduidelijk: deze mannen ontheiligden hier luid schreeuwend het meest heilige gebouw van de stad, terwijl het zegel van de regering tussen hen in schommelde. In de stilte die volgde, zei Melyn tegen Stuyvesant dat als hij een afschrift wilde van het document, er zowel een exemplaar voor hem als voor het voorlezen aan het publiek was.

Op dat moment ontplofte de zaal. Stuyvesant moet de soldaten aan zijn zijde hebben gehad maar de zaken stonden er niet best voor. Hij was een geboren leider; en nog nooit was zijn gezag zo te kijken gezet. Impulsief wilde hij hard optreden, maar hij zag ook wel in dat de situatie uit de hand dreigde te lopen. Het voorval, zo schreef hij later aan de Staten-Generaal, was 'van dien aard dat een slachting en bloedvergieten het gevolg hadden kunnen zijn, als we onze houding niet volledig hadden veranderd, en toe hadden gestaan dat de dagvaarding werd voorgelezen'.[20] Hij zag in dat hij door zijn tegenstanders was klemgezet en hij riep de menigte tot de orde. Hij gaf de man het bevel het document waarin hij een uitbrander kreeg voor te lezen.

Toen dat was gebeurd, sprak hij, met alle ogen strak op hem gericht en met ingehouden woede: 'Ik zal de Staten en hun commissie respecteren, en hun bevelen gehoorzamen en een plaatsvervanger zenden die de rechtszaak zal bijwonen, zoals dat goed en wettig is aangekondigd.'

Daarna vertrok hij.

Het was absoluut het meest vernederende moment uit het leven van Stuyvesant. 'Rebels en beledigend,' zou hij de hele toestand noemen. De trots van zijn soldaten en zijn eenvoudige plattelandswaardigheid waren met voeten getreden. Hij bleef trouw aan zijn opdracht, zijn toewijding aan de kolonie was oprecht en hij behaalde al resultaten ten opzichte van de Engelsen in het noorden, maar voor deze mannen die uit leken te zijn op zelfvernietiging maakte het allemaal geen verschil.

Melyn was erg enthousiast, maar zelfs voor zijn mede-onruststokers was hij te theatraal; Stuyvesant had terecht geklaagd over hoe de man, zelfs al voordat hij Manhattan had bereikt, het schip in Boston had verlaten en snoevend aan de Engelsen had verteld dat hij de opdracht had om Stuyvesant als een gevangene naar Nederland terug te sturen.[21] Dergelijk gedrag droeg niet bij aan de onderhandelingen van Stuyvesant met de gouverneurs van Nieuw-Engeland. Aan de andere kant had Stuyvesant deze mannen zelf uitgedaagd. Het is moeilijk voor te stellen dat de Raad tot het spektakel in de kerk was overgegaan als Stuyvesant Van der Donck niet had gearresteerd. De misdaad van hoogverraad kon, uiteraard, met de dood worden bestraft. Al hun levens stonden op het spel. Hij was de strijd aangegaan en dwong hen om hetzelfde te doen.

Op dat moment, terwijl zijn populariteit tot het dieptepunt gedaald was, raakte Stuyvesant in een politiek schandaal verwikkeld.[22] Het geval wil dat er rond die tijd een kist musketten in de haven arriveerde. Toen men in de gaten kreeg dat Stuyvesant ze zelf had besteld en van plan was ze aan de indianen te verkopen om hen tevreden te houden, werd dit in de stad rondverteld. Het was de inwoners verboden vuurwapens aan de indianen te verkopen, maar de directeur-generaal deed het zelf wel, blijkbaar voor zijn eigen gewin. En dat terwijl er zelfs onder de kolonisten in die periode een tekort aan wapens was. Stuyvesant was genoodzaakt zich voor zijn eigen raad te verantwoorden, maar of hij nu schuldig was of niet, hij schond de eerste regel van een politicus: wek nooit of te nimmer de suggestie dat je iets verkeerds hebt gedaan. Hij werd in de verdediging gedrongen.

En dus moest Stuyvesant onder deze dreiging een besluit nemen over wat hij met Van der Donck aan moest. Als hij de steun had gehad van zijn raad en van de bevolking, dan had hij hem voor het vuurpeloton geplaatst. De feiten waren echter anders, zijn eens getrouwe plaatsvervanger, Van Dinklagen, was nu fel tegen hem en zag er scherp op toe dat hij handelde in overeenstemming met de Nederlandse wet. Mogelijk was het vanwege zijn standvastigheid dat Stuyvesant zich realiseerde dat hij het niet kon maken om de man slechts op basis van de stapel papieren die hij van hem in beslag had genomen kon veroordelen – vooral omdat Van der Donck vanuit zijn cel had aangegeven dat de inhoud van de documenten fouten konden bevatten omdat er sprake was van ruwe gegevens die hij van de inwoners had verzameld. Dus gaf Stuyvesant aan Van der Donck de opdracht om 'wat hij zo beledigend had geschreven te bevestigen of herroepen'. Totdat hij zover was, werd Van der Donck op vrije voeten gesteld. Maar hij mocht ondertussen niet plaatsnemen in de Raad van Negen.[23]

Als herboren betrad Van der Donck het licht van de late winter. Door hem op te sluiten had Stuyvesant ervoor gezorgd dat het volk op zijn hand was. Stuyvesant was in de verdediging gedrongen; Van der Donck, degene die was aangeklaagd, was vol energie en de beurt was aan hem. En door van hem te vragen te onderbouwen wat hij had geschreven, had Stuyvesant hem in wezen de volmacht gegeven om de zaak van de hervorming van het bestuur voort te zetten.

En dat deed hij. Terwijl hij langs de huizen van de jonge, eenvoudige en vibrerende stad liep, met de windvlagen van de vroege lentewind in zijn rug, inwoners die hem begroetten en feliciteerden met hun unieke mengeling van accenten en talen, moet hij het gevoel gehad hebben dat alles wat hij tot dan toe had gedaan – van zijn dagen aan de universiteit in Leiden, tot zijn vrij opgevatte klus in Rensselaerswijck en zijn politieke spelletjes met de inwoners van Manhattan – had geleid tot dit moment. De mensen kenden hem als de eigenaar van een landgoed – door iedereen op straat werd hij met 'jonker' aangesproken. En die rol droeg bij aan zijn rol als activist: hij had de status van een landeigenaar, maar toch trad hij duidelijk niet in de voetsporen van iemand als Kiliaen van Rensselaer, die vanuit het comfort van zijn Nederlandse woning had geprobeerd een slaatje te slaan uit de nieuwe wereld. Van der Donck had persoonlijk geïnvesteerd in de nieuwe wereld, in haar mensen, in haar toekomst.

Alle aandacht ging nu uit naar de voorbereiding van een afvaardiging naar de Nederlandse Republiek. Volgens de wet zouden alle hoofdrolspelers hierbij betrokken moeten zijn, dus de dag nadat hij was vrijgelaten, schreef Van der Donck een reeks oproepen – aan Van Dinklagen, La Montagne, Brian Newton en andere raadsleden en ambtenaren – met voor elk van hen het verzoek 'bij de eerstvolgende gelegenheid in Den Haag te verschijnen voor Hunne Hoog Mogendheden'. Hij bezorgde deze brieven, ontving hun antwoorden (Met name varianten op de boodschap 'uiteraard voel ik er weinig voor om te gaan'), en legde alles in een hele serie geschriften vast.[24] Hij zal niet verwacht hebben dat het gehele bestuur van de kolonie aan boord zou stappen om zichzelf in Nederland te verdedigen, maar het was, voor hem, een noodzakelijke stap dit alles aan het papier toe te vertrouwen.

Het begon Stuyvesant danig de keel uit te hangen – zodanig dat hij, op 8 mei, een nieuwe verordening uitschreef:

> Aangezien men dagelijks vaststelt dat er veel laakbare dingen gebeuren door het schrijven en inwinnen van getuigenissen door particulieren die hier noch door het afleggen van een eed, noch door het officiële gezag voor gevraagd zijn: waardoor dikwijls veel dingen ten voordele beschreven worden van diegenen die het beschrijven, en het geschrevene vol staat met sinistere, duistere en twijfelachtige woorden [...] met veel vooroordelen en ten nadele van de partijen; daarom zullen wij om deze gevolgen te voorkomen [...] alle attesten, schriftelijke verhoren, of andere instrumenten die tot getuigenis kunnen dienen, die door particulieren geschreven zijn [...] annuleren en ongeldig verklaren [...] [25]

In mei en juni voegde een onverschrokken Van der Donck als een bezetene alle informatie bijeen die hij en zijn collega's van de inwoners hadden verzameld en vervaardigde het waarschijnlijk meest vermaarde document dat het licht zou zien in de op Manhattan gevestigde kolonie, het *Vertoogh van Nieu-Neder-Land*, een drieëntachtig pagina's lange formele klacht, die hij aan de regering in Den Haag wilde voorleggen en waar op termijn de constitutie van de kolonie van Manhattan binnen het Nederlandse recht op gebaseerd zou worden en die, uiteindelijk, bij zou dragen aan de unieke vorm en het unieke karakter van New York City. De openingswoorden zijn een afspiegeling van het gedachtegoed en de emoties van Van der Donck. Hij was erin geslaagd om in slechts enkele regels zijn enorme trots op de Nederlandse exploratie en ontdekkingen te verwoorden, zijn passie voor zijn aangenomen thuisland, en zijn vertrouwdheid met de indianen. Tegelijkertijd had hij, voor regeringsambtenaren die weinig wisten van de kolonie, de kwestie van haar toekomstige ontwikkeling in een beknopte en nauwgezette historische context geplaatst, die terugging tot de eerste aanvang:

> Onder alle ondernemende volkeren ter wereld die op zoek zijn naar uitheemse landen, vaarwateren en handel, zullen diegenen die de naam Nederlander dragen heel eenvoudig zich onder de meest vooraanstaande scharen, wat genoegzaam bekend is bij eenieder die ook maar iets weet van de geschiedenis. Hetzelfde zal ook door het hier volgende verhaal bevestigd worden, want

anno 1609 is op kosten van de Oost-Indische Compagnie (hoewel haar doelen elders gelegen zijn) met het schip De halve Maen, met Hendrick Hudson als schipper en handelaar, voor het eerst ontdekt en gevonden waarover wij het nu hebben. Naderhand is dit Nieuw-Nederland genoemd, en terecht, want het is voor het eerst en op kosten van Nederlanders gevonden en in bezit genomen, zodat zelfs nu nog de inboorlingen van het land die zo oud zijn dat zij het hebben kunnen zien, getuigden dat toen de Nederlandse schepen hier voor de eerste keer kwamen en zij deze zagen, zij helemaal niet wisten wat ze daarmee aan moesten [...] Wij hebben de indianen ook vaak horen zeggen dat ze geen andere wereld of volk kenden voordat de Nederlanders hier arriveerden. Om deze reden dan, en vanwege de overeenkomst met het klimaat, ligging en vruchtbaarheid, is deze plaats terecht Nieuw-Nederland genoemd. Het is gelegen aan de noordkust van Amerika, op de hoogte van 38.39.40.41.42 graden, of daaromtrent [...] Het land zelf is vruchtbaar, is geschikt om bewerkt te worden door een overvloed aan mensen [...][26]

Er waren een heleboel andere ondersteunende documenten nodig – een formeel verzoek aan de Staten-Generaal om de kolonie over te nemen en tientallen pagina's van veel commentaar voorziene 'aanvullende waarnemingen' over de stand van zaken, de 'tirannie' van de West-Indische Compagnie en de noodzaak van een 'passend landsbestuur'. Het was een grootse wettelijke onderneming, die paste bij de situatie en de mogelijkheden die Van der Donck en zijn collega's zagen in het eiland Manhattan, de rivier waarin het lag en het continent waarvan het de toegangspoort vormde.

Ondertussen had Stuyvesant zich erbij neergelegd dat hij de Raad er niet van kon weerhouden een delegatie te sturen, maar hij zou wel met een tegenzet komen. Het was ondenkbaar dat hij in reactie op het bevelschrift van het hooggerechtshof zelf zou afreizen; hij was druk bezig met delicate diplomatieke onderhandelingen met de gouverneurs van Nieuw-Engeland[27] en met de hoofden van de Raritanen, Nyack en andere stammen uit de omgeving.[28] 'Wij kunnen naar eer en geweten niet' in eigen persoon afreizen, verklaarde hij aan de Staten-Generaal. Hij zou Cornelis van Tienhoven sturen, zowel om hem te vertegenwoordigen bij de aanklachten van Melyn, als om zijn bestuur te vertegenwoordigen in de strijd om de controle over de kolonie. Maar terwijl Stuyvesant het druk bleef houden met het besturen van de kolonie, deed zich een voorval voor waaruit bleek dat Stuyvesant opvallend bot kon zijn ten opzichte van mensen tegen wie hij wrok koesterde. Op 14 juni verscheen een handelaar, genaamd Jacob Loper, bij hem met het verzoek om een vergunning om op de Zuydt Rivier te handelen. 'Omdat voornoemde Loper met de dochter van Cornelis Melyn getrouwd is,' zo staat voor een ieder die het wil lezen in de beslissing van Stuyvesant geschreven, 'is de edele heer directeur-generaal van mening dat dit verzoek niet ingewilligd kan worden.'[29]

Ondertussen had de Raad van Negen een afvaardiging gekozen die bestond uit twee leden – de handelaar Jacob van Couwenhoven en landbouwer Jan Evertsen Bout – en zijn voormalige voorman, Van der Donck. Als Stuyvesant al bezwaar heeft gemaakt, door te zeggen dat hij Van der Donck had vrijgelaten uit de gevangenis op uitdrukkelijke voorwaarde dat hij zich niet met officiële zaken bezig mocht houden, dan is hiervan niets in de archieven terug te vinden. Van der Donck zou op een dergelijk bezwaar zeker gezegd hebben dat hij slechts het bevel opvolgde 'om te bewijzen en te staven, of om te herroepen wat ten onrechte was geschreven'.

De mannen bereidden zich voor op hun vertrek. Van der Donck bracht enige tijd door bij zijn vrouw op het landgoed, maakte lijsten met goederen die ze nodig hadden en van ervaren krachten die hij in Europa in wilde huren. Hij stemde ermee in Annetie van Beyeren, een vrouw die woonde in het dorpje Vlissingen (Flushing) op Lange Eylandt, te vertegenwoordigen bij het op orde brengen van haar zaken in haar thuisland. Hij nam de laatste dagen voor zijn vertrek nog een juridische klus aan. Willem Blauvelt, de voormalige piraat, was vele jaren een markante verschijning geweest op het eiland, en veel prominente inwoners van Nieuw-Amsterdam, onder wie Augustin Herman, Jacob van Couwenhoven, die op het punt stond Van der Donck te vergezellen op zijn reis naar Nederland, en voormalig directeur Kieft, hadden een financieel belang gehad in zijn fregat, La Garce. Gedurende de voorgaande zeven jaren had het fregat, met de volledige goedkeuring en ondersteuning van het koloniale bestuur koers gezet naar West-Indië en was teruggekeerd met Spaanse prooien: schepen beladen met tabak, suiker, ebbenhout en wijn. Alle deelnemers aan de onderneming profiteerden van deze tochten; het zwaartepunt van de activiteiten van de West-Indische Compagnie in de nieuwe wereld lag bij dit soort zaken.

Nu de vrede was getekend, werd de kaperij verboden. Maar het viel kapitein Blauvelt moeilijk het nieuws te verteren.[30] Kort geleden had, als altijd, aan de kade zich een nieuwsgierige menigte verzameld toen daar tot ieders vreugde La Garce met de Nederlandse vlag in top in zicht kwam, met een aardige buit op sleeptouw. Het probleem was dat Blauvelt de Spaanse bark vijf maanden na de ondertekening van het vredesverdrag 'in de rivier de Tobasco in de Bocht van Compeche' (aan de westkust van het schiereiland Yucatan) te pakken had gekregen, wat een reeks rechtszaken tot gevolg had gehad. Van der Donck was door een van de eigenaren van het schip van Blauvelt ingehuurd, en tot de dag voor zijn vertrek naar Europa werkte hij aan de oplossing van het probleem. Het was een passende laatste klus, want het betekende het einde van de oude orde op Manhattan.

Er was een laatste ontmoeting tussen Van der Donck en Judith Bayard, de vrouw van Stuyvesant. Hij kwam haar op 29 juli op straat tegen. We weten niet of zij elkaar spraken, of anderszins vriendelijk met elkaar omgingen. Misschien was ze met haar hoofd ergens anders bij: de eerste zoon van Stuyvesant, Balthazar, was nu eenentwintig maanden oud en de tweede, Nicolaas, was een baby van zeven maanden. Hoe dan ook, Van der Donck overhandigde haar een brief van Melyn aan Stuyvesant – waarvan zeker is dat hij hemzelf had helpen opstellen.[31] Stuyvesant had Melyn nog steeds niet toegestaan zijn land en bezit te gebruiken, zoals het bevelschrift van het hooggerechtshof had verordonneerd. De brief verzocht hem dit te doen, en bovendien moest hij de afgevaardigden documenten ter beschikking stellen die ze nodig hadden om hun zaak te onderbouwen, en liefst een beetje vlug, want 'er is weinig tijd en de schepen maken zich klaar voor vertrek'. Judith overhandigde de brief aan Stuyvesant, die meteen een antwoord neerkalkte, dat hij de titel meegaf 'Antwoord aan Cornelis Melyn op het oneerbiedige protest dat hij, volgens haar, aan mijn vrouw heeft overhandigd, geschreven door Adriaen van der Donck en A. Hardenbergh', waarin hij, zichzelf verbijtend, hem het gebruik van zijn land toestond en verklaarde dat 'het aan God en de wet is om uit te maken wie hier de schuldige is'.

Uit deze brief kunnen we opmaken dat Stuyvesant van plan was zijn afgevaardigde Van Tienhoven op het klaarliggende schip mee te sturen, wat betekent dat Van der Donck en Van Tienhoven – de zweterige, corpulente, geslepen verdediger van Stuyvesant en de West-Indische Compagnie – samen op het dek van hetzelfde schip moeten hebben gestaan toen de lage gebouwen van het dorp, gedomineerd door de windmolen en het fort, langzaam oplosten in de mist. In het verschiet van Van der Donck lag het continent waar hij geboren was.

II

EEN AMERIKAAN IN EUROPA

In januari 1646 ploegde een koets, getrokken door zes paarden, door de bevroren voren van een weg op het Duitse platteland. Met het vergulde houtsnijwerk en de bedienden met scharlaken capes en hoeden was de koets een vrolijke noot in het loodgrijze landschap. Twee rijen vazallen reden vooruit, zwaarden aan hun zijde. Met open mond gaapten boeren langs de weg de stoet na.

In de koets zat een eenenzestig jaar oude man, zijn eenvoudige kleding stak af tegen de grandeur van het voertuig. Hij had een spitse baard en scherpe ogen, die trieste en ernstige waardigheid uitdrukten. Bij hem in de cabine zaten zijn vrouw en zijn kleindochter. Alle drie moeten ze vermoeid zijn geweest van de tweehonderd kilometer lange reis; en net nu ze deze bocht namen, verschenen de torens van de stad Münster aan de horizon.

De man heette Adriaen Pauw. Lange tijd was hij een van de belangrijkste mannen van de Nederlandse Republiek geweest, en nu stond hij op het punt iets te ondernemen wat, als het zou slagen, de loop van de Europese geschiedenis zou veranderen. Hij was zich hier heel wel van bewust – zodanig dat hij de opdracht zou geven om het hierboven beschreven schilderij van het moment van zijn aankomst te schilderen om zijn rol in deze gebeurtenis vast te leggen.[1] Hij geloofde dat hij en zijn gelijkgestemde collega's in de gelegenheid waren de regels te herschrijven waarmee staten zichzelf vele eeuwen hadden bestuurd, om aldus een nieuwe route uit te stippelen voor de politiek en voor menselijke betrekkingen.

Terwijl het rijtuig van Pauw voortratelde, was bijna elke land in Europa in oorlog en de meeste mensen wisten niet beter. In de Middeleeuwen werd oorlog beschouwd als een natuurlijke toestand van een staat – een land definieerde zichzelf vooral via conflicten met vijanden en bondgenootschappen met vrienden. Maar rond 1640 begon in de hoofden van mannen uit verschillende landen een baanbrekende gedachte post te vatten.[2] Deze nieuwe gedachtewereld vond zijn intellectuele oorsprong met name in de Nederlandse jurist Hugo de Groot, de man die het lichtende voorbeeld van Van der Donck en andere rechtenstudenten van die tijd was. Twintig jaar voordien had De Groot de merkwaardige bewering gedaan dat vrede de natuurlijke staat van volwassen, beschaafde landen was, en dat oorlog slechts beschouwd moest worden als de laatste uitweg, en dat deze zelfs dan nog aan regels onderhevig moest zijn, die door alle partijen moesten worden onderschreven. Opvallend genoeg namen de vorsten midden in de strijd de tijd om het boek van De Groot te lezen. Naar verluidt droeg koning Gustaaf Adolf van Zweden *De Jure Belli ac Pacis* met zich mee terwijl hij zijn troepen de strijd in voerde.[3]

Het radicale concept van De Groot had in de tussenliggende jaren aan kracht gewonnen en beïnvloedde de besluitvorming. De vredesonderhandelingen in Münster zouden anders zijn dan alles wat tot dan toe in de wereldgeschiedenis zou hebben plaatsgevonden. Om aan te geven dat de regering zich bewust was van het belang van de onderneming, arriveerde elke vertegenwoordiger met een entourage van ridders, hellebaardiers, trompetters, boogschutters, voetsoldaten en een leger aan bedienden; de Franse delegatie telde duizend leden.[4] Toen duidelijk werd dat er een verdrag zou worden getekend, gaf elke afvaardiging de opdracht voor een reeks portretten van alle hoogwaardigheidsbekleders – de nog steeds complete verzameling in het kasteel Gripsholm nabij Stockholm omvat vierenzeventig schilderijen.

De onderhandelingen vonden in twee steden tegelijkertijd plaats – Münster en Osnabrück – en verbonden de tachtig jaar oorlog tussen Spanje en de Nederlandse provincies met de dertig jaar durende brute slachtpartij die in de rest van Europa had gewoed. Onnodig te zeggen dat de Dertigjarige Oorlog en de Tachtigjarige Oorlog benamingen waren die na afloop werden toegekend; in die tijd waren het eenvoudigweg conflicten zonder eind.

Het was een gedenkwaardige bijeenkomst, want de deelnemers realiseerden zich maar al te goed dat dit de eerste keer was dat afgevaardigden van Europese landen bijeenkwamen als op zichzelf staande politieke eenheden, in plaats van onderdelen die vielen onder de paraplu van het Vaticaan of het Heilige Roomse Rijk, ze erkenden elkaar als soeverein en probeerden de zaken zelfstandig op te lossen. Het was de geboorte van de seculiere politiek, de voorloper van Versailles, Parijs, Camp David en de Verenigde Naties, de schepping van de politieke landkaart van Europa, die zou standhouden tot in de eenentwintigste eeuw. Voor de politiek werd hier, zo zouden historici het eens gaan noemen, de 'moderne tijd' ingeluid.

Adriaen Pauw was in Münster een vreemde eend in de bijt. De term 'barok', die zo paste bij die tijd, was van toepassing op zowel de mode, als de kunst; ambassadeurs beschouwden zichzelf als diplomatieke pronkende pauwen – de persoonlijke opsmuk vertelde de anderen iets over de grootsheid van zijn land. Als afgevaardigde van de afwijkende Nederlandse Republiek, was Pauw een van de weinige niet-edelen onder de aanwezigen, en zijn kleurloze calvinistische kleding – een grijs, zwart en wit portret – was een teken van waar, voor zover het de Nederlanders betrof, het bij de onderhandelingen om ging.*

Het doel van de bijeenkomst was Spanje – met het meest vastberaden vorstenhuis in Europa – zover te krijgen de onafhankelijkheid te erkennen van niet alleen het lang opstandige protectoraat, maar van een land dat voorstelde te bestaan zonder een monarchie. Bijna alle van titels voorziene afgevaardigden voor de vredesonderhandelingen – de hertog van Longueville, de graaf van Peñaranda, pauselijk nuntius Fabio Chigi, graaf Hugo Eberhard Kratz von Scharfenstein, Johan Lodewijk, graaf van Nassau-Hadamar, paltsgraaf Karel Gustaaf – hadden moeite met dit voorstel; alleen al het woord 'ambassadeur' refereerde aan een koninklijk hof. Pauw was niet heel streng in de leer – hij woonde in een kasteel omgeven door een gracht, omringd door velden met rood-wit gestreepte tulpen die zijn persoonlijke kruising waren[5] – maar zijn bedoeling was duidelijk.

Uiteindelijk overwon de vrede in Munster en Osnabrück. De marathononderhandelingen werden gevolgd door bijbehorende barokke voorbereidingen voor het verdrag en, in 1648, door het ondertekenen zelf (de twee verdragen zijn de geschiedenis ingegaan als de Vrede van Westfalen). En toen begonnen de festiviteiten. En die gingen jarenlang door, overal in Europa staken ze als bosbranden de kop op. Voor het grootste deel van Europa betekende de viering het einde van tientallen jaren durende slachtpartijen. Onafhankelijkheid, erkenning, overwinning – het gevolg van het verdrag kwam voor de samenleving neer op een reeks pakkende krachttermen. Toen Pauw, zijn mede-afgevaardigden uit Nederland en de Spaanse afgevaardigden hun handtekeningen en zegels plaatsten op een enkel vel papier, was dat een belangrijke handeling, het startschot van de Gouden Eeuw. Drukkers maakten kopieën van het verdrag, die overal gretig aftrek vonden. In

* De saaie verschijning van Pauw contrasteert grappig genoeg met zijn achternaam.

elke stad en ieder dorp van de Zeven Provinciën werd het verdrag gevierd. Toneelstukken, gedichten, huldigingen, parades, porseleinen borden, kerkdiensten, drinkgelagen, bordeelfeesten, schilderopdrachten, publieke werken – in alle menselijke uitingsvormen verkondigden de Nederlanders de nieuwe tijd. De euforie kreeg gedurende de maanden die volgden op de ondertekening gestalte.

Het was in deze atmosfeer – van een samenleving die zich bewust was van een toekomst vol welvaart, kracht en mogelijkheden voor de wereldlijke politiek – dat Adriaen van der Donck begin oktober 1649 een Nederlandse haven binnen kwam zeilen. Hij trof een herboren thuisland aan, de strijd waarvoor zijn grootvader had gevochten en een held was geworden, was nu gestreden. De oorlog waarin hijzelf ter wereld was gekomen, was voorbij. Het was een nieuwe wereld, een nieuw land.

Maar het was niet het land van Adriaen van der Donck – niet meer. Wat voor blijdschap hij ook ervoer en hoeveel feesten hij ook bijwoonde, hij schijnt niet te hebben getwijfeld aan zijn trouw aan zijn eigen nieuwe land. Hij was het prototype mens van wie er in de komende eeuwen miljoenen zouden komen: de Europeaan die de oceaan overstak en daar, op het uitgestrekte continent aan de overkant, een nieuw thuis en een nieuw levensdoel vond. Hij was een Amerikaan.

Het schip zeilde de haven van Texel in, het met gras begroeide winderige eiland aan de Noordzee, vanwaaruit Henry Hudson veertig jaar voordien was vertrokken. Vanaf het eiland stapten Van der Donck en zijn collega's, Jacob van Couwenhoven en Jan Evertsen Bout, over op een openbaar vervoerschip en zeilden zuidwaarts, op het beroemde woud van masten van de haven van Amsterdam af, de meest levendige stad van de wereld.

Het spreekt voor zich dat de stad niet lijdzaam de ondertekening van het document had afgewacht om een begin te maken met een nieuw tijdperk. Sinds de tijd van Henry Hudson was de stad meer dan twee keer zo groot geworden, en het was nu dertig jaar geleden dat haar handelaar-bestuurders – met een indrukwekkend vertrouwen in de toekomstige groei van de stad – het plan hadden opgevat voor een onthutsend ontwikkelingsproject, dat nu zijn voltooiing naderde: een aantal concentrische ringen met grachten. De grachten van Amsterdam zijn zo karakteristiek dat veel mensen ervan uitgaan dat ze er altijd zijn geweest, maar ze zijn gegraven, handmatig, honderden tonnen aarde werden afgegraven en zand werd aangevoerd, hele bossen aan palen werden langs de waterkant de grond in gedreven, een waarlijk grootse prestatie van bouwkunde en stadsplanning. Het resultaat was de schepping van enkele van de eerste voorsteden, want het was de bedoeling om de binnenstad – met zijn onderkomens voor handel, seks en drank – te omringen met buurten met keurige woningen voor het leger van nieuwe rijken, elk huis voorzien van een grote tuin en, via de voordeur, van een grachtenstelsel, het meest moderne stedelijke vervoerssysteem dat er bestond. Hier, op het niet-aflatende gedreun van bouw na, was alom sprake van rust en goede manieren. Voorlopend op de moderne onroerend-goedmarketing, deden de namen van de grachten een onbeschaamd beroep op de bewijsdrift van de carrièregerichte klanten: afhankelijk van de hoogte van je pretenties, kon je ervoor kiezen om te wonen aan de Herengracht, de Prinsengracht, of de Keizersgracht.

Van der Donck was lang weggeweest – bijna tien jaar. Zo ook zijn vrienden, Jacob van Couwenhoven, die zijn vader als tiener naar Manhattan achternagereisd was en nu in de dertig was, en Jan Evertsen Bout die al in 1634 naar de nieuwe wereld was afgereisd. Voor alle drie betekende het ronddwalen in het hart van de stad, langs het water van het Damrak naar de Dam, een regelrechte aanslag op de zintuigen.

Het was een voorproefje van de maatschappij die ze aan de andere kant van de oceaan hielpen opzetten. Op de Dam was overduidelijk te zien wat de gevolgen waren van het jarenlange beleid van Amsterdam om vreemdelingen toe te laten. Tulbanden, sari's en kalotjes vermengden zich met musketier-uitrustingen; de verbaasde opmerking van een bezoekende Fransman – 'Op het eerste gezicht lijkt het helemaal niet de stad te zijn van een bepaald soort mensen, maar eerder een stad die door iedereen als het middelpunt van hun handel wordt beschouwd'[6] – zou doorklinken in de vergelijkbare opmerkingen die bezoekers aan de nakomeling van Amsterdam aan de andere kant van de Atlantische Oceaan, New York City, in de komende eeuwen vaak zouden maken. De marskramers – Kantonese, Frankische, Gujaratische, Livonische, Lotharingse, Asjkenazische – droegen evenzeer bij aan de visuele kakofonie, als de stapels handelswaar die elk van hen had neergelegd aan de rand van het plein. De hele parade van exotische buitenlanders, Nederlandse bewakers en stevige, in schorten geklede huisvrouwen, werd van muziek voorzien door rondtrekkende luitspelers, violisten, doedelzakspelers en draaiorgeljongens; iedereen werd van voedsel voorzien door de pannenkoekverkopers op de hoek van de straat. René Descartes, na zijn jaren in Leiden terug in Amsterdam, voelde zich goed thuis in de anonimiteit van deze bedrijvigheid: 'Ik kan mij elke dag met evenveel vrijheid in het gewoel van de menigte begeven als jij op jouw wandelpaden,' schreef hij aan een vriend op het platteland.[7] (Toch werd hij uiteindelijk niet met rust gelaten: in het spoor van de vrede, net toen Van der Donck aankwam in Amsterdam, vertrok hij naar het hof van koningin Christina van Zweden, om nooit weer terug te keren.[8])

De beschikbaarheid van goederen en diensten overdonderde de nieuwkomers: zakken met peper waar de geur van Zuidoost-Azië nog vanaf kwam, brokken suiker uit de vochtige delta's van Brazilië, tonnen met tabak uit Virginia, Turkse tapijten, om de hutten naar Genua, Smyrna en Sumatra maar niet te noemen, evenals de stukken land die te koop werden aangeboden om huizen op te bouwen in het nog niet voltooide zuidelijke deel van de grachtengordel, of in de pas in het westen aangelegde Jordaan. Je kon er wetenschappelijke meetinstrumenten kopen, gereedschappen voor het ontleden van lichamen, of, als je stom genoeg was, brillen, die werden geassocieerd met domheid ('iemand brillen verkopen' was jargon voor 'iemand bedriegen'[9]). En natuurlijk was seks een van de producten die in alle openheid tentoongespreid werd – toeristen konden een kaart van de rosse buurten van de stad krijgen, waar vrouwen dienst deden in wier gefluisterde zuchten Franse, Zweedse en Duitse accenten hoorbaar waren. Als ze zich niet lieten afschrikken door de bijnamen die sommige meisjes hadden ('Krentekut'), dan konden de pasgearriveerden de aangeboden verscheidenheid moeilijk aan zich voorbij laten gaan.[10]

Ook kunst en drukwerk werd te koop aangeboden. Er waren kramen waar kunstverkopers schilderijen voor de thuismarkt verkochten, waarbij de nadruk lag op twee typisch Nederlandse genres – landschap en stilleven. De voorkeur voor dat soort schilderijen toonde aan dat de religie niet langer het geestesleven domineerde, maar dat de wereldse beschouwers behoefte hadden aan ontroerende tafereeltjes. Men kreeg een precieze, bijna oosterse fascinatie voor alledaagse voorwerpen in het hier en nu. (Het Engels heeft de Nederlandse termen *landschap* en *stilleven* overgenomen.) Ook drukprenten waren gemeengoed: op dit moment waren de exemplaren met de ondertekening van het Verdrag van Münster alomtegenwoordig, maar daarnaast kon je kopieën aantreffen van de pauselijke brief die de verdragen hekelde (veel bezit van het Vaticaan was in de verdragen 'geseculariseerd'). Er waren ook gegraveerde portretten te koop van de ondertekenaars van het verdrag, afbeeldingen van verschillende Nederlandse steden die reageerden op het nieuws van het verdrag, en van compagnieën soldaten die bier achteroversloegen om het verdrag te vieren.

Naast de toegenomen activiteit, was er op de Dam ook veel veranderd sinds Van der Donck in 1641 naar Rensselaerswijck was vertrokken. Aan één kant van het plein, op de plaats waar voordien een woonbuurt lag, stonden nu de heipalen en fundamenten van wat de stad ter ere van zichzelf aan het bouwen was: een nieuw stadhuis, opgetrokken in klassieke vormen, vol kunst en spreuken waarin de Nederlandse Republiek werd vergeleken met Rome en Griekenland. Het was niet alleen gewijd aan de vrede van '48, maar aan de vrede zelf, want, in de eerste golven van idealisme die volgden op de diplomatieke taal over 'eeuwige vrede' leken de mensen werkelijk te geloven dat zij een oorlog hadden meegemaakt die alle oorlogen had beëindigd. Toen de toerist Van der Donck stond toe te kijken hoe de eerste lagen stenen werden neergelegd, was dat idee nog steeds geloofwaardig.*

Maar de inwoners van Manhattan bleven niet in de grote stad hangen. Ze hadden haast; al snel nadat ze waren uitgerust, vertrokken ze naar het zuidwesten.

Drie eeuwen eerder was het deel van Nederland dat hun eindbestemming was in het bezit van Willem, graaf van Holland. In de loop van de tijd groeide het uit tot een gerieflijk en gunstig gelegen oord waar middeleeuwse krijgsheren uit de omgeving elkaar konden ontmoeten en geschillen konden bespreken. Het was omgeven door een heg die in het landschap moet zijn opgevallen, want mensen uit de omgeving noemden het landgoed 's *Gravenhage* – de heg van de graaf. Ook nadat de ontmoetingsplek een hof was geworden en er omheen een stad verrees, bleef deze naam gehandhaafd, maar vaak werd de afkorting Den Haag gebruikt. Van een provinciaal hof, ontwikkelde de plaats zich vanaf de onafhankelijkheidsstrijd tot een nationale hoofdstad.

De stad die Van der Donck en zijn collega's in oktober 1649 binnentraden, was klein en statig – 'het grootste dorp van Europa' noemden de mensen het graag[11] – met aan de ene kant weilanden en aan de andere kant bossen, en niet ver ervandaan de duinen. Bedoeld als regeringsplaats, waren er brede lanen, omgeven door schaduwrijke bomen, waar aan het eind van de dag de mannen van stand langskuierden of met hun familie in een koets een ritje maakten. Alles lag rond het centraal gelegen regeringsplein, het Binnenhof, een vierkant kasteelachtig complex waaromheen de burelen van het bestuur waren gevestigd en waar, in het midden, de dertiende-eeuwse Ridderzaal, de oor-

* Het voltooide gebouw is nog steeds een toeristenattractie, maar het doet sinds Louis Napoleon het in 1808 veranderde in een paleis niet langer dienst als stadhuis, en het is tegenwoordig het Koninklijk Paleis op de Dam.

spronkelijke ontmoetingsplaats van de middeleeuwse edelen, was.

Het was een ruw, byzantijns soort bestuur dat de Nederlanders hadden geërfd, maar in wezen kwam het erop neer dat elk van de zeven provincies een afvaardiging van welke afmetingen dan ook naar de Staten-Generaal zonden en dat elke provincie slechts één stem had. De mannen, enkele tientallen, zaten rond een enkele tafel, de voorzittershamer werd elke week door een ander provinciehoofd gehanteerd. Het lastige was dat elke beslissing unaniem genomen moest worden, wat veel politiek getouwtrek opleverde en weinig besluiten, iets wat de Nederlanders niet al te erg vonden, erop vertrouwend dat hoe minder de overheid deed, hoe beter het was.

Op 13 oktober, slechts enkele dagen na hun aankomst, verwierven Van der Donck en zijn kameraden een plaatsje op de dagelijkse agenda en ze presenteerden het document dat Van der Donck op Manhattan had geschreven, de 'Remonstrantie van Nieu-Nederlandt ende de gelegentheden aldaer.'[12] De jurist Van der Donck, net iets ouder dan dertig jaar, nam het initiatief. Jaren van strijd tegen Kieft en toen Stuyvesant – het verkrijgen van een zetel in een vertegenwoordigend orgaan, het ondervragen van de inwoners van Manhattan, gevangenisstraf en invrijheidsstelling en uiteindelijk de terugreis over de oceaan – hadden geleid tot dit moment. Behalve de Remonstrantie legde hij verscheidene ondersteunende documenten over, waaronder een brief van de Raad van Negen waarin hij en zijn collega's werden voorgesteld[13] en, als slimme zet, een aanbevelingsbrief van Van Dinklagen, de misnoegde onderdirecteur van Stuyvesant. 'Deze mensen zijn goed op de hoogte van de situatie in het land,' had hij over Van der Donck en zijn collega's geschreven.[14] 'Ik hoop dat uwe hoogmogendheden hierdoor goedgestemd zult zijn en hen welwillend wilt aanhoren [...]'

Het was het juiste moment voor de afvaardiging van Manhattan om dit verzoekschrift in te dienen. In het land waren nog steeds de naweeën voelbaar van de festiviteiten van de onafhankelijkheid, en de snelheid waarmee de bestuurders de zaak opnamen, doet vermoeden dat ze inschikkelijk waren. Ze waren intussen goed bekend met de naam Manhattan, wisten van het wanbestuur van de kolonie door de West-Indische Compagnie en waren bereid er iets aan te doen. De afvaardiging presenteerde zichzelf met een helder en waardig elan. Bovenal stond hun oproep voor een 'passend openbaar bestuur' voor Nieuw-Amsterdam. Eerst schetste Van der Donck hen een idyllisch beeld, met het verzoek zich het eiland voor te stellen: 'Manhattan [...] de hoofdstad van Nieuw-Nederland', geografisch zo schitterend gelegen, 'heel goed aangepast vanwege de geschiktheid van de rivier',[15] en een ideale uitvalsbasis vanwaaruit 'we de handel van ons land kunnen voeren [...] van Terra Nova tot Kaap Florida [...] tot West-Indië en Europa, waar de Heer onze God zo goed wil zijn het toe te laten.'[16] Toen volgde het gevaar dat dreigde: de Nieuw-Engelanders, 'die zich er ten volle van bewust zijn dat ons land beter is dan het hunne', de Staten-Generaal moesten dus snel de handel en de nederzetting vergroten. Anders zouden de Engelsen het gebied zeker overnemen en 'het zal zelfs de naam Nieuw-Nederland kwijtraken en geen Nederlander zal er iets te vertellen hebben.'[17]

De eigen stijl van Van der Donck blijkt niet alleen uit de losse onderdelen van de presentatie, maar ook uit de grondigheid. Hij liet het niet bij de uitgebreide remonstrantie, maar voegde er een 'verzoekschrift van de burgerij van Nieuw-Nederland aan de Staten-Generaal' aan toe. En voor de commissieleden die de zaak nader zouden bestuderen voegde hij een lang deel toe met 'Aanvullende waarnemingen aangaande de voorgaande petitie'. En dit voorzag hij nog eens van een grote hoeveelheid voetnoten, zodat elk aspect van de zaak voor de afgevaardigden – de eindeloze potentie van de kolonie, de rechtmatigheid van de Nederlandse claim op het gebied, de rechten van de mensen die het gebied bewoonden – was afgedekt, gedocumenteerd, ondersteund en van verwijzingen voorzien. Zijn uitbundigheid blijkt uit de absolute bevlogenheid van zijn documentatie, die in sommige delen leest als het product van een gedrogeerde klerk. Eén enkele zin in wat al 'Aanvullende waarnemingen' heet, wordt voorzien van acht voetnoten. Op een bepaald moment, in een zin waarin Van der Donck zegt dat hij en zijn collega's veronderstellen dat ze de redenen kennen voor het mismanagement van de kolonie, die hij vervolgens opsomt, voorziet hij het woord 'veronderstellen' van een voetnoot om aan te geven: 'Niet dat hierover enige twijfel bestaat, want het is zo duidelijk en algemeen bekend als dat de zon licht uitstraalt.'[18]

En vervolgens kwamen de rekwisieten op tafel – ondersteunend materiaal dat de bestuurders inzicht gaf in de vette beloften van hun overzeese provincie. Er werden bevervachten neergelegd voor de hoge en machtige heren, waaruit de geur van de Amerikaanse wouden nog opsteeg, iets wat in deze beschaafde omgeving bijna ongepast leek gezien de dierlijke vruchtbaarheid die ervan uitging.[19] En er waren monsters van niet nader gespecificeerde 'producten' van het land, waarschijnlijk tabak, pompoenen, bieten, appels, noten en maïs en zeker zakken met graan waar de kolonisten trots op waren. ('Ik heb rogge gezien', zou Van der Donck elders schrijven, 'dat zo hoog groeide dat een man van gemiddelde lengte de aren boven zijn hoofd kon samenbinden.'[20]).

Van der Donck was zich ervan bewust dat deze regenten geen duidelijk idee hadden van de geografie in kwestie, en dus toonde hij ook een uiterst nauwgezette handgetekende kaart[21] – waarschijnlijk getekend door August Herman, die een ervaren cartograaf was – die de gehele provincie besloeg, van de kust van Maine tot Virginia en naar het westen tot het midden van Pennsylvania.

Mogelijk was er nog meer documentatie, het origineel hiervan is pas kort geleden boven water gekomen. In 1992 kwam een onderzoeker van de Oostenrijkse nationale bibliotheek twee schetsen tegen van een stadsgezicht die al tientallen jaren op verschillende planken lagen. Toen hij ze samenvoegde, realiseerde hij zich dat het een vroeg gezicht op Nieuw-Amsterdam was – en dat het precies aansloot bij de kolonie zoals die er op dat moment uitzag. Deze verfijnde, vlotte schets toont een bonte verzameling van verspreid liggende onderkomens – sommige van hout, andere van steen – die vlak bij het water staan en een ruw fort waarop een Nederlandse vlag wappert.[22] Er zijn geen mensen op te zien. Het is niet onredelijk – hieronder zullen we dat uitleggen – om te veronderstellen dat dit bijna spookachtige portret van zijn kolonie door Van der Donck is meegenomen om zijn presentatie te completeren.

Al dit werk – de inspanning van de afgevaardigden zelf en van de anderen in Manhattan die hen ondersteunden – was verzet, zo verklaarde Van der Donck, met een gevoel dat zeker ongebruikelijk was voor een formeel geschrift, 'uit liefde voor Nieuw-Nederland'.[23] Daarna, toen de stapels details en manden vol geschenken voor de mannen van de regering waren neergelegd, maakte hij op een elegante manier een einde aan zijn verhaal, door de machtige bestuurders toe te voegen dat hij hoopte dat zij 'uiterst welwillend zouden staan tegenover onze vrijmoedigheid'.

Vrijmoedigheid is het juiste woord. De durf van de activisten uit Manhattan behoeft enige toelichting om deze te kunnen waarderen. In de zeventiende eeuw werd de macht verdeeld op een manier die veel van zijn kracht had verloren. De Staten-Generaal waren een vrij zwak nationaal orgaan, die wel wat weg hadden van de oorspronkelijke confederatie die bestond tijdens de eerste acht jaar van de Amerikaanse onafhankelijkheid (de aanspreektitel 'Hoge en Machtige Heren' moest dat misschien wel compenseren). De Staten-Generaal hadden invloed op overzeese zaken, zoals het toezicht op de kolonies, maar de meeste macht was in handen van de provincies en de grote overzeese handelscompagnieën, die bijna fungeerden als onderdeel van de overheid. De handhaving van overzeese handelsposten door deze compagnieën – en hun recht om er geld aan te verdienen – lag in het systeem ingebed. Toch was Van der Donck behoorlijk expliciet in wat hij verlangde van de leiders: 'Volgens ons zal dit land nooit tot bloei komen onder het bestuur van de Hooggewaardeerde Compagnie [...] het zou daarom beter en voordeliger voor het land en voor henzelf zijn als zij het kwijt waren en de overblijfselen van hun bezittingen naar hier werden overgebracht.'[24] Trek de beleefdheden er af en het verzoek dat overblijft is: 'Haal hen daar weg en hun bezittingen ook.' Het was een oproep om het systeem te veranderen, om de aandeelhouders van de West-Indische Compagnie hun bezit af te nemen waarin zij enorme hoeveelheden geld hadden gestoken, en dit met onmiddellijke ingang te laten overnemen door de centrale regering en het een politieke status te verlenen binnen het Nederlandse staatsbestel.

Voor Van der Donck, Melyn, Govert Loockermans, Augustin Herman en hun collega's was het zonder meer een gewaagde stap om het gehele politieke systeem te ondergraven omwille van een stelletje handelaren en kolonisten die bijeenzaten op een verafgelegen eiland. Zo gewaagd, dat sommige historici hun missie als iets buitenissigs zagen, een onuitvoerbaar plan – erg vooruitstrevend misschien, en op een bepaalde manier vooruitlopend op de politieke aanspraken die tijdens de Amerikaanse revolutie werden gemaakt, maar in wezen paste het niet in de tijd.

Maar dat was niet het geval. Dat de onderneming van Van der Donck harmonieerde met andere gebeurtenissen, blijkt bijvoorbeeld uit het bericht dat kort voor het vertrek van de delegatie van Manhattan de kolonie bereikte: de onthoofding van koning Charles. Toen Van der Donck in Nederland aankwam, was er via pamfletten – die in de periode voordat de kranten werden ingevoerd het nationale discussieplatform vormden – een debat gaande over de rechten van de mensen en de grenzen van de monarchie. Dit debat werd aangewakkerd door de aanwezigheid in de Nederlandse Republiek van niemand minder dan de zoon en beoogd troonopvolger van Charles, de latere Charles de Tweede. In het paleis Honselaarsdijk bij Den Haag had hij een luxe leventje geleid. En evenals hele zwermen bescheidener vluchtelingen uit heel Europa had hij ten volle geprofiteerd van de bescherming van het Nederlandse toevluchtsoord. Een prominente intellectueel nam het traditionalistische standpunt in en beweerde dat als koning Charles schuldig was aan misdaden, hij met de dood moest worden bestraft. Het eerstgeboorterecht – de wet waardoor de macht volgens de erfelijkheid van het koningschap wordt overgedragen – vereiste dat zijn zoon, die niet had deelgenomen aan de misdaden, de nieuwe koning zou worden, en dat het dus terecht was dat het land hem bescherming bood totdat de gekte van Cromwell was overgewaaid. Maar anderen voelden zich er toch niet prettig bij dat hun land onderdak verleende aan een gevluchte monarch. In het voortkabbelende publieke debat in de Nederlandse republiek reageerde een jonge Nederlander van het zelfde slag als Van der Donck door eveneens een pamflet te schrijven, dat verspreid en gelezen werd, en waarin hij beweerde dat in het nieuwe Europa en in de nieuwe onafhankelijke republiek een dergelijke trouw aan het koningschap uit de tijd was. Monarchen, zo stelde hij, ontleenden hun macht niet aan God, maar aan de mensen.[25] De zaak van Van der Donck was er natuurlijk niet een van de koning versus het volk. Maar dit debat over de grenzen van de macht van de koning toont aan dat zijn zaak – het recht van het volk om een stem te hebben in hun bestuur – een onderwerp was dat erg actueel was toen de bewoners van Manhattan hun zaak presenteerden.

Het politieke klimaat was duidelijk aan het veranderen. Toen Van der Donck namens de kolonie begon met zijn missie in Den Haag, richtte de jezuïet Franciscus van den Enden in Amsterdam een soort socratische academie op, waar hij jongemannen aanmoedigde vrij te experimenteren met ideeën over democratie en sociale gelijkheid. De beroemdste student uit de kring van Van den Enden was Baruch Spinoza, de Amsterdamse jood die tijdens zijn leven berucht zou worden, en als legendarisch de geschiedenis in zou gaan, vanwege het verder uitwerken van de grondbeginselen van de moderne filosofie zoals die op papier waren gezet door Descartes.[26] Sommige ideeën die vanuit deze kring werden geopperd – democratisch bestuur, leven in een commune, gedeeld eigendom van bezittingen, het ter discussie stellen van de letterlijke waarheid van de Bijbel, een openbaar schoolsysteem – klinken bijna ongewoon modern, wat erop wijst dat de wortels van de moderne wereld verder in het verleden liggen dan vaak wordt gedacht.

De kring van Van den Enden zou een vanzelfsprekende affiniteit hebben met Van der Donck en zijn idealistische plannen voor zijn kolonie. Het is mogelijk dat Van der Donck hen tijdens zijn verblijf in Nederland heeft leren kennen. Zeker is dat zij uiteindelijk op de hoogte werden gebracht van de Nederlandse kolonie, misschien door zijn inspanningen, en dat zij een deel van hun programma's erop richtten, een bizar vroeg-communistisch experiment met een utopische inslag. Tien jaar na de missie van Van der Donck, zou Van den Enden een opzet schrijven van een grondwet voor een dergelijke gemeenschap, die gevestigd zou moeten worden in de Amerikaanse kolonie.

Het lukte de groep zelfs om een vrijbrief voor een dergelijke onderneming te krijgen, en in 1663 vestigden zich, onder leiding van Pieter Plockhoy (die bekend is geworden als de vader van het socialisme), eenenveertig eigentijdse pelgrims aan de Delaware Bay, op land dat Peter Stuyvesant had heroverd op de Zweden. Maar de timing was slecht. Slechts een paar maanden later namen de Engelsen de hele kolonie van Nieuw-Nederland over, en plunderden de utopische nederzetting. Plockhoy zelf zou het overleven en zijn laatste dertig jaren doorbrengen in de nieuwe wereld, waar hij als inwoner van de nieuwe stad Philadelphia zou sterven.

Net als de missie van Van der Donck waren dit soort projecten misschien te idealistisch, producten van de eerste golf denkers in het voetspoor van Descartes en De Groot, die hadden geprobeerd de aandacht van het menselijke streven te verleggen van de Kerk naar de menselijke geest. Maar ook al zouden Van der Donck en zijn collega's niet alles krijgen wat ze wilden, ze zouden toch het systeem veranderen en de weg vrijmaken voor een nieuwe maatschappij. Dat de Amerikaanse geschiedschrijving hun verdiensten over het hoofd heeft gezien, komt gedeeltelijk door de neiging zich te richten op Engeland en misschien ook wel door zoiets afgezaagds als de manier waarop de studies over het koloniale verleden gewoonlijk aan de Amerikaanse universiteiten zijn georganiseerd: de Engelse afdelingen richten hun aandacht op de Engelse kolonies, de Spaanse kolonies worden afgedekt door de Spaanse afdelingen, enzovoort.[27] Dit werkte in de hand dat de Nederlandse kolonie veroordeeld was tot de marge (er zijn slechts weinig universiteiten met Nederlandse afdelingen) en dat de koloniale geschiedenis niet als geheel bestudeerd werd. Het vak geschiedenis heeft een deel van deze grenzen de laatste jaren doorbroken, want het is duidelijk geworden dat geschoolde Europeanen in de zeventiende eeuw zich bewust waren van de wereld en hun eigen positie hierin, en werden beïnvloed door gebeurtenissen op afstand. Om de gang van zaken in een gebied te kunnen begrijpen, is het nodig in het oog te houden wat elders gaande was. Het feit dat een deel van de primaire bronnen die nodig waren voor het begrijpen van wat de Nederlanders deden op Manhattan de naam *Curaçao Papers* draagt, illustreert deze bewering. Zelfs in die tijd bestonden er wereldwijde netwerken.

Voorzie de missie van Van der Donck daarom van een context en vervolgens vallen de puzzelstukjes op hun plaats. Aan de ene kant heb je de archieven van de kolonie, die men nog steeds aan het vertalen en publiceren is, die een zich heftig ontwikkelende nederzetting laten zien, bewoond door een mengeling van volhardende individuen die inzien wat de mogelijkheden van de plaats zijn en deze willen exploreren. Het was een maatschappij – iets om voor te vechten. Aan de ander kant heb je de kolonisten die verbonden waren met de wereld om hen heen. Van der Donck en zijn collega's laafden zich aan de geest van de eeuw, de drijfveer van hun idealisme. Er was iets bijzonders gaande in Europa en zij wisten dat. Zij worstelden met de implicaties van het Verdrag van Münster en de meer omvattende Vrede van Westfalen. Evenals de afvaardigingen bij de vredesbesprekingen, evenals de leden van de kring van Van den Enden, traden zij in de voetsporen van Hugo de Groot, pasten ze zijn rechtsprincipes toe op hun kolonie in de nieuwe wereld.

Het is ook opvallend dat, hoe radicaal het verzoek van de kolonisten ook geweest moge zijn, het binnen de muren van de regering serieus werd besproken. Na de eerste presentatie schoven de hoge heren in hun stoelen heen en weer, bladerden door de documenten, discussieerden over de zaak en benoemden een commissie om deze zaak grondig te onderzoeken.[28] Het was een slepende kwestie geweest en die moest nu maar eens aangepakt worden.

Er moet die nacht in Den Haag wat gevierd zijn. De drie Amerikanen moeten opgelucht zijn geweest na hun eerste optreden voor het landsbestuur. Maar als ze gehoopt hadden dat de zaak nu vlug zou worden opgelost, dan moeten ze al snel teleurgesteld zijn geraakt. Enkele dagen later bevonden de Staten-Generaal zich in een koninklijke crisis, die er al enige tijd aan had zitten komen. De burgeroorlog in Engeland was geen op zichzelf staande gebeurtenis. Het Nederlandse bestuur was niet gebaseerd op een grondwet, maar het was een lappendeken van instellingen en wetten, sommige vrij vooruitstrevend, andere restanten van een feodaal verleden. Het was een republiek, maar daarin was ook plaats voor adellijke families, en er was één voornaamste familie, het huis van Oranje-Nassau. Volgens een oude traditie was de Prins van Oranje gekozen als stadhouder – een functie vergelijkbaar met die van president, maar wiens plichten op verschillende wijzen konden worden opgevat. Deze ambiguïteit was een bron van irritatie geweest voor de eerdere Prins van Oranje, Frederik Hendrik, die vanaf 1625 stadhouder was geweest en de legers had aangevoerd die hadden gezegevierd in de oorlog tegen Spanje, en die zijn macht gedurende zijn leven stukje bij beetje heel vernuftig had vergroot. Zijn einddoel was zijn familie om te vormen tot een monarchie, maar de grote stap in die richting was dramatisch slecht getimed: in 1641 had hij zijn vijftien jaar oude zoon Willem uitgehuwelijkt aan Mary Stuart, de negen jaar oude dochter van Charles de Eerste van Engeland.

Op vrijwel hetzelfde moment brak de Engelse burgeroorlog uit, en aan het einde van het decennium was Charles, op wie Frederik Hendrik had ingezet, zijn hoofd kwijt.

Vanaf het begin hadden de Nederlanders zich eraan gestoord dat hun adellijke familie zich met het koningschap had verbonden, en ze veroordeelden het koningschap hierom. De tweede grote blunder van Frederik Hendrik was dat hij had geprobeerd de vredesbesprekingen in Münster te dwarsbomen. De Tachtigjarige Oorlog was erg goed geweest voor zijn familie; het had zijn vader, Willem de Zwijger, tot een icoon gemaakt, de 'vader des vaderlands'. Daar kwam bij dat de stadhouder het hoofd van het leger was; vrede met Spanje zou ten koste gaan van zijn invloed. Maar de handelaar-bestuurders uit de provincie Holland, en in het bijzonder die uit Amsterdam, hadden bepaald dat vrede in hun belang was, en de geschiedenis bewoog zich in die richting. Het vredesverdrag werd getekend, en precies op het moment dat duidelijk werd dat hij had verloren, stierf Frederik Hendrik.

Maar de kwestie was nog niet voorbij. De nieuwe stadhouder, Willem, was op eenentwintigjarige leeftijd wispelturig, arrogant en hij stond net zo onverschillig tegenover zijn adviseurs als tegenover zijn Engelse kindvrouwtje. Hij was slim, maar onbesuisd en bewees al snel een gevaarlijker kracht te zijn dan zijn vader. Slechts enkele dagen nadat de afvaardiging uit Manhattan hun petitie had gepresenteerd, stemden de Staten van Holland – de regionale vergadering van de provincie Holland, die ook in Den Haag bijeenkwam –in met het voorstel veel soldaten uit hun functie te zetten. Het zou een gewone naoorlogse maatregel behoren te zijn; overal ter wereld nemen de legers in omvang af als de oorlog is afgelopen. Maar iedere soldaat minder betekende een vermindering van de macht van de stadhouder en Willem reageerde als door een wesp gestoken. Hij begon op eigen houtje orders uit te vaardigen aan de legerofficieren, waarin hij aangaf dat ze hun troepensterkte moesten handhaven. De officieren gehoorzaamden de prins. Meteen was het gedaan met de vriendelijke sfeer in Den Haag. Haastig probeerden de Staten-Generaal de zaak met de prins uit te praten. Hij stemde ermee in het aantal soldaten terug te brengen, maar alleen als de soldaten die vertrokken Nederlands waren. Hierdoor trok er een huivering door de gezellig bijeenzittende gelederen van het land; iedereen wist dat een aanzienlijk deel van het leger bestond uit huursoldaten, en dat als er een afscheiding zou ontstaan tussen de prins en de Staten-Generaal, deze meer geneigd waren om zijn zijde te kiezen en minder geneigd waren over te gaan tot patriottistisch gedrag. Plotseling werd duidelijk dat Willem, die merkte dat zijn macht in het geding was, nadrukkelijk een militaire actie overwoog tegen zijn eigen, pas onafhankelijk geworden land. In feite was Willem nog meer dan zijn vader van zins de titel van stadhouder in te wisselen voor een kroon. Bij geheime ontmoetingen met de Franse ambassadeur had hij al een Frans aanbod geaccepteerd om hem te helpen bij wat de ambassadeur in een rapport omschreef als 'een pracht veel groter dan die van zijn voorgangers'.[29]

Met de regering in staat van crisis, was er voor minder belangrijke zaken geen tijd. Maar Van der Donck weigerde stil te zitten en gebruikte de tijd om zich op een andere manier in te zetten voor de kolonie. De kolonie was niet alleen een politieke zaak; er was ook behoefte aan kolonisten, handelaren en schippers. Bovenal was er misschien wel behoefte aan publiciteit. Dus verwisselde hij de rol van politicus voor die van voorlichter, en ging op zoek naar een drukker die zijn Remonstrantie wilde drukken. Het zou niet eenvoudig zijn; het document was een aanhoudende aanval op een van de meest invloedrijke compagnieën van het land. Het moest een drukker zijn die niet bang was voor een rel.

Hij vond hem. Michiel Stael was een 24-jarige bakkerszoon, die in het kielzog van het vredesverdrag zijn woonplaats Delft had verlaten en naar de hoofdstad was getrokken en daar een drukkerij had opgezet voor het drukken van boeken en pamfletten.[30] De tijd was er rijp voor: na Westfalen gonsde het in Europa van de activiteiten, en de Nederlandse Republiek was het belangrijkste drukkersland op het continent. Rond de eeuwwisseling waren er vier drukkers in Den Haag, nu telde men er negenendertig.[31] Stael wilde graag naam maken. Toen Van der Donck hem had gevonden, was hij net begonnen, hij had een paar pamfletten voor de Franse markt gedrukt. De opdracht waaraan hij binnenkort zou beginnen, wijst op een goed gevoel voor controversiële zaken. Bijna zijn hele productie van 1649 en 1650 zou politiek getint zijn, en de titels geven zowel het internationale karakter van zijn zaken aan als de actualiteit van de inhoud: 'Twee brieven van generaal Cromwell, over de bijzonderheden van de strijd tussen de Engelse en de Schotse legers bij Bunbar', 'Voorstellen van de ambassadeur van Spanje aan de Heren Staten-Generaal', 'Brief van een privé-persoon aan het Parlement van Parijs over de gevangenschap van prinses Conde, van Conty en Longueville'.[32] Hij had een hang naar radicale politiek; het jaar erop zou hij problemen krijgen met de wet over het publiceren van teksten die kritisch stonden tegenover sommige leidende figuren in Holland – wat bewijst dat er zelfs in het meest vrije klimaat grenzen waren. Op een gegeven moment zou hij zelfs tot het blok veroordeeld worden. Het hoogtepunt van zijn loopbaan zou een achtervolging zijn door gerechtsdienaren door de straten van Den Haag, naar een kroeg (de 'Bocht van Guinea'), waar hij via het raam wist te ontkomen. Enkele jaren later zou hij in Rotterdam opduiken en doorgaan met publiceren.

Van der Donck trof Stael aan in de krappe woning die hij met zijn vrouw, kind en zakenpartner deelde. Ook de drukkerij bevond zich in het pand, en passend bij een man die het gevaar niet uit de weg ging, keek zijn verblijfplaats over de Buitenhof van Den Haag uit op de Gevangenpoort, een gedrongen bakstenen gebouw met een gekromde doorgang die toegang bood tot het complex van de regering en ook diende als stadsgevangenis.*

Met zijn hang naar het tarten van mannen die de macht hebben, moet Stael zich hebben verheugd over het document van Van der Donck en het radicale voorstel de West-Indische Compagnie een van haar eigen provincies te ontnemen. Als een zakenman moet hij ook hebben aangevoeld dat er een markt was voor het werk – de West-Indische Compagnie werd nu door velen als een mislukking beschouwd – haar beursnotering, die eens het grote bedrag van 206 gulden bedroeg, was gedaald tot 14 – een ideaal object om de draak mee te steken.[33] Hij stemde ermee in de Remonstrantie te drukken.

Stael stelde Van der Donck blijkbaar voor aan een graveur genaamd Hendrik Hondius, die enkele deuren verderop op het Buitenhof woonde.[34] Van der Donck wilde dat zijn kaart van Nieuw-Nederland tezamen met de remonstrantie werd gedrukt, en het lijkt erop dat Hondius hem in contact heeft gebracht met zijn zwager in Amsterdam, Johannes Jansson, die de kaart kon graveren. Als Van der Donck niets anders had gedaan, zou hij met de publicatie van de kaart zijn plaats in de geschiedenis verdiend hebben.[35] De zogenaamde Jansson-Visscher kaart (Claes Visscher produceerde een gecorrigeerde editie) zou tussen 1650 en 1700 eenendertig keer worden herdrukt, zou de definitieve kaart worden, niet alleen voor de Nederlanders, maar ook voor de Engelsen, en is tegenwoordig nog steeds in productie als de meest accurate weergave van het noordoostelijke deel van Noord-Amerika in de koloniale tijd en een van de mooiste voorbeelden van vroege cartografie.[36] Hij zou overal in Europa opduiken in tekenkamers, scheepskantoren en bibliotheken, en aldus ertoe bijdragen dat de Nederlandse namen voor altijd aan bepaalde locaties verbonden zou-

* De Gevangenpoort staat er nog steeds en is tegenwoordig een museum waar te zien is hoe gevangenen leefden, verhoord en gestraft werden.

den blijven – van Cape May, tot Lange Eylandt, Roode Eylandt (Rhode Island) – in grote delen van het noordoosten van Amerika. Het is ook een mooi voorbeeld van het weinig bestudeerde genre van cartografische propaganda: het bewuste gebruik van kaarten, in het bijzonder door de Nederlanders en de Engelsen, om hun heerschappij over de wereld in te prenten in de hoofden van de Europeanen. De Jansson-Visscher kaart lijkt het noordoosten van Amerika objectief weer te geven, maar de Nederlandse kolonie ligt wel in het midden van de kaart, en minstens even belangrijk is dat Nieuw-Nederland op de kaart verbonden wordt met een flink deel van de wereld, een hap uit het continent van Cape Cod tot Delaware. Er werd krampachtig vastgehouden aan de oorspronkelijke grenzen die Henry Hudson en de ontdekkingsreiziger die hem was nagevolgd, Adriaen Block, hadden vastgesteld.

Er was een ander onderwerp van propaganda op de kaart opgenomen. De kleine pentekening van Nieuw-Amsterdam, die Van der Donck blijkbaar had meegenomen om de treurige aanblik van de kolonie aan de Staten-Generaal te tonen, had nog een ander doel. Net zoals hij de 'Remonstrantie' twee keer zou gebruiken – een keer om indruk te maken op de regeringsleden door de beklagenswaardige toestand van de kolonie te tonen, en nog een keer als middel om nieuwe kolonisten te trekken – schijnt Van der Donck het kunstwerkje naar de graveur Julius Blaeu meegenomen te hebben, en hem hebben gevraagd om er iets van te maken dat geschikt was voor publicatie. De voltooide gekleurde gravure, voorzien van de naam 'Nieuw-Amsterdam op 't Eylant Manhattans', zou verschijnen als losse edities en ook als een inzet op latere edities van de kaart; elk detail van de pentekening is overgenomen, maar waar er op de oorspronkelijke pentekening sprake is van een bouwvallig dorpje zonder mensen, is de stad op Manhattan in de gravure van Blaeu levendig en ordelijk – voorzien van schoorstenen, gevels en windvanen, en krioelt het er van het leven. Van der Donck heeft zijn persoonlijke stempel – onvermoeibaar opkomend voor zijn kolonie in de nieuwe wereld en bereid de waarheid te verdraaien om aan te sluiten bij zijn publiek – op deze zaken gedrukt.

Rond die tijd, terwijl de Staten-Generaal bezet waren en Stael de 'Remonstrantie' opmaakte voor publicatie, reisde Van der Donck voor een familiebezoek naar het zuiden, naar zijn geboorteplaats Breda.[37] Hij had twee zusters en drie broers en de meesten van hen woonden in die periode waarschijnlijk met hun gezinnen in Breda. Zijn zus Agatha was met haar man, een ambtenaar van de Oost-Indische Compagnie, vertrokken naar Ambon, maar was teruggekeerd nadat hij daar was overleden; zijn zuster Johanna stond op het punt te trouwen met een plaatselijke koopman. We kunnen ons dus voorstellen dat er sprake is geweest van een luidruchtige terugkeer, daar in die (verhoudingsgewijs) zonnige zuidelijke stad, met zijn gebouwen op middeleeuwse wijze opeengepakt rond de gotische kerk. Een jaar eerder, echter, hadden de ouders van Van der Donck iets gedaan dat in die dagen ongebruikelijk was, zelfs in de meest progressieve maatschappij in Europa: ze waren wettelijk gescheiden. Minstens zo opmerkelijk was het feit dat het de moeder van Van der Donck was, Agatha van Bergen, die ermee instemde alimentatie aan haar man te betalen. Over de vader van Van der Donck, Cornelis, is weinig bekend; duidelijk is wel dat het geld en prestige van de zijde van Van Bergen moesten komen. Adriaen van Bergen, de grootvader van Adriaen van der Donck, legendarisch vanwege zijn rol in de bevrijding van Breda van de Spanjaarden, en het feit dat Agatha van Bergen bereid en in staat was haar man honderd gulden per jaar te betalen, doet vermoeden dat zij het geld had geërfd.*

De familie begroette de lang geleden vertrokken zoon. Het was een ander mens die naar hen terug was gekeerd; de schoolse jongen was een man geworden, die steviger op zijn benen stond en meer grip had op de zaken. Hij was over paarse bergen getrokken, had geslapen op de bodem van het woud, maaltijden genoten in de longhouses van inboorlingen. Negen jaar had hij een andere lucht ingeademd. Dat merkte je aan hem: Van der Donck keerde stralend en enthousiast terug – zelfs de scheiding van zijn ouders kon de pret niet drukken. Bij iedereen die hij kende hemelde hij de Amerikaanse kolonie op, het land van de mogelijkheden, zijn thuis en zijn doel. Zelf werkte hij hard aan het enige waar het dit potentiële paradijs aan ontbrak: goed bestuur. Zijn enthousiasme, gekoppeld aan de bewondering die ze voor hem gevoeld moeten hebben – hij die de wildernis was ingetrokken en teruggekeerd als leider van het volk, een staatsman, die zijn zaak voor het landsbestuur bepleitte – deed zijn familieleden steil achterover slaan. Gedurende de volgende twee jaar, zouden zijn beide ouders – elk voor zich – hun zaken verkopen, alles inpakken en per schip naar Manhattan vertrekken. Ook een van zijn broers zou gaan, zijn vrouw, hun zoon en verschillende bedienden. Zijn geestdrift schijnt iedereen op zijn pad te hebben aangestoken.

* Anders dan in Engeland en de Engelse kolonies, waar bezittingen werden doorgegeven aan de oudste zoon, werd het in Nederland doorgegeven aan alle kinderen, ongeacht hun geslacht.

Ondertussen was in Den Haag het verzoekschrift van de kolonie weer op de agenda van de regering terechtgekomen. Cornelis van Tienhoven – die achter de schermen zijn best had gedaan om de afvaardiging uit Manhattan te ondermijnen – kwam verschillende keren opdraven en schotelde de hoge en machtige heren informatie voor die aan moest tonen dat de kolonie er helemaal niet zo slecht voor stond. In vergelijking met wat de Nieuw-Engelanders opbrachten, leverde de belastingheffing op Manhattan meer op. Voor de kolonisten was er goede landbouwgrond beschikbaar. En hij maakte, in wat misschien de eerste geboekstaafde waarneming van de hoge kosten voor het levensonderhoud op Manhattan is, een vergelijking tussen de gangbare prijzen voor boerderijdieren in Nieuw-Nederland en Nieuw-Engeland: een boer op Manhattan kon voor een zeug van een jaar oud twintig gulden krijgen, terwijl dat er in Boston slechts twaalf waren.[38]

Er schuilt enige ironie in de uiteenlopende visies zoals die door de bittere rivalen Van der Donck en Van Tienhoven werden gepresenteerd. In zijn streven steun te winnen voor een overzeese provincie waarvan hij dacht dat die in staat was meer geld op te leveren dan het gehele thuisland, benadrukte Van der Donck de slechte staat van de zaken aldaar, elk onderwerp werd in negatieve richting verdraaid, in veel opzichten beschreef hij als de huidige situatie de toestand van enkele jaren voordien, vlak na de indiaanse oorlog. De meer enthousiaste beschrijving van Van Tienhoven zal een betere afspiegeling geweest zijn van de actuele stand van zaken. De ironie is dat de krachtiger en fraaiere presentatie van Van der Donck, die als uiteindelijk doel had de kolonie te steunen, op de lange termijn historici heeft overtuigd en ertoe heeft bijgedragen dat de door de Nederlanders geleide nederzetting er in wezen slecht voorstond.

Ondanks de presentatie die Van Tienhoven voor de commissie hield, was er, toen Van der Donck terugkeerde naar Den Haag, alleen buiten de regeringszaal echt sprake van opwinding. De door Michiel Stael gemaakte versie van de Remonstrantie – voorzien van de dramatische nieuwe titel 'Remonstrantie van Nieuw-Nederland Betreffende haar Locatie, Vruchtbaarheid en Slechte Staat' had de mensen bereikt, en had voor beroering gezorgd, niet alleen in Den Haag, maar ook in Amsterdam, Haarlem en elders. De 'Remonstrantie' gaf een macaber beeld van de recente gebeurtenissen en de strijd van de kolonisten, maar de beschrijving van een reusachtig, vruchtbaar land 'dat geschikt was door een grote hoeveelheid mensen volledig ontgonnen te worden [...] veel goede vlakke en maïslanden' en 'erg goede weidegronden' die 'met weinig moeite in goede bouwgrond konden worden omgezet', met rijke bodems waarop oogsten 'met minder moeite en bewerking [groeien] dan in Nederland' maakten indruk. Zijn kenmerkende poëtische opsommingen (de bomen van de kolonie: 'paaleik, boter-eik, witte walnoot, bitternoot, ijzerhout, haagbeuk, bijlhout, twee soorten kano-hout, es, berk, pijnboom, tengelhout, wilde ceder, linde, els, wilg, doornboom, vlier') droegen bij aan de allure, spraken tot de verbeelding van de mensen die hun hele leven op bosloze vlakten en in polders hadden gewoond.

Er werd meteen op de publicatie – en op de bijbehorende kaart en illustratie van Nieuw-Amsterdam – gereageerd. Misschien dat ze via Stael – wiens adres op de titelpagina stond – in contact kwamen met de afgevaardigden en aangaven dat ze klaarstonden om te vertrekken, hun biezen te pakken en hun geluk op Manhattan te zoeken. De bestuurders van de West-Indische Compagnie waren verbijsterd. 'Voorheen werd er nooit gesproken over Nieuw-Nederland' schreven ze aan Stuyvesant, 'en nu houdt het iedereen bezig en iedereen probeert de eerste te zijn bij het uitkiezen van de beste stukken [land] daar.'[39] Van der Donck en zijn collega's handelden snel. Ze vonden een scheepskapitein in Amsterdam die bereid was de kolonisten over te brengen naar Manhattan. Mensen stroomden naar de haven; binnen de kortste keren werden honderdveertig kolonisten, die ieder op hun eigen manier betaalden, toegelaten, en de schipper, Willem Thomassen, verklaarde dat het schip vol was. Hij moest honderden mensen teleurstellen.

Toen was het de beurt aan Van der Donck om van deze plotselinge golf van belangstelling voor de kolonie te profiteren. Hij stelde een gloedvol verzoek[40] op aan het comité van de Staten-Generaal – waarin hij met name de voorzitter aansprak, Alexander van de Cappellen, van wie Van der Donck wist dat hij een tegenstander van de West-Indische Compagnie was.[41] Hij beschrijft hierin de gebeurtenissen: het schip dat al klaar lag om uit te varen, en dat de schipper en eigenaars verklaarden dat ze in staat waren om nog zes van dergelijke schepen te vullen. 'Hopend op een beter bestuur' wilde Van der Donck dat de Staten-Generaal inzagen dat 'meer passagiers hun gezicht zouden wenden naar Nieuw-Nederland, afhankelijk van het aanbod aan overtochten'. Met zijn gebruikelijke aandacht voor details, liet hij de scheepskapitein hierover een verklaring afleggen voor een notaris.

Het lijkt een klassiek geval geweest te zijn van de wil van het volk die plotseling druk uitoefent op politici. Op dezelfde dag dat Van der Donck het bewijs aanleverde dat er sprake was van algemene belangstelling in de kolonie, schreven de Staten-Generaal een reeks brieven aan verschillende kamers van de West-Indische Compagnie, met het verzoek afgevaardigden naar Den Haag te sturen om over twee weken in een gezamenlijke bijeenkomst met de afvaardiging uit Manhattan te overleggen 'over het gehele onderwerp Nieuw-Nederland'. De brieven eindigden met: 'Waarin u niet mag verzaken.'[42] Een week later liet Van der Donck de Amsterdamse kamer van de compagnie een contract met hem en de andere afgevaardigden tekenen om een schip te huren om nog tweehonderd extra kolonisten naar Manhattan te verschepen. De compagnie zou voor de kosten opdraaien en de afgevaardigden zouden de details regelen. Het schip zou op 1 juni afvaren.

Hij was nu een volleerd promotor, die zich met zichtbaar resultaat op alle fronten inspande. Op dat moment had hij een goede band met de leden van de commissie van de Staten-Generaal die aangesteld was om een oplossing te zoeken voor de kolonie, en hij leek zijn gelijk te gaan krijgen, wat weer protest uitlokte van Van Tienhoven. Op aanraden van de commissie besloten de Staten-Generaal een notaris uit Den Haag naar de kolonie te sturen; Van Tienhoven wond zich hierover op, omdat de bestuurders hiermee een deel van de politieke macht uit handen namen van Stuyvesant en zijn raad – weg van de West-Indische Compagnie – en overdroegen aan een ambtenaar van de regering. Vanuit het perspectief van Van der Donck was het een stap in de goede richting.

Toen, in april 1650, kwam de beslissende uitspraak. Met bijna alle hoofdrolspelers in de zaal – Van der Donck en zijn collega's, evenals afgevaardigden van de meeste regionale kamers van de West-Indische Compagnie – publiceerde de commissie een 'Voorlopige Verordening over het Bestuur, het Behoud, en de Bevolking van Nieuw-Nederland'.[43] Zonder twijfel zat iedereen op het puntje van zijn stoel. De leden van de commissie worstelden zich door lange ambtelijke formuleringen voordat ze verklaarden dat de commissie, 'informatie ingewonnen heeft over het soort bestuur dat tot dusver in Nieuw-Nederland werd gehanteerd', en had geconcludeerd dat de leden van de Staten-Generaal 'het slechte beheer van de privileges en vrijheden verstrekt aan de aandeelhouders van de West-Indische Compagnie niet langer willen en kunnen toestaan [terwijl] de goede plannen en voorstellen voor de veiligheid van de grenzen en de toename van de bevolking van dat land worden genegeerd of tegengewerkt'. Daar was het – een duidelijk oordeel van de commissie.

Toen volgden de specifieke verordeningen die uitgevoerd moesten worden. De eerste en belangrijkste: 'in de stad Nieuw-Amsterdam een gemeentebestuur [...]' Totdat een dergelijk bestuur gevormd is, zou de

Raad van Negen zijn werk voortzetten, 'en zeggenschap hebben over kleine zaken die zich tussen de mensen onderling voordoen'. De commissie verwees ook naar de plotselinge grote belangstelling voor emigratie naar de kolonie: 'Particuliere schepen die onderweg gaan naar de noordelijke delen van Amerika en de eilanden in de omgeving, zullen worden verplicht alle passagiers over te brengen die zich aandienen om naar Nieuw-Nederland mee te worden genomen [...]' En er was ook een aanbeveling dat er een bedrag van 15.000 gulden beschikbaar moest worden gesteld ten gunste van kolonisten die de overtocht niet konden betalen.

Los hiervan, niet getooid met redactionele kanttekeningen, was er nog een aparte verordening: 'Petrus Stuyvesant, de huidige directeur, zal geïnstrueerd moeten worden om terug te keren en verslag te doen.'

Dat was alles. De bijeenkomst was voorbij – de regering had haar onvoorwaardelijke steun gegeven aan de zaak van de afgevaardigden. De vertegenwoordigers van de compagnie waren woedend; de Amsterdamse kamer ging meteen in beroep. Ondertussen was Van der Donck binnengekomen om de genadestoot te geven. Ondanks de stevige steunbetuiging voor zijn presentatie was hij niet tevreden. De verordeningen stonden nog steeds toe dat de West-Indische Compagnie verantwoordelijk was voor de kolonie. Hij richtte zich tot de commissie. Hij was niet langer een aarzelende buitenlander, de zes maanden in Den Haag hadden hem vertrouwen gegeven.

'Weledele Hoge Heren,' begon hij, en bloemrijke stijlfiguren kleurden zijn taal, 'de zeer lovenswaardige toewijding die uwe Hoog Mogendheden en u, Eerwaarde Hoogheden, heeft behaagd aan de dag te leggen voor zowel datgene wat door Gods zegen bewaard is gebleven van het geruïneerde Nieuw-Nederland, als voor het herstel van de betreurenswaardige en verzwakte stand van zaken aldaar, verschaft mij het vertrouwen en de moed u, Eerwaarde Hoogheden, enkele uiterst essentiële zaken voor te leggen, die volgens elke menselijke overwegingen voordelig en profijtelijk zullen zijn voor de bedoelingen die u, Eerwaarde Hoogheden, hiervoor heeft [...]'[44]

Hij wilde niet dat de Staten-Generaal zouden vergeten dat het leed van de kolonisten het gevolg was van rampzalige handelingen van sommige ambtenaren van de West-Indische Compagnie – 'hoeveel onschuldig bloed, van zowel heidenen als christenen en zelfs van zuigelingen, is er onnodig en op barbaarse wijze vergoten.' Hij verzocht de commissie om een lijst in het archief op te nemen met vragen die aan Van Tienhoven voorgelegd moesten worden, die hij had opgesteld op Manhattan. Van Tienhoven en anderen die verantwoordelijk waren voor de indianenoorlog zouden vervolgd moeten worden, verklaarde hij.

Van der Donck had gemerkt dat men in Den Haag een afkeer had van Van Tienhoven en hoopte van deze antipathie te profiteren door de voorlopige verordeningen uit te breiden tot een onvoorwaardelijke verwijdering van de West-Indische Compagnie uit de kolonie. Maar de commissie ondernam op dit punt geen actie. Wel stemde de commissie in met het plan om twee van de afgevaardigden – Bout en Van Couwenhoven – aan het hoofd van een groep kolonisten naar Manhattan terug te sturen, zowel om de verordeningen over te brengen aan Stuyvesant, als ook om een lading geweren af te leveren voor de verdediging van de kolonie. Ze gingen er meteen vandoor, triomfantelijk uitgezwaaid door Van der Donck, die achter zou blijven om erop toe te zien dat de verordeningen van de commissie door de Staten-Generaal werden aangenomen.

Voordat ze vertrokken, schreef Van der Donck een geheime brief die ze moesten afleveren aan dr. La Montagne. Dr. La Montagne, die onder Kieft en onder Stuyvesant had gediend, was in de ogen van Van der Donck van groot belang in het politieke spel dat nu gespeeld werd. Deze brief werd pas in 1997 in het Gemeentearchief van Amsterdam ontdekt – door dr. Jaap Jacobs, een van de uitmuntende Nederlandse geschiedkundigen die zich bezighoudt met de Nieuw-Nederlandse kolonie; als een zoeklicht dat een eeuwenlang verduisterde ruimte beschijnt, laat de brief zien dat Van der Donck op het meest beslissende moment van zijn tocht naar Den Haag zich bewust was van de ruimere context van de ontwikkelingen in die tijd, en dat hij enthousiast en vaardig het politieke spel speelt.[45] Hij laat ook zien dat hij zichzelf als de leider van de activisten beschouwde. 'De oude vriendschap en vertrouwdheid maakt dat ik nu haastig deze paar regels aan u schrijf, opdat u zeker blijft van onze goede wil ten opzichte van u,' begint Van der Donck, terwijl hij de man aanspreekt die rechter van dienst was toen Stuyvesant hem gevangen had gezet, maar die zijn best had gedaan neutraal te blijven tijdens deze en andere discussies. 'Ik heb mondeling aan Jacob van Couwenhoven de opdracht gegeven u vele zaken door te geven, waarnaar ik nu verwijs.' Vervolgens begint Van der Donck hem te vleien volgens de klassieke methode die politici al eeuwen hanteren. Zeker van zijn overwinning verzekert hij La Montagne dat 'u op een goede plek zult terechtkomen', in 'het volgende bestuur, dat we binnenkort verwachten'. Dan komt hij ter zake: 'Het zou een erg goede zaak zijn als u zich bij de aanklagers voegt. En ik verzoek u de negen mannen zoveel mogelijk met raad en daad bij te staan [...]' Dan slaat hij een andere toon aan en laat La Montagne weten dat de tijden zijn veranderd en dat het niet slim zal zijn aan de zijde te blijven staan van de afgevaardigden van de West-Indische Compagnie: 'Het is algemeen bekend dat de bedenkers van de oorlog nog niet hun terechte straf hebben ontvangen [...] Tienhoven geniet hier weinig aanzien [...] zijn daden en die van directeur Kieft aangaande de oorlog worden hier door de hele wereld vervloekt. De directeuren doen hun best om Stuyvesant, zijn secretaris en aanhangers te verdedigen, maar op een enkeling na, worden zijzelf niet al te hoog geacht en met wantrouwen bejegend [...]'

Van der Donck had duidelijk een tijd voor ogen waarin Nieuw-Amsterdam en de gehele Nederlandse kolonie overgenomen zou zijn door de regering, een gewone politieke status zou krijgen en in zijn geheel deel zou uitmaken van de republiek. In een van zijn verzoeken aan de Staten-Generaal benadrukt hij de vitale rol die hij in de toekomst weggelegd zag voor de nieuwe onafhankelijke staat: 'deze Staat [...] alleen is uitgestrekter dan de Zeventien Nederlandse Provinciën*, en zal [...] in tijden van nood, een sterk wapen vormen, door de ondersteuning met mensen en goederen die het zal bieden; want nadat de bevolking is toegenomen, zult u, Hoge Heren, in staat zijn uitgebreid handel te blijven drijven van het ene land naar het andere – *hinc inde et inde hinc* – zonder dat u, Hoge Heren, enige beperking zult ondervinden bij de uitoefening van uw controle en gezag hierover.'[46] Zo'n samenvoeging zou zonder precedent zijn – bijna alsof Nieuw-Nederland een achtste provincie in de Nederlandse Republiek zou zijn, een staat die niet aansluit bij de landsgrenzen, net als Alaska of Hawaii. Was dat gebeurd, dan had de geschiedenis – de Amerikaanse, Engelse en Nederlandse – er, uiteraard, heel anders uitgezien. In het voorjaar van 1650 behoorde het, althans in het hoofd van Van der Donck, tot de reële mogelijkheden. De regering stond aan de zijde van de kolonisten, Stuyvesant was teruggeroepen, en Van der Donck werkte aan de andere kant van de oceaan aan een nieuwe regering.

* Hij verwijst hier naar alle provincies die van oudsher werden beschouwd als behorend bij Nederland, inclusief de delen die geen deel zouden gaan uitmaken van de republiek maar op een dag België zouden vormen.

12

EEN GEVAARLIJKE MAN

Peter Stuyvesant was en bleef een plattelandsjongen. En een militair kamp was geen plek voor kuieraars om te kuieren, geen plaats voor een vrouw. Dus, rond 1650 moet hij zijn vrouw en zijn twee jonge zonen op een wagen hebben geladen en naar het noorden zijn getrokken, de grote weg op. Binnen vijf minuten waren ze in het open veld, graslanden en weiden afgewisseld met stukken bos. De weg draaide scherp naar rechts en liep vlak langs de werkplaats van zijn secretaris, Van Tienhoven, ging vervolgens noordwaarts en slingerde door de wildernis, waarna aan de linkerzijde een flink aantal kavels grond te voorschijn kwam, die door bevrijde slaven werden bebouwd. Binnenkort zou dit gebied een zelfstandig dorp worden, dat gedurende enige tijd Noortwijck zou heten. Later zou een kolonist uit het dorp Greenwyck op Lange Eylandt hiernaartoe verhuizen en zijn bezit van die naam voorzien. (Naar het schijnt is Greenwich zo aan zijn naam gekomen, en is die niet afkomstig van Engelse bronnen.)

Rechtsafslaand van de Bouwerie Road af, zoals dit stuk van het pad bekend stond, voerde Stuyvesant zijn familie over een weggetje naar een deel van het eiland dat hij van plan was voor zichzelf geschikt te maken. In de rust van het drassige gebied – snippen en smienten streken neer op de zompige waterpartijen, en vanaf de rivier blies een straffe wind die de grashalmen deed buigen, onder de voortjagende wolken dromden koeien bijeen – zal hij wellicht herinnerd zijn aan zijn afkomst. De plek bevond zich op een kilometer of drie van de slangenkuil die de hoofdstad van zijn gebied was, en moet eindeloos ver weg hebben geleken. Vanaf het eerste moment had de West-Indische Compagnie deze lap grond apart gehouden voor de directeur van de kolonie, zijn medewerkers moesten het bewerken, en dus hadden Kieft en zijn voorgangers het gebruikt. Stuyvesant had andere plannen. Hij was vader geworden en hij wilde zich ergens vestigen. Binnen een jaar zou hij een boerderij kopen, genaamd Bouwerij Nummer

Een, helemaal van de compagnie, en vervolgens stukken land aan weerszijden ervan kopen, zodat hij een plantage in handen kreeg die zich uitstrekte vanaf de Oost Rivier in westelijke richting naar het midden van het eiland, in totaal een gebied van ruim een vierkante kilometer.[1] Hier bouwde hij een herenhuis en een kerk. Hier zou hij samen met zijn vrouw leven en begraven worden, en hier zouden in de eeuwen die volgden, vrijgevochten jonge vrouwen, gevluchte joden, hippies en punks – een bonte verzameling plaatselijke bewoners, van Trotsky tot Auden en van Charlie Parker tot Joe Ramone – langs zijn graf schuifelen.*

Hij liet Judith met de jonge Balthazar en Nicholas achter, en reed dagelijks vanuit zijn wijkplaats de drukte in, groetend, terwijl hij de boomgaard van de compagnie en de begraafplaats passeerde en de straten van de stad naderde, de matrones, indianen, barmeisjes, smokkelaars, zeelieden, Afrikanen, stoeren en deugnieten, de vluchtelingen en de rechtop lopende burgers en die met afhangende schouders, van een ooglap voorziene ploerten, die samen zijn bevolking vormden. Die op hun beurt, bij de onmiskenbare aanblik van hem, met zijn kuras en zwaard, een militaire prins op zijn ros, een robuust 'goeiendag' lieten horen, of een binnensmonds gemompelde vloek, afhankelijk van hun politieke voorkeur. En toen verdween hij in het fort, met rechte rug en klaar om aan de slag te gaan. Hij was veertig, aan alle kanten belaagd door problemen, maar zijn persoonlijkheid leefde van tegenspel.

Er bleven beledigingen binnenkomen en veel ervan waren nog steeds afkomstig van Van der Donck, zelfs vanaf de andere kant van de oceaan. Elke keer als er deze dagen een Nederlandse vlag in de haven verscheen, was het nieuws dat meekwam doorspekt met aan hem gerichte uitbranders. Dit 'opruiende volk, Cornelis Melyn, Adrian van der Donck (sic) en enkele anderen [...] laten geen middel ongebruikt om elke vorm van bestuur te verstoren', schreven de bestuurders van de compagnie hem in februari 1650.[2] In april hadden ze blijkbaar gehoord van de vroegere vriendschap met Van der Donck en waren er verbolgen over dat hij vertrouwelijk met hem was omgegaan, hetgeen Van der Donck nu voor politieke doeleinden benutte. 'Wij denken dat je enkele van deze leiders te veel hebt vertrouwd of te familiair met

* De manier waarop de geschiedschrijving de Nederlandse tijd op Manhattan heeft bezoedeld wordt aardig geïllustreerd door de grafsteen van Stuyvesant – ingebouwd in het fundament van de kerk van St. Mark's-in-the-Bowery, waarop zowel zijn leeftijd als zijn functie verkeerd staan weergegeven.

hen bent geworden,' schreven ze, 'nu hun ondankbaarheid en verraderlijk gedrag aan het licht komt, moet je steeds met de sluwheid van een vos blijven handelen.'[3]

Het was vervelend dat hij werd berispt, en het maakte hem razend dat Van der Donck de Staten-Generaal leek te hebben ingepalmd om zijn zijde en die van zijn kameraden te kiezen. Stuyvesant was op de hoogte gebracht van de voorlopige verordeningen voor de reorganisatie van zijn kolonie, maar er was nog niemand gestuurd om ze ten uitvoer te brengen. Omgekeerd reageerde hij niet op de bedreiging van Van der Doncks missie door vergevingsgezind te zijn, maar door sneller te handelen. Uiteindelijk kreeg hij genoeg van de weerspannigheid van zijn onderdirecteur, Van Dinklagen, en hij liet de man in de cel zetten. Hij lied de Raad van Negen en hun bondgenoten bespioneren. Hij gaf het merkwaardige idee op om de bevolking een stem te geven in hun bestuur, en ging er meer en meer toe over om op eigen houtje beslissingen te nemen. August Herman en de andere oppositieleiders stuurden Van der Donck een stroom brieven die hem op de hoogte hielden van de gebeurtenissen. 'Wij leven als schapen onder de wolven, en de ene vriend is niet in staat met de ander te spreken zonder achterdochtig te zijn,' stond er in een ervan.[4] 'Hij gaat niet langer te werk met woord en geschrift', stond er in een andere, 'maar met verordeningen en zweepslagen'[5] Wie de brieven met klachten over Peter Stuyvesant leest, kan de woede voelen die werd veroorzaakt door bronnen die weinig te raden overlaten. Hij was een plichtsgetrouwe zoon van een predikant die had gezien dat zijn goddelijke en rechtschapen vader hertrouwde en zich wellustig overgaf aan zijn nieuwe jonge bruid. Hij was iemand die wilde liefhebben, maar die zo geremd was dat de broer van de vrouw die hij wilde trouwen erom wedde dat hij haar hand niet durfde vragen. Uiteindelijk was hij de leider die vertrouwen had gesteld in een jonge protégé met als enige gevolg dat die zich tegen hem keerde en hemel en aarde bewoog om hem af te zetten.

Ondertussen moest hij zich bezighouden met andere zaken, want de binnenkomende schepen zaten vol nieuwkomers, zeeziek en ongewassen, maar klaar om aanspraak te maken op een stuk land. Ook dit was het gevolg van de afvaardiging: 'Vele vrije mensen komen met deze schepen over [...] Vele vrije mensen hebben de overtocht met deze twee schepen gemaakt [...] Het lijkt wel alsof er op elk schip veel mensen zitten [...]'[6] Er sprak enige ergernis uit de aan Stuyvesant gerichte brieven van de bestuurders van de compagnie – 'de mensen in Nederland steunen elkaar door de verwachting uit te spreken dat ze in

Nieuw-Nederland machtige heren zullen worden, als ze zin hebben om te werken' – maar ze moesten toegeven dat 'het best wel eens goed zou kunnen uitpakken.'

De ironie wil dat terwijl Van der Donck uit alle macht probeerde Peter Stuyvesant uit zijn functie als directeur van de kolonie te zetten, Stuyvesant met behulp van soms briljante diplomatie ten overstaan van de alsmaar verder oprukkende buren in het noorden hard werkte aan de stabiliteit van de kolonie. Het is inderdaad aan de successen van deze twee bittere rivalen te danken dat New York City zich zou ontwikkelen zoals is gebeurd. Had een van beiden gefaald, dan hadden de Engelsen de kolonie waarschijnlijk al onder de voet gelopen voordat de Nederlandse regelgeving was ingesteld en zou New York niet meer dan de volgende toegangspoort tot de nieuwe wereld geweest zijn zoals Boston, en had de Amerikaanse cultuur zich heel anders ontwikkeld.

Gedurende zijn eerste drie jaar op Manhattan had Stuyvesant er bij de gouverneurs van Nieuw-Engeland op aangedrongen grenzen te trekken. Ze hadden aangegeven dat ze hem wilden ontmoeten, maar hadden de ontmoeting steeds uitgesteld. En toen de bejaarde John Winthrop, die Stuyvesant had beschouwd als zijn puriteinse steun en toeverlaat, in 1649 stierf, gooide dat nog meer roet in het eten. Maar Stuyvesant kon ook brutaal zijn. Hij erkende de stelregel dat geweld de andere partij tot onderhandelen kon aanzetten, en hij ging aan de slag. Op een keer voer een Nederlands koopvaardijschip met een Italiaanse eigenaar die gevestigd was in Amsterdam, de haven van New Haven in. Stuyvesant had vastgesteld dat het schip – de St. Beninio – zich bezighield met smokkelarij. Volgens de Nederlandse claims lag de hele kolonie van New Haven op Nederlands grondgebied. Op dat moment waren er al zoveel Engelse kolonisten dat dit een puur theorethisch gegeven was, maar Stuyvesant zag de aanwezigheid van het schip als een excuus voor een actie die de aandacht zou trekken. Eerder had hij een van de schepen van de West-Indische Compagnie verkocht aan de plaatsvervangend gouverneur van New Haven, met de belofte het schip af te leveren. Nu – nogal vrijpostig gezien het feit dat hij ook beleefde diplomatieke brieven voor de gouverneur bij zich had – ging hij over op een waagstuk waartoe over het algemeen slechts in oorlogstijd wordt overgegaan, het uit een haven wegkapen van een schip. Hij had het schip dat in New Haven afgeleverd moest worden als een Trojaans paard volgestouwd met soldaten. Toen zijn schipper de haven van New Haven binnenvoer, bracht hij zijn schip langszij de St. Beninio, zijn soldaten sprongen aan boord, sneden de touwen door, nam het commando over en stuurde de St. Beninio de zee op, terug naar Nieuw-Amsterdam.

Zoals verwacht reageerde Theofilus Eaton, de stugge puriteinse gouverneur van New Haven, met een brief, struikelend over zijn woorden van woede,* waarin hij verklaarde dat Stuyvesant het territorium van zijn kolonie had geschonden en ervandoor was gegaan met een schip, terwijl hij hier voor vreedzame zaken aanwezig was.[7] Stuyvesant antwoordde met voorgewende onschuld ('Als ik iets heb geschreven of gedaan dat als agressie kan worden opgevat...'[8]) en hij benadrukte tegelijkertijd dat het een Nederlands schip was, dat de Nederlandse wet had geschonden en – nu komt het – dat de Nederlanders het territorium in kwestie als het hunne beschouwden vanwege het recht van de eerste ontdekking.[9] In daaropvolgende brieven herinnerde hij de gouverneurs van Nieuw-Engeland beleefd aan de overweldigende overmacht van de Nederlandse marine, zonder te vermelden dat hij hier praktisch niets over te zeggen had.

Tegelijkertijd vleide hij John Endecott, de opvolger van Winthrop als gouverneur van Massachusetts (wij 'feliciteren u en verheugen ons erover dat onze buren een zo waardige en verstandige man als opvolger hebben gekozen'[10]) in de hoop dat Endecott de bewoners van Manhattan net zo zou behandelen als Winthrop had gedaan. Het werkte – de twee mannen kregen een band met elkaar. Het is een opvallend aspect van de ambtsperiode van Stuyvesant dat hij indruk maakte op en zelfs vriendschap sloot met potentiële vijanden – Engelsen in het bijzonder – terwijl hij zijn eigen kolonisten min of meer als oud vuil behandelde. Eaton uit New Haven en Edward Hopkins in Connecticut bleven een slecht gevoel houden over de Nederlanders, maar de combinatie van de vrijage met Endecott en zijn va-banquepolitiek met de zuidelijke Nieuw-Engelanders – een schip kapen, het oprakelen van de Nederlandse claim op hun gebied, dreigend wapperen met de vlag van de Nederlandse marine – wierp vruchten af. Endecott en de andere leiders van Massachusetts wilden vrede; zij dwongen de andere Nieuw-Engelanders in te stemmen met het aanbod van Stuyvesant bijeen te komen om te spreken over de grenzen, en instrueerden hun afvaardigingen om 'hun uiterste best te doen om een Verdrag te sluiten tussen [de Nederlanders] en New Haven &

* 'En nu onlangs in een schip dat toebehoorde aan New Haven, gekocht door Mr. Goodyeare, heeft u gewapende mannen gestuurd & (zonder toestemming, zonder zelfs een van de magistraten van dit rechtsgebied in kennis te stellen van de reden) een schip gekaapt in onze haven [...]'

Connecticut, want als er een oorlog of ruzie tussen hen ontstaat, zullen wij worden aangevallen en erin betrokken worden'.[11]

De gouverneurs wilden elkaar in Boston treffen; Stuyvesant stelde Manhattan voor. Het compromis was Hartford, enkele kilometers stroomopwaarts de Versche Rivier op. Het was een kleine bedrijvige gemeenschap met godvruchtige mensen die zich hadden afgescheiden van de andere gebiedsdelen van Nieuw-Engeland, maar midden in het plaatsje bevond zich een eenzame handelspost bemand door een handjevol Nederlandse soldaten. Zeventien jaar eerder waren handelaren uit Manhattan de eerste Europeanen die zich hier hadden gevestigd, maar het aantal bewoners van de Nederlandse kolonie was te klein om het hele gebied te bevolken en ze moesten lijdzaam toezien hoe de Engelsen binnendrongen. In september 1650 stapte Stuyvesant met zijn houten been van zijn schip de kade op, begroette zonder twijfel Gysbert op Dyck, de commandant van het Nederlandse fort en werd onthaald door zijn vier collega-staatslieden. Hij had twee Engelsen meegenomen, als secretaris en vertaler, George Baxter en Thomas Willet; als de zaken anders waren gelopen, dan had hij in deze situatie zonder twijfel een beroep gedaan op Van der Donck.

Er werd intensief maar in goede sfeer onderhandeld.[12] De Nieuw-Engelanders haalden hun beste wijnen te voorschijn en behandelden Stuyvesant als een bezoekend staatshoofd. Eaton en Hopkins wilden niet toegeven, maar Stuyvesant en Endecott kregen hun zin door te benadrukken dat alle onderhandelaars van Nieuw-Engeland afkomstig waren uit de minder anti-Nederlandgezinde kolonies Massachusetts of Plymouth. In de uiteindelijke overeenkomst gaf Stuyvesant op wat al verloren was: de gebiedsdelen die onmiskenbaar in beslag genomen waren door New Haven en Connecticut. In ruil hiervoor, kreeg hij de toezegging van de Engelsen dat er sprake was van een 'permanente' grens tussen hen en de Nederlandse kolonie. De onderhandelaars tekenden een noord-zuidlijn over Long Island en het vasteland. Ze wezen tweederde van het eiland, het oostelijke deel ervan, en het gebied op het vasteland ten oosten van het huidige Greenwich, Connecticut, toe aan Nieuw-Engeland. Het westelijke deel van Long Island en de gebieden ten westen van hetzelfde punt op het vasteland werden toegewezen aan de Nederlanders. Tegenwoordig herinnert de onderverdeling van Long Island in een deel met een Nederlandse naam en een deel met een Engelse naam – Nassau en Suffolk – aan dit verdrag, maar de grens van het district ligt vijftien kilometer ten oosten van de grens die overeen werd gekomen in het Verdrag van Hartford. Het werd de Nederlanders ook toegestaan hun povere handelspost, met de dappere naam 'Huyse Hope', in Hartford te handhaven.*

Dat was een opmerkelijke prestatie van Stuyvesant. Hij was heel diplomatiek geweest en om pressie uit te oefenen had hij gebluft over de hoeveelheid militaire slagkracht die hij tot zijn beschikking had; hij had slechts datgene opgegeven wat hij al kwijt was, en in ruil hiervoor hadden zijn buren de soevereiniteit van zijn kolonie erkend. De twee zuidelijke kolonies van Nieuw-Engeland waren ontstemd, maar de grens werd gehandhaafd: gedurende het bestaan van de Nederlandse kolonie zou niemand vanuit het noorden aanvallen.

*

In Den Haag ondertussen maakte ook Van der Donck vorderingen. Toen gooide de prins, wederom, roet in het eten. Op 5 juni werd de normale gang van zaken onderbroken toen de heethoofdige Willem, nog steeds kwaad over de poging van de provincie Holland om zijn leger in te krimpen, in eigen persoon kwam opdraven. Hij kondigde aan dat hij van plan was een contingent soldaten naar alle steden van Holland te sturen om aan de militaire commandanten van elke stad uit te leggen dat de enige geldige orders over ontbinding van troepen van hem zouden komen.[13] Van der Donck bevond zich ongetwijfeld in de menigte die drie dagen later in het centrum van Den Haag getuige was van het grimmige schouwspel van vierhonderd zich verzamelende soldaten die, met Willem opzichtig voorop, vertrokken in de richting van Dordrecht.

De missie slaagde niet. Geconfronteerd met de grote krachtmeting tussen de prins en de sterkste provincie van de republiek, sloten de steden van Holland de gelederen en gingen achter hun provinciale leiders staan; sommige weigerden de prins zelfs toegang. Woedend keerde hij terug naar Den Haag, schreed de kamer in waar de Staten van Holland bijeenkwamen, en eiste dat de leden van de stad Amsterdam hun oproep zouden intrekken om de troepenmacht te reduceren. De Amsterdammers voelden zich sterk, en bevonden zich in de positie met formele regels te kunnen reageren. Technisch gezien, antwoordden ze Willem ijzig, diende de stadhouder de provinciale vergadering te behagen, niet andersom. Als er een instantie was die de orders gaf, dan waren het de Staten. Er pleitte niets voor het handhaven van de

* Het fort leeft – min of meer – voort in de naam van de Huyshope Avenue in de binnenstad van Hartford.

troepensterkte als de oorlog voorbij was. Als ze niets te doen hadden, zouden de soldaten binnen de kortste keren zelf voor veel problemen zorgen. Het werd tijd dat ze naar huis gingen.

Willems reactie was uniek: hij gaf het bevel verschillende leden van de provinciale vergadering te arresteren. Ze werden naar het nabijgelegen kasteel Loevestein overgebracht en achter slot en grendel gezet.

Het nieuws van deze geweldige schending van het gezag ging als een lopend vuurtje door Den Haag. Spontaan verzamelden zich horden mensen in de straten en pleinen om het Binnenhof, en terwijl ze de zaak druk bediscussieerden werden ze opgeschrikt door het spektakel van huurlingen te paard die zich langs de kant opstelden. De heethoofdige drukker van Van der Donck, Michiel Stael, schijnt een pamflet over deze toestand te hebben geschreven, waarvoor hij werd aangeklaagd.[14]

Toen kwam de beslissende slag. Tegen het eind van juli voerde Willem Frederik, neef van de Prins van Oranje, in een nachtelijke tocht tienduizend soldaten dwars door Holland. Ze waren eropuit om Amsterdam met geweld in te nemen. Heel Holland was in rep en roer: Willem speelde hetzelfde spel dat juist in Engeland gespeeld was, met verschrikkelijke gevolgen voor iedereen. Er werd een staatsgreep voorbereid.

Maar de staatsgreep van Willem werd verijdeld door het weer. Het leger trok bij nacht en ontij door een ziedende storm door de provincie en arriveerde pas ver na het begin van de dag voor de poorten van Amsterdam, waar de stadsbestuurders al alarm hadden geslagen en de verdediging hadden voorbereid. Omdat hij het verrassingselement kwijt was, laste Willem Frederik een pauze in. Een afvaardiging van de Staten-Generaal haastte zich erheen om een regeling te treffen. Terwijl Willem aan het middagmaal zat, kwam een boodschapper hem vertellen dat de verrassingsaanval van het leger mislukt was. Hij zag in dat dit het einde betekende van zijn koningschap en stormde zijn privé-vertrekken in, waar, in de woorden van een schrijver 'te horen was hoe hij stampte met zijn voeten en zijn hoed op de grond smeet.'[15] Kort daarna bereikten de prins en de stad een overeenkomst over de troepenvermindering. De crisis was voorbij.

Toen bewees Willem de geschiedenis een dienst, door meteen na afloop van zijn mislukte staatsgreep te sterven. In een poging na de hele affaire tot rust te komen, vertrok hij voor een jachtreisje met zijn neef en kreeg vermoedelijk de pokken. In de nacht van 6 november kwamen de Staten-Generaal in een spoedzitting bijeen om het verrassende nieuws aan te horen dat de vierentwintigjarige prins was overleden.

Willems gretige honger naar macht was er de oorzaak van dat de zaak van de kolonie aan de andere kant van de oceaan maandenlang op de plank bleef liggen. Alle betrokken partijen stonden aan de zijlijn en wachtten op de uitkomst van de grotere strijd tussen de belangrijkste edelman van het land en zijn machtigste stad. In de loop van die waanzinnige zomer van 1650 moet het Van der Donck zijn opgevallen dat zijn verafgelegen kolonie, met alle klaarblijkelijke wetteloosheid, nauwelijks chaotischer was, of kwetsbaarder dan het beschaafde en zogenaamd stabiele thuisland. Van der Donck was niet van plan om iets met geweld af te dwingen, zijn collega's en hij hielden zich aan de regels – zij behoorden inderdaad tot de eerste Amerikanen die een recht uitoefenden dat in de kolonies en later in de staat een bijna heilige status zou bereiken, het recht om met behulp van een petitie een klacht in te dienen bij de regering om problemen op te lossen.

Nu de dwaze onderbreking voorbij was, kon de regering zich weer bezighouden met min of meer alledaagse zaken, en de zaak van Van der Donck scheen niet onder het uitstel geleden te hebben. Binnen twee weken na de dood van Willem verscheen Van der Donck weer voor de Staten-Generaal, evenals Van Tienhoven. Gedurende de hele winter tot in de lente bepleitten de twee mannen om beurten hun zaak, Van der Donck deed zijn best de voorlopige verordeningen voor de reorganisatie in werking te laten treden, Van Tienhoven probeerde dit te voorkomen. Het gebeurde regelmatig dat Van der Donck zijn tegenstander klem zette, wat meermaals het geval was op het moment dat de Staten-Generaal Van Tienhoven vroegen antwoord te geven op vragen van Van der Donck over zijn handelen tijdens de indianenoorlog. Maar elke keer wist Van Tienhoven zich eruit te praten.

Toen, midden in deze op hoog niveau gespeelde politieke spelletjes, in wat absoluut de belangrijkste zaak van zijn leven was, was tot ieders verbazing Van Tienhoven plotseling verdwenen.[16] Het gerucht dat hij geprobeerd had het land te onvluchten bereikte de Staten-Generaal, en de regering vaardigde de ongebruikelijke verordening uit waarin hem werd verboden te vertrekken, maar dat leverde niets op. Toen duidelijk werd wat er was gebeurd, was het een klap in het gezicht van Stuyvesant en de West-Indische Compagnie, het was te gênant voor woorden. Behalve dat hij erg dik was, 'met een rood en blozend gezicht', en hij last had van een voor ieder zichtbare cyste, had hij een vrouw en kinderen in Nieuw-Amsterdam. Van Tienhoven was een charmeur, en zijn verdwijning had, naast de groeiende twijfel over de slagingskansen van zijn missie in Den Haag, nog een oorzaak: seks. Het meisje in kwestie, Lysbeth Croon, was de dochter van een Amsterdamse mandenmaker, en Van Tienhoven had haar verzekerd dat hij vrijgezel was en op Manhattan met haar wilde trouwen. De zaak groeide uit tot een volwassen seksschandaal, met getuigen die door notarissen werden gehoord over de obscene handelingen die ze hadden waargenomen. (De vrouw van een begrafenisondernemer getuigde dat Van Tienhoven haar drie gulden had betaald om een kamer voor hem en zijn jonge vrouw te vinden, wat ze had gedaan, 'in het huis van een kruidenier [...] op aanwijzing van een gemeenschappelijke vriend'. De vrouw van een herbergier vertelde dat hij 'veel vriendschap en liefde toonde, haar aldoor liefste noemde, en met haar sprak alsof hij met haar getrouwd was, en samen in één bed sliep'.) Van Tienhoven werd door de politie van Den Haag in de kraag gevat en beboet, en korte tijd later vluchtten hij en het meisje op een schip naar Manhattan het land uit.

Dus op 10 februari verscheen Van der Donck tamelijk goed gehumeurd voor de gehele regering, om het afsluitende betoog voor zijn kolonie te houden. Zijn tegenstander had het strijdperk letterlijk verlaten en in de zaal bevonden zich de meest vooraanstaande mannen van het land. Adriaen Pauw, die had gehoopt dat hij na de succesvolle afloop van de Vrede van Munster kon aftreden, was vanwege de mislukte staatsgreep teruggeroepen en leidde nu de delegatie van Holland. Pauw zou enig persoonlijk belang in de Amerikaanse kolonie gehad hebben. Twee decennia eerder had zijn broer, een van de directeuren van de West-Indische Compagnie, een van de vroege landgoederen aan de rivier Hudson aangelegd, die hij naar de gelatiniseerde variant van zijn achternaam had genoemd, Pavonia. (Al snel trok hij zich terug uit het project en had hij het land terugverkocht aan de compagnie, maar het was de eerste permanente nederzetting in wat New Jersey zou worden en die uiteindelijk zou uitgroeien tot de steden Hoboken en Jersey City.) Ook Jan de Witt was aanwezig, die binnen afzienbare tijd de leider van het land zou worden en een van de grote Europese staatslieden van de eeuw.[17]

Voor deze groep vooraanstaande hoogwaardigheidsbekleders hield Van der Donck een doorwrocht betoog, gestimuleerd door de overtuiging van hem en zijn collega's: dat Manhattan en de gebiedsdelen eromheen een steunpunt van vitaal belang vormden in de nog niet geëxploreerde wereld van het Noord-Amerikaanse continent; dat de West-Indische Compagnie de mogelijkheden had verkwanseld, maar dat het niet te laat was om hier verandering in te brengen. Het was nodig de zaak opnieuw te overdenken. De leiders moesten afstand doen van de oude methoden die toestonden dat de bureaucratie van de compagnie het als een feodaal bezit behandelde, en in plaats hiervan dit land aan de andere kant van de oceaan opnemen in de schoot van de Nederlandse wetgeving, de inwoners de rechten geven van de Nederlandse burger en haar hoofdstad de status geven van een Nederlandse stad met alle rechten en bescherming die daarbij hoorden. Dan zou de kolonie tot bloei komen, en de Nederlandse Republiek zou de vruchten ervan kunnen plukken.

Omdat hij voelde dat de overwinning nabij was, benadrukte hij de negatieve aspecten, vatte de zaak tegen de West-Indische Compagnie en Stuyvesant samen en ondersteunde dit op de hem kenmerkende manier met brieven, verslagen, resoluties van de Raad van Negen, en beëdigde getuigenissen die zijn collega's in Nieuw-Amsterdam hem gedurende de afgelopen maanden hadden toegezonden, die allemaal aangaven dat Stuyvesant niet alleen verzuimd had om ook maar één van de hervormingen die hun commissie had verordonneerd door te voeren, maar ook nog eens ertoe over was gegaan om te besturen via het geven van bevelen.[18] Zijn veroordelingen waren snel en hardvochtig geworden, in het bijzonder gericht tegen de leden van de Raad van Negen (hij had bezittingen in beslag genomen en hen met opsluiting en verbanning gedreigd, wat alleen dan niet door zou gaan als ze zwoeren dat ze 'niets anders van de directeur en zijn bestuur wisten dan dat zij eerlijk en eerbaar waren').[19] Hij had zelfs de notaris gedwarsboomd die de Staten-Generaal hadden gestuurd, en hem verboden zijn vak uit te oefenen; de man had zich vervolgens aangesloten bij de oppositie en zijn brieven waren gevoegd bij de stapel klachten die Van der Donck liet zien.

Niettemin bleek uit de brieven dat ze op Manhattan nog steeds goede hoop hadden dat de missie van Van der Donck iets op zou leveren. 'De mensen hier zijn ietwat vertroost nu ze het bericht krijgen dat de zaak van Nieuw-Nederland nu eindelijk serieus door hunne Hoog Mogendheden onder handen worden genomen, maar verlangen hevig naar een absoluut herstel,' stond er in een van de brieven.[20] 'Wat u ook gedaan heeft voor het openbare belang, ikzelf keur het goed,' schreef Augustin Herman aan Van der Donck. 'Wij kijken vol verwachting uit naar de goedkeuring van het herstel en een verandering.'[21]

Deze recente informatie uit de kolonie had zijn invloed op de bijeenkomst. Onder meer maakte het duidelijk dat de gemeenschap op Manhattan niet langer beschouwd kon worden als een ad hoc verzameling van soldaten, pelshandelaren en hoeren, voor wie de krijgswet kon volstaan. Het ging om mannen van stand, die zich hadden laten verleiden door de verwachtingen die Noord-Amerika wekte en hun hele kapitaal hadden geïnvesteerd in de kolonie, en hun regering moest haar verantwoordelijkheid ten opzichte van hen nemen.

Van der Donck vervolgde zijn betoog met de bespreking van het Verdrag van Hartford. Omdat hij niet in de schoenen van Stuyvesant stond, kon Van der Donck het verdrag eenvoudig afkraken door af te geven op het afstaan van land aan de Engelsen. In de visie van Van der Donck hadden de gouverneurs van Nieuw-Engeland 'de directeur een loer gedraaid', en Van der Donck betreurde het verlies van 'vele fraaie baaien, beken, rivieren en eilanden [...] en de prachtige Versche Rivier [i.e. de Connecticut River] waar wel vijftig of meer kolonies gesticht hadden kunnen worden [...]'[22]

Het betoog was grondig en Stuyvesant had niemand om er tegenin te gaan. De kamers van de West-Indische Compagnie, aan wie de regering een reactie had gevraagd, begonnen verdeeld te raken. De op Manhattan gevestigde kolonie was 'gemonopoliseerd' door de kamer van Amsterdam, verklaarden de Zeeuwse afgevaardigden, en het wanbestuur was de schuld van Amsterdam. De leden van de Dordtse kamer waren het hiermee eens en stelden een reorganisatie van het bestuur van de kolonie voor. Vanuit hun aangename kleine kantoren in de grachtenpanden even voorbij het huis waar Johannes Vermeer zijn kalme carrière in het scheppen van rustige meesterwerken begon, sloten de leden van de Delftse kamer zich hierbij aan en vonden dat er iets gedaan moest worden 'om ervoor te zorgen dat zo'n fantastisch land niet de vernieling in werd geholpen door wanbestuur en een slechte organisatie'.[23]

De Staten-Generaal waren volledig overtuigd en maakten uiteindelijk een begin met de complete reorganisatie van de kolonie. Onder druk van de regering zonden de Amsterdamse directeuren Stuyvesant knarsetandend een bevel: 'Om iedereen tot zwijgen te brengen', dat hij een openbaar bestuur moest vormen in Nieuw-Amsterdam met 'een rechtbank die zoveel mogelijk gebaseerd is op de gewoonten van deze stad'.[24] Door de snelle opeenvolging van gebeurtenissen ging de verordening bijna verloren, maar hij zou worden vastgelegd, en de loop van de geschiedenis veranderen.

Er ontstond nog enige onenigheid over de vraag of Stuyvesant voldoende tijd zou hebben om een stadsbestuur op te richten, want eind april stelden de Staten-Generaal de brief op waar Van der Donck zich voor had ingezet en op had zitten wachten. De brief was bot en onbehouwen als een telegram:

Aan Petrus Stuyvesant, directeur-generaal in Nieuw-Nederland, Hooggeëerde, etc. Wij hebben, uit het oogpunt van de openbare dienstverlening, nodig geacht van u te verlangen, dat u op grond hiervan terugkeert, om ons uitvoerige en relevante informatie te verstrekken over de werkelijke en huidige toestand van het land en de aangelegenheden; en ook over de grenslijn tussen de Engelsen en de Nederlanders aldaar. 27 april, 1652.[25]

De brief waarin opdracht werd gegeven Stuyvesant af te zetten, werd aan Van der Donck overhandigd, die hem persoonlijk moest afleveren. Met de brief bij zich moet hij bijna de kamer zijn uitgezweefd, de tuin van het Binnenhof in, dronken van succes. Het met een zuilenrij omgeven plein – hetzelfde openbare plein waarop zeventig jaar eerder de leiders van zeven verschillende Nederlandse Staten een onafhankelijkheidsverklaring van de Spaanse onderdrukking hadden ondertekend – benadrukte het historische karakter van deze gebeurtenis.

Als Van der Donck een dagboekschrijver was geweest van hetzelfde soort als zijn jongere tijdgenoot Samuel Pepys, dan was de bladzijde van deze dag van een asterisk voorzien. En misschien hadden we nog een beschrijving kunnen aantreffen van een uitgelaten feest in een Haagse schenkerij, met een hele horde bureaucraten, met zwarte hoeden, golvende capes en hoge laarzen die misschien wel waren afgezet met kant. Deze bureaucraten zouden zich plotseling bewust zijn geworden van de sleur waarin hun leven met routinematige overheidsbaantjes tot op dat moment had gezeten. Ze hadden zich rond de zegevierende afgevaardigde van een verafgelegen land verzameld, met gezichten die intense belangstelling uitdrukten, onderwijl een snuifje tabak nemend en een slok rijnwijn naar binnen werkend, en luisterden naar de uitgebreide verhalen over elk aspect van zijn land, van de mythisch klinkende flora en fauna, tot het hoofdstedelijke eiland dat zo ideaal gelegen was voor de exploitatie van het continent, tot de intrigerende seksuele openhartigheid van de oorspronkelijke bewoonsters. ('Ze laten hun kwaliteiten zien' zou Van der Donck schrijven, zij moesten niets hebben van 'kussen en stoeien' en ander seksueel gedrag, 'maar nu en dan zullen zij geen oneerbaar voorstel weigeren en bijna allemaal de hoer spelen en dat lange tijd weten vol te houden.')[26] Het lijdt geen twijfel dat de regeringsfiguren ingenomen waren met Van der Donck. De dag voor zijn zege stemden de Staten-Generaal in met een resolutie waarin hem het recht werd geschonken om zijn bezittingen in Nieuw-Nederland door te geven aan zijn erfgenamen – een recht dat gereserveerd was voor bezitters van leengoederen zoals

Kiliaen van Rensselaer. Het was het bewijs van het feit dat Van der Donck uitzag naar zijn terugkeer naar huis (en zijn erfgenamen) en dat niet alleen hijzelf maar ook zijn visie op Manhattan populair was bij de ambtenaren.[27]

Met name zijn visie moet zijn luisteraars aan zich gebonden hebben. Met dit nieuwe bestuur zou het eiland Manhattan zich definitief vestigen als het vrijhandelscentrum van de Atlantische Oceaan. Het zou voor vele generaties Europeanen dienen als toegangspoort tot het Noord-Amerikaanse continent. Het zou gemodelleerd worden naar 'het lovenswaardige bestuur' van het thuisland, met voor iedereen gegarandeerde godsdienstvrijheid. Dit principe was direct afgeleid van de Unie van Utrecht ('... [dat] elke persoon vrij zal mogen blijven, met name in zijn religie [...]'), de eigenlijke Nederlandse grondwet, die stamde uit het begin van de onafhankelijkheidsoorlog en de verbondenheid van het land vastlegde met de opvattingen over tolerantie.[28] En het zou bovendien gebaseerd worden op bepaalde rechten voor het volk – zelfs het recht hun leiders af te zetten als ze over zouden gaan tot onderdrukking – die afkomstig waren van de zogenoemde Akte van Verlatinghe, de Nederlandse verklaring van onafhankelijkheid van Spanje.[29]

Het spreekt voor zich dat Van der Donck zeer opgetogen was, hij ging ervan uit dat zijn taak in Europa erop zat en hij begon zich haastig voor te bereiden op zijn vertrek naar huis. Hij was tweeënhalf jaar weggeweest, zijn landgoed leed onder zijn afwezigheid. Hij nam verschillende medewerkers aan die zouden dienen op Colen Donck.[30] In de loop van het afgelopen jaar had zijn vrouw zich bij hem gevoegd en samen kochten ze voorraden die ze voor de overtocht lieten inladen. *

Hij had kortgeleden zijn moeder geholpen een deel van haar bezittingen te verkopen en nu waren zij, zijn broer en zus en hun bedienden ook voorbereidingen aan het treffen om naar Manhattan te emigreren. Het was lente: er waaide een frisse wind door het land, en de glorieuze afgezant zou binnenkort op zee zijn, onderweg naar huis.

In mei verscheen Van der Donck voor een regeringscommissie met

* De laadbrief die de voorraden van Van der Donck opsomt, bestaat nog steeds en geeft een aardig beeld van de behoeften van een kolonist: slijpstenen, molenstenen, manden met spijkers, 'broeken voor boeren', schoenen, linnengoed, 'ruwe wollen stof', hoeden en mutsen, ketels, linten, draad, boeken en papier, '2 kisten en 2 vaten ijzer', '8 fusten vogellijm', '10 vaten brandewijn', '32 stukken zeep'. De reusachtige hoeveelheid van '300 pond peper en 20 pond kaneel' doet vermoeden dat Van der Donck op Manhattan wat in specerijen wilde handelen.

het formele verzoek om terug te keren naar Manhattan en afstand te doen van zijn voorgaande politieke rol – 'om op vreedzame wijze het ambt van voorzitter van de gemeenschap in Nieuw-Amsterdam in handen te krijgen'.[31] Hij was van plan om niet alleen in de kolonie te zijn om de verandering van het bestuur mee te maken en de ontslagbrief persoonlijk te overhandigen aan Peter Stuyvesant. Hij was van plan leiding te geven aan het nieuwe bestuur.

*

Het is er natuurlijk allemaal niet van gekomen. Het schot dat de missie van Van der Donck deed stranden – dat hem beroofde van een belangrijke historische verdienste, hem opzadelde met een positie in de marge van de geschiedenis, schrijver van een nog steeds opmerkelijke maar vage bijdrage – kwam uit een totaal onverwachte hoek. Het was niet Stuyvesant die de boel op de kop zette – ook zijn plannen zouden in de war geschopt worden door de gebeurtenissen. De ontwrichting werd niet veroorzaakt door de kolonies van Nieuw-Engeland of de indianen uit Nieuw-Nederland, of zelfs van de Zweden die hun kampementen in het zuiden langs de rivier de Delaware hadden opgeslagen. Zij vond haar oorsprong in een meedogenloze en onstuimige figuur die drieënvijftig jaar eerder in een moerassig gebied in het oosten van Engeland het levenslicht had gezien. Zoals vaker het geval is bij historische figuren was Oliver Cromwell, net als Peter Stuyvesant, bijzonder ongeliefd – complex en energiek, maar op een of andere manier afstotelijk.[32] Cromwell is eindeloos bestudeerd, maar hij blijft, in de woorden van Churchill, die 'mistige figuur'.

Maar, net als bij Stuyvesant, heeft de geschiedenis een clichématig beeld geschapen van Cromwell. Weliswaar waren beide mannen ruwe kerels die zich makkelijk in platte termen lieten beschrijven. Maar aan de andere kant was Cromwell niet alleen de grondlegger van het Britse Rijk; hij was ook degene die de contouren van Amerika heeft vormgegeven. Want terwijl de monarchen van Stuart de kolonies beschouwden als een bron van inkomsten, leverde Cromwell een bijdrage aan de mythe van de oorsprong van Amerika door het land door zijn religieuze bril te bekijken. Zijn geestelijke ommezwaai vond plaats toen hij in de dertig was ('O, ik heb geleefd in, en gehouden van de duisternis en ik haatte het licht [...]'[33]) en zijn puritanisme was vol overtuiging en praktisch gericht. Hij was een groot voorstander van de kolonisatie van Noord-Amerika, en net als John Winthrop beschouwde hij Nieuw-Engeland als een stralende stad op een berg, het mogelijke beloofde land. Op een bepaald moment overwoog hij zelfs om te emigreren.

Als jongen was hij een fysiek ingestelde stevige kerel, die 'weinig vrouwelijke trekken' vertoonde, wist een kroniekschrijver te melden.[34] Hij nam zitting in het parlement vlak voordat Charles het ontbond en trad op de voorgrond als criticaster van de koning. Toen de burgeroorlog uitbrak, werd hij een generaal voor wie men door het vuur ging. Hij was de toonaangevende persoonlijkheid van het militaire bewind dat de macht overnam; hij was nog niet de Rijksvoogd van het Gemenebest, maar hij was de baas, de *capo*, op het stuurloze moment dat zo iemand nodig was. Hij had niets van een hedendaagse psycholoog, dacht er niet aan zijn landgenoten gelegenheid te geven voor herstel en inkeer na afloop van alle leed. Alleen door de wereld te domineren kon de schade worden hersteld. Zwaar geruggensteund door de zakenlieden van het land, verhoogde hij de belastingen en gaf het bevel een nieuwe vloot oorlogsschepen te bouwen; onder zijn leiding werd in hoog tempo de moderne Engelse marine opgebouwd. Vanuit de brokstukken van de burgeroorlog werd hij de architect van het rijk.

Hij barstte van de energie en geldingsdrang. Om te beginnen nam hij zich voor de puriteinse revolutie van Engeland te exporteren en de koninklijke hoofden over de kegelbanen van Europa te laten rollen. Dat ging niet door, maar overgebracht naar Nieuw-Engeland lag de puriteinse gedachte, dat ze uitverkorenen van God waren, ten grondslag aan de Amerikaanse idee van de Onloochenbare Bestemming: van een volk dat voorbestemd was het continent te veroveren en de wereld te leiden.[35]

Wat aansloeg was zijn plan om de Nederlanders voorbij te streven als Europese handelsnatie – wat tegelijkertijd de balans van de rivaliteit tussen de twee landen zou doen doorslaan in het voordeel van de Engelsen. In Amerika zou hij Nieuw-Engeland helpen, en proberen de Nederlanders te verdrijven van het eiland Manhattan, waarvan de Engelse handelaren begonnen in te zien dat het van doorslaggevend belang was voor de beheersing van het continent. In de Caraïben had Cromwell nog een eiland op het oog: Jamaica, dat hij in 1655 op de Spanjaarden zou veroveren, zou een uitvalsbasis voor de slavenhandel worden. Hij zou Manhattan niet te pakken krijgen, maar het Engelse 'succes' op Jamaica zou eeuwenlang winst en leed opleveren, van de suikerrietvelden van de Caraïben tot de katoenvelden van het Amerikaanse Zuiden.

Gedurende de burgeroorlog was de handel tussen Engeland en haar Noord-Amerikaanse kolonies ingestort en als gevolg hiervan had

Manhattan kunnen groeien. Nu hoopte Cromwell via een stelsel van wetten het Nederlandse handelsmonopolie – in Europa, Azië en Noord-Amerika – te kunnen doorbreken. Het lastige van deze tactiek, die in de loop van de geschiedenis zo vaak werd toegepast, is dat niemand kan verwachten dat een concurrerend land zich aan de wetten van het andere land houdt, wat de Nederlanders dan ook niet deden. Het toeval wil dat de eerste poging van Cromwell om het Nederlandse handelsimperium aan te pakken plaatsvond op vrijwel hetzelfde moment dat Van der Donck zijn zaak in de Staten-Generaal won. Terwijl Van der Donck genoot van zijn overwinning en aan de Staten-Generaal vroeg of hij mocht terugkeren naar Manhattan, raakten ongeveer tweehonderdvijftig kilometer ten zuidwesten van Den Haag, in de Straat van Dover, delen van de Engelse en de Nederlandse vloot slaags met elkaar. Het was broeierig weer en er stond een stevige noordoostenwind; het systeem om te communiceren via vlaggen en de stand van de zeilen moest nog worden uitgevonden, en beide partijen wisten niet wat ze aan elkaar hadden. Beide vlootvoogden hadden de Akte van Navigatie in gedachten, een regelrecht protectionistische maatregel die kortgeleden door het Engelse parlement was aangenomen, en direct gericht was tegen de Nederlanders. Met de maatregel verklaarde Engeland dat alleen Engelse schepen producten in Engelse havens mochten afleveren. Een onbeschaamd onderdeel van de verklaring was dat buitenlandse schepen die door Het Kanaal voeren als groet hun vlag moesten strijken. Toen deze informatie op het continent bekend werd, vaardigden Nederlandse bevelhebbers nadrukkelijk het bevel uit nooit zoiets te doen.

De twee mannen die met hun voeten stevig op het dek van hun slingerende oorlogsschepen stonden, hun ogen gericht op de buitenlandse zeilen en afwegend wat te doen, waren beiden voorbestemd legendarische figuren te worden en de twee mannen samen vormden een goed beeld van de vreemde tegenkrachten van die tijd. Robert Blake, die aan het hoofd stond van de Engelse vloot, was een in Oxford geschoolde rijkeluiszoon met golvend haar die pas op vijftigjarige leeftijd zeeman was geworden. Maarten Tromp, de verweerde, vosachtige Nederlandse commandant, was op negenjarige leeftijd in dienst van zijn vader de zee op gegaan; toen hij twaalf was, werd zijn schip ingenomen door Engelse piraten, zijn vader gedood en de jongeling gedwongen te werken als slaaf van een piraat. Hij was door de rangen van de Nederlandse marine opgeklommen en was nu admiraal van de vloot en de beroemdste zeeman van dat moment. Het verschil tussen deze twee persoonlijkheden die zo kenmerkend waren voor die tijd, was dat Tromp, van bescheiden komaf, een enthousiast voorstander was van het Huis van Oranje en van de Engelse Stuarts (Hij was zelfs door Charles geridderd vanwege zijn hulp in zijn strijd tegen het parlement), terwijl Blake een dandy was en een anti-royalistisch parlementslid.

Er bestaan verschillende lezingen van wat er buiten Dover gebeurde, maar iedereen is het erover eens dat de strijd ontbrandde doordat Tromp had verzuimd zijn vlag te strijken ter erkenning van de Engelse soevereiniteit.[36] Vanaf twee uur 's middags tot negen uur 's avonds beschoten tweeënveertig Nederlandse schepen en twaalf grotere, zwaarder bewapende Engelse schepen elkaar, soms vanaf korte afstand, in een treffen dat tot ieders verbazing bijzonder gewelddadig verliep. In feite hadden tientallen jaren van spanning geleid tot dit treffen. Sommige Nederlandse staatslieden hadden het aan zien komen. Maanden eerder was in Den Haag een postzak aangekomen die een vreemd document bevatte. Het was gedrukt in het Engels, maar zelfs wie die taal niet kon lezen, begreep het woord AMBOYNA, dat in grote rode letters op de voorpagina stond. Een Londense drukker had het opruiende pamflet van achtentwintig jaar geleden herdrukt, het gaf een beschrijving van de gruweldaden die de Nederlanders de Engelsen hadden aangedaan op een eiland in Oost-Indië. Van de twee grote staatslieden in de Nederlandse regering wilde de 72-jarige Jan de Witt er niet meer in zien dan een opleving van patriottisme die slechts door een klein deel van het gepeupel werd gedragen, maar de wijze oude Adriaen Pauw staarde naar het pamflet en realiseerde zich dat de Engelsen bezig waren het volk aan te zetten tot een oorlog.[37]

En de gebeurtenissen die volgden, liepen al snel uit op oorlog. Pauw vertrok naar Londen om deel te nemen aan spoedoverleg met de Staatsraad van Cromwell (waar hij toevallig in aanraking kwam met niemand minder dan de dichter John Milton, die de vertaler en schrijver van de buitenlandse redevoeringen van Cromwell was).[38] In Den Haag was ondertussen een einde gekomen aan de grootmoedigheid en het optimisme dat zich na de 'eeuwige' vrede van '48 in de republiek had verspreid. De regering bereidde zich voor op een oorlog. Aan schepen op zee en handelsposten overal ter wereld werd opdracht gegeven hun verdediging te versterken.

Bij Adriaen van der Donck sloeg dit alles in als een bom. Het vermogen van de West-Indische Compagnie was de laatste jaren steeds verder afgenomen en de aanval van Van der Donck had er nog verder afbreuk aan gedaan. Maar zodra de eerste geruchten over een oorlog met Engeland de ronde deden, was de compagnie, die tenslotte was opgezet als een half-militaristische organisatie, weer tot leven gekomen. De voorheen zo machtige directeuren bloeiden weer op. Onder druk van hen, en uit angst dat dit niet het juiste moment was om liberale hervormingen door te voeren, draaiden de Staten-Generaal de verordeningen voor Nieuw-Nederland volledig terug. Ze herriepen de afzetprocedure van Stuyvesant en kwamen persoonlijk eisen dat Van der Donck de brief teruggaf die ze hem hadden gegeven. Daar kwam nog bij dat het activisme van Van der Donck, die nog maar enkele weken geleden lof was toegezwaaid als degene die, in een proefproces tegen de aan de andere kant van de oceaan liggende provincie, het progressieve Nederlandse recht tot volle wasdom had gebracht, plotseling een wezenlijk gevaar leek te vormen. Hij werd vastgehouden en kreeg geen toestemming om naar Amerika terug te keren. Zonder hem vertrok het schip met zijn familieleden en bezittingen naar Manhattan. In korte tijd was alles veranderd. Hij was niet langer een patriot, maar een extremist, iemand om in de gaten te houden.

*

De oorlogsverklaring van de Nederlandse Republiek aan Engeland in 1652 was een soort volwassenwording van beide landen. Hun recente geschiedenis was zo met elkaar vervlochten geweest, dat ze vaak veel weg hadden van kinderen uit hetzelfde gezin, die de ene keer samenwerkten, en de volgende keer elkaar naar het leven stonden. Het gebulder van de scheepskanonnen in Het Kanaal gaf aan dat ze, in de strijd voor de macht over de onbetwistbaar lucratieve internationale handel in het eerste tijdperk van de globalisering, elkaar zagen als de enige echte tegenstrever. Hun rivaliteit zou bepalend zijn voor die eeuw, en vorm en inhoud geven aan de oorsprong van Amerika.

De Eerste Engelse Oorlog, zoals de historici die noemden, was een heuse, letterlijke handelsoorlog. Een buitenstaander zou in beide landen weinig vijandelijkheden opgemerkt hebben: er stonden geen huizen in brand, en er werden geen dorpen geplunderd. De hele zaak speelde zich af op zee, waar de Engelsen achter de Nederlandse haringvloot en de met specerijen en bont geladen handelsschepen aanzaten, en de Nederlanders werden gedwongen hun handelsimperium te verdedigen. ('De Engelsen staan op het punt een berg met goud aan te vallen,' merkte Adriaen Pauw wrang op bij het uitbreken van de oorlog, 'wij staan op het punt een berg met ijzer aan te vallen.'[39])

Wat niet wilde zeggen dat het de strijd aan gruwelijkheden ontbrak. De opgekropte wrok aan beide kanten uitte zich in een reeks verwoestende aanvaringen die de boeken over zeeoorlogen herschreven en de aanzet vormden tot de ontwikkeling van tactieken, regels en technologische vernieuwingen die meer dan een eeuw later in de tijd van Horatio Nelson hun hoogtepunt bereikten. In die moorddadige zomer in Het Kanaal en op de Noordzee werd voor het eerst in linies gevochten. De schepen van beide vloten lagen achter elkaar, met boeg aan achtersteven, zodat hun zijwaarts gerichte kanonnen tot een lange dodelijke rij aaneengeschakeld werden. Op het hoogtepunt van de zeeslag vormden 200 tegenover elkaar liggende schepen een vijfentwintig kilometer lange corridor, de meeuwen krijsten naar elkaar en de kanonnen braakten hun allesverwoestende schroot uit (toen er nog geen exploderende granaten bestonden, werd er gebruik gemaakt van eenvoudige technische vernieuwingen zoals het wegschieten van kettingen, die het tuigage doorsneden en lichamen aan flarden schoten). De schepen die betrokken raakten bij de zeeslagen veranderden in drijvende wrakken, die letterlijk overdekt waren met geronnen bloed, 'hun masten en tuig', schreef een correspondent aan boord van een Engels schip, 'waren besmeurd met hersenen, haar en stukken schedel'.[40]

Cromwell had de Nederlanders verrast. Terwijl hij een nieuwe generatie oorlogsschepen had laten bouwen, hadden de Staten-Generaal, nadat ze vanwege hun volharding van hun wens om te ontwapenen bijna een burgeroorlog met de Prins van Oranje hadden ontketend, na de vrede van 1648 ijverig gewerkt aan het inkrimpen van het leger. Als gevolg hiervan waren de Staten-Generaal en de plaatselijke kamers van de Oost- en West-Indische Compagnie genoodzaakt alle andere aangelegenheden te laten rusten en zich te richten op de taak van het verdedigen van de handelsroutes en het uitrusten van meer schepen voor de strijd.

Van der Donck, wiens zaak was opgeschort, en die verbannen was van zijn thuisland, brulde als een gekooide tijger. Maandenlang reisde hij rusteloos heen en weer tussen Den Haag, Amsterdam, Leiden en Breda. In Leiden keerde hij terug naar de universiteit en nam daar zijn *Supremus in jure* diploma in ontvangst, dat hem toestond voor de Nederlandse Hoge Raad te verschijnen. In Amsterdam wendde hij zich opnieuw tot de Staten-Generaal met het verzoek hem vrij te laten, maar hij kwam erachter dat op bevel van de compagnie er een bericht uit was gegaan naar elke scheepskapitein die naar Amerika vertrok, dat iedereen die hem aan boord liet zou worden gestraft.[41] In Amsterdam verzamelde hij een groep invloedrijke vrienden om zich heen en gezamelijk betraden ze het statige hoofdkantoor van de West-Indische Compagnie om in contact te komen met de ambtenaren van de compagnie. Maar die kregen hierdoor mooi de kans om hun opgekropte woede op hem bot te vieren vanwege zijn pogingen hen van hun kolonie te beroven. Hij was een gevaarlijk man, een 'beruchte leider', onwettig afgevaardigde van een 'wetteloze en muitende bende'. Hij meldde dit aan de Staten-Generaal en gebruikte alles wat hij maar kon bedenken om voor hen te verschijnen, voerde aan dat zijn boerderij in Amerika 'binnen de kortste keren zou vervallen', dat hij persoonlijk het slachtoffer was van een 'buitengewone burgerlijke verbanning', herinnerde hen er zelfs aan dat hij afstamde van een groot vaderlander die tijdens de Onafhankelijkheidsoorlog verantwoordelijk was voor de bevrijding van Breda.[42] Het mocht allemaal niet baten. Er was een bureaucratische muur opgetrokken.

Toen, nog steeds onvermoeibaar, kwam hij weer met een plan om zijn kolonie te promoten. Zijn missie was mislukt, zijn familie was naar Manhattan gereisd. Hij was alleen en stuurloos. In dit dieptepunt van zijn leven zag hij beelden voor zich. Wilde, ruige bergen, en de machtige, brede rivier die het landschap domineerde. Op een herfstavond, na dagenlange regens, brak de zon plotseling door en verlichtte de omgeving, koeien in een rustieke weide lichtten helder op en het gras fluoresceerde. Hij zag zichzelf, een jaar of tien, twaalf jonger in een huis van de Mohawks samen met een stuk of honderd inwoners bij het vuur zitten, verwikkeld in een theologische discussie. Hij was het met de donkerogige opperhoofden eens dat God almachtig was en goed, maar bestreed hun opvatting dat God het te druk had met zijn eeuwig bekoorlijke vrouwelijke goddelijke metgezel om aandacht te schenken aan de mens, waardoor de duivel in zijn rokerige onderkomen heerste over de indianen, de Europeanen in hun versterkte vesting op het eiland, en de mensen van alle rassen van de andere kant van de oceaan. Iedereen, aldus de natuurfilosofie van de indianen, wentelde zich in de poel des verderfs.

Deze beelden zag hij voor zich. Tijdens het hoogtepunt van de oorlog had Van der Donck zich maanden teruggetrokken met pen en papier, en hij dook weer op met het manuscript van een boek, *Beschryvinge van Nieuw-Nederlant,* waarin hij met humanistisch en wetenschappelijk gevoel schreef over de kolonie waarvan hij was gaan houden. De *Beschryvinge* waaruit ik in dit hele boek heb geciteerd, was een ongegeneerd loflied op het Amerika dat Van der Donck kende. Hij hanteerde een thematische indeling, wijdde delen aan de wateren, wouden, wilde wijnranken, mineralen, winden, seizoenen en natuurlijk aan de indianen. Alles werd beschreven met de grote toewijding van iemand die te lang afwezig was geweest.

Om een direct beroep te doen op zijn publiek, week hij aan het einde van het boek af van zijn anatomische ontleding van de kolonie, om ruimte te maken voor een in die tijd veelgebruikte vorm, de dialoog.[43] In dit geval betrof het een 'Nederlandse patriot' en een Nieuw-Nederlander; de eerste, die het voorafgaande allemaal had gelezen, stond voor de lezer en stelde vragen. Van der Donck doet weinig moeite te verhullen dat hijzelf model heeft gestaan voor de anonieme Nieuw-Nederlander, maar stort zich op opvattingen die, net zoals eerder in de 'Remonstrantie' en elders, een griezelige vooruitziende blik tonen. Manhattan en omgeving zullen exponentieel groeien, verzekert hij de luisteraar, en niet zozeer omdat de Nederlanders zelf hun vaderland zullen verlaten, maar omdat Nederland een lange traditie kent in het verwelkomen van vluchtelingen uit heel Europa. Het zijn deze massa's – 'vanuit Oost-Europa, Duitsland, Westfalen, Scandinavië, Wallonië, etc.' – die nadat ze zijn ondergedompeld in de Nederlandse traditie van tolerantie, de kolonie zullen bevolken en het multi-etnische karakter, de kracht en de bloei ervan zullen doen toenemen.

In dit droombeeld lijkt Van der Donck de enorme stroom migranten van de komende eeuwen te beschrijven, die na aankomst bijeenkropen en overgebracht werden naar Ellis Island, waar de Spaanse wijken en getto's ontstonden. Terwijl hij een bijdrage levert aan deze toekomstige massamigratie, ervoor zorgt dat deze totstandkomt en blijvend is, voorziet hij een uniek cultureel bindmiddel: 'De Nederlanders hebben een barmhartige aard en beschouwen buitenlanders feitelijk als ingeborenen', waardoor wie 'bereid is zich aan te passen' er een succes van kan maken. Dit bizarre staaltje historische helderziendheid wordt wel een beetje tenietgedaan door zijn herhaalde verzekering dat de kolonie Nederlands zou blijven, dat de aanstaande emigranten 'de komende vijftig jaar' niet bang hoefden te zijn voor een Engelse overname.

Van der Donck verkreeg het auteursrecht voor zijn werk, maar de publicatie werd opgehouden, omdat de regering nu de oorlog woedde geen aandacht wilde vestigen op de kolonie, waarvan men vreesde dat de Engelsen er binnen zouden vallen.

In 1653, vier jaar na zijn vertrek, kreeg Van der Donck uiteindelijk toestemming om naar Manhattan te vertrekken. Maar dat kostte hem wel het nodige. De krachten die hem als een gevaar hadden bestempeld, waren nog niet uitgewerkt. De hoofden van de Amsterdamse kamer lieten hem met veel genoegen weten dat zijn zaak in duigen lag.

Op het laatst begreep hij wat hij al die jaren tegenover zich had gehad – dat het gezag waartegen hij zich had verzet, geworteld was in de uitgestrektheid van het Nederlandse imperium. Hij was zijn tijd te ver vooruit geweest, en nu pas drong dat tot hem door. Voor de eerste keer in zijn leven beschreef hij zichzelf als 'helemaal ontmoedigd en teneergeslagen'. Hij schreef nog een verzoek, anders van toon dan wat hij ooit had geschreven:

> De ondergetekende Adriaen van der Donck verzoekt eerbiedig om toestemming en een paspoort om naar Nieuw-Nederland te mogen gaan, en biedt aan afstand te doen van de eerdere benoeming tot voorzitter of vice-voorzitter van de gemeente, en belooft om eenmaal in Nieuw-Nederland aangekomen en daar verblijvende geen taak op zich te nemen van welke soort dan ook, maar als een gewone ingezetene stil en rustig te leven, zich onderwerpend aan de orders en bevelen van de compagnie, of van de directeur.[44]

Zijn verzoek werd ingewilligd. Hem werd verboden zich in de kolonie in het openbare leven te begeven en zijn ambt uit te oefenen, om de opmerkelijke reden dat er geen andere advocaat was in de kolonie, en er in de rechtszaal dus niemand met kennis van zaken was die het tegen hem op kon nemen. (In feite was Lubbert van Dinklagen, de voormalige vice-directeur van Stuyvesant die ook advocaat was, nog steeds in de kolonie, maar hij was eveneens tot zwijgen gebracht nadat hij de missie van Van der Donck had gesteund, en had zich teruggetrokken op Staten Eylandt.)

Gedurende de weken die voorafgingen aan zijn reis, verscheen Van der Donck herhaaldelijk in het kantoor van de Amsterdamse notaris Jacob de Winter, elke keer begeleid door een of meerdere mannen en vrouwen. Ze zaten bijeen, terwijl de notaris zorgvuldig de voorwaarden van het contract noteerde, waarna elk van hen een handtekening onder het document plaatste:

> 4 juni 1653. Adriaen van der Donck, patroon van zijn kolonie in Nieuw-Nederland, neemt Hendrik Cornelisz Broeck voor de duur van drie jaar in dienst als timmerman. Hij zal met zijn eigen gereedschap naar Nieuw-Nederland varen. De overtocht zal worden betaald door Van der Donck [...]
> 13 juni 1653. Adriaen van der Donck, patroon van zijn kolonie in Nieuw-Nederland, neemt Jan Mewesz. en Evert Jansz, beiden

> uit Steenwijk, in dienst als timmerlieden [...]
> 16 juni 1653. Adriaen van der Donck, neemt voor een periode van zes jaar Helena Wand aan [...] Helena Wand is verplicht het huishouden te doen en als een dienstmeid te fungeren en de familie bij te staan. Jaarlijks zal zij *f* 36 aan loon ontvangen, en in overtocht en onderdak wordt voorzien [...]
> 26 juni 1653. Adriaen van der Donck neemt Henrik Claasz., pottenbakker uit Rotterdam, voor zijn kolonie aan [...]
> 28 juni 1653. Adriaen van der Donck, vrij man in Nieuw-Nederland, neemt als tuinman voor de duur van drie jaar aan: Gommaart Paulusz., uit Antwerpen [...] Paulusz. zal verplicht zijn de tuin van Van der Donck te onderhouden, te poten, planten, snoeien en vergelijkbare werkzaamheden te verrichten [...][45]

Van der Donck was blijkbaar bezweken: hij zou zijn politieke pretenties opgeven. Maar hij had zijn thuis niet verlaten, of zijn opvattingen over Amerika. En zelfs na zijn nederlaag liet hij bewijzen na dat hij vasthield aan zijn visie: archieven die de loop van de komende eeuwen voorspellen, die even het licht van de geschiedenis laten schijnen op een handvol mensen die betrokken raakten bij de gedachte aan een land met mogelijkheden aan de andere kant van de oceaan, en hem daarin volgden.

De Dam in Amsterdam in de tijd dat Van der Donck in de Nederlandse Republiek arriveerde om de zaak van de kolonisten van Manhattan uiteen te zetten. *(Amsterdams Historisch Museum)*

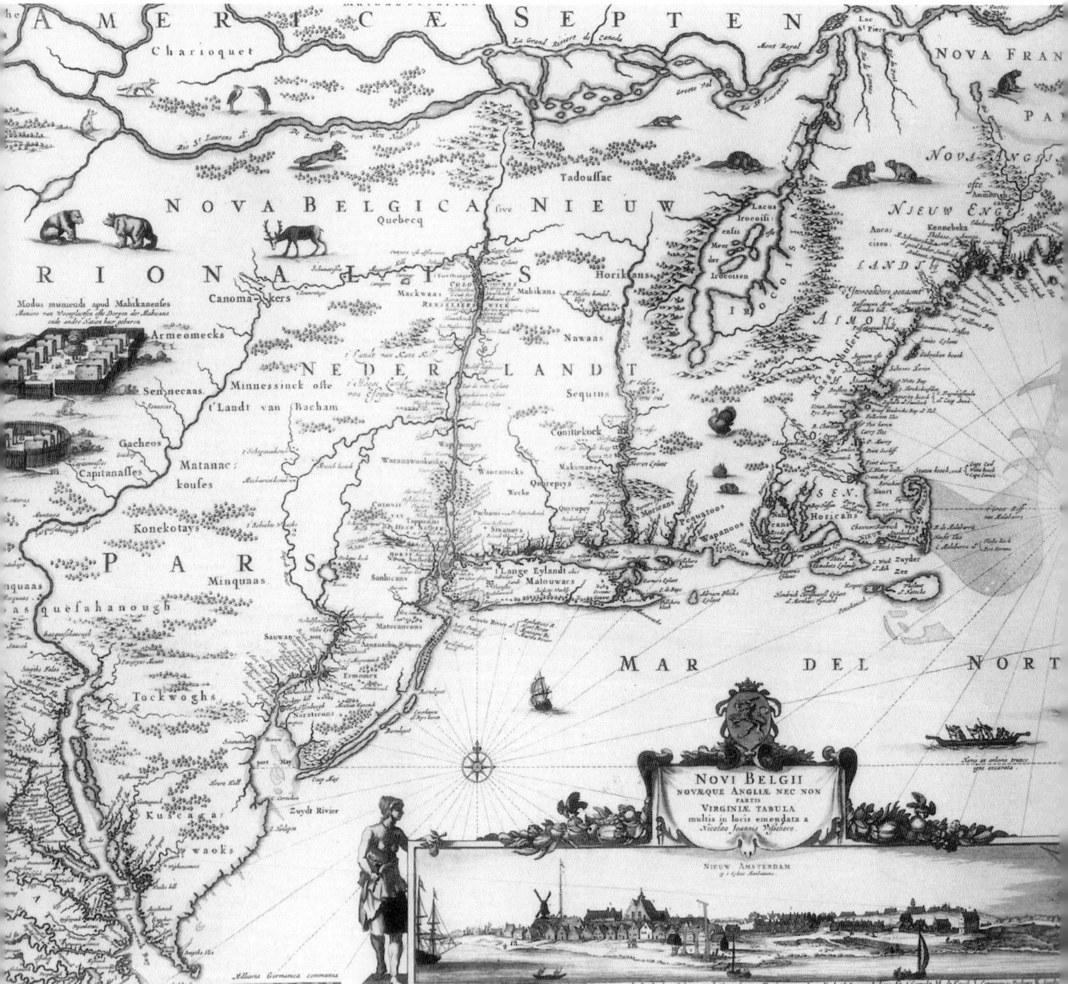

De zogenaamde Jansson-Visscher kaart, die Van der Donck rond 1650 in de Nederlandse Republiek heeft laten drukken, werd de meest gezaghebbende kaart van het noordoosten van America gedurende meer dan een eeuw en droeg ertoe bij dat er Nederlandse namen aan Amerikaanse plaatsen werden gegeven. *(Verzameling van Joep de Koning)*

Boven: De trieste aanblik van Nieuw-Amsterdam die Van der Donck aan de Nederlandse regering liet zien bij zijn poging deze ervan te overtuigen dat de kolonie van de West-Indische Compagnie overgenomen moest worden. *(Fotoarchief van de Oostenrijkse Nationale Bibliotheek, Wenen)*

Onder: Gravure, gebaseerd op bovenstaande tekening, van de stad in een aanmerkelijk positiever licht, die Van der Donck liet drukken om kolonisten aan te moedigen naar de kolonie te emigreren. *(Verzameling van Joep de Koning)*

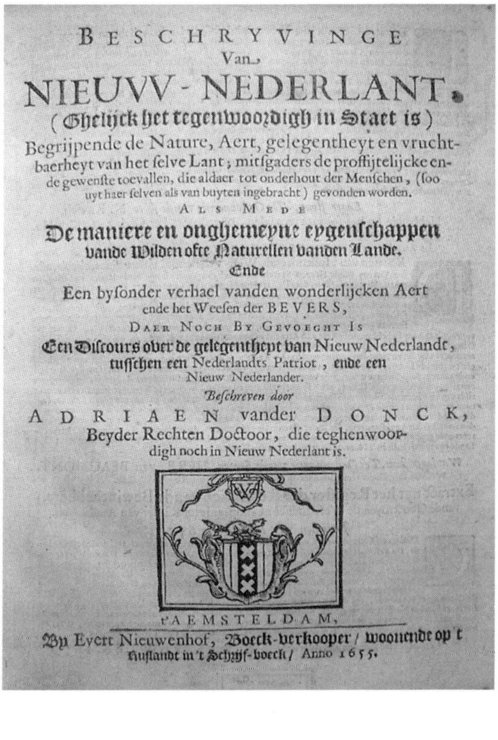

BESCHRYVINGE
Van
NIEUVV-NEDERLANT.
(Ghelijck het tegenwoordigh in Staet is)
Begrijpende de Nature, Aert, gelegentheyt en vruchtbaerheyt van het selve Lant; mitsgaders de proffijtelijcke ende gewenste toevallen, die aldaer tot onderhout der Menschen, (soo uyt haer selven als van buyten ingebracht) gevonden worden.
ALS MEDE
De maniere en onghemeyne eygenschappen vande Wilden ofte Naturellen vanden Lande.
Ende
Een bysonder verhael vanden wonderlijcken Aert ende het Weesen der BEVERS,
DAER NOCH BY GEVOEGHT IS
Een Discours over de gelegentheyt van Nieuw Nederlandt, tusschen een Nederlandts Patriot, ende een Nieuw Nederlander.
Beschreven door
ADRIAEN vander DONCK,
Beyder Rechten Doctoor, die teghenwoordigh noch in Nieuw Nederlant is.
t'AEMSTELDAM,
By Evert Nieuwenhof, Boeck-verkooper/ woonende op't Ruslandt in 't Schryf-boeck/ Anno 1655.

De titelpagina van Adriaen van der Doncks *Beschryvinge van Nieuw-Nederlant*, geschreven in ballingschap, waarin hij al zijn enthousiasme voor zijn uitverkoren land stak. *(New York State Library)*

Engelse en Nederlandse schepen tijdens een liniegevecht in de Tweede Engels-Nederlandse Oorlog. *(National Maritime Museum, Londen)*

Op de volgende pagina: Deze nagetekende versie van de uit 1660 stammende plattegrond van Nieuw-Amsterdam is het zichtbare bewijs van de directe invloed van Van der Doncks missie naar de Nederlandse regering. Zeven jaar nadat door zijn inspanningen een stadsbestuur op Manhattan is aangesteld, toont de kaart een goed georganiseerde stad met een regelmatig stratenpatroon, percelen, vestingwerken en een gracht. Dankzij een volkstelling uit deze tijd, weten we wie er in elk van de 342 gebouwen woonde. De muur aan de noordzijde (rechts) gaf uiteindelijk zijn naam aan de Wall Street en de brede straat naar noorden, werd Broadway. Vreemd genoeg werd het origineel van deze kaart aan het begin van de twintigste eeuw in een paleis van de Medici in Florence ontdekt. *(Verzameling van de New York Historical Society)*

harles; And the Dutch Fleet commanded by Adm^ll de Ruyter on the 25th July 1666

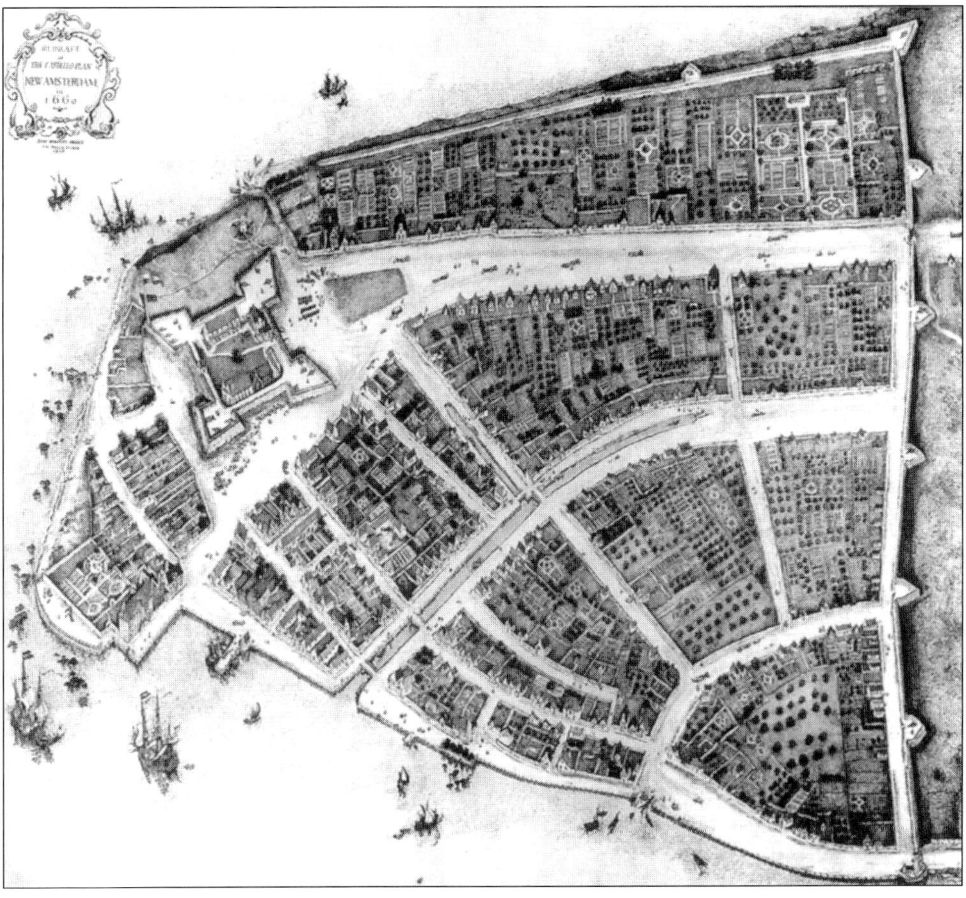
NEW AMSTERDAM
1660

John Winthrop Jr., de al te ambitieuze goeverneur van de kolonie Connecticut, bedroog Stuyvesant door hem te laten geloven dat hij zijn vriend was.

James, hertog van York, naar wie New York is genoemd.
(National Maritime Museum, Londen)

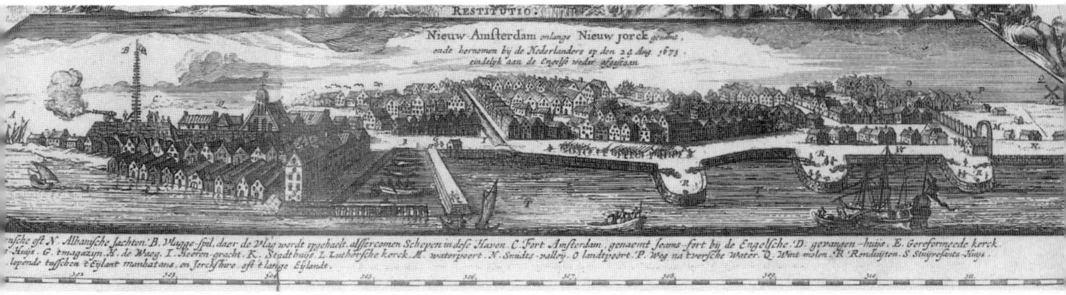

Deze afbeelding toont New York in 1673, toen Nederlandse strijdkrachten de stad heroverden op de Engelsen, wat te zien is aan de soldaten in de straten en het vurende kanon in het fort. Helemaal rechts de palissade 'de wallen', waarnaar Wall Street is genoemd. *(Library of Congress)*

De zeventiende-eeuwse interpretatie van Jan Luyken van een Nederlandse 'baas', of meester (in dit geval een tinnegieter) met zijn leerjongen. In het Nederlandse Manhattan kreeg het Amerikaanse *boss* zijn betekenis: dit is slechts een van de (grote en kleine) zaken waarmee de kolonie invloed zou uitoefenen op Amerika.

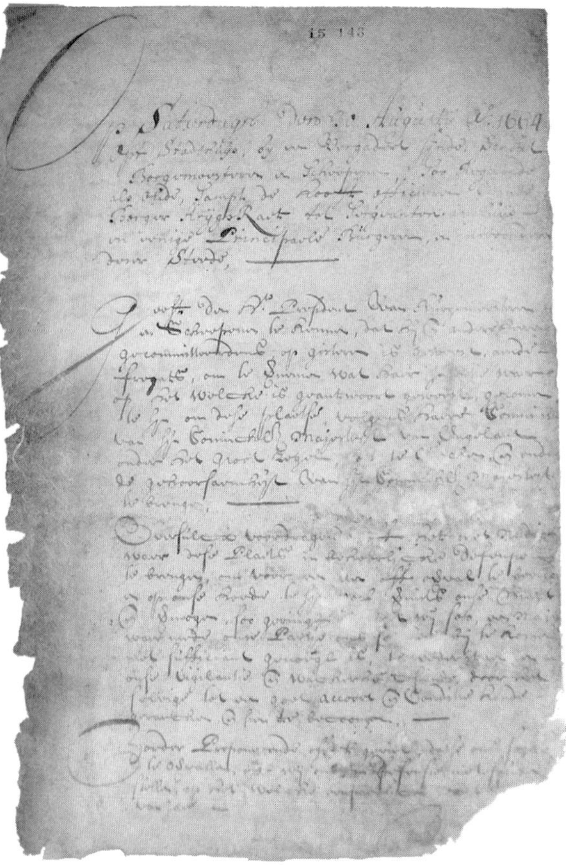

Eén van de twaalfduizend pagina's van de handgeschreven archieven van Nieuw-Nederland, die eeuwen van verwaarlozing hebben doorstaan en nu vertaald worden en toegankelijk worden gemaakt. Dit document, dat nog in vertaling moet verschijnen, werd geschreven op 30 augustus 1664, door de leiders van Nieuw-Amsterdam, terwijl de Engelse fregatten in de haven liggen en ze overwegen of ze zich moeten overgeven of moeten vechten. *(New York State Library)*

Charles Gehring, die dertig jaar bezig is geweest met het vertalen van de archieven van de Nieuw-Nederland. *(Dietrich Gehring)*

3

DE NALATENSCHAP

13

EEN HOGE VLUCHT

Op een dinsdagochtend midden in de winter, in 1653, verlieten zeven mannen hun kleine, lage woningen en de warmte van hun met Delfts blauw betegelde haardsteden, stampten door de straten van de binnenstad van Manhattan en liepen door de poort het fort binnen. Ze kwamen bijeen in de raadskamer, ze legden de eed af van trouw aan de Staten-Generaal en bogen hun hoofd, terwijl de predikant een gebed inzette – '... U heeft ons ontvangen in Christus... Geef ons kracht door Uw genade, opdat wij onze plichten kunnen vervullen...' – wat er onder meer op wijst dat er hier sprake is van een tijd waarin kerk en staat nog niet gescheiden zijn.[1]

Adriaen van der Donck zat nog steeds in Nederland, vechtend tegen de politieke fatwa die hem belette terug te keren naar Amerika, toen hun heren, de magistraten van de pas ingelijfde stad Nieuw-Amsterdam, hun eerste taak hadden verricht. Ze hadden hun handtekening geplaatst onder een verklaring: 'Hiermee wordt aan een ieder te kennen gegeven dat zij regelmatig, op maandagochtenden vanaf negen uur, bijeen zullen komen in het huis dat tot nu toe de Stadsherberg genoemd werd, maar vanaf nu het Stadhuis zal heten, om alle vragen aan te horen over meningsverschillen tussen proces voerende partijen en hierover naar beste kunnen een beslissing te nemen.'[2] Tweeënhalve week later, in een voor iedereen zichtbare materiële breuk met het bestuur van Peter Stuyvesant en de West-Indische Compagnie – kwamen zij samen in het drie verdiepingen tellende gebouw aan de waterkant dat al lange tijd het middelpunt van de stad was geweest. Voor het geval iemand de strekking had gemist, kondigde de bel in het hofje aan de voorzijde aan dat er van bestuur was gewisseld.

Het gebeurde op een heel bescheiden manier, maar het betekende heel wat voor de betrokkenen. Jarenlang hadden de kolonisten van het eiland Manhattan erop gestaan dat hun gemeenschap meer was dan slechts een militaire of handelspost, dat zij geen knechten waren die moesten ploeteren voor een op grote afstand verblijvende meester, maar burgers van een moderne republiek, die recht hadden op bescherming van haar wetten. Deze kleine bijeenkomst luidde een nieuw tijdperk in. Ze waren officieel een stad geworden. De magistraten waren zich zeer wel bewust van de nalatenschap van overheidsdiensten en wettelijke tradities die ze op zich namen. Het bestuur dat ze vormden had een structuur – er waren twee loco-burgemeesters en een commissie van juryleden, die, wanneer ze bijeen waren, het wetgevende orgaan vormden – overgenomen van Amsterdam en gebaseerd op het Romeins-Nederlands recht. Het Romeinse deel was in Nederland terechtgekomen via het Heilige Roomse Rijk, dat zelf weer helemaal terug te voeren was op de keizers en het Codex Justinianus.[3] Toen in februari 2003 de woordvoerder van het stadsbestuur van New York City een verjaardagstaart aansneed en een toast uitbracht ter gelegenheid van de 350ste verjaardag van het handvest van de stad, was het om deze bijeenkomst in de voormalige Stadsherberg te gedenken.*

De stad houdt voor de datering van haar politieke stichting niet de Engelse overname aan, toen de stad de naam New York kreeg, maar de datum van deze bijeenkomst.

Maar goed, wat dan nog? Heeft dit, behalve het ietwat mysterieuze gegeven dat New York misschien wel een unieke positie inneemt binnen de Verenigde Staten vanwege het feit dat de wettelijke wortels te herleiden zijn tot het oude Rome, iets te betekenen? De politieke stichting van een stad mag dan misschien interessant zijn voor een kleine groep geschiedkundigen, de rest van de wereld blijft hier terecht onverschillig onder. Wat dat betreft is het ook de moeite waard om vast te stellen dat Stuyvesant de macht van het stadsbestuur afzwakte door in eerste instantie volksverkiezingen te weigeren: hij wees zelf de eerste functionarissen aan.

Wel van belang is waartoe de stichting van het stadsbestuur op Manhattan heeft geleid. Het idee dat aan het begin van dit boek werd geopperd, was dat New York in oorsprong verschilt van Boston, Hartford en andere steden aan de oostkust. Het was anders omdat een koppige, vasthoudende Engelse ontdekkingsreiziger genaamd Hudson het

* De festiviteiten werden gehouden in het Museum van de American Indian, op de plaats van het fort. Er is een eerbetoon aan het oorspronkelijke stadhuis in de vorm van een stenen omtrek in de stoep op de plaats waar het heeft gestaan op de hoek van Pearl Street en Coenties Slip.

gebied in kaart had gebracht voor de Nederlanders. Maar dat zou pas op de lange duur iets uitmaken – het verschil zou alleen dan beklijven – als dat verschil in een structuur gevat was. De oprichting van het stadsbestuur verschafte een dergelijke structuur, een bestuur dat ontstond uit lange ervaring en de handhaving van vrede onder een tiental verschillende culturen. De proclamatie waartoe Stuyvesant door zijn superieuren als gevolg van de inspanningen van Van der Donck werd gedwongen kende 'deze groeiende stad Nieuw-Amsterdam' een bestuur toe, 'vormgegeven, voor zover mogelijk en voor zover de toestand van het land toestaat, op basis van de prijzenswaardige gebruiken van de stad Amsterdam, die zijn naam heeft geschonken aan deze pas begonnen stad [...]'[4] Aldus de verdiensten van Adriaen van der Donck. Dit was de fundering waarop New York was gebouwd, en omdat deze fundering uitlopers had naar alle kanten, zou dit het Amerikaanse continent en de Amerikaanse aard kleuren en vormgeven.

De twee zaken die het nieuwe bestuur in de eerste weken behandelde, geven aan hoe uiteenlopend de onderwerpen waren die de nederzetting bezighielden. Altijd scheen het historische het belachelijke af te wisselen. Op de eerste volle dag dat de pas ingerichte raadskamer werd gebruikt, vloog een groepje schorgeschreeuwde inwoners elkaar daar bijna in de haren. Joost Goderis had grote zorgen; hij was getrouwd met een vrouw die hem nu en dan bedroog; in de stad was dit algemeen bekend en hij was het meer dan zat. Kortgeleden had hij oesters gevist op Oyster (Ellis) Eiland, en terwijl hij terugkanode naar Manhattan, kwam hij zijn zogenaamde vriend Gulyam d'Wys tegen, die op de oever rondhing met wat jongelui. D'Wys wilde de jongens aan het lachen maken en dus vertelde hij Goderis (aldus legde het hof het vast) 'dat Joost hem een betere kans zou moeten geven op een seksuele relatie met zijn voor het gr. liggende vrouw'. Toen Goderis trachtte zijn waardigheid te behouden door te doen alsof hij het niet had begrepen, legde D'Wys behulpzaam uit dat 'Allard Anthony met zijn vrouw gelegen had'. De jongens die bij hem waren, barstten in lachen uit en maakten hem uit voor koekoek, bedrogen man, die 'net als het vee in de bossen hoorns zou moeten dragen'. Goderis hoopte dat het nieuwe stadsbestuur het soort instantie was dat een man in geestelijke nood bijstond, en legde de zaak voor aan de magistraten.[5]

Tegelijkertijd, en op een dreigender front, worstelden de magistraten met de dagelijkse berichten over de gevolgen van de oorlog tussen Engeland en de Nederlandse Republiek. Stuyvesant – die zich had verzet tegen de vorming van een stadsbestuur, maar die nu zijn kans greep om de verantwoordelijkheid te verdelen – kwam regelmatig met drie maanden oud nieuws uit Nederland aanzetten. En net als in alle oorlogen, waren de verslagen een mengeling van paranoia, geruchten en ondoorgrondelijk gedrag. 'De regering in Engeland doet momenteel erg vreemd,' stond in een brief aan Stuyvesant; volgens welingelichte bronnen eisten de Engelsen 'dat alle leerlingen weer blauwe petten moeten dragen'.[6] Terwijl de Nederlandse leiders hierover nadachten, werd ook duidelijk dat de Amerikaanse kolonies van beide partijen een rol speelden in het conflict. De West-Indische Compagnie pakte de kapersactiviteiten weer op, zoals ze tegen Spanje had gedaan.[7] De compagnie stelde voor dat '5 of 6 gewone, maar goed bemande fregatten' Manhattan zouden gebruiken als uitvalsbasis voor het aanvallen van Engelse kolonies.[8] Tegelijkertijd vreesden de Staten-Generaal een verrassingsaanval en berichtten dat zij 'goed geïnformeerd [waren] dat Nieuw-Nederland in groot gevaar verkeerde en er een acute dreiging voor een invasie bestond', ze gaven Stuyvesant en de magistraten van de stad het bevel om de verdediging te versterken.[9]

In aanwezigheid van Stuyvesant namen de magistraten maatregelen. Eerst besloten ze 'om het grootste deel van de stad te omringen met een hoge palissade en een lage borstwering.'[10] Om dit te betalen, vroegen de magistraten geld van de meest welgestelde inwoners van de stad, met 150 gulden deed Stuyvesants bijdrage niet onder voor de meest betalenden. Toen gingen ze over op de details: de palissade om het noordelijke deel van de stad zou bestaan uit drieënhalve meter hoge eiken boomstammen, elk met een omtrek van vijfenveertig centimeter en 'gescherpt aan de bovenkant'. Deze zouden negentig centimeter in de grond geplaatst moeten worden en versterkt met een 120 centimeter hoge borstwering. De bouwer zou binnen een week uitbetaald worden 'met goede wampum'. Er werd een oproep uitgedaan waarin het stadsbestuur verzocht een prijsopgave te doen voor de uitvoering van het werk. De Engelsman Thomas Baxter schreef in op de aanlevering van het hout en begin juli werd er gebouwd. Op de langere termijn is het niet de muur zelf die opvalt bij dit eerste openbare werk van het stadsbestuur, maar de weg die erlangs liep. Het staat wel vast dat ze in hun wildste dromen niet hadden kunnen voorzien dat dit ruige pad de schitterende, van een zuilenrij voorziene beurs van Amsterdam zou vervangen als het financiële centrum van de wereld.[11] Ook is het vermeldenswaardig dat de muur rondom Wallstreet niet gebouwd was om de indianen te weren, zoals het verhaal gaat, maar de Engelsen.

Terwijl de inwoners van Manhattan bang waren voor een aanval van Nieuw-Engeland, kregen de inwoners van Connecticut, New Haven, Massachusetts en Plymouth te maken met aanhoudende geruchten dat de Nederlanders van plan waren naar het noorden op te trekken, tegen hen. Volgens een van deze geruchten – dat de Nederlanders de indianen hadden ingehuurd om in Nieuw-Engeland families af te slachten als ze in de kerk zaten – bereikte Londen, en werd door een drukker op een uiterst gevaarlijke manier gepubliceerd. Engeland was de moord op tien Engelse handelaren door Nederlandse soldaten op het verafgelegen eiland Ambon, of Amboyna, dertig jaar geleden, nog niet vergeten. Een jaar eerder was het geheugen opgefrist door de herdruk van het opruiende pamflet waarin die gebeurtenis werd beschreven. Nu had iemand, afkomstig uit de Engelse kolonies, misschien verbonden met het bestuur van Connecticut of New Haven, de briljante ingeving gehad om juist Ambon te gebruiken om de Nieuw-Engelanders op te stoken tegen de multi-etnisch door de Nederlanders bestuurde kolonie in het zuiden. Het nieuwe pamflet dat door Engeland was geraasd en naar Amerika werd verscheept, heette 'Het tweede deel van de tragedie van Amboyna: of een waar verhaal over een uiterst bloederig, verraderlijk en wreed plan van de Nederlanders in Nieuw-Nederland, Amerika. Voor de totale vernietiging van de Engelse kolonies in Nieuw-Engeland'. Het was een dubbelloops schot vol rassenhaat, waarin de indianen werden afgeschilderd als 'bloeddorstige mensen, de juiste instrumenten voor een dergelijk afschuwwekkend plan', en waarin een Engelse kolonist werd geprezen die 'in één nacht veertienhonderd van hen had omgebracht', terwijl het complot ook voorgesteld werd als een voorbeeld van de kenmerkende gestoordheid van de Nederlanders: 'De verraderlijke wreedheden van Amboyna verplaatsen zich, in een bedding vol Nederlands bloed, van Oost-Indië, naar West-Indië [...]'[12]

Het pamflet was een schoolvoorbeeld van misleidende informatie in oorlogstijd, waardoor de Nederlandse regering zich genoodzaakt zag een onderzoek in te stellen en de beschuldiging te ontkennen, wat de Engelse publieke opinie weer voedde. Maanden voordien stapten verscheidene leiders van Nieuw-Engeland in Nieuw-Amsterdam van boord om de zaak met Stuyvesant te bespreken. Hij verzekerde hen dat zijn mensen geen plannen hadden met de Engelse kolonies. Maar bij die gelegenheid kregen de puriteinen wel een goede indruk van de krachtige, onstuimige, groeiende havenstad, waarvan ze heel goed wisten dat er een groot deel van de handel uit hun eigen gebied passeerde. Als Engeland een gooi wilde doen naar de Nederlandse kolonie, om daarmee de toegang tot de binnenlanden van het continent in handen te krijgen en het centrum van de scheepvaart van de hele oostkust, dan kon dat beter snel gebeuren. De handelsoorlog was een goed excuus, en het verhaal was te goed om er geen gebruik van te maken. Behalve dat ze het materiaal aanleverden voor het 'tweede Amboyna' pamflet, lichtten de gouverneurs van Nieuw-Engeland Cromwell persoonlijk in. Ze stelden voor dat zijn zogenaamde 'Western Design', dat inhield dat Engeland de landen aan de Atlantische kust aaneen moest smeden om daarmee de aanzet voor een groot rijk te vormen, perfect gediend zou zijn bij de verovering van het eiland in de monding van de Hudson. Cromwell, die juist de titel van rijksvoogd had aangenomen en veel van de pracht en praal van de koning die hij had helpen onthoofden,[13] vond het een grandioos plan. Hij stemde ermee in dat het nu tijd was om het uit te voeren en schreef terug dat hij een flottielje met vier fregatten en een compagnie soldaten naar Boston stuurde, die 'alle mogelijke hulp zouden kunnen verlenen bij het in handen krijgen van Manhattan.'[14]

Onder deze omstandigheden voer Adriaen van der Donck uiteindelijk terug naar Manhattan. Het is jammer, maar niet onverwacht, dat we geen verslag hebben van zijn thuiskomst. De mensen zagen hem als een held; de inwoners hadden elke stap gevolgd die hij namens hen in Den Haag had gezet. De nieuwe magistraten hadden hun baan aan hem te danken en moeten hem nog steeds beschouwd hebben als de leider van de hervormingsgezinden. Maar er was geen sprake van openbare ontvangsten – niemand wilde zich de woede van Stuyvesant op de hals halen. Het is vooral spijtig dat we gedwongen zijn onszelf een voorstelling te maken van de ontmoeting tussen Van der Donck en Stuyvesant, die toch zwaar beladen geweest moet zijn. De laatste keer dat ze elkaar hadden gezien, had Stuyvesant hem gevangengezet wegens hoogverraad. Sinds die tijd had de voormalige protégé vier jaar in de Nederlandse Republiek doorgebracht, waar hij er bij de regering op had aangedrongen Stuyvesant af te zetten, en hij was daarin ook geslaagd, alleen was de beslissing teruggedraaid. Nu hij alles had ingezet en verloren, keerde hij terug en leverde hij zichzelf over aan de genade van Stuyvesant. Het enige dat we te weten komen, is dat Van der Donck kort na zijn aankomst Stuyvesant vraagt of hij toegang kan krijgen tot de archieven van de kolonie, zodat hij daaruit kan putten om het boek aan te vullen dat hij had geschreven, dat in Amsterdam nog steeds op publicatie lag te wachten. Stuyvesant wees zijn verzoek af, zich verschuilend achter het advies van de directeuren van de compagnie, die waarschuwden voor 'nieuwe problemen' met 'Meester Adriaen van der Donck', en vreesden dat hij 'de eigen wapenen van de compagnie [...] op de compagnie zelf'[15] zou richten. Stuyvesant kon een gevaarlijke vijand zijn. Van der Donck moest erg voorzichtig te werk gaan, en het feit dat hij hierna verdwijnt uit de officiële archieven, suggereert dat hij dat ook gedaan heeft.

Maar dat betekent niet dat hij zich niet meer met politiek bezighield. Zeker, na zijn aankomst had hij het druk met huishoudelijke zaken, maakte opnieuw kennis met zijn landgoed en hielp zijn pasgearriveerde familieleden zich thuis te voelen in Amerika. Zijn moeder ging in een huis wonen in de Paerl Straet, die uitkeek over de Oost Rivier in de richting van de graslanden van Breuckelen[16], en zijn schoonzuster had hulp nodig in de omgang met haar puberzoon, een lastpost (Gysbert van der Donck behoorde samen met een vriend, de zoon van Cornelis Melyn, tot het groepje jongeren dat Joost Goderis had uitgemaakt voor bedrogen echtgenoot[17]). Maar het paste niet bij het karakter van Van der Donck dat hij tevreden was met huishoudelijke zaken.

In feite had hij zijn werk meteen na zijn vertrek uit Den Haag weer opgevat, alleen werkte hij nu achter de schermen. Al binnen enkele weken na zijn thuiskomst ontstond er een politieke opstand tegen Stuyvesant. Nu het goed ging met de kolonie, groeiden de stadjes in de nabije omgeving van Manhattan (die later zouden worden opgenomen in de wijken van Brooklyn en Queens), en de leiders van deze steden – Gravesende (het latere Gravesend), Vlissingen (Flushing), Middelburgh (Newtown), Heemsteede (Hempstead), New Amersfoort (Flatlands), Breuckelen (Brooklyn), en Midwout, ook bekend als Vlackebos (Flatbush) – begonnen aan te dringen op hun rechten. Door problemen met piraterij kwam het geschil tot uitbarsting. In de kolonie was het een regelmatig terugkerend probleem dat plaatselijke bewoners die het niet gelukt was om met legitieme handel hun zaken voor elkaar te krijgen, piraat werden. De meest recente booswicht was bij iedereen bekend: Thomas Baxter, die de eiken palen voor de palissade had geleverd, trok plunderend langs de kust van Lange Eylandt, en stal paarden. De inwoners van de buitendorpen kwamen bijeen om te verklaren dat als de compagnie hen niet kon beschermen, ze geen belasting meer zouden betalen.[18]

Sommige historici hebben deze breuk tussen Stuyvesant en de stadjes op Long Island beschouwd als een Nederlands-Engelse krachtmeting. Er woonden veel Engelsen in deze stadjes en er was sprake van een oorlog tussen de Nederlanders en de Engelsen, dus, zo is de redenering, mondden de spanningen uit in een interne opstand, om op die manier de Engelsen te helpen met de oorlog. Deze redenering is ook gebruikt om de opvatting te onderbouwen dat elk verlangen naar politieke rechten in de Nederlandse kolonie alleen maar afkomstig kon zijn van haar Engelse inwoners.[19] Dit is een verkeerde interpretatie van de gebeurtenissen. De verwarring schijnt afkomstig te zijn van het feit dat het verzoek dat in december aan Peter Stuyvesant werd overhandigd, geschreven was in het Engels en daarna in het Nederlands was vertaald. Maar de 'Remonstrantie en petitie van de kolonies en de dorpen in deze provincie van Nieuw-Nederland', waarin kolonisten klagen over het 'arbitraire bestuur' dat Stuyvesant uitoefende, maakt gebruik van Nederlandse juridische conventies. John Brodhead, de negentiende-eeuwse historicus die in Den Haag de archieven verzamelde waarin verslag wordt gedaan van de activiteiten van Van der Donck in Den Haag, en die de geschriften van Van der Donck zeer goed kende, nam een overeenkomstige toon waar in het *Vertoogh van Nieuw Nederland* en de onderhavige remonstrantie, met zijn energieke verwerping van de bevelen waarmee Stuyvesant nog steeds bleef besturen.[20] Een andere historicus uit die tijd viel een overeenkomst op tussen de stijl van deze klacht en de eerdere klachten die in de tijd van Kieft waren geschreven – er bestaat dus, zoals uitgelegd in hoofdstuk 7 en 9, uitvoerig bewijs voor de betrokkenheid van Van der Donck.[21]

Met hun verzoek om een stem in hun eigen zaken, reageerden de inwoners van de stadjes op Lange Eylandt – zowel de Engelse als de Nederlandse – niet op de oorlog, maar op de stichting van de gemeente Nieuw-Amsterdam. De magistraten van het bestuur van Nieuw-Amsterdam ondersteunden in feite niet alleen hun petitie aan de West-Indische Compagnie; ze riepen deze leiders zelfs op hun beboste vlakten en valleien te verlaten, met het veer van Breuckelen over te steken en zich bij hen in de hoofdstad te voegen om de formele aanklacht kracht bij te zetten. Met andere woorden, deze kleine opstand waarmee Stuyvesant te maken kreeg, was het directe gevolg van de verdiensten van Van der Donck in Den Haag, en was ook het directe vervolg op dat werk, een poging om Stuyvesant en de compagnie over te halen politieke hervormingen door te voeren.[22] Het gebeurde binnen enkele weken nadat Van der Donck was aangekomen. Van der Donck was de aangewezen persoon om te fungeren als tussenpersoon tussen de Nederlandse en Engelse leiders: zijn vrouw was Engels, en zijn schoonvader, de Engelse stokebrand predikant Francis Doughty, was nu predikant van Vlissingen, een van de stadjes die de aanklacht ondersteunden.[23] Van der Donck kende ook de Engelsman die de remonstrantie had geschreven heel goed. George Baxter was al aanwezig vanaf de tijd van Kieft, en had net als Van der Donck Stuyvesant bijgestaan als vertaler, hij was tijdens het proces tegen Van der Donck zelfs lid geweest van de raad van Stuyvesant – en had dus, net als Van der Donck, afstand genomen van Stuyvesant nadat hij hem van nabij had meegemaakt.

Als laatste bewijs geldt dat Stuyvesant bij zijn superieuren geklaagd schijnt te hebben over de mogelijkheid dat Van der Donck achter dit oproer zat. Als antwoord op een brief die verloren is gegaan, schrijven de directeuren: 'Wij weten niet of u genoeg redenen heeft om de persoon van Adriaen van der Donck zozeer te verdenken, want alles wat hem ten laste gelegd wordt, berust op eenvoudige verdenkingen en aannames, wij willen hem evenwel niet al te zeer verdedigen, maar alleen zeggen dat wij hem voorheen aan u toevertrouwd hebben op voorwaarde van goed gedrag, met de bedoeling om hem te vermanen en te bestraffen ingeval hij zich, anders dan hij heeft beloofd, toch misdraagt.'[24]

Het is dus niet zo dat de Engelsen zich in de kolonie hebben gevestigd, zich een paar jaar koest hebben gehouden en tijdens de oorlog ineens in opstand kwamen om de Nederlanders dwars te zitten. Er zijn geen aanwijzingen dat er tijdens de oorlog Engelse inwoners waren die een Engels bestuur wilden. Zoals zij in hun klacht uitleggen, waren ze naar deze gebieden gevlucht om hieraan juist te ontkomen, en hoopten ze zich in de omgeving van Manhattan te kunnen vestigen om te kunnen profiteren van het meer liberale recht van de Nederlandse Republiek, waarvan het bestuur, zo merkten ze op, 'was samengesteld uit verschillende landen uit uiteenlopende delen van de wereld'.[25] Wat zij wilden, kwam helemaal overeen met wat Van der Donck al die jaren had nagestreefd: een einde maken aan het bestuur van de West-Indische Compagnie en het verder verspreiden van de rechten over de snelgroeiende steden van de kolonie. Zulke rechten, verklaarde de remonstrantie in een citaat van Grotius dat Van der Donck beviel, waren gebaseerd op 'natuurrecht'.[26]

Dus de beweging die Van der Donck in gang had gezet, hield de bevolking van de kolonie nog steeds bezig en had zich in wezen verspreid. Het was het vervolg van een lang, aanhoudend en goed onderbouwd verzoek om politieke hervormingen, niet afkomstig uit Engeland, maar uit het vroeg-moderne centrum van het Europese continent.

Het leverde echter weinig op. Stuyvesant reageerde op de gebruikelijke manier op de remonstrantie. De directeuren van de West-Indische Compagnie, zo verklaarde hij, waren 'absoluut en totaal heer en meester van deze provincie'. De petitie werd afgewezen. Stuyvesant moest wel voet bij stuk houden, anders zou hij zijn eigen positie ondermijnen.

Maar nogmaals, Stuyvesant zelf dreigde overtroefd te worden: de discussie galmde nog na, maar er waren grote veranderingen op til voor de kolonie. Zonder dat iemand het wist, was in februari 1654 het squadron van Cromwell uit Engeland vertrokken. Nieuw-Amsterdam zou al snel bedwongen worden – de soldaten van de West-Indische Compagnie zaten verspreid over de kolonie en honderden Nieuw-Engelanders hadden, gealarmeerd door de dreigende Nederlandse inval, verklaard dat ze klaarstonden om de Engelse militaire leider te volgen in een preventieve aanval.

Maar het lot – in dit geval het weer – besliste anders. Het door een storm door elkaar geschudde squadron arriveerde pas in juni in de haven van Boston. De dag dat hij op het punt stond zich vanuit Boston met 'negenhonderd man voetvolk' en 'honderd man te paard' in te schepen voor de aanval op Manhattan, 'verscheen een schip vanuit Londen, die diverse gedrukte verkondigingen van vrede tussen de Engelsen en de Nederlanders meebracht'. Jan de Witt had er een verdrag met Cromwell uit weten te slepen, dat inhield dat Nederland de controle van Engeland over het Kanaal accepteerde, en de handelssupre-matie in de Middellandse Zee en Azië werd gehandhaafd. De Eerste Engelse Oorlog eindigde zonder dat er iets veranderde in de Noord-Amerikaanse gebieden. Het invasie-squadron werd naar huis teruggeroepen.[27]

*

Je zou kunnen zeggen dat Manhattan op dit moment in de geschiedenis Manhattan is geworden.[28] Er was een beperkt vertegenwoordigend bestuur geïnstalleerd en al snel kreeg het eiland wat het toekwam. Officieel bestuurden Stuyvesant en de West-Indische Compagnie de plaats, maar, of ze nu Nederlands, Engels, of van welke andere nationaliteit dan ook waren, de handelaren – de bonthandelaren, de tabaksboeren, de vervoerders van Franse wijn, Delfts aardewerk, zout, paarden, verfhout en zo'n honderd andere producten – konden steeds meer hun gang gaan. Terwijl de zakelijke voormannen een post kregen in het stadsbestuur en politieke leiders werden, kwamen anderen – bakkers, herbergiers, schoolmeesters, predikanten – hen ondersteunen. Deze verbintenissen versterkten het openbaar bestuur van Nieuw-Amsterdam, dat op zijn beurt een hele reeks ontwikkelingen in gang zette. Wegen werden geplaveid met keitjes.[29] Bakstenen huizen vervingen houten exemplaren; er werden dakpannen ingevoerd (meestal rood en zwart, waardoor de stad er fris uitzag.[30]), en de oude rieten daken werden verboden wegens brandgevaar.[31] Voorbij Paerl Straet werd een werf gebouwd. Er werd opdracht gegeven de straten van Nieuw-Amsterdam in kaart te brengen. De stad krabbelde op en kreeg een typisch Nederlands karakter: het werd netjes. De straten en stoepjes werden schoongeveegd. Bomen werden esthetisch gesnoeid; tuinen kregen een keurige diamantvormige, ovale of vierkante vorm. Er werd een verordening uitgevaardigd waarin stond dat boeren varkenskotten en kippenrennen moesten afbreken als ze duidelijk zichtbaar waren vanaf de weg.[32] Eigenaren met lege stukken grond aan de hoofdstraten moesten extra belasting betalen om hen te stimuleren iets met de grond te doen. De sloot die door het centrum van de stad was gegraven, werd verbreed tot een echte gracht met houten beschoeiing, waarover fraaie stenen bruggen werden gebouwd, zodat de stad, tezamen met gebouwen met puntgevels, sterk deed denken aan zijn naamgenoot. Er kwamen nog meer kroegen dan er al waren, maar de mensen werden minder vaak dan voorheen stomdronken. De kroegen fungeerden nu als sociëteiten waar handelaren en zakenlieden elkaar konden ontmoeten, plaatsen waar nieuwtjes werden uitgewisseld, gelegenheden waar men dat weelderige nieuwe elixer kon proeven, koffie.

Het was nog steeds een havenstad, met tentakels die zich over de hele wereld uitstrekten, dus piraterij en hoererij, syfiliskorsten en littekens van de kortelas bleven aanwezig. Maar je kon er ook vluchtige indrukken opdoen van het normale leven waar elke samenleving vol van is en die buiten de marges van de officiële archieven valt. Een familie die 's avonds bijeenzit rond de open haard, de vader die voorleest uit de bijbel en zorgvuldig bijzondere gebeurtenissen boekstaaft aan de binnenzijde van het kaft. Een predikant die een brief naar huis in Europa schrijft, verslag doet van zijn wekelijkse ronde met het veer van Breuckelen langs de kerken van Lange Eylandt, Nieuw-Amsterdam en de 'Bouwerij van Stuyvesant'. Een bestuurder van een weeshuis die de voortgang van zijn pupillen beschrijft.

De stad werd volwassen, grotendeels dankzij het openbare leiderschap op Manhattan. Het gaf de mensen het gevoel dat dit eiland aan de rand van de wildernis, dat altijd heen en weer was geslingerd tussen wetteloosheid en tirannie, een plaats was geworden waar de dromen van families werkelijkheid konden worden.

Het was misschien een goed voorteken, maar rond die tijd verdween een van de meest gewiekste inwoners van de kolonie, de man die lange tijd de handlanger van Kieft en Stuyvesant was geweest, Cornelis van Tienhoven. Toen hij na zijn vlucht uit Den Haag, waar hij Van der Donck tegenspel had geboden, met een jonge maîtresse op Manhattan opdook, was hij het mikpunt van spot geworden: we kunnen ons wel voorstellen hoe zijn vrouw hem heeft begroet. Stuyvesant heeft hem nog een poosje aangehouden, maar al snel werd hij een blok aan het been. Jarenlang had hij kolonisten gekoeioneerd en er bestond een toenemend vermoeden dat hij geknoeid had met de boeken van de compagnie. Op een dag in 1656, toen de problemen hun hoogtepunt bereikten, verdween hij plotseling, waarna zijn hoed en wandelstok drijvend in het water nabij de oever werden teruggevonden. Stuyvesant wilde al te graag dat de zaak in de doofpot werd gestopt en dat hij niet langer met hem werd geassocieerd, en verklaarde dat hij was verdronken, maar de mensen vermoedden dat hij er meer van wist – hoe dan ook, de broer van Van Tienhoven, die eveneens verwikkeld was geraakt in financiële problemen, verdween in diezelfde tijd en dook later op Barbados op. Wat er met Cornelis van Tienhoven is gebeurd, is een van de onopgeloste raadsels van Nieuw-Nederland.

Maar ook in de kolonie buiten Manhattan gebeurde veel; na 1653 kende niet alleen het eiland een snelle groei. Slechts een jaar voordat het openbaar bestuur werd aangesteld, had Stuyvesant, in een poging zijn geschil met het hogerop aan de rivier gelegen hertogdom van Rensselaerswijck op te lossen, per decreet de stad Beverwijck gesticht, gelegen onder de rook van Fort Oranje. De beverhandel waar het naar was genoemd, floreerde nog steeds, en in naar het scheen zeer korte tijd ontstond er een gemeenschap. Er werden zaagmolens, steenbakkerijen en tegelbakkerijen gebouwd, om de materialen te produceren die nodig waren voor het bouwen van een stad waarvan de inwoners zich voldoende van zichzelf bewust waren om als een van de eerste openbare projecten een armenhuis te stichten.[33] In 1660 was het de tweede stad van de kolonie, met ongeveer duizend inwoners.[34] Vergeleken met Nieuw-Amsterdam behield het zijn verafgelegen wildweststraling. Door de archieven zijn we in staat ons taferelen voor te stellen van indianen die gewoon deelnemen aan het dagelijkse leven. Er zijn kostgangers in de huizen van de bewoners, die met een tinnen bierkroes bij de open haard zitten.[35] Er doemt een beeld op van een bewoner die, met een geldbuidel in zijn hand, koekjes bij de bakker koopt.[36] Op een keer, in 1659, vragen – en ontvangen – twee hoofdmannen van de Mohawks om een gewone zitting van het hof waarin ze uiting geven aan hun onvrede over Nederlanders die hun mensen hebben misbruikt.[37] Gedurende de twaalf jaar dat de stad bestond, voordat het werd omgevormd tot de stad Albany, was Beverwijck een marginale plaats, ingeklemd tussen zich vaag aftekenende bergen en de brede rivier, waar soms het diepe holle geluid van bevers het rumoer van de handel overstemde. Maar het was ook een goed georganiseerde gemeenschap, met een hof van justitie dat op dezelfde manier functioneerde als de hoven in Nieuw-Amsterdam en Nederland. Qua samenstelling was de stad Nederlandser dan Nieuw-Amsterdam, maar nog steeds was een kwart van de inwoners afkomstig van buiten de Verenigde Provinciën, en met Duitsers, Zweden, Engelsen, Ieren, Noren en Afrikanen was de populatie veel gemengder dan de steden van Nieuw-Engeland.

In Nieuw-Amsterdam profiteerden mannen als Seth Verbrugge en Dirck de Wolff – de keurig gekapte en verzorgde handelsmagnaten die de handel met Europa vanuit hun rode leren stoelen achter hun sierlijk besneden bureaus leidden, hun muren behangen met ingelijste kaarten die hun wereldwijde macht illustreerden, hun vrouwen getooid met kanten kragen en versierd met diamanten[38] – ondertussen van de herwonnen stabiliteit op Manhattan. Ze gaven hun tussenpersonen daar meer invloed en verwierven macht, en de tussenpersonen gebruikten hun contacten met Engelse en Nederlandse kooplieden van Canada tot Virginia, en van Jamaica tot Brazilië om hun eilandhaven tot het middelpunt te maken van de Atlantische handel. De nieuwe producten die in de winkels van Nieuw-Amsterdam verschenen, laten zien dat de inwoners beschaafder worden – medicijnen, meetinstrumenten, gereedschappen, damast, fijn schrijfpapier, sinaasappelen en citroenen, parkieten en papegaaien, saffraan, sassafras en 'sarsaparilla'.[39]

Met de komst van het gemeentebestuur op Manhattan deed ook een vernieuwing zijn intrede die nog lang na het einde van de kolonie van invloed was, en ertoe zou bijdragen dat de nalatenschap van het eiland zijn stempel kon drukken op de aard van Amerika. In de Middeleeuwen hadden steden in heel Europa hun burgers een soort plaatselijk burgerschap geboden: Engelse steden hadden hun *freemen*, Nederlandse steden hun burgers. Amsterdam had kortgeleden een nieuw, uit twee lagen bestaand systeem ingevoerd en het plaatselijk bestuur op Manhattan had het meteen overgenomen.[40] De zogenaamde 'grootburger' was een machtige koopman die aanzienlijke bedragen afdroeg voor stadsverbeteringen, en in ruil hiervoor kreeg hij het recht om te handelen en een stem in het beleid. Daarnaast was er de kleine burger. Bijna elke inwoner van Nieuw-Amsterdam vroeg deze status aan, waardoor zelfs de meest bescheiden onder hen – schoenmakers, schoorsteenvegers, kleermakers, smeden, hoedenmakers, kuipers, molenaars, metselaars – een belang in de gemeenschap hadden, als een soort klein-aandeelhouders.[41] Het systeem zorgde ervoor dat inwoners elkaar steunden en maakte grotendeels een einde aan de ambulante handelaren die aan kwamen waaien, snel winst maakten en weer vertrokken. Het zorgde er bovendien voor dat er meer gelijkheid bestond dan in Nieuw-Engeland, waar het aandeel *freemen*, of stadsburgers, nooit meer dan twintig procent van de bevolking bedroeg. In Nieuw-Amsterdam maakte vrijwel iedereen – rijk en arm, de pruikendragers en de schurftigen – deel uit van dezelfde gemeenschap. Toen de scheepvaart in de haven toenam, profiteerde iedereen daarvan.[42]

Daar kwam bij dat de arbeiders in de kolonie zich nooit in gilden verenigden zoals dat in Europa sinds de Middeleeuwen gebruikelijk was. Misschien kwam dit doordat de West-Indische Compagnie haar best deed om gilden te verbieden, omdat ze bevreesd was voor hun macht. Maar het op deze manier doorbreken van de gilden bleek positief uit te pakken. Handwerkslieden breidden hun zaken uit: een bakker kon land bezitten, investeren in een scheepslading tabak, en een extra boterham verdienen als soldaat. Jonge mannen die de kolonie binnenkwamen als bescheiden ambachtslieden klommen op, en een flink deel van de mogelijkheid om een hogere maatschappelijke positie in te nemen was ontstaan. Frederick Flipsen (of: Philipse) reisde vanuit Friesland naar Manhattan en omschreef zichzelf als een eenvoudige timmerman die in 1657 een kleine burger werd; toen hij in 1702 stierf, na een lange loopbaan met veel gemarchandeer, was hij een van de rijkste mannen van Amerika, zijn stroomopwaarts gelegen landgoed, het beroemde Philipsburg Manor, bestond uit 370 vierkante kilometer van wat Westchester County zou worden (waaronder, toevallig, alle voormalige bezittingen van Adriaen van der Donck vielen).

Deze nieuwe verhouding tot het werk heeft een linguïstische erfenis nagelaten. De werknemers van Frederick Flipsen, en de assistenten van de smeden van de kolonie, wagenmakers, bakkers of geweerkolfmakers hadden een lossere band met hun superieuren dan de medewerkers in de traditionele gilden; een leerjongen van een wagenmaker kon naast zijn opleiding bier serveren in een kroeg, of helpen met het bakken van brood.[43] In de loop van de tijd zou het typisch Nederlandse woord – baas – in de nieuwe wereld een andere betekenis krijgen, waardoor er een kenmerkend Amerikaans woord ontstond. En geen enkel woord is Amerikaanser, en tegelijkertijd meer van New

York, dan *boss*. Van Tweed en Corleone tot Springsteen: de oer-bazen zijn op en top Amerikaans en maken helemaal deel uit van New York.*

Toen Nieuw-Amsterdam overging in New York, zouden Engelse kolonisten zich eveneens aangetrokken hebben gevoeld tot het woord, want in de manier waarop het werd gebruikt, stond het voor een ander soort gezagsverhouding dan in het oude Engeland. 'Nee,' drukte het uit, 'hier kennen wij geen klassensysteem, maar hier heeft iemand de leiding. Ik ben je meester niet, geen heer of vorst, maar ik ben je baas. Hup, aan de slag.'

In deze periode van groei en activiteit zien we meer gewoonten en gebruiken verschijnen die de Amerikaanse cultuur zouden beïnvloeden – kleine dingen, die op zichzelf weinig te betekenen hadden, die echter wel aangeven dat de Nederlandse kolonie nooit helemaal is uitgestorven, maar die deel zijn gaan uitmaken van iets groters. In oktober 1661 was er in de stad een groot tekort aan graan, en het gemeentebestuur gaf de bakkers in de stad de opdracht om zich te beperken tot het bakken van brood en niet langer 'koekjes, krakelingen of zoete gebakjes te bakken'.[44] Het gaat om iets onopvallends, maar let eens op het Nederlandse woord. Meer dan een eeuw later, in 1796, met de publicatie van *American Cookery*, het eerste Amerikaanse kookboek, zou Amelia Simmons in druk vastleggen wat op dat moment een standaarduitdrukking was geworden. Omdat de eerste bewoners van Manhattan ze zo noemden, zijn de Amerikanen nooit *biscuits* gaan eten, maar *cookies*.[45]

Terwijl zij zaten te wachten (of niet) totdat de bakkers weer hun zoete lekkernijen zouden bakken, pakten de vrouwen van Nieuw-Amsterdam een krop kool, sneden deze fijn, maakten hem aan met azijn en gesmolten boter, en dienden hem als bijgerecht op, misschien bij een schaal met snoek met gerookt spek, of bij kalfsgehaktballen. Koolsla was de eenvoudige naam van het gerecht. We kijken weer een eeuw verder. In 1751 voegde een Zweedse reiziger, die in de Hudson Valley door een Nederlandse waardin een maaltijd voorgeschoteld kreeg, een woord toe aan de geschreven taal dat nog steeds op de oorspronkelijke Nederlandse manier uitgesproken moest worden, maar nu fonetisch op Amerikaanse wijze gespeld was: *cole slaw*.[46]

* Het klopt dat Bruce Springsteen een icoon is uit New Jersey, maar New Jersey was tenslotte een onderdeel van de Nederlandse kolonie en lag toen net zozeer als tegenwoordig midden in het gebied dat onder de invloedsfeer van Manhattan viel. En, nu we het er toch over hebben, de Springsteens zijn van oorsprong kolonisten van Nieuw-Nederland.

Terwijl de stad uitbreidde en zijn seizoensgebonden routines en rituelen ontwikkelde, werd hierin voorrang gegeven aan de gewoonten van de cultuur die op dat moment de toon aangaf. We kunnen ons voorstellen hoe de meest in het oog springende nalatenschap tot stand kwam: elk jaar in het begin van december moeten de kinderen van niet-Nederlandse families hebben lopen mokken dat zij niet betrokken werden bij iets wat hen bijzonder aansprak. Net als in hun thuisland konden Nederlandse kinderen in gezang uitbarsten:

Sinterklaas, goedheiligman
Trek je beste tabberd aan,
Rijd ermee naar Amsterdam...[47]

En vanwege de verjaardag van de Sint werden de kinderen op 5 december op cadeautjes onthaald. Dit was zonder meer ondragelijk; in de Engelse, Franse, Duitse en Zweedse families werd druk uitgeoefend op de ouders, en de Nederlandse traditie werd overgenomen en later enkele weken verplaatst om aan te sluiten bij het meer algemeen gevierde kerstfeest. Aldus begon Sinterklaas aan zijn Amerikaanse reis.

Al dit soort activiteiten – zeurende kinderen, bakkende bakkers, kooplieden die zich een weg vochten naar de top – intensiveerden. Manhattan werd in het laatste decennium onder de Nederlanders volwassen. Hoe Nieuw-Amsterdam tot wasdom kwam in de jaren die volgden op de oprichting van het gemeentebestuur is pas de laatste jaren nader bestudeerd, grotendeels dankzij het vertaalwerk van Charles Gehring. De ironie wil echter dat juist door de intensiteit van het leven in de kolonie en de vele activiteiten in deze periode de vertaling van de archieven vertraging heeft opgelopen. 'Zo rond 1660, krijg ik te maken met veel ingewikkelder jargon,' vertelde dr. Gehring mij op een dag in 2002, toen ik hem bezocht in zijn kantoor in de New York State Library. Zijn bureau stond vol met boekdelen van een achttiende-eeuws boek over Nederlandse, Latijnse en Franse juridische termen; op de planken achter hem stonden de veertig dikke delen opgesteld van *Het Woordenboek der Nederlandsche Taal*, het definitieve historische woordenboek van de Nederlandse taal vanaf het jaar 1500, en de tien delen van het *Middelnederlandsch Woordenboek*, dat zich richt op de zestiende eeuw. 'Er is nu sprake van meer juridische activiteiten omdat er meer mensen zijn,' vertelde hij.[48] 'En er zijn meer conflicten. In de begintijd was de toekenning van land erg vaag, want er was meer dan genoeg land. Nu komen mensen dichter op elkaar te zitten en ze ruziën over de grenzen van hun bezittingen. Dus zie je dat Stuyvesant landmeters moet aanstellen. En vervolgens zie je dat het gemeentebestuur de opdracht geeft om een stratenplan te tekenen waarop alle percelen staan aangegeven.'

Dit schetst een beeld van het Manhattan in de Nederlandse tijd dat erg verschilt van de wilde, onbeholpen nederzetting die we kennen uit de traditionele verhalen. Maar terwijl de gegevens over de handel en scheepvaart doen vermoeden dat de regio groeide als kool, is dat niet het belangrijkste wat er in de stad gebeurde. Wie wonen daar, hoe redden ze zich, hoe gaan ze met elkaar om – dat is de erfenis van de kolonie die nog niet aan bod is gekomen. Vanuit de Franse Atlantische kust, de naaldbossen van Denemarken, de straten van Londen vonden ze hun weg naar het eiland, en werden daar, dankzij een systeem dat door de stadsbestuurders was ingesteld, begroet door iemand die hun, zodra ze het schip afliepen, de status van 'burger' aanbood. Als zij zich de kosten van het burgerschap niet konden veroorloven ('twintig guldens in bevers'), dan konden ze een betalingsregeling treffen.[49] Uiteindelijk zullen ze waarschijnlijk wel een manier gevonden hebben om genoeg guldens, bevers of handen wampum te verdienen waardoor ze ervan overtuigd raakten dat het de moeite waard was om te blijven.

Het dorp Harlem ('Nieuw-Haarlem', naar de stad in Holland), dat in deze tijd in het noordelijk deel van Manhattan werd gesticht, was een soort microkosmos van de microkosmos van de toekomst van de Amerikaanse samenleving. De oorspronkelijke groep van tweeëndertig families die de percelen verdeelden langs de twee wegen, bestond uit zes verschillende nationaliteiten – Denemarken, Zweden, Duitsland, Frankrijk, Nederland en wat nu België is – en ze spraken vijf verschillende talen.[50] Naast elkaar neergestreken aan de rand van een onontdekt continent, waren families die anders terecht waren gekomen in de getto's van Europa, hier samengekomen, en leerden een gemeenschappelijke taal.

Niets illustreert de vermenging die er in deze omstandigheden plaatsvond beter dan een verschijnsel dat in de kolonies niet eerder was voorgekomen: gemengde huwelijken. Sla er de huwelijksregisters van de Nederlandse Hervormde Kerk van Nieuw-Amsterdam maar op na, en je treft een mate van cultuurvermenging aan die opmerkelijk is voor die tijd. Een Duitse man trouwt met een Deense vrouw. Een man uit Venetië trouwt met een vrouw uit Amsterdam. Isaac Bethloo uit 'Calis in Vranckryck' (Calais in Frankrijk) huwt Lysbeth Potters, uit 'Batavia in Oost-Indië'. Samuel Edsall, opgegroeid op het Engelse platteland rond Reading, bevindt zich op Manhattan, waar hij op een of andere manier verliefd wordt op Jannetje Wessels, die haar jonge jaren had doorgebracht op de ruige heidevelden van Gelderland, nabij de Duitse grens. Een Noor trouwt met een Duitse. Zweeds-Engels. Deens-Zweeds. Pruisisch-Duits. Duits-Frans. Frans-Nederlands. Van alle huwelijken in Nieuw-Amsterdam was een kwart gemengd.[51] Er zijn ook gemengde huwelijken onder de Afrikanen uit de stad, een man afkomstig van het eiland St. Thomas trouwt een vrouw uit West-Afrika, en er zijn ook voorbeelden van huwelijken tussen blanken en zwarten.[52]

Het is goed voorstelbaar dat Van der Donck, die pas was teruggekeerd uit Europa en door Nieuw-Amsterdam slenterde, het gekrioel van culturen in de straten vergeleek met de mengeling die hij op de Dam in Amsterdam aantrof. Hij was teruggekomen om getuige te zijn van iets wat hij zelf had teweeggebracht: de schepping van de eerste Amerikaanse *melting pot*. Het geval wil dat de gemeenschappelijke taal in deze *melting pot* Nederlands was. En het was het zeventiende-eeuwse Nederlandse bewustzijn – een mengeling van openhartigheid, piëteit, een sterk ontwikkeld zakelijk instinct, het openstaan voor andere zaken, en de bereidheid de verschillen tussen mensen te tolereren – die de gemeenschap bijeenhield. Er was zich al een bepaald type mens aan het vormen, dat bezoekers opviel: werelds, vrijpostig, zelfverzekerd, bedrijvig.

Gelijkheid bestond uiteraard niet in deze pluralistische samenleving. Daar werd niet eens naar gestreefd. Tolerantie – of zuiniger: acceptatie – was de grootste stap voorwaarts die de laatste tijd in de menselijke beschaving was gezet, die een bijdrage had geleverd aan het tot stand komen van zowel de Nederlandse Republiek, als de kolonie op Manhattan. Maar in de zeventiende eeuw geloofde niemand dat zwarten en blanken, mannen en vrouwen, katholieken en protestanten gelijk waren, of als zodanig behandeld moesten worden. De minsten onder de ongelijken waren de Afrikanen. De slaven in de kolonie waren de menselijke werkpaarden. Maar als men een indruk wil krijgen van het leven van een Afrikaanse bewoner van Manhattan, is het van belang om het idee van een volledig uitgekristalliseerde vorm van slavernij zoals die bijvoorbeeld rond 1800 bestond in het zuiden van de Verenigde Staten, los te laten. De slavernij stond nog in de kinderschoenen en in Nederland was men ervan overtuigd dat het verkeerd was om menselijke wezens te kopen en te verkopen, zodat er in de archieven van de kolonie een zonderlinge variëteit terug te vinden is van standpunten over Afrikanen en hun situatie. Dominee Michaelius bijvoorbeeld beschreef de zwarte vrouwen die in zijn huis hebben gewerkt als 'diefachtig, lui en waardeloos uitschot',[53] en Stuyvesant klinkt als de klassieke slavenhouder als hij een slavin van diefstal beschuldigt, een man berispt vanwege zijn 'luiigheid en onwilligheid', en beveelt dat beiden verkocht moeten worden 'ten meesten profijte van de compagnie'.[54] Maar er was ook een behoorlijk aantal gevallen van eigenaren die slaven na enkele jaren bevrijdden, omdat ze vonden dat ze hun tijd hadden uitgezeten, en er zijn zelfs gevallen aangetroffen van Europeanen die werkten voor bevrijde slaven.[55] Een aantal Afrikanen bezat land, en Stuyvesant zelf heeft in een nog ongepubliceerd document verklaard, dat deze bezittingen beschouwd moesten worden als 'echte en vrije bezittingen met dezelfde rechten als voor alle inwoners [van deze] provincie gelden'.[56] Slaven hadden ook meerdere wettelijke rechten: er verschenen regelmatig slaven voor de rechter die een zaak aanspanden tegen Europeanen.

Het is ook belangrijk te weten wat de omvang was van de slavernij in de kolonie. Manhattan lag op grote afstand van de suikervelden van Brazilië en de Caraïben, waar slavenarbeid vanzelfsprekend was. In de eerste decennia woonden er nooit meer dan enkele tientallen slaven verspreid over de kolonie;[57] toen de Engelsen de kolonie overnamen waren er niet meer dan driehonderd.[58] Wat opvalt in de archieven is niet zozeer de aanwezigheid van slaven op Manhattan, als wel de ontwikkeling van de slavenhandel van de West-Indische Compagnie. In eerste instantie had de compagnie geweigerd haar handen vuil te maken aan slavenhandel, maar nadat haar andere zakelijke ondernemingen mislukten en ze in de gaten kreeg hoeveel geld er te verdienen was met het transporteren van mensen, veranderde de compagnie van koers en werd een belangrijke speler in een van de afschuwelijkste gebeurtenissen uit de geschiedenis.

Het eiland Curaçao werd omgevormd tot een doorvoerstation voor tienduizenden vastgeketende, door ziekten verzwakte en zeezieke West-Afrikanen, en de archieven laten zien dat Stuyvesant – die tenslotte directeur-generaal van Nieuw-Nederland, Curaçao, Bonaire en Aruba was – op afstand zijn onderdirecteur op Curaçao, Matthais Beck, aanstuurt. Wat stoort bij het lezen van hun correspondentie zijn de slaapverwekkende, rommelige lijsten met goederen die over de Atlantische Oceaan worden versleept, zoals in een schip dat in augustus 1660 aankomt op Curaçao met aan boord '724 vurenhouten planken [...] 1245 ponden Engels hard brood [...] 2 vaten spek [...] 75 schepels erwten [...]' en '10 negers' met een waarde van '130 stukken van achten.'[59]

Afrikanen waren niet de enigen die als minderwaardig beschouwd werden. Het omgaan met culturele diversiteit stond zo'n beetje onder aan Peter Stuyvesants lijst met vaardigheden, en er kan zonder meer gesteld worden dat hij weinig enthousiast was over het feit dat de straten van Manhattan eruit begonnen te zien als een etnische caleidoscoop. Dat had te maken met zijn religieuze voorkeuren: Stuyvesant verachtte joden, was afkerig van katholieken, schrok terug van quakers, en haatte lutheranen. Je kunt rustig stellen dat hij een welgemanierde zeventiende-eeuwse Europeaan was. Religieuze onverdraagzaamheid was een steunpilaar van de samenleving. De vier kolonies van New England waren erop gebaseerd. In heel Europa vond men dat diversiteit een land verzwakte. Natuurlijk, de Verenigde Provinciën moesten de uitzondering vormen op deze regel, maar het laagje tolerantie raakte gedurende de trans-atlantische reis toch wat beschadigd. Het is vreemd dat de weinige aandacht die de geschiedschrijving heeft besteed aan de op Manhattan gevestigde kolonie onjuiste informatie oplevert. Er wordt namelijk geconcludeerd dat Manhattan de bakermat was voor religieuze vrijheid in Amerika. Het zit er niet helemaal naast, maar het moet verder worden onderzocht.

De Nederlandse tolerantie was in Europa inderdaad alom bekend, maar in het land zelf bleef het een onderwerp van discussie, en zo ongeveer elk decennium waaide de overheersende culturele wind uit een andere hoek. In 1651 vond er een dergelijke verandering van windrichting plaats.[60] Toen stadhouder Willem II na zijn poging tot een staatsgreep overleed, trokken de leiders van alle provincies naar Den Haag voor een grote vergadering, de eerste bijeenkomst sinds 1579, toen de afzonderlijke provincies samenkwamen om te spreken over een gemeenschappelijke staat. Als belangrijkste onderwerp stond het ontbreken van een stadhouder op het programma, maar de vergadering liep uit op een debat over tolerantie. De conservatieve calvinisten hadden de vergadering uitgekozen als de gelegenheid om het standpunt te verdedigen dat de tolerantie te ver was doorgevoerd – dat voor je het wist, het in de straten van Amsterdam zou barsten van de drugsholen en prostitutie. Een golf van onbuigzaamheid overspoelde het land, en enige tijd was het gangbaar om hard op te treden, met name tegen katholieken, lutheranen en joden.

Het was in deze sfeer dat Stuyvesant, die sowieso fel tegen diversiteit was gekant, zich tegen de religieuze groeperingen keerde die zich plotseling snel verspreidden over de kolonie. Toen de Nederlands-hervormde predikanten hem verzochten de lutheranen te verbieden de kerk te bezoeken omdat ze 'het pad zouden effenen voor andere sekten', waardoor de plaats op den duur 'ontvankelijk zou worden voor allerlei soorten afvalligen en fanaten',[61] deed hij dat maar al te graag. In

1654 doken er drieëntwintig joden op, van wie sommige Nederlands-Brazilië waren ontvlucht, en op zoek waren naar een wijkplaats.[62] Je kunt bijna zien hoe Stuyvesant zijn hoofd schudde toen hem werd verteld dat hij, naast de gebruikelijke problemen waar hij het hoofd aan moest bieden, nu ook met een joodse bevolkingsgroep te maken kreeg. Zijn reactie was nuchter, en paste perfect bij zijn karakter: de joden waren 'van een onbetrouwbaar ras' die de kolonie zouden 'besmetten' als hij ze niet zou tegenhouden. Hij verbood een van hen land te kopen, 'vanwege zwaarwegende redenen'.[63] Hij stond hun zelfs niet toe wacht te houden met de burgersoldaten, vanwege 'de weerzin en ongenegenheid van deze burgerij om medesoldaten te zijn van voornoemde [joodse] natie.'[64] Als hun dat niet beviel, vertelde hij Jacob Barsimon en Asser Levy zonder omhaal, 'dan krijgt u hierbij toestemming om wanneer en waarheen u wil te vertrekken.'[65] Maar Abraham de Lucena en Salvador Dandrada, de leiders van de joden, kenden hun rechten in het Nederlandse systeem en deden een beroep op de Nederlandse Republiek. De joodse gemeenschap van Amsterdam oefende volgens de aloude traditie politieke druk uit, en won. De superieuren van Stuyvesant herinnerden hem fijntjes aan de wet, die zei dat 'elke particulier in zijn religie vrij zal mogen blijven' (en voegden hieraan toe dat bepaalde invloedrijke joden een 'grote som geld' in de West-Indische Compagnie hadden gestoken), en gaven hem het bevel zich terughoudend op te stellen.[66]

Maar het waren de Engelse quakers die de grens van de tolerantie wisten te vinden. Ze waren de andere sekten gevolgd die Engeland waren ontvlucht en naar Nieuw-Engeland waren gekomen en vervolgens zuidwaarts waren getrokken, het Nederlandse gebied in. Daar gingen ze op zoek naar bekeerlingen in de grotendeels Engelse steden op Lange Eylandt. Met hun zedenpreken en aanvallen van godsdienstwaanzin waarom ze bekend stonden, wekten ze de minachting van Stuyvesant. Volgens zijn inschatting vormden ze een bedreiging voor de vrede en stabiliteit van de kolonie, en misschien waren ze ook nog eens niet goed bij hun hoofd. Hij dacht edelmoedig te zijn door ze niet te verbannen, maar een Engelse predikant op hen af te sturen – niemand minder dan de schoonvader van Adriaen van der Donck, Francis Doughty – maar zij wezen hem af, en gingen door met het organiseren van hun gedurfde diensten. Toen Stuyvesant het dorp Vlissingen verbood hen te helpen, dienden eenendertig dorpelingen, allemaal Engelsen, volgens Nederlandse gewoonte een officieel bezwaarschrift in tegen Stuyvesant. Ze herinnerden hem eraan dat de wet van 'liefde, vrede en vrijheid [...] die de trots is van het naar buiten gerichte land Holland', ook betrekking had op 'joden, Turken en Egyptenaren'.[67] Om deze reden besloten ze met respect hem niet te gehoorzamen. De zogenoemde *Flushing Remonstrance* wordt beschouwd als een van de basisdocumenten van de Amerikaanse vrijheid, voorloper van het eerste amendement van de *Bill of Rights*, die garandeert dat de regering 'geen wet zal maken betreffende de instelling van een godsdienst, of die de vrije uitoefening van een godsdienst verbiedt'. Maar ook hier heeft de geschiedschrijving er een Nederlands-Engels verhaal van gemaakt, met de Engelsen in de rol van vrijheidsliefhebbers, en Stuyvesant, die opkwam voor zijn niet-Engelse kolonie, als de reactionaire verliezer.[68] Maar de werkelijkheid was complexer, enerzijds leverde Nederland de tolerante wetten, anderzijds lukt het, soms, niet om deze te hanteren. Als het eerste amendement teruggaat op de *Flushing Remonstrance,* dan baseert de *Flushing Remonstrance* zich duidelijk op de garantie van godsdienstvrijheid in de Nederlandse grondwet.

Geheel volgens zijn gewoonte reageerde Stuyvesant op het Engelse bezwaarschrift met een reeks arrestaties en opsluitingen. Zijn conservatieve karakter kwam in dit soort zaken bovendrijven: hij deed erg zijn best tegen de onverbiddelijke loop van de geschiedenis in, om ervoor te zorgen dat zijn kolonie, en het eiland dat hij als zijn thuis beschouwde, op een of andere manier, uiteindelijk, volmaakt zou worden. Als hij zijn zin had kunnen krijgen, had hij waarschijnlijk alle vreemde godsdienstige elementen er een voor een uitgepikt en verjaagd, totdat, net als bij de bewoners van Nieuw-Engeland die hij op een of andere manier scheen te bewonderen, er sprake was van een godsdienstige monocultuur, een calvinistische oase in de nieuwe wereld.

Maar de plaats had een eigen karakter en ontwikkelde zich snel. Dertig jaar later gaf een van de opvolgers van Peter Stuyvesant, gouverneur Thomas Dongan, een ruwe opsomming van de religies die zich op dat moment in de kolonie van New York hadden verspreid. Naast de Church of England waren er Nederlandse calvinisten, Franse calvinisten, Nederlandse lutheranen en rooms-katholieken, 'zingende quakers; tierende quakers; sabbattisten, antisabbattisten; enkele wederdopers, enkele onafhankelijken; enkele joden'. 'Kortom,' voegde hij hier ter verduidelijking aan toe, 'van alle opvattingen hebben we hier wel vertegenwoordigers, en van geen enkele opvatting bestaat er hier een meerderheid.'[69] Stuyvesant moet zich in zijn graf hebben omgedraaid.

*

De groei van de kolonie bracht Stuyvesant veel problemen, maar ook kansen – momenten van groot geluk zelfs – in zijn zo stormachtige leven. Op een dag tegen het einde van de zomer van 1655 stond hij op het dek van een schip, er scheen een lekker zonnetje en er stond voldoende wind om de zeilen bol te laten staan en zijn lange, dunne sliertten haar te laten wapperen. Weer was hij op zee, net als in zijn jonge jaren in de Caraïben, aan het hoofd nu van een flottielje oorlogsschepen en driehonderd soldaten, en hij koerste op de vijand af. Toen was hij vierendertig geweest en zijn aanval op de Spanjaarden op Sint-Maarten was abrupt geëindigd op het moment dat zijn been er door een 'grove kogel' was afgerukt. Nu telde hij vijfenveertig levensjaren en bestuurde hij een bloeiende provincie. Hij wilde per se overwinnen.

Aan stuurboord lag een lang lint van strand en bos, dat er net zo wild uitzag als toen Henry Hudson er vijf decennia eerder langs was gezeild, de andere kant op. Hij rondde Kaap May, voer de hier en daar erg ondiepe baai binnen, de rivier op, in het meest veronachtzaamde deel van zijn gebied, en ging tussen de twee Zweedse forten op de westoever voor anker. Hier stelde hij zich zorgvuldig in slagorde op en verdeelde zijn mannen over vijf compagnieën, gaf een groep van vijftig man de opdracht de enige weg in het gebied te bezetten, om zo de uitwisseling van berichten tussen de twee forten onmogelijk te maken en liet de rest op een steenworp afstand van het fort een manshoge borstwering bouwen.[70] Hij stuurde een vaandrig op het fort af, Dirck Smith, begeleid door een escorte trommelaars. Het bericht dat hij bij zich droeg, was duidelijk: onvoorwaardelijke overgave.

De Engelse oorlog was voorbij. De kolonie bloeide. En met het recente verlies van Brazilië aan de Portugezen, had de West-Indische Compagnie zich uiteindelijk – laat – verbonden met de Nieuw-Nederlandse kolonie, en waren er troepen en schepen gezonden. Dus Stuyvesant was eindelijk in staat zijn aandacht te richten op de zuidelijke regio. De Zweden hadden zich nu zeventien jaar weten te handhaven, en hadden het gebied bevolkt, onder meer door 'Bos-finnen' over te laten komen.[71] Decennia eerder hadden de Zweden deze specifieke groep Finnen, die aan de Russische grens woonden, aangemoedigd zich te vestigen in een verafgelegen deel van centraal-Zweden, waarvan de Zweedse regering wilde dat het werd ontgonnen. De Finnen hadden zich beziggehouden met het platbranden van bossen en het ontginnen van de vrijgekomen stukken land. Ze vormden de perfecte subgroep om dichtbegroeide maagdelijke wouden bewoonbaar te maken. Maar het bleek dat ze te goed waren in hun werk; toen ze weigerden hun woongebied te begrenzen en te stoppen met het decimeren van bossen, waren de Zweden begonnen hen naar Amerika te verschepen. Samen met de Bosfinnen hadden de Zweden nederzettingen gesticht aan de Zuydt Rivier en een goedlopende pelshandel opgezet met de indianen in de omgeving, wat zowel Kieft als Stuyvesant dwars had gezeten. Nu was Stuyvesant gekomen, zoals hij het zei, om 'bezittingen terug te vorderen'.[72]

Na een korte pauze kwam de Zweedse commandant, Shuts, naar buiten om de troepen die zich in slagorde hadden opgesteld te overzien, hij vroeg toestemming om met zijn superieur in het andere fort te overleggen. 'Zijn verzoek werd resoluut van de hand gewezen,' schreef Stuyvesant later tevreden, 'en hij droop ontevreden af.' Uiteindelijk meldde zich de Zweedse vertegenwoordiger Von Elswick, om te overleggen. Hij en Stuyvesant ontmoetten elkaar aan de rand van een moeras vlak bij het fort. Het was hoogzomer en de insecten zoemden om hen heen, de zon weerkaatste in de wapenuitrusting van Stuyvesant. Hij voelde zich gesteund door de aanwezigheid van honderden soldaten en straalde zelfvertrouwen uit. Blijkbaar spraken de mannen in verschillende talen en voor de duidelijkheid drukten ze zich uit in diplomatenlatijn. Beiden wisten dat Stuyvesant een enorme overmacht had. De zaak was eenvoudig: wilden de Zweden vechten en nodeloos sterven, of de rivier de Delaware overdragen aan de Nederlanders?

Von Elswick kon niet anders dan toegeven, maar toen hij zich overgaf, deelde hij mondeling nog wel een tik uit aan Stuyvesant. '*Hodie mihi, cras tibi*' zei hij in profetisch Latijn.[73] Heden ik, morgen gij. Hij bedoelde het als gelofte – dat de Zweden op een dag zouden terugkeren. In feite was het op een andere manier profetisch, toen negen jaar later een andere mogendheid, in de rol van de grotere vis, van Stuyvesant hetzelfde zou verlangen als hij nu deed van de Zweed.

Stuyvesant ging niet in op de schimpscheut en nam de forten in. Nieuw-Zweden was passé. Hij ondernam meteen stappen om het gebied te koloniseren, hij wist dat dit de enige manier was om er greep op te krijgen. Hij begon bij de Finnen die de Zweden hadden binnengehaald als arbeiders. Hij besloot hen te vragen of ze wilden blijven, en betaalde hen zelfs om het ontginnen van de wildernis voort te zetten.[74] Net als zoveel andere aspecten van de kolonie waarvan Manhattan het centrum was, zou deze beslissing nog eeuwenlang doorwerken, en op verschillende manieren doorklinken in de Amerikaanse geschiedenis. De Finnen zouden zich er inderdaad vestigen, en toen het nieuws het oude land had bereikt, waagden nog meer landgenoten de oversteek. Vanaf het begin van de achttiende eeuw, tot vroeg in de negentiende zouden hun afstammelingen naar de Appalachian Valley trekken, het zuiden door, naar het centrum van het nieuwe land. Ze brachten hun vaardigheid mee in het bedwingen van bossen, waarmee ze de *American frontier* openlegden. De Finnen stonden in Europa bekend om hun houtkennis, en die kennis namen ze met zich mee naar de kolonie en maakten er handig gebruik van. Er bestaat een hele reeks bewijzen – V-vormige inkepingen, dakconstructies en een soort uit losse delen opgebouwd grondplan – voor de stelling dat de Amerikaanse blokhut, die zijn oorsprong heeft in Appalachia en bepalend was voor de jeugd van Abraham Lincoln in Indiana, afkomstig was van de Finnen uit centraal Zweden. De kennis die voor het bouwen van deze hut nodig was, kon zich verspreiden dankzij het Latijns-Nederlands-Zweedse overleg tussen Stuyvesant en Von Elswick in een van bijen gonzend lapje moerasgrond langs de rivier de Delaware.*

Stuyvesant trof met een tevreden gevoel de voorbereidingen voor de terugtocht naar Manhattan. Zijn kolonie floreerde. (Dat dit grotendeels te danken was aan het in beperkte mate vertegenwoordigend bestuur dat hij bitter had bestreden, was een ander verhaal.) Het grensverdrag dat hij uit het overleg met de Nieuw-Engelanders had weten te slepen, hield stand. En ten langen leste had hij de zuidelijke regio onder controle weten te krijgen, zonder een schot te hoeven lossen. Terwijl hij aanstalten maakte om aan boord te gaan van zijn vlaggenschip, moet zijn stomp minder pijn hebben gedaan.

*

Stuyvesant beleefde een zeldzaam moment zonder problemen, maar daar kwam snel een einde aan. Tweehonderdveertig kilometer naar het noorden voer, vóór het aanbreken van de dag, met grote snelheid een enorme vloot kano's over de rivier – honderden peddels sneden door het water. Op 15 september 1655 bereikten zeshonderd indianen de meest zuidelijke punt van Manhattan en overspoelden de straten van de stad. Ze schoten pijlen af en zwaaiden met bijlen, wat een luid gegil teweegbracht, gekrijs, alarmgeroep. Vergelijkbare aanvallen vonden

* Een kleine anekdote ter ondersteuning: toen ik mijn Zweeds-Noorse schoonvader – die een blokhut bezit in het van oudsher Scandinavisch gebied van Noord-Minnesota – vertelde dat de Finnen de grondleggers waren van de Amerikaanse blokhut, antwoordde hij: 'In deze omgeving weet iedereen dat als je een blokhut wilt laten bouwen, je daarvoor een Fin in de arm moet nemen'.

plaats in het noorden op het vasteland en op Staten Eylandt, waar de indianen huizen in brand staken, enkele tientallen Europeanen vermoordden en er nog meer gevangennamen.

Historici dachten dat het een merkwaardig toeval was dat deze korte 'oorlog' plaatsvond op het moment dat Stuyvesant in het zuiden de Zweden bedwong. Omdat ze wilden begrijpen wat er was gebeurd, grepen enkele historici een voorval aan van een Nederlander die een indiaanse vrouw vermoordde omdat ze perziken had gestolen. Ze besloten dat dit de aanleiding was voor de oorlog, en noemden het daarom de Perzikenoorlog. Maar het bewijs van wat de aanvallen werkelijk heeft veroorzaakt, is in de archieven te vinden. De Europese inwoners van Nieuw-Amsterdam waren in staat de verschillende stammen uit de omgeving van elkaar te onderscheiden, en in het verslag van de gebeurtenissen in september 1655 gaven ze aan dat de aanvallers overal vandaan leken te komen: 'Maquas, Mahikanders, de indianen die langs de hele Noord Rivier woonden,' schreven ze aan Stuyvesant.[75] En, vreemd genoeg, zagen ze dat er een opperhoofd van de Minquas, of Susquehannocks aanwezig was – de stam uit het gebied van de Zuydt Rivier, uit het gebied waar Stuyvesant naartoe gezeild was. Een dergelijke multiculturele verzameling indianen is niet te verklaren – behalve als je van standpunt wisselt, zoals geschiedkundigen recentelijk hebben gedaan, en het voorval bekijkt vanuit de invalshoek van de indianen.[76] Wij zijn er zo aan gewend de ontmoetingen tussen blanken en indianen door de bril van de latere eeuwen te bekijken, dat het moeilijk voor te stellen is dat de indianen in de zeventiende eeuw zichzelf beschouwden als de bovenliggende partij. De Minquas van de Zuydt Rivier hadden zeventien jaar gewijd aan een handelsrelatie met de Zweden, en zagen nu dat Stuyvesant en zijn soldaten hier een einde aan maakten. Dus sloegen de indianen terug. Door zo te handelen, beschermden ze in feite de Zweden, die hen voorzagen van waardevolle goederen en die, omdat ze zwakker waren dan de indianen, recht hadden op hun bescherming. De laatste jaren is duidelijk geworden dat de indianen aan de oostkust regelmatig samenwerkten met verafgelegen stammen. Als we weten dat ze tot dergelijke ingewikkelde samenwerkingsverbanden in staat waren, dan kunnen we begrijpen wat er in de verslagen van Manhattan staat: 'De aanval werd geleid door een opperhoofd van de Minquas en was het directe gevolg van de ontmanteling door Stuyvesant van Nieuw-Zweden.'

De ten onrechte zo genoemde Perzikenoorlog betekende slechts een korte rimpeling in het leven op Manhattan: binnen een paar weken was alles voorbij. Maar in dit verhaal speelt de oorlog toch een grotere rol. Als zo vaak, moeten we hier ontbrekende gegevens aanvullen met veronderstellingen. We moeten ons een groep indianen voorstellen die van ver was gekomen om de Europeanen aan te vallen. Net ten noorden van Manhattan, in een lange vallei, komen ze op een lapje grond in aanraking met de beschaving: een boerderij, een zaagmolen en bebouwde akkers. Ze vallen het huis aan; een man staat op om zijn familie te verdedigen. Hij had altijd een goed contact met de indianen uit het gebied, maar dezen komen ergens anders vandaan en maken geen onderscheid tussen bevriende blanken en vijandige. De man wordt vermoord. Zijn vrouw ontsnapt, of is misschien enige tijd gevangen gehouden. Het is snel voorbij, de bulderende, uitdagende kreten waarmee ze het eind van een leven begeleiden sterven weg over de begroeide hellingen.

De man was Adriaen van der Donck. Sommige passages over zijn leven waren zo beeldend dat hij bijna uit de bladzijden van de archieven leek te stappen. Maar het beeld van hem in zijn laatste jaren, vanaf zijn terugkeer uit Europa, is vlak en wazig, en de omstandigheden van zijn dood zijn duister. Zijn dood is zelfs niet eens geregistreerd. We weten alleen dat Van der Donck in de zomer van 1655 nog in leven was, en dat hij voor januari 1656 dood was en dat zijn huis tijdens de aanval van september is geplunderd. Naar de rest van het verhaal blijven we gissen. Interessant is dat we voor het eerst van zijn dood horen via Stuyvesant, door een indirecte aanwijzing. Terwijl de inwoners van Manhattan proberen te begrijpen waarom de indianen hebben aangevallen, vertelt Stuyvesant aan de leden van zijn raad wat een Wickquasgeck-indiaan uit het gebied rond het huis van Van der Donck is komen vertellen. Deze indiaan, zegt Stuyvesant, 'was een goede vriend van Van der Donck geweest en had enige tijd voor zijn koeien gezorgd.'[77] De verleden tijd fungeert hier als de aankondiging van zijn dood, en het feit dat hij wordt genoemd in samenhang met de aanval voegt een ander stukje bewijs toe over de manier waarop hij omkwam. Omdat Stuyvesant zelf nooit het mogelijke verband heeft gezien tussen zijn militaire acties bij de Zuydt Rivier en de aanvallen op en om Manhattan, heeft hij er waarschijnlijk nooit enig idee van gehad dat hij indirect verantwoordelijk is geweest voor de dood van zijn oude rivaal.

De vrouw van Van der Donck heeft hem overleefd.[78] Haar vader, dominee Francis Doughty, had kort daarvoor een betrekking aanvaard bij een kerk in Virginia, en na de dood van haar man reisde ze hem achterna. Ze vond werk als praktiserend medicus en hield zich bezig met purgeren, zweten, het zetten van botten en bevallingen. Uiteindelijk trouwde ze met een Engelsman genaamd Hugh O'Neale, maar vreemd genoeg bleef ze in de archieven verschijnen als '*Mrs. Van der Donck (alias) O'Neale*'. Mary deed het uitgestrekte landgoed waarmee haar man zulke grote plannen had over aan haar broer, die het verkocht. En al heel snel na zijn dood op de leeftijd van zevenendertig jaar was Adriaen van der Donck – zonder nageslacht en zonder landgoed dat nog aan zijn leven herinnerde – vergeten.

Maar dat is niet helemaal waar. Het lot wilde dat rond de tijd dat hij stierf zijn boek uitkwam, *Beschryvinge van Nieuw-Nederlant* – waarin hij zijn kennis van de kolonie, haar mensen, haar oorspronkelijke bewoners, haar planten, winden, insecten, bergen, sneeuw, gevaren en beloften had beschreven – zijn boek dat klaar was om gepubliceerd te worden, maar vanwege de oorlog werd opgehouden. Het werd een bestseller en een jaar later volgde een tweede druk. Nogmaals, dit keer postuum, bracht Van der Donck een golf belangstelling teweeg voor een verafgelegen plaats genaamd Manhattan, een eiland waar gewone Europeanen de oude ketenen van hun kasten, schulden en sekten van zich af konden werpen. Een plaats waarop nu nog meer verschillende groepen mensen – Kroaten en Pruisen, Vlamingen en Limburgers, bewoners van Kopenhagen en Dieppe – hun dromen zouden baseren.[79]

Op het omslag van de tweede editie van het boek plaatste de drukker een gedicht dat zowel de schrijver als zijn thema bezong:

Wel, lezer, als u wilt, reis dan daarnaartoe,
't Heet wel Nederland, maar overtreft het ver.
Mishaagt u deze reis? Kijk dan in dit boek,
Van Adri' van der Donck; die als een held're ster
Het land en volk u toont, aan u zoveel zal leren,
Hoe Neerland met veel zorg Nieuw-Neerland kwam regeren.[80]

Het was niet een heel goed gedicht. Maar het herdenkt toch op uiterst treffende manier de man die als eerste de mogelijkheden van Manhattan zag, droomde over zijn toekomst en zijn leven wijdde aan het waarmaken van die droom.

De passie voor de kolonie in de nieuwe wereld die Van der Donck had aangewakkerd, had hem overleefd. Binnen een jaar na zijn dood en vlak na de publicatie van zijn boek, kwam het gemeentebestuur van Amsterdam met een gedetailleerd plan voor een eigen kolonie. Driehonderd kolonisten tekenden zich in voor de emigratie en de stad legde lange lijsten aan met opstartvoorraden – 400 paar schoenen, '50 paar Pruisische kousen', '100 rode Rouaanse petten', '8 vaten azijn', 250 pond kaas, 15 hammen, 30 gerookte tongen – waarmee ze hen uitrustten.[81] Onder de indruk van de verdrijving van de Zweden, besloten ze een nieuwe nederzetting te stichten aan de Zuydt Rivier, rond een van de forten van Stuyvesant. En zo begon het allemaal opnieuw: een nieuwe groep immigranten, nieuwe hoop. 'Ik ben wel 5 of 6 volle uren in de wouden geweest,' schreef een van de kolonisten, een schoolmeester, kort nadat ze aan land waren gekomen, 'en trof daar fijne eikenbomen aan en notenbomen, en ook uitstekend land om te bewerken [...] ik ben al met het lesgeven begonnen en heb 25 kinderen.'[82] Ze noemden de nederzetting Nieuw Amstel. Tegenwoordig is het de stad New Castlem in Delaware, en op het centrale plein getuigt een klein zeventiende-eeuws Nederlands huisje van duurzame baksteen, met rode van luiken voorziene ramen van de verlate poging om aandacht te besteden aan Van der Donck. Het doel was om de mogelijkheden van de kolonie te benutten en weer in te lopen op de Engelse expansie in Noord-Amerika. Het ene zou lukken, het andere niet.

14

NEW YORK

Behalve als je lid bent van de sekte van de Dode-Zeerollen, of een volgeling van de filosoof Hegel, zou het misschien een vergissing zijn om te denken dat de Engelse overname van Manhattan onvermijdelijk was. De val van Rome, het verslaan van de Spaanse Armada, de Amerikaanse kolonisten die de Onafhankelijkheidsoorlog winnen, de geallieerden die Hitler verslaan – we zijn geneigd ervan uit te gaan dat gebeurtenissen uit het verleden, met name de grote, wel moesten gaan zoals ze gingen. Maar wie hier werkelijk in gelooft, moet er ook van uitgaan dat onze handelingen niet van onszelf zijn, dat wij slechts radertjes in een machine zijn die voorgeprogrammeerde opdrachten uitvoeren.

Toch lag, achteraf gezien, de overname in zekere zin voor de hand. Voor een deel komt dat door de geschiedenisboeken, die ons het beeld hebben aangereikt van de Engelse bevolking van Nieuw-Engeland die met een onstuitbare natuurkracht uitdijde, totdat ze, als een glas dat overloopt, bijna onbewust zuidwaarts de Nederlandse kolonie overstroomde. Maar als je er anders tegenaan kijkt, kun je ook zeggen dat de kolonie haar Nederlandse ouder afdankte. Het zaad dat Henry Hudson naar een verafgelegen eiland had vervoerd, had gekiemd, wortel geschoten en groeide, en, waarachtig, ontgroeide de moederplant. Dat de Engelsen het zo graag wilden hebben, was het beste dat Manhattan – voor Amerika – kon overkomen, want, alhoewel niemand het toen al kon zien, was het Nederlandse wereldrijk al tanende, en het Engelse was net begonnen aan zijn opmars. De missie van Van der Donck had alles te maken met de historische ontwikkelingen; hij deed een beroep op de leiders van de Nederlandse regering om daar nota van te nemen. Maar het systeem van tolerantie en principes van vrije handel dat de voorwaarde vormde voor de Nederlandse Gouden Eeuw, hield niet eeuwig stand. De Engelsen ondertussen, vooral die in Amerika, zouden uitbundig en obsessief gaan experimenteren met verschillende ideeën van vrijheid, vrije rede, de rechten van de mens. Voeg onderdelen van deze twee samen – zeventiende-eeuwse Nederlandse tolerantie en principes van vrije handel, en achttiende-eeuwse Engelse ideeën over zelfbestuur – en er ontstaat een nieuwe maatschappij. Je kunt bijna zien dat het stokje van de ene grootmacht van de zeventiende eeuw aan de andere wordt overhandigd, en in het middelpunt van die overname bevindt zich Manhattan.

Maar niemand in de Nederlandse kolonie – en overigens ook niet in Nieuw-Engeland – voorzag de afloop zoals die zich uiteindelijk ontspon. Het was niet zo dat er horden Nieuw-Engelanders de kolonie binnen stormden. Wat er gebeurde was meer berekenend, en er waren spelers vanuit meerdere delen van de wereld voor nodig, en, als in een goede afsluitende akte, enkele plotselinge omkeringen.

De centrale figuur in dit alles was, uiteraard, Peter Stuyvesant. De belangrijkste tegenstrever van Stuyvesant was iemand die hij nooit zou ontmoeten – een man die in de geschiedenisboeken al eens, kort, jaren eerder was opgedoken. In 1642 stond Stuyvesant nog onder de tropische zon van Curaçao bevelen te brullen, Kieft had de leiding op Manhattan en Van der Donck was in het noorden nog gerechtsdienaar die de uitgestrekte landerijen van de Amsterdamse diamanthandelaar Kiliaen van Rensselaer afstruinde. Ondertussen, buiten het dorp Boston, stapten negen jonge mannen een eenvoudig houten huis uit, het hoge gras in.[1] De eindeloze wildernis begon waar de kleine weitjes en appelboomgaarden eindigden, maar zij en het groepje mensen dat zich om hen heen had verzameld, bekeken het gebeuren door de bril van de beschaving, ingebakken in de eeuwenoude Engelse tradities. De negen jonge mannen waren de eerste groep afgestudeerden van het college dat gesticht was door een puriteinse predikant, John Harvard.

John Winthrop, de gouverneur van de kolonie van Massachusetts met wie Peter Stuyvesant een nauwe band zou krijgen, leidde de ceremonie. Maar de man die, meer dan enig ander persoon, de overname van Manhattan zou beramen, was een van deze negen jonge geleerden die op die Nieuw-Engelandse ochtend aan het begin van de herfst naar buiten stapten. Zijn naam was George Downing. Hij was een meedogenloze, atletische negentienjarige, behept met een ambitie die grensde aan agressie, en hij was toevallig de neef van de gouverneur.

Net als de meeste andere eerste afgestudeerden van Harvard, wilde Downing naar Londen. Kort na zijn afstuderen voer hij erheen, zag hoe de burgeroorlog zich ontwikkelde, bedacht dat hij een puriteinse revolutionair was en vocht aan de zijde van de parlementairen. Toen de nieuwe regering tot stand kwam, zag Oliver Cromwell dat de jongeman slim was en een echte terriër, en hij stelde hem aan als ambassadeur in Den Haag. Daar profileerde Downing zich als door en door Engels, wat onder meer inhield dat hij een oprechte haat tegen de Nederlanders koesterde. Eigenlijk was hij niet geschikt als diplomaat, behalve als je er meer belang bij hebt het betreffende land ervan langs te geven en niet van plan bent problemen glad te strijken. In plaats van het beleefde gedrag dat meestal noodzakelijk wordt gevonden in de diplomatie, was Downing bruusk en eigenzinnig. Jan de Witt en de andere leiders van de Nederlandse regering vonden hem weerzinwekkend, en zijn collega's in de Engelse regering moesten ook weinig van hem hebben. De dagboekschrijver Samuel Pepys werkte onder hem en omschreef hem (in zijn dagboek weliswaar) als een 'valse schoft'.[2]

Maar Downing was wel gezegend met een diplomatieke vaardigheid om te krijgen wat hij wilde, en niets illustreert dit beter dan de manier waarop hij zijn eigen zaakjes voor elkaar wist te krijgen na de dood van Cromwell in 1658 toen de Stuarts, in de persoon van Charles II, weer aan de macht kwamen. Downing had behoord tot de meest kwaadaardige anti-koningsgezinden, die vrienden van de familie Stuart achtervolgden, en nu had deze zelfde koninklijke familie de touwtjes weer in handen. Hij nam de gok, en vroeg de nieuwe monarch brutaalweg hem te vergeven dat hij zo stom was geweest Cromwell te steunen, en hij weet zijn verkeerde inschatting aan het feit dat hij was opgegroeid in het onbestendige klimaat van de nieuwe wereld.[3] Vervolgens toonde hij zijn loyaliteit aan de koning door drie van zijn eigen vrienden in de val te lokken en te arresteren, mannen die de vader van Charles ter dood hadden veroordeeld. Downings schaamteloosheid werd door Charles niet alleen beloond met een nieuwe aanstelling als Nederlandse ambassadeur en een ridderschap, maar, uiteindelijk met het naar hem vernoemen van Downing Street in Londen. (Downing College aan de Universiteit van Cambridge is ook naar hem genoemd, vanwege een legaat dat hij achterliet.)

Dus Downing vestigde zich opnieuw in Den Haag, pakte zijn weerzin tegen de Nederlanders en hun handelshegemonie weer op en ging op zoek, zoals zijn plicht hem beval te doen, naar de zwakheden ervan. Thuis in Nieuw-Engeland waren de leiders – mannen die nog fanatiekere theologische scherpslijpers waren dan de puriteinen in hun thuisland – ondertussen minstens even gedesoriënteerd door de Restauratie van de Stuarts als Downing, maar ze waren in de verste verte niet in staat zich zo handig aan te passen. Een van de gevolgen van hun onzekerheid, die op verschillende manieren van invloed was op de Amerikaanse geschiedenis, was de strijd om macht die rond 1660 losbarstte onder de leiders van de Engelse kolonies. Massachusetts, dat al zo lang door de koning erkend was, stond stevig op eigen benen. Maar de twee zuidelijke kolonies, Connecticut en New Haven, waren bij gelegenheid gevormd, met kolonisten die zich zuidwaarts hadden verspreid in een gebied waarop de Nederlanders aanspraak maakten; tot nu toe waren ze in Engeland nog niet officieel erkend. Nu moesten ze een verzoekschrift richten tot het hof dat ze lange tijd hadden versmaad. Voor New Haven, waar de meest zuivere puriteinen woonden, was dit kwetsend en de leiders maakten bezwaar.

Iemand in Connecticut vertoonde echter meer flexibiliteit. John Winthrop, de gouverneur van die kolonie, was de zoon van de andere John Winthrop, de gouverneur van Massachusetts en de nestor van alle puriteinen van Nieuw-Engeland, en nog steeds de neef van George Downing. De oudere Winthrop was allang overleden, tot groot verdriet van Peter Stuyvesant, die had vertrouwd op zijn pro-Nederlandse houding in zijn omgang met de leiders van Nieuw-Engeland. Stuyvesant keerde zich tot de zoon in de hoop dat deze een vergelijkbaar gezag onder de puriteinse ruziezoekers had – een verkeerde inschatting met desastreuze gevolgen. De jongere Winthrop is vaak afgeschilderd als een rustige, bescheiden doener, die altijd in de schaduw van zijn vader zou blijven staan. Deze kleine, duistere man heeft weinig waardering gekregen, noch voor zijn verdiensten, noch voor zijn politieke vernuft.

In 1661, toen hij zijn anti-royalistische gevoelens had overwonnen, stelde hij voor om naar Londen af te reizen en bij Charles een aanvraag in te dienen voor de koninklijke erkenning van zijn kolonie. Zijn slinksheid blijkt in eerste instantie uit het feit dat hij wilde gaan, en ook uit de manier waarop hij afscheid nam. Hij had William Leete, zijn collega in New Haven, beloofd dat hij ook voor diens kolonie een aanvraag, op het laatste moment in elkaar geflanst, voor koninklijke erkenning zou indienen. Maar hij voer de haven uit, terwijl hij hem letterlijk met het document in de hand op de wal liet staan.[4] Daar kwam bij dat hij niet vertrok uit Boston, maar er de voorkeur aan gaf te vertrekken uit Manhattan, wat hij met zijn vriend Peter Stuyvesant had geregeld. Het eiland was natuurlijk een belangrijke doorvoerhaven, maar als je vanuit Manhattan vertrok, kwam je wel eerst aan in een Hollandse haven, waarna je nog een oversteek moest maken naar Engeland. Stuyvesant schijnt er niets vreemds in te hebben gezien.

Terwijl hij op 8 juli de Nederlandse haven binnenvoer, schrok Winthrop op van het kanongebulder vanuit het fort. Maar de schrik veranderde in blijdschap: zijn vriend Stuyvesant onthaalde hem met het eresaluut voor een staatshoofd. (De Nederlandse archieven geven aan dat er niet minder dan zevenentwintig pond kruit was gebruikt 'om gouverneur Winthorp (sic) te begroeten'.[5] Stuyvesant vond Winthrop aardig. Hij scheen alle Engelsen te mogen. Hartford groeide snel, maar was rommelig, en trots troonde hij de bezoeker mee door zijn kleine hoofdstad: hier het fort, hier het nieuwe stenen huis van de directeur zelf (Stuyvesant had besloten dat hij ook een huis buiten het fort moest hebben, naast de verderop gelegen boerderij), hier, langs de noordgrens, de nieuwe versterkte palissade, nu voorzien van wachttorens en een centrale poort op de Hoofdstraat. Blijkbaar hield Winthrop zijn uitbundige gebabbel op gang, vroeg honderduit en complimenteerde de directeur ermee dat hij zoveel had bereikt met de stad. Hij bracht dertien dagen door in Nieuw-Amsterdam, en op het laatst had hij uitgebreide aantekeningen verzameld over de stad, zijn versterkingen en de troepenaantallen.[6]

Als we ons proberen voor te stellen in wat voor benarde situatie Stuyvesant zich op dat moment bevond, krijgen we toch enige sympathie voor hem. Hij wist dat de Engelsen complotten smeedden over zijn kolonie, en moet des duivels zijn geweest omdat het de compagnie niet gelukt was soldaten te sturen. En toch moest hij de beslissingen van de directeuren verdedigen toen zijn eigen mensen dezelfde woede lieten blijken over het uitblijven van bescherming.

En terwijl hij zich zorgen maakte over de Engelsen, kon Stuyvesant de verleiding niet weerstaan om gegevens over hun respectievelijke kolonies met Winthrop uit te wisselen en zijn jaloezie te uiten over de monoculturen van Nieuw-Engeland, en zich ondertussen te beklagen over zijn eigen bevolking die bestond uit de 'restanten' van alle landen.[7] Met het toenemen van de druk scheen zijn eenzaamheid toe te nemen, wat een vreemd ontroerend beeld oproept. Hij had blijkbaar een grote belangstelling voor tropische vogels, die hij waarschijnlijk tijdens zijn Caraïbische tijd had opgevat. Jarenlang had hij ambtenaren van de compagnie geïnstrueerd hem vogels te sturen (op een etiket staat vermeld: 'Aan de hooggeëerde heer directeur-generaal P. Stuyvesant', 'vier papegaaien in twee kooien', en 'vierentwintig parkieten'), zodat hij rond deze tijd een behoorlijke volière vol gehad moet hebben.[8] Thuis, als hij alleen was met zijn krijsende huisdieren, moet hij eindeloos geprobeerd hebben een oplossing te vinden voor zijn omgang met de Engelsen, en vertrouwen tegen wantrouwen hebben afgewogen.

Tot op het laatst bleef Stuyvesant hartelijk tegen Winthrop: toen het schip van Winthrop het open water opvoer, vuurden vijfenvijftig soldaten een groot militair saluut af. Aan de andere kant van de oceaan, in Amsterdam, regelde Winthrop een ontmoeting met de directeuren van de West-Indische Compagnie. Hij speelde in op hun overeenkomstige band met het protestantisme, en de gewoonlijk zo gereserveerde zakenlieden waren overtuigd. 'Hij had zich altijd een vriend van ons land betoond,' schreven ze aan Stuyvesant, wat zijn vertrouwen schraagde.[9]

Als iemand het verdacht vond dat Winthrop voorstelde om vervolgens van Amsterdam naar Den Haag te reizen, dan zou dat uitgelegd kunnen worden als een familiebezoek. George Downing, de hier residerende Engelse diplomaat, was tenslotte zijn neef. De laatste keer dat ze elkaar hadden gezien, was in Nieuw-Engeland, en ze gingen zo vertrouwelijk met elkaar om dat Winthrop later in brieven meermaals zijn afkeuring zou uitspreken tegen Downing, die berucht was om zijn vrekkigheid, omdat hij zijn moeder in armoedige omstandigheden liet leven.[10] Hun overleg was geheim en daarom kennen we de details van de ontmoeting tussen de twee neven in september 1661 niet, maar de kaart die Winthrop had getekend van de versterkingen van Nieuw-Amsterdam circuleerde al snel in de burelen van de regering: logisch gezien was dit de gelegenheid waarop de informatie over de huidige militaire status van de Nederlandse kolonie aan de Engelse autoriteiten was overgebracht.[11]

Toen – deze historische reis ging over in de volgende fase – vertrok Winthrop naar Londen. Pas vijf maanden daarvoor was Charles II gekroond, en in de stad, die de zware sluier van het puriteinse van zich af had geworpen, werd de Restauratie nog volop gevierd, met luidruchtige bierlokalen, vrijpostige dienstmeiden en volle theaters waar producties als *Hamlet*, '*T is a Pity She's a Whore* en marionettenvoorstellingen de draak staken met de puriteinen.[12] Voorzichtig keek Winthrop de andere kant op toen hij probeerde de gunst van de koning te winnen.

In schril contrast met de zijdezachte omgeving van de raadskamer van de koning, maakte Winthrop – een kleine, grijze man met een haakneus en gewelfde, boosaardig uitziende wenkbrauwen – een diepe buiging en hij boog vaak die herfst en die winter en lachte zich door de kleine vernederingen (hij werd regelmatig verward met Josiah Winslow uit de kolonie van Plymouth en realiseerde zich halverwege de besprekingen dat de koning dacht dat 'Massachusetts' en 'Nieuw-Engeland' één en dezelfde waren.[13]) heen. Hij kwam op de proppen met een document dat al zijn wensen belichaamde, wensen die hij aan niemand kenbaar had gemaakt, zeker niet aan zijn Engelse collega's. Toen hij de koninklijke oorkonde uiteindelijk aan hen toonde, waren ze verbijsterd. Charles had Connecticut een stuk land gegeven dat zich uitstrekte van de zuidgrens van Massachusetts, inclusief de Nederlandse gebiedsdelen, en westelijk tot aan 'de Pacific'.[14] Nu werd de rustige, bescheiden en ingehouden ambitie van Winthrop duidelijk. Hij wilde het hele gebied tussen Massachusetts en Virginia. Hij wilde dat zijn land zich uitstrekte tot de Grote Oceaan – het doet er niet toe dat niemand er een flauw idee van had hoe ver weg dat was. Hij wilde alles. En hij kreeg het.

De ambtenaren van New Haven kregen een rolberoerte toen ze hoorden dat Winthrop voorstelde hun kolonie in te lijven, maar het kwaad was al geschied – hij had het fiat van de koning – en het lukte hem nog ook om het met zoveel geduld uit te leggen dat dit het beste was voor iedereen, dat zijn tegenstrever, gouverneur Leete, zich al vlug gewonnen gaf, en er zo voor zorgde dat de latere Verenigde Staten het zonder de staat New Haven moesten doen. De meest verbitterde puriteinen van de kolonie wilden hun biezen pakken en afreizen naar het Nederlandse gebiedsdeel, waar ze, zo wisten ze, verwelkomd zouden worden, maar hun leiders wisten ook dat Winthrop dat gebied eveneens op zijn verlanglijstje had staan.

Stuyvesant had ondertussen lucht gekregen van de plannen van Winthrop. Per brief vroeg hij zijn vriend of hij wilde bevestigen dat hij de grenzen van het Verdrag van Hartford, die zij meer dan een decennium eerder hadden getrokken, wilde respecteren. In zijn antwoord wist Winthrop de vraag handig te ontwijken.[15] De West-Indische Compagnie drong erop aan dat Stuyvesant vanwege 'uw vrees omtrent de kortelings door gouverneur Winthrop verkregen geloofsbrief', zijn defensie moest versterken. Maar ze gaven hem, ondanks zijn herhaaldelijk verzoek, noch de soldaten of de schepen om dat ook werkelijk te doen.[16]

Naast Winthrop had Stuyvesant nog meer problemen. De groei van Nieuw-Amsterdam in de acht jaren na het verkrijgen van de stadsrechten, ging gepaard met het wegvloeien van het vertrouwen in Stuyvesant en de West-Indische Compagnie. In de maanden na de terugkeer van Van der Donck, was Stuyvesant in de gelegenheid geweest de hervormingen die de mensen wilden te steunen, en de hele kolonie iets te geven wat veel weg had van een volksvertegenwoordiging. Hoewel, de compagnie zou het vast niet toegestaan hebben. Hoe dan ook, dat was het laatste moment waarop hij de harten van de mensen had kunnen veroveren. Niet lang daarna begonnen Engelse kolonisten op Lange Eylandt en op het vasteland, die trouw hadden gezworen aan Nieuw-Nederland, hun loyaliteit te verleggen en te verklaren dat ze inwoners waren van Connecticut. Winthrop moedigde dit aan en had het gedeeltelijk in de hand gewerkt. Stuyvesant klaagde bij de directeuren dat Lange Eylandt en 'West Chester' Engels werden; er waren indringers geweest op de voormalige landgoederen van Jonas Broncks en Adriaen van der Donck.[17] Terwijl de stad groeide als kool, verkeerde de kolonie, zo schreef hij, 'in een slechte staat'.[18]

Winthrop bereidde zich voor op zijn grote zet, het onder zijn bevoegdheid brengen van de hele Nederlandse kolonie. Een voor een kregen steden op het vasteland het bevel om Connecticut 'te gehoorzamen', en belasting te betalen aan Hartford.[19] Winthrop was niet langer bevriend met Stuyvesant; hij en zijn collega's waren nu 'slecht, eigenwijs, onbeschoft, en halsstarrig'.[20] Nieuw-Nederland viel uiteen en Stuyvesant ontbrak het aan middelen om er iets tegen te doen.

Maar nee – het einde kwam niet op die manier, met een invasie uit het noorden. Winthrop leek de slimste speler in de finale – maar George Downing was iedereen te slim af. Downing had informatie gekregen van Winthrop over Manhattan en gebruikte die ergens anders voor. Vanuit zijn diplomatenkantoor in Den Haag had Downing zich op het groter verband gericht. Hij zag hoe de aarde overdekt was met Nederlandse handelsroutes. In India stonden zoveel stippen van Nederlandse handelsposten dat de kaart hem deed denken aan een stoppelbaard; ze zaten verspreid over de Indonesische archipel; de Nederlanders waren de enigen op deze wereld met wie de gesloten eilanden van Japan wilden handelen. Ze hadden handel in specerijen in handen, van katoen, indigo, zijde, suiker, koper, koffie en tientallen andere producten.[21] En nu, terwijl ze Afrika introkken, zag Downing hoe ze op het punt stonden een voorsprong te nemen in de handel met het enige product dat de komende decennia zou tellen: mensen.

In juni 1661 verscheen Downing voor de Staten-Generaal en hield daar namens zijn land een lang betoog. Engeland en de Nederlandse Republiek, sprak hij monotoon, moeten 'instrumenten van het goede zijn en elkaar geen kwaad doen'.[22] De handel was een lastig onderwerp, maar hij adviseerde wijs, 'de wereld is groot, er is handel genoeg voor beide partijen'. Dit was lariekoek. Na met Jan de Witt een handelsverdrag te hebben uitonderhandeld, ging hij naar Londen, waar hij zich meteen met onstuitbare energie wijdde aan het overtuigen van de koning dat dit het moment was om de Nederlanders hard te raken, met soldaten, schepen en bulderende kanonnen. Omdat hij in de Gouden Eeuw in Nederland woonde, had hij gezien welke veranderingen de toenemende welvaart met zich meebracht – ruwe calvinistische stoffen werden vervangen door zijde en zwierige Franse mode, landhuizen werden versierd met nagemaakte Romeinse zuilen, de kinderen van de rijke handelaren (zo blijkt op vele portretten) werden dik en roze als jonge zeugen – en hij vond dat Nederland verslapte. Hun bezittingen aan de Atlantische kust waren rijp voor overname, om te beginnen met de slavenposten in West-Afrika. 'En doe hetzelfde in Guinea,' bulderde hij tegen de raad van de koning, 'als je ze daar verslaat, dan heb je ze bedwongen.'[23]

Het ging erin als koek; er was een verpletterende meerderheid, aldus Samuel Pepys, het hof had 'zin in een Nederlandse oorlog'. De enige man die er werkelijk toe deed, was er wat minder van overtuigd. De tweede Charles Stuart op de Engelse troon was een man met een brede belangstelling.[24] Hij was geobsedeerd door klokken, was bezig met het herontwerp van de koninklijke tuinen en bracht lange nachten door achter *The Royal Tube* (zijn telescoop). Hij hield van honden, paarden, het zingen van Italiaanse liederen, tennis (dat hij dagelijks speelde) en seks (misschien elke dag – onder zijn vele maîtresses was de roemruchte Nell Gwynn, en tot de kostenposten van het paleis behoorden '*The Royal Bastards*'). Zijn hof was het toppunt van losbandigheid, het omgekeerde van de jaren die eraan voorafgingen. Hij was een tiener geweest toen anti-royalistische groepen een prijs op zijn hoofd zetten, en nadat hij zich jarenlang in schuren, bossen en buitenlandse paleizen had verstopt, was hij nu waar hij behoorde te zijn, klaar om er helemaal in op te gaan. Hij gaf om buitenlands beleid, maar scheen geen duidelijke ideeën te hebben over de richting waarin hij het land wilde sturen. Hij was geen groot liefhebber van de Nederlanders, maar bewonderde hen wel, en was hen ook wel dankbaar omdat ze hem in Den Haag hadden opgevangen. Hij was er niet zo zeker van of hij ze wilde aanvallen.

Maar zijn broer, de achtentwintigjarige James Stuart, was groter en brutaler dan de koning, een volwaardig atleet en al zijn hele leven een militair, agressief en vol bravoure, al met al een echte kerel.[25] De mensen hadden niet veel met hem op en sommige historici hebben hem afgeschilderd als een duvelstoejager, maar hij had iets wat zijn broer niet had: standvastigheid. Toen hij zich later bekeerde tot het katholicisme, gebeurde dat pas nadat hij er lang over na had gedacht, en hij bleef bij zijn besluit ook al was het er de oorzaak van dat hij al na drie jaar koningschap afstand moest doen van zijn troon. Het was James die het idee van Cromwell ondersteunde om een Engels wereldrijk te stichten. Zijn broer had hem benoemd tot hoofd van de Admiraliteit, en vanuit die postitie wilde hij de droom van Cromwell gestalte geven.

In 1661 begon het plan vorm te krijgen. Allereerst waren de mannen in het centrum van de macht in Londen – politici, de koninklijke familie, handelaren – het erover eens dat de Amerikaanse kolonies, die aan hun lot waren overgelaten toen het eigen land was overgeleverd aan de burgeroorlog, gereorganiseerd moesten worden. Charles en James hadden geen vertrouwen in de puriteinse leiders daar, en kort nadat de koning Winthrop er met zijn oorkonde op uit had gestuurd, was men het erover eens dat het een vergissing was dat de Nieuw-Engelanders controle moesten houden over Manhattan en de doorgang van de rivier de Hudson, die de toegang vormde tot de binnenlanden van het continent.

Downing nam vervolgens het voortouw door aan te geven dat er een algemeen plan moest komen voor de hele Atlantische kust. Wie de brieven, notities en militaire instructies omtrent de vorming van dit plan leest, verbaast zich erover dat zoveel van wat later zou gebeuren – de overdracht van Manhattan, het verenigen van de Amerikaanse kolonies, de ontwikkeling van de slavenhandel tot een belangrijke instelling, de verandering van West-Afrika, de Caraïben, Zuid-Amerika en Noord-Amerika – allemaal al op voorhand was uitgedacht, en in 1661 en 1662 was bedacht door een groepje mannen in Londen.[26]

James stond achter het plan en oefende druk uit om de goedkeuring van de koning te krijgen. De prins was bekend met gewapende conflicten en voelde zich er goed bij. In de jaren van zijn verbanning had hij zich aangemeld als vrijwilliger in het Franse leger, waar hij dapper tegen de Spanjaarden had gestreden. Hij had op de besneeuwde velden van Noord-Frankrijk leiding gegeven aan mannen met musketten die op paarden uitvallen deden. Hij schopte het tot generaal, en toen de wisselingen van het lot die zo kenmerkend waren voor die eeuw bepaalden dat de verbannen Engelse koninklijke familie de Spanjaarden zou moeten steunen, veranderde hij meteen van partij en vocht met evenveel moed aan de zijde van de Spanjaarden.[27] Hij had zijn leven veelvuldig in de waagschaal gesteld voor mindere doeleinden en hij was meer dan bereid zich te wijden aan iets zo groots en belangrijks als dit. Allereerst moesten de slavenhavens van West-Afrika op de Nederlanders worden veroverd. De prins organiseerde een compagnie om de operatie te financieren die voorzien werd van de fraaie naam *The Company of Royal Adventures Trading into Africa.* (De koninklijke munt gedacht de wens van James om de 'kust van Guinea' te exploreren met het slaan van een nieuwe munt, die bekend zou worden als de *guinea,* die de handel lang zou overleven[28].) Veranderd in *The*

Royal African Company, zou deze firma de op een na grootste verscheper van slaven van Afrika naar Amerika worden.[29] (De prozaïsch klinkende aankondiging van de waar die de compagnie aanbood, staat in schril contrast met de gevolgen die ze in de loop van de eeuwen heeft gehad: 'De Koninklijke Compagnie is zich er al te zeer van bewust dat de *Engelse* plantages in *Amerika* behoefte hebben aan voldoende en voortdurende toevoer van *Neger-bedienden* voor de verzorging van de aanplant, en dat er al een behoorlijk aantal schepen is vertrokken en dat er, met Gods toestemming, binnen acht dagen nog zoveel meer schepen naar de kust van *Afrika* zullen zijn gezonden als nodig is voor het leveren aan voornoemde plantages van tenminste 3000 negers, en dat dit van tijd tot tijd een vervolg zal krijgen, zodat ze worden voorzien van voldoende en voortdurende opvolging [...]'[30])

Tijdens de eerste missie van de compagnie gaf James een schurkachtige Ier het commando over twee van zijn schepen, met de opdracht invallen te doen op de Kaap-Verdische Eilanden en aan de Guineese kust. Holmes deed wat hem was gevraagd: om te beginnen het plunderen van de Nederlandse slavenposten. De Nederlandse ambassadeur bracht de verontwaardiging van zijn regering over aan koning Charles (de twee landen hadden tenslotte vrede gesloten), en de koning probeerde de zaak als onbelangrijk af te doen. 'Ach, wat is Kaap-Verdië nou eigenlijk? Een stinkend oord; is het nu zo belangrijk om hier zo zwaar aan te tillen?'[31] Ondertussen moedigde het daverende succes zowel de prins als de diplomaat aan een volgende stap te zetten. Downing was ervan overtuigd dat hij zich overal uit zou weten te praten. 'Hoe hevig de Nederlanders hen ook verwonden', schreef hij over de oorlogsschepen van James, 'laat ze er zeker van zijn dat ze de Nederlanders dubbel en dwars terugbetalen en probeer de zaak niet bij te leggen [...]'[32]

Charles had nu enig vertrouwen in zijn geopolitieke pokerspel, en hij overhandigde Downing en zijn broer de volgende kaart. De kolonisatie van Noord-Amerika was het uiteindelijke doel geworden; de slavenhandel was ermee vervlochten. In maart 1664 ondertekende de koning een bijzonder document. Bij de schenking 'voor onze liefste broeder James Hertog van York, zijn erfgenamen en rechthebbenden' van een groot stuk van het Noord-Amerikaanse continent ('[...] samen met alle landstreken, eilanden, gronden, rivieren, havens, mijnen, mineralen, groeven, bossen, moerassen, wateren, meren, visplaatsen, valkenjachten, jacht en vogeljacht en alle andere privileges van de kroon, opbrengsten, producten en nalatenschappen van voornoemde eilanden, landstreken en zaken [...]'), was hij bijzonder gul.[33] Veel van het aangegeven land – van Maine tot Delaware – had hij kortgeleden nog toegezegd aan Winthrop voor zijn kolonie Connecticut. De gift aan zijn broer was bedoeld om een misverstand uit de weg te ruimen. De 'oorkonde van de hertog' had de 'rivier die de Hudson wordt genoemd' apart vermeld en hierin waren de mannen in Whitehall die zich bezighielden met de gang van zaken in de wereldeconomie in het bijzonder geïnteresseerd.

Als een olifant die opdoemt in de ochtendschemer, begon de volle omvang van het continent op de rand waarvan zich nu vier decennia lang Europese kolonies hadden gevestigd, nu voorzichtig door te dringen. Rond deze tijd werd ook duidelijk dat de kolonies van Nieuw-Engeland zich in een uithoek bevonden, met weinig mogelijkheden voor de toekomst. De bevers in het noordoosten werden met uitsterven bedreigd; de toekomst lag in het westen, wat inhield, in eerste instantie, dat ze de rivier de Hudson op moesten varen. En de toegang tot de Hudson was Manhattan. Dit werd bevestigd door het feit dat veel van hun eigen handel via Manhattan verliep, wat, zo berekenden de Engelse leiders nu, hen alleen al voor scheepsladingen tabak tienduizend pond per jaar kostte. Nu ze zich realiseerden dat het eiland de spil van de Amerikaanse kolonies was, bepaalde een commissie in januari 1664 dat het nodig was het in te nemen, en snel.[34] Verder wilden ze het zelf in handen krijgen en niet dat de Nieuw-Engelanders het eiland innamen.

Nu ze hun beslissing hadden genomen, ging de commissie snel tot handelen over. In maart werd de oorkonde ondertekend; een maand later ontbood James een man, Richard Nicolls.[35] Nicolls was veertig en zijn hele leven al trouw aan het Koninklijk Huis. Hij was ten tijde van de Britse Republiek op de hand van de prins gebleven en had samen met hem gestreden in Frankrijk. Hij was even slim als capabel. James vertelde hem dat Noord-Amerika aan hem werd toevertrouwd. Hij zou de leiding krijgen over vier oorlogsschepen en vierhonderdvijftig man; ze zouden binnen een maand vertrekken.[36] Kort daarna voer ook James uit en oefende op Het Kanaal met de vloot, aan de zeelucht kon hij ruiken dat op zijn aanval op Manhattan nog meer aanvallen op de Nederlanders zouden volgen.[37]

Ondertussen zeilde Nicolls naar het westen. Het squadron voer onder goede omstandigheden uit. Maar op de zestiende dag werden ze overvallen door zijwind en slecht weer, en in 'bijzonder dichte mist' raakten Nicolls en zijn vlaggenschip, de van zesendertig kanonnen voorziene Guinea de twee andere schepen kwijt. Tien weken nadat ze uit Portsmouth waren vertrokken, bereikten de vaartuigen de kust, twee bij Cape Cod, de andere twee zuidelijker bij Piscataway.

Toen hij in Boston van boord ging, stuurde Nicolls boodschappers met brieven van koning Charles naar de gouverneurs van Nieuw-Engeland, waarin hen werd verteld dat er stappen werden ondernomen voor 'het welzijn en de vooruitgang van onze vestigingen in Amerika'.[38] Niet Stuyvesant, maar Winthrop was duidelijk degene die het meest verrast was door de komst van Nicolls. Nicolls had van James het bevel gekregen om 'Winthrop [...] duidelijk te maken dat er sprake was van een andere aanpak' – de koning had zich dus niet aan zijn belofte gehouden.[39] In één klap was er een einde gekomen aan de droom van Winthrop over een continent-brede kolonie van Connecticut. Maar, slim politicus als hij was, stelde hij al snel zijn verwachtingen bij; de leiders van Massachusetts zochten uitvluchten en mopperden, balend van de gedachte macht te moeten afstaan aan de kroon, maar Winthrop bood aan om te helpen bij de onderhandelingen met Stuyvesant. En Nicolls nam dit aanbod aan.

Stuyvesant zat ondertussen, nota bene, tweehonderdveertig kilometer ten noorden van Manhattan in Fort Oranje, waar er problemen waren met de Mohawks. Het was niet zo dat hij niet op zijn hoede was, maar hij was misleid. Via een van zijn Engelse vrienden had hij van het Engelse squadron gehoord nog voor het aan land was gekomen, en hij had opdracht gegeven zijn hoofdstad te versterken – er stonden wachten op de uitkijk, de verdediging werd in gereedheid gebracht, er werden mannen naar de kustgebieden van Lange Eylandt gestuurd om informatie in te winnen over de aankomst van de schepen. Toen werd een opmerkelijke brief uit Amsterdam afgeleverd. Voordat het squadron was vertrokken, had Downing het ongebruikelijke initiatief genomen om de Nederlandse regering op de hoogte te stellen van het bestaan ervan – om de Nederlanders te verzekeren, zei hij, dat ze nergens bang voor hoefden te zijn; Engeland stuurde slechts een commandant die de regering van de kolonies van Nieuw-Engeland zou inspecteren.

De Nederlandse leiders trapten er helemaal in; de directeuren stonden erop dat Stuyvesant niet gealarmeerd hoefde te worden. Nicolls missie had niets met hem te maken, en de Engelse inwoners van de Nederlandse kolonie zouden 'van nu af aan geen problemen meer geven', want ze 'willen liever vrij en in vrede met hun geweten onder ons leven', dan het risico lopen te worden vervolgd door 'een regering waar ze in het verleden voor waren gevlucht'. Dus Stuyvesant verminderde zijn bewaking en voer als gepland de Hudson op, en zodra hij arriveerde bereikte hem het nieuws van de op handen zijnde ramp. Hij zeilde terug naar Manhattan en trof zijn eiland in grote opschudding aan. De Engelse oorlogsschepen lagen op een strategische positie in de toegang tot de haven en sloten hierdoor de rivier af van het eiland Manhattan. Mensen die van het veer vanuit Breuckelen kwamen, hadden het over inwoners van de Engelse steden die zich groepeerden tot compagnieën met infanteristen. Zeelieden van een Nederlands schip dat in de Baai van Gravesend voor anker lag, vertelden dat de Engelse schepen op hen hadden geschoten.

Terwijl hij met zijn houten been het fort binnenstampte, dicteerde Stuyvesant een brief aan het secretariaat van de kolonie, die werd afgegeven op het schip van Nicolls, met de vraag wat hij hier kwam doen en met de hoopvolle verklaring dat Stuyvesant 'verwacht dat er geen sprake is van plannen die de kolonie schade kunnen berokkenen'.[40] Het antwoord van Nicolls kwam de volgende ochtend, een boodschapper gaf een brief aan Stuyvesant waarin stond dat 'ik verzoek, in de naam van de koning, om de stad, gelegen op het eiland dat bekend staat onder de naam Manhatoes, met alle forten die erbij behoren, over te leveren aan het gezag van de koning en onder mijn bescherming'. De koning was niet uit op 'de verspilling van christelijk bloed', maar als de Nederlanders zich niet over zouden geven, dan zouden ze worden geconfronteerd met 'de rampspoed van de oorlog'.[41]

Stuyvesants reactie op dit schot voor de boeg was kort maar krachtig: hij stuurde de brief terug omdat hij niet was ondertekend. Waarop Nicolls nog een brief schreef:

Aan de hooggeëerde gouverneur van Manhatoes.[42]
Geachte Heer.
Het niet signeren van deze ingesloten brief, toen deze voor de eerste keer door kolonel Cartwright aan u werd bezorgd, was een veronachtzaming die nu is gecorrigeerd, en ik moet het ontbreken ervan toeschrijven aan mijn overhaaste enthousiasme bij het schrijven van mijn antwoord op de brief die ik van u ontving op de 19/26de, ik heb er niets meer aan toe te voegen, alles staat in de brief, ik hoop alleen dat u snel antwoordt, om ongemakken te voorkomen, ik ben u ten zeerste dankbaar.
Uw toegenegen nederige dienaar,
RI: NICOLLS

De stedelingen renden met de laatste nieuwtjes en geruchten door de straten. Stuyvesant bleef in dit soort situaties rustig. Hij kende alle relevante feiten. In Nieuw-Amsterdam waren misschien tweehonderdvijftig man in staat te vechten. Nicolls had bijna tweemaal zoveel man tot zijn beschikking, een verzameling van minstens duizend soldaten op Lange Eylandt, en ook nog de vuurkracht van zijn schepen. Het fort was uitgerust met kanonnen, maar er was zo weinig kruit dat ze van geen betekenis waren. De situatie leek hopeloos, maar Stuyvesant scheen niet te twijfelen: ze zouden zich doodvechten. Iets anders, zo vertelde hij aan het stadsbestuur, 'zou [thuis] worden veroordeeld'.[43]

Op dit beslissende moment naderde, met gehesen vlag, een roeiboot de oever. Aan boord zat, hondsbrutaal, Winthrop, met nog een paar Nieuw-Engelanders. Ze vroegen om een ontmoeting, en Stuyvesant nam ze mee naar een tapperij. Winthrop drong er bij zijn 'vriend' op aan zich over te geven en overhandigde hem een brief met de voorwaarden van Nicolls. Het waren grootmoedige voorwaarden – bijna overdreven – en toch voelde Stuyvesant er niets voor om erop in te gaan. Later, in het stadhuis, vroegen de ambtenaren van de stad naar de brief en lieten deze zien aan de inwoners. Stuyvesant kende zijn mensen: de weerstand zou afnemen zodra ze hoorden van de voordelige voorwaarden. Dus verscheurde hij de brief. Hierop werd de menigte woest. Lang onderdrukte gevoelens kwamen naar boven. De compagnie, Stuyvesant zelf, het bestuur van de kolonie – het was allemaal één grote schijnvertoning, nooit was hier verandering in gekomen. Jarenlang hadden ze aanvragen en petities ingediend, met het verzoek om een stem in het bestuur en hij had het allemaal honend naast zich neer gelegd, hen bestempeld als kinderlijke gekken die niets begrepen van de complexiteit van het bestuur. En al die tijd had hij zich gedragen als een brave soldaat die de bevelen van een bankroete bureaucratie blindelings had opgevolgd. En nu wilde hij dat zij zich op zijn bevel doodvochten. Waarom zouden ze? Waarom zouden ze hun bloed verspillen en de aanvallers proberen af te weren, terwijl ze allemaal wisten dat de West-Indische Compagnie ondanks zijn aandringen geen versterkingen had gestuurd? Het zou nog hout hebben gesneden als de compagnie hun petities naast zich neer had gelegd omdat ze vonden dat hun aanpak beter was, maar er was niet eens sprake van een aanpak.

Op het laatst vroegen de stadsbestuurders nogmaals om de brief. Wrang bood Stuyvesant hen de stukken papier, die Nicasius de Sille aannam en voorzichtig aan elkaar plakte.[44]

Ondertussen loodste Nicolls, die zat te wachten op een antwoord van Stuyvesant, zijn schip voorwaarts, tot op schootsafstand van de stad. De Engelse bewoners van Lange Eylandt hadden zich, met musketten en speren, verzameld aan de oever van Breuckelen. Ook enkele Franse kaapvaarders in de omgeving hadden lucht gekregen van de gebeurtenissen en spoedden zich naar Manhattan.

Er is sprake van een bijna Shakespeariaans tafereel, waarin Stuyvesant moeizaam de kantelen van zijn fort beklimt en van daar, met zijn lange haren wapperend in de wind, kijkt naar de kanonnen die op zijn stad zijn gericht.[45] Op dit moment, dat voor altijd de geschiedenis in zou gaan, schijnt hij bijna de status van tragische held te hebben bereikt, met zijn leiderschap, zijn eigenaardige mengeling van sterke en zwakke karaktertrekken, waarmee hij de stad had opgebouwd, maar die er ook de oorzaak van was dat zijn eigen mensen zich tegen hem hadden gekeerd. (Om zijn familie er nog bij te halen: zijn zeventienjarige zoon, Balthazar, had partij gekozen voor de stadsbestuurders.) Er stond een eenzame kanonnier aan zijn zijde, in afwachting van zijn commando om het kruit te ontsteken. Het moet verleidelijk zijn geweest. Een enkel kanonsalvo op de schepen, die vlak buiten de muren voor anker lagen, zou hebben volstaan. Het zou een golf van geweld hebben losgemaakt, een storm die de stad zou verzwelgen, die een einde zou maken aan de kwellingen, op een manier zoals kwellingen beëindigd behoorden te worden, met het weldadige, alle kritiek verstommende bloed en vuur.

Toen, op het meest onheilspellende moment, kwam de kerk verlichting brengen. Twee predikanten uit de stad, vader en zoon, beiden met de zwaarwichtige, ronkende naam Megapolensis, verschenen aan zijn zijde. Op dit moment dringt zich de gedachte op aan de vader van Stuyvesant, en zijn levenslange tweestrijd tussen onverzettelijke trouw aan de Kerk, gepersonificeerd door het predikantschap van zijn vader, en die stevige rebelse trek. Misschien was het de Kerk die hem over de lijn trok. Aan de andere kant telden ook de oorlogsschepen, de kanonnen, de Franse kapersschepen en de fonkelende strook wapentuig aan de andere oever mee bij zijn militaire afwegingen. Hij wist wat die speren en de afwachtende vuile blikken van de buitenlanders betekenden. Het was een eeuwenoud oorlogsgebruik dat als een belegerd fort een schot afvuurde, dit het teken was voor de tegenstanders om te plunderen en roven; de stad zou met de grond gelijk gemaakt worden. Was hij echt bereid om de mensen met wie hij zeventien jaar had geleefd bloot te stellen aan zoiets?

Op gedempte toon spraken de predikanten enige tijd met hem en vervolgens klommen de drie mannen naar beneden.[46]

Maar nog steeds wilde hij niet wijken. Hij schreef nog een brief aan Nicolls en refereerde aan de geschiedenis van de Nederlandse aanspraken op het gebiedsdeel, terwijl hij benadrukte dat 'wij verplicht zijn ons gebied te verdedigen', en hem vertelde dat hij bericht had ontvangen uit Holland over een verdrag tussen de twee landen en hij stelde Nicolls voor dit na te vragen bij het thuisfront voordat hij de beslissende stap zou zetten.[47] Het zal misschien bluf zijn geweest, maar Stuyvesant had gelijk als hij dacht dat deze zet van Engeland overhaast was. Anders dan wat ambassadeur Downing koning Charles had verzekerd, waren de Nederlanders wel degelijk bereid te strijden om hun belangen te verdedigen. Op datzelfde moment was de grote Nederlandse admiraal Michiel de Ruyter bezig een krijgstocht voor te bereiden naar West-Afrika. Aan het einde van zijn tocht waren bijna alle Nederlandse slavenposten die James had veroverd weer in Nederlandse handen. Er zou een regelrechte oorlog volgen, en zoals bekend zouden de Nederlanders de Tweede Engelse Oorlog winnen, wat de vorming van een Engels wereldrijk zou bemoeilijken.

Toch, over het geheel genomen ging het de Engelsen voor de wind. Met deze gebeurtenissen aan het einde van de zomer van 1664, zou het eiland de spil zijn waaromheen de eeuw zou draaien, en toen dat eenmaal zo was, was het gedaan met de slappe hoeden, de interieurs van Vermeer, 'vrolijke groepsportretten' en het blauw-witte Delftse aardewerk; dat alles behoorde tot het verleden en de tijd was rijp voor de *raj* en de roodrokken, *Brittannia rules the waves*.

Uiteindelijk stond Stuyvesant er alleen voor. Al zijn mensen hadden hem verlaten. De leidende burgers van Nieuw-Amsterdam – drieënnegentig, onder wie zijn zoon – tekenden een petitie waarin ze hem verzochten 'ellende, zorgen, een grote brand, ontering van vrouwen, vermoorden van kinderen in hun wiegen, en, samengevat, het volledig ruïneren en verwoesten van ongeveer vijftienhonderd onschuldige zielen' te voorkomen.[48] Terwijl hij het las, schoot het misschien door zijn hoofd dat deze brief zijn gelijk bevestigde: deze snelle bereidheid tot overgave, dit gebrek aan ruggengraat, deze afwezigheid van vaderlandslievendheid waren het gevolg van een bastaardmaatschappij. Het vermengen van godsdiensten en rassen verzwakte het volk en dit was het bewijs. Het zou te ver gaan om te denken dat de stedelingen geen gevoel voor loyaliteit hadden, maar het was een praktisch volk, en ze hadden hoe dan ook weinig keuze. In hun laatste petitie aan Stuyvesant gaven ze aan dat ze bereid waren hun buren en hun kolonie te steunen, maar dat ze er geen moeite mee hadden afstand te nemen van de compagnie die hen weerloos had achtergelaten.

En dat deden ze. De vijftienhonderd inwoners van Nieuw-Amsterdam, de tienduizend bewoners van de kolonie van Nieuw-Nederland keerden zich af van de compagnie die hen zo lang had genegeerd. Griet Reyniers, de voormalige Amsterdamse serveerster die de eerste prostituee van Manhattan werd, deed afstand van de compagnie. Zo ook haar man, Anthony 'den Turk' van Salee, de half-Marokkaanse voormalig piraat. Ze waren nu welgestelde landbezitters op Lange Eylandt en hun vier dochters waren getrouwd met ambitieuze zakenlieden uit Nieuw-Amsterdam.[49] Joris Rapalje, met zijn bruid Catalina Trico die Adam en Eva van de kolonie waren, was pas overleden, maar Catalina stond nog midden in het leven, evenals haar volwassen kinderen en hun families, en ook zij gaven er de voorkeur aan zich te schikken, in plaats van te sterven. Hetzelfde gold voor Asser Levy, de Poolse jood die met Stuyvesant had gestreden om de rechten van de joden, en nu de eigenaar was van de eerste kosjere slagerij van Manhattan[50], en voor Manuel 'de Reus' Gerrit, de Afrikaan die in 1641 aan ophanging was ontsnapt en die de afgelopen vijf jaar had geleefd als vrije landeigenaar op een boerderij nabij de hoeve van Stuyvesant.[51] Voor al deze mensen zou het vredige leven onder een Engelse prins die beloofde het leven voort te zetten zoals zij dat gewend waren, verre te prefereren zijn boven het gevecht en de dood.

En dus gaf hij toe. 'Ik zou hier liever dood afgevoerd worden,' zei hij, en iedereen geloofde hem op zijn woord, maar in plaats daarvan wees hij zes mannen aan die contact moesten opnemen met de Engelsen en moesten onderhandelen over de voorwaarden.[52] Ze troffen elkaar op de boerderij van Stuyvesant. En op de maandag die volgde, om acht uur 's ochtends, leidde de vierenvijftigjarige gedrongen Stuyvesant, met zijn kuras, zijn mankepoot en zijn kleine, bolle ogen, met tromgeroffel en zwaaiende vlaggen een militaire stoet het fort uit.

Toen alle aandacht zich verplaatste naar de waterkant, waar Nicolls en het overgrote deel van zijn troepenmacht aan land kwam, trok een kleine groep Engelse soldaten het verlaten fort in. Buiten waaide de zeewind over de geïnteresseerd toekijkende menigte afkomstig uit zo vele landen. De inwoners zagen hoe een Engels dundoek in de vlaggenmast werd gehesen en hoorden de verklaring van Nicolls aan dat de stad hernoemd werd naar zijn patroon de hertog van York en Albany. Ondertussen klommen enkele soldaten naar het kantoor van de secretaris van de kolonie, boven de poort. Bij elke verandering van het gezag is het in beslag nemen van de archieven een van de eerste stappen, want wie de belangrijkste documenten van een samenleving beheert, heeft zeggenschap over haar verleden en toekomst. De soldaten troffen aan wat ze zochten: rijen dikke met leer ingebonden boeken, achtenveertig stuks in totaal, op de ruggen achtereenvolgens genummerd, A tot Z, en dan AA tot PP. Testamenten, schenkingen, notities, brieven, klachten, petities, confrontaties, overeenkomsten – het was er allemaal, nauwkeurig bijgehouden, jaar in, jaar uit, dag in, dag uit, het verhaal van de eerste gemengde Amerikaanse maatschappij.

15

NAGELATEN KENMERKEN

Toen Stuyvesant de kolonie overgaf, was de mythe over de oorsprong van Amerika al in het leven geroepen. In 1660 begon een handvol geestelijken uit Nieuw-Engeland de lof te zingen van de generatie van hun ouders en grootouders, die de moed hadden gehad de oceaan over te steken en in de wildernis een nieuw leven te beginnen.[1] Het verhaal dat zij bedachten was van begin tot eind bijbels. Volgens hun bescheiden verhaal waren hun voorvaderen niet minder dan door God uitverkoren mensen en Amerika (in dit geval: Nieuw-Engeland) was het beloofde land. Ten tijde van de Revolutionaire Generatie, een eeuw later, was dit verhaal een mythe geworden. John Adams, die zelf afstamde van de eerste puriteinen, zag de pelgrims als degenen die de Amerikaanse saga in gang hadden gezet.[2]

De puriteinen drukten zonder meer hun stempel op het land. Ze waren praktisch, openhartig, zakelijk, trouw – allemaal trekken die Amerikanen na Adams hebben bewonderd en trachtten te evenaren. Maar zoals veel mensen de laatste decennia hebben vastgesteld, waren de puriteinen ook opgeblazen dwepers. Hun soort bestuur was een theocratie. Deze was geworteld in intolerantie: godsdienstvrijheid was, in de woorden van een prominente predikant uit Nieuw-Engeland (die voorzitter werd van de Universiteit van Harvard), het 'allergruwelijkste wat er was'.[3] 'Het is des satans om te pleiten voor eindeloze en grenzeloze tolerantie,' verklaarde een ander.[4] Het systematisch optreden van de puriteinen tegen alternatieve standpunten was wreed, ongebruikelijk en dodelijk.[5] Leden van de baptistische kerk, quakers, of mensen die behoorden tot een andere protestantse sekte, werden geslagen met een geknoopte zweep ('om hun vlees te verwonden en hen pijn te laten lijden'), in de boeien geslagen en hun werd de oren afgesneden. Ze kregen er met een zweep van langs, werden vervolgens aan een kar gebonden en door de diepe sneeuw rondgereden, in 'de witte sneeuw' ontstonden fraaie patronen van 'karmozijnrood bloed'. Ze werden tijdens publieke terechtstellingen opgehangen. Sommigen werden na ophanging naakt door de straten gesleept. Het betrof hier geen massale 'lynchpartijen', maar straffen van juridische autoriteiten die zich baseerden op een officieel beleid van intolerantie. Later, rond 1680, volgde de gekte van de hekserij, die de geschiedenis in is gegaan als een bijzonder levendig voorbeeld van de gevaren die kleven aan de vermenging van staat en religie.

Uit de puriteinse gedachte dat ze uitverkorenen waren – hun geloof dat de oude wereld ten onder was gegaan aan verdorvenheid, en zij de opdracht hadden van God om de mensheid te redden door een nieuwe maatschappij te stichten in een nieuwe wereld – ontstond het Amerikaanse geloof dat de Amerikaanse maatschappij even goddelijk was. In 1845 bedacht journalist John O'Sullivan de zin die deze doctrine het continent over zou voeren, toen hij verklaarde dat 'het recht van onze onloochenbare bestemming om ons over het hele continent te verspreiden en het te bezitten, ons door de voorzienigheid is gegeven voor de ontplooiing van het nobele experiment van vrijheid en gefederaliseerd zelfbestuur'.[6] Aan het begin van de twintigste eeuw breidde president Woodrow Wilson het concept van de Onloochenbare Bestemming uit naar de hele wereld.[7] Na de Eerste Wereldoorlog bepaalde Wilson dat de Verenigde Staten, vanwege de 'pure begaafdheid van hun volk en de groei van onze macht' en omdat ze het 'visioen hadden gezien dat andere naties niet hadden gezien', niet alleen 'een bepalende grootheid in de geschiedenis van de mensheid' waren geworden, maar 'het licht van de wereld'.

Deze overtuiging leeft vandaag de dag nog steeds voort, en is direct te herleiden tot de puriteinen. Toen de zonen van deze eerste leiders, Cotton Mather, Thomas Hutchinson, Jeremy Belknap, Thomas Prince – hun opvattingen op schrift stelden, vond hun verhaal bereidwillige lezers. Natuurlijk, in deze versie van de oorsprong van Amerika waren de vertellers Engels en de toehoorders ook. Volgende generaties groeiden op in het geloof dat de wortels van Amerika Engels waren en dat er later andere tradities in verweven werden. En dat is ook te zien in de geschiedenis, nietwaar? De dertien oorspronkelijke kolonies waren Engelse kolonies. Het bewijs is overtuigend: de taal die we spreken is Engels, onze politieke tradities zijn Engels, veel van onze gewoonten zijn Engels. Dit is allemaal zo vanzelfsprekend dat we er geen vraagtekens meer bij plaatsen.

Maar wij moeten er wel vraagtekens bij plaatsen. De oorspronkelijke kolonies waren niet allemaal Engels, en de multi-etnische samenstelling van Manhattan is nu juist belangrijk. Het feit dat de Nederlanders eens een uitvalsbasis in Noord-Amerika hadden gevestigd is alom bekend, maar nadat dit is vastgesteld, doet de nationale mythe het onmiddellijk af als irrelevant. Het was klein, het heeft maar korte tijd bestaan, het was onbeduidend. Dat waren *wíj* niet, spreekt hier indirect uit, maar iemand anders, een buitenaardse mengeling van mensen – met vreemde gewoonten en een andere taal – die korte tijd opdoken en toen verdwenen, met achterlating van slechts wat sporen.

Dat klopt niet. De kolonie was niet klein te noemen, hoewel ze qua inwonertal al snel door Nieuw-Engeland werd voorbijgestreefd. Ze besloeg het hele middengedeelte van de oostkust en omvatte delen van vijf van wat later de dertien oorspronkelijke staten zouden zijn. Ook hebben we een gestaag groeiende hoeveelheid historisch bewijs – van geschreven bronnen – , dankzij de vertaling en publicaties waaraan wordt gewerkt. Maar zonder meer de meest voor de hand liggende reden waarom de Nederlandse kolonie van belang is, is dat er hier geen sprake is van een nederzetting in een of andere duistere uithoek, in een verborgen vallei of op een ontoegankelijke helling. Wij hebben het hier over Manhattan. Het zou merkwaardig zijn als de kolonisten van het geografisch meest belangrijke eiland van het continent, dat zou dienen als de toegangspoort van dat continent voor Europa, níet een stempel had gedrukt op het land dat zijn vorm nog moest krijgen.

Als we kijken wat er gebeurde na de Engelse overname, dan doen we er allereerst goed aan ons te realiseren dat 'de Nederlanders' nergens heengingen. Voor de mensen uit heel Europa die op Manhattan, op Long Island, in het zuiden langs de rivier de Delaware en aan de andere kant van de rivier van Manhattan, in wat de Engelsen eerst 'Albania' (*sic!*) noemden, in tweede instantie New Jersey, huizen hadden gebouwd en gezinnen hadden gesticht, bestond er geen aanleiding om te vertrekken nadat Stuyvesant zijn kolonie had overgedragen. In feite bleven schepen uit de Nederlandse Republiek, met hun gemengde ladingen met Europese kolonisten, aankomen in de haven van New York.[8] (Notarissen in Amsterdam zetten tot ver na 1680 vrolijk 'Nieuw-Nederland' – en soms 'New York in Nieuw-Nederland' – op emigratiepapieren.[9]) En Richard Nicolls – die de eerste gouverneur van New York werd nadat hij de overgave van Stuyvesant had geaccepteerd – en zijn opvolgers moedigden de handel met hun oude vijand zelfs aan. Om ervoor te zorgen dat de banden bleven bestaan, benoemden ze zelfs prominente Nederlandse handelaren in hun economische raden. Dat was omdat de Engelse gouverneurs al snel ontdekten dat ze zich in de lastige maar inspirerende positie bevonden dat ze meer met de wereldhandel verbonden waren dan Londen zelf.

Na de overname door de Engelsen nam New York meteen een unieke plaats in in de wereld: de enige havenstad die verbonden was met de twee grootste handelsnaties van de wereld. Het verbreken van de connecties met de grote handelsfirma's van Amsterdam zou de ondergang van hun felbegeerde bezit betekend hebben, juist op het moment dat dit zich snel begon te ontwikkelen. De handelaars, bakkers, brouwers, barkeepers, smokkelaars en zwendelaars van de stad zouden zich al snel hetzelfde realiseren als de gouverneurs, en de kracht ervan voelen: hun eiland was niet langer een Nederlandse nederzetting, maar ook geen Engelse. Het volgde een eigen weg.

Het gegeven van de Engelse overname roept het beeld op van een nieuwe start, een huis dat wordt ontdaan van bezittingen van de voorgaande huurder en vervolgens gevuld met de totaal andere eigendommen van een nieuwe huurder. Maar wat er in plaats hiervan gebeurde, had meer weg van samenwonen. De Nederlandse tijd ging op 6 september 1664, om acht uur 's morgens naadloos over in de Engelse tijd. Wij kunnen ons voorstellen hoe het geroffel van paardenhoeven op de droge grond klonk toen twaalf ruiters, die over de Hoofdweg naar het noorden reden en vervolgens over de Bouwerie Weg in oostelijke richting, tot stilstand kwamen voor de boerderij van Peter Stuyvesant. Misschien stopten ze even om de lucht van het platteland op te snuiven; hier werden akkers bebouwd, werden groepjes bomen afgewisseld met zoute moerassen. (Tegenwoordig staan op deze plaats een Arabisch krantenstalletje, een Jemenitisch-Israëlisch restaurant, een pizza-kraam, een Japans restaurant en een joodse delicatessenwinkel.) Traditiegetrouw waren bij deze bijeenkomst noch Stuyvesant, noch Nicolls aanwezig, maar hadden beiden een aantal gevolmachtigden gekozen om te onderhandelen over de overdracht van de kolonie. Stuyvesant koos vier Nederlanders, een Engelsman en een Fransman; de gevolmachtigden van Nicolls waren twee van zijn assistenten en vier Nieuw-Engelanders, onder wie John Winthrop.

Wij kennen de details van de onderhandelingen niet, wat jammer is omdat het lijkt alsof Peter Stuyvesant wat van standpunt is veranderd na de lange strijd met de kolonisten, in het bijzonder met Adriaen van der Donck. De persoonlijke instructies die Nicolls van de koning had gekregen stonden hem alleen toe de Nederlandse kolonisten te vertellen dat 'zij al hun bezittingen mochten behouden (behalve het fort), evenals de vrijheid om handel te drijven met onze andere goede ondergeschikten in deze regionen'.[10] Maar Stuyvesant schijnt zijn mannen te hebben opgedragen aan te dringen op specifieke garanties, en die kregen ze ook. Het eindresultaat van de onderhandelingen, de zogenaamde *Articles of Capitulation, Artikelen van Overgave*, vormen een opmerkelijk document. Erin opgenomen – en later uitgebreid met de oorkonde van de stad New York waarin de rechten van de stad staan beschreven – was een garantie voor rechten die in geen enkele Engelse kolonie werd geëvenaard. 'De Nederlanders hier zullen de vrijheid van hun geweten hebben,' stond er.[11] De mensen konden gaan en staan waar ze wilden. De handel zou op geen enkele manier een strobreed in de weg worden gelegd: 'Nederlandse schepen mogen hier vrijelijk komen.' En heel opvallend was dat de politieke leiders van de kolonie 'hun werk mochten voortzetten', op voorwaarde dat ze trouw zwoeren aan de koning, en in de toekomst 'zal de stad Manhattan afgevaardigden kiezen, en deze afgevaardigden zullen een vrije stem hebben in alle openbare aangelegenheden'. Als voorafschaduwing van de *Bill of Rights*, stelden ze bovendien dat 'de stadsbewoners van Manhattan geen enkele soldaat ingekwartierd zullen krijgen'.[12]

Het is mogelijk dat deze ongebruikelijke opsomming van vrijheden goedgekeurd was door de hertog van York zelf, die had aangegeven dat hij wilde dat de inwoners van Manhattan 'meer vrijstellingen en privileges zouden krijgen dan andere delen van mijn grondgebied hebben'.[13] Als James inderdaad de genius is achter deze artikelen, dan verdient hij het dat zijn naam verbonden is aan de stad. De gedachte was dat het aan de bewoners van het eiland toegestaan zou worden hun manier van leven te handhaven om de bijzonder goede reden dat de plaats functioneerde. Men moet zich realiseren dat de nieuwe stad New York voor mensen uit de zeventiende eeuw een curiositeit was, met haar grote variëteit in huidskleuren, talen en manieren van bidden, allemaal vreedzaam naast elkaar levend. De Engelse leiders in het paleis van Whitehall waren zich zeker bewust van dit ongewone karakter van het eiland aan de andere kant van de oceaan, en het heeft ze misschien in verwarring gebracht, maar tegelijkertijd begrepen ze dat dit deel uitmaakte van wat de stad deed functioneren.

Toch staat nergens beschreven dat de Engelsen deze specifieke lijst met garanties die terechtkwam in de *Artikelen van Overgave* aanboden. Het ligt voor de hand aan te nemen dat de Nederlandse afgevaardigden, op bevel van Stuyvesant, op enkele voorwaarden hebben aangedrongen. Als dat het geval was, dan was er sprake van een ironische ommekeer. Want een dergelijke reeks individuele rechten en vrijheden, die de unieke samenleving die in de kolonie was ontstaan moest waarborgen, was precies waar Van der Donck voor had gestreden en precies datgene waartegen Stuyvesant zich, gedurende de zeventien jaar dat hij er in dienst was geweest, had verzet. Nu, geconfronteerd met het einde van de heerschappij van de West-Indische Compagnie, die hij vastberaden, halsstarrig had gehandhaafd, scheen hij bakzeil te hebben gehaald. Zijn eigen soort leiderschap kon de plaats niet redden, daarom bood de visie van Van der Donck – door het bestuur ondersteunde vrije handel, godsdienstvrijheid en een soort plaatselijke politieke vertegenwoordiging – in de onzekere toekomst de beste bescherming voor haar inwoners. Als Stuyvesant dit tijdens deze laatste uren heeft bedacht, rijst de vraag: waarom? Een deel van het antwoord kan erin gelegen zijn dat hij, ondanks de onrust in de jaren dat hij gouverneur van de kolonie was, om de kolonie en haar bewoners gaf. Sommige bewoners zouden deze stelling misschien bestreden hebben, maar blijkbaar had hij toch een hart. Het tweede deel van het antwoord is dat Stuyvesant begreep hoe macht in elkaar stak. Als hij de kolonie dan toch op moest geven, dan kon hij de macht beter opsplitsen en ervoor zorgen dat een deel ervan terechtkwam bij de mensen van de kolonie, in plaats van dat de Engelsen beslisten wat er zou gebeuren. Het resultaat hiervan was helemaal geen verandering van zijn karakter, geen complete ommezwaai, maar een bijstelling die een ironisch einde betekende van de lange worsteling met de kolonisten.

Misschien was Stuyvesant na afloop van de onderhandelingen daarom toch wel enigszins tevreden. Maar als dat al zo was, dan toch in beperkte mate. Hij was zijn kolonie kwijt, en de directeuren van de West-Indische Compagnie wreven zout in de wonden door hem op te dragen naar Amsterdam terug te keren om daar te worden berecht omdat hij 'schuldig was aan nalatigheid' door zich over te geven. Na een beroerde reis op een schip waarvan de naam Het Gekruyste Hart hem wrang moet hebben doen gniffelen, bevond Stuyvesant zich in een min of meer vergelijkbare positie als Van der Donck meer dan tien jaar eerder: hij verdedigde zich voor de Staten-Generaal, en de West-Indische Compagnie beschuldigde hem ('veronachtzaming of verraad [...] schandalige overgave'[14]), hij mocht niet naar Amerika terugkeren en was balling in Nederland en gescheiden van zijn familie. Nog een teken dat Stuyvesant een soort transformatie had ondergaan met het verlies van de kolonie, is het feit dat hij ter verdediging enkele getuigenissen aanhaalde van dezelfde inwoners van Manhattan die zich hadden verzet tegen zijn alleenheerschappij, en die nu verklaarden dat hij alles had gedaan wat in zijn mogelijkheden lag om de kolonie bijeen te houden.

Het feit dat Stuyvesant een verzoek indiende om terug te keren, kan niet buiten beschouwing worden gelaten. Net als Van der Donck, maar dan langs een hele andere weg, was ook hij Amerikaan geworden. Hij heeft inderdaad in de weken na de Engelse overname zijn zoon weggestuurd naar de Caraïben om zijn geluk daar te beproeven (na aankomst op Curaçao schreef Balthazar Stuyvesant naar huis wat hij allemaal meemaakte en hij vroeg zijn neef om 'erop toe te zien dat de meisjes op Manhattan goed op zichzelf passen' en 'ze met een kusje van mij te begroeten').[15] Maar Amerika was het thuis van Stuyvesant, en uiteindelijk gaven de Staten-Generaal hem toestemming terug te keren. Hij sleet de rest van zijn dagen als bewoner van de snelgroeiende stad, een herenboer, een grootvader, een bekend man die altijd door de plaatselijke bewoners 'de generaal' werd genoemd, een historisch curiosum voor de pas gearriveerden. De overtreffende ironie van zijn leven was dat hij pas door overgave van zijn kolonie het respect van zijn medekolonisten wist te verkrijgen. Uiteindelijk had hij zich bij hen gevoegd, maar niet als inwoner van Nieuw-Nederland. Hij stierf – in 1672, op tweeënzestigjarige leeftijd – als New Yorker.[16]

Nicolls was ondertussen erg tevreden over de overeenkomst die hij had gesloten. Zonder een schot te lossen, had hij iets weten te bemachtigen waarvan hij wist dat het nu al veel waarde had en in de toekomst alleen maar meer waard zou worden. Alle Engelse leiders schenen zich bewust van de reikwijdte van deze prestatie. 'Ik zag dat de stad op Manatos Eiland onderworpen werd aan de gehoorzaamheid van onze soevereine Heer de Koning,' schreef Winthrop nadat de stukken waren ondertekend, 'waardoor de weg vrij is voor de uitbreiding van de Koninklijke Domeinen, door de vrij te maken wildernis in de loop van de tijd te vullen met plantages van de onderdanen van de Majesteit [...]'[17] Nicolls schreef een brief aan de hertog, bijna kraaiend van vreugde over zijn verdienste, waarin hij verklaarde dat New York 'de beste van alle steden van de koning in Amerika is', en hij voorspelde dat het binnen vijf jaar de belangrijkste haven zou zijn voor de handel tussen Engeland en Noord-Amerika.[18]

Toen het nieuws van de overname koning Charles bereikte, schreef hij een zwierige brief aan Frankrijk. Zijn zuster Henriëtte – de hertogin van Orleans, schoonzus (en voormalig geliefde) van Lodewijk XIV – was zijn naaste vertrouwelinge. 'U zult wel gehoord hebben dat we Nieuw-Amsterdam hebben veroverd, wat vlak bij Nieuw-Engeland ligt,' schreef hij haar opgewekt. 'Dit is een plaats die erg belangrijk is voor de handel en een uitstekende stad.' De Nederlanders hadden wonderen verricht met dit eiland in de wildernis, stelde de koning vast, 'maar wij zullen ervan profiteren, en het heet nu New York'.[19]

*

Toch zou de overgave in 1664 niet het einde betekenen van de strijd om de kolonie tussen de twee grootmachten. Downing had ten onrechte gedacht dat de Nederlanders week waren geworden en niet wilden vechten. De overname van Manhattan was mede de oorzaak van het ontvlammen van de Tweede Engelse Oorlog, waarin de Nederlandse oorlogsschepen terug zouden slaan door de Engelse handelspost Suriname, ten noorden van Brazilië in te nemen, waardevol vanwege de suikerplantages, en het specerijeneiland Palau Run in Oost-Indië. Anderen zeilden een zijrivier van de Thames op, *The Medway*, waar ze de Engelse vloot verrasten en enkele van de beste schepen in brand staken, en de Britse regering dwongen over vrede te onderhandelen. Met een kortzichtigheid die Van der Donck in zijn graf zou hebben doen omdraaien, stond de Nederlandse regering in de vredesbesprekingen toe dat Engeland de veroverde gebieden mocht houden: in plaats van ze tegen elkaar te ruilen, wilde elk land zijn oorlogsbuit behouden.[20]

Maar blijkbaar vonden sommige Nederlandse leiders het een slechte ruil. Nog geen zes jaar later brak de Derde Engelse Oorlog uit en de Nederlandse vloot stak de Atlantische Oceaan over en viel aan op Engelse bezittingen. De vloot belaagde de Caraïbische havens die onder Engelse controle stonden, spoedde zich de Chesapeakebaai in en stak de tabaksvloot in brand die op het punt stond naar Engeland te vertrekken, en toen, in augustus 1673, wat weinig bekend is, zeilde de vloot naar de haven van New York, en heroverde daar Manhattan, precies negen jaar na de overgave van Stuyvesant. Er gebeurde precies het omgekeerde als voordien: een Nederlandse commandant aan het hoofd van de vloot met oorlogsschepen dreigde de stad te vernietigen; in het fort had een Engelsman de leiding in handen, die zich afvroeg wat hij moest doen. Hij had te maken met een grote overmacht. De Engelsen gaven zich over: er werd een nieuw door de Nederlanders geleid bestuur aangesteld. De Engelse troepen marcheerden het fort uit, net zoals de Nederlanders dat onder leiding van Stuyvesant hadden gedaan, en de stad die Nieuw-Amsterdam had geheten, en vervolgens New York, kreeg een derde naam: Nieuw-Oranje. De hele kolonie ging in andere handen over: de stroomopwaarts liggende handelsstad die de Nederlanders Beverwijck hadden genoemd, en die Nicolls in Albany had omgedoopt, kreeg nu de naam Willemstad. Maar alle veranderingen waren nog niet doorgevoerd, of het hele proces werd weer teruggedraaid. Vijftien maanden na de herovering van de kolonie, gaven de Nederlanders, na ondertekening van weer een vredesverdrag, die weer terug.

En zelfs dat betekende nog niet het einde van het getouwtrek om het eiland en zijn handelsstad. De naamgenoot van de stad, de hertog van York, die een kwart eeuw in de schaduw van zijn broer had gewerkt, kreeg in 1685, toen Charles stierf en hij de troon besteeg, een echte kans om zijn ideeën over het rijk vorm te geven. Maar het bewind van James II viel bijna meteen uiteen. Dankzij zijn overstap naar het katholicisme jaren eerder, verdachten de Engelse leiders en een groot deel van het volk hem ervan een marionet van de paus te zijn; hij ondervond stevige weerstand toen hij katholieken op belangrijke posten installeerde. Toen bekend werd dat de koningin zwanger was – wat inhield dat er een katholieke troonopvolger aan kwam – begon zijn regime te wankelen.

De Engelse geschiedschrijving omschrijft *The Glorious Revolution* – waarin James II werd afgezet en vervangen door Willem van Oranje, stadhouder van de Nederlanden, en zijn vrouw Maria Stuart – als een 'uitnodiging'.[21] Maar dat is toch een al te positieve omschrijving. In feite bekroonde de Nederlandse leider – zoon van de eerdere Willem, die had geprobeerd een staatsgreep te plegen in de tijd dat Van der Donck in Den Haag was – de eeuw van Nederlands-Engelse rivaliteit met een volwaardige invasie van de Britse Eilanden. Meer dan twintigduizend soldaten landden op het strand aan de kust van Devon en een maand later reed Willem triomfantelijk Londen binnen. Het Nederlandse leger nam het paleis Whitehall in en alle machtscentra. De Nederlandse stadhouder werd gekroond tot koning van Engeland. De zogenaamde uitnodiging werd door veel Engelsen uit die tijd als een grof schandaal ervaren, maar voor anderen maakte het feit dat Maria (de dochter van James) de vermoedelijke troonopvolgster was, en het feit dat ze met Willem weer een protestantse koning hadden, alles goed.

Deze kruisbestuiving van het koninklijke leiderschap van twee oude, elkaar bevechtende landen vond zijn weerklank in Manhattan. Een in Duitsland geboren New Yorker, Jacob Leisler[22] (die dertig jaar eerder onder Stuyvesant voor de West-Indische Compagnie als een soldaat had gediend), leidde in de veronderstelling dat de Nederlandse koning van Engeland het toe zou juichen, met een groepje opstandelingen een door calvinisten gevoede overname van de stad. Maar Willem voelde hier niets voor, en de Opstand van Leisler, zoals deze episode de geschiedenis inging, liep met een sisser af, en Leisler en een volgeling werden opgehangen en, naar goed gebruik, onthoofd.

Misschien wel het belangrijkste gevolg van deze bijzondere periode – waarin het eiland en de omliggende kolonie binnen dertig jaar vijf keer in andere handen overgingen – was dat het de inwoners dwong hun identiteit te definiëren. Welke Europees land uiteindelijk de macht in handen had, werd voor de inwoners van Manhattan minder belangrijk dan de relaties tussen hun eigen etnische gemeenschappen en hun banden met de handelaren, schippers en familieleden in andere delen van de wereld.[23] Waar het om ging, was dat setje rechten, waarvan de inwoners luidruchtig aangaven dat ze zouden worden gerespecteerd, wie ook de macht in handen had, rechten waardoor de verschillende minderheden konden gedijen.[24]

Dus de droom van Adriaen van der Donck werd werkelijkheid op een manier die hij nooit had kunnen bedenken. De structuur waarvoor hij het volk had weten te winnen, gaf de stad een basis van Nederlandse tolerantie en diversiteit, precies zoals hij het had gehoopt, wat weer van invloed was op de snelle groei van het eiland en, zoals hij had voorspeld, de instroom van kolonisten uit heel Europa bevorderde. Wat hij niet voorspelde, was dat de Engelsen dit gegeven zouden waarderen en deze structuur zouden handhaven, en dat dit een toekomstige cultuur zou ondersteunen, die zich kenmerkte door niet eerder vertoonde energie, vitaliteit en creativiteit.

*

En daar ging de stad, terwijl de tijd verstreek, opwaarts – de kolonie en de stad New York, de parel aan de kroon van de Noord-Amerikaanse bezittingen van Engeland. Er kwamen meer Engelse kolonisten, dat sprak voor zich, en vooral ook – want het gerucht van de gemengde bevolking en de mogelijkheden om vooruit te komen bleef zich verspreiden – veel Franse, Duitse, Schotse en Ierse immigranten[25], als in 1692 een pas aangekomen Britse officier zich bij zijn oom in Engeland erover beklaagde dat, 'we het meest ongelukkig zijn vanwege het feit dat er sprake is van een mengsel van te veel landen, en dat de Engelsen er de kleinste groep vormen'.[26]

Nieuwkomers waren zich bewust van de Nederlandse wortels van het eiland en zagen de voortdurende invloed in alles, van de trapgevels van de huizen met hun stoepjes voor de deur, tot de overheersing van de taal. Maar er gebeurde iets grappigs. In de loop van de tijd waren de ornamenten van het Nederlanderschap synoniem geworden met de oorsprong van het gebied. En terwijl deze kenmerken langzaam verdwenen, gebeurde hetzelfde met het belang dat werd gehecht aan de Nederlandse kolonie.

Hierin schuilt echter een vergissing, eentje die in de loop van de eeuwen zou blijven bestaan. Bij onderzoek naar de Nederlandse subcultuur in de Hudson Valley hebben enkelen in het verleden vastgesteld dat de invloed van de kolonie nog lang heeft doorgewerkt. Zij zagen dat er tot ver in de negentiende eeuw nog Nederlands werd gesproken en dat de Nederlandse Hervormde Kerk een sterke positie innam. Tot op de dag van vandaag is het gebied rond Albany vergeven met steden waarvan de namen – Rotterdam, Amsterdam, Watervliet, Rensselaer (naar de kolonie Rensselaerswijck waar Van der Donck eerst had gewerkt), Colonie (ook genoemd naar Rensselaerswijck, en nog steeds in de Nederlandse spelling) – de banden benadrukken. Nog in 1750 hadden Engelse ambtenaren Nederlandssprekenden nodig om hen te helpen bij gesprekken met indianen omdat het Nederlands nog steeds de enige Europese taal was die door de stammen werd gesproken.[27] En natuurlijk zijn er de grote families uit het koloniale Amerika – de Van Burens, Roosevelts, Vanderbilts – van wie de voorouders nog in Nieuw-Nederland hebben gewoond.

Maar hier gaat het niet om. Wel van belang is dat de Nederlandse kolonie Manhattan op het spoor van de openheid en vrije handel heeft gezet. Er waarde een nieuwe geest over het eiland, iets wat totaal onbekend was in Nieuw-Engeland en Virginia, en wat direct te herleiden is tot de in de zestiende en zeventiende eeuw in Holland gevoerde debatten en tot de intellectuele wereld van Descartes, De Groot en Spinoza. Ja, er waren mensen in de steden van de Hudson Valley die de Nederlandse tradities handhaafden, maar dat was vooral een reactie op de Engelse overname: zoals minderheden dat overal deden, verschansten ze zich, werden zich bewust van hun afkomst, en poetsten hun tradities op, totdat het Nederlands dat ze in de negentiende eeuw spraken niet meer door bezoekers uit Nederland kon worden verstaan. Het is ironisch dat de belangrijkste bijdrage die de Nederlandse kolonisten hebben geleverd aan het culturele erfgoed van de kolonie eruit bestond dat ze zich zo goed konden aanpassen aan de Amerikaanse cultuur en erin op konden gaan – en dat is wat er uiteindelijk gebeurde.[28]

*

De gedachte dat de Nederlandse kolonie belangrijke bijdragen heeft geleverd aan Amerika is niet nieuw. Twee negentiende-eeuwse geschiedkundigen uit New York die heel goed op de hoogte waren van de Nederlandse bronnen – E.B. O'Callaghan en John Brodhead – zagen de vergeten invloed wel, maar ze werden genegeerd, gedeeltelijk omdat Amerika kampte met een nostalgie voor de puriteinse oorsprong. Nadat ze namens de staat New York jaren in Europa hadden doorgebracht waarin ze duizenden documenten verzamelden uit archieven in Nederland en Engeland die relevant waren voor het ontstaan van New York (hieruit kwam de missie van Van der Donck naar Den Haag naar voren), hield Brodhead tussen 1840 en 1850 een reeks lezingen voor de modieuze kringen in New York, waarin hij zich sterk maakte voor de onopgemerkte erfenis van de Nederlandse kolonie. Hij werd afgemaakt in de pers – die het belachelijk vond dat hij het idee opperde dat het land andere voorvaderen kon hebben dan de puriteinen uit Nieuw-Engeland. Als reactie op de bewering van Brodhead liet een correspondent van een krant zien dat de anti-Nederlandse neiging die Amerika had overgenomen uit het zeventiende-eeuwse Engeland nog steeds voortleefde in de negentiende: hij vond het een bijzonder bespottelijk idee dat een land dat zo groot en machtig is als de Verenigde Staten zover zou hebben kunnen komen door 'het voorbeeld te volgen van het beleid van de nietige kaasschavers uit de Bataafse provincies, met hun windmolens en kale gronden, die alleen maar geschikt zijn voor brandstof...'[29] Brodhead schreef een dapper antwoord, dat niet schijnt te zijn gepubliceerd, en aldus begon:

> Ik doe voor niemand onder in respect voor het puritanisme, 'het was waardevol', en in een juiste inschatting van de invloed van de bestemming van de Verenigde Staten, moet ik nog steeds eerlijk mijn afwijkende mening toegeven van de opvattingen van diegenen die zelfvoldaan volhouden dat in alle gevallen, en 'usque ad nauseam' [tot walgens toe. Vert.], alle voortreffelijke eigenschappen in onze sociale en politieke organisatie terug te voeren zijn tot de 'Pilgrim Fathers' en hun afstammelingen. Het eindeloos prijzen van de voortreffelijke pioniers van de kolonisatie van Nieuw-Engeland is zodanig in de mode dat het bijna een opluchting is om eens aandacht te schenken aan andere Amerikaanse nederzettingen en te ontdekken dat er andere mensen zijn wiens handelingen en invloed het waard zijn om vermeld te worden in de annalen van ons land. Los van het 'Oude Gebied' van Virginia, dat twaalf jaar eerder dan New Plymouth permanent gekoloniseerd was, lijkt het mij recht te doen aan de historische waarheid als de invloed en het karakter van de Nederlanders die als eersten de kusten van New York en New Jersey ontgonnen eens goed beschreven zouden worden.[30]

De stem van Brodhead werd niet gehoord. Een deel van het probleem om aan te tonen dat hij gelijk had, was dat het grootste deel van de archieven van de kolonie nog steeds niet was vertaald. In de jaren zeventig van de vorige eeuw waren twee dingen veranderd. Het ene was dat het vak geschiedenis van zijn voetstuk kwam. Plotseling waren studenten geïnteresseerd in de sociale geschiedenis en 'multi-culturalisme'. Het andere was dat de vertaling van de archieven van de kolonie in gang was gezet. Historici begonnen te roepen dat het tijd was voor een herwaardering van dit deel van de oorsprong van Amerika. De titels van sommige van de geleerde artikelen die verschenen – 'Rechtdoen aan en het schrijven van de Nederlandse koloniale geschiedenis', 'Vroege Amerikaanse geschiedenis, nu met Nederlanders' – wijzen op de verandering. De namen van de vele geschiedkundigen die betrokken waren bij deze veranderingen, op wier werk ik heb vertrouwd, staan in de eindnoten, bibliografie en dankbetuiging van dit boek. Toen Scribner's in 1993 zijn belangrijke driedelige *Encyclopedia of the North American Colonies* uitbracht en hierin prominent aandacht schonk aan niet alleen Nieuw-Nederland, maar ook aan Nieuw-Zweden, was dit een teken dat er een verandering was opgetreden in de academische opvatting over de kolonie en over de oorsprong van Amerika. In augustus 2001, terwijl ik druk bezig was met het schrijven van dit boek, wijdde *The New York Times* een hoofdartikel aan het project van de vertaling van de Nederlandse archieven, en gaf aan dat na een lange periode waarin kenners van de Nederlandse kolonie 'luid hadden geschreeuwd om wetenschappelijke aandacht' het tij was gekeerd, en dat nu 'meer dan ooit de verdwenen Nieuw-Nederlandse invloed opdoemde'.[31]

Het idee van de kolonie als geboorteplaats van de Amerikaanse *melting pot* heeft enige tijd gesudderd. In de laatste paar decennia hebben historici zich geconcentreerd op het grote stuk land tussen Nieuw-Engeland en Virginia, en het gebied de Midden Kolonies genoemd. Deze aandacht heeft geleid tot waardering voor wat dit gebied het land heeft geboden. De Midden Kolonies, schreef Patricia Bonomi, een van de meest vooraanstaande Amerikaanse geschiedkundigen van de laatste tientallen jaren, waren zowel 'de geboorteplaats van het Amerikaans religieus pluralisme', als 'een podium voor de meest complexe ervaring met religieus pluralisme in de westerse wereld.' Het religieus pluralisme was de zeventiende-eeuwse vorm van het cultureel pluralisme, en het samenkomen van mensen met een verschillende culturele achtergrond leverde iets nieuws op, wat men een eeuw na het verdwijnen van Nieuw-Nederland begon in te zien. In 1782, toen de in Frankrijk geboren J. Hector Saint John de Crevecœur *Brieven van een Amerikaanse boer* schreef, een van de vroegste beschrijvingen van de Amerikaanse samenleving en cultuur, was het dit gebied dat hij in gedachten had toen hij zich afvroeg:

> Wat is dan die Amerikaan, die nieuwe mens. Hij is of een Europeaan, of een afstammeling van de Europeanen, en daarom die vreemde mengeling van bloed die u in geen enkel ander land zult tegenkomen. Ik kan u een familie aanwijzen van wie de grootvader een Engelsman was, wiens vrouw een Nederlandse, wiens zoon een Franse vrouw trouwde en wiens huidige vier zonen vier vrouwen hebben uit vier verschillende landen. Híj is een Amerikaan, die, terwijl hij al zijn oude vooroordelen en manieren achter zich laat, nieuwe opdoet uit de nieuwe manier van leven die hij heeft omarmd, de nieuwe regering die hij gehoorzaamt, en de nieuwe positie die hij inneemt. Hij wordt een Amerikaan door opgevangen te worden in de grote schoot van onze *Alma Mater*. Hier versmelten individuen uit alle landen tot een nieuw mensenras, waarvan werken en nageslacht eens grote veranderingen in de wereld teweeg zullen brengen.[32]

Wat we aantreffen achter het etiket van de 'Midden Kolonies', wat ten grondslag ligt aan de waarneming van Crevecœur, is de Nederlandse kolonie. Hoewel ook de kolonies van Pennsylvania en Rhode Island bekend stonden om hun religieuze tolerantie. Maar de invloed van de Nederlandse kolonie zou verstrekkend zijn. Een dergelijke invloed is niet deducerend te bewijzen, maar de bewijzen die de veronderstelling ondersteunen hebben vele gedaanten. Er is allereerst sprake van het eenvoudige feit dat het deel van Amerika waarin de multi-etnische samenleving voor het eerst tot stand kwam, hetzelfde gebied was als waar de Nederlandse kolonie had gelegen.

Kijk ook eens naar andere nalatenschappen van de kolonie die hun oorsprong hebben in dit gebied. Een voorbeeld: nadat Richard Nicolls het bestuur van New York overnam en hij bekend werd met de Nederlandse gewoonten waarvan hij toestond dat de inwoners ze handhaafden, vond hij in het bijzonder één politieke dienst nuttig. De kolonie had een officier van justitie wiens taak het was om namens de regering een vervolging in te stellen. Het Engelse systeem kende zo'n officier niet: in die tijd was het slachtoffer van een misdaad, of zijn of haar familielid, verantwoordelijk voor het vinden van gerechtigheid. Door de Nederlandse ambtenaar – die *schout* werd genoemd – liep het juridische systeem gesmeerder. Nicolls nam de functie over – in het begin verschijnt deze officier van justitie als 'schout' in de Engelse archieven – en de dienst verspreidde zich over de kolonies. De functie werd uiteindelijk bekend als *district attorney* en blijft een vast gegeven in het lokale bestuur in Amerika. (Een van de eerste '*district attorneys*' in Amerika was Adriaen van der Donck, wiens oorspronkelijke functie 'schout' was van de kolonie Rensselaerswijck.) In 1975 schreef de juridische hoogleraar op de universiteit van Yale, A.J. Reis, in een artikel over de geschiedenis van het vak: 'Publieke aanklagers verschijnen in de Verenigde Staten voor het eerst toen de Nederlanders hun kolonie Nieuw-Nederland stichtten', dat 'uit [h]istorische gegevens overduidelijk blijkt dat toen dit gebied in 1664 werd ingenomen door de hertog van York [...] het Nederlandse systeem van publieke aanklagers werd gehandhaafd in het gebied waar het al een vast gebruik was', en dat '[h]istorische archieven aantonen dat de 'schout' was ingesteld in vijf van de dertien oorspronkelijke kolonies die de staten van de Verenigde Staten van Amerika werden'.[33]

Er zijn nog veel meer aanwijzingen van overgenomen gewoonten, tradities en gebruiken die zich, samen met het fenomeen van het Amerikaanse pluralisme, verspreidden vanuit het voormalige gebied van de Nederlandse kolonie. Het was in de Nederlandse kolonie dat een Amerikaanse arbeider voor het eerst klaagde over 'the boss'. Het was hier dat de Amerikaanse kinderen voor het eerst uitzagen naar de aankomst van 'St. a Claus' (zoals het aan het begin van de jaren 1770 in *Rivington's New York Gazetteer* werd gespeld, en waarin werd aangegeven dat de feestdag van de Sint gevierd werd 'doör de afstammelingen van de oude Nederlandse familie, als onderdeel van hun vaste festiviteiten'). Het was hier dat de Amerikanen voor het eerst *cookies* aten en *cole slaw*. Natuurlijk, er is niets zo onbeduidend als *cookies*; de reden om zulke onderwerpen te noemen is hun alomtegenwoordigheid. Zo ook de kwak salade op elk blauw bord, vooral vanaf de Depressie tot in de tijd van Eisenhower, die bij ontelbare barbecues naast de gebakken bonen lag, die verpakt in een plastic kuipje werd meegeleverd bij een *fastfood*-maaltijd met hamburgers en patat, die genegeerd werd of afwezig opgegeten. Dit soort gewoonten zijn bescheiden aanwijzingen voor de algemeen verspreide aanwezigheid van de kolonie op Manhattan. Het is een hint dat we de bijdrage van de kolonie aan de Amerikaanse cultuur niet moeten zoeken in duistere hoekjes, maar in wat we recht voor onze neus aantreffen. We vinden het niet in de vorm van pijpenstelen die worden opgegraven in de achtertuin, maar in het telefoonboek van elke stad, waar Singh, Singer, Singleton en Sinkiewicz op dezelfde pagina staan.

Veel van de overgenomen zaken zijn moeilijk waar te nemen, omdat ze in de loop van de geschiedenis een andere verschijningsvorm hebben gekregen, ingebed zijn in andere, grotere systemen. Dat spreekt voor zich: we konden er niet van uitgaan dat ze drie eeuwen lang in hun oorspronkelijke vorm bewaard zouden blijven. Nee, we zouden verwachten dat als iets bruikbaar of aantrekkelijk was, dat het juist dan opgaat in het geheel. *Santa Claus* is hier misschien het ideale voorbeeld van.[34] Het was een kleine man met een bisschopsmijter naar wie de kinderen van het Nederlandse Manhattan op Sinterklaasavond uitkeken; meestal liet hij cadeautjes achter in hun schoenen, maar nu en dan (zoals op een tekening uit het einde van de eeuw, 'De viering van Sint Nicolaas', door Cornelis Dusart) in sokken die aan een schoorsteenmantel hingen. Zodra de niet-Nederlandse families hem overnamen en hij populairder werd, bleven onderdelen van andere culturele gewoonten aan het gebruik hangen; de media (de cartoons van Thomas Nast in *Harper's Weekly* maakten de Sint dikker en zijn baard witter) en advertenties (het met wit afgezette rode pak is een bijpoduct van een beeldende reclamecampagne van Coca-Cola uit de jaren dertig van de vorige eeuw) verfijnden het beeld, en het resultaat is een ingewikkelde collage, door en door Amerikaans, geworteld in het Manhattan van Stuyvesant en Van der Donck.

De invloed van de kolonie kan ook teruggevonden worden in de politieke geschiedenis. Nadat de politieke kruistocht van Van der Donck de unieke kenmerken van de samenleving van de Nederlandse kolonie had vastgelegd, zorgden de *Artikelen van Overgave* ervoor dat de Engelsen de rechten en privileges bewaakten waar de burgers op waren gaan rekenen. Toen in 1686 de oorkonde met de rechten van de stad New York werd getekend, die door sommigen wordt beschouwd als de geboorte van de moderne stad, stond hierin niet alleen beschreven wat die rechten en privileges waren, maar was men ook duidelijk over de oorsprong ervan. Erkend werd dat de burgers van de 'oude Stad [...] diverse Rechten, vrijheden, privileges [en] ontheffingen genoten' die niet alleen afgeleid waren van zijn Engelse bestuurders, maar ook van de 'Gouverneurs Directeuren Generaal en de Hoogste Leiders van de Nederlandse Natie'.[35]

Vanuit deze oorkonde, en vanuit de ruwe, twistzieke en nog steeds vooral Nederlands sprekende maatschappij die erachter stond, kom je rechtstreeks terecht in de revolutionaire periode. In 1787 in Philadelphia behoorde de afvaardiging van New York op de Constitutionele Conventie tot de afvaardigingen die weinig gecharmeerd waren van een document dat veel gezag aan een federale regering zou toekennen. Toen de leiders van de staten later in Albany bijeenkwamen, besloten ze dat ze de grondwet alleen konden ratificeren als er, onder meer, een lijst met gedetailleerde individuele rechten aan toe werd gevoegd. De namen van de zesentwintig mannen die hierop stonden, waren voor de helft Engels en voor de helft Nederlands; de nieuwe staat was al berucht om zijn kritische houding, en de pluralistische afvaardiging kende een lange geschiedenis van strijd om de rechten van het individu, wat de eigenzinnige houding verklaart.[36]

Toen de *Bill of Rights* in 1791 werd aangenomen, had uiteraard niemand in de gaten dat de door Nederlanders geleide kolonie van een eeuw geleden hierbij betrokken was. Er bestond geen geschreven geschiedenis van de Nederlandse tijd – het zou nog tientallen jaren duren voordat de documenten over de missie van Van der Donck om in Nederland voor de rechten van de inwoners van Manhattan op te komen zouden opduiken.

De wegen waarlangs de invloed van de kolonie zich verbreidde, maken ook deel uit van het bewijs voor het blijvende belang. Beginnend vanuit hun nederzettingen aan de rivier de Delaware, maakten de Bosfinnen letterlijk de weg vrij – de valleien van de Appalachen in – waarlangs de Finse, Zweedse, Nederlandse en andere pioniers reisden, en en passant de blokhut toevoegden aan het Amerikaanse culturele erfgoed. Maar de uitbreiding was vooral gericht op het noorden. Voor vele generaties immigranten werd het eiland Manhattan de toegangspoort naar Amerika, en via dit eiland kon de nalatenschap van de Nederlandse kolonie zich verbreiden. Als ze van boord stapten, al die mensen uit Napels, Hamburg, Le Havre of Liverpool, dan ademden ze een atmosfeer in die totaal verschilde van wat ze achter zich hadden gelaten. Ze roken wat ze hoopten te ruiken: een complexe, bedwelmende lucht. Er zaten grote, stevige, natuurlijke geuren bij die vanaf het continent aan kwamen waaien. De geur was scherp door de indringende oliedampen van de industrie en eerlijk zweet, aangezet met kielbasa en pastasaus, paardenpoep, zaagsel en slachthuizen. De nieuwkomers snoven hem op, deze veelbelovende geuren, die iets nieuws aankondigden, en ze noemden het 'Amerikaans'. Vervolgens waaierden ze uit, en namen de geur met zich mee. Ze trokken de Hudson op, wat in de zeventiende en achttiende eeuw was wat de Mississippi in later tijden zou zijn: de levensader, de brede snelweg voor de handel en de reizigers.

In Albany, waar in de tijden van de pelshandel eens Fort Oranje had gestaan, bogen ze af naar het westen, de Mohawk River Valley in. Daar ontdekten de politici aan het begin van de negentiende eeuw wat Nederlandse pioniers twee eeuwen voordien hadden geweten: dat de mogelijkheden en uitbreiding westwaarts via deze vallei moesten lopen. In 1825, na acht jaar van ontzagwekkende handarbeid, was een 575 kilometer lange geul klaar. Het Eriekanaal liep door de wildernis waardoor Harmen Myndertsz van den Bogaert in de strenge winter van 1634 op zijn hachelijk uitstapje naar het land van de Iroquois was getrokken. Hoe het kanaal het land veranderde, behoort tot de basisstof van de Amerikaanse geschiedenis. De vaarweg opende het binnenste van het Amerikaanse continent, deed de bevolking toenemen, deed de balans doorslaan van landelijk naar stedelijk en droeg ertoe bij dat Amerika een industriële grootmacht werd. Amerika was veranderd, en de verwachtingen die de eerste bewoners van Manhattan van hun eiland hadden, werden op een daverende manier waargemaakt. Vanuit heel Europa en de hele wereld stroomden ze naar het eiland, dan de rivier op, en aldus westwaarts het kanaal door. En terwijl het toevoerkanaal van de handel zich uitstrekte naar het hart van het continent, veranderden nederzettingen op kruispunten in steden, verschenen er lichten in het eindeloze landschap, elke stad gesticht door eigen etnische groepen: Toledo, Cleveland, Detroit, Buffalo, Milwaukee, Chicago, Green Bay.

Daarom is het verhaal van de oorspronkelijke kolonie op Manhattan van belang. Haar invloed is zo diffuus, dat het riskant zou zijn deze al te concreet te benoemen, daarom hier een bescheiden poging: de kolonie droeg bij aan het op gang komen van Amerika. De invloed is zeker niet aan het oppervlak terug te vinden: het kleine dorpje dat door Stuyvesant werd bestuurd, had niets weg van de metropool, laat staan van het reusachtige land dat in zo korte tijd aan zijn linkerzijde tot ontwikkeling kwam. Maar de oorspronkelijke nederzetting leverde een bijdrage, en is er nog steeds in terug te vinden, verweven in het wezen van het eiland en de natie.

De nalatenschap van de mensen die het eiland Manhattan koloniseerden, is bijna onherkenbaar vervlochten in het land en bevindt zich onder het niveau van de mythes en de politiek. Ze herschikten de klassen waarin de mensen lang hadden geleefd, schiepen een samenleving met meer vrije ruimte, waarin de sporten van de ladder door bijna iedereen konden worden bereikt. Dat was niet zozeer een vooropgezet plan. Er bestond een landelijk tolerantiebeleid, dat aan de vorming van de kolonie heeft bijgedragen, maar niet iedereen was ervan op de hoogte en wilde er in mee. Het was een samenleving die zowel bij toeval tot stand kwam, als gepland was. De samenleving kende geen keurig ontwerp van het soort dat de puriteinse mythe voortbracht. Aan de andere kant hebben mythes ook hun keerzijde: de stralende 'stad op de top van een berg' werd de Onloochenbare Bestemming, en verandert al te makkelijk in een goedkope strijdkreet. De eerste bewoners van Manhattan arriveerden niet met verheven idealen. Ze kwamen – of het nou boeren waren, leerlooiers, hoeren, wagensmeden, barmeisjes, brouwers of kooplieden – omdat er hoop was op een beter leven. Er was onmiskenbaar sprake van slonzigheid in de plaats die ze schiepen. Maar het was erg oprecht en, op een bepaalde manier, erg modern.

Pas in 1908 schreef een joodse immigrant, bedwelmd door de mogelijkheden van de gemengde Amerikaanse maatschappij, de kracht, de vooruitstrevendheid, de hoop op het beëindigen van oude haat, een toneelstuk dat 136 weken werd gespeeld (op Broadway, vanzelfsprekend), dat hij *The Melting Pot*, de smeltkroes, noemde. Pas vanaf die tijd is dit begrip in het woordenboek terechtgekomen, maar Israel Zangwill beschreef iets wat al lange tijd stond te sudderen. Goed, termen als smeltkroes en pluralisme zijn na die tijd beladen en aanvechtbaar geworden. Moeten immigranten hun oude volkstrots achterlaten, of behouden, en op een of andere manier afgescheiden blijven van de hoofdcultuur? Je kunt ook de vraag stellen: 'Wat is een Amerikaan?' Of, nu we het er toch over hebben, 'Wie is Engels?' 'Wie is Duits?' Of: wat is een Italiaan, een Israëli, een Turk? In een wereld vol pluralistische samenlevingen is dit een universeel debat.

Maar lange tijd was de kracht van het idee van cultuurvermenging niet te ontkennen. En het wezen ervan, het idee van tolerantie, is tegenwoordig belangrijker dan ooit. De terroristische aanval die in september 2001 het World Trade Center verwoestte en de wereld schokte, raakte niet alleen het centrum van de Amerikaanse financiële macht, maar ook de paar vierkante meters grond van de binnenstad van Manhattan die eens Nieuw-Amsterdam werden genoemd. Het feit dat die macht mede ontsprong aan dat kleine tolerante lapje grond, geeft aan dat het idee van tolerantie niets aan kracht heeft verloren. Met een beetje geluk zal het ook het cement van de vooruitstrevende maatschappij blijven. De ontwikkeling ervan, en het aantonen dat het kon werken, hoe slordig ze hierbij ook te werk gingen, dat was de genialiteit van de eerste bewoners van Manhattan.

EPILOOG

DE WEG VAN HET PAPIER

Gedurende alle gebeurtenissen in dit verhaal, in een vergaderruimte in Fort Amsterdam en in een administratief kantoor boven de poort, deden de opeenvolgende secretarissen van de Nieuw-Nederlandse kolonie wat alle secretarissen doen: aantekeningen maken en archieven aanleggen. Er werden stukken grond verkocht, huizen gebouwd, varkens gestolen, messen getrokken, drank belast, eigendommen beschadigd. Zachtjes kraste de ganzenveer voort over vellen geïmporteerd lompenpapier. De directeuren vaardigden hun decreten uit en de leiders van de kolonisten klaagden. Brieven werden verstuurd – naar Curaçao, Virginia, Boston, Amsterdam. De ganzenveer werd in de inkt gedoopt, sprak weer tot het papier en vulde regel na regel met het vreemde krullende Nederlandse schrift uit die tijd.

Wat er, nadat Richard Nicolls er beslag op had gelegd, met deze archieven gebeurde, kan met een gemeenplaats worden afgedaan: de geschiedenis wordt geschreven door winnaars. Misschien dat wrok een rol heeft gespeeld bij het verzuim van de Engelsen om de archieven van de Nederlandse kolonie in de eerste Amerikaanse geschiedenissen te betrekken. De relatie tussen de twee rivaliserende landen verslechterde nog met de drie oorlogen die ze in de loop van de eeuw uitvochten. De titel van een van de vele preken die in Engeland werden gepubliceerd, volstaat om aan te geven tot welk belachelijk niveau de animositeit was gedaald: 'De stamboom van de Nederlanders, Of: Een Verhaal Waarin Wordt Getoond Hoe Ze Zijn Ontstaan en Afstamden Van een Paardenkeutel Die in een Botervloot Zat.' Een andere aanwijzing over de Engelse antipathie voor de Nederlanders, die er bij de Amerikanen inging als koek, is de hoeveelheid 'Dutch' die in hun taal voorkomt: *Dutch treat, Dutch courage, double Dutch, a Dutch bargain, going Dutch, Dutch comfort* – allemaal geringschattend en allemaal direct afkomstig uit de zeventiende eeuw.

De archieven van de andere vroege nederzettingen werden geconserveerd en toegankelijk gemaakt om het verhaal van de oorsprong van Amerika te schrijven, maar er werd gesold met de archieven van de niet-Engelse kolonie, er werd over gestreden, ze werden vergeten.[1] Hun onbestendige reis door de volgende drie eeuwen toont ironisch genoeg op dramatische wijze hoe de kolonie zelf werd genegeerd – Net als Zelig [de kameleontische hoofdrolspeler in de gelijknamige film van Woody Allen. Vert.], zou dit archief verbonden worden met enkele van de belangrijkste gebeurtenissen en personen van de Amerikaanse geschiedenis. In 1685, nadat koning James opdracht gaf de kolonies te reorganiseren, werden de boekdelen op een postkoets naar Boston gegooid; drie jaar later volgde een ruige reis naar New York terug, toen de nieuwe monarchen, Willem en Maria, het bevel terugdraaiden. Misschien dat tijdens een of twee van deze reizen enkele delen verloren gingen (er is niets over van de archieven van voor 1638, en de cruciale periode van 1649 tot 1652, toen Van der Donck de zaak van de kolonisten voor de Staten-Generaal bepleitte, is eveneens verdwenen). In 1741 brandde het fort, waarin de archieven opnieuw waren opgeslagen (dat nu Fort George heette) af, wat over het algemeen wordt toegeschreven aan een complot van slaven. Het poortgebouw ging in vlammen op, maar de archieven werden gered door een toegewijde secretaris die ze uit het raam gooide. Het was een winderige dag en veel papieren waaiden weg, maar het gros van de archieven bleef intact.

In de aanloop naar de revolutie raakte New York in een toestand van chaos en verwarring. Groepen opstandelingen deden hun best de Britse administratie te verstoren; het leven van William Tryon, de koninklijke gouverneur van de kolonie, liep gevaar, dus op de ochtend van 1 december 1775 bevond hij zich in de haven van New York op het dek van de Dutchess of Gordon, op een paar honderd meter afstand van het volk dat hij behoorde te besturen.[2] Er diende zich die ochtend een nieuw probleem aan voor de gouverneur, waarbij dezelfde opstandeling betrokken was die hem had bedreigd. Haastig schreef hij een brief aan de plaatsvervangend secretaris van de provincie:

> Heer – Omdat ik uit geloofwaardige bron heb vernomen dat Isaac Sears, aan het hoofd van een grote groep mensen uit Connecticut, van plan is op korte termijn de stad New York in te marcheren, om met geweld de hand te leggen op openbare archieven in het kantoor van de secretaris, verzoek ik u om spoorslags al deze openbare akten en archieven onder uw hoede te nemen en deze aan boord van het schip The Dutchess of Gordon

te brengen, waarmee de belangen van de kroon direct zijn gediend, totdat ik met de raad van de koning kan overleggen hoe ik ze beter in veiligheid kan brengen. De archieven met de akten van landoverdracht en de openbare machtigingen zijn het belangrijkst en moeten als eerste aan boord van het bovengenoemde schip worden gebracht. Ik ben, Heer, uw trouwe dienaar, WILLIAM TRYON[3]

De archieven die Tryon zo angstvallig wilde beschermen, omvatten niet alleen de documenten van de Engelse kolonie van New York, maar ook die van de voorafgaande Nederlandse kolonie. Voor het grootste deel van de oorlog bleven ze in het vochtige scheepsruim van Tryons schip, waar ze begonnen te schimmelen, wat nog steeds te zien is op de vellen.[4] Ze werden volgens een brief van de Franse schrijver J. Hector St. John de Crevecœur toevertrouwd aan niemand minder dan Benjamin Franklin, toen het gevecht over het lot van de stad en de kolonies een hoogtepunt naderde, werden ze naar de Tower van Londen gebracht.[5] Uiteindelijk eisten de overwinnende kolonisten ze terug. Op miraculeuze wijze overleefden de papieren het tumult van de oorlog, hoewel de secretaris van de nieuwe staat New York na afloop van de oorlog aangaf dat ze 'erg beschimmeld [waren] en zwaar beschadigd'; hij voegde hieraan toe, dat 'hij zijn uiterste best had gedaan om ze te bewaren, en ze vaak aan de zon en de lucht had blootgesteld en meermaals elke pagina had afgeborsteld'.[6]

Rond de volgende eeuwwisseling zag het ernaar uit dat de gegevens in de documenten opgenomen zouden worden in de geschiedschrijving. In 1801 verklaarde een commissie van de Vergadering van de Staat New York dat er 'meteen maatregelen genomen moeten worden om de archieven van deze staat te vertalen die zich nu in het kantoor van de Secretaris bevinden en die in het Nederlands zijn geschreven.'[7] Men zou verwachten dat dit bevel serieus zou worden genomen, omdat het was ondertekend door Aaron Burr, de machtigste man van het wetgevende lichaam, die op het punt stond te vertrekken om te dienen als de vice-president van Thomas Jefferson (en drie jaar later berucht zou worden omdat hij Alexander Hamilton in een duel had gedood). Maar pas in 1818 werd er een begin gemaakt met een volledige vertaling. De man die voor dit werk uitgekozen was – Francis Adrian van der Kemp, een oudere Nederlandse predikant en een voormalig soldaat die naar New York was geëmigreerd – deed wat hem was opgedragen. In vier jaar tijd vertaalde hij alle twaalfduizend pagina's.

In feite heeft deze episode in de geschiedenis van de archieven van de kolonie veel weg van een komedie. Zo snel kan een man onmogelijk werken. Daar komt bij dat Van der Kemp de Engelse taal slecht beheerste, blind begon te worden en hij, terwijl hij in hoog tempo de documenten doorwerkte, om zijn ogen te sparen van tijd tot tijd wolfskers tot zich nam (een dodelijk gif). Het gevolg van de krachttoer van Van der Kemp was een vierentwintig delen dikke handgeschreven vertaling – een opeenstapeling van kleine fouten, blunders en grote, onverklaarbare hiaten – nog erger dan waardeloos was het – erger omdat werd aangenomen dat de vertaling wel adequaat was en deze in de staatsbibliotheek van Albany werd opgeslagen, en gebruikt door historici. Maar soms is het lot ook wel eens gunstig gestemd, want op een bepaald moment ging deze vertaling – die nooit werd gepubliceerd en waarvan alleen het origineel bestond – in vlammen op, voordat hij de geschiedschrijving nog meer schade kon toebrengen.[8]

De volgende poging om dit hoofdstuk van de geschiedenis van Amerika op te helderen werd aan het begin van de twintigste eeuw ondernomen. Er werd gezocht naar een vertaler die het Nederlands van de twintigste eeuw vloeiend beheerste, en er werd iemand gevonden: een verlegen, zwaargebouwde, in Nederland geboren ingenieur met gevoel voor taal, die accuraat kon werken. Maar slechts twee jaar nadat A.J.F. van Laer aan de vertaling van de archieven begon, in 1911, brak er in het Capitool van New York een beruchte brand uit, en in dit gebouw was ook de staatsbibliotheek gevestigd. Miljoenen boeken gingen verloren. Maar opnieuw ontsprongen de Nederlandse archieven de dans, dankzij het ironische feit dat, omdat ze van minder belang waren, ze op de onderste plank stonden opgesteld, zodat, toen de planken instortten, de Engelse archieven die daarboven stonden ze tegen vernietiging beschermden. Toch werden sommige documenten vernield, andere raakten zwaar beschadigd, zowel door vuur, als door water, en twee jaar werk van Van Laer ging verloren. Als een figuur uit een roman, bleef hij, blijkbaar getraumatiseerd, na de brand nog lange tijd als voordien naar zijn werk gaan. Zijn werkplek was verworden tot een smeulende ruïne, in de open lucht, en hij porde in het puin op zoek naar bruikbare fragmenten. Hij bleef in dienst van het staatsarchief en produceerde een vertaling van vier delen met Nederlandse archieven (die een halve eeuw ongepubliceerd bleven), maar kreeg een zenuwinzinking als gevolg van de catastrofe en wendde zich af van het enorme, blijkbaar gedoemde project.

En zo kon het gebeuren dat, zoals ik al aan het begin van dit boek heb geschetst, in de jaren zeventig, ten tijde van Watergate, een volgende poging werd ondernomen om de Nederlandse geschriften te ontcijferen. Gerald Ford volgde Richard Nixon op als president en koos Nelson Rockefeller, die net zijn vierde termijn als gouverneur van New York had uitgediend, als zijn vice-president. Voor hij naar Washington vertrok, zorgde Rockefeller ervoor dat er een bescheiden hoeveelheid geld beschikbaar kwam voor het project, en opnieuw werd er gezocht naar een vertaler.

Dat was lastiger dan men zich zou kunnen voorstellen. In driehonderd jaar is de Nederlandse taal erg veranderd en in de achttiende eeuw was het handschrift veranderd, zodat documenten die voor die tijd zijn geschreven vaak onbegrijpelijk zijn voor de hedendaagse Nederlanders. Ook is er een grote hoeveelheid technische kennis nodig: over gewichten en maten, hoeveel *mengelen* gaan er in een *aam*, het feit dat de *daelder* evenveel waard is als een *carolusgulden*, maar minder dan een *rijksdaelder*. Het werk was een niche in een niche.

Het was dan ook schrikken, toen beide mannen, Peter Christoff, een senior-bibliothecaris die de opdracht had gekregen een vertaler te vinden, en Charles Gehring elkaar op een congres ontmoetten. Gehring had een proefschrift over Germaanse taalkunde geschreven met nadruk op de neerlandistiek. 'Voordat ik de kans kreeg iets te zeggen,' zei Christoph, die mij over deze ontmoeting vertelde, 'vroeg hij me, "Weet u in uw vakgebied misschien een openstaande betrekking voor iemand die met zeventiende-eeuwse Nederlandse documenten werkt?" , waarop ik zei: 'Kerel, en of ik die weet.'

Dat was in 1974. Vanaf dat moment heeft Gehring steeds dezelfde baan gehad, als vertaler van de archieven van de kolonie. Zoals dat gaat bij alle non-profit ondernemingen, is er ieder jaar sprake van een crisis over de financiering van het werk. Maar het zal niemand verbazen dat veel ervan afkomstig is van Amerikanen met Nederlandse voorouders. Er is ook een passende gift gekomen van *the National Endowment for the Humanities*. De productie van Gehring is gepubliceerd – tot nu toe zijn er achttien delen verschenen – en hij is het middelpunt geworden van het onderzoek naar de Amerikaanse koloniale tijd. Hij is er niet alleen in geslaagd de archieven van Amerika's niet-Engelse kolonie beschikbaar te stellen aan onderzoekers, maar heeft ook het vakgebied van het koloniale onderzoek verbreed tot voorbij zijn historisch bepaalde anglocentrische blikveld. Als bekroning voor zijn inspanningen werden de twaalfduizend pagina's met archieven van de Nederlandse kolonie door het ministerie van Binnenlandse Zaken van de Verenigde Staten tot nationaal erfgoed verklaard; behalve dat de verschroeide papieren hierdoor een verlate erkenning krijgen, ging de aanwijzing ook gepaard met fondsen om ze te behouden.

De geschiedkundigen die de laatste jaren hun proefschriften en wetenschappelijke artikelen over de Nederlandse kolonie hebben geschreven – die het bewustzijn over het belang van de kolonie hebben verbreed – hebben veel te danken aan Gehring en Janny Venema, een Nederlandse historica die de afgelopen achttien jaar ondersteunend werk heeft verricht als vertaalster. Ook ik ben hun veel dank verschuldigd. Niet alleen hebben zij door hun vertalingen de archieven toegankelijk gemaakt, ze hebben mij ook toegestaan aan hun zijde te werken, een eindeloze stroom vragen beantwoord, voorstellen gedaan over welke kant ik op kon gaan, en me de vrije hand gelaten bij de planken en kasten met relevante mysterieuze zaken die in de loop van de tijd zijn vergaard. Even waardevol is dat ik door de tijd die ik met hen heb doorgebracht, veel meer gevoel heb gekregen voor de mensen uit de kolonie dan ik ooit had kunnen krijgen uit boeken alleen. De New York State Library is gevestigd in een zielloos gebouw uit de jaren zeventig in de binnenstad van Albany, maar in dat deel waar hun kantoren zijn, is sprake van de tijd van Rembrandt en Vermeer; in de uren dat ik daar ben, lijkt het leven rijker en ruiger. Als Charly Gehring een lang verhaal houdt over alle gevaren van het zeilen in de zeventiende eeuw, is zijn taal vergeven van de Nederlandse zeevaarttermen die geen Nederlander in eeuwen heeft gehoord. Hij heeft de aansprekende gewoonte om in de tegenwoordige tijd over mensen te spreken: 'Van Tienhoven heeft veel op zijn kerfstok, maar hij is wel zo'n beetje de meest scherpzinnige man op het eiland,' zou hij kunnen zeggen over de man die voor het laatst in 1656 op Manhattan is gesignaleerd.

Van hen ook heb ik geleerd de documenten te beschouwen als kunstvoorwerpen, die verhalen bevatten die niet met woorden zijn te omschrijven. Terwijl ik bij Janny Venema zat, en naar gebruinde, met schimmel bespikkelde pagina's keek, die beschreven waren in de dagen die aan de Engelse overname voorafgingen, viel mijn oog op een vel met een opvallend afwijkend handschrift. Het kenmerkende schrift van een klerk is gerond, met ingewikkelde kleine krullen; deze pagina stond vol met dikke, getande op en neergaande halen. 'O, dat is Stuyvesant,' zei ze in het voorbijgaan. 'Hij zal wel haast gehad hebben, en er was even geen secretaris in de buurt.' Het was opmerkelijk om te zien hoe goed zijn handschrift paste bij zijn karakter, en inderdaad, de brief – die nog gepubliceerd moet worden – loopt over van de haast. Hij schrijft aan de directeuren van de West-Indische Compagnie; er liggen Engelse fregatten in de haven, hun kanonnen staan gericht op de stad.

Onderaan voegt Stuyvesant toe dat hij de brief meegeeft aan een schipper die ongezien door het Hellegat naar de zee hoopt te ontsnappen; het feit dat ik het in mijn handen hield, bewees dat de schipper nooit is vertrokken. Lange Eylandt is verloren, Stuyvesant informeert zijn bazen en de Nieuw-Engelanders drommen samen langs de rivier, klaar om binnen te dringen. Er is weinig voedsel en kruit in de stad; de mensen vertellen hem dat ze niet voor de compagnie willen vechten die getoond heeft niet bereid te zijn hen te willen steunen. De woede in de brief is voelbaar: de bazen van de firma hebben zijn eindeloze verzoeken om versterking genegeerd, en hem in een onmogelijke situatie achtergelaten. Uit deze ruige halen spreekt niet de bestuurder Stuyvesant met de varkenskop, maar een man die gevangen zit in een onbekwame bureaucratie.

Nog een klein voorbeeld van hoe deze verweerde papieren iets kunnen zeggen over het leven van de mensen die erin voorkomen. De handelspost Fort Oranje had een eigen bestuur en jarenlang heeft een zekere Johannes Dijckman gediend als de secretaris die de notulen maakte van de vergaderingen. We weten weinig van hem – een gewone man, van geen belang voor de geschiedenis – maar ergens wordt er melding van gemaakt dat hij een drankprobleem heeft.[9] 'Wat opvalt, is dat zijn handschrift in de loop van de tijd steeds moeilijker te lezen is,' zegt Gehring. 'Dan, op een dag in 1655, halverwege een vergadering, verandert het handschrift. Een ander schrijft verder en nooit zie je het oude weer terug.'[10] Korte tijd later verschijnt Dijckman in het rekeningboek van de armenverzorger; hij is aangewezen op de armenzorg en tot zijn dood zal hij blijven leven van de bedeling. 'Die laatste pagina's met aantekeningen van Dijckman zitten vol vlekken,' zegt Venema. 'Wie weet wat dat zijn: misschien is het water. Maar misschien wijn. Of tranen.'

EINDNOTEN

PROLOOG

1 Bayard Tuckerman, *Peter Stuyvesant, Director-General for the West India Company in New Netherland*, voorwoord.
2 A.J.F. van Laer, 'The Translation and Publication of the Manuscript Dutch Records of New Netherland, with an Account of Previous Attempts at Translation', 9.
3 Zie de noten van de Epiloog voor bronnen over eerdere vertaalpogingen.
4 Bertrand Russell, *A History of Western Philosophy*, 581.
5 Mariana van Rensselaer, *History of the City of New York in the Seventeenth Century*, 1:49.
6 E.B. O'Callaghan en Berthold Fernow, vert. *Documents Relative to the Colonial History of the State of New York*, 3:106. Hierna genoemd als Docs. Rel.

DEEL 1. 'EEN EILAND MET DE NAAM MANATHANS'

HOOFDSTUK 1. DE MAAT DER DINGEN

1 Voor de constructie van mijn portret van Hudson heb ik gebruik gemaakt van alle standaardbronnen: Richard Hakluyt, *The Principal Navigations Voyages Traffiques and Discoveries of the English Nation*, deel 3; Samuel Purchas, *Hakluytus Posthumus or Purchas his Pilgrimes*, deel 13; G. M. Asher, red, *Henry Hudson the Navigator: The Original Documents in Which His Career Is Recorded*; Henry Cruse Murphy, *Henry Hudson in Holland*; John Meredith Read, Jr., *A Historical Inquiry Concerning Henry Hudson, His Friends, Relatives, and Early Life, His Connection with the Muscovy Company, and Discovery of Delaware Bay*; Llewelyn Powys, *Henry Hudson*; Edgar Mayhew Bacon, *Henry Hudson: His Times and His Voyages*. Ik heb ook geraadpleegd: Philip Edwards, red., *Last Voyages: Cavendish, Hudson, Raleigh, The Original Narratives*; Donald S. Johnson, *Charting the Sea of Darkness: The Four Voyages of Henry Hudson*; en Douglas McNaughton, 'The Ghost of Henry Hudson'.
2 'The journal of Abacuk Prickett', gedrukt in Samuel Purchas, *Hakluytus Posthumus or Purchas his Pilgrimes,* deel 13, bevestigt dat Hudson een huis in Londen had; Llewelyn Powys, *Henry Hudson*, 1, zegt dat dit zich 'ergens nabij de

Tower of London bevond.' Het Muscovy House stond oorspronkelijk aan de Seething Lane, maar, volgens Armand J. Gerson, *Studies in History of English Commerce During the Tudor Period,* 33, die Husting Roll 341, 29, citeert, verhuisde de compagnie voor 1570 naar een plek 'in de gemeente St. Antholin in Londen, in of nabij een zekere straat die vanaf de ... recente afschuwelijke brand in Londen de Dukes Street genoemd werd.' St. Antholin's bevond zich in Budge Row, in de wijk Cordwainer Street. Bij het reconstrueren van de wandeling van Hudson heb ik gebruik gemaakt van de 'Agas kaart', herdrukt in Adrian Prockter and Robert Taylor, *The A to Z of Elizabethan London,* Claes Jansz Visscher's voorstelling van Londen circa 1616, in John Stow's *A Survey of London Written in the Year 1598.*

3 De belangrijkste argumenten voor een reeks aan elkaar verwante Hudsons in de Muscovy Company worden geleverd door John Meredith Read, Jr., *A Historical Inquiry Concerning Henry Hudson.*

4 Ibid., 41.

5 Jessica A. Browner, 'Wrong Side of the River: London's disreputable South Bank in the sixteenth and seventeenth century'; A.L Beier, 'Vagrants and the Social Order in Elizabethan England,' 10-11.

6 Mijn bronnen over de Muscovy Company en de middelste Tudortijd zijn: David Loades, *The Mid-Tudor Crisis, 1545-1565*; Richard Hakluyt, *The Discovery of Muscovy*; Samuel Purchas, *Hakluytus Posthumus*; Charlotte Fell-Smith, *John Dee*; Raymond H. Fisher, *The Russian Fur Trade, 1550-1700*; Peter J. French, *John Dee: The World of an Elizabethan Magus*; Armand Gerson, Earnest Vaughn en Neva Ruth Deardorff, *Studies in the History of English Commerce During the Tudor Period*; Henry Harrisse, *John Cabot, the Discoverer of North-America, and Sebastian His Son*; Garrett Mattingly, *The Armada; Samuel Eliot Morison, The European Discovery of America,* deel 1: *The Northern Voyages;* Geraldine M. Phipps, *Sir John Merrick: English Merchant-Diplomat in Seventeenth Century Russia;* David B. Quinn en A.N. Ryan, *England's Sea Empire, 1550-1642*; E.G.R. Taylor, *Tudor Geography*; T. S. Willan, *The Muscovy Merchants of 1555*; James A. Williamson, *The Age of Drake.*

7 David Loades, *The Mid-Tudor Crisis, 1545-1565*, 73.

8 Samuel Eliot Morison (*The Great Explorers*, 40-41) zegt dat het waarschijnlijk of Cabotto of Gabote was.

9 E.G.R. Taylor, *Tudor Geography*, 86.

10 Ibid., 34.

11 Ibid., 81-85.

12 Conyers Read, *Mr. Secretary Walsingham*, 3:371.

13 Llewelyn Powys, *Henry Hudson*, 26.

14 Albert Gray, 'An Address on the Occasion of the Tercentenary of the Death of Richard Hakluyt.'

15 Donald Johnson, *Charting the Sea of Darkness*, 20.

16 'Tegen het einde van de poolwinter overdekt het zee-ijs ongeveer 26 miljoen vierkante kilometer van de Noordpool, terwijl het ijspakket in de zomer inslinkt tot ongeveer 15 miljoen vierkante kilometer, aldus Martin Jeffries, een universitair hoofddocent in de geofysica op het Geophysical Institute.' Ned Rozell, 'Sea Ice Reduction May Be Another Climate Change Clue.' Artikel

1255, *Alaska Science Forum*, 5 oktober 1995.
17 Richard Hakluyt, *The Principal Navigations Voyages Traffiques and Discoveries of the English Nation*, 3:567.
18 Samuel Purchas, *Hakluytus Posthumus or Purchas his Pilgrimes*, 13:306-07.
19 Ibid., 313.
20 Ibid., 329.
21 Ibid., 328.
22 Ibid., 300.

HOOFDSTUK 2. DE BESTUIVER

1 Harry Sieber, 'The Magnificent Fountain: Literary Patronage in the Court of Philip III.'
2 Simon Schama, *The Embarrassment of Riches*, 53.
3 H. F. K. van Nierop, *The Nobility of Holland*, 212.
4 John Adams, *A collection of state papers*, 399.
5 In zijn variant van het verhaal van Hudson zegt Adriaen van der Donck dat Hudson in Nederland heeft gewoond, een getuigenis die historici hebben afgedaan als gedienstig aan de Nederlandse aanspraken op Nieuw-Nederland, maar enige bekendheid met het land zou wel helpen verklaren waarom Hudson zo snel kon besluiten voor de Nederlanders te gaan varen, evenals zijn vriendschap met Plancius en De Hondt.
6 G. M. Asher, *Henry Hudson the Navigator: The Original Documents in Which His Career Is Recorded*, 246.
7 Ibid., 245.
8 Ibid., 253.
9 Llewelyn Powys, *Henry Hudson*, 81.
10 Samuel Purchas, *Hakluytus Posthumus or Purchas his Pilgrimes*, deel 13, p. 356.
11 J. F. Jameson, *Narratives of New Netherland, 1609-1664*, 37.
12 John Heckewelder, *History, Manners, and Customs of the Indian Nations*, 71-75.
13 Citaten in deze en de volgende paragraaf zijn afkomstig uit het verslag van Juet, zoals opnieuw uitgegeven in Purchas, *Hakluytus Posthumus*, deel 13.
14 I. N. P. Stokes, *Iconography of Manhattan Island, 1498-1909*, 2:44.
15 Van Meteren, in G. M. Asher, red., *Henry Hudson the Navigator*, 150.
16 De Engelse en Nederlandse versies staan in Ibid., 150.
17 Alle feiten in deze scène zijn afkomstig van het verslag van Abacuk Pricketts van de muiterij, zoals weergegeven in deel 13 van Samuel Purchas, *Hakluytus Posthumus or Purchas his Pilgrimes*. Pricketts getuigenis is in zoverre verdraaid en onbetrouwbaar dat hij zichzelf en zijn mede-overlevers in de muiterij als onschuldige toeschouwers, en gemakshalve degenen die tijdens de terugreis waren omgekomen als leiders aanwijst, maar er is weinig aanleiding de gegevens over het weer en de klederdracht en dergelijke te wantrouwen.
18 G. M. Asher, red., *Henry Hudson the Navigator*, 255. De akte van oprichting van de nieuwe compagnie werd in 1612 opgesteld en het feitelijke proces vond niet eerder plaats dan in 1618, na verschillende vergeefse pogingen om door

de doorgang te varen die de muiters ontdekt beweerden te hebben.
19 Informatie over Vogels is afkomstig van Van Cleaf Bachman, *Peltries or Plantations: The Economic Policies of the Dutch West India Company in New Netherland, 1623-1639*, 3-6.

HOOFDSTUK 3. HET EILAND

1 Van Cleaf Bachman, *Peltries or Plantations: The Economic Policies of the Dutch West India Company in New Netherland, 1623-1639*, 16.
2 I.N.P. Stokes, *Iconography of Manhattan Island, 1498-1909, 4:41*.
3 Van Cleaf Bachman, *Peltries or Plantations*, 31.
4 E.B.O'Callaghan, *The History of New Netherland*, 1:31.
5 Docs. Rel., 1:35-36.
6 K.H.D. Haley, *The Dutch in the Seventeenth Century*, 158.
7 A.J.F. van Laer, vert. *Documents Relating to New Netherland, 1624-1626, in the Henry E. Huntington Library*, 'Provisional Regulations for the Colonists,' en ook de aantekening van Van Laer, p. 256: 'Dr. Claes Petersz was de bekende arts dr. Nicolaes Pietersen Tulp, de centrale figuur in het beroemde schilderij van Rembrandt *De anatomische les*, dat in het Mauritshuis in Den Haag hangt. Dr. Tulp was van 1622 tot aan zijn dood, in 1674, lid van de raad en meermaals schepen en burgemeester van Amsterdam. Hans Bontemantel zegt dat hij zichzelf nooit anders dan Claes Pieterss noemde en dat Tulp een bijnaam was, afgeleid van de tulp die boven zijn voordeur hing.'
8 George Olin Zabriskie en Alice P. Kennedy, 'The Founding Families of New Netherland, No. 4—The Rapalje-Rapelje Family.'
9 Joel Munsell, *A Documentary History of the State of New York* 3:32.
10 Overal in de koloniale archieven zijn verwijzingen naar Rapalje en Trico terug te vinden. Het verloop van hun leven kan worden gevolgd door de index van E. B. O'Callaghan, *Calendar of Historical Manuscripts in the Office of the Secretary of State*.
11 Patricia Bonomi, *A Factious People*, 277.
12 Interview met Harry Macy, redacteur van *The New York Genealogical and Biographical Record*, en een afstammeling van Rapalje, 2 april, 2003.
13 United States Fish and Wildlife Service, Southern New England-New York Bight Coastal Ecosystems Program. 'Significant Habitats and Habitat Complexes of the New York Bight Watershed.'
14 Robert Grumet, *Native American Place Names in New York City*, 24.
15 Adriaen van der Donck, *A Description of New Netherland*, vert. Diederik Goedhuys, 74.
16 Robert Grumet, *Native American Place Names in New York City*, 23-24.
17 Stokes, *Iconography*, 4:60.
18 J. F. Jameson, *Narratives, of New Netherland, 1609-1664*, 77.
19 A. J. F. van Laer, 'Annals of New Netherland: The Essays of A.J.F. van Laer,' redactie en commentaar van Charles Gehring, 12.
20 J. F. Jameson, *Narratives*, 76.

21 Shirley Dunn, *The Mohicans and Their Land 1609-1730*, 76.
22 Adriaen van der Donck, *Description*, vert. Goedhuys, 90-91.
23 A. J. F. van Laer, vert. *Documents Relating*, 55.
24 Ibid., 39.
25 Gegevens over de familie van Minuit en zijn vroegere leven zijn afkomstig van C.A.Weslager, *A Man and His Ship: Peter Minuit and the Kalmar Nyckel*, 14-20.
26 A. J. F. van Laer, *Documents Relating*, 44.
27 De volgorde waarin de gebeurtenissen plaatsvonden, is verre van duidelijk, en de geschiedkundigen debatteren over de vraag of het Verhulst was of Minuit die Manhattan verwierf. Mijn verhaal is gebaseerd op mijn eigen lezing van alle relevante primaire bronnen en op de argumenten die verschillende historici hebben aangedragen. Ik kies partij tegen diegenen die in de afgelopen tientallen jaren Minuit hebben verwijderd van zijn legendarische plaats als aankoper van het eiland, en voor degenen die hem wel op die positie plaatsen. En wel hierom: de inhoud van de 'nadere instructies' voor Verhulst en de datums van de reis van Minuit naar Nederland en van zijn terugkeer, suggereren dat de directeuren genoeg hadden van Verhulst en zich ook realiseerden, misschien dankzij de informatie van Minuit, dat er een nieuwe centrale uitvalsbasis voor de provincie nodig was. Sommige geschiedkundigen hebben aanwijzingen gevonden dat er kolonisten voor mei 1626 op Manhattan woonden, maar dat betekent nog niet dat de compagnie het eiland toen al had gekocht. Meer ter zake is het dat de totale indruk van de gebeurtenissen het beeld schetst van Minuit die de leiding in handen neemt en de provincie reorganiseert, iets dat Verhulst, gezien zijn zwakke leiding en positie, niet gedaan zou kunnen hebben.
28 Dave Barry, 'A Certified Wacko Rewrites History's Greatest Hits' *Milwaukee Journal-Sentinel*, 26 december 1999.
29 Bryan Sykes, *The Seven Daughters of Eve: The Science that Reveals Our Genetic Ancestry*, 279-280.
30 J. C. H. King, *First People, First Contacts: Native Peoples of North America*, 8.
31 Stuart Banner, 'Manhattan for $24: American Indian Land Sales, 1607-1763.'
32 Docs. Rel., 1:xxv.
33 John Romeyn Brodhead, *An Address Delivered Before the New York Historical Society*.
34 A. J. F. van Laer, *Documents Relating to New Netherland, 1624-1626, in the Henry E. Huntington Library*, 45-59.
35 Ibid., 180.
36 A. J. F. van Laer, 'Annals of New Netherland,' 14.

[Recep. 7 November 1626
Hooghe Moghende Heeren
Hier is ghister t'schip t'wapen van Amsterdam aengekomen ende is den 23en septem: uyt Nieu Nederlant gezeylt uyt de Rivier Mauritius. rapporteren dat ons volck daer kloec is en: vreedigh leven hare vrouwen hebben ooc kinderen aldaer gebaert hebben t'eylant Manhattes van de wilde gekocht, voor de waer-

de van 60 guld: is groot 11000 morgen. hebbende alle koren half mey gezeyt, ende half augusto gemayd. daer van zeyndende munsterkens van zomerkoren, als taruw, Rogge, garst, haver boucweyt, knarizaet, boontjes en: vlas.
Het Cargasoen van tvsz: schip is
7246 bevers vellen
1781/2 otters vellen
675 otters vellen
48 Mincke vellen
36 Catloes-vellen
33 Mincken
34 Ratte vellekens.
Veel eycken balcken. En: Noten-hout.
Hier mede Hooghe Moghende Heeren. zyt den Almogende
en genaden bevolen.
In Amsterdam den 5en Novem: Ao 1626
Uwe Hoo: Moo: Dienstwillighe
P. Schaghen]

37 Docs. Rel., 1:38.
38 Cornelis Melyn, 'The Melyn Papers, 1640-1699,' 124.
39 Charles Gehring, vert. en red., *Land Papers 1630-1664*, 8.
40 A. J. F. Van Laer, *New York Historical Manuscripts*, 1:45. Hierna wordt hiernaar verwezen met NYHM.
41 The Bontemantel Papers bevatten een archief met de salarissen van de ambtenaren van Nieuw-Nederland, vanaf de directeur en lager. Deze documenten laten zien dat een soldaat acht tot negen gulden per maand verdiende.
42 Janny Venema, 'The Court Case of Brant Aertsz van Slichtenhorst Against Jan van Rensselaer,' verhandeling voorgelezen tijdens de Rensselaerswijck Seminar 2000 in Albany, New York.
43 A. J. F. van Laer, *Documents Relating*, 176.
44 A. J. F. van Laer, NYHM 4:8.
45 Ibid., 4.
46 Ibid., 1:55. In deel 4:5, van dezelfde reeks, wordt gesproken over de Engelsman Thomas Beeche (hier Tomas Bescher genoemd).
47 A. J. F. van Laer, *Documents Relating*, 188, 198-99.
48 G.M. Asher, *Dutch Books and Pamphlets Relating to New Netherland*, 122-123.
49 *Governour Bradford's Letter Book*, 3:53:54, heruitgegeven in I. N. P. Stokes, *Iconography*, 4:70.
50 Ibid., 3:54-55, heruitgegeven in I. N. P. Stokes, *Iconography*, 4:71.
51 Jameson, *Narratives*, 122.

HOOFDSTUK 4. DE KONING, DE CHIRURGIJN, DE TURK EN DE HOER

1 De belangrijkste bronnen die ik bij het schrijven van het portret van Charles

heb gebruikt, zijn Charles Carlton, *Charles I: The Personal Monarch;* Pauline Gregg, *King Charles I;* Lucy Aikin, *Memoirs of the Court of King Charles the First;* en J. P. Kenyon, *The Stuarts: A Study in English Kingship.*

2 J. P. Hore, *The History of Newmarket and the Annals of the Turf*, 1:155.

3 Ibid, 2:18.

4 R. C. Lyle, *Royal Newmarket*, 11.

5 C.V. Wedgwood, *The Political Career of Peter Paul Rubens*, 45.

6 Charles Carlton, *Charles I: The Personal Monarch*, 184.

7 J. P. Kenyon, *The Stuarts: A Study in English Kingship*, 98-99. Cursivering is van mij.

8 Docs. Rel., 1:55

9 Charles Carlton, *Charles I: The Personal Monarch*, 125, 144-145.

10 Docs. Rel., 1:49.

11 Docs. Rel., 1:45.

12 East India Company, *A True Relation Of The Uniust, Cruell, And Barbarous Proceedings against the English at Amboyna In the East-Indies, E3.*

13 East India Company, *A Remonstrance Of The Directors Of The Netherlands East India Company, presented to the Lords States Generall of the united Provinces, in defence of the said Companie, touching the bloudy proceedings against the English Merchants, executed at Amboyna, C2.*

14 John Dryden, *Amboyna: A Tragedy. As it is Acted By Their Majesties Servants.*

15 Paul Zumthor, *Daily Life in Rembrandt's Holland*, 155-57.

16 Mijn beschrijving van de reis van Van den Bogaert berust op zijn verslag en het commentaar hierop in Harmen Meyndertsz van den Bogaert, *A Journey into Mohawk and Oneida Country, 1634-1635*, vertaald en geredigeerd door Charles T. Gehring, William A. Starna en Gunther Michelson, en op gesprekken met Charles Gehring en Iroquoiskenner Gunther Michelson.

17 Dit is de uitleg van Van den Bogaert; Volgens Michelson betekent het in feite 'schiet nog een keer.'

18 Van den Bogaert, *A Journey into Mohawk and Oneida Country, 1634-1635*, 10.

19 Het lied, zoals weergegeven door Van den Bogaert: '*ha assironi atsimachkoo kent oyakaying wee onneyatte onaondage koyockwe hoo senoto wanyagweganne hoo schehalaton kasten kanosoni yndicko.*' De woorden *kaying wee, onneyatte, onaondage, koyockwe, hoo senotowany* verwijzen respectievelijk naar de Mohawk-, Oneida-, Onondaga-, Cayuga- en Seneca- landen. Van Gunther Michelson, die het Mohawk vertaalde voor de publicatie, in 1988, van het verslag van Van den Bogaert, kreeg ik tijdens een gesprek zijn vertolking van het lied.

20 Van den Bogaert, *A Journey into Mohawk and Oneida Country, 1634-1635*, 52-63.

21 Dit voorval staat beschreven in het verslag van David de Vries, gepubliceerd in J. F. Jameson, *Narratives of New Netherland 1609-1664*, 186-234.

22 Jaap Jacobs, 'A troubled Man: Director Wouter van Twiller and the Affairs of New Nederland in 1635.'

24 NYHM 1:108-09.

24 Ibid., 2:162, 267, 323, 373.

25 Ibid., 4:89.

26 Charles Gehring, vert. en red. *Council Minutes, 1655-1656*, 68-69.

27 NYHM 4:360-61.
28 Ibid., 97-100.
29 Ik dank Firth Haring Fabend voor haar idee dat hier sprake was van een soort 'schappelijk optreden'.
30 NYHM 4:269.
31 Ibid., 49.
32 Ibid., 1:107.
33 Sommige feiten over Reyniers en Van Salee zijn afkomstig van Leo Hershkowitz, 'The Troublesome Turk.'
34 Van Rensselaer, *History of the City of New York in the Seventeenth Century*, 1:119.
35 NYHM 4:46.
36 Ibid., 1:70.
37 Ibid., 4:46.
38 Ibid., 1:11.
39 Ibid., 67.
40 Docs. Rel., 3:18.
41 A. J. F. van Laer, vert., *Van Rensselaer Bowier Manuscripts*, 307.
42 Ibid., 166, 181.

DEEL 2. BOTSENDE BELANGEN

HOOFDSTUK 5. DE MAN VAN DE WET

1 A. T. van Deursen, *Plain Lives in a Golden Age*, 11.
2 Simon Schama, *The Embarrassment of Riches*, 557.
3 Keith L. Sprunger, *Trumpets from the Tower: English Puritan Printing in the Netherlands, 1600-1640*, 29.
4 K. H. D. Haley, *The Dutch in the Seventeenth Century*, 167.
5 Vert. van E. H Kossman en A. F. Mellink, red., *Texts Concerning the Revolt of the Netherlands*, 165.

[XIII. Ende soeveel tpoinct van der religie aengaet, sullen hem die van Hollant ende Zelant draegen naer haerluyden goetduncken ende dandre provincien van dese Unie sullen hem moegen reguleren naer inhoudt van de religionsvrede, by den eerstshertoge Mathias, gouverneur ende cappiteyn generael van dese landen, met die van sinen Rayde by advis van de Generael Staten alrede geconcipieert, ofte daerinne generalick oft particulierlick alsulcke ordre stellen als si tot rust ende welvaert van de provincien, steden ende particulier leden van dyen ende conservatie van een ygelick, gheestelick ende weerlick, sijn goet ende gerechtigcheyt doennelick vynden sullen, sonder dat hem hierinne by enyge andere provincien enich hynder ofte belet gedaen sal moegen worden, mits dat een yder particulier in sijn religie vrij sal moegen blijven ende dat men nyemant ter cause van de religie sal moegen achterhaelen ofte ondersoucken, volgende die voorsz. pacificatie tot Ghendt gemaeckt.]

6 Voor de discussie over de Nederlandse tolerantie heb ik gebruik gemaakt van Jonathan Israel, 'The Intellectual Debate About Toleration in the Dutch Republic'; Jonathan Israel, 'Toleration in Seventeenth-Century Dutch and English Thought'; en James Williams, 'Abominable Religion' and Dutch (In)tolerance: The Jews and Peter Stuyvesant.'

7 M. E. H. N. Mout, 'Limits and Debates: A Comparative View of Dutch Toleration in the Sixteenth and Early Seventeenth Centuries,' 41.

8 Ibid., 46.

9 Dava Sobel, *Galileo's Daughter, A Historical Memoir of Science, Faith, and Love*, 302.

10 K. H. D. Haley, *The Dutch in the Seventeenth Century*, 118.

11 T. H. Lunsingh Scheurleer en G.H.M. Posthumus Meyjes, *Leiden University in the Seventeenth Century*, 280.

12 Ibid., 283.

13 R. Feenstra en C. J. D. Waal, *Seventeenth-Century Leyden Law Professors and Their Influence on the Development of the Civil Law*, 9-11.

14 Edward Dumbauld, *The Life and Legal Writings of Hugo Grotius*, 62.

15 Richard Tuck, *Philosophy and Government, 1572-1651*, 166-69.

16 Schama, *The Embarrassment of Riches*, 195.

17 Het citaat en het onderzoek van het Nederlandse huis zijn afkomstig van Witold Rybczynski, *Home: A Short History of an Idea*, hoofdstuk 3.

18 Voor de tijd die Descartes in en om Leiden doorbracht, inclusief zijn relaties en strijd met de professoren aldaar, baseer ik mij op Stephen Gaukroger, *Descartes: An Intellectual Biography*, 321-386.

19 René Descartes, *Discourse on Method*, 44.

20 A.J.F. van Laer, *Van Rensselaer Bowier Manuscripts*, 520.

21 Janny Venema, 'Beverwijck, A Dutch Village on the American Frontier, 1652-1664,' 366-67; Oliver Rink, *Holland on the Hudson*, 152.

22 Van Laer, *Van Rensselaer Bowier Manuscripts*, 524.

23 Adriaen van der Donck, *A Description of the New Netherlands*, vert. Jeremias Johnson, red. Thomas F. O'Donnell, 7.

24 Oliver Rink, 'Unraveling a Secret Colonialism, Part I,' 14.

25 Ibid., 15.

26 NYHM 3:81.

27 Voor de verschillende soorten werkzaamheden van de inwoners van Nieuw-Amsterdam baseer ik mij op Dennis Maika, '*Commerce and Community: Manhattan Merchants in the Seventeenth Century*,' 38-59.

28 David M. Riker, 'Govert Loockermans: Free Merchant of New Amsterdam.'

29 J.F. Jameson, *Narratives of New Netherland, 1609-1660*, 208.

30 De gegevens over de plaats van Loockermans huis zijn afkomstig van Diane Dallal, archeoloog bij New York Unearthed.

31 NYHM 1:320-22.

32 De Franse priester Isaac Jogues, die vijf jaar later op bezoek kwam, schatte dat er tussen de 400 en 500 inwoners waren; van hem is ook het getal van achttien talen afkomstig. J. F. Jameson, *Narratives*, 259.

33 Ibid., 212.

34 I.N.P. Stokes, *Iconography, of Manhattan Island, 1498-1909*, 4:78, 79.
35 NYHM 1:336-37.
36 Ibid., 338-39.
37 Ibid., 347-49.
38 Commentatoren hebben aangegeven dat het schip op 20 augustus 1641 is aangekomen. Ik neem aan dat ze zich baseren op het journaal van De Vries, waarin hij melding maakt van deze datum (Jameson, *Narratives*, 211). Maar het feit dat de kapitein van het schip op 30 juli 1641 een overeenkomst sloot met een handelaar voor de volgende zending, komt hier niet mee overeen. Ik vermoed dat De Vries zich vergist heeft in de maand, en dat het schip misschien op 20 juli is gearriveeerd.
39 NYHM 1:341-42.
40 Van Laer, *Van Rensselaer Bowier Manuscripts*, 204. De beschrijving houdt verband met de vorige kortlevende schout; ik ben er vanuit gegaan dat Van der Donck dezelfde onderscheidingstekenen voor zijn ambt heeft gedragen.

HOOFDSTUK 6. DE BLOEDRAAD

1 James Riker, *Revised History of Harlem*, 132.
2 NYHM 1:19.
3 Ibid., 93-94.
4 Ibid., 55.
5 Ibid., 57-58.
6 Op deze familieband is mij gewezen door Willem Frijhoff, die het heeft uitgewerkt in zijn verhandeling 'Neglected Networks: New Netherlanders and Their Old Fatherland – The Kieft Case'.
7 'Broad Advice,' in H. C. Murphy, vert., *Vertoogh van Nieu Nederland, [by A. van der Donck] and, Braeden raedt aende Vereenichde Nederlandsche provintien, [by I. A. G. W. C., pseud. Of C. Melyn], Two rare tracts, printed in 1649-50, Relating to the administration of affairs in New Netherland*, 139.
8 Ik ben verplicht aan Jaap Jacobs voor dit inzicht, dat is uitgewerkt in zijn boek *Een zegenrijk gewest: Nieuw-Nederland in de zeventiende eeuw*.
9 Ernst van den Boogaart, 'The Servant Migration to New Netherland, 1624-1664,' 55.
10 Docs. Rel., 12:19.
11 Het inzicht in de wens van Minuit om een nieuwe maatschappij te stichten, is afkomstig van C. A. Weslager, *A Man and His Ship*.
12 NYHM 4:107.

[Alsoo jegenwoordich seer quaet sewant alhier in omgangh gaet ende men anders niet in betalinge geeft als ruijl ongeslepen goet dat van andere oorden over gebracht wort daert 50 [per] 100 beter coop is alsmen t hier uijtgeeft, ende t'goet geslepen sewand dat men ordinarij Manhatans sewan noemt gans vervreemt ende verbijstert wort t'welcke is streckende tot de expresse ruyne ende verderff vande landt [ ] omme daer inne tijtlijc te voorsien. Soo ist dat wij tot t' gemene beste interdiceeren ende verbieden dat sich niemant vervordere van wat staet qualiteyt ofte conditie hij sij van nu voortaen geen ongeslepen sewandt voor paijement t' ontfangen ofte uijt te geven anders als in dese toecomende maent maij vijff voor een stuyver ende dat geregen, ende voort daer naer ses stucx voor een stuyver soo wie sal bevonden worden contrarie deses gedaen te hebben sal bij provisie verbeuren t' uijtgegeven sewant ende 10 gulden aenden aermen, soo wel den ontfanger als den uijtgever etc. t' goet geslepen sewant sal op sijn prijs blijven als vooren te weten vier voor een stuyver mits dattet geregen is.]

13 Ibid., 60.

[Alsoo de Comp. groote oncosten heeft te dragen soo int opmaecken van fortificatien ende onderhouden van soldaten ende matroosen, soo hebben wij geresolveert d' Indianen hier ontrent woonachtigh (welck wij tot noch toe voor haere vijanden hebben beschermt) enige contributie aff te eijschen, soo vellen maijs als sewan ende ofte enige natie mochte wesen, die sich met vrientschap niet willen tot contribueeren verstaen, sullen mette gevoechlijkste middel daertoe soecken te brengen.]

14 Van der Donck, *A Description of New Netherlands,* vert. Goedhuys, 92.
15 Jameson, *Narratives*, 213.
16 NYHM 4:115-16.

[Dewijl de wilden vande Raretangh dagelijcx hoe langer hoe meer haer seer vijantlijck instellen [...] hebben oversulcx voor de bequaemste middel geacht ende raetsaem gevonden de Indianen onse vrunden hier ontrent woonachtigh tot de wapenen t' animeeren [...] en omme deselve te meer te courageeren soo hebben deselve belooft voor ijder hooft vande voorn. Raretangs tien vadem sewan ende indien een connen becoomen vande wilden die opt Staten Eijlant d'onse seer moordadich hebben omgebracht is haer belooft voor yder hooft 20 vadem sewan.]

17 Jameson, *Narratives*, 211.
18 NYHM 4:124.

[Ten eersten oft niet rechtvaerdich is, den schandelijcken moort onlangs door een wilt begaen aen Claes Swits behoort gestraft te worden, ende in gevalle de Indianen den moordenaer niet wilde leveren op ons versoeck, oft niet rechtvaerdich is t' geheele dorp daer hij vandaen is te ruijneeren,
Ten 2e In wat manieren t'selve int werck dient gestelt ende in wat tijt,
Ten 3e door welcke t' selve sal connen geschieden]

19 Jameson, *Narratives*, 214.
20 NYHM 4:125.
21 Ibid., 126.

22 Docs. Rel., 1:202-203.
23 Ibid., 203.
24 Jameson, *Narratives*, 226-229.

[...alwaerse de jonge Kinders sommige van haer Moeders borsten afruckten, in 't gesichte vande Ouders aenstucken ghekapt, ende de stucken in 't Vyer en in 't Water ghesmeten zijn, en andere Suygelingen op Houte-bortjes gebonden en soo door-houwen, door-steken, door-boort, en miserabelijck gemassakreert dat het een Steenen-hert vermorwen soude, ende sommighe inde Rivier ghesmeten, ende als de Ouders en Moeders die sochten te redden, wilden de Soldaten die niet weder laten aen Landt komen, maer dedense met de Ouden en Jongen verdrincken, Kinderen van vijf a ses Jaren, ende oock eenige stock-oude Lieden. So veel alsser dese furi noch ontvlucht waren, ende sich inde naeste Ruygte ende Riet verborgen hadden, en als die 's morgens te voorschijn quamen om een stuck Broods baden, ende datse sich tegghen de koude verwarmen mochte, en wierde met koele bloede vermoord ende in 't Vyer oft in 't Water gestoten, ende eenige quamen geloopen by d'onse ten platten Lande, zijnde sommige handen, sommige beenen afgekapt, eenige droegen hare dermen inde armen, andere hadden sulcke afgrijsselijcke houwen, kerver, mincken, dat diergelijcken niet erger oyt kan geschied zijn, ende die arme Bloeden, gelijck oock vele van onse Natie, wisten noch niet beter of haer partije andere Wilden de Maquas hadden haer overvallen. Na dit Exploict zijn de Soldaten voor haren gedanen dienst gereconpanseert, ende met de hand-tastinge ende begroetinge vande Directeur Kieft bedanckt...]

25 Ibid., 228; 'Broad Advice,' in H. C. Murphy, vert., *Vertoogh van Nieu Nederland*, 149.
26 Voor de bijzonderheden over de ontwikkeling van tolerantie in de Nederlandse geest, baseer ik mij op Jaap Jacobs, 'Between Repression and Approval.'
27 Voor dit inzicht ben ik dank verschuldigd aan Willem Frijhoff, 'New Views on the Dutch Period of New York.'
28 De gebeurtenissen in deze paragraaf zijn afkomstig van NYHM 2:32, 33, 34-35, 39-40, 70, 87, 88, 96; 4:119, 197.

HOOFDSTUK 7. DE OORZAAK

1 Adriaen van der Donck, *A Description of New Netherland*, 15, vert. Hanny Veenendaal en de auteur.
2 Ibid., 48.
3 Van der Donck, *Description*, vert. Johnson, 63-64.
4 Van der Donck, *Description*, vert. Goedhuys, 59.
5 Van der Donck, *Description*, vert. Johnson, 49.
6 Ibid., 51.
7 Ibid., 58.

8 Ibid., 23.
9 Van der Donck, *Description*, vert. Goedhuys, 37-38.
10 Van der Donck, *Description*, vert. Johnson, 28.

[de geene diese daer nu bekent hebben/ bestaen meest in Capilli Veneris Scholopentria, Angelica, Polupodium, Verbascum Album, Calteus sacerdotis, Atriplex Hortense & Marine, Chortium Turrites, Calamus Aromaticus, Sassafrax, Rois Virginianum, Ranunculas, Plantago Burso, Pastoris, Malua, Origaenum, Gheranicum, Althea, Cinoroton Psuydo, Daphine, Viola, Ireas, Indigo Silvestris, Sigilum Salamonis Sanguis Dracoum, Consolidae, Mille Folium, Noli Metanghere, Cordo Benedictus, Agrunonium, Serpentanae, Coriander, leke Pollen/ wilde Loock/ Spaense Vijven/ *Elaetine, Camperfoelie, Petum* manneken en wijfken/ veelderhande vaeren. Ende voorts is het Landt van alderhande Planten en Boomen vol/ soo dat niet is te twijfelen of daer zijn veel goede *Simplicia*. De kenders soudender al veel mede konnen te wege brengen/ dat wy daerom te eerder ende te meerder aennemen/ om dat de Wilden/ met worteltjes/ bolletjens/ en blaetjens heel vervaerlijcke versche wonden/ ende leelijcke verouderde seeren weten te genesen/ daer veel exempelen van soude konnen toonen/ maer om de kortheyt voorby gaen sal.]

11 Ibid., 5.
12 Van Laer, *Van Rensselaer Bowier Manuscripts*, 573-574.

[Wij Adriaen vander Donck, Hooft Officier met de Gecommitteerden ende Raeden vande colonie Rensselaerswijck alle degenen die desen sullen sien ofte hooren leesen Salut. Alzoo wij dagelijcx sien ende bevinden het groote misbruijck, oproer, twist, Jae dat meer is onderlinge oneenighheijt, alle te saemen saecken, waerdoor de staet van een welgestelde gemeijnte gemeenlijck onder de voet raeckt, spruijtende alleenlijck uijt de handeling, die onse ingesetenen drijven, met de uijtheemsche Residenten, sijnde [...] heeft het ons goet gedacht te ordonneeren, statueren en te gebieden, gelijck wij hetselve also doen bij desen, aen alle inwoonders deser colonie, [...] dat sij haer geensins en sullen vervorderen, eenige waeren te koopen ofte handelen van de Residenten, ofte hier eenige bevers, otters, ofte andere pelterijen te doen in geenderhande manieren, directelijck ofte indirectelijck op de boete ende verbeurte voor de eerste reijse, drie mael soo veel, als deselve gecochte ofte gehandelde ofte uijtgedaen goet sal waerdich wesen [...] doch indien eenige chaloupen ofte vaertuijgen vande Comp. ofte iemandt anders hier boven quamen, ende de inwoonders ijetwes nodel. van doen hebben te coopen, soo sal sulcx van de officier versocht worden die dan nae gelegentheijt van saecken sal handelen.]

13 NYHM 4:173.
14 Van Laer, *Van Rensselaer Bowier Manuscripts*, 636.
15 Ibid., 631.

16 Ibid., 636.
17 Ibid., 640.
18 E.B.O. O'Callaghan, *The History of New Netherland*, 1:460.
19 A.J.F. van Laer, *Minutes of the Court of Rensselaerswyck*, 1:61, 67-68, 79.
20 Van Laer, *Van Rensselaer Bowier Manuscripts*, 616, 649, 650, 666.
21 Ibid., 631.
22 O'Callaghan, *The History of New Netherland*, 1:462.
23 Benjamin Schmidt, 'Innocence Abroad,' 18.
24 Van der Donck, *Description*, vert. Goedhuys, 90.
25 Ibid., 101.
26 Ibid., 115.
27 Ibid., 119.
28 Van der Donck, *Description*, vert. Johnson, 95.

[die op het gijpen leyt/ voort van kant te helpen/ en immers/ naer zy ons wijs maecken/ soo moet den Duyvel haer bekent maecken/ of den Patient leven of sterven sal: Oock in gevalle daer hoop tot het leven is/ wat zy voorts ghebruycken moeten/ om den Patient weder op de been te helpen/ maer seer selden krijgen sy vast bescheyt/ en evenwel moeten sy noch middel ghebruycken; als daer hoop is werdt den Patient datelijck spijse voor gestelt/ daer men hem persuadeeert/ hertelijck van te eten/ het lust hem wel ofte niet.]

29 Van der Donck, *Description*, vert. Goedhuys, 133.

[de publijcke hant moste daer aen gehouden worden/ en men moste haer jeucht in goede Schoolen/ ten dien eynde daer te Lande ter gheleghener plaetsen op rechten/ laten leeren onse Spraeck-lessen schrijven/ en in 't fondamendt vande Christelijcke Religie/ wel ende grondich onderwijsen laten/ zoo dat sy metter tijdt malkanderen voortkosten en mochten leeren/ en daer vermaeck en lust in scheppen/ het zoude wel wat veel moeyten en voeten op de Aerde hebben/ maer evenwel zonder dit middel sal daer swaerlijck yet goets onder haer te doen zijn/ en nochtans is gheweldigh slecht dat men daer soo naerlatigh in is/ daer de Wilden weel selfs naer haer seggen/ ghenegen souden zijn om hare Kinderen in onse Religie en spraecke te laten onderwijsen en leeren.]

30 Thomas O'Donnell, 'Inleiding', in Van der Donck, *Description*, vert. Johnson, x.
31 Ada van Gastel, 'Van der Donck's Description of the Indians: Additions and Corrections,' *William and Mary Quarterly*, juli 1990.
32 Van der Donck, *Description*, vert. Goedhuys, 127.
33 Ibid., 129.
34 Ibid., 130.
35 O'Callaghan, *The History of New Netherland*, 1:338-339.
36 Shirley Dunn, 'Enlarging Rensselaerswijck.' Volgens Dunn strekte Rensselaerswyck zich op het hoogtepunt uit over een oppervlak van '700.000 of meer morgen'. Ik heb ook de landstreek Claverack van Van Rensselaer meegerekend.

37 De raadsverslagen van Nieuw Nederland van 1644 (NYHM 4:190), laten zien dat Van der Donck op 6 juni aanwezig was in het hof in Fort Amsterdam.
38 Docs. Rel., 1:212-214.
39 Docs. Rel., 1:190-191. Ik dank dr. Willem Frijhoff van de Vrije Universiteit Amsterdam voor zijn uitweiding over zijn stelling dat Van der Donck de auteur was van een groot deel van de correspondentie die door de kolonisten was gegenereerd, en dat Bogardus vermoedelijk verantwoordelijk was voor een deel van wat in 1643 en 1644 was geschreven. Mijn theorie bouwt hier op voort. Zijn betoog is weergegeven in zijn boek *Wegen van Evert Willemsz.: Een Hollands weeskind op zoek naar zichzelf, 1607-1647*, 735-738.
40 Van Laer, *Minutes of the Court of Rensselaerswyck*, 1:10; Docs. Rel. 1:431, 532-33.
41 Docs. Rel., 1:211. Het origineel vermeldt per abuis als datum november 1642.

HOOFDSTUK 8. DE EENBENIGE MAN

1 Feiten over de aanval op St.-Maarten staan in Charles Gehring, *Curaçao Papers*, 32-35, en in het pamflet 'Broad Advice.'
2 Van Peter Lowe's *Discourse on the Whole Art of Chyrurgerie* (1596), zoals geciteerd in Richard A. Leonardo, *History of Surgery*, 153.
3 John Woodall, *The Surgeon's Mate* (1617), zoals geciteerd in Henry H. Kessler en Eugene Rachlis, *Peter Stuyvesant and His New York*, 48.
4 Martha Eerdmans, *Pieter Stuyvesant: An Historical Documentation*, 52-55.
5 Gehring en Schiltkamp, *Curaçao Papers*, 37-48.
6 'Broad Advice,' 160, schrijft dat Stuyvesant 'eertijds de dochter van zijn eigen huisbaas in Franeker veroverd heeft, en hij was daarbij betrapt, en vanwege zijn vader mocht hij gaan, want dan zou hij ten schande gemaakt worden.'
7 Charles Gehring, *Council Minutes, 1652-1654*, 223.
8 Biografische gegevens zijn afkomstig van J.D. Uhlenbeck, 'Genealogie van het geslacht Farret.' In de meeste bronnen is sprake van Johan, maar de genealogie geeft als geboortenaam John.
9 De uitwisseling van poëzie tussen Farret en Stuyvesant bevindt zich in de verzameling van het Nederlands Scheepvaart Museum in Amsterdam. Ik heb gewerkt met een transcriptie die gemaakt is door J. P. Puype, bibliothecaris van het museum, aanwezig in de verzameling van Charles Gehring in het New Netherland Project. Hanny Veenendaal van het Netherlands Center heeft mij een informele vertaling bezorgd.
10 I.N.P Stokes, *Iconography of Manhattan Island*, 4:Supplementary Addenda for the year 1645.
11 Gehring en Schiltkamp, *Curaçao Papers*, 36-39.
12 Met dank aan de suggestie van Charles Gehring volg ik deze 450 soldaten die herhaaldelijk het pad van Stuyvesant zouden kruisen.
13 Joao Capistrano de Abreu, *Chapters of Brazil's Colonial History, 1500-1800*, 83.
14 Medische en gevechtsomstandigheden in Brazilië zijn afkomstig van F. Guerra, 'Medicine in Dutch Brazil.'

15 Duarte de Albuquerque Coelho, *Memorias diarias de la guerra del Brasil*, geciteerd in Joao Capistrano de Abreu, *Chapters of Brazil's Colonial History, 1500-1800*, 82.

16 Ik dank Elisabeth Paling Funk voor de vertaling van dit gedicht.

[Op het afgeschoten been van den E: Manhafte Hr: Stuijvesant, voor t'Eijlant St: Marten.
Wat dolle donder-cloot comt buldren op u been,
Mijn waerde Stuijvesant, en stort u ginder heen?
Den rechter pijlaer die u lichaem plach te schragen,
Wort die soo met een slach vermorst en afgeslagen...
Ghij stont te schoon voor t'ooch. O al te wrede kans!
Mijn Stuijvesant, die valt en tuijmelt op sijn schans,
Daer hij den vijandt als een braeff Soldaet dar tarten,
En locken in het velt, op t'Eijlant van Sint Marten.
Den cogel treft sijn been, de weerstuijt raeckt mijn hart...]

17 Voor sommige gegevens over Stuyvesants terugkeer naar Nederland maak ik gebruik van Alma R. VanHoevenberg, 'The Stuyvesants in the Netherlands and New Netherland.'

18 Docs. Rel., 1:213.

19 Er bestaan veel getuigenissen van dit voorval. Ik baseer me gedeeltelijk op de verzameling vroegste beschrijvingen in hoofdstuk 21 van J. Cameron Lees, *St. Giles', Edinburgh: Church, College, and Cathedral, From the Earliest Times to the Present Day*.

20 Charles Carlton, *Charles I*, 166.

21 Docs. Rel., 1:127.

22 Docs. Rel., 1:127, 133, 134.

23 Exodus 22:18.

24 Voor inzicht in de mix van theologie en tovenarij in de zestiende en zeventiende eeuw in Engeland baseer ik me op Barbara Mowat, 'Prospero's Book.'

25 Docs. Rel., 1:305.

26 John Winthrop, *Journal of John Winthrop*, 462-63 red. Richard Dunn, James Savage en Laetitia Yaendle.

27 Voor het verhaal van Hutchinson maak ik gebruik van John Winthrop, *Journal of John Winthrop*, 473-46, en Selma R. Williams, *Divine Rebel : The life of Anne Marburg Hutchinson*, hoofdstuk 1, 9, en 14.

28 E.B.O. O'Callaghan, *History of New Netherland*, 1:257.

29 De gegevens over het conflict tussen Doughty en Kieft zijn afkomstig van Adriaen van der Doncks *Remonstrance of New Netherland*, Docs. Rel., 1:305, en van het pamflet 'Broad Advice,' 159.

30 De datums waarop Doughty en Van der Donck beide in het hof van New Amsterdam aanwezig waren, staan vermeld in NYHM 4:266-274. Het is mogelijk dat alleen de opponent van Van der Donck, Simon Pos, op genoemde dagen aanwezig was, in dat geval konden Van der Donck en Mary Doughty elkaar later in juli ontmoeten, toen Van der Donck terugkeerde uit het noorden.

31 Docs. Rel., 1:157.
32 De ontmoeting tussen Agheroense, Van der Donck en Kieft is afkomstig van Van der Donck, *Description*, vert. Goedhuys, 48-49.
33 Ibid., 129.
34 Van der Donck, *Description*, vert. Jeremia's Johnson, red. Thomas F. O'Donnell, xxvii.
35 Gegevens over het vredesverdrag van het Fort Amsterdam zijn afkomstig van NYHM 4:232-234.
36 Voor mijn flitsende verslag van de slag van Naseby heb ik Joshua Sprigge, *Anglia rediviva* geraadpleegd; Mark Kishlansky, *A Monarchy Transformed*, 165-66; *After the Battle of Naseby*, (geschilderd door Sir John Gilbert); en de website van het dorp Naseby (www.hillyer.demon.co.uk).
37 Informatie over de aankomst van Stuyvesant is afkomstig van het pamflet 'Broad Advice,' 162-64, en Adriaen van der Donck, *Remonstrance*, Docs. Rel., 1:309-310.

HOOFDSTUK 9. DE GENERAAL EN DE PRINSES

1 Docs. Rel., 1:310.
2 Docs. Rel., 1:446.
3 NYHM 4:365-67.
4 Ibid., 369.
5 Dergelijke stukken glas, die in die tijd gebruikelijk waren in de Nederlandse Republiek, werden opgegraven in huizen in Nieuw Amsterdam en komen precies uit deze periode. Er zijn ook stenen voor backgammon en cribbage opgegraven. Bronnen: Joyce Goodfriend, 'The Sabbath Keeper'; Anne-Marie Cantwell en Diana diZerega Wall, *Unearthing Gotham: the Archeology of New York City*, 'Inleiding'; Nan Rothschild e. a., 'The Archaeological Investigation of the Stadt Huys Block.'
6 Docs. Rel., 1:195-96.
7 Docs. Rel., 1:198-99.
8 NYHM 4:370-71.

[Ten eerste off oyt in eenige Republicque gehoort ofte gesien is dat vass[allen?; document is beschadigd] ende onderdanen geconcipieert gesmeet, ende hare Magistraten voor ge[schreven? ; beschadigd document] hebben, selfs gestelde punten, interrogationis om daer op deselfde [te?; beschadigd document] doen examineeren sonder authorisatie van hoger handt....]
[Ten 2^en^ oft het niet sijn sal een saecke van seer quaden gevolge ende een [wegh? Beschadigd document] gebaent tot erger, dat twee particuliere malignante onderdanen haer arrog[eerden? Beschadigd doc.] ende verstouten ons ende den gehelen Raet punten interrogationis voor te schrij[ven] sonder bij hoger handt ofte authorisatie vande gemeente daer toe gelast te sijn om daer op den ouden Raet te examineeren. Ick segge malignante onderdanen ten aensien vande partijschap tusschen haer ende den gewesen Directeur ende

Raaden, beijde welcke sij voor turbateurs vande gemeene ruste gehouden ende bewesen worden ...]
[ten 3[en] dese sijne lieden dit toegestaen sijnde, off sij daeruijt int volgende niet meerder authoriteijt haer sullen arrogeeren ende toeschrijven, tegens ons ende de geordineerde Raden, ingevalle onse Regeringe met hunne humeuren niet quadreerde, om diergelijcke ja meerder tegens ons te usurpeeren. ...]

9 Docs. Rel., 1:203-04.
10 NYHM 2:407. Het contract betreft 450 *schepel*; een schepel staat gelijk aan 0.764 *bushel* (voor vloeistof 36,369 liter, voor droge waren 35,238 liter. vert.).
11 Voor dit inzicht in Van der Donck als aankomend politicus ben ik dr. Ada Louise van Gastel dank verschuldigd, die daar in hoofdstuk 4 van haar proefschrift, 'Adriaen van der Donck, New Netherland, and America' een beschrijving van geeft.
12 De brief staat in Docs. Rel., 1:205-209. Ik dank dr. Willem Frijhoff voor zijn argumenten die de veronderstelling steunen dat Van der Donck de schrijver is van de brief.
13 NYHM 4:406-07.
14 'Remonstrance,' in Docs. Rel., 1:310.
15 NYHM 4:417-22.
16 Gegevens over de lading van de Prinses zijn afkomstig van Charles Gehring, 'Wringing Information from a Drowned Princess,' en Simon Groenveld, 'New Light on a Drowned Princess – Information from London.'
17 Edmund S. Morgan, *The Puritan Dilemma*, 59-61, 103-04.
18 Charles Gehring, vert. en red., *Correspondence 1647-1653*, 6-7; Baxter Ibid., 8.
19 Ibid., 8.
20 Ibid., 9.
21 Charles Gehring, vert. en red., *Delaware Papers: Dutch Period, 1648-1664*, 1-12, en eindnoot 1.
22 Ibid., 18.
23 Ibid., 12.
24 Ibid., 22.
25 NYHM 4:338-341.
26 De zaak Forrester staat uitgewerkt in Ibid., 442-445.
27 De zaak Plowden staat beschreven in Van der Doncks 'Remonstrance', Docs. Rel. 1:289, en het algemene verhaal staat in Murphy, 'Representation of New Netherland,' in Coll. New-York Historical Society, 2nd series, deel 11, 1849. Plowdens oorspronkelijke petitie aan koning Charles uit 1632 — waarin wordt verklaard dat hij en zijn compagnons 'van plan zijn om op hun eigen kosten' een kolonie te stichten 'op een verafgelegen plaats met de naam Manati of Long Isle' — bevindt zich in het Public Records Office, Calendar of State Papers, Colonial Series, 1574-1660, 6:154. Ik baseer me hier ook op John Pennington, 'An Examination of Beauchamp Plantagenet's Description of the Province of New Albion.'
28 Gegevens over de dood van Van den Bogaert bevinden zich in NYHM 4:480-81 en Van Laer, *Minutes of the Court*, 105. Ik heb ook gebruik gemaakt van

Charles Gehring et al., vert. en red. van Harmen Meyndertz van den Bogaerts *A Journey into Mohawk and Oneida Country 1634-1635*, xxi.
29 NYHM., 4:255; en Van Laer, *Minutes of the Court*, 11.
30 Charles Gehring, 'Totidem Verbis,' in *De Nieu Nederlanse Marcurius*, 4, 1988.
31 E. B. O'Callaghan, *The History of New Netherland*, 2:71-78.
32 Van Laer, *Minutes of the Court of Rensselaerswyck, 1648-1652*, (ingang 23 juli 1648).

HOOFDSTUK 10. DE KAMPIOEN DER MENSEN

1 De informatie over het wrak van de Prinses Amalia en het overleven van Melyn en Kuyter is afkomstig van Gehring, 'Wringing Information from a Drowned Princess,' Groenveld, 'New Light on a Drowned Princess,' en het zeventiende eeuwse pamflet 'Broad Advice.'
2 De brief is verloren gegaan, maar Stuyvesant verwijst ernaar in NYHM 4:580.
3 Ibid., 489.
4 Adriaen van der Donck, *A Description*, vert. Diederik Willem Goedhuys, 142.
5 Ibid., 141.
6 Ibid., 140.
7 Jan Kupp, 'Dutch Notarial Acts Relating to the Tobacco Trade of Virginia, 1608-1653.'
8 Simon Schama, *The Embarrassment of Riches*, 196-97.
9 Dennis Maika, 'Commerce and Community: Manhattan Merchants in the seventeenth century,' 31-36; Kupp, 'Dutch Notarial Acts Relating to the Tobacco Trade of Virginia.'
10 Dit standpunt werd voor het eerst in 1986 geponeerd in Oliver Rinks *Holland on the Hudson*, en sindsdien zijn historici begonnen de Anglocentrische visie te herzien dat er op Manhattan maar wat aangerommeld werd; Wayne Bodle, 'Themes and Directions in Middle Colonies Historiography, 1980-1994' (*The William and Mary Quarterly*, Juli 1994) merkt bijvoorbeeld op dat de Nederlandse kolonie 'in plaats van weg te kwijnen in de jaren voorafgaand aan 1664, een langdurige ontwikkeling had doorgemaakt, over het algemeen vergelijkbaar met die van vele andere Engelse kolonies' en dat deze werd 'gekenmerkt door particuliere ondernemingen'.
11 Archeologisch bewijs voor de locatie van de woning van Van der Donck is afkomstig van Nan A. Rothschild en Christopher N. Matthews, 'Phase 1A-1B Archaeological Investigation of the Proposed Area for the Construction of Six Tennis Courts on the Parade Grounds of Van Cortlandt Park,' 13-14; William Tieck, *Riverdale, Kingsbridge, Spuyten Duyvil*, 4, 9; Christopher Ricciardi, 'From Private to Public: The Changing Landscape of Van Cortlandt Park; Bronx, New York, in the Nineteenth Century,' 16; Anne-Marie Cantwell en Diana diZerega Wall, *Unearthing Gotham: The Archaeology of New York City*, 264.
12 Docs. Rel., 1:250-252.
13 Ibid., 351-352.

14 'Remonstrance,' in J. F. Jameson, *Narratives of New Netherland, 1609-1664*, 349-351.
15 Ibid., 350.
16 Ibid.
17 De arrestatie van Van der Donck en de hierop volgende raadsbijeenkomst staan beschreven in Van der Doncks 'Remonstrance of New Netherland,' in J. F. Jameson, *Narratives of New Netherland*, 350-352, en Van Laer, NYHM 4:580-584.
18 Docs. Rel., 1:321-22, 352-53.
19 Ibid., 4:584.
20 Docs. Rel., NYHM, 1:322.
21 Ibid., 3:85-86; Docs. Rel., 1:321-22.
22 'Remonstrance,' in J. F. Jameson, *Narratives*; Docs. Rel., 1:311; NYHM 4:595-597.
23 NYHM 4:587.
24 Docs. Rel., 1:355-58.
25 NYHM 4:600-01.

[... Alsoo men dagelijcx verneemt datter groote abuijsen geschieden (tegens de oprechticheijt ende ordonnantie vande Heeren Staten Generael ende raden doen publiceeren) int schrijven ende beleggen van getuijgenissen door de particulieren die noch door Eet daer toe verplicht, noch door Authoriteijt daer toe beroepen sijn: waerdoor dickwils veel dingen tot vordeel van diegeenen die deselve laten beleggen geschreven worden met sinistere duijstere ende twijffelachtige woorden vermenght, veel tijts tegens de meeninge vande attestanten tot groote prejuditie ende interest vande partije, ende omme dese consequentie gevaerlijck in een republicque voor te comen ende die kennisse vande swaerheijt noodich in alle rechten te verstercken. Soo ist dat wij annulleeren ende verclaren gelijck wij annulleeren ende verclaren mits deesen alle attestatien interrogatoren ofte andere instrumenten tot getuijgenisse dienende van geender waerden, die van particulieren gesch[reven] sijn...]

26 Docs. Rel., 1:275.

[Onder alle yverighe Volken ter Weerelt om uyt-heemsche Landen / Vaerwateren ende handelinghen op te soecken / sullen de geenen die den naem vande Neder-landers voeren heel licht haer plaets / onder de voornaemste moghen houden / Ghelijck dit genoechsaem bekent is aen alle de geene die den drempel der geschiedenissen eenichsints begroet hebben. Alsoo sal het oock door ons aenstaende verhael bevesticht worden / want anno Christi 1609. Is ter koste vande Gheoctroyeerde Oost-Idische Compagnie (elders nochtans haer Wit ende voornemen streckende) voor het Schip de halve Mane / daer Schipper en Coopman op was / Hendrick Hutson / eerstmael ontdect ende ghevonden het gheweste daer wy nu voornemens sijn van te spreecken / naderhant vande onse Nieuw-Neder-landt ghenaemt / en dat wel te rechte / want het is door Neer-landers ende op haere koste eerstmael ghevonden / ende beseten / soo dat oock noch ten huydighen dagen / de inboorlinghen van het Landt / die soo oudt sijn dat syder gheheughenis van hebben / ghetuygden dat als de Duytsche Schepen hier eerstmael quamen / ende zylieden de selve beschouden / gants niet wisten wat daer af te maecken / ende datse niet konden begrypen of het uyt den Hemel van daen quam / van of het Duyvels waren / sommige oock onder haer in het eerste aenkomen / meende dat het eenen Visch of dierghelijcken Zee-Monster was / so dat daer van een vreemt geroep / door het heele Landt vlooch; Wy hebben de wilden oock selfs dickwils hooren segghen / dat sy van geen andere Werelt of menschen wisten / voor het aenkomen vande Neer-landers alhier. Om dese reden dan / ende om ghelijckheyt / van het klemaets ghelegentheyt en vruchtbaerheyt / is dese plaetse te recht Nieu-Nederlandt ghenaemt / het is gheleghen op de Noort-Custe van America / op de hoochte van 38.39.40. 41.42. graden of daer ontrent langs de Cust / sijn bepalinge heeft het aende Noort-Oost-Zyde / van Nieu-Engelant aende Zuyd-West-Zyde van Virginia / de Cust streckt meest Zuyt-West en Noort-Oost / ende wert bevochticht vanden Oceaen / by Noorden strect de Revier van Canada / een groot ent achter heen / de Noort-West-zyde / is ten deele noch onbekent.]

27 Charles Gehring, *Correspondence, 1647-1653*, 44-53.
28 NYHM 4:607-09.
29 Ibid., 601.
30 Ibid., 219, 603, 605; Ibid., 3:114, 121, 151.
31 Docs. Rel., 1:354-55.

HOOFDSTUK 11. EEN AMERIKAAN IN EUROPA

1 Mijn beschrijving van Adriaen Pauw die Münster binnenrijdt is gebaseerd op het schilderij van Gerard ter Borch 'Aankomst in Münster van Adriaen Pauw en Anna van Ruytenburgh,' en op de bespreking van het schilderij door Alison McNeil Kettering in *Gerard ter Borch and the Treaty of Münster*, en op Jonathan Israels 'Art and Diplomacy: Gerard Ter Borch and the Münster Peace Negotiations, 1646-8.' Pauw arriveerde in januari, maar het schilderij beeldt zijn ceremoniële aankomst af in het lentegroen, een vrijheid die Ter Borgh zich volgens Kettering veroorloofde om een beter schilderij te maken.

2 Mijn beschrijving van de Vrede van Westfalen en de betekenis ervan berust op Heinz Schilling, 'War and Peace at the Emergence of Modernity,' John Elliott, 'War and Peace in Europe: 1618-1648,' Anja Stiglic, 'Ceremonial and Status Hierarchy on the European Diplomatic Stage: The Diplomats' Solemn Entries into the Congressional City of Münster,' en Volker Gerhardt, 'On the Historical Significance of the Peace of Westphalia: Twelve Theses,' allemaal in Bussman en Schilling, *1648: War and Peace in Europe*.

3 Volker Gerhardt, 'On the Historical Significance of the Peace of Westphalia: Twelve Theses,' voetnoot 6.

4 Jonathan Israel, 'Art and Diplomacy,' 94.

5 J.G.N. Renaud, *Het Huis en de Heren van Heemstede Tijdens de Middeleeuwen*; Over de tulpen: Simon Schama, *The Embarrassment of Riches,* 354. *Overvloed en onbehagen*, Contact, Amsterdam.
6 Het citaat is afkomstig van de Franse priester Francois Fenelon, in Christopher White, *Rembrandt*, 27.
7 Stephen Gaukroger, *Descartes, An Intellectual Biography*, 188.
8 Ibid., 412-13.
9 Peter van der Coelen, *Everyday life in Holland's Golden Age: The Complete Etchings of Adriaen van Ostade,* 130.
10 Simon Schama, *The Embarrassment of Riches*, 472-78.
11 K. H. D. Haley, *The Dutch in the Seventeenth Century*, 64.
12 Docs. Rel., 1:259.
13 Ibid., 258.
14 Ibid., 319.
15 Ibid., 265.
16 Ibid., 260-61.
17 Ibid., 264.
18 Ibid., 262.
19 Ibid.,: '[...] evenals enkele voorbeelden van de vruchten en dierenhuiden die daar werden geproduceerd [...]'
20 Adriaen van der Donck, *Description of New Netherland*, vert. Jeremias Johnson, red. Thomas F. O'Donnell, 31-32.
21 Docs. Rel., 1:346: '[...] een perfecte kaart van het land [...]'
22 Joep de Koning, 'From Van der Donck to Visscher'; Robert R. Macdonald, 'The City of New Amsterdam Located on the Island of Manhattan in New Netherland.'
23 Docs. Rel., 1:261.
24 Ibid., 317.
25 De pamfletten die de monarchie bediscussiëren bevinden zich in de Koninklijke Bibliotheek in Den Haag (Knuttel catalogue numbers 6377-6383); mijn bron over het belang ervan is Pieter Geyl, *Orange and Stuart*, 47-48.
26 Jonathan Israel, *Radical Enlightenment, Philosophy and the Making of Modernity, 1650-1750*, 168-180; Plockhoy en Van den Enden: Ibid., 176-79; Wim Klever, "Conflicting 'Consideration of State'. Van den Enden's Opposition Against de la Court's Aristocratic Republicanism and its Follow-Up in Spinoza's work"; Plockhoy: Bart Plantenga, 'The Mystery of the Plockhoy Settlement in the Valley of Swans.'
27 Veel geschiedkundigen hebben me helpen waarderen hoe deze verandering in de manier van geschiedschrijving tot stand is gekomen. Voor gesprekken over dit onderwerp wil ik in het bijzonder bedanken: Joyce Goodfriend van de Universiteit van Denver en Cynthia van Zandt van de Universiteit van New Hampshire; mijn dank gaat ook uit naar Karen Ordahl Kupperman van de Universiteit van New York en James Williams van de Staatsuniversiteit van Middle Tennessee State voor lezingen die ze over dit onderwerp hebben gegeven op het Gotham History Festival 2001 op het Gotham Center.
28 Docs. Rel., 1:319-20.

29 Herbert H. Rowen, *Princes of Orange: The Stadtholders in the Dutch Republic*, 82.
30 E.F. Kossmann, *De boekhandel te 's-Gravenhage tot het eind van de 18de eeuw*, 365-66; Marika Keblusek, *Boeken in de hofstad: Haagse boekcultuur in de Gouden Eeuw*; Craig E. Harline, *Pamphlets, Printing, and Political Culture in the Early Dutch Republic*, 126.
31 Craig E. Harline, *Pamphlets, Printing, and Political Culture in the Early Dutch Republic*, 73.
32 E. F. Kossman, *De boekhandel te 's-Gravenhage tot het eind van de 18de eeuw*; online catalogus van de Koninklijke Bibliotheek, Den Haag.
33 Jonathan Israel, *Dutch Primacy in World Trade 1585-1740*, 163.
34 Joan Vinckeboons, Gunter Schilder en Jan van Bracht, *The Origins of New York*, 18.
35 Benjamin Schmidt, 'Mapping an Empire: Cartographic and Colonial Rivalry in Seventeenth-Century Dutch and English North America'; Joep de Koning, 'From Van der Donck to Visscher'; Vinckeboons, Schilder en Van Bracht, *The Origins of New York*.
36 Robert T. Augustyn en Paul E. Cohen. *Manhattan in Maps, 1527-1995*, 32-33.
37 William Hoffman, 'Van der Donck-Van Bergen'; Ada Van Gastel, 'Adriaen van der Donck als woordvoerder van de Nieuw-Nederlandse bevolking.'
38 Docs. Rel., 1:369.
39 Charles Gehring, *Correspondence, 1647-1653*, 83-84. Vinckeboons e.a. *The Origins of New York*, 17-18, erkennen weliswaar dat de plotselinge belangstelling in de kolonie in februari en maart 1650 suggereert dat de *Remonstrance* toen al was verschenen, maar concluderen toch dat dit pas later dat jaar moet zijn gebeurd, want Stael, die als zijn adres op de titelpagina 'op de Buitenhof' aangeeft, verhuisde hier pas op 10 maart naar toe. De plotselinge brede belangstelling voor de kolonie kan echter alleen worden verklaard door de publicatie van de *Remonstrance*, en er zijn verschillende mogelijke verklaringen voor de gegevens op de titelpagina. Zo weten we dat Stael van plan was te verhuizen naar een ander adres op de Buitenhof, dus is het mogelijk dat hij een voorkeur had voor die buurt en daar voordien eveneens woonde. Een andere mogelijkheid is dat Stael wist dat hij zou verhuizen naar dit in aanzien staande adres, en dit alvast op het drukwerk vermeldde voordat hij er daadwerkelijk introk, wetende dat hij er ten tijde van de publicatie al wel zou wonen. Er is dus ook geen reden om te veronderstellen dat Stael de publicatie enkele maanden tegen zou hebben gehouden. De brief van de directeuren van de West-Indische Compagnie aan Stuyvesant, waarin ze zeggen dat 'hemel en aarde' belangstelling tonen voor de kolonie, is gedateerd op 16 februari; Harline, *Pamphlets, Printing, and Political Culture in the Early Dutch Republic*, 92, geeft aan dat het gewoonlijk een maand kostte om een pamflet te produceren, wat zou botsen met de de datering februari, en suggereert dat de *Remonstrance* aan het begin van 1650 het licht zag.
40 Docs. Rel., 1:376-77.
41 Jaap Jacobs, 'A Hitherto Unknown Letter of Adriaen van der Donck,' 4-5.
42 Docs. Rel., 1:377-81.
43 Ibid., 387-91. Dat de verordening luidop werd voorgelezen, leid ik af uit de

passage die gericht lijkt te zijn aan de in de ruimte aanwezige mensen, die begint met: 'We zouden, derhalve, van mening zijn dat uwe Hoog Mogendheden, met de adviezen en de berichten van de nu ontboden directeuren van alle kamers van de West-Indische Compagnie, van wie het grootste deel zich onder de toehoorders bevindt [...]'

44 Docs. Rel., 1:395.

45 Jaap Jacobs, 'A Hitherto Unknown Letter.' Ik wil dr. Jacobs bedanken voor zijn gesprek met mij over de brief en het belang ervan, en voor zijn toestemming zijn vertaling ervan af te drukken.

46 Docs. Rel., 1:347.

HOOFDSTUK 12. EEN GEVAARLIJK MAN

1 I.N.P. Stokes, red. *Iconography of Manhattan Island, 1498-1909*, 4:142.

2 Charles Gehring, *Correspondence, 1647-1653*, 82.

3 Ibid., 88.

4 Docs. Rel., 1:452.

5 Ibid., 453.

6 Charles Gehring, *Correspondence, 1647-1653*, 90, 92.

7 Ibid., 13-14.

8 Ibid., 18-19.

9 Zie de brief van Eaton aan Stuyvesant, Ibid., 21.

10 Ibid., 49-50.

11 Ronald Cohen, 'The Hartford Treaty of 1650,' 328.

12 Voor het Verdrag van Hartford heb ik mij gebaseerd op Jaap Jacobs, 'The Hartford Treaty'; Ronald Cohen, 'The Hartford Treaty of 1650,' en Charles Gehring, *Correspondence, 1647-1653*.

13 Herbert H. Rowen, *John de Witt, Grand Pensionary of Holland*, 28-29.

14 E. F. Kossmann, *De boekhandel te 's-Gravenhage tot het eind van de 18de eeuw*, 366.

15 Herbert H. Rowen, *John de Witt, Grand Pensionary of Holland*, 36.

16 Het seksschandaal van Van Tienhoven staat beschreven in Docs. Rel., 1:514-517.

17 Herbert H. Rowen, *John de Witt, Grand Pensionary of Holland*, 57-60.

18 Van der Doncks 'verzoekschrift' aan de Staten-Generaal en ondersteunende documenten staan in Docs. Rel., 1:438-457.

19 Ibid., 453.

20 Ibid., 446.

21 Ibid., 444.

22 Ibid., 458.

23 Ibid., 464-65.

24 Charles Gehring, *Correspondence, 1647-1653*, 149.

25 Docs. Rel., 1:472.

26 Van der Donck, *Description of New Netherland*, vert. Diederik Willem Goedhuys, 108.

[eer dat het voor-by is/ van de reste anders/ als alles wel is/ en sy aen niemandt verbonden zijn/ speelen zy meest alle van de lichten aen/ en zijn/

(soo wel *Vrouwen* als *Mannen*) geweldigh liberael over dat werck/ zonder eenighe schaemte te hebben/ evenwel vuyle en ongeschickte praet/ gelijck vele onder ons daer vermaeck in hebben/ is onder haer seer veracht/ kussen/ stoeyen/ sollen ofte andere diergelijcke dartele tita werktjes diemen met een woort te Hoof/ Caresse noemt/ dat so veel als quansuysjes of Requesten zijn/ ismen by haer niet gewoon te sien/ sy spreecken daer qualijck en verachtelijck van/ als het haer in presentie van yemant geschiedt/ ofte als sy het de Nederlanders sien doen/ voegen sy daer met schampere woorden toe/ foy als ghy wat doen wilt vertoeft tot den nacht/ ofte datmen alleen is: wat behoeftmen andere redenen om lachen te gheven? maer by tijden ende wijlen sullen sy geen tocht weygeren/ en meest alle soo meenigh alsser zijn/ van kant aen de Hoer speelen/ en in 't hondert bouwen.]

27 Docs. Rel., 1:470.
28 M.E.H.N. Mout, 'Limits and Debates: A Comparative View of Dutch Toleration in the Sixteenth and Early Seventeenth Centuries,' 40-41.
29 Stephen E. Lucas, 'The *Plakkaat van Verlatinge*: A Neglected Model for the American Declaration of Independence,' 192.
30 Rockefeller Archives, Amsterdam Notarial Records Related to New Netherland, No. 2279 V. pag. 24. Notaris Jacob de Winter. 15 mei 1652.
31 Docs. Rel., 1:473.
32 Mijn belangrijkste bronnen over Cromwell zijn Christopher Hill, *God's Englishman*; Maurice Ashley, *The Greatness of Oliver Cromwell*; en Antonia Fraser, *Cromwell, the Lord Protector.*
33 Antonia Fraser, *Cromwell, the Lord Protector*, 38.
34 Christopher Hill, *God's Englishman, Oliver Cromwell and the English Revolution*, 39.
35 Anders Stephanson, *Manifest Destiny, American Expansion and the Empire of Right*, hoofdstuk 1.
36 Mijn verslag van wat er buiten Dover gebeurde is gebaseerd op de pamfletten: 'A Declaration of the Parliament of the Commonwealth of England, Relating to the Affairs and Proceedings ...' en 'Nootwendige Observatien op het Antwoort van de Republiicke van Engelant op drie schriften overgelevert by d'Ambassadeurs vande H. Staten Generael...,' 41-43; Roger Hainsworth en Christine Churches, *The Anglo-Dutch Naval Wars*, hoofdstuk 1; en David Howarth, *The Men-of-War*, 48-67.
37 Herbert H. Rowen, *John de Witt, Grand Pensionary of Holland*, 65, en het pamflet 'De Rechte Beschryvingh van alle het gene den Heer Adriaen Paau Ambassadeur Extraordinary.' Pauws gemoedstoestand komt ook naar voren in zijn toespraak voor het parlement, op 11 juni 1652, in verband met 'een verklaring van het parlement van het Gemenebest van Engeland...'
38 Leo Miller, *John Milton's Writings in the Anglo-Dutch Negotiations, 1651-1654*, 3-13.
39 Hainsworth and Churches, *The Anglo-Dutch Naval Wars*, 17.
40 Howarth, *The Men-of-War*, 60.
41 Docs. Rel., 1:476.

42 Ibid., 477.
43 Adriaen van der Donck, *Description*, vert. Goedhuys, 156-162.
44 Charles Gehring, *Correspondence, 1647-1653*, 203.

[Versoeckt eerbiedighlijck den onderget schreven teeckende Adriaen van der Donck consent en paspoort vande...om naer Nieu Nederlant te gaen, onder pretensie van te desisteeren van de commissien hem voor desen als president vande gemeente ofte als der selver gecommitteerde gedifferееrt, ende belooften in Nieu Nederlant comende en verblijvende ge en cergie, hoeanigh deselve soude mogen wesen, te sullen aennemen, maer in sijn particulier, als een gemeene ingeseten stil en gerust te leven, hem onder werpende de ordres en bevelen vande Compag. ofte van den directeur bij deselve te stellen, hetwelck doen de ende was onderteeckent Adriaen vander Donck]

45 Rockefeller Archives, Amsterdam Notarial Records Related to New Netherland, No. 2280, pages 18-65. Notaris Jacob de Winter.

DEEL 3. DE NALATENSCHAP

HOOFDSTUK 13. EEN HOGE VLUCHT

1 Berthold Fernow, vert. en red., *The Records of New Amsterdam 1653-1674*. Hierna geciteerd als RNA.
2 Ibid., 49.
3 Wessels, J. W., *History of the Roman-Dutch Law*, 22-25, 124-29.
4 Jerrold Seymann, *Colonial Charters, Patents and Grants to the Communities Comprising the City of New York*, 14-19.
5 RNA, 1:51, 53, 58, 59-61.
6 Gehring, *Correspondence, 1647-1653*, 232.
7 Ibid., 226.
8 Docs. Rel., 1:484.
9 Docs. Rel., 1:487.
10 RNA, 1:65-67, 69, 72-74, 90.
11 Schama, *The Embarrassment of Riches: An Interpretation of Dutch Culture in the Golden Age*, 348.
12 'The Second Part of the Tragedy of Amboyna, or a True Relation...'
13 Antonia Fraser, *Cromwell*, 450-58.
14 John Thurloe, *A Collection of the State Papers...*, 1:721-22.
15 Gehring, *Correspondence, 1647-1653*, 220-21.
16 William Hoffman, 'Van der Donck-Van Bergen,' 233.
17 RNA, 1:51, 61, 65.
18 Charles Gehring, *Council Minutes, 1652-1654*, 91-93.
19 Als voorbeeld van deze gebruikelijke miskenning van de Nederlandse kolonie, schrijft de gerenommeerde historicus Dixon Ryan Fox in 1940 nogmaals over de aanvaarde wijsheid dat 'In Nieuw-Nederland treffen we geen groe-

pen Nederlanders aan die aandringen op gemeenschappelijke privileges, zoals in Nieuw-Engeland…' en dat '…plaatselijk zelfbestuur zich pas in Nieuw-Nederland ontwikkelde naar aanleiding van de puriteinse invasie van Nieuw-Engeland.' Dat geschiedkundigen de lange reeks petities van de Nederlandse kolonisten konden negeren, met als hoogtepunt de uitvoerige en gepassioneerde missie van Van der Donck naar Den Haag namens het zelfbestuur, kan slechts worden verklaard vanuit Angelsaksische oogkleppen. (Dixon Ryan Fox, *Yankees and Yorkers*, 71-75.)

20 John Romeyn Brodhead, *History of the State of New York, 1609-1691*, 2:571.

21 Mariana Van Rensselaer, *History of the City of New York in the Seventeenth Century*, 1:349.

22 Ik dank dr. Willem Frijhoff voor zijn hulp bij het formuleren van mijn betoog dat Van der Donck een rol speelde bij de remonstrantie van december 1653.

23 Brodhead, *History of the State of New York, 1609-1691*, 1:411, 555, 615.

24 Gehring, *Correspondence, 1654-1658*, 11.

[Wij en weeten niet off U.E. genoegsame redenen hebben, omme den persoon van Adriaen van der Donck soo seer te suspecteren, alsoo al hetgeene tot sijnen laste gebracht wort, allenl. gefundeert is op simpele suspitien en presumptien, evenwel en willen wij oock hem niet al teseer voorspreecken, maer allen seggen, dat gelijck wij hem te vooren gerecommandeert hebben onder contidie als hij hem wel mochte dragen soo oock voorstellen om wel gecensureert ende gestraft te worden ingevalle sich tegens sijn gedane belofte comt te misgrijpen…]

25 Ibid., 92.

26 In de ondersteunende petitie van de magistraten van Nieuw-Amsterdam is het als volgt geformuleerd: '[…] omdat het natuurrecht alle mensen het recht toekent bijeen te komen voor het welzijn en de bescherming van hun vrijheid en bezit […]' (Ibid., 100); Stuyvesant (Ibid., 102), weerspreekt in zijn antwoord 'dat het natuurrecht alle mensen zulke rechten toekent.'

27 John Thurloe, *State Papers*, 2:418-19.

28 Ik ben in het bijzonder dank verschuldigd aan Dennis Maika, wiens proefschrift uit 1995 'Merchants of New Amsterdam,' ertoe bijdroeg dat de manier waarop geschiedkundigen aankeken tegen Manhattan onder de Nederlanders veranderde. Door de aandacht te verleggen van de West-Indische Compagnie naar de nieuwe lichting handelaars-ondernemers die op Manhattan aantraden, toonde Maika aan dat de bepalende datum voor de opkomst niet 1664 was, het jaar van de overname, maar 1653, het jaar van het burgerlijk charter.

29 Ik dank dit inzicht aan Simon Middleton van de Universiteit van East Anglia, die dit beschreef in zijn lezing, 'Artisans and Trade Privileges in New Amsterdam,' op het Rensselaerswijck Seminar 2001 in New York City.

30 Van Rensselaer, *History of the City of New York in the Seventeenth Century*, 2:138; I. N. P. Stokes, *Iconography of Manhattan Island*, 4:129.

31 Charles Gehring, *Council Minutes, 1655-56*, 186.

32 Stokes, *Iconography*, 4:129, die Van Rensselaer aanhaalt.
33 Janny Venema, 'Beverwijck,' 75-81.
34 Martha Shattuck, 'A Civil Society: Court and Community in Beverwijck, New Netherland, 1652-1664,' 9-11.
35 Charles Gehring, red. en vert., *Fort Orange Council Minutes, 1652-1660*, 354.
36 Ibid., 355.
37 Ibid., 463-64.
38 Schama, *The Embarrassment of Riches*, 313, 320-21.
39 Maika, 'Commerce and Community', 128-29; Gehring, *Council Minutes, 1652-1654*, 162.
40 RNA, 7:150.
41 Ibid., 150-153.
42 Ibid., 149-154. Ook mijn korte beschrijving van het systeem van 'burgerrecht' in Nieuw-Amsterdam berust op Dennis Maika, 'Merchants of New Amsterdam,' met name op hoofdstuk 3.
43 Janny Venema, 'Beverwijck,' 304.
44 RNA, 3:391.
45 Peter Rose, *The Sensible Cook: Dutch Foodways in the Old and New World*, 34-35.
46 Ibid.,; Pehr Kalm, *The America of 1750: Peter Kalm's Travels in North America; the English Version of 1770*, 28. De voorbeelden van de gerechten uit Nieuw-Amsterdam (snoek, gehaktballen) komen uit *The Sensible Cook*.
47 Paul Zumthor, *Daily Life in Rembrandt's Holland*, 185.
48 Persoonlijk gesprek, Albany, New York, 18 juni 2002.
49 RNA, 7:200; Maika, 'Commerce and Community,' 224.
50 James Riker, *Revised History of Harlem*, 183.
51 Joyce Goodfriend, *Before the Melting Pot: Society and Culture in Colonial New York City, 1664-1730*, 17.
52 Samuel Purple, red., *Collections of the New-York Genealogical and Biographical Society*, deel 1, *Marriages from 1639-1801 in the Reformed Dutch Church, New York*. New York: New York Genealogical and Biographical Society, 1890.
53 Stokes, *Iconography*, 4:74.
54 Gehring, *Council Minutes, 1655-56*, 267-68.
55 Peter Christoph, 'The Freedmen of New Amsterdam,' *de Halve Maen*, 161.
56 Charles Gehring, ongepubliceerde vertaling van het Nieuw Nederlandse document nummer 10(3).332.
57 Robert Swan, 'The Black Presence in Seventeenth-Century Brooklyn,' *de Halve Maen*, 1. Sommige historici hebben beweerd dat Stuyvesant zelf veertig slaven gehad zou hebben, maar ik denk dat dit getal te hoog is. Het is gebaseerd op een verslag uit 1660 van een predikant die schrijft dat 'er veertig negers zijn' op 'de Bouwery'. Maar in die tijd was 'de Bouwery' een dorp geworden, en we weten dat verscheidene families van bevrijde zwarten hier land bezaten, langs wat nu de Fourth Avenue is. Dus het aantal van 'veertig negers' bestaat waarschijnlijk zowel uit slaven als uit bevrijde zwarten.
58 Goodfriend, *Before the Melting Pot*, 13.
59 Charles Gehring en J.A. Schiltkamp, red., *Curaçao Papers 1640-1665*, 175.

60 Voor deze gebeurtenissen uit 1651 maak ik gebruik van Jonathan Israel, 'The Intellectual Debate'; Jonathan Israel, *The Dutch Republic*, 706-709; en James Williams, 'Abominable Religion' and Dutch (In) tolerance: the Jews and Peter Stuyvesant.'
61 Stokes, *Iconography*, 142.
62 Leo Hershkowitz, 'New Amsterdam's Twenty-Three Jews: Myth or Reality?'
63 Gehring, *Council Minutes, 1655-56*, 166.
64 Ibid., 81.
65 Ibid., 128.
66 Ibid., 261-62; Gehring, *Correspondence, 1654-1658*, 83.
67 Docs. Rel., 14:402-03.
68 Voor het historisch belang van de 'Flushing Remonstrance', baseer ik mij op Haynes Trebor, 'The Flushing Remonstrance' en David Voorhees, 'The 1657 Flushing Remonstrance...'
69 Docs. Rel., 3:415.
70 Gegevens over deze scène zijn afkomstig van Charles Gehring, *Delaware Papers*, 1:37-47, en van Charles Gehring, '*Hodie Mihi, Cras Tibi*: Swedish-Dutch Relations in the Delaware Valley.'
71 Mijn bronnen over de Bosfinnen zijn Terry Jordan en Matti Kaups, *The American Backwoods Frontier: An Ethnic and Ecological Interpretation*; Terry Jordan, 'The Material Cultural Legacy of New Sweden on the American Frontier'; Per Martin Tvengsberg, 'Finns in Seventeenth-Century Sweden and Their Contributions to the New Sweden Colony'; en Juha Pentikainen, 'The Forest Finns as Transmitters of Finnish Culture from Savo Via Central Scandinavia to Delaware.'
72 Gehring, *Delaware Papers 1648-1664*, 39.
73 Ibid., 39.
74 Ibid., 46, 54.
75 Ibid., 35.
76 Voor dit inzicht ben ik dank verschuldigd aan Cynthia J. van Zandt van de Universiteit van New Hampshire, zij weidde hierover uit in een lezing tijdens de Annual Meeting van de American Historical Association in 1998, getiteld: "...our river savages...betook themselves (unknown to us) and went to Manhattan City, in New Holland, to exact revenge on our behalf:' Cross-Cultural and Multi-Ethnic Alliances in the 17th-Century Mid-Atlantic."
77 Gehring, *Council Minutes, 1655-56*, 204.
78 William Hoffman, 'Van der Donck-Van Bergen,' 340-41.
79 Deze nationaliteiten zijn afkomstig van de huwelijksregisters van de kolonie van na 1656.
80 Ik dank Elisabeth Paling Funk voor de vertaling van dit gedicht.

[Wel Lezer hebe ghy lust trekt vry vol vreuge daar henen,
t Heet wel na Nederland, maar overarest het verr.
Mishaage u zulk een reys? Wilt dan uwe oogen leenen
Aan t Boek van vander Donk; die als een heldre Sterr
U t Land en volk vertoont: en zal u verder leeren,
Dar Neerland door haar zorg Nieu Neerland kam regeren]

81 Docs. Rel., 2:4; Docs. Rel., 1:643-44.
82 Docs. Rel., 2:17.

HOOFDSTUK 14. NEW YORK

1 Samuel Eliot Morison, *The Founding of Harvard College*, 257-58; F. O. Vaille en H. A. Clarke, *The Harvard Book*, 25-32.
2 John Beresford, *The Godfather of Downing Street*, 150.
3 Ibid., 29.
4 John Brodhead, *The History of the State of New York, 1609-1691*, 1:695; Robert Black, *The Younger John Winthrop*, 209-10.
5 Docs. Rel., 2:460.
6 Robert Black, *The Younger John Winthrop*, 210; John Brodhead, *The History of the State of New York, 1609-1691*, 1:695; Doris Quinn, 'Theft of the Manhattans.'
7 E. B. O'Callaghan, *Calendar of Dutch Historical Manuscripts in the Office of the Secretary of State*, 296.
8 Charles Gehring en J. A. Schiltkamp, *Curaçao Papers, 1640-1665*, 115.
9 Docs. Rel., 14:525.
10 John Beresford, *The Godfather of Downing Street: Sir George Downing*, 128.
11 Doris C. Quinn, 'Theft of the Manhattans,' 29.
12 Het dagboek van Samuel Pepys van juli tot oktober 1661; Robert C. Black III, *The Younger John Winthrop*, 212.
13 Black, *Younger John Winthrop*, 244.
14 Ibid., 225.
15 Ibid., 264.
16 Docs. Rel., 14:551.
17 Ibid., 2:230, 484-88; O'Callaghan, *Calendar of Dutch Historical Manuscripts*, 307.
18 Docs. Rel., 2:484.
19 Black, *Younger John Winthrop*, 268.
20 Docs. Rel., 2:484.
21 Jonathan I. Israel, *Dutch Primacy in World Trade, 1585 – 1740*, 172; Ibid., hoofdstukken 5 en 6.
22 Beresford, *The Godfather of Downing Street*, 155; Pieter Geyl, *Orange and Stuart*, 191.
23 Keith Feiling, *British Foreign Policy 1660-1672*, 130-31.
24 Mijn schets van Charles is gebaseerd op Antonia Fraser, *Royal Charles: Charles II and the Restoration*; John Macleod, *Dynasty: The Stuarts; 1560-1807*, hoofdstukken 8 en 9; en Arthur Bryant, red., *The Letters, Speeches, and Declarations of King Charles II*.
25 Mijn schets van James is gedeeltelijk gebaseerd op Maurice Ashley, *James II*; Jock Haswell, *James II, Soldier and Sailor*; en J. S. Clarke, *The Life of James the Second...*
26 Keith Feiling, *British Foreign Policy 1660-1672*, 97-131; Docs. Rel., 3:51-66; Royal African Company, 'The several declarations of the Company of Royal Adventurers of England Trading into Africa...'

27 Jock Haswell, *James II*, 104-20.
28 K.G. Davies, *The Royal African Company*, 181.
29 Ibid., 346.
30 Royal African Company, 'The several declarations of the Company of Royal Adventurers of England Trading into Africa...'
31 Feiling, *British Foreign Policy 1660-1672*, 125.
32 Beresford, *The Godfather of Downing Street*, 170.
33 Peter Christoph en Florence Christoph, red., *Books of General Entries of the Colony of New York*, 1-4.
34 Feiling, *British Foreign Policy 1660-1672*, 124.
35 John Brodhead, *The History of the State of New York, 1609-1691*, 1:736.
36 Black, *Younger John Winthrop*, 272.
37 Ashley, *James II*, 80.
38 Docs. Rel., 3:61.
39 Ibid., 55.
40 Christoph, *General Entries*, 25.
41 Ibid., 26.
42 Ibid., 27.
43 Brodhead, *The History of the State of New York*, 1:739.
44 Docs. Rel., 2:445-447.
45 E. B. O'Callaghan, *The History of New Netherland*, 2:525-26.
46 Docs. Rel., 2:509; O'Callaghan, *The History of New Netherland*, 2:525-26; Brodhead, *The History of the State of New York*, 1:740.
47 Christoph, *General Entries*, 29.
48 Docs. Rel., 2:248.
49 Leo Hershkowitz, 'The Troublesome Turk: An Illustration of Judicial Process in New Amsterdam.'
50 Leo Hershkowitz, 'New Amsterdam's Twenty-Three Jews: Myth or Reality?'
51 Charles Gehring, niet gepubliceerde vertaling van documenten uit Nieuw-Nederland nummers 10(3):329 en 10(3):330.
52 Brodhead, *The History of the State of New York*, 1:741-42.

HOOFDSTUK 15. NAGELATEN KENMERKEN

1 Harry M. Ward, 'The Search for American Identity: Early Historians of New England.'
2 David McCullough, *John Adams*, 245, 254.
3 Het citaat is van Urian Oakes, in Thomas Jefferson Wertenbaker, *The Puritan Oligarchy: The Founding of American Civilization*, 33.
4 Ibid., 32.
5 De voorbeelden in deze paragraaf zijn afkomstig van ibid., 224-40.
6 Anders Stephanson, *Manifest Destiny: An American Expansion and the Empire of Right*, 42.
7 Over Wilsons uitbreiding van de term, en voor de citaten van Wilson, maak ik gebruik van *ibid.*, hoofdstuk 4.

8 Christian Koot, "In Pursuit of Profit: The Netherlands' Trade in Colonial New York, 1664-1688," lezing gehouden op de Conference on New York City History, CUNY Graduate Center, Oktober 2001.
9 Rockefeller notarial archives, Jacob de Winter, notaris, nummers 2309, 2313, 2326.
10 Docs. Rel., 3:57.
11 Peter Christoph en Florence Christoph, red., *Books of General Entries of the Colony of New York 1664-1673*, 36-37.
12 Ibid., 35-37.
13 Leo Hershkowitz, 'The New York City Charter, 1686.'
14 Docs. Rel., 2: 420, 491.
15 Charles Gehring en J. A. Schiltkamp, vert. en red., *Curaçao Papers, 1640-1665*, 220.

[Ick soude U E. wel schrijven ende recommanderen de meysyes die op de Manhatans sijn om deselvighe te bewaren, maer wete wel dat het an U E. niet sal mankeren, dewelcke U E. al te samen met een kusyen kan begroeten voor mij ende somwijle met een drock te …dachtighen.]

16 Docs. Rel., 3:363-379, 419-510; John Romeyn Brodhead, *The History of the State of New York, 1609-1691*, 2:131-32.
17 John Winthrop to the Earl of Clarendon, 'The Clarendon Papers', *Collections*, New-York Historical Society (1869), 58.
18 Docs. Rel., 3:106.
19 Arthur Bryant, red., *The Letters, Speeches, and Declarations of King Charles II*, 168.
20 Docs. Rel., 2:516-17.
21 Jonathan Israel, *The Anglo-Dutch Moment*, hoofdstuk 3, 'The Dutch Role in the Glorious Revolution,' met name 124-29.
22 David Voorhees, 'The 'fervent Zeale' of Jacob Leisler'; Firth Haring Fabend, "The Pro-Leislerian Dutch Farmers in New York: A 'Mad Rabble,' or 'Gentlement Standing Up for Their Rights'?"
23 Joyce D. Goodfriend, *Before the Melting Pot: Society and Culture in Colonial New York City*, hoofdstuk 4 en 5.
24 Milton Klein, 'Origins of the Bill of Rights in Colonial New York,' 391.
25 Goodfriend, *Before the Melting Pot*, 16, 56-60.
26 Charles Lodwick, 'New York in 1692…,' 244. 371.
27 James Tanis, 'The Dutch-American Connection…,' 24.
28 Firth Haring Fabend, *Zion on the Hudson: Dutch New York and New Jersey in the Age of Revivals*, met name hoofdstuk 10.
29 *Newark Daily Advertiser*, 6 december 1850.
30 John Romeyn Brodhead, ongepubliceerd manuscript, the Brodhead Collection, de Rutgers Universiteit.
31 Hoofdartikel *New York Times*, 7 augustus 2001.
32 J. Hector St. John de Crevecœur, *Letters from an American Farmer*, 46-47.
33 W. Scott van Alstyne, Jr., 'The District Attorney—An Historical Puzzle'; A. J. Reiss, 'Public Prosecutors and Criminal Prosecution in the United States of

America.' Net als bijna alles in de geschiedschrijving, is ook de oorsprong van het ambt van officier van justitie onderhevig aan discussie, maar de argumenten die Reiss en Van Alstyne naar voren brengen, laten een directe keten van beïnvloeding zien. Het is interessant te zien dat het meest krachtige argument tegen de afstamming van het ambt van officier van justitie van *schout* de klassieke trekken heeft van Amerikaans Anglocentrisme. Jack Kress ('Progress and Prosecution'), merkt op dat er in Engeland niet een dergelijke functie bestond, dat dit wel het geval was bij de Nederlanders, dat de eerste officieren van justitie in Engels Amerika verschenen in exact hetzelfde gebied als waar de Nederlandse kolonie was geweest, en dat deze eerste officieren van justitie door de Engelsen 'scout' genoemd werden, wat toch een duidelijke aanwijzing voor de Nederlandse oorsprong is. Maar vervolgens ontkracht hij dit argument omdat de Nederlanders geen blijvende invloed konden hebben, want de kolonie was klein en de tijdsspanne van de Nederlandse leiding was 'vrij kort, slechts van 1653 tot 1664 en het is maar de vraag of deze korte tijd voldoende was voor het wortelen van de *schout*...' Behalve dat hij dertig jaar naast de stichting van de kolonie zat, maakt Kress gebruik van de klassieke manier van redeneren die de Amerikaanse geschiedschrijving heeft toegepast op de Nederlandse kolonie: neem als vanzelfsprekend aan dat de kolonie niet echt aanwezig was, en zie bewijzen dat dit wel het geval was over het hoofd.

34 Elisabeth Paling Funk, 'Washington Irving and the Dutch Heritage,' manuscript in voorbereiding, hoofdstuk 3: 'The Popular Culture of New Netherland'. Ik dank de auteur voor het beschikbaar stellen van dit deel van haar werk.

35 Het charter is verschenen in Stephen Schechter, *Roots of the Republic: American Founding Documents Interpreted*, 91. Mijn lezing van de politieke erfenis van de kolonie is gedeeltelijk afkomstig van Leo Hershkowitz, 'The New York City Charter, 1686'; Hoofdstuk 1 van Robert C. Ritchie, *The Duke's Province*; Paul Finkelman, 'The Soul and the State'; Milton M. Klein, 'Origins of the Bill of Rights in Colonial New York'; Betsy Rosenblatt, 'New York State's Role in the Creation and Adoption of the Bill of Rights.'

36 Rosenblatt, 'New York State's Role in the Creation and Adoption of the Bill of Rights'; 'Albany Committee,' *The New York Journal and Weekly Register*, 26 april 1788.

EPILOOG 'DE WEG VAN HET PAPIER'

1 Mijn bronnen over de geschiedenis, conditie en conservering van de koloniale archieven zijn: The A. J. F. van Laer Papers, New York State Library; the John Romeyn Brodhead Papers, Rutgers Universiteit; The Andrew Elliot Papers, New York State Library; A. J. F. van Laer, 'The Translation and Publication of the Manuscript Dutch Records of New Netherland, with an Account of Previous Attempts at Translation,' New York State Library Education Department Bulletin, 1 januari 1910; Vivian C. Hopkins, 'The Dutch Records of New York: Francis Adrian Van der Kemp and De Witt Clinton,' *New York His-*

tory, Oktober 1962; New York Secretary of State, 'Inventory of Dutch and English Colonial Papers'; Hugh Hastings, red., *Public Papers of George Clinton*, 1:7-10; Charles Gehring, 'New Netherland Manuscripts in United States Repositories,' *de Halve Maen* 57 (augustus 1983); Charles Gehring, 'Translating New York's Dutch Past,' *Humanities* (november/december 1993); Ronald Howard, 'John Romeyn Brodhead,' *de Halve Maen* 59, juli 1985; Peter Christoph, 'Story of the New Netherland Project,' *de Halve Maen* 61 (september 1988); Charles K. Winne, Jr., 'Arnold J. F. van Laer (1869-1955), An Appreciation,' in *New York Historical Manuscripts: Dutch,* deel 1; Application Form, U. S. Department of the Interior, 'Save America's Treasures' Program, Project: Dutch Colonial Manuscripts, 1638-1670; en gesprekken met Charles Gehring, Peter Christoph, Christina Holden, Janny Venema.

2 Informatie over Tryon is afkomstig van Paul David Nelson, *William Tryon and the Course of Empire*, en van originele documenten in de Andrew Elliot Papers in de New York State Library.

3 J. V. N. Yates, 'Report of the Secretary of State, relative to the records &c. in his office,' 44.

4 Gesprek (op 27 augustus 2002) met Maria Holden, conservator, New York State Archives.

5 Er is aangenomen dat de archieven de gehele oorlog aan boord waren van de *Dutchess of Gordon* en een ander schip, de *Warwick*, maar een brief van Crevecœur aan Franklin, geschreven in 1783, verschaft bewijs dat ze in een later stadium van het conflict naar de Tower zijn gebracht. J. Hector St. John de Crevecœur, *Letters From an American Farmer*, 341.

6 J. V. N. Yates, 'Report of the Secretary of State, relative to the records &c. in his office,' 46.

7 A. J. F. van Laer, 'The Translation and Publication of the Manuscript Dutch Records of New Netherland, with an Account of Previous Attempts at Translation.'

8 Historici hadden al lang het vermoeden dat de vertaling van Van der Kemp fouten bevatte. Charles Gehring was in de gelegenheid te beoordelen hoe slecht hij was nadat hij twee delen had ontdekt die aan de vlammen waren ontsnapt.

9 Het was Stuyvesant, die aan de directeuren van de compagnie schrijft en het heeft over de dronkenman Johannes Dijckmans.

10 De verandering in het handschrift – toen de loopbaan van Dijckman ten einde liep – doet zich voor op dinsdag 9 mei 1655, en is aanwezig op pagina 193 van Charles Gehring, red., *Fort Orange Council Minutes, 1652-1660*.

BIBLIOGRAFIE

BRIEVEN, DAGBOEKEN, PAMFLETTEN, KAARTEN, KRANTEN, RAADSVERSLAGEN EN ANDERE PRIMAIRE BRONNEN

Adams, John. *A collection of state-papers, relative to the first acknowledgment of the sovereignity of the United States of America, and the reception of their minister plenipotentiary, by their high mightinesses the States-General of the United Netherlands.* Den Haag: 1782.

Aglionby, William. *The Present State of the United Provinces of the Low Countries as to the Government, Laws, Forces, Riches, Manners, Customes, Revenue, and Territory of the Dutch.* Londen: John Starkey, 1671.

Asher, G.M. *Dutch Books and Pamphlets Relating to New-Netherland.* Amsterdam: Frederik Muller, 1854.

–. red. *Henry Hudson the Navigator: The Original Documents in Which His Career Is Recorded.* New York: The Hakluyt Society, 1860.

Augustyn, Robert T. en Paul E. Cohen. *Manhattan in Maps, 1527-1995.* New York: Rizzoli, 1997.

Bontemantel, Hans. The Bontemantel Papers. New York: New York Public Library.

Bradford, William. *Of Plymouth Plantation.* New York: Knopf, 1966.

Brodhead, John Romeyn. *An Address Delivered Before the New York Historical Society.* New York: New York Historical Society, 1844.

–. The John Romeyn Brodhead Papers. New Brunswick, New Jersey: Alexander Library, Rutgers University.

Bryant, Arthur, red. *The Letters, Speeches, and Declarations of King Charles II, Edited by Sir Arthur Bryant.* Londen: Cassell, 1935.

Church of Scotland. *The Booke of Common Prayer, And Administration Of The Sacraments, And other parts of divine Service for the use of the Church of Scotland.* Edinburgh: Robert Young, 1637.

Christoph, Peter R., red. *New York Historical Manuscripts: English, Deel XXII. Administrative Papers of Governors Richard Nicolls and Francis Lovelace, 1664-1673.* Baltimore: Genealogical Publishing, 1980.

Christoph, Peter R., en Florence A. Christoph, red. *The Andros Papers.* 3 delen. Nummer 1: 1674-1676; Nummer 2: 1677-1678; Nummer 3: 1679-1680. Syracuse: Syracuse University Press, 1989-1991.

–. *Books of General Entries of the Colony of New York, 1664-1673.* Baltimore: Genealogical Publishing, 1982.

Clarendon, Edward, Earl of. *The Clarendon Papers.* Collections of the New York Historical Society, 1869.

Clinton, George. *The Public Papers of George Clinton*, Nummer 1 en 8. Albany: State Legislative Printer, 1904.

Connecticut Colony. *The Public Records of the Colony of Connecticut, Prior to the Union with the New Haven Colony.* Hartford: Brown & Parsons, 1850.

Crevecœur, J. Hector St. John de. *Letters from an American Farmer, describing certain provincial situations, manners, and customs…of the people of North America.* Philadelphia: Mathew Carey, 1793.

Descartes, René. *Discourse on Method.* Garden City, N.Y.: Anchor Books, 1974.

Downing, George, Sir. *A discourse written by Sir George Downing, the king of Great Britain's envoyee extraordinary to the states of the United-Provinces. Vindicating his royal master from the insolencies of a scandalous libel, printed under the title of 'An Extract out of the register of the States General of the United Provinces, upon the memorial of Sir George Downing, envoyee, &c.' and delivered by the agent de Heyde for such, to several publick ministers: whereas no such resolution was ever communicated to the said envoyee, nor any answer at all returned by their Lordships to the said memorial.* Londen, 1664.

Dryden, John. *Amboyna: A Tragedy. As it is Acted By Their Majesties Servants.* Londen, 1691.

Du Moulin, Pierre. *The Monk's Hood Pull'd Off, or, The Capucin Fryar Described.* Londen: James Collins, 1671.

East India Company. *A Remonstrance Of The Directors Of The Netherlands East India Company, presented to the Lords States Generall of the united Provinces, in defence of the said Companie, touching the bloudy proceedings against the English Merchants, executed at Amboyna.* Londen, 1632.

East India Company. *A True Relation Of The Uniust, Cruell, And Barbarous Proceedings against the English at Amboyna In the East-Indies, by the Neatherlandish governour and Councel there. Also the copie of a Pamphlet, set forth first in Dutch and then in English, by some Neatherlander; falsly entituled, A True Declaration Of The Newes that came out of the East-Indies, with the Pinace called the Hare, which arrived at Texel in June,* 1624. Londen, 1624.

Edwards, Philip, red. *Last Voyages: Cavendish, Hudson, Raleigh, The Original Narratives.* Oxford: Clarendon Press, 1988.

Eerdmans, Martha. *Pieter Stuyvesant: An Historical Documentation; compiled upon request of the Provincial Government of Friesland in Commemoration of the Pieter Stuyvesant Festival, Wolvega, Friesland, July 12-16, 1955.* Grand Rapids: Eerdmans, 1957.

Elliot, Andrew. Andrew Elliot Papers, 1767-1785. Albany: New York State Library.

England en Wales. *Articles of peace & alliance, between the most serene and mighty prince Charles II. by the grace of God king of England, Scotland, France and Ireland, Defender of the Faith, &c. and the High and Mighty Lords the States General of the United Netherlands, concluded the 21/31 day of July,* 1667. Londen, 1667.

Farret, Johan, en Peter Stuyvesant. Uitwisseling van poëzie tussen Johan Farret en Peter Stuyvesant. In de collectie van het Nederlands Scheepvaart Museum, Amsterdam. Fotokopie, New Netherland Project, New York State Library, Albany.

Fernow, Berthold, vert. en red. *The Records of New Amsterdam, 1653-1674.* 7 Nummer New York: The Knickerbocker Press, 1897. Herdruk, Baltimore: Genealogical Publishing Co., Inc., 1976.

A friend to this commonwealth. *The case stated between England and the United Provinces, in this present juncture. Together with a short view of those Netherlanders in their late practises as to religion, liberty, leagues, treaties, amities. Publish'd for the information and a warning to England.* Londen, 1652.

Gehring, Charles, vert. en red. *Correspondence, 1647-1653.* New Netherland Document Series. Syracuse: Syracuse University Press, 2000.

–. *Correspondence, 1654-1658.* New Netherland Document Series. Syracuse: Syracuse University Press, 2003.

–. *Council Minutes, 1652-1654.* New York Historical Manuscripts Series. Baltimore: Genealogical Publishing Co., Inc., 1983.

–. *Council Minutes, 1655-1656.* New Netherland Document Series. Syracuse: Syracuse University Press, 1995.

–. *Delaware Papers: Dutch Period, 1648-1664.* New York Historical Manuscripts Series. Baltimore: Genealogical Publishing Co., Inc., 1981.

–. *Delaware Papers: English Period, 1664-1682.* New York Historical Manuscripts Series. Baltimore: Genealogical Publishing Co., Inc., 1977.

–. *Fort Orange Court Minutes, 1652-1660.* New Netherland Documents Series. Syracuse: Syracuse University Press, 1990.

–. *Fort Orange Records, 1656-1678.* New Netherland Documents Series. Syracuse: Syracuse University Press, 2000.

–. *Land Papers, 1630-1664.* New York Historical Manuscript Series. Baltimore: Genealogical Publishing Co., Inc., 1980.

–. *Laws and Writs of Appeal, 1647-1663.* New Netherland Documents Series. Syracuse: Syracuse University Press, 1991.

–. 'New Netherland Colonial Manuscripts' (niet gepubliceerde vertalingen) nos. 10(3):329, 10(3):330, 10(3):332.

Gehring, Charles T., en J.A. Schiltkamp, vert. en red. *Curaçao Papers, 1640-1665.* New Netherland Documents. Interlaken, N.Y.: Heart of the Lakes Publishing, 1987.

Gemeentearchief, Amsterdam. *English Translations of Notarial Documents in the Gemeente Archief in Amsterdam Pertaining to North America.* Historic Hudson Valley Collections, Rockefeller Archives, Pocantico Hills, New York.

Great Britain, Parliament. *A declaration of the Parliament of the commonwealth of England, relating to the affairs and proceedings between this commonwealth and the States General of the United Provinces of the Low-Countreys, and the present differences occasioned on the States part. And The answer of the Parliament to three papers from the ambassadors extraordinary of the States General, upon occasion of the late fight between the fleets.* Londen, 1652.

Grotius, Hugo. *The Jurisprudence of Holland.* R.W. Lee, vert. 2 delen Oxford: Clarendon, 1926.

Hakluyt, Richard. *The Discovery of Muscovy*. Londen: Cassell and Co., 1904.
–. *The Original Writings & Correspondence of the Two Richard Hakluyts*. Londen: Hakluyt Society, 1935.
–. *The Principal Navigations Voyages Traffiques and Discoveries of the English Nation*. 12 delen. Glasgow: 1903-05.
Hartgers, Joost. *Beschrijvinghe van Virginia, Nieuw Nederlandt, Nieuw Engelandt en d'Eylanden Bermudes, Berbados, en S. Christoffel*. Amsterdam: Joost Hartgers, 1651.
Hastings, Hugh, editor. *Ecclesiastical Records of the State of New York*, Nummer 1. Albany: Lyon, 1901.
Jameson, J.F. *Narratives of New Netherland, 1609-1664*. New York: Charles Scribner's Sons, 1909. Herdruk, New York: Barnes and Noble, 1937.
–. red. *Privateering and Piracy in the Colonial Period: Illustrative Documents*. New York: Macmillan, 1923.
Kalm, Pehr. *The America of 1750: Peter Kalm's Travels in North America; the English version of 1770, revised from the original Swedish and edited by Adolph B. Benson*. New York: Wilson-Erickson, 1937.
Knuttel, W.P.C. *Catalogus van de pamfletten-verzameling berustende in de Koninklijke bibliotheek*. 's Gravenhage: Algemeene landsdrukkerij, 1889-1920.
Kossman, E.H., en A.F. Mellink, red. *Texts Concerning the Revolt of the Netherlands*. Londen: Cambridge University Press, 1974.
Lodwick, Charles. 'New York in 1692: Letter from Charles Lodwick, to Mr. Francis Lodwick and Mr. Hooker, Dated May 20, 1692, Read Before the Royal Society of London.' *Collections of the New-York Historical Society*, 2nd Ser., Nummer 2. New York, 1849.
Melyn, Cornelis. The Melyn Papers, 1640-1699. In *The New-York Historical Society Collections, 1913*. New York: New-York Historical Society, 1914.
Munsell, Joel, red. *A Documentary History of the State of New York*. 4 delen. Albany: Weed, Parsons, 1865.
New York (State) Secretary of State. *Inventory of Records and Files in the Office of the Secretary of State*, 1818. Albany: New York State Library.
Nootwendige Observatien op het Antwoort van de Republiicke van Engelant Op drie schriften overgelevert by d'Ambassadeurs vande H. Staten Generael vande Vereenichde Provintien aen den Raedt van Staet, ter occasie van het laetste Zeegevecht tussen de Vlooten van beyde Republiicken. 1652. Knuttel no. 7148.
O'Callaghan, E.B. *Calendar of Historical Manuscripts in the Office of the Secretary of State*. Albany: Weed, Parsons, 1865.
–. vert. *Voyages of the Slavers St. John and Arms of Amsterdam, 1659, 1663, Together with Additional Papers Illustrative of the Slave Trade Under the Dutch*. Albany: J. Munsell, 1867.
O'Callaghan, E.B., en Berthold Fernow, vert. *Documents Relative to the Colonial History of the State of New York*. 15 delen. Albany: Weed, Parsons and Company, 1856-1887.
Olin, John C., red. *A Reformation Debate: John Calvin and Jacopo Sadoleto, Sadoleto's Letter to the Genevans and Calvin's Reply*. Grand Rapids, Michigan: Baker Book House, 1979.

Pepys, Samuel. *The Diary of Samuel Pepys*. New York: Cassell, 1886.

The Present State of Holland, or a Description of the United Provinces (geen auteur). Londen, 1745.

Prockter, Adrian, en Robert Taylor, red. *The A to Z of Elizabethan London*. Londen: London Topographical Society, 1979.

Public Records Office. *Calendar of State Papers, Colonial Series, 1574-1660, Preserved in the State Paper Department of Her Majesty's Public Record Office*. Londen, 1860.

Purchas, Samuel. *Hakluytus Posthumus or Purchas his Pilgrimes*. 20 delen. Glasgow: MacLehose, 1905-07.

Purple, Samuel, red. *Collections of the New-York Genealogical and Biographical Society, Nummer 1, Marriages from 1639-1801 in the Reformed Dutch Church, New York*. New York: New York Genealogical and Biographical Society, 1890.

De Rechte Beschryvingh van alle het gene den Heer Adriaen Paau Ambassadeur Extraordinary van wegen de Hoog: Moog: Heeren Staten Generael, der Vrye Vereenichde Nederlanden, met het Parlement van Engelant getracteert, heeft nopende een goede Vreede tusschen beyde Repulijcquen. Amsterdam, 1652. Knuttel no. 7136.

Rijksmuseum te Leiden. *Album studiosorum Academiae lugduno batavae MDLXXV-MDCCCLXXV*. Den Haag: Nijhoff, 1875.

Rivington's New York Gazetteer. 23 december 1773, 8 december 1774.

Royal African Company. *The several declarations of the Company of Royal Adventurers of England Trading into Africa, inviting all His Majesties native subjects in general to subscribe, and become sharers in their joynt-stock. Together with His Royal Highness James duke of York and Albany, &c. and the rest of the said royal companies letter to the Right Honourable Francis lord Willoughby of Parham, &c. Intimating the said companies resolutions to furnish His Majesties American plantations with negroes at certain and moderate rates.* Londen, 1667.

Schechter, Stephen L., red. *Roots of the Republic: American Founding Documents Interpreted*. Madison: Madison House, 1990.

The Second Part of the Tragedy of Amboyna: Or, a True Relation of a Most Bloody, Treacherous, and Cruel Design of the Dutch in the New Netherlands in America. For the total Ruining and Murthering of the English Colonies in New-England. Being extracted out of several Letters very lately written from New-England to several Gentlemen and Merchants in London. Londen, 1653.

Seymann, Jerrold. *Colonial Charters, Patents and Grants to the Communities Comprising the City of New York*. New York: The Board of Statute Consolidation of the City of New York, 1939.

Snow, Dean R., Charles T. Gehring en William A. Starna, red. *In Mohawk Country*. Syracuse: Syracuse University Press, 1996.

Sprigge, Joshua. *Anglia rediviva; England's recovery (1647)*. Facsimile reproductie. Gainesville, Florida: Scholars' Facsimiles & Reprints, 1960.

Stokes, I.N.P., red. *Iconography of Manhattan Island, 1498-1909*. 6 delen. New York: Robert H. Dodd, 1915-1928.

Stow, John. *A Survey of London Written in the Year 1598*. Stroud, Gloustershire: Alan Sutton Publishing Ltd., 1994.

Temple, William. *Observations Upon the United Provinces of the Netherlands*. Redactie Sir George Clark. Oxford: Clarendon, 1972.

Thurloe, John. *A Collection of the State Papers of John Thurloe, Esq.; Secretary, First, to the Council of State, And afterwards to The Two Protectors, Oliver and Richard Cromwell.* 7 delen. Londen, 1742.

Van den Bogaert, Harmen Meyndertsz. *A Journey into Mohawk and Oneida Country, 1634-1635*, vert. en red. Charles T. Gehring, William A. Starna en Gunther Michelson. Syracuse, N.Y.: Syracuse University Press, 1988.

Van der Coelen, Peter, red. *Everyday life in Holland's Golden Age: The Complete Etchings of Adriaen van Ostade.* Amsterdam: Museum het Rembrandthuis, 1998.

Van der Donck, Adriaen. *Beschryvinge van Nieuw-Nederlant.* Amsterdam: Evert Nieuwenhof, 1655. Tweede editie, 1656.

–. *A Description of New Netherland.* Vert. Diederik Willem Goedhuys, niet gepubliceerd, 1991.

–. *A Description of the New Netherlands.* Vert. Jeremias Johnson, red. Thomas F. O'Donnell. Syracuse: Syracuse University Press, 1968.

–. *The Representation of New Netherland: concerning its location, productiveness and poor condition, presented to the States General of the United Netherlands and printed at the Hague in 1650.* Vert. H.C. Murphy. New York: Bartlett & Welford, 1849.

–. *Remonstrance of New Netherland, and the Occurrences there, addressed to the high and mighty Lords States General of the United Netherlands, on the 28th July 1649; with Secretary van Tienhoven's Answer.* Red. Edmund O'Callaghan. Albany: Weed, Parsons, 1856.

–. *Vertoogh van Nieu Nederland, [door A. van der Donck] and, Braeden raedt aende Vereenichde Nederlandsche provintien, [door I. A. G. W. C., pseud. van C. Melyn], Two rare tracts, printed in 1649-50, Relating to the administration of affairs in New Netherland.* Vert. H. C. Murphy. New York: Baker, Godwin, 1854.

–. *Vertoogh van Nieu-Neder-Land, Weghens de Gheleghentheydt, Vruchtbaerheydt, en Soberen Staet desselfs.* S' Graven-Hage: Michiel Stael, 1650.

Van Laer, A.J. F. A. J. F. Van Laer Papers, 1909-1952. Albany: New York State Library.

Van Laer, A.J.F., vert. *Documents Relating to New Netherland, 1624-1626, in the Henry E. Huntington Library.* San Marino, Calif.: Henry E. Huntington Library and Art Gallery Press, 1924.

–. *New York Historical Manuscripts: Dutch, Deel 1: Register of the Provincial Secretary, 1638-1642.* Baltimore: Genealogical Publishing Co., 1974.

–. *New York Historical Manuscripts: Dutch, Deel 2: Register of the Provincial Secretary, 1642-1647.* Baltimore: Genealogical Publishing Co., 1974.

–. *New York Historical Manuscripts: Dutch, Deel 3: Register of the Provincial Secretary, 1648-1660.* Baltimore: Genealogical Publishing Co., 1974.

–. *New York Historical Manuscripts: Dutch, Deel 4: Council Minutes, 1638-1649.* Baltimore: Genealogical Publishing Co., 1974.

–. *Van Rensselaer Bowier Manuscripts, being the letters of Kiliaen Van Rensselaer, 1630-1643, and other documents relating to the colony of Rensselaerswyck.* Albany: University of the State of New York, 1908.

–. vert. en red.. *Minutes of the Court of Rensselaerswyck, 1648-1652.* Albany: University of the State of New York, 1922.

Van Strien, Kees. *Touring the Low Countries: Accounts of British Travellers, 1660-1720.*

Amsterdam: Amsterdam University Press, 1998.
Van Tienhoven, Cornelis. 'Answer to the Representation of New Netherland.' In O'Callaghan, E.B., en Berthold Fernow, vert. *Documents Relative to the Colonial History of the State of New York.* Nummer 1. Albany: Weed, Parsons and Company, 1856-1887.
Wellsman, John, red. *London Before the Fire: A Grand Panorama, from Original Seventeenth Century Engravings by Visscher, Hollar and de Witt.* Londen: Sidgwick & Jackson, 1973.
Winthrop, John. *Journal of John Winthrop, 1630-1649.* Richard Dunn, James Savage en Laetitia Yaendle, red. Cambridge: Harvard, 1996.
Yates, J.V. N. 'Report of the Secretary of State, relative to the records &c. in his office.' Albany: New York State Senate, January 5, 1820.

SECUNDAIRE LITERATUUR

Abreu, Joao Capistrano de. *Chapters of Brazil's Colonial History, 1500-1800.* Vert. Arthur Brakel. New York: Oxford University Press, 1997.
Aikin, Lucy. *Memoirs of the Court of King Charles the First.* Philadelphia: Carey, Lea en Blanchard, 1833.
Akrigg, G.P.V. *Jacobean Pageant, or The Court of King James I.* Cambridge: Harvard University Press, 1963.
Archdeacon, Thomas J. *New York City, 1664-1710: Conquest and Change.* Ithaca: Cornell University Press, 1979.
Ashley, Maurice. *The Greatness of Oliver Cromwell.* New York: Macmillan, 1958.
Ashley, Maurice, *James II.* Londen: Dent, 1977.
Bachman, Van Cleaf. *Peltries or Plantations: The Economic Policies of the Dutch West India Company in New Netherland, 1623-1639.* Baltimore: Johns Hopkins Press, 1969.
Bacon, Edgar Mayhew. *Henry Hudson: His Times and His Voyages.* New York: G.P. Putnam's Sons, 1907.
Bailey, Rosalie Fellows. *Pre-Revolutionary Dutch Houses.* New York: William Morrow, 1936.
Baltzell, E. Digby. *Puritan Boston and Quaker Philadelphia.* New York: Free Press, 1979.
Barnet, Sylvan, red. *The Complete Signet Classic Shakespeare.* New York: Harcourt Brace Jovanovich, 1972.
Barnes, Donna R., en Peter G. Rose. *Matters of Taste: Food and Drink in Seventeenth Century Dutch Art and Life.* Syracuse: Syracuse University Press, 2002.
Beresford, John. *The Godfather of Downing Street: Sir George Downing, 1623-1684.* Londen: Cobden-Sanderson, 1925.
Bergeron, David M. *King James and Letters of Homoerotic Desire.* Iowa City, Iowa: Iowa University, 1999.
Black, Robert C. III. *The Younger John Winthrop.* New York: Columbia University Press, 1966.
Blackburn, Roderic H. en Ruth Piwonka. *Remembrance of Patria: Dutch Arts and*

Culture in Colonial America, 1609-1776. Albany: Albany Institute of History and Art, 1988.

Blakely, Allison. *Blacks in the Dutch World: The Evolution of Racial Imagery in a Modern Society.* Bloomington, Indiana: Indiana University Press, 1993.

Bliss, Robert. *Revolution and Empire: English Politics and the American Colonies in the Seventeenth Century.* Manchester, U.K.: Manchester University Press, 1990.

Blom, J.C.H., en E. Lamberts, red., James C. Kennedy, vert. *History of the Low Countries.* New York: Berghahn Books, 1999.

Boogaart, E. van den, red. *Johan Maurits Van Nassau-Siegen, 1604-1679: A Humanist Prince in Europe and Brazil.* Den Haag: De Johan Maurits van Nassau Stichting, 1979.

Bogert, Frederick W. *Bergen County, New Jersey, History and Heritage: Deel 2, The Colonial Days, 1630-1775.* Bergen County, New Jersey: The Bergen County Board of Chosen Freeholders, 1983.

Bonomi, Patricia U. *A Factious People: Politics and Society in Colonial New York.* New York: Columbia University Press, 1971.

–. *Under the Cope of Heaven: Religion, Society, and Politics in Colonial America.* New York: Oxford University Press, 1986.

Boxer, C.R. *The Dutch Seaborne Empire: 1600-1800.* New York: Alfred A. Knopf, 1965.

Brink, Herman van den. *The Charm of Legal History.* Amsterdam: Adolf M. Hakkert, 1974.

Brodhead, John Romeyn. *The History of the State of New York, 1609-1691.* 2 delen. New York: Harper & Brothers, 1871.

Burrows, Edwin G., en Mike Wallace. *Gotham: A History of New York City to 1898.* New York: Oxford University Press, 1999.

Bussman, Klaus, and Heinz Schilling. *1648: War and Peace in Europe.* 3 delen Münster: Westfälisches Landesmuseum, 1998.

Calder, Isabel. *The New Haven Colony.* New Haven: Yale University Press, 1934.

Cantwell, Anne-Marie, en Diana diZerega Wall. *Unearthing Gotham: The Archaeology of New York City.* New Haven: Yale University Press, 2001.

Carlton, Charles. *Charles I: The Personal Monarch.* (tweede ed.) Londen: Routledge, 1995.

Ceci, Lynn. 'The Effect of European Contact and Trade on the Settlement Pattern of Indians in Coastal New York, 1524-1665: The Archaeological and Documentary Evidence.' proefschrift, CUNY Graduate Center, 1977.

Chiodo, John J. 'The Foreign Policy of Peter Stuyvesant: Dutch Diplomacy in North America, 1647 to 1664.' proefschrift, University of Iowa, 1974.

Clarke, Desmond, red. *The Unfortunate Husbandman: an account of the life and travels of a Real Farmer in Ireland, Scotland, England and America, by Charles Varley or Varlo.* Londen: Oldbourne, 1964.

Clarke, J. S. *The Life of James the Second, King of England, &. Collected Out of Memoirs Writ of His Own Hand.* 2 delen. Londen, 1816.

Cohen, David Steven. *The Dutch-American Farm.* New York: New York University Press, 1992.

Commager, Henry Steele. *Jefferson, Nationalism, and the Enlightenment.* New York: George Braziller, 1975.

Cooke, Jacob Ernest, hoofdredactie. *Encyclopedia of the North American Colonies.* 3 delen. New York: Charles Scribner's Sons, 1993.

Cooper, Victor. *A Dangerous Woman: New York's First Lady Liberty, The Life and Times of Lady Deborah Moody.* Bowie, Maryland: Heritage, 1995.

Davids, Karel, en Jan Lucassen, red. *A Miracle Mirrored: The Dutch Republic in European Perspective.* Cambridge: Cambridge University Press, 1995.

Davies, K. G. *The Royal African Company.* Londen: Routledge, 1999.

Denevan, William, red. *The Native Population of the Americas in 1492.* Madison: University of Wisconsin Press, 1978.

Deursen, A. T. van. *Plain Lives in a Golden Age: Popular Culture, Religion and Society in Seventeenth-Century Holland.* Cambridge: Cambridge University Press, 1991.

Dietz, Johann. *Master Johann Dietz, Surgeon in the Army of the Great Elector and Barber to the Royal Court.* New York: Dutton, 1923.

Dodge, Ernest S. *Northwest by Sea.* New York: Oxford University Press, 1961.

Dumbauld, Edward. *The Life and Legal Writings of Hugo Grotius.* Norman, Oklahoma: University of Oklahoma, 1969.

Dunn, Shirley. *The Mohicans and Their Land 1609-1730.* Fleischmans, N.Y.: Purple Mountain Press, 1994.

Dyer, Louisa A. *The House of Peace.* New York: Longmans, Green, 1956.

Fabend, Firth Haring. *A Dutch Family in the Middle Colonies, 1660-1800.* New Brunswick: Rutgers University Press, 1991.

–. *Zion on the Hudson: Dutch New York and New Jersey in the Age of Revivals.* New Brunswick, New Jersey: Rutgers University Press, 2000.

Feenstra, R., en C.J.D. Waal. *Seventeenth-Century Leyden Law Professors and Their Influence on the Development of the Civil Law.* Amsterdam/Oxford: North-Holland Publishing Co., 1975.

Feiling, Keith. *British Foreign Policy 1660-1672.* Londen: MacMillan, 1930.

Fell-Smith, Charlotte. *John Dee.* Londen: Constable & Co., 1909.

Fisher, Raymond H. *The Russian Fur Trade, 1550-1700.* Berkeley: University of California Press, 1943.

Foster, Stephen. *Their Solitary Way: The Puritan Social Ethic in the First Century of Settlement in New England.* New Haven: Yale University Press, 1971.

Fouquet, P. *Oud Amsterdam: Afbeeldingen der Voornaamste Gebouwen en Gezichten uit den Jare 1600-1790.* Amsterdam: Allert de Lange, 1923.

Fox, Dixon Ryan. *Yankees and Yorkers.* New York: University Press, 1940.

Fraser, Antonia. *Cromwell: The Lord Protector.* New York: Knopf, 1973.

–. *Royal Charles: Charles II and the Restoration.* New York: Dell, 1979.

Fremantle, Katherine. *The Baroque Town Hall of Amsterdam.* Utrecht: Haentjens Dekker & Gumbert, 1959.

French, Peter J. *John Dee: The World of an Elizabethan Magus.* Londen: Routledge & Kegan Paul, 1972.

Friedman, Lawrence. *Crime and Punishment in American History.* New York: Basic Books, 1993.

Frijhoff, Willem. *Wegen van Evert Willemsz.: Een Hollands weeskind op zoek naar zichzelf, 1607-1647.* Nijmegen: SUN, 1995.

Funk, Elisabeth Paling. 'Washington Irving and the Dutch Heritage.' Manuscript in voorbereiding.

Gastel, Ada Louise van. 'Adriaen Van der Donck, New Netherland, and America.' Proefschrift, University of Pennsylvania, 1985.

Gaukroger, Stephen. *Descartes: An Intellectual Biography*. Londen: Clarendon Press, 1995.

Gehring, Charles T. *A Guide to Dutch Manuscripts Relating to New Netherland*. Albany: University of the State of New York, 1978.

Gelder, H.E. van. *'s-Gravenhage in Zeven Eeuwen*. Amsterdam: Meulenhoff, 1937.

Gerson, Armand, Earnest Vaughn en Neva Ruth Deardorff. *Studies in the History of English Commerce During the Tudor Period*. New York: University of Pennsylvania, 1912.

Geyl, Pieter. *Orange and Stuart*. New York: Scribner's, 1969.

Goebel, Julius. *Law Enforcement in Colonial New York: A Study in Criminal Procedure*. New York: Commonwealth Fund, 1944.

Goodfriend, Joyce D. *Before the Melting Pot: Society and Culture in Colonial New York City, 1664-1730*. Princeton: Princeton University Press, 1992.

Greenberg, Mark. *The Hague*. New York: Newsweek Books, 1982.

Gregg, Pauline. *King Charles I*. Londen: J.M. Dent & Sons, 1981.

Grumet, Robert Steven. *Native American Place Names in New York City*. New York: Museum of the City of New York, 1981.

–. *Historic Contact: Indian People and Colonists in Today's Northeastern United States in the Sixteenth Through Eighteenth Centuries*. Norman, Oklahoma: University of Oklahoma, 1995.

Hainsworth, Roger, en Christine Churches. *The Anglo-Dutch Naval Wars, 1652-1674*. Gloucestershire: Sutton, 1998.

Haley, K.H.D. *The Dutch in the Seventeenth Century*. Londen: Thames and Hudson, 1972.

Hall, Michael, Lawrence Leder en Michael Kammen, red. *The Glorious Revolution in America*. Chapel Hill: University of North Carolina Press, 1964.

Harline, Craig E. *Pamphlets, Printing, and Political Culture in the Early Dutch Republic*. Dordrecht: Martinus Nijhoff, 1987.

Harrisse, Henry. *John Cabot, the Discoverer of North-America, and Sebastian His Son*. New York: Argosy-Antiquarian, 1968.

Hart, Simon. *The Prehistory of the New Netherland Company: Amsterdam Notarial Records of the First Dutch Voyages to the Hudson*. Amsterdam: City of Amsterdam Press, 1959.

Haswell, Jock. *James II, Soldier and Sailor*. New York: St. Martin's, 1972.

Heckewelder, John. *History, Manners, and Customs of the Indian Nations*. 1819. Herdruk, Philadelphia: Historical Society of Pennsylvania, 1876.

Hill, Christopher. *God's Englishman: Oliver Cromwell and the English Revolution*. New York: Dial Press, 1970.

Holmes, Martin. *Elizabethan London*. New York: Frederick A. Praeger, 1969.

Hoppin, Charles Arthur. *The Washington Ancestry and Records of the McClain, Johnson, and Forty Other Colonial American Families*. 3 delen. Greenfield, Ohio: Privately Printed, 1932.

Hore, J.P. *The History of Newmarket and the Annals of the Turf.* 3 delen. Londen: Baily & Co., 1886.

Howarth, David. *The Men-of-War.* Alexandria, Virginia: Time-Life Books, 1978.

Hughes, Robert. *Culture of Complaint: The Fraying of America.* Oxford: Oxford University Press, 1993.

Huizinga, Johan. *Dutch Civilisation in the Seventeenth Century.* New York: Frederick Ungar, 1968.

Innes, J. H. *New Amsterdam and Its People: Studies, Social and Topographical, of the Town under Dutch and Early English Rule.* Princeton: Princeton University Press, 1902.

Israel, Jonathan I. *Dutch Primacy in World Trade, 1585-1740.* Oxford: Clarendon Press, 1989.

–. *The Dutch Republic.* Oxford: Oxford University Press, 1995.

–. *Radical Enlightenment: Philosophy and the Making of Modernity, 1650-1750.* Oxford: Oxford University Press, 2001.

Jacobs, Jaap. *Een zegenrijk gewest: Nieuw-Nederland in de zeventiende eeuw.* Amsterdam: Prometheus, 1999.

Jameson, J. Franklin. *Willem Usselinx.* New York: G.P. Putnam's Sons, 1887.

Jennings, Francis. *The Ambiguous Iroquois Empire.* New York: Norton, 1984.

Johnson, Amandus. *The Swedish Settlements on the Delaware* (2 delen). New York: University of Pennsylvania, 1911.

Johnson, Donald S. *Charting the Sea of Darkness: The Four Voyages of Henry Hudson.* New York: Kodansha America, 1995.

Jones, Charles W. *Saint Nicholas of Myra, Bari, and Manhattan: Biography of a Legend.* Chicago: University of Chicago, 1978.

Jordan, Terry en Matti Kaups. *The American Backwoods Frontier: An Ethnic and Ecological Interpretation.* Baltimore en Londen: The Johns Hopkins University Press, 1989.

Kammen, Michael. *Colonial New York.* New York: Scribner's, 1975.

Keblusek, Marika. *Boeken in de hofstad: Haagse boekcultuur in de Gouden Eeuw.* Hilversum: Verloren, 1997.

Kenney, Alice P. *Stubborn for Liberty: The Dutch in New York.* Syracuse: Syracuse University Press, 1975.

Kenyon, J.P. *The Stuarts: A Study in English Kingship.* Londen: Severn House, 1977.

Kessler, Henry H., en Eugene Rachlis. *Peter Stuyvesant and His New York.* New York: Random House, 1959.

Kettering, Alison McNeil. *Gerard ter Borch and the Treaty of Munster.* Den Haag: Mauritshuis, 1998.

King, J.C.H. *First People, First Contacts: Native Peoples of North America.* Londen: British Museum, 1999.

Kishlansky, Mark. *A Monarchy Transformed: Britain 1603-1714.* New York: Penguin, 1997.

Klooster, Wim. *The Dutch in the Americas, 1600-1800.* Providence, Rhode Island: The John Carter Brown Library, 1997.

Koolhaas, Rem. *Delirious New York: A Retroactive Manifesto for Manhattan.* Rotterdam: 010 Publishers, 1994.

Kossmann, E. F. *De boekhandel te 's-Gravenhage tot het eind van de 18de eeuw*. 's-Gravenhage: M. Nijhoff, 1937.
Kupperman, Karen Ordahl, red. *America in European Consciousness, 1493-1750*. Chapel Hill: University of North Carolina, 1995.
Kupperman, Karen Ordahl. *Indians and English: Facing Off in Early America*. Ithaca: Cornell University Press, 2000.
Kurlansky, Mark. *Cod: A Biography of the Fish that Changed the World*. New York: Walker & Co., 1997.
Lane, Kris E. *Pillaging the Empire: Piracy in the Americas 1500-1750*. Armonk, N.Y.: Sharpe, 1998.
Lees, J. Cameron. *St. Giles', Edinburgh: Church, College, and Cathedral, From the Earliest Times to the Present Day*. Edinburgh: Chambers, 1889.
Leonardo, Richard A. *History of Surgery*. New York: Froben Press, 1943.
Loades, David. *The Mid-Tudor Crisis, 1545-1565*. Londen: Macmillan, 1992.
Lyle, R.C. *Royal Newmarket*. Londen: Putnam & Co., 1945.
Macleod, John. *Dynasty: The Stuarts, 1560-1807*. New York: St. Martin's, 1999.
McCullough, David, *John Adams*, New York: Simon & Schuster, 2001.
Maika, Dennis J. 'Merchants of New Amsterdam.' proefschrift, New York University, 1995.
Mak, Geert. *Amsterdam*. Cambridge, Massachusetts: Harvard, 2000.
Mattingly, Garrett. *The Armada*. Boston: Houghton Mifflin, 1959.
Meinig, D.W. *The Shaping of America, A Geographical Perspective on 500 Years of History: Deel 1, Atlantic America, 1492-1800*. New Haven: Yale University Press, 1986.
Merwick, Donna. *Death of a Notary: Conquest & Change in Colonial New York*. Ithaca: Cornell University Press, 1999.
Miller, Leo. *John Milton's Writings in the Anglo-Dutch Negotiations, 1651-1654*. Pittsburgh: Duquesne University Press, 1992.
Milton, Giles. *Nathaniel's Nutmeg*. Londen: Hodder & Stoughton, 1999.
Morgan, Edmund S. *The Puritan Dilemma: The Story of John Winthrop*. Boston: Little, Brown, 1958.
Morison, Samuel Eliot. *The European Discovery of America*. 2 delen. New York: Oxford University Press, 1971-1974.
–. *The Founding of Harvard College*. Cambridge, Massachusetts: Harvard University Press, 1935.
–. *The Great Explorers*. New York: Oxford University Press, 1978.
Morison, Samuel Eliot, Henry Steele Commager en William E. Leuchtenburg. *The Growth of the American Republic*, zevende editie, deel 1. New York: Oxford University Press, 1980.
Murphy, Henry Cruse. *Henry Hudson in Holland*. Den Haag: M. Nijhoff, 1909.
Murray, David. *Indian Giving: Economics of Power in Indian-White Exchanges*. Amherst: University of Massachusetts, 2000.
Nelson, Paul David. *William Tryon and the Course of Empire*. Chapel Hill: University of North Carolina, 1990.
Nierop, H.F.K. van. *The Nobility of Holland: From Knights to Regents, 1500-1650*. Cambridge: Cambridge University Press, 1993.

Nissenson, S.G. *The Patroon's Domain.* New York: Columbia University Press, 1937.

Nute, Grace Lee. *Caesars of the Wilderness: Medard Chouart, Sieur des Grosselliers and Pierre Esprit Radisson, 1618-1710.* St. Paul: Minnesota Historical Society Press, 1978.

O'Callaghan, E.B. *The History of New Netherland.* 2 delen. New York: D. Appleton, 1848.

O'Callaghan, E.B. *The Register of New Netherland, 1626 to 1674.* Albany: J. Munsell, 1865.

Otterspeer, Willem. *Groepsportret met Dame.* Amsterdam: Bert Bakker, 2000.

Parks, George Bruner. *Richard Hakluyt and the English Voyages.* New York: American Geographical Society, 1928.

Parr, Charles McKew. *The Voyages of David de Vries, Navigator and Adventurer.* New York: Thomas Y. Crowell Co., 1969.

Patterson, Jerry E. *The City of New York: A History Illustrated from the Collections of the Museum of the City of New York.* New York: Harry N. Abrams, 1978.

Phipps, Geraldine M. *Sir John Merrick: English Merchant-Diplomat in Seventeenth Century Russia.* Newtonville, Mass.: Oriental Research Partners, 1983.

Powys, Llewelyn. *Henry Hudson.* New York: Harper & Brothers, 1928.

Price, J. L. *Holland and the Dutch Republic in the Seventeenth Century: The Politics of Particularism.* Oxford: Clarendon Press, 1994.

Quinn, Arthur. *A New World: An Epic of Colonial America from the Founding of Jamestown to the Fall of Quebec.* Winchester, Mass.: Faber and Faber, 1994.

Quinn, David B., en A.N. Ryan. *England's Sea Empire, 1550-1642.* Londen, 1983.

Read, Conyers. *Mr. Secretary Walsingham and the Policy of Queen Elizabeth.* 3 delen. Cambridge, Mass.: Harvard University Press, 1925.

Read, John Meredith, Jr. *A Historical Inquiry Concerning Henry Hudson, His Friends, Relatives, and Early Life, His Connection with the Muscovy Company, and Discovery of Delaware Bay.* Albany: John Munsell, 1866.

Regin, Deric. *Traders, Artists, Burghers: A Cultural History of Amsterdam in the 17th Century.* Amsterdam: Van Gorcum & Comp. B.V., 1976.

Reich, Jerome R. *Leisler's Rebellion: A Study of Democracy in New York, 1664-1720.* Chicago: Chicago University Press, 1953.

Renaud, J. G. N. *Het Huis en de Heren van Heemstede Tijdens de Middeleeuwen.* Heemstede: Vereniging Oud-Heemstede-Bennebroek, 1952.

Rensselaer, Mariana G. van. *History of the City of New York in the Seventeenth Century.* 2 delen. New York: Macmillan Company, 1909.

Ricciardi, Christopher. 'From Private to Public: The Changing Landscape of Van Cortlandt Park; Bronx, New York, in the Nineteenth Century.' Afstudeerscriptie, Syracuse University, 1997.

Rietbergen, P. J. A. N. *De geschiedenis van Nederland in vogelvlucht.* Amersfoort, Nederland: Bekking, 1992.

Riker, James. *Revised History of Harlem: Its Origin and Early Annals.* New York: New Harlem Publishing Co., 1904.

Rink, Oliver. *Holland on the Hudson: An Economic and Social History of Dutch New York.* Ithaca: Cornell University Press, 1986.

Ritchie, Robert C. *The Duke's Province: A Study of New York Politics and Society, 1664-1691*. Chapel Hill: University of North Carolina Press, 1977.

Rogers, P. G. *The Dutch in the Medway*. Londen: Oxford University Press, 1970.

Rose, Peter G. *The Sensible Cook: Dutch Foodways in the Old and New World*. Syracuse: Syracuse University Press, 1989.

Rothschild, Nan. *New York City Neighborhoods: The 18th Century*. San Diego: Academic Press, 1990.

Rowen, Herbert H. *John de Witt, Grand Pensionary of Holland, 1625-1672*. Princeton: Princeton University Press, 1978.

–. *John de Witt: Statesman of the 'True Freedom'*. Cambridge: Cambridge University Press, 1986.

–. *The Princes of Orange: The Stadholders in the Dutch Republic*. Cambridge: Cambridge University Press, 1988.

Royal Netherlands Academy of Arts and Sciences. *The World of Hugo Grotius (1583-1645). Proceedings of the International Colloquium Organized by the Grotius Committee*. Amsterdam: APA-Holland University Press, 1984.

Russell, Bertrand. *A History of Western Philosophy*. Londen: George Allen and Unwin, 1946.

Rutkow, Ira M. *Surgery: An Illustrated History*. St. Louis: Mosby, 1993.

Ruttenber, E.M. *Indian Tribes of Hudson's River to 1700*. 1872. Herdruk: Saugerties, N.Y.: Hope Farm Press, 1992.

Rybczynski, Witold. *Home: A Short History of an Idea*. New York: Viking, 1986.

Savelle, Max. *The Colonial Origins of American Thought*. Princeton, N. J.: Van Nostrand, 1964.

Schama, Simon. *The Embarrassment of Riches: An Interpretation of Dutch Culture in the Golden Age*. New York: Knopf, 1987.

Scharf, J. Thomas. *The History of Westchester County*. Philadelphia: Preston, 1886.

Schechter, Stephen L. en Richard B. Bernstein, red. *New York and the Union*. Albany: New York State Commission on the Bicentennial of the United States Constitution, 1990.

Scheurleer, T. H. Lunsing en G. H. M. Posthumus Meyjes. *Leiden University in the Seventeenth Century*. Leiden: Universitaire Pers Leiden, 1975.

Schmidt, Benjamin. 'Innocence Abroad: The Dutch Imagination and the Representation of the New World, c. 1570-1670.' Proefschrift, Harvard University, 1994.

Shattuck, Martha. 'A Civil Society: Court and Community in Beverwijck, New Netherland, 1652-1664.' Proefschrift, Boston University, 1993.

Shonnard, Frederic. *History of Westchester County, New York, from its earliest settlement to the year 1900*. Harrison, N.Y.: Harbor Hill, 1974.

Siefker, Phyllis. *Santa Claus, Last of the Wild Men*. Jefferson, North Carolina: McFarland, 1997.

Sobel, Dava. *Galileo's Daughter: A Historical Memoir of Science, Faith, and Love*. New York: Walker, 1999.

Spencer, Hazelton. *The Art and Life of William Shakespeare*. New York: Harcourt, Brace, 1940.

Sprunger, Keith L. *Trumpets from the Tower: English Puritan Printing in the Netherlands, 1600-1640*. Leiden: E. J. Brill, 1994.

Stephanson, Anders. *Manifest Destiny: American Expansion and the Empire of Right.* New York: Hill and Wang, 1995.

Sweetman, Jack. *The Great Admirals: Command at Sea, 1587-1945.* Annapolis, Maryland: Naval Institute Press, 1997.

Sykes, Bryan. *The Seven Daughters of Eve: The Science that Reveals Our Genetic Ancestry.* New York: Norton, 2001.

Tantillo, L.F. *Visions of New York State: The Historical Paintings of L. F. Tantillo.* Wappingers Falls: The Shawangunk Press, 1996.

Taylor, E.G.R. *Tudor Geography.* New York: Octagon, 1968.

Thompson, Benjamin F. *History of Long Island: From Its Discovery and Settlement to the Present Time.* 3 delen. New York: Dodd, 1918.

Thornton, Russell. *American Indian Holocaust and Survival: Population History Since 1492.* Norman, Oklahoma: University of Oklahoma, 1987.

Tieck, William. *Riverdale, Kingsbridge, Spuyten Duyvil: New York City; a Historical Epitome of the Northwest Bronx.* Old Tappan, N.J.: F. H. Revell Co., 1968.

Trudel, Marcel. *The Beginnings of New France 1524-1663.* Toronto, Ontario, 1973.

Tuchman, Barbara W. *The First Salute.* New York: Knopf, 1988.

Tuck, Richard. *Philosophy and Government, 1572-1651.* Cambridge, U.K.: Cambridge University Press, 1993.

Tuckerman, Bayard. *Peter Stuyvesant, Director-General for the West India Company in New Netherland.* New York: Dodd, Mead, 1893.

Vaille, F. O., en H. A. Clarke, red. *The Harvard Book, A Series of Historical, Biographical, and Descriptive Sketches, by Various Authors.* Cambridge, Massachusetts: Welch, Bigelow, 1875.

Venema, Janny. 'Beverwijck: A Dutch Village on the American Frontier, 1652-1664.' Proefschrift, Vrije Universiteit Amsterdam, 2003.

Vigne, Randolph, en Charles Littleton, red. *From Strangers to Citizens: The Integration of Immigrant Communities in Britain, Ireland and Colonial America, 1550-1750.* Portland, Oregon: Sussex Academic Press, 2001.

Vinckeboons, Joan, Gunter Schilder, en Jan van Bracht. *The Origins of New York.* Zürich: Edition Seefeld, 1988.

Voorhees, David William. *The Holland Society: A Centennial History 1885-1985.* New York: The Holland Society, 1985.

Wagman, Morton. 'The Struggle for Representative Government in New Netherland.' Proefschrift, Columbia University, 1969.

Wedgwood, C.V. *The Political Career of Peter Paul Rubens.* Londen: Thames and Hudson, 1975.

Wertenbaker, Thomas Jefferson. *The Puritan Oligarchy: The Founding of American Civilization.* New York: Scribner's, 1947.

Weslager, C.A. *A Man and His Ship: Peter Minuit and the Kalmar Nyckel.* Wilmington: Kalmar Nyckel Foundation, 1989.

Weslager, C. A., met A.R. Dunlap. *Dutch Explorers, Traders and Settlers in the Delaware Valley, 1609-1664.* Philadelphia: University of Pennsylvania Press, 1961.

Wessels, J.W. *History of the Roman-Dutch Law.* Grahamstown, Cape Colony: African Book Company, 1908.

White, Christopher. *Rembrandt.* Londen: Thames and Hudson, 1984.

Willan, T. S. *The Muscovy Merchants of 1555*. Manchester, England: Manchester University Press, 1953.

Williams, Bernard. *Descartes: The Project of Pure Enquiry*. New York: Penguin, 1978.

Williams, Selma R. *Divine Rebel: The Life of Anne Marbury Hutchinson*. New York: Holt, Rinehart and Winston, 1981.

Williamson, James A. *The Age of Drake*. Londen: Adam & Charles Black, vijfde editie, 1965.

Wilstach, Paul. *Hudson River Landings*. New York: Tudor Publishing, 1933.

Zandvliet, Kees. *Mapping for Money: Maps, Plans, and Topographic Paintings and their Role in Dutch Overseas Expansion During the 16th and 17th Centuries*. Amsterdam: Batavian Lion International, 1998.

Zuckert, Michael P. *Natural Rights and the New Republicanism*. Princeton: Princeton University Press, 1994.

Zumthor, Paul. *Daily Life in Rembrandt's Holland*. New York: Macmillan, 1963.

ARTIKELEN, LEZINGEN, TOESPRAKEN, VERSLAGEN

Atkins, T. Astley. 'Adriaen Van der Donck: An Address Delivered Before the Westchester Historical Society,' Yonkers, New York, 1888.

Andrade, Manuel Correia de. 'The Socio-Economic Geography of Dutch Brazil,' in Van den Boogaart, E., red. *Johan Maurits Van Nassau-Siegen, 1604-1679: A Humanist Prince in Europe and Brazil*. Den Haag: De Johan Maurits van Nassau Stichting, 1979.

Bankoff, H. Arthur, Frederick A. Winter en Christopher Ricciardi. 'Archaeological Excavations at Van Cortlandt Park, the Bronx, 1990-1992.' Verslag in een archief van de New York City Landmarks Preservation Commission.

Banner, Stuart. 'Manhattan for $24: American Indian Land Sales, 1607-1763.' Voordracht gehouden voor de Law and Economics Workshop, John M. Olin Center for Law & Economics, University of Michigan Law School, 25 oktober, 2001.

Becker, Alfred. 'Mr. Adriaen Van der Donck, the Earliest Lawyer in New York,' *New York State Bar Association Report*, Deel 27, 1904.

Beier, A. L. 'Vagrants and the Social Order in Elizabethan England,' *Past and Present*, Deel 64 (augustus 1974).

Berlin, Ira. 'From Creole to African: Atlantic Creoles and the Origins of African-American Society in Mainland North America,' *William and Mary Quarterly*, 53 (april 1996).

Bodle, Wayne. 'Themes and Directions in Middle Colonies Historiography, 1980-1994,' *William and Mary Quarterly* 51, (juli 1994).

Bonomi, Patricia U. 'The Middle Colonies: Embryo of the New Political Order.' In Alden T. Vaughan en George Athan Billias, red., *Perspectives on Early American History*. New York: Harper & Row, 1973.

Browner, Jessica A. 'Wrong Side of the River: London's disreputable South Bank in the sixteenth and seventeenth century,' *Essays in History* 36, 1994.

Cohen, David. 'How Dutch Were the Dutch of New Netherland?' *New York History* 62 (1981): 43-60.

Cohen, Ronald D. 'The Hartford Treaty of 1650: Anglo-Dutch Cooperation in the Seventeenth Century,' in *New-York Historical Society Quarterly* (oktober 1969).

Christoph, Peter R. 'The Freedmen of New Amsterdam,' *de Halve Maen*, (februari 1983).

Christoph, Peter R. 'Story of the New Netherland Project,' *de Halve Maen*, (september 1988).

Dunn, Shirley, 'Enlarging Rensselaerswijck: 17th Century Land Acquisition on the East Side of the River,' in Zeller, Nancy Anne McClure, red. *A Beautiful and Fruitful Place: Selected Rensselaerswijck Seminar Papers*. Albany: New Netherland Publishing, 1991.

Hoofdartikel *New York Times*, 7 augustus 2001.

Fabend, Firth Haring. 'The Pro-Leislerian Dutch Farmers in New York: A "Mad Rabble," or "Gentlemen Standing Up for Their Rights"?' *de Halve Maen* 63 (maart 1990).

–. 'What Historians Really Know About New York's History.' Toespraak gehouden op 22 januari 2000 voor de Annual Meeting, Friends of New Netherland.

Finkelman, Paul. 'The Soul and the State: Religious Freedom in New York and the Origin of the First Amendment,' in Schechter, Stephen L. en Richard B. Bernstein, red. *New York and the Union*. Albany: New York State Commission on the Bicentennial of the United States Constitution, 1990.

Fockema Andreae, S. J. 'Data on the Dutch Background of Peter Stuyvesant,' *de Halve Maen* 39, (januari 1964).

Freyre, G. 'Johan Maurits Van Nassau-Siegen from a Brazilian Viewpoint,' in Van den Boogaart, E., red. *Johan Maurits Van Nassau-Siegen, 1604-1679: A Humanist Prince in Europe and Brazil*. Den Haag: De Johan Maurits van Nassau Stichting, 1979.

Frijhoff, Willem. 'Dominee Bogardus als Nieuw-Nederlander,' *Jaarboek van het Centraal Bureau voor Genealogie*. Den Haag: Centraal Bureau voor Genealogie, 1996.

–. 'Identity Achievement, Education, and Social Legitimation in Early Modern Dutch Society: The Case of Evert Willemsz (1622-23).' International Symposium in Europe, Netherlands, 1999.

–. 'Neglected Networks: New Netherlanders and Their Old Fatherland – The Kieft Case,' in 2001 uitgesproken tijdens de Rensselaerswyck Seminar in New York City.

–. 'New Views on the Dutch Period of New York,' *de Halve Maen* 70, (najaar 1997).

Gehrhardt, Volcker. 'On the Historical Significance of the Peace of Westphalia: Twelve Theses.' In Bussman, Klaus, en Heinz Schilling. *1648: War and Peace in Europe*. 3 delen. Münster: Westfälisches Landesmuseum, 1998.

Gehring, Charles. 'The Founding of Beverwijck, a Dutch Village on the Upper Hudson,' in *The Dutch Settlers Society of Albany Yearbook* 51 (1989-1993).

–. '*Hodie Mihi, Cras Tibi*: Swedish-Dutch Relations in the Delaware Valley,' in Hoffecker, Carol E., Richard Waldron, Lorraine E. Williams en Barbara E. Benson, *New Sweden in America*. Newark, Del.: University of Delaware, 1995.

–. 'New Netherland – Translating New York's Dutch Past,' *Humanities* 14, (november-december 1993).

–. 'New Netherland Manuscripts in United States Repositories,' *de Halve Maen* 57 (augustus 1983).

–. 'Todidem Verbis.' *De Nieu Nederlanse Marcurius* 4, (1988).

–. 'Wringing Information from a Drowned Princess.' Paper presented to the Rensselaerswyck Seminar, Albany, New York, 1994.

Goodfriend, Joyce. 'The Dutch in 17th-Century New York City: Minority or Majority?' In Vigne, Randolph, en Charles Littleton, red. *From Strangers to Citizens: The Integration of Immigrant Communities in Britain, Ireland and Colonial America, 1550-1750*. Portland, Oregon: Sussex Academic Press, 2001.

–. 'New Netherland in the Atlantic World: Comments and Reflections,' *de Halve Maen* 70 (winter 1997).

–. 'The Sabbath Keeper,' *Seaport* (najaar 2001).

–. 'Writing/Righting Dutch Colonial History,' *New York History* (januari 1999).

Goosens, Eymert-Jan. 'Monuments to Peace in the Netherlands.' In Bussman, Klaus, en Heinz Schilling. *1648: War and Peace in Europe*. 3 delen. Münster: Westfälisches Landesmuseum, 1998.

Gray, Albert. 'An Address on the Occasion of the Tercentenary of the Death of Richard Hakluyt.' Londen: The Hakluyt Society, 1917.

Groenveld, Simon. 'New Light on a Drowned Princess,' *de Halve Maen* 74 (zomer 2001).

Grumet, Robert S. 'Hunting Indian History,' 'Trade, War and Diplomacy,' 'The English Imprint,' 'Survival of the Fittest,' 'The Diaspora.' Reeks gepubliceerd in *Hudson Valley*, (januari-juni 1991).

Guerra, F. 'Medicine in Dutch Brazil,' in Van den Boogaart, E., red. *Johan Maurits Van Nassau-Siegen, 1604-1679: A Humanist Prince in Europe and Brazil*. Den Haag: De Johan Maurits van Nassau Stichting, 1979.

Heck, Earl Leon. 'A Sketch of Adriaen Van der Donck: Colonizer, Statesman and First Historian of Early New York.' Ongepubliceerd typoscript overhandigd aan de New York State Library, Albany, 1960.

Hershkowitz, Leo. 'New Amsterdam's Twenty-Three Jews – Myth or Reality?' In Shalom Goldman, red., *Hebrew and the Bible in America: The First Two Centuries*. Hanover, New Hampshire: Brandeis University Press, 1993.

–. 'The New York City Charter, 1686,' in *Roots of the Republic: American Founding Documents Interpreted*. Madison: Madison House, 1990.

–. 'The Troublesome Turk: An Illustration of Judicial Process in New Amsterdam,' *New York History* 46 (oktober 1965).

Hoetink, H. R. 'Some Remarks on the Modernity of Johan Maurits,' in Van den Boogaart, E., red. *Johan Maurits Van Nassau-Siegen, 1604-1679: A Humanist Prince in Europe and Brazil*. Den Haag: de Johan Maurits van Nassau Stichting, 1979.

Hoffman, William. 'Van der Donck - Van Bergen,' *New York Genealogical and Biographical Record* 67. New York: New York Genealogical and Biographical Society, 1936.

Hopkins, Vivian C. 'The Dutch Records of New York: Francis Adrian Van Der

Kemp and De Witt Clinton,' *New York History* (oktober 1962).

Howard, Ronald. 'John Romeyn Brodhead,' *Dictionary of Literary Biography* 30, 1984.

Hutchinson, William R. 'Diversity and the Pluralist Ideal.' In William Peter, red., *Perspectives on American Religion and Culture.* Malden, Massachusetts: Blackwell, 1999.

Israel, Jonathan I. 'Art and Diplomacy: Gerard Ter Borch and the Munster Peace Negotiations, 1646-8,' in Israel, Jonathan I., *Conflicts of Empires: Spain, the Low Countries and the Struggle for World Supremacy, 1585-1713.* Londen: The Hambledon Press, 1997.

–. 'The Dutch Role in the Glorious Revolution,' in Israel, Jonathan I., red., *The Anglo-Dutch Moment.* Cambridge: Cambridge University Press, 1991.

–. 'Toleration in Seventeenth-Century Dutch and English Thought,' in Israel, Jonathan I., *Conflicts of Empires: Spain, the Low Countries and the Struggle for World Supremacy, 1585-1713.* Londen: The Hambledon Press, 1997.

Israel, Jonathan. 'The Intellectual Debate About Toleration in the Dutch Republic,' in Berkvens-Stevelinck, C., J. Israel en G. H. M. Posthumus Meyjes, red., *The Emergence of Tolerance in the Dutch Republic.* Leiden: Brill, 1997.

Jacobs, Jaap. 'Between Repression and Approval: Connivance and Tolerance in the Dutch Republic and in New Netherland,' *de Halve Maen* 71 (najaar 1998).

–. 'The Hartford Treaty: A European Perspective on a New World Conflict,' *de Halve Maen* 68 (winter 1995).

–. 'A Hitherto Unknown Letter of Adriaen van der Donck,' *de Halve Maen* 71 (voorjaar 1998).

–. 'A Troubled Man: Director Wouter van Twiller and the Affairs of New Netherland in 1635.' Verhandeling gepresenteerd op de Conference on New York State History, Bard College, Annandale-on-Hudson, New York, 6 juni 2003.

Jordan, Terry G. 'The Material Cultural Legacy of New Sweden on the American Frontier,' in Hoffecker, Carol E., Richard Waldron, Lorraine E. Williams en Barbara E. Benson, *New Sweden in America.* Newark, Del.: University of Delaware, 1995.

Kielty, Bernardine. 'The Sidewalks of New York.' Pamflet uitgebracht voor de Bowman Hotels door The Little Leather Library Corporation, New York, 1923.

Klein, Milton M. 'Origins of the Bill of Rights in Colonial New York,' *New York History* (oktober 1991).

Klever, Wim. 'Conflicting "Consideration of State". Van den Enden's Opposition Against de la Court's Aristocratic Republicanism and Its Follow-Up in Spinoza's Work,' *Foglio Spinoziano* (online tijdschrift) 17 (2001).

Klooster, Wim. 'Winds of Change: Colonization, Commerce, and Consolidation in the Seventeenth-Century Atlantic World,' *de Halve Maen* 70 (najaar 1997).

Koning, Joep de. 'From Van der Donck to Visscher,' *Mercator's World* 5, No. 4, (juli/augustus 2000).

Koning, Joep de. 'Make Governors Island a Beacon of History,' *New York Newsday*, 24 mei 2001.

Kress, Jack. 'Progress and Prosecution,' *Annals of the American Academy of Political and Social Sciences*, 1976.

Kross, Jessica. 'The Dutch and the English in New York,' *Journal of Urban History* 21 (1994).

Kupp, Jan. 'Dutch Notarial Acts Relating to the Tobacco Trade of Virginia, 1608-1653,' *William and Mary Quarterly* 30 (oktober 1973).

Kupperman, Karen Ordahl. 'Early American History with the Dutch Put In,' *Reviews in American History* 21 (1993).

Lovejoy, David S. 'Equality and Empire: The New York Charter of Libertyes, 1683,' *William and Mary Quarterly* 21 (1964).

Lucas, Stephen E. 'The *Plakkaat Van Verlatinge*: A Neglected Model for the American Declaration of Independence,' in Hoefte, Rosemarijn and Johanna C. Kardux, *Connecting Cultures: The Netherlands in Five Centuries of Transatlantic Exchange*. Amsterdam: VU University Press (1994).

Macdonald, Robert R. 'The City of New Amsterdam Located on the Island of Manhattan in New Netherland,' Website van het museum van de stad New York (*www.mcny.org*), ongedateerd.

McNaughton, Douglas. 'The Ghost of Henry Hudson,' *Mercator's World* (mei-juni 1999).

Martinez, Andrés. 'Editorial Observer – Translating New York's History into English.' Hoofdartikel, *New York Times*, 7 augustus 2001.

Martinez, Jeanette. 'New Netherland Documentary Projects,' *de Halve Maen*, 66 (voorjaar 1993).

Matson, Cathy. ' "Damned Scoundrels" and "Libertisme of Trade": Freedom and Regulation in Colonial New York's Fur and Grain Trades,' *William and Mary Quarterly* 51 (juli 1994).

Middleton, Simon. 'How it came that the bakers bake no bread: A Struggle for Trade Privileges in Seventeenth-Century New Amsterdam,' *William and Mary Quarterly* 58 (april 2001).

Mout, M. E. H. N. 'Limits and Debates: A Comparative View of Dutch Toleration in the Sixteenth and Early Seventeenth Centuries,' in Berkvens-Stevelinck, C., J. Israel en G. H. M. Posthumus Meyjes, red., *The Emergence of Tolerance in the Dutch Republic*. Leiden: Brill, 1997.

Mowat, Barbara. 'Prospero's Book,' *Shakespeare Quarterly* 52, no. 1 (2001).

Murrin, John. 'English Rights as Ethnic Aggression: The English Conquest, the Charter of Liberties of 1683, and Leisler's Rebellion in New York,' in William Pencak en Conrad Wright, red., *Authority and Resistance in Early New York*. New York: New York Historical Society, 1988.

–. 'The New York Charter of Liberties, 1683 and 1691,' in *Roots of the Republic: American Founding Documents Interpreted*. Madison: Madison House, 1990.

Newark *Daily Advertiser*, 6 december 1850.

New York City Landmarks Preservation Commission. 'Street Plan of New Amsterdam and Colonial New York.' Bericht nummer LP-1235, 14 juni 1983.

New York City Landmarks Preservation Commission. 'Van Cortlandt Mansion.' Bericht nummer LP-0890, 22 juli 1975.

Page, Willie F. 'By Reason of Their Colour: Africans in New Netherland, 1626-

1674,' *de Halve Maen* 71, No. 4 (winter 1998).

Pennington, John. 'An Examination of Beauchamp Plantagenet's Description of the Province of New Albion.' In *Memoirs of the Historical Society of Pennsylvania* 4, Deel I. Philadelphia: McArty & Davis, 1840.

Pentikainen, Juha. 'The Forest Finns as Transmitters of Finnish Culture from Savo Via Central Scandinavia to Delaware,' in Hoffecker, Carol E., Richard Waldron, Lorraine E. Williams en Barbara E. Benson, *New Sweden in America*. Newark, Del.: University of Delaware, 1995.

Plantenga, Bart, 'The Mystery of the Plockhoy Settlement in the Valley of Swans,' *Mennonite Historical Bulletin* (april 2001).

Postma, Johannes. 'A Monopoly Relinquished: The West India Company and the Atlantic Slave Trade,' *de Halve Maen* 70 (winter 1997).

Quinn, Doris C. 'Theft of the Manhattans,' *de Halve Maen* 66 (zomer 1993).

Reiss, A. J. 'Public Prosecutors and Criminal Prosecution in the United States of America,' *Juridical Review* (april 1975).

Riker, David M. 'Govert Loockermans: Free Merchant of New Amsterdam,' *de Halve Maen* 62 (september 1989).

Rink, Oliver A. 'Unraveling a Secret Colonialism,' *de Halve Maen* 59, 60 (voorjaar en zomer 1987).

Rosenblatt, Betsy L. 'New York State's Role in the Creation and Adoption of the Bill of Rights,' *New York History* (oktober 1991).

Rothschild, Nan A., en Arnold Pickman. 'The Archaeological Excavations on the Seven Hanover Square Block.' Verslag in het archief van de New York City Landmarks Preservation Commission, 1990.

Rothschild, Nan A., Diana diZerega Wall, en Eugene Boesch. *The Archaeological Investigation of the Stadt Huys Block: A Final Report*. Verslag in het archief van de New York City Landmarks Preservation Commission, 1987.

Rothschild, Nan A. en Christopher N. Matthews. *Phase 1A-1B Archaeological Investigation of the Proposed Area for the Construction of Six Tennis Courts on the Parade Grounds of Van Cortlandt Park, the Bronx, New York*. Verslag afgegeven aan the City of New York Department of Parks and Recreation (ongedateerd).

Rowen, Herbert. 'The Revolution that Wasn't: The *Coup d'Etat* of 1650 in Holland,' in Harline, red., *The Rhyme and Reason of Politics in Early Modern Europe: Collected Essays of Herbert H. Rowen*. Kluwer Academic Publishers, Dordrecht, Nederland, 1992.

Rozell, Ned. 'Sea Ice Reduction May Be Another Climate Change Clue,' *Alaska Science Forum,* artikel 1255 (5 oktober 1995).

Schmidt, Benjamin. 'Mapping an Empire: Cartographic and Colonial Rivalry in Seventeenth-Century Dutch and English North America,' *William and Mary Quarterly* 54 (1997).

Shattuck, Martha Dickinson. 'The Dutch and the English on Long Island: An Uneasy Alliance,' *de Halve Maen* 68 (winter 1995).

Sieber, Harry. 'The Magnificent Fountain: Literary Patronage in the Court of Philip III,' *Cervantes: Bulletin of the Cervantes Society of America* 18.2 (1998).

Swan, Robert J. 'The Black Presence in Seventeenth-Century Brooklyn,' *de Halve Maen* 63 (december 1990).

Tanis, James R. 'The Dutch-American Connection: The Impact of "The Dutch Example" on American Constitutional Beginnings,' in Schechter, Stephen L. en Richard B. Bernstein, red. *New York and the Union*. Albany: New York State Commission on the Bicentennial of the United States Constitution, 1990.

Trebor, Haynes. 'The Flushing Remonstrance.' Pamflet in opdracht van het Bowne House, Flushing, New York, 1957.

Tvengberg, Per Martin. 'Finns in Seventeenth-Century Sweden and Their Contributions to the New Sweden Colony,' in Hoffecker, Carol E., Richard Waldron, Lorraine E. Williams en Barbara E. Benson, *New Sweden in America*. Newark, Del.: University of Delaware, 1995.

Uhlenbeck, J. D. 'Genealogie van het geslacht Farret,' *De Nederlandsche Leeuw* 55 (1937).

United States Fish and Wildlife Service, Southern New England – New York Bight Coastal Ecosystems Program. 'Significant Habitats and Habitat Complexes of the New York Bight Watershed.' Charlestown, R. I., 1997.

Van Alstyne, Jr., W. Scott. 'The District Attorney – An Historical Puzzle,' *Wisconsin Law Review* (januari 1952).

Van den Boogaart, Ernst. 'The Servant Migration to New Netherland, 1624-1664,' in P. C. Emmer, red., *Colonialism and Migration; Indentured Labour Before and After Slavery*. Dordrecht: Martinus Nijhoff, 1986.

Van Gastel, Ada. 'Adriaen van der Donck als woordvoerder van de Nieuw-Nederlandse bevolking,' *Jaarboek van het Centraal Bureau voor Genealogie*. Den Haag: Centraal Bureau voor Genealogie, 1996.

–. 'Adriaen van der Donck in Rensselaerswyck: 1641-1643,' *de Halve Maen* 60, No. 3 (winter 1987).

–. 'Van der Donck's Description of the Indians: Additions and Corrections,' *William and Mary Quarterly* (juli 1990).

Van Hoevenberg, Alma R. 'The Stuyvesants in the Netherlands and New Netherland.' *The New-York Historical Society Quarterly Bulletin* 10 (april 1926).

Van Laer, A. J. F. 'Annals of New Netherland: The Essays of A. J. F. Van Laer,' bewerkt en van commentaar voorzien door Charles Gehring. Pamflet uitgegeven in Albany, New York: New Netherland Project, 1999.

Van Laer, A. J. F. 'The Translation and Publication of the Manuscript Dutch Records of New Netherland, with an Account of Previous Attempts at Translation.' Pamflet gedrukt in Albany: University of the State of New York, 1910.

Van Winkle, Edward. 'The Stuyvesant Family Bible.' *The New-York Historical Society Quarterly Bulletin* 18 (april 1934).

Van Zandt, Cynthia J. ' "...our river savages...betook themselves (unknown to us) and went to Manhattan City, in New Holland, to exact revenge on our behalf": Cross-Cultural and Multi-Ethnic Alliances in the 17th Century Mid-Atlantic.' Verhandeling gepresenteerd aan American Historical Association Annual Meeting, 10 januari 1998.

Van Zwieten, Adriana. 'On Her Woman's Troth: Tolerance, Custom, and the Women of New Netherland,' *de Halve Maen* 72, No. 1 (voorjaar 1999).

Venema, Janny. 'The Court Case of Brant Aertsz van Slichtenhorst Against Jan van Rensselaer,' *de Halve Maen* 74, No. 1 (voorjaar 2001).

Voorhees, David William. 'The 1657 Flushing Remonstrance in Historical Perspective.' Opmerkingen uitgesproken tijdens the Unveiling Ceremonies of the Flushing Remonstrance Queens Borough Public Library, Flushing, 19 november 1999.

Voorhees, David William. 'First Families,' *Seaport* (najaar 2001).

–. 'The 'fervent Zeale' of Jacob Leisler,' *William and Mary Quarterly* 51 (juli 1994).

–. 'In the Republic's Tradition: The Persistence of Dutch Culture in the Mid-Atlantic Colonies after the 1664 English Conquest,' *de Halve Maen* (najaar 2001).

Wagman, Morton. 'The Origin of New York City's Government: From Proprietary Control to Representative Democracy,' *de Halve Maen* 57 (februari 1983).

Ward, Harry M. 'The Search for American Identity in Early Histories of New England.' In Alden T. Vaughan and George Athan Billias, red., *Perspectives on Early American History*. New York: Harper & Row, 1973.

White, Philip. 'Municipal Government Comes to Manhattan,' *New York Historical Society Quarterly* 37, No. 2 (april 1953).

Williams, James Homer. ' "Abominable Religion" and Dutch (In)tolerance: The Jews and Petrus Stuyvesant,' *de Halve Maen* 71, No. 4 (winter 1998).

Wright, Langdon G. 'Local Government and Central Authority in New Netherland,' *New-York Historical Society Quarterly* 57, No. 1 (januari 1973).

Zabriskie, George Olin. 'The Founding Families of New Netherland, No. 4 – The Rapalje-Rapelje Family,' *de Halve Maen* 46, No. 4 (januari 1972), 7-8, 16; 47, No. 1 (april 1972), 11-13; 47, No. 2 (juli 1972), 11-14.

Zabriskie, George Olin, en Alice P. Kenney. 'The Founding of New Amsterdam: Fact and Fiction,' *de Halve Maen* 50, 51, 52 (1976 en 1977).

Zeller, Nancy Anne McClure, red. *A Beautiful and Fruitful Place: Selected Rensselaerswijck Seminar Papers*. Albany: New Netherland Publishing, 1991.

REGISTER